经以俭世
勤俭兴家
贺教务印
制改向项目
成圆功能

李燕杰
辛卯有八

教育部哲学社会科学研究重大课题攻关项目
"十三五"国家重点出版物出版规划项目

提高教育系统廉政文化建设实效性和针对性研究

RESEARCH ON THE PRAGMATICALITY
AND PERTINENCE IN PROMOTING A CULTURE
OF CLEAN GOVERNMENT IN EDUCATION SYSTEM

罗国振

等著

中国财经出版传媒集团
经济科学出版社
Economic Science Press

图书在版编目（CIP）数据

提高教育系统廉政文化建设实效性和针对性研究/罗国振等著.
—北京：经济科学出版社，2019.9
教育部哲学社会科学研究重大课题攻关项目
ISBN 978-7-5218-0715-8

Ⅰ.①提… Ⅱ.①罗… Ⅲ.①廉政建设-文化研究-中国 Ⅳ.①D630.9

中国版本图书馆 CIP 数据核字（2019）第 151000 号

责任编辑：孙怡虹　赵　岩
责任校对：蒋子明
责任印制：李　鹏

提高教育系统廉政文化建设实效性和针对性研究
罗国振　等著

经济科学出版社出版、发行　新华书店经销
社址：北京市海淀区阜成路甲 28 号　邮编：100142
总编部电话：010-88191217　发行部电话：010-88191522
网址：www.esp.com.cn
电子邮件：esp@esp.com.cn
天猫网店：经济科学出版社旗舰店
网址：http://jjkxcbs.tmall.com
北京季蜂印刷有限公司印装
787×1092　16 开　32 印张　610000 字
2019 年 10 月第 1 版　2019 年 10 月第 1 次印刷
ISBN 978-7-5218-0715-8　定价：110.00 元
(图书出现印装问题，本社负责调换。电话：010-88191510)
(版权所有　侵权必究　打击盗版　举报热线：010-88191661
QQ：2242791300　营销中心电话：010-88191537
电子邮箱：dbts@esp.com.cn)

课题组主要成员

首席专家 罗国振
主要成员 斯 阳　文 军　余玉花　袁锦贵
　　　　　　 郝宇青　文新华　解 超　林 拓
　　　　　　 王景斌　张海娜　张 亮

编审委员会成员

主 任 吕 萍
委 员 李洪波 柳 敏 陈迈利 刘来喜
樊曙华 孙怡虹 孙丽丽

总　序

哲学社会科学是人们认识世界、改造世界的重要工具，是推动历史发展和社会进步的重要力量，其发展水平反映了一个民族的思维能力、精神品格、文明素质，体现了一个国家的综合国力和国际竞争力。一个国家的发展水平，既取决于自然科学发展水平，也取决于哲学社会科学发展水平。

党和国家高度重视哲学社会科学。党的十八大提出要建设哲学社会科学创新体系，推进马克思主义中国化、时代化、大众化，坚持不懈用中国特色社会主义理论体系武装全党、教育人民。2016年5月17日，习近平总书记亲自主持召开哲学社会科学工作座谈会并发表重要讲话。讲话从坚持和发展中国特色社会主义事业全局的高度，深刻阐释了哲学社会科学的战略地位，全面分析了哲学社会科学面临的新形势，明确了加快构建中国特色哲学社会科学的新目标，对哲学社会科学工作者提出了新期待，体现了我们党对哲学社会科学发展规律的认识达到了一个新高度，是一篇新形势下繁荣发展我国哲学社会科学事业的纲领性文献，为哲学社会科学事业提供了强大精神动力，指明了前进方向。

高校是我国哲学社会科学事业的主力军。贯彻落实习近平总书记哲学社会科学座谈会重要讲话精神，加快构建中国特色哲学社会科学，高校应发挥重要作用：要坚持和巩固马克思主义的指导地位，用中国化的马克思主义指导哲学社会科学；要实施以育人育才为中心的哲学社会科学整体发展战略，构筑学生、学术、学科一体的综合发展体系；要以人为本，从人抓起，积极实施人才工程，构建种类齐全、梯队衔接的高校哲学社会科学人才体系；要深化科研管理体制改革，发挥高校人才、智力和学科优势，提升学术原创能力，激发创新创造活力，建设中国特色新型高校智库；要加强组织领导、做好统筹规划、营造良好学术生态，形成统筹推进高校哲学社会科学发展新格局。

哲学社会科学研究重大课题攻关项目计划是教育部贯彻落实党中央决策部署的一项重大举措，是实施"高校哲学社会科学繁荣计划"的重要内容。重大攻关项目采取招投标的组织方式，按照"公平竞争，择优立项，严格管理，铸造精品"的要求进行，每年评审立项约40个项目。项目研究实行首席专家负责制，鼓励跨学科、跨学校、跨地区的联合研究，协同创新。重大攻关项目以解决国家现代化建设过程中重大理论和实际问题为主攻方向，以提升为党和政府咨询决策服务能力和推动哲学社会科学发展为战略目标，集合优秀研究团队和顶尖人才联合攻关。自2003年以来，项目开展取得了丰硕成果，形成了特色品牌。一大批标志性成果纷纷涌现，一大批科研名家脱颖而出，高校哲学社会科学整体实力和社会影响力快速提升。国务院副总理刘延东同志做出重要批示，指出重大攻关项目有效调动各方面的积极性，产生了一批重要成果，影响广泛，成效显著；要总结经验，再接再厉，紧密服务国家需求，更好地优化资源，突出重点，多出精品，多出人才，为经济社会发展做出新的贡献。

作为教育部社科研究项目中的拳头产品，我们始终秉持以管理创新服务学术创新的理念，坚持科学管理、民主管理、依法管理，切实增强服务意识，不断创新管理模式，健全管理制度，加强对重大攻关项目的选题遴选、评审立项、组织开题、中期检查到最终成果鉴定的全过程管理，逐渐探索并形成一套成熟有效、符合学术研究规律的管理办法，努力将重大攻关项目打造成学术精品工程。我们将项目最终成果汇编成"教育部哲学社会科学研究重大课题攻关项目成果文库"统一组织出版。经济科学出版社倾全社之力，精心组织编辑力量，努力铸造出版精品。国学大师季羡林先生为本文库题词："经时济世 继往开来——贺教育部重大攻关项目成果出版"；欧阳中石先生题写了"教育部哲学社会科学研究重大课题攻关项目"的书名，充分体现了他们对繁荣发展高校哲学社会科学的深切勉励和由衷期望。

伟大的时代呼唤伟大的理论，伟大的理论推动伟大的实践。高校哲学社会科学将不忘初心，继续前进。深入贯彻落实习近平总书记系列重要讲话精神，坚持道路自信、理论自信、制度自信、文化自信，立足中国、借鉴国外，挖掘历史、把握当代，关怀人类、面向未来，立时代之潮头、发思想之先声，为加快构建中国特色哲学社会科学，实现中华民族伟大复兴的中国梦做出新的更大贡献！

教育部社会科学司

前　言

本研究是教育部哲学社会科学重大课题攻关项目"提高教育系统廉政文化建设实效性和针对性研究"（项目批准号：12JZD047）的最终研究成果，是课题组历时6年研究工作的凝结。

中国共产党第十八次全国代表大会报告指出："反对腐败，建设廉洁政治，是党一贯坚持的鲜明政治立场，是人民关注的重大政治问题。"这是建设廉洁政治的提法第一次出现在党的代表大会报告中，体现了党从更高的站位、更宽的视野，对反腐倡廉教育和廉政文化建设提出了更高要求。习近平总书记在十九大报告中明确指出"人民群众最痛恨腐败现象，腐败是我们党面临的最大威胁"。腐败问题全球关注，且都在寻求治理方案。2014年国际反腐败日，时任联合国秘书长潘基文说，根除腐败"对我们未来的福祉至关重要"，号召人人起来"打破腐败链"，然而，腐败产生的原因是多方面的，如果说造成腐败的政治、经济因素是显性的，那么，政治经济背后的文化则是隐性的深层因素。美国著名学者塞缪尔·P.亨廷顿认为，一个国家的腐败程度与它的文化密切相关。

教育系统作为社会的子系统之一，是培养人才、传授和创新知识以及传承文明的主要阵地，其廉政文化建设承担着"防腐"和"育人"的双重使命，是廉政文化建设的重中之重。首先，与其他系统相比，教育系统的"防腐"具有腐败危害的复杂性、防腐对象的多样性、防腐参与的公众性等诸多特点；其次，与其他领域相比，教育领域的廉政文化建设具有"育人"这一更为独特且难以替代的使命。也正因为如此，有人认为教育腐败是社会危害最大的腐败。这就使得针对教育领域廉政文化建设的特殊性，开展深入的研究具有十分重要的意义。总体而言，目前我国教育系统廉政文化建设与教育发展、干部作风、教师育人、学生成长的阶段性特征相适应，走出了一条内涵式发展的道路。但由于文化建设本身具有系统性、长期性、艰巨性与复杂性等特征，加之受到社会转型时期价值冲突等深层因素的影响，教育系统廉政文化建设还存在许多问题。在这样的背景之下，加强教育系统的廉政文化建设，形成廉洁教育生态，就成为一项刻不容缓的任务。

课题组围绕教育系统廉政文化建设的双重使命以及"针对性"和"实效性"这两个关键词，设立了5个子课题，分别为教育系统廉政文化建设的基本经验与主要问题、理论基础、国际经验与中国政策研究、长效机制建设与风险预警防控机制建设和以"育人"为目标的教育系统廉政文化培育。

自2012年6月立项以来，在华东师范大学、教育部纪检组、上海市纪委、上海市教委、教卫党委、教育部中学校长培训中心等单位的大力支持下，本研究按计划分四个阶段稳步推进，且各有重点。第一阶段的重点为文献研究与优化框架：根据《专家评审组对中标者研究工作的建议》和开题会上专家的意见，以社会主义核心价值体系为指引，紧扣《国家中长期教育改革发展规划纲要》的相关内容与党中央廉政文化建设的基本任务，对研究框架进行优化，确定了5个子课题。根据研究内容需要，全面系统搜集廉政文化建设相关制度文本、政府报告、论文专著、统计数据、报刊等文献资料，对上述资料进行系统梳理分析，为课题研究奠定基础。第二阶段的重点为实地调研与基础研究：其间，与党政实体部门和教育部门合作，以教育系统工作人员、在校学生以及社会大众（以学生家长为主）三类不同群体作为研究对象，展开深入的实地调研、专访和座谈会，搜集第一手资料；同时，与美国、日本、韩国、中国台湾等国家和地区的司法部门、教育主管部门、中小学及高校等进行交流，掌握近年海内外教育廉政建设的大量前沿经验和有关的中小学教材、课程安排、制度文本等文献资料。第三阶段的重点为专题研究与研讨咨询：在文献研究和实地调研的基础上，开展教育廉政文化长效建设中的考评指标体系等专题研究和重点难点协同攻关。第四阶段的重点为深化研究与完善提升：进一步凝练研究成果，就课题研究报告初稿的总体结构、主要观点、重要发现、政策含义等进行系统充分的讨论，认真开展研究报告的修改完善工作。

本书是团队合作和集体智慧的结晶。课题研究采取集体讨论、小组负责、循序渐进、协同攻坚的方式进行。课题负责人罗国振教授和课题组核心成员林拓教授、斯阳老师共同负责课题的总体设计、思路框架、核心内容以及研究过程中的统筹协调、偕同各自课题执笔人提炼各章的核心观点。全书共分为七章，第一章由罗国振撰写，第二章由文军、张海娜、吴晓凯等撰写，第三章由郝宇青撰写，第四章由林拓撰写，第五章由斯阳撰写，第六章由斯阳、张海娜和文新华撰写，第七章由余玉花撰写。全书统稿由罗国振负责，文新华、张海娜、王莹等提供了重要的协助。

廉政文化建设，立足于从源头上预防和减少腐败现象发生，是廉政建设的先导，是健全惩治和预防腐败体系的重要举措。教育系统廉政文化建设是优化当前教育环境和全社会的廉政文化建设的重要组成部分。文化建设本身具有系统性、长期性、艰巨性与复杂性等特征，加之受到社会转型时期的特点，教育系统廉政文化建设必将是系统工程、长期任务，需要社会各界共同探索。由于时间、条件以及课题组团队的水平限制，本书尚存在许多需完善的地方，恳请读者批评指正！

罗国振

2018年6月于华东师范大学

摘　要

腐败已经日益成为需要全球共治的世界性恶疾。党的十九大报告再次强调反腐败斗争的重要性，并针对性提出需要"巩固压倒性态势、夺取压倒性胜利"，要"保证干部清正、政府清廉、政治清明"。要反腐更要防腐，方能将廉政建设的根基打牢，为新时代添上一笔最浓重的色彩。依托文化影响力与渗透力更好地预防腐败已渐成为各国的共识。教育系统作为社会的子系统之一，是培养人才、传授和创新知识以及传承文明的主要阵地，是培养社会主义事业接班人的重要渠道，教育的根本任务在于立德树人，教育系统廉政文化建设就不能仅仅局限于当前领导干部的防腐问题，更应着眼下一代廉洁价值理念的培育，因此，教育系统廉政文化建设的独特意义在于具有"防腐"与"育人"的双重使命，对于引领社会廉洁风尚、推动全社会的廉政文化建设及至国家与社会发展产生更为深远的影响。

本书以教育系统廉政文化建设的"防腐"和"育人"这一双重使命为核心，以文化价值理念培育为根本，采用定量研究和定性研究相结合的研究方法，在广泛调研的基础上，系统梳理教育系统廉政文化的建设成就，深刻揭示影响和制约教育廉政文化建设的主要症结及其形成机制，探索廉政文化的基本理论，在传承我国的廉政文化传统和充分借鉴国际经验的基础上，从制度层面、方略层面、实践层面分别展开研究，力求为提高我国教育系统廉政文化建设的实效性和针对性提供理论依据与相关策略。本书的主要内容包括四个部分。

第一部分为教育系统廉政文化建设的基本经验与主要问题。以教育系统工作人员、在校学生以及社会大众三类不同群体作为研究对象，通过调研数据分析了现阶段我国教育系统廉政文化建设的认知、实践以及对国外廉政的经验感知等方面的基本状况，总结了我国教育系统廉政文化的主要成就与基本经验和五个方面的不足，并从国家、社会、学校和个人四个维度分析影响教育系统廉政文化建设的主要因素。

第二部分为教育系统廉政文化建设的理论基础、国际经验与中国政策研究。首先，以马克思主义经典作家对资本主义社会腐败现象的批判等为切入口，通过系统梳理我国新民主主义革命时期、新中国成立初期、改革开放以来尤其是十八大以来中国化的马克思主义廉政文化思想，并借鉴西方现代国家建设过程中形成的权力制约理论、制度主义理论等一系列较为成熟完善的政治理论，为构建中国特色的廉政文化理论体系奠定基础。其次，借鉴国际经验和汲取我国教育廉政文化传统的精髓是提高教育系统廉政文化建设实效性和针对性的战略选择，尤其是挖掘弘扬中国历史上形成的选贤任能的教育廉政思想、崇尚颂廉风尚的廉政的社会教育以及家风族训等中华传统历史文化中的廉政思想精华，不仅体现了文化自信，也为新形势下教育系统廉政文化建设提供了深刻的启示。

第三部分为深化教育系统廉政文化建设的体制机制建设。第一，从完善廉政风险预警防控、强化教育系统权责清单管理与廉政风险排查和构建"制度＋科技＋文化"三位一体防御体系来深化教育系统廉政风险预警防控机制建设。第二，对于教育系统廉政文化长效机制建设，则主要从重要意义、基本原则、长效保障机制、推进机制、评估激励机制五个方面展开论述，以形成风清气正的廉洁教育生态。为提升检测教育系统廉政文化建设评估的科学化和可操作性，课题组还构建了由廉政文化环境建设、廉政文化体制建设、廉政行为文化建设、廉政制度文化建设、廉政文化活动和特色工作六个维度组成的评测指标体系，并在全国部分中小学和高校进行测试后对指标体系进行调适。

第四部分为以"育人"为目标的教育系统廉政文化培育，这是教育系统廉政文化建设的落脚点。本书提出了廉政文化育人的四大思路，即全方位全过程廉政文化育人、以制度促进廉政文化育人、以管理促进廉政文化育人思路和以环境促进廉政文化育人的思路。"育人"目标是一个宏观目标，需要进一步结合廉政文化培育内容与教育者的身心特点，把握其道德发展与教育规律，制定合宜的中观目标；同时还要根据对象的身心特点设定不同学历阶段的微观目标并在目标的指导下形成教育系统廉政文化教育的基本原则：价值观原则、教育规律性原则和教育策略性原则。

Abstract

Nowadays, corruption has increasingly become a worldwide fatal disease that is urgent to call for international governance. Emphasis has been put once again on the fight against corruption in the report of the 19th National Congress of the Communist Party of China, thereby coming up with our resolve to build on the overwhelming momentum and secure a sweeping victory by "ensuring that officials are honest, the government is clean, and political integrity is upheld". For anti-corruption, we should make the prevention of corruption first. It can firmly solidify the foundation of clean government construction, thus exerting its profound influence on the new era. So, there has gradually formed a consensus in the world that relying on cultural influence and penetration can better prevent corruption. Education system, as one of the sub-systems of the society, is the main place to cultivate talents, impart and innovate knowledge, and inherit civilization. And it is an important channel for cultivating socialist successors. Besides, the fundamental task of education lies in moral education and the cultivation of people, so building the culture of clean government in the education system should not only be confined to the current anti-corruption problems of leading officials, but also focus on the cultivation of the values of honest and clean government in the next generation. In all, the cultural construction of the honest and clean government bears the dual mission of "prevention of corruption" and "cultivation of people", which has far-reaching significance in leading the social integrity, promoting the cultural construction of clean and honest government, and even the development of the society and the country.

This book makes the dual mission of "prevention of corruption" and "cultivation of people" in building the culture of clean government as the core, and taking the cultivation of cultural values as the foundation. Combining quantitative research with qualitative research and based on extensive investigation, the study systematically combs the achievements of building a clean and honest government culture in the education system in China, revealing the main crux and its formation mechanism that influence the construction of clean government culture profoundly and exploring the basic theories of clean government culture. With the inheritance of China's tradition of clean government culture and international experience drawn from others, three aspects are studied in this book, namely its institutions, strategies and practices, so as to provide the theoretical basis and relevant strategies for improving the pragmaticality and pertinence of construction of clean government culture in the education system in China. This book includes four parts mainly as following:

The first section describes the basic experience and main problems of the construction of clean government culture in China's education system. Three groups of education system are targeted as the research objects: faculty members, students in school and the public. With the analysis of the survey data, there comes the description about the basic situation such as the cognition, practice of clean government culture in China's education system and experience learned from foreign countries at the present stage. Therefore, we summarize the main achievements, basic experience and five deficiencies in the clean government culture of China's education system, and then analyze the main factors affecting the clean government culture from four dimensions including state, society, schools and individuals.

The second section focuses on the theoretical basis, the international experience and the research on China's policies of the construction of clean government culture in education system. First of all, by taking the criticism of the corruption of capitalist society from classical Marxist writers as the starting point, we systematically sort out the clean government culture of Marxist thoughts in China since the new-democratic revolution, the early days of the founding of People's Republic of China, and the reform and opening up, especially since the 18th National Congress of the Communist Party of China. In addition, we draw on a series of relatively mature and sound political theories formed in the process of modern Western countries, such as theory of power restriction and theory of institutionalism, thus laying the foundation for the construction of a theoretical system of clean government culture with Chinese characteristics. Secondly, our strategic choice is learning from the international experience and absorbing the quintessence of traditional clean government culture in China's education system for improving the pragmaticality and pertinence of the construction of our clean government culture, especially digging out and carrying forward the essence of clean political thoughts such as selecting and appointing talented and capable people, advocating the clean government and integrity in the social education, and clean political thoughts in those family traditions and clan regulations and mottos formed in China's traditional culture. All these not only reflect the cultural self-confidence, but also provide profound enlightenment for the construction of clean government culture in China's education system under the new situation.

The third section is about deepening the institutional mechanism construction of clean government culture in China's education system. On the one hand, we should improve the construction of early warning and prevention mechanism of clean government culture and strengthen the management of government's power and responsibility lists in education system, and investigate risks of incorruptible government. So, the construction of trinity defense system, that is "institution + technology + culture" system, will be established to deepen the construction of the risk pre-warning and control mechanisms for clean government culture in China's education system. On the other hand, for the long-term mechanism of clean government culture in the education system, five aspects are discussed, including its significance, basic principles, long-term guarantee mechanism, promotion mechanism and evaluation incentive mechanism so as to form a clean and honest education ecology. Aimed at improving the scientificality and operability of the evaluation of clean government culture in the education system, our research team also construct an evaluation index system consisting of six dimensions: the construction of environment, system, behaviors, institutions of clean government culture, its relevant cultural activities and characteristic work. Then, the indicator system has been adjusted according to the results from the tests carried out in some primary, secondary schools and universities across the country.

The fourth section is on the cultivation of clean government culture in China's education system with the goal of "cultivation of people". This is the foothold of the construction of an honest and clean government culture in the education system. This book puts forward four points of educating people including all-round education of clean government culture in the whole process and better cultivation of people in clean government culture with system, management and environment. "Cultivation of people" is a macro-level goal, which needs to further combine the content of clean government culture with the physical and mental characteristics of educators to formulate appropriate meso-level goals with the rules of moral development and education; at the same time, we are supposed to set micro-level objectives of different academic levels in compliance with the physical and mental characteristics of the object, thereby forming the basic principles of clean government culture in the education system: the principle of values, educational regularity and educational strategies.

目 录
Contents

第一章 ▶ 绪论 1

第一节 研究背景与问题的提出 2

第二节 本研究的核心概念界定 5

第三节 相关文献的研究综述 6

第四节 研究思路与研究框架 24

第五节 研究方法与数据来源 26

第六节 本研究的重点内容 28

第二章 ▶ 教育系统廉政文化建设的基本经验与主要问题 36

第一节 当前我国教育系统廉政文化建设基本情况的调研分析 37

第二节 教育系统廉政文化建设的主要成就 66

第三节 教育系统廉政文化建设存在的主要问题 77

第四节 影响教育系统廉政文化建设的主要因素 100

第三章 ▶ 教育系统廉政文化建设的理论基础 114

第一节 马克思主义：教育系统廉政文化建设的理论基石 115

第二节 中国化的马克思主义：教育系统廉政文化建设的理论指南 125

第三节 新时代中国化的马克思主义：教育系统廉政文化建设的理论遵循 152

第四章 ▶ 教育系统廉政文化建设的国际经验与中国政策 169

第一节 教育廉政文化建设的国际比较 170

第二节　我国传统教育廉政文化的历史启迪　203

　　第三节　我国教育系统廉政文化建设的策略选择　237

第五章 ▶ 深化教育系统廉政风险预警防控机制建设　255

　　第一节　廉政风险预警防控是建设廉洁教育生态的关键　257

　　第二节　教育系统权责清单管理和廉政风险排查　260

　　第三节　"制度+科技+文化"：化解廉政风险的方法　269

第六章 ▶ 教育系统廉政文化长效机制建设　300

　　第一节　加强教育系统廉政文化长效机制建设的重要意义　302

　　第二节　教育系统廉政文化长效机制建设的基本原则　305

　　第三节　教育系统廉政文化建设的长效保障机制　309

　　第四节　教育系统廉政文化建设的长效推进机制　314

　　第五节　教育系统廉政文化建设的评估激励机制　326

第七章 ▶ 以"育人"为目标的教育系统廉政文化培育　361

　　第一节　教育系统廉政文化培育的思路　361

　　第二节　教育系统廉政文化培育目标和原则　376

　　第三节　教育系统廉政文化培育要素解析　396

　　第四节　教育系统廉政文化培育的实施　413

主要参考文献　455

后记　475

Contents

Chapter 1 Introduction   1

  1.1   Background and Formulation of Questions   2
  1.2   Core Concepts of the Research   5
  1.3   Literature Review   6
  1.4   Research Ideas and its Framework   24
  1.5   Research Methods and Data Sources   26
  1.6   Main Idea of the Research   28

Chapter 2   Basic Experience and Major Problems in the Construction of Clean Government Culture in China's Education System   36

  2.1   Analysis of the Current Construction of Clean Government Culture in China's Education System   37
  2.2   Basic Achievements of the Construction of Clean Government Culture in Education System   66
  2.3   Main problems existed in the Construction of Clean Government Culture in Education System   77
  2.4   Main Factors Influencing the Construction of Clean Government Culture in Education System   100

Chapter 3　Theoretical Basis of the Construction of Clean Government Culture in China's Education System　114

　3.1　Marxism: Theoretical Cornerstone of the Construction of Clean Government Culture in Education System　115

　3.2　Marxism with Chinese Characteristics: Theoretical Guide of the Construction of Clean Government Culture in Education System　125

　3.3　Marxism with Chinese Characteristics in the New Era: The Theoretical Adherence of Construction of Clean Government Culture in Education System　152

Chapter 4　International Experience and China's policies of the Construction of Clean Government Culture in China's Education System　169

　4.1　International Comparison of the Construction of Clean Government Culture in Education System　170

　4.2　Historical Enlightenment of Clean Government Culture in Traditional Education　203

　4.3　Strategic Choices for the Construction of Clean Government Culture in China's Education System　237

Chapter 5　Deepening the Construction of the Risk Pre-Warning and Control Mechanisms for Clean Government Culture in China's Education System　255

　5.1　The Risk Pre-Warning and Control Mechanisms as the Key to the Construction of Clean and Honest Education Ecology　257

　5.2　Strengthening the Management of Government's Power and Responsibility Lists in Education System and Investigating Risks to Clean Government　260

　5.3　"Institution + Technology + Culture": Methods of Eliminating Risks to Clean Government　269

Chapter 6　The Construction of Long-Term Mechanism of Clean Government Culture in China's Education System　300

　6.1　The Significance of Strengthening the Construction of Long-Term Mechanism of Clean Government Culture in Education System　302

6.2 Basic Principles of the Construction of Long-Term Mechanism of Clean Government Culture in Education System　305

6.3 Long-Term Guarantee Mechanism for the Construction of Clean Government Culture in Education System　309

6.4 Long-Term Promotion Mechanism for the Construction of Clean Government Culture in Education System　314

6.5 Evaluation Incentive Mechanism for the Construction of Clean Government Culture in Education System　326

Chapter 7　Cultivation of Clean Government Culture in Education System with the Goal of "Cultivation of People"　361

7.1 Points of Culitivating people with Clean Government Culture in Education System　361

7.2 Objectives and Principles of Cultivation of Clean Government Culture in Education System　376

7.3 Factors of Cultivation of Clean Government Culture in Education System　396

7.4 Implementation of Cultivation of Clean Government Culture in Education System　413

Main Reference　455

Postscript　475

第一章

绪　论

廉政文化是一种软约束，是构筑"不想腐"堤坝的重要路径，也是营造风清气正的党内政治生态和党内政治文化氛围的重要抓手。正如习近平总书记所强调的，"要加强反腐倡廉教育和廉政文化建设，督促领导干部坚定理想信念，保持共产党人的高尚品格和廉洁操守，提高拒腐防变能力，在全社会培育清正廉洁的价值理念，使清风正气得到弘扬。"十八大以来的全面从严治党实践表明，反腐不仅要约束行为，更要培育健康向上的党内政治文化、营造风清气正的党内政治生态，从思想上防微杜渐，使"不敢腐、不能腐"真正发展为"不想腐"。

改革开放40年来，我国教育系统经历巨大变革，作为培养社会主义建设者和接班人、社会主义先进文化建设的主要阵地，也是廉政文化建设的最主要阵地。近年来，通过夯实机制、整合资源、扩大覆盖面等多种方式，尤其是落实2010年初中央纪委等六部委联合下发《关于加强廉政文化建设的意见》，确定廉政文化建设的主要目标与关键任务等重要内容，教育系统廉政文化建设已经取得显著成就，但也正面临一系列不容回避的问题，集中体现在针对性与实效性亟待提升。本课题层层深入、环环相扣，在深入研究教育系统廉政文化建设主要症结及其形成机制的基础上，以廉政文化价值理念为核心，从制度设计、方法策略与实践试点三个层面渐次深入，努力为我国教育系统廉政文化建设针对性与实效性的提升提供科学支撑，为相关决策提供参考。

第一节 研究背景与问题的提出

习近平总书记在中国共产党第十八届中央纪律检查委员会第二次全体会议上提出要把权力关进制度的笼子里,形成不敢腐的惩戒机制、不能腐的防范机制、不易腐的保障机制,之后在十八届四中全会上正式提出构建"不敢腐、不能腐、不想腐的有效机制"问题,在十九大报告中进一步明确指出要"推进反腐败国家立法""强化不敢腐的震慑、扎牢不能腐的笼子、增强不想腐的自觉"[1],提出在坚持"无禁区、全覆盖、零容忍"的同时,要"重遏制、强高压、长震慑"[2] 以"夺取反腐败斗争压倒性胜利",表明了我们党持续反腐的坚定决心。然而,正如习近平总书记所言,反腐败斗争具有长期性、复杂性和艰巨性,当前反腐败斗争形势依然严峻复杂,廉政建设"永远在路上"。在腐败存量大大下降的当前,不但要强力反腐,更要重视防腐,在构建不敢腐、不能腐体系相对完善的基础上,进一步筑牢党员干部不想腐、不愿腐的思想"堤坝",廉政文化建设的重要性日益凸显,正如中纪委等六部委联合下发的《关于加强廉政文化建设的意见》指出,廉政文化建设是"社会主义核心价值体系的重要内容,是推进党风廉政建设和反腐败斗争的战略举措",对"从源头上预防和减少腐败现象发生,具有重要意义"。不仅如此,"十年树木,百年树人",对党员干部的廉政文化教育还必须前移和推进到兼具防腐与育人双重责任的学校教育,在更长的时间、更广的空间打造风清气正的廉政防护网络,尤其是在营造不想腐、不愿腐、自觉拒腐的社会风尚和夯实机制以实现廉政文化建设由"虚"向"实"的根本转变等方面,教育廉政文化建设任重而道远,其重要性毋庸置疑。

事实上,教育系统廉政文化建设一直是反腐倡廉工作的重要抓手,也是培养社会主义教育事业合格人才的必然要求,更是促进教育系统体制改革发展的重大举措。从 2005 年下半年开始,教育部在北京、天津、上海、浙江、湖北、陕西和太原、南京、广州、深圳十省市大中小学开展了廉洁教育试点工作,2007 年,教育部在《关于在大中小学全面开展廉洁教育的意见》中进一步明确在全国大中小学全面开展廉洁教育时要"遵循学校教育教学规律和青少年学生成长成才规

---

[1] 《习近平:决胜全面建成小康社会 夺取新时代中国特色社会主义伟大胜利——在中国共产党第十九次全国代表大会上的报告》,http://www.guancha.cn/politics/2017_10_27_432557_1.shtml。

[2] 姜洁、赵乐际:《在中央纪委监察部传达学习党的十九大精神大会上强调:认真学习贯彻党的十九大精神,一刻不停歇地推进党风廉政建设和反腐败斗争》,载于《人民日报》2017 年 10 月 31 日,第 2 版。

律，突出重点，整体推进，把廉洁教育作为实施素质教育的重要内容，促进青少年学生健康成长"，并指出在大中小学全面开展廉洁教育的四个基本原则：一是坚持与青少年思想道德建设相结合；二是坚持与和谐校园建设相结合；三是坚持与师德建设相结合；四是坚持与大中小学生的受教育程度和认知能力相结合。此后的 2009 年，中纪委等六部门联合下发了《关于加强廉政文化建设的意见》，指出要"定期开展各类青少年廉洁教育实践活动，深入推进校园廉政文化建设"，2012 年，教育部在《2012 年教育系统党风廉政建设工作要点》中进一步将深入开展廉政文化建设、扎实推进廉政文化进校园作为重点任务，2017 年，教育部在《2017 年党风廉政建设工作要点及直属机关任务分工方案》中不但要求把党规党纪贯彻落实到行政管理、教学科研、招生录取、基建后勤等业务管理和政策制度之中，更明确指出要做好廉洁文化宣传、增强师生文化自觉和文化自信。除此之外，教育部还于 2012 年起连续举办了六届全国高校廉政文化作品征集暨廉洁教育系列活动，其中，从第二届开始设立活动主题，第二至第六届的主题分别为"中国梦·廉洁情""崇德向善·勤廉笃实""遵法·崇廉·明德""守规矩·倡廉洁·扬正气""讲修养·讲道德·讲诚信·讲廉耻"，切实推动了高校廉政文化作品的创作与传播，促进了廉洁知识的学习和宣传，这些都为加强教育系统廉政文化建设，尤其是提高教育系统廉政文化建设的实效性和针对性提供了政策支持和方向指引。

  值得注意的是，多年来，我国教育领域的腐败案件多发，早在 2005 年，教育部、监察部、国务院纠风办就向各省、自治区、直辖市发出紧急通知，要求各地要确保义务教育阶段公办学校在当年秋季开学时全面实行"一费制"收费办法、坚决要将公办高中招收择校生纳入统一招生计划，严格执行"限钱数、限人数、限分数"的政策，对借教育收费以权谋私和中饱私囊的，坚决依纪依法从严查处，决不姑息，决不手软[①]。《中国青年报》调查发现，种种事实表明，升学考试、学校招生录取、新生入学，正成为教育部门个别人中饱私囊的腐败高危点[②]。十八大以来，教育领域出现的腐败案件依然形势严峻，仅仅在高校，就有100 余名高校官员先后落马。2015 年 11 月 24 日～12 月 1 日，一周之内，中国传媒大学、中央音乐学院、北京邮电大学、对外经济贸易大学四所名牌高校领导被免职，教育净土连连发生腐败事件一时令舆论愕然[③]。不仅如此，一些学校还爆出"腐败窝案"，2016 年年底江苏省常熟职业教育中心校调研员金玉书案牵出了

[①] 《中央 3 部门剑指教育腐败　从严查处以权谋私者》，http://edu.qq.com/a/20050818/000170.htm。
[②] 《聚焦教育腐败高危点：招生录取与新生入学》，http://edu.qq.com/a/20050719/000031.htm。
[③] 《教育舆情：十八大以来 100 余名高校官员腐败记》，http://yuqing.people.com.cn/n/2015/1204/c392839-27890565.html。

一个职教中心"腐败窝案",2017年2月,江苏省盐城市大丰区职教中心的"腐败窝案"又进入公众视野,"校企合作"正成为教育腐败的温床①。更有甚者,一些教育大案中还发现在校学生牵涉其中,比如湖北省查处的2016年研究生考试作弊案中,犯罪嫌疑人魏某就是武汉职业技术学院一名在读学生②;2016年福建省查处的福建省高等自学考试替考案件中,某大学多名在校研究生和大二学生涉案③。

  这些教育腐败案件从牵涉的教育系统主体而言,既有教育管理部门和学校主要领导,也有一般工作人员,还有在校学生;就牵涉的腐败点而言,既有教育管理风险,也有选人用人、招生就业、教育考试、教材征订、科学研究等学校内部风险,还有校企合作、后勤、基建等学校内外勾结风险。教育领域腐败的复杂性非一般领域所能比,教育领域廉政建设的艰巨性可见一斑。尤其是,教育系统廉政文化建设不但肩负着对在职人员反腐防腐的责任,更肩负着对学生这一代表祖国未来的群体筑牢"不愿腐""不想腐"思想堤坝的历史重任。这是教育领域廉政文化建设的又一个重要特点。随着国家教育改革的不断深化,教育系统反腐倡廉的新风险、新挑战将不断出现,教育防腐的战略意义将进一步增强。更重要的是,育人作为教育系统廉政文化建设的另一大使命,是教育系统有别于其他部门或系统且难以被替代的重要任务。某种程度上,教育系统廉政文化育人的使命能否完成,将对下一代的价值观塑造,乃至国家与民族未来产生深远影响。

  当然,也正是由于教育领域腐败的复杂性、艰巨性和防腐与育人的双重使命使得教育系统廉政文化建设难以收到实效。而廉政文化建设的实效性必须也只能以较强的针对性为前提。教育廉政文化建设的实效性和针对性研究有助于更好地把握教育系统廉政文化建设独特价值与建设规律,明确教育廉政文化的指导思想、基本原则、发展方向以及战略目标,也将有助于我国全面深化改革、国家治理现代化等的深入推进。因此,如何充分借鉴、吸收古今中外廉政文化教育和教育廉政文化的思想资源、教育经验和有效措施,在把握教育廉政文化价值理念的基础上,充分调研当前教育领域廉政文化建设的实际情况并深入透析提升我国教育廉政文化建设的体制机制、方法策略、考评调适等主要内容,以提高当前教育系统廉政文化建设的实效性与针对性,助推预防腐败与育人体系的构建就成为摆在我们面前的重要任务。

---

  ① 《职教中心三大雷区引爆"腐败窝案"》,http://edu.youth.cn/.snapshot/hourly.0/jyzx/jyxw/201707/t20170710_10258938.html。
  ② 《2016年研究生考试作弊案告破 作弊入刑首案涉及全国108名考生》,http://henan.china.com.cn/edu/2016/0922/3396297.shtml。
  ③ 《六名贫困学生替考被抓 泉州鲤城区检察院柔性办案决定不起诉》,http://news.ifeng.com/a/20170718/51451953_0.shtml。

第二节 本研究的核心概念界定

一、教育系统

从广义上说，教育系统是指与教育相关的各类组织相互作用形成的有机整体，是指为了实现某种教育目的、由各教育要素有机结合而成的具有一定教育功能的整体。从组织形式划分，既包括教育行政管理部门以及各类学校组织，也包括大中专院校、中小学及幼儿园等学校；从系统功能划分，主要包括教学系统、教学支持系统、教学管理系统等子系统，各子系统之间相互联系、相互影响，组成具有特定教育功能的有机整体。其中，教学系统是核心，教师和学生是其中的关键因素，以课程、教材等形式呈现的教学内容、教学资源是教学系统的必备要素；教学支持系统和教学管理系统是辅助，常见的教学支持系统主要包括教学场所、教学设备等教学环境和教学研究所等教学研究机构，常见的教学管理系统主要包括教育部、教育厅局等各级各类教育管理机构、教师管理部门（组织部、人事处）、学生管理部门（学生处、团委、研究生处）、教学管理（教务处、招生就业处）、科研管理部门（科研处）、教学经费管理（财务处）等。

二、廉政文化

一般而言，廉政文化就是关于廉洁从政和廉政建设的文化，有广义与狭义两方面的理解。其中，狭义廉政文化是指与腐败文化相对的、以建立廉洁政府、廉洁政治或规范公职人员从政行为为目的所形成的各种思想、理论、规范、制度、价值观念、道德、法治传统以及行为方式、价值评价等历史性积淀，核心是以"尚廉""耻贪"为核心内容的一套程式设计[1]。

本研究更倾向于认同广义理解上的廉政文化，即廉政文化是人们关于廉政的知识、信仰、规范和与之相适应的行为方式、社会评价等的总和，其核心要素是

---

[1] 李季等：《中国特色廉政文化构建问题思考》，载于《国家行政学院学报》2005年第1期，第81~82页。

廉政理论、廉政价值、廉政制度和廉政心理。从内容上看,廉政文化有四个基本范畴:一是指廉洁从政的思想道德要求,作用于执政者的内心世界,形成廉洁从政的文化动力;二是指在全社会营造良好的廉洁从政的文化氛围,形成以廉为荣、以贪为耻的社会风尚,用健康向上、追求清廉的文化充实人们的精神世界;三是指各职业阶层的从业人员恪守职业道德、爱岗敬业、廉洁自律、奉公守法的职业文化;四是广大人民群众追求公平正义、安定有序、诚信友爱的社会境界在心理上的一种文化反映。廉政文化建设的核心价值观,是务实、为民、清廉。我国的廉政文化是社会主义先进文化的重要组成部分,是国家治理现代化的重要组成部分,是民族精神、社会文明程度的重要体现。从来源上看,主要有三个方面:一是我国传统的廉政文化;二是人类反腐倡廉建设的优秀成果;三是中国共产党反腐倡廉建设的理论成果[①]。

第三节　相关文献的研究综述

一、关于教育腐败的主要表现和特点的研究

教育腐败是中国突出的腐败现象之一,严重危及学生人格培养、学术发展及社会风气[②]。而且,教育腐败有极大的负外部性,它是一种损害社会精神和思想基础的本质性腐败,任其蔓延可能毁灭一个国家的未来和民族的明天[③]。在学界,研究者主要围绕教育腐败的主要表现、特点、产生根源等展开探究,为惩治教育腐败和教育系统党风廉政建设奠定基础。

(一) 教育腐败的主要表现

研究者对近年的教育腐败现象及研究进行统计分析,发现腐败主要包括教育

---

① 综合参考郝峰:《试析廉政文化的内涵、结构与功能》,载于《南京政治学院学报》2014年第5期;廖明:《关于廉政文化内涵的探讨》,载于《中国监察》2009年第8期;诸家永:《对廉政文化内涵和作用的认识》,载于《中国监察》2006年第11期;卜万红:《廉政文化:内涵与政治社会化机制》,载于《广州大学学报(社会科学版)》2010年第10期。

② 李海凤、谢娟:《高等教育系统腐败问题探析》,载于《广西教育学院学报》2016年第4期,第177~180页。

③ 雷玉琼、张程:《我国教育腐败不容忽视》,载于《领导文萃》2015年第1期,第30~34页。

政策执行性腐败[①]、教育行政腐败、学校管理腐败、学术腐败[②]。其中，基建工程、学校招生、采购、科研经费使用、学术腐败、财务管理等领域[③]是腐败发生的重灾区，通常表现为吃回扣、以各种名目乱收费、私设"小金库"、不公平的评奖和科研立项、择校掮客等各种腐败形式[④]。近年来还产生了乱收费、违规职称评审和招生择校等具有系统特点的新腐败类型（周长军，慈海威，2016）。

（二）教育腐败的主要特点

现有研究主要从腐败数量、主体、领域、手段四方面研究，总结出当前我国教育腐败主要呈现以下几大特点：一是腐败案件增多，特别是腐败案件性质、程度趋于严重，大案要案不断增加；二是腐败行为主体趋于复杂化，由财务、后勤等部门泛化到学校内诸多机构，且呈现出由个体向群体发展的趋势；三是腐败案发领域相对集中，学校基建、物资采购和招生部门等领域已成为"高发地带"；四是腐败手段"智能化""高科技化"，在实施违纪违法行为的同时，就预先设立了严密的防线和反调查措施，使教育腐败极具隐蔽性；五是学术腐败日益突出，以不正当手段获得荣誉和利益严重损害了学术的纯洁性、完整性、公正性和客观性，违背学术行为规范和职业道德的现象频发[⑤][⑥]。

关于教育腐败的表现及主要特点，国外研究对此也进行了深入研究，并取得了一系列成果。为了更好地分析教育腐败的生成机制，国外研究通常从梳理教育腐败的分类出发，进而分析各国教育腐败的主要表现及特点，包括：第一，以教育腐败是否涉及学生为标准的分类[⑦]；第二，以教育的选择过程、认证系统、供应过程中的腐败为标准来分类[⑧]；第三，以学校、教师等类型进行分类[⑨]；第四，以教育职能、教育商品和服务、教师不当行为、公共教育财产牟利等腐败发生原

---

① 许枝：《治理高校教育政策执行性腐败新探究》，载于《中国市场》2016年第7期，第198~200页。
② 王占军：《教育腐败的社会学解读》，载于《当代教育论坛（学科教育研究）》2007年第10期，第9~11页。
③ 张楚廷：《高等教育领域里的十大负面现象》，载于《现代大学教育》2002年第5期，第7~10页。
④ 崇椿、许小亮：《高校中腐败现象研究综述》，载于《江淮论坛》2007年第224卷第4期，第111~118页。
⑤ 李海涛：《预防和治理高校腐败行为的对策》，载于《学习月刊》2007年第18期，第90~91页。
⑥ 程刚：《论教育腐败》，载于《浙江社会科学》2009年第10期，第103~106页。
⑦ Rumyantseva N. L., Taxonomy of Corruption in Higher Education, Peabody Journal of Education, 2005, 80 (1), P81-92.
⑧ Heyneman S. P., Education and corruption. International Journal of Educational Development, 2004, 24 (6), P637-648.
⑨ Tanaka S., Corruption in education sector development: a suggestion for anticipatory strategy. International Journal of Educational Management, 2001, 15 (4), P158-166.

因的差异来进行分类等①，这也是许多国内研究常引用的观点之一。在教育腐败的具体领域中，如今，美国学术腐败非常普遍，已严重损害了美国学位效力②。乌克兰教育腐败突出表现在各种违规收费现象中，包括升学过程、教学过程、高中毕业考试等方面③；在印度尼西亚，教育经费使用的腐败主要表现为：将教育经费或教师经费挪作他用，如个人、政党活动或其他与教育不相关的活动；进行各种形式的造假以掩饰不合理的经费使用等④。印度、意大利、格鲁吉亚、喀麦隆、巴基斯坦、土库曼斯坦、塔吉克斯坦、哈萨克斯坦、乌兹别克斯坦等国家存在比较严重的考试舞弊腐败现象⑤⑥，而在东亚、非洲、东欧等区域提供教学辅导并借机收受钱财的现象非常普遍（见表1-1）。

表1-1　　　　　各国教育腐败的突出领域一览

教育腐败类型	表现突出的国家
学校基建维护等	法国、意大利、美国等
学术腐败与考试舞弊	美国、加拿大、韩国、日本、秘鲁、印度、意大利、格鲁吉亚、喀麦隆、巴基斯坦、土库曼斯坦、塔吉克斯坦、哈萨克斯坦、乌兹别克斯坦
教材购买领域	波兰、挪威、格鲁吉亚、孟加拉国、部分的西非国家
教育受贿问题	波兰、乌克兰、俄罗斯、韩国
政客参与腐败	美国、英国、俄罗斯
教师聘用腐败	阿尔巴尼亚、乌干达、秘鲁、巴布亚新几内亚、印度尼西亚、印度、利比里亚、孟加拉国、巴基斯坦
教师性骚扰	博茨瓦纳

资料来源：根据若干国外研究整理所得。

---

① Stephen P. Heyneman, Kathryn H. Anderson, Nazym Nuraliyeva 著，刘培译：《高等教育腐败的代价》，载于《复旦教育论坛》2009年第7卷第4期，第72～83页。

② Hallak J., Poisson M., Ethics and Corruption in Education. Results from the Expert Workshop. Policy Forum on Education, Paris, France, November 28-29, 2001. [C]//United Nations Educational, Scientific, and Cultural Organization, International Inst. for Educational Planning, 7-9 rue Eugene-Delacroix, 75116 Paris, France. Web site: http://www.unesco.org/iiep. For full text: http://www.unesco.org/iiep/PDF/Forum15.pdf. 2002：184.

③ Osipian A. L., Corruption in Higher Education: Does It Differ across the Nations and Why? . Research in Comparative & International Education, 2008, 3 (4), P345-365.

④ Hallak J., Poisson M., Fraude académico, acreditación y garantía de la calidad: lecciones aprendidas del pasado y retos para el future. Mundi Prensa Libros S. A., 2007, P109-133.

⑤ 张家勇、张家智：《联合国国际教育规划研究所"教育伦理和教育腐败"专题研究综述》，载于《比较教育研究》2006年第5期，第17～21页。

⑥ Labi A., Controversial Higher-Education Reforms Spark Riots in Athens. Chronicle of Higher Education, 2007, 53 (29): 1.

显然，既有研究不仅广泛涉及发达国家如美国、英国、法国等，同时还包括亚洲、非洲、东欧等发展中国家，认为发达国家和地区的腐败焦点并不在学校基础设施建设、后勤采购等问题上，而是主要集中于学校教育最直接相关的环节上，如学历学位证书、考试等上面[1]。有的研究还认为在西方工业化国家如法国、意大利、美国等国家，其学校基础设施，包括基建和日常的维护是教育腐败的重要领域[2]。2001年起，联合国教科文组织国际教育规划研究所（IIEP）在全球开展的教育腐败专项研究也具有地域差异，聚焦不同国家地区教育腐败的关键领域如私立教育（国际）、学术造假（北美）、教科书生产与分发（西非）、教师品行（职业道德）法规（南亚）、公共支出跟踪调查（秘鲁、乌干达、赞比亚）、公式化拨款（澳大利亚、巴西、波兰和英国）、奖学金和助学金（智利、印度尼西亚）等；尽管这些研究详细梳理了不同国家和地区教育腐败的类型、表现及特点，但教育腐败的区域差异及其原因的分析仍未充分展开。

二、关于教育腐败的产生根源及治理的研究

（一）教育腐败的原因探析

面对严重的教育腐败问题，学者们从不同的理论视角进行研究。总体而言，当今中国教育领域的腐败既是特定行为主体职业道德的沦丧或病理性蜕变，也是社会转型期常见的两种社会控制失调现象[3]。从本质上说，教育腐败是权力配置的失衡以及严重的信息不对称造成的，教育权力寻租是腐败的源头[4][5][6]。从社会学角度解释，教育是公共物品，可被全社会消费，但部分行为主体选择"搭便车"消费这一公共物品，侵害了教育公共性；从制度经济学解释，高校腐败是腐败主体通过成本

---

[1] 曹文泽、龚波：《从中外比较看我国高校廉政文化建设的策略》，载于《中国高等教育》2010年第1期，第19~20+27页。

[2] Hallak J., Poisson M., Ethics and Corruption in Education. Results from the Expert Workshop. Policy Forum on Education, Paris, France, November 28–29, 2001. [C]// United Nations Educational, Scientific, and Cultural Organization, International Inst. for Educational Planning, 7–9 rue Eugene–Delacroix, 75116 Paris, France. Web site: http://www.unesco.org/iiep. For full text: http://www.unesco.org/iiep/PDF/Forum15.pdf. 2002：184.

[3] 黄骏：《理性认识当代中国社会的教育腐败问题》，载于《理论月刊》2015年第7期，第162~166页。

[4] 夏业良：《"腐败"分析与"教育恶化"的抑制》，载于《探索与争鸣》2004年第2期，第5~6页。

[5] 刘世清：《论公共教育权力腐败的伦理分析及其治理》，载于《教育学报》2010年第6卷第3期，第93~97页。

[6] 周彬：《学校绩效管理的困境与出路》，载于《中国教育学刊》2010年第11期，第38~41页。

与收益比较做出的理性选择，是一个有着经济根源的客观存在[①]。部分学者从内外两方面总结了教育腐败的原因：王同彤认为高校内"权利"辨析不清与"权力"分配不当的后果成为目前高等教育腐败频发的主因[②]；胡少明认为市场经济迅速发展、贫富差距拉大，造成学校等教育机构较大的创收压力，各种腐败现象加剧的现实不同程度地腐蚀着教育行为[③]；聂继凯、刘启君基于需求视阈，认为教育腐败的生成机理包含了"满足—消极环境""不满足—消极环境"与"临界状态—消极环境"三种具体形成模式，其中，内因是导致行为主体教育腐败的根本原因，外因是导致行为主体教育腐败的动态原因，满足与临界状态可向不满足方向动态转化[④]。

关于教育腐败产生的根源，国外学者们进行了深入探索，国内学者曾归纳出国外学者的三种腐败根源论：民俗腐败根源论、"寻租"腐败根源论、现代化腐败根源论[⑤]，而根据联合国国际教育规划研究所（International Institute for Educational Planning，IIEP）的相关研究，影响教育腐败的因素大致分为经济、制度、文化环境、社会政治四个因素。

就腐败的经济成因而言，处于经济转型期的国家是最腐败的[⑥]。经济转型时期的教育投入不足，是造成学校腐败的原因之一，经受了长期贫困更容易受到腐败的引诱，如吉尔吉斯共和国、摩尔多瓦等国的教师因为工资无法满足生存需要，导致他们不得不想方设法通过各种途径获得收入，其中就包括了如提供私人教学辅导、贩卖教材等不良行为[⑦]。教育经费匮乏、教师待遇低下的现实，迫使学校想方设法创收谋利，如非洲国家教育的入学需求增长使得教育机构的资源严重紧缺，特别是在高等教育中，这种现象尤其明显，从而也具有创收牟利中腐败现象的滋生[⑧]。就腐败的制度成因而言，已有研究发现，实行民主政治的时间越长，其国家也更少腐败，具有英国体制的历史的国家更少腐败，相对而言，联

[①] 魏训鹏、史华楠、王汉林：《高校腐败问题的经济学分析》，载于《扬州大学学报（高教研究版）》2010年第14卷第1期，第89~92页。

[②] 王同彤：《从丹麦"零腐败"经验解析中国高等教育腐败的影响因素》，载于《黑龙江社会科学》2016年第3期，第32~38页。

[③] 胡少明：《近年来我国教育腐败研究综述》，载于《继续教育研究》2010年第2期，第154~157页。

[④] 聂继凯、刘启君：《需求视阈下的教育腐败生成机理与惩防对策》，载于《廉政文化研究》2015年第6卷第1期，第22~26页。

[⑤] 王传利：《论西方腐败根源论在中国的译介与反响》，载于《清华大学学报（哲学社会科学版）》2000年第1期，第9~14页。

[⑥] Osipian A. L.：*Corruption and Coercion*：*University Autonomy Versus State Control*，European Education，2008，40（3），P27-48.

[⑦] 张家勇、张家：《联合国国际教育规划研究所"教育伦理和教育腐败"专题研究综述》，载于《比较教育研究》2006年第27卷第5期，第17~21页。

[⑧] Teferra D.，Altbach P. G.，Woodhall M：*African Higher Education*：*An International Reference Handbook*. Review of Higher Education，2003，27（100），P585-586.

邦制国家腐败更多,如美国、俄罗斯、加拿大等国家[1]。美国教育腐败具有腐败动机的异质性、法律约束的无力性、腐败的普遍性与集中性、腐败程度的严重性、制度缺陷诱致腐败等(转引自美国特别调查委员会),主要成因在于一系列制度原因:一是美国教育组织庞大,美国学区结构复杂、部门繁多且高度集权,导致管理与监督的不便;二是教育腐败的预防边际成本远远大于社会边际成本;三是权力分配失衡,校长没有财权和人事权,导致隐性腐败;四是制度或政策缺陷导致"为集体利益"的腐败[2]。而就腐败的文化成因而言,文化维度对腐败的发生有重要的但不是直接的影响[3],不同国家的民族价值观和民族文化心理也会对教育腐败产生不同影响。尽管这些国外研究已经注意到不同发展阶段国家的教育腐败影响因素的不同,并且从多个视角对教育腐败生成原因进行的区分与分析,但发达国家与发展中国家政治、经济、制度、文化等对教育腐败的影响机制的研究仍未充分展开,从而一定程度上制约了教育廉政建设的推进与落实。

(二) 教育腐败的治理对策

如何惩治和纠正教育腐败问题,成为相关研究重点和热点。针对教育腐败原因的多样性和多层性,应通过重塑教育领域内职业伦理规范、建立健全教育领域监督制度与权力制衡制度、推进教育领域社会监督、强化教育领域的相关立法等一系列举措完善我国教育腐败防治机制[4]。相关研究普遍认为,思想道德教育、监督约束、重奖严惩是惩治教育腐败的三个重要着力点。另外,提高教育透明度和可问责性、鼓励社会参与教育监管和制度设计、强化教师、管理者教育伦理和行为规范教育、建立教育领域公职人员合理的工资收入制度和奖励制度等,都是惩治教育腐败的重要对策[5][6][7][8];从员工管理、外界关系、礼品与赞助事宜等多

---

[1] Treisman D. : *The causes of corruption: a cross-national study*. Journal of Public Economics, 2000, 76 (3), P399 – 457.

[2] 高洪源、梁东荣:《美国教育中的腐败问题透析》,载于《比较教育研究》2006年第5期,第1~6页。

[3] Cheung H. Y. , Chan A. W. H. : *Corruption across countries: Impacts from education and cultural dimensions*. Social Science Journal, 2008, 45 (2), P223 – 239.

[4] 周长军、慈海威:《试论我国教育腐败防治机制的完善》,载于《中国法学教育研究》2016年第1期。

[5] 郑良勤:《高校学术腐败及其遏制对策》,载于《郑州大学学报(哲学社会科学版)》2003年第6期,第137~139页。

[6] 胡少明:《近年来我国教育腐败研究综述》,载于《继续教育研究》2010年第2期,第154~157页。

[7] 张家勇、张家智、张跃庭:《国际性挑战,第教育腐败类型、根源和对策》,载于《当代教育论坛(学科教育研究)》2007年第8期,第22~26页。

[8] 王景斌、赵学云、顾颖:《论教育纠纷的法律关系及法律救济》,载于《现代教育科学:高教研究》2006年第4期,第86~89页。

方面强化教育管理中的腐败预防也很重要[①]。

教育腐败的严重危害已经引起全社会的广泛关注以及相关研究的关注。针对教育腐败多发、多元、易发等趋势，学者们研究了教育腐败行为的主要表现，总结了腐败发生的主要特点，并探析其产生根源，提出相关积极对策，为教育系统党风廉政建设及责任制考评指标确立奠定了基础。但相对来说，关于教育腐败原因的探析，多是从大学科背景展开，对典型案例的研究相对不足。

关于教育腐败的防治治理，国外学者们进行了积极探索，并取得了丰硕成果。对于我国教育腐败的防治治理具有重要借鉴意义。

早在 20 世纪 50 年代，哈耶克主张改革重点应该放在教育结构、管理及判决程序、预防机制和约束系统（制裁系统）；而尼尔·麦卡斯基（Neal McCuskey）提出进行道德规范教育、增加检查的可能性、增强对腐败的惩罚力度、提高公共部门的工资等措施[②]；其中，增加对高等教育的投资和提高教职工的薪水，不一定能从根本上解决高等教育腐败的问题，但是这项措施会减少高等教育腐败的发生，在这一点上，很多国家是认同的，透明国际组织给尼日尔共和国的建议也是"政府通过增加教师的薪水、通过实施现在的法律、通过惩罚来制止在教育领域的腐败"。总的来说，国外经验包括加强教师的聘用管理、完善教育法制法规体系、积极推进教育民主化进程、谨慎进行教育体制改革、适当加大对教育领域的资金投入等[③]。

除此以外，国外教育管理系统建设、规章守则制定、教育国际合作等方面同样卓有成效。在教育信息系统建设方面，冈比亚的教育管理信息系统提供了追踪和评价教师的一种客观方式，通过资历、语言技能、专业化和其他的与任命有关的因素，阻止根据个人关系和其他无价值的证据来进行任命，由此来防治腐败（Department of State Education of Gambia 2001）。在制定规章守则方面，2001 年"教育国际化"会议被教师联合会世界同盟确立"职业道德宣言"（Declaration of Professional Ethics）；而以美国为代表的发达国家不断完善的教育法律法规体系，各州教育管理部门、学校都有关于公务人员、教师、职员的管理规定和行为准则，对违反规定的通常交给其上级行政主管进行降职、降薪、解聘等处理，情节严重的交司法机关依法惩处，这些法律规定比较周全、缜密，对预防腐败起到了积极作用。在教育国际合作方面，在当代全球化和国际化的背景下，部分教育腐

---

① Ingolf Thuesen、刘卓君：《丹麦如何在教育管理中避免腐败指控》，载于《学习与探索》2016 年第 4 期，第 140~144 页。
② Mccluskey N.：*Corruption in the Public Schools：The Market Is the Answer*，2005.
③ 程刚、何承林：《国外教育腐败概览与思考》，载于《宁波大学学报（教育科学版）》2011 年第 33 卷第 1 期，第 1~6 页。

败呈现出跨国界的特征，目前，经济合作与发展组织（Organisation for Economic Co-operation and Development，OECD）、联合国开发计划署（United Nations Development，UNDP）、联合国国际教育规划研究所（IIEP）、亚洲发展银行、国际货币基金会、透明国际、世界银行研究院等国际组织开展了大量专题研究与培训，投资或援助多国反教育腐败项目，构建国际合作网络①。需要注意的是，当前对于教育腐败防治的系统性研究已经展开，联合国国际教育规划研究所（IIEP）正开展一系列专项活动，包括腐败趋势观察、方法论工具开发、成功经验评估、反教育腐败政策对话。其目标是确定容易产生腐败的领域、识别招生过程腐败、评估腐败程度、设计预防和减少腐败的策略等，并将成果列入 IIEP 培训课程。

显然，当前国外研究与相关实践已经包含预防惩治机制、民主决策方式、内部监管形式、教育培训管理、教育系统建设、制定规章守则、教育国际合作等多个方面，这些基本经验模式的借鉴尤为重要，这不仅有助于教育腐败的防治与治理方法的进一步完善，还有助于提高教育腐败防治治理的针对性和实效性。不过，一是国外各模式防治教育腐败的运行机制与绩效分析相对缺乏，基本上是对相关经验的梳理和总结，经验实施的绩效较为模糊，将可能影响对国外经验的借鉴。二是相对忽略了国际经验的国内适用性问题，实际上，倘若国际经验并不符合中国教育系统的实际情况，片面借鉴和搬用国际经验甚至会导致更严重的教育腐败问题。

三、关于教育系统廉政文化建设的研究

教育系统作为社会的子系统之一，其廉政文化建设与其他系统既有共性，又有其特殊性，即承担着"防腐"和"育人"的双重使命，对于引领社会廉洁风尚、推动全社会的廉政文化建设具有重要意义②。教育系统廉政文化建设是教育机构反腐倡廉建设的信仰支撑、精神动力和思想保证，且有利于教育机构形成良好的道德风尚、促进和谐校园的健康发展③。纵观目前的研究文献，系统研究教育系统廉政文化建设的文献甚少，主要是集中在高校廉政文化建设上，学者们分别从高校廉政文化建设的内涵、特点、功能、存在问题、建设路径等方面展开分析探讨，并取得了丰富的成果。

---

① 张家勇、张家智、张跃庭：《国际性挑战，第教育腐败类型、根源和对策》，载于《当代教育论坛（学科教育研究）》2007 年第 8 期，第 22～26 页。
② 罗国振、虞阳：《防腐与育人：教育系统廉政文化建设的双重使命》，载于《全球教育展望》2014 年第 43 卷第 12 期，第 72～81 页。
③ 马西平、李春科：《高校廉政文化建设的现状及对策研究——以西安部分高校为例》，载于《西北工业大学学报（社会科学版）》2010 年第 30 卷第 4 期，第 105～108 页。

(一) 廉政文化的内涵、特点及功能

对于廉政文化的认识比较一致的看法是，廉政文化是人们关于廉政的知识、信仰、规范和与之相适应的生活方式及社会评价的总和，是廉洁从政行为在文化和观念上的反映。它既可体现在廉洁理念的树立上，也可体现在廉洁从政行为的规范上[1]。还有学者的认识也很有见地，廉政文化是一个社会支撑廉洁政府有效运行的文化形态，它包括以一系列有利于社会进步的价值判断为核心的社会主导意识形态，包括社会成员所具有的积极进取、健康向上的道德伦理观念，也包括人民群众对政府和官员进行监督、评价和约束的自觉意识，还包括培育和滋养这些意识形态、价值观的社会符号文化系统以及充满生机与活力的社会文化产业体系[2]。

关于教育系统廉政文化涵义的研究还不多，且主要是研究高校廉政文化。现有文献一般没有对高校廉政文化与廉政文化作严格区别，认为其就是以廉政为思想内涵，以文化功用为表现形式的文化形态，是廉政建设与文化建设相结合的产物，包括物质文化、制度文化、精神文化[3][4]。还有学者认为，高校廉政文化是高校运用文化手段，树立正气，宣传先进，对各种不廉洁的思想行为和价值观念进行抨击，形成廉政文化氛围，形成褒廉耻贪的共识，并指出高校廉政文化的内涵包括四个方面：第一，具有教育行业特点的廉政价值观念和精神实质；第二，具有教育者的职业道德规范和廉洁从教的行为准则；第三，树立传播廉政文化的教育理念；第四，为全社会的廉政文化发展发挥反映、辐射和影响作用[5]。

部分研究认为两者之间有一定的区别性，高校廉政文化是在高等学校廉政理论与廉政实践建设过程中形成的一种高品位的新文化形态，它既是整个社会廉政文化的有机组成部分，同时也具有自身的特殊性和行业性特征[6]，包括先进性、文化性、时代性、导向性、针对性等特征[7]。另外，相关研究指出高校廉政文化

---

[1] 蔡娟：《廉政文化建设研究综述》，载于《山东社会科学》2010年第4期，第164~167页。

[2] 桑学成：《廉政文化建设的一部力作——〈廉政文化建设概论〉书评》，载于《江南论坛》2008年第6期，第61页。

[3] 李强：《全面贯彻落实〈实施纲要〉深入推进高等学校反腐倡廉工作》，载于《福建医科大学学报（社会科学版）》2005年第2期，第4~6页。

[4] 刘志新、宋影：《高校廉政文化建设的几点思考》，载于《思想政治教育研究》2008年第5期，第69~70、74页。

[5] 游秋琳：《新形势下廉政文化进高校的再思考》，载于《当代教育论坛（管理研究）》2011年第1期，第50~52页。

[6] 阎现章：《高等学校廉政文化建设体系的系统性与创新性研究》，载于《河南大学学报（社会科学版）》2008年第5期，第106~118页。

[7] 冯碧元：《论加强高校廉政文化建设的意义与对策》，载于《武汉科技大学学报（社会科学版）》2006年第6期，第71~74、87页。

的价值取向,应以"育人为本"为价值核心、"引导社会"为价值追求、"办好让人民满意的教育"为价值检验标准[①]。

高校廉政文化建设具有自身特点,学者们从多方面概括了高校廉政文化建设的特点,指出高校廉政文化建设必须根据其特点,从而牢牢抓住主要矛盾,突出重点,增强针对性,以点带面,整体推进。有学者指出高校的人群主体是管理者、教师和学生,因此高校的廉政文化教育对象包括了高校的管理者、教师和学生。高校廉政文化建设有三个特点:领导是关键;教师是主角;学生是主体。还有学者分析了高校廉政文化建设的特征,认为除了上述主客体不同于其他形式的廉政文化建设之外,还归纳了其他方面的特征,如高校廉政文化的核心内容为"公廉、节俭",高校廉政文化是廉政文化在高校这一特定领域的具体表达与体现,它是校园文化建设和廉政建设相结合的产物[②]。

1. 教育系统廉政文化的内容体系

教育系统廉政文化建设具有丰富的内涵和深广的领域。推进此项建设工程,必须站在大局的高度,全方位把握教育系统廉政文化的科学体系。有学者提出,高校廉政文化大体包括物质层面廉政文化、制度层面廉政文化、行为层面廉政文化和精神层面廉政文化四个层面的内容,共同构成一个既有区别又有联系的有机系统[③]。而有学者同样提出了高校廉政文化的四个层面,与上述四个层面有所不同,他指出高校廉政文化可分为精神文化、制度文化、行为文化和环境文化四个层次的要素[④]。还有学者分析了高校廉政文化建设的内容结构,认为高校廉政文化建设大致包括五个方面的基本内容:一是廉政价值观的构建;二是廉政法规体系的构建;三是廉政组织体系与人员队伍的构建;四是廉政活动体系的构建;五是廉政活动评价机制的构建[⑤]。

2. 教育系统廉政文化的功能

关于廉政文化的功能,学者们从不同的视角进行了多方面的概括,具体有:教育功能、导向功能以及制约功能。而高校廉政文化不仅具有廉政文化的基本功能,还具有自身独特的功能,它的功能主要表现在以下几个方面:一是教育功

---

① 夏云强:《高校廉政文化建设的价值取向及实践途径》,载于《改革与战略》2006年第6期,第175~177页。

② 王宝儒、季亚丽:《高等院校廉政文化建设调查报告》,载于《教育理论与实践》2009年第6期,第30~41页。

③ 宋波:《高校廉政文化内容体系研究》,载于《国家教育行政学院学报》2009年第3期,第30~35页。

④ 王朝阳:《论和谐校园文化与高校学生思想政治工作的关系》,载于《科技信息(科学教研)》2007年第25期,第208、225页。

⑤ 孙瑰杰、刘淑波:《论依法行政中存在的问题》,载于《吉林大学社会科学学报》2000年第2期,第56~58页。

能，既有社会文化的教育功能，又体现着大学自身教育的特点[①]；二是导向功能，通过廉政精神、制度、环境文化的传播，为大学群体和个人行为的选择提供了正确的标准；三是激励功能，通过廉政精神文化的塑造，使党员干部和教职员工树立高尚的思想道德情操，形成良好的职业道德责任感、职业道德态度和职业道德理想，使学生树立纯洁的思想道德意识；四是凝聚功能，通过廉政文化建设起到增加内部凝聚力的作用；五是约束功能，指的是廉政制度文化作为调控机制和调控力量所具有的约束功能和控制功能[②]。

3. 廉政文化建设的意义与作用

廉政文化作为新形势下反腐倡廉工作的一个有效载体和重要抓手，对于教育系统人才培养，自身发展都具有重要意义。学者们对教育系统，特别是高校廉政文化建设的重要意义进行了分析，认为高校廉政文化建设是培养高素质人才、高校健康发展的重要保障，是提高党员干部和师生员工思想道德素质的有效途径，是建立健全惩治和预防腐败体系的重要内容[③]。

（二）教育系统廉政文化建设存在的问题及其原因

1. 存在问题

目前，教育系统，尤其是高校廉政文化建设虽取得了一些成效，但仍存在着问题，学者们从不同的角度指出了当前高校廉政文化建设存在的问题，主要有以下几个方面：一是对高校廉政文化建设的认识不到位，没有足够的重视；二是缺乏长效的机制，目前的廉政文化建设只是赶在建设热潮期间大张旗鼓的宣传一番，而忽视了警钟长鸣；三是传统建设方式教育对象不广泛、内容形式死板不生动、宣传效果不佳，而且对内容的认识单一，只停留在廉政文化的表面，忽视理念的提升，价值观的培养，制度的健全和行为的规范[④⑤]；四是廉政文化建设的组织主题不明确，廉洁教育缺乏针对性[⑥]；五是载体缺乏，形式单一，缺乏创新平台支撑廉政文化建设，新型的媒体网络运用甚少[⑦]；六是缺乏系统规划，流于

[①] 蔡娟：《廉政文化建设研究综述》，载于《山东社会科学》2010 年第 4 期，第 164～167 页。
[②] 王朝阳：《论和谐校园文化与高校学生思想政治工作的关系》，载于《科技信息（科学教研）》2007 年第 25 期，第 208～225 页。
[③] 许青云：《加强高校廉政文化建设的思考》，载于《国家教育行政学院学报》2009 年第 10 期，第 3～7 页。
[④] 汪平玲、王龙建：《高校廉政文化建设存在的问题及对策研究》，载于《商业文化（下半月）》2011 年第 2 期，第 279～280 页。
[⑤⑥] 李进宏：《高校廉政文化建设的机制构建》，载于《武汉理工大学学报（社会科学版）》2011 年第 24 卷第 4 期，第 539～542 页。
[⑦] 孙瑰杰、刘淑波：《论依法行政中存在的问题》，载于《吉林大学社会科学学报》2000 年第 2 期，第 56～58 页。

形式①。

2. 原因分析

目前研究对于教育系统,尤其是高校廉政文化建设存在问题的原因也进行了深入细致的探索,学者们从不同的角度揭示了廉政文化建设存在上述诸多问题的原因,主要有以下几个方面:一是基础建设方面,主要是错综复杂的思想观念影响,不同程度地影响和腐蚀着一些党员干部,再者是文化根基缺乏,主要表现为廉政文化的物质基础比较薄弱以及廉政意识、廉政信念、廉政思想、廉政理想等缺失②;二是体制机制方面,主要表现为缺乏有力的廉政文化领导体制和工作机制、监督机制弱化以及管理体制不科学③;三是廉政教育方面,首先是对廉政文化教育重视不够,其次是高校师德师风教育面临新的问题;四是思想改造方面,受社会转型时期各种思潮的影响,部分师生特别是领导干部放松了思想改造和自我修养,价值取向发生错位;五是社会环境方面,全社会没有形成廉洁奉公的廉政文化氛围,目前廉政文化建设之所以困难重重,发展较为缓慢,和整个社会大的廉政文化背景是息息相关的④。

综上,目前文献对于教育系统廉政文化建设存在问题及原因的研究主要聚焦在高校廉政文化建设上,并取得了丰硕的成果。学者们从不同视角提出高校廉政文化建设存在的问题,还进一步从基础建设、文化根基、体制机制、思想建设、廉政教育以及社会大环境大背景等方面剖析了廉政文化建设存在问题的原因。但对于当前教育系统廉政文化建设存在的针对性与实效性较低这一问题少有提及,对其原因的分析也相对较少,这正是本研究欲关注的重点内容。

(三) 教育系统廉政文化建设的路径

教育系统近年来屡屡曝出腐败行为,要从加强教育伦理教育、重视制度建设、整合廉政物质文化资源和以"四风"建设为突破口,切实增强廉政文化建设实效⑤。其中,主要是高校廉政文化建设研究。

1. 高校廉政文化建设路径研究

高校廉政文化建设有别于其他单位、企业等的廉政文化建设,需要一套特有的建设路径,众多学者以不同的视角展开阐述。其中,董红燕以生态管理理论为

---

① 游秋琳:《新形势下廉政文化进高校的再思考》,载于《当代教育论坛(管理研究)》2011年第1期,第50~52页。

②④ 马西平、李春科:《高校廉政文化建设的现状及对策研究——以西安部分高校为例》,载于《西北工业大学学报(社会科学版)》2010年第30卷第4期,第105~108页。

③ 王微:《论高校廉政文化建设的功能》,载于《新西部(下半月)》2007年第6期,第110、112页。

⑤ 李乐霞、解超:《教育系统廉政文化建设要素及路径探索》,载于《黑龙江高教研究》2016年第1期,第94~98页。

视角认为应把廉洁教育置于廉政文化生态系统之中,通过耦合同构发生聚合,发挥层次效应、内化效应、传播效应,以识别、规划、实施、评价构建联动的运行机制,达到知、情、意、行一体化,形成立体化、多层次的高校廉政文化建设与廉洁教育体系[①]。吴易安认为高校廉政文化建设路径应从完善廉政文化的精神行为、制度机制和物质载体三个层面的建设入手,有效激发廉政文化建设的渗透力、吸引力和感染力以充分发挥廉政文化的育人、导向、激励和规范等功能[②]。刘秀伦、陈静认为应当构建立体化的网络教育平台、设计生活化的教育内容、施以多样化的教育方式、打造多元化的教育队伍、培植生态化的教育环境,以推进高校廉政文化健康和谐发展[③]。曲雁基于"内化"视角,提出高校廉政文化的内化包括高校精神层面、制度层面和行为层面的三个方面的内容[④]。车宗哲提出了廉政文化进校园应该重点把握三个原则:一是注重教育对象的多层性;二是注重教育内容的针对性;三是注重教育活动的社会性[⑤]。

还有部分学者针对不同层面、不同主体,提出了高校廉政文化建设的若干具体途径。

第一,高校廉政文化基础建设方面,这是从物质层面来加强廉政文化建设。例如,有学者提出应加大对高校廉政文化的物质与资金投入,即与之相关的各种场所、设备设施和其他人造的廉政物质条件[⑥]。

第二,高校廉政精神文化建设方面,例如,有学者指出廉政文化建设关键是对全体教职工、学生进行思想道德教育,通过教育使广大党员干部、师生员工坚定正确的理想信念,不断提高政治素质,树立正确的世界观、价值观,自觉抵御各种腐朽思想和生活方式的侵蚀。另外,研究对如何加强廉政精神文化建设,提出了建设思路[⑦]。

第三,高校廉政体制机制建设方面,例如,有学者提出强化各项制度建设,

[①] 董红燕:《高校廉政文化建设和廉洁教育的聚合效应与同构路径——以生态管理理论为视角》,载于《廉政文化研究》2016年第7卷第3期,第86~90页。

[②] 吴易安:《高校廉政文化建设路径探析》,载于《广西民族大学学报(哲学社会科学版)》2016年第38卷第4期,第143~146页。

[③] 刘秀伦、陈静:《网络传播对高校廉政文化教育的影响及对策——基于重庆5所高校的问卷调查》,载于《国家教育行政学院学报》2015年第8期,第35~39页。

[④] 曲雁:《基于"内化"视角的高校廉政文化建设路径探讨》,载于《学校党建与思想教育》2013年第3期,第94~96页。

[⑤] 车宗哲:《关于廉政文化进校园的思考和对策》,载于《中国成人教育》2009年第20期,第42~43页。

[⑥] 曹文泽、龚波:《从中外比较看我国高校廉政文化建设的策略》,载于《中国高等教育》2010年第1期,第19~20、27页。

[⑦] 王朝阳:《论和谐校园文化与高校学生思想政治工作的关系》,载于《科技信息(科学教研)》2007年第25期,第208、225页。

保障高校廉政文化建设，如建立完善各类校内民主和校内监督制度[①]、建立健全行政权力运行机制，深化人事制度改革，严格财务管理制度，规范招生和收费、考试管理制度，实行基建工程招投标、大宗物资和图书资料采购制度，完善政务公开、校务公开、院务公开制度等[②]。还有学者特别指出高校廉政制度研究制定时应注重制度的针对性和有效性，就目前的情况而言，针对党员领导干部，应建立领导干部廉洁从政制度，对于教师以规范教师的师德、师风行为为重点，主要建立诸如学术道德行为规范、学术处理处分条例等制度，而对于学生而言，要以规范学生廉洁行为为重点，建立诸如学生思想道德规范、学生文明行为准则等制度[③]。

第四，高校廉政教育体系建设方面，如有学者提出针对不同群体，对其实施不同的廉政文化教育，对于党员领导干部开展廉洁从政教育，对于教职工开展廉洁从教教育，对于学生开展廉洁自律教育[④]；还有学者提出丰富廉政文化的教育内容，以党性教育、典型教育、媒体教育、专题教育为载体开展廉政文化建设[⑤]。

第五，高校廉政文化环境建设方面，如有学者指出良好的廉政文化氛围和精神价值可以深深地影响领导干部和师生的行动，有助于全校人员形成廉洁奉公的文化自觉，由此他们提出了高校廉政文化建设需要营造一种和谐良好的廉政文化环境，并进一步提出了如何营造这种良好的氛围，包括加强教师职业道德建设，构筑廉政文化建设的群众基础，培育先进学校精神，依法治校，推行校务公开，开展干部培训和经常性的教育活动等[⑥]；还有学者认为在重点抓好领导干部的同时，还应扩大受众面，不仅把教师和学生，而且也要把广大群众纳入到廉政文化建设的宣传当中，通过运用各种手段和方法，在全社会营造廉政氛围[⑦]。

2. 廉政文化建设长效机制的构建研究

目前，高校廉政文化建设存在诸多重难点，要突破这些重难点，构建一套高

---

① 王志龙：《关于进一步加强高校廉政文化建设的思考》，载于《现代教育科学》2010年第11期，第83～85页。
② 许青云：《加强高校廉政文化建设的思考》，载于《国家教育行政学院学报》2009年第10期，第3～7页。
③ 王朝阳：《论和谐校园文化与高校学生思想政治工作的关系》，载于《科技信息（科学教研）》2007年第25期，第208、225页。
④ 宋波：《高校廉政文化内容体系研究》，载于《国家教育行政学院学报》2009年第3期，第30～35页。
⑤ 黄君录：《高校廉政文化建设的思考与实践》，载于《学校党建与思想教育》2011年第4期，第35～36页。
⑥ 曹文泽、龚波：《从中外比较看我国高校廉政文化建设的策略》，载于《中国高等教育》2010年第1期，第19～20、27页。
⑦ 马西平、李春科：《高校廉政文化建设的现状及对策研究——以西安部分高校为例》，载于《西北工业大学学报（社会科学版）》2010年第30卷第4期，第105～108页。

校廉政文化建设的长效机制是重要途径。对于如何构建廉政文化建设的长效机制，学者们从不同的角度进行了深入探讨，并取得了一系列的成果。例如，有学者指出构建廉政文化建设的长效机制需从以下几方面展开：一要建立健全领导和监督机制；二要落实廉政文化建设责任制；三要建立廉政文化学习制度；四要建立高校廉政文化理论研究机制；五要构建激励引导机制；六要构建利用地方红色文化资源进行廉政教育的长效学习、实践、评价和奖惩机制①。还有学者从不同的角度提出了长效机制的构建，他们指出从建立反腐败组织结构、运作及文化宣传制度、各类校内民主和校内监督制度以及管理制度等方面来构建廉政文化建设的长效机制。除上述机制之外，还有学者提出了统一领导机制、管理实施机制、保障支持机制②、反馈机制③等。

综上所述，目前对于如何加强高校廉政文化建设，学者们各抒己见，提出了不同的方法策略，包括廉政文化基础建设方面、体制机制建设方面、精神文化建设方面、廉政教育体系构建方面以及廉政文化环境建设方面等。已有研究系统提出了推进高校廉政文化建设的路径，但对于教育系统如何加强廉政文化建设的研究相对较少，且现有研究提出的构建路径相对忽视了教育系统这一特殊系统廉政文化建设的特殊性，对其廉政文化建设针对性与实效性如何提高关注相对较少，还有待进一步研究。

四、关于廉政文化建设实效性与针对性的相关研究

廉政文化建设是廉政建设的重要内容，只有紧紧抓住针对性和实效性这两个关键问题，着力发挥廉政文化的导向、凝聚、教育和规范作用等，才能深入持久地推进廉政文化建设在继承中创新、在创新中发展④。

（一）提高廉政文化建设实效性与针对性的相关策略研究

1. 廉政文化教育研究

只有提高廉政文化建设的针对性，做到因人、因事、因时、因地而采取相应

---

① 居继清、余维祥、王丽：《关于高校廉政文化建设的思考》，载于《学校党建与思想教育》2011年第31期，第87~88页。

② 汪平玲、王龙建：《高校廉政文化建设存在的问题及对策研究》，载于《商业文化（下半月）》2011年第2期，第279~280页。

③ 李进宏：《高校廉政文化建设的机制构建》，载于《武汉理工大学学报（社会科学版）》2011年第24卷第4期，第539~542页。

④ 蒋文兰：《廉政文化建设要突出针对性和实效性》，载于《中国监察》2010年第3期，第38~39页。

的方式和方法，才能使廉政文化建设取得良好的社会效果。从目前已有文献的情况来看，这方面的研究主要是从廉政教育入手展开的。

第一，针对不同的教育对象开展教育活动做到因人施教。包括从准确把握领导干部思想脉搏入手，大力加强领导干部反腐倡廉教育；持续开展多形式、多层次、活色生香的学习宣传教育活动，提高党员干部的廉洁从政意识；强化群众廉政意识，营造立体廉政氛围[①]。

第二，针对出现的不同问题开展教育活动，做到因事施教，包括把反腐倡廉教育贯穿于领导干部的培养、选拔、管理、使用等各个方面；完善廉政文化的监督体系，强化事前监督、事中监督和事后监督；利用"制度反腐"和"文化反腐"的双重作用，把制度建设贯穿于廉政文化的全过程[②]。

第三，针对不同的阶段和时机开展宣传教育活动做到因时施教，包括以开展机关作风整顿活动为契机，开展宣传教育；利用重点文件出台之时着力宣传；开展反腐倡廉主题教育和廉政文化建设系列活动等[③]。

第四，针对不同的领域和阵地开展宣传教育活动做到因地施教，各单位、各社会组织的构成不同，且各具特色，因此，确定教育主题、安排计划步骤应有所区分、各有侧重，避免使一些干部群众产生抵触情绪，影响教育效果[④][⑤]。

2. 政策体系相关研究

加强廉政文化建设要有针对性和实效性，需要从制度和措施入手，建立廉政文化建设针对性和实效性的政策体系，可从根本上保障廉政文化建设的有效、顺利开展，使廉政文化建设更加深入扎实，做到组织到位、规划到位、投入到位、指导到位、落实到位[⑥]。

政策体系主要包括以下四个方面：第一，完善选人、用人体系，廉政文化建设工作开展得好与坏，在某种程度上取决于人力资源情况，因此，各工作岗位在选人、用人方面要严格把关；第二，加大监管力度，纪检、审计部门的工作人员要把廉政文化建设当成日常性工作来抓，对所负责的区域内不同行业的各个单位

---

① 邓兴明、姚蔚：《高校廉政文化建设与惩防体系构建》，载于《国家教育行政学院学报》2007年第3期，第72~74页。
② 孙宇凡：《大理白族自治州廉政文化建设的民族文化特点》，载于《大理学院学报》2010年第9卷第3期，第39~42页。
③ 高峰：《略论如何增强廉政文化的针对性和实效性》，载于《中共成都市委党校学报》2008年第6期，第69~72页。
④ 李强、张利生、张坚、王卫平、章世辉：《福建廉政文化建设的实践与思考》，载于《福建医科大学学报（社会科学版）》2010年第11卷第2期，第1~7、65页。
⑤ 张卓梅：《提高廉政教育针对性、实效性的路径分析》，载于《魅力中国》2011年第6期，第135~136页。
⑥ 臧献甫：《增强反腐倡廉教育的针对性和实效性》，载于《求是》2009年第5期，第42~43页。

要经常性地进行审计、检查；第三，运用经济手段，有些领导干部及工作人员往往利用工作之便获取一些灰色收入，出现这种现象的原因除了各级领导干部的自身素质外，还与其个人的囊中羞涩有关；第四，开展廉政建设考核评比工作，与对领导班子和干部考核、工作目标考核、年度考核等结合进行，也可以组织专门考核，同时注意考核过程应与民主评议、民主测评领导干部相结合，广泛听取党内外群众的意见，并根据评比考核结果进行奖惩等[1]。

从目前的研究现状可以看出，学者对廉政文化建设实效性和针对性的策略研究较为广泛，涉及廉政文化教育、体制政策建设、社会廉洁环境营造等多个方面，且每一方面都进行较为详细和深入的思考，为提高廉政文化建设的针对性和实效性产生积极的影响。但各行业、各部门廉政文化建设的特点和问题迥异，为此，我们必须进行关于具体部门和行业廉政文化建设实效性和针对性的相关研究。

（二）对廉政文化建设进行评估的相关研究

廉政文化建设成效的测度与评估，是廉政文化建设的重要内容。如何增强廉政文化建设成效考核的科学性、客观性、公正性，是近年来党风廉政建设领域理论研究的重点和难点问题之一。目前这方面的研究总体不多，但出现了一些优秀的研究成果。

1. 廉政文化建设评估的原则

科学合理的考核评价激励对于推动廉政文化建设健康发展具有重要作用。然而廉政文化建设具有许多"软"性因素，不能简单地靠"硬件"来说明。因此，建立健全廉政文化评估应注重三个方面的原则：一是要体现硬性指标与软性指标相结合、廉政文化建设与廉政实践成效相结合、共性要求与分类指导相结合的原则，制定好考核评价标准；二是要组织好成效评估的活动，既要有廉政文化建设的领导机关及其工作人员，又要有一定数量的群众代表参与，且在评估时要听汇报、看材料、察现场等多种途径充分听取各方面的意见；三是要发挥好成效评估的促进作用，不仅要对廉政文化建设中涌现出的先进典型进行表彰，对工作进展不力、效果不佳的也要进行通报批评[2]。

2. 廉政文化建设考核量化指标体系

对廉政文化建设的过程和结果进行严格的考核和督查，研究制定廉政文化建

---

[1] 王立岩、张贺明：《论廉政文化建设针对性和实效性的制度和措施》，载于《辽宁经济管理干部学院（辽宁经济职业技术学院学报）》2011年第5期，第35～36页。

[2] 周云华、杨国春：《论廉政文化建设长效机制的构建》，载于《湖南社会科学》2008年第2期，第5～7页。

设检查考核量化指标，有利于准确把握廉政文化建设的状况和成果，及时发现问题、落实纠偏或调适措施，使廉政文化建设注重实效、体现实效①。随着这方面研究的不断深化，目前已有学者设计出具有一定可操作性的廉政文化建设评价体系。该廉政文化建设测度评价指标体系的构建以准确描述实际进程、客观评估执行成效、为制度建设提供导向为目标；指标设置中兼顾廉政文化建设投入和产出的独特性，既注重直接效应也考虑间接效应，同时强化群众参与力度的衡量与评价；指标体系的框架包括投入能力、推进能力、直接效果和社会及经济效益四方面指标；另外，还进一步指出测评体系的运用还需指标权重的确定、测评方法的选择等工作的有效配合②。这为揭示当前我国在进行廉政文化建设过程中所存在的不足及深层次问题，进而制定相应的政策法规与对策建议、更为科学地谋划与推进廉政文化建设提供了科学合理的量化依据。

3. 廉政文化建设的优化策略

有学者尝试运用经济学方法，假定反腐倡廉的总体成效由廉政文化建设工作量与其他反腐倡廉工作量共同决定，且廉政文化建设工作量、其他反腐倡廉工作量的增加，均将使反腐倡廉总体成效提升。首先建立起反腐倡廉成效函数，并进一步引进"反腐倡廉等成效线"和"反腐倡廉等投入线"的概念，进而建立廉政文化建设与反腐倡廉其他工作两方面工作量的最优组合模型。在此基础上，该研究发现廉政文化建设确实存在一个资源投入的考量问题；廉政文化建设的投入可以采用科学的方法加以优化，通过合理调整廉政文化建设与其他反腐倡廉工作的工作量，可以达成反腐倡廉总体成效的最大化；优化廉政文化建设投入须以量化廉政文化建设及其他反腐倡廉工作的成效为前提，等等③。

综上所述，目前对廉政文化建设进行有效评估的相关研究具有很大的创新性和理论性，出现这种现象的原因大致可分为两点：一是由于文化本身的特点，对文化建设的考评比较困难；二是目前的廉政文化建设多停留在表面，对其实效性的关注不够，绩效考评因此较少。但已有的相关研究表明廉政文化评估已引起学者的关注，且无论是廉政文化建设考核量化指标体系，还是廉政文化建设的优化投入都对廉政文化建设实践具有重要的理论价值和参考意义。因此，关于廉政文化建设评估的研究还有待进一步深化和广泛展开。

---

① 余海鹏、程剑锋：《基于企业文化的廉政文化建设探析》，载于《价值工程》2010年第29卷第7期，第35~36页。
② 马娟：《廉政文化建设评价指标体系的构建》，载于《南通纺织职业技术学院学报》2010年第10卷第3期，第81~85页。
③ 管怀鎏：《廉政文化建设优化投入问题研究》，载于《廉政文化研究》2010年第1卷第3期，第15~20页。

第四节 研究思路与研究框架

一、研究思路

本研究充分借鉴国内外教育系统廉政文化建设的先进经验，在把握教育廉政文化价值理念的基础上，深入分析提升我国教育廉政文化建设的理论基础、体制机制和方法策略，从而提高当前教育系统廉政文化建设的实效性与针对性，助推防腐与育人体系的构建。

一方面，全面调研教育系统廉政文化建设的成效及存在的问题，并从国家、社会、学校和个人四个维度分析影响教育系统廉政文化建设的主要因素，从而科学判别我国教育系统廉政文化建设的主要症结、主要表现及其影响因素。另一方面，从防腐和育人两个维度，深入剖析教育系统廉政文化建设的理论基础，力求揭示影响教育系统廉政文化建设的关键变量与形成机制，并广泛吸收古今中外教育廉政文化建设的经验与启示，探讨如何深化教育系统廉政风险预警防控机制建设和长效机制建设以及以"育人"为目标的教育系统廉政文化培育。

特别值得注意的是，围绕提高教育系统廉政文化建设的实效性和针对性这一总体目标，在教育廉政文化长效建设中如何形成相应的考评调适体系十分重要。为此，本研究将教育系统廉政文化建设的评测指标体系纳入长效机制建设框架展开探析，为教育系统廉政文化建设提供助力。

二、研究框架

本研究主要从六个方面展开。第一，从当前我国教育系统廉政文化建设的主要成就、存在的主要问题和影响教育系统廉政文化建设的主要因素等三个方面介绍了教育系统廉政文化建设的基本经验与主要问题。第二，从马克思主义经典理论、中国化的马克思主义理论、党的十八大以来中国化的马克思主义廉政文化思想和西方教育系统廉政文化建设理论等四个方面呈现了教育系统廉政文化建设的基础理论与价值理念。第三，从教育廉政文化建设的国际比较、我国传统教育廉政文化的历史启迪与我国教育廉政文化建设的策略选择这三个角度分析了教育系统廉政文化建设的国际经验与中国政策研究。第四，从完善廉政风险预警防控、强化教育系统权责清单管理与廉政风险排查和构建"制度+科技+文化"三位一体防御体系来深化教育系统廉政风险预警防控机制建设。第五，从重要意义、基本原则、长效保障机制、长效推进机制、评估激励机制五个方面对教育系统廉政文化长效机制建设展开论述。第六，从教育系统廉政文化培育的理路、目标与原则、解析和实施路径这四个方面来强化以"育人"为目标的教育系统廉政文化培育。具体框架如图1-1所示。

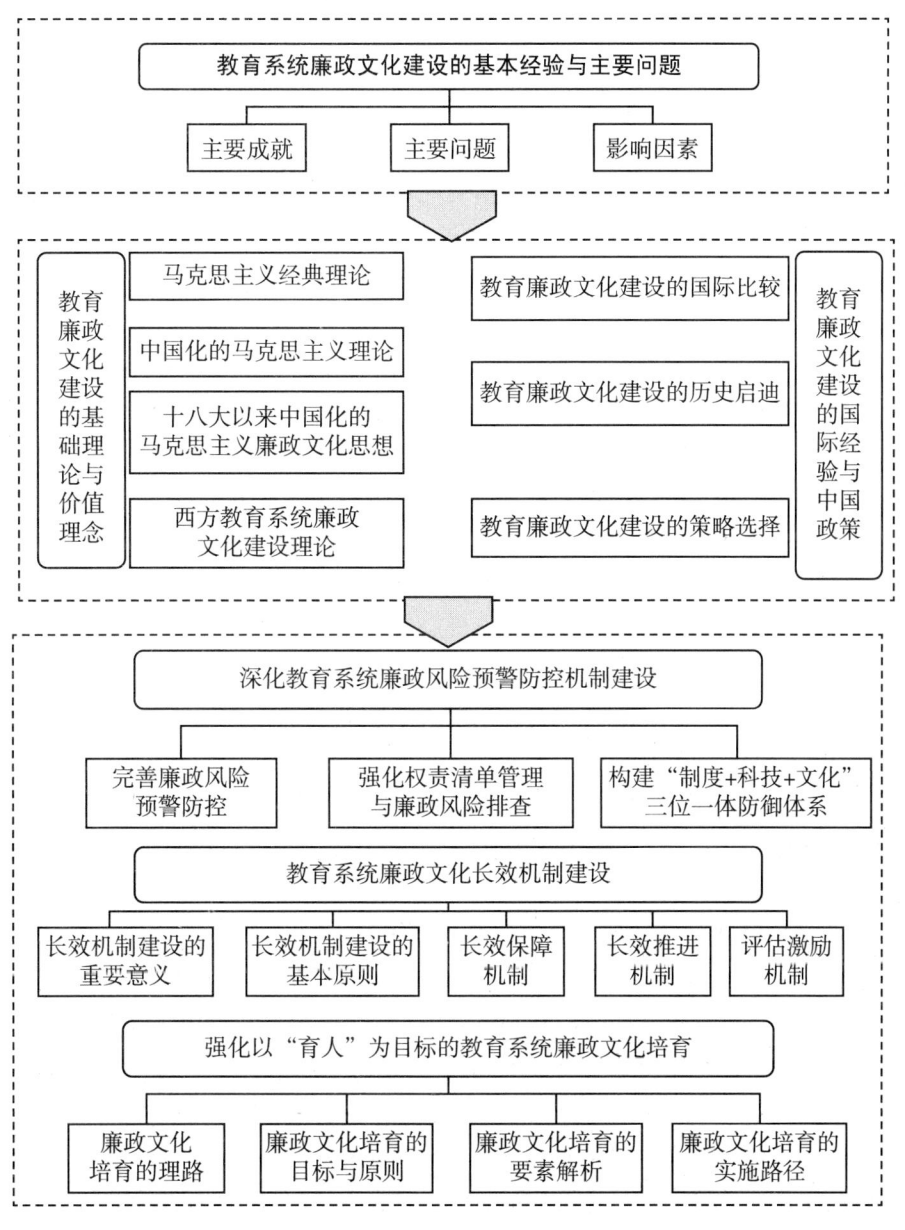

图1-1 教育系统廉政文化的基本经验与主要问题

第五节　研究方法与数据来源

一、研究方法

教育系统廉政文化建设的复杂性、艰巨性和独特性对研究方法提出了更高要求，为了更深入推进研究工作与破解研究问题，主要采用以下研究方法。

1. 注重调研分析，强化问题针对性与实效性

本研究十分注重研究问题的针对性和实效性，为此，开展了大量的调研，并采用了定量研究和定性研究相结合的方法，以收集更为丰富的第一手材料。如，为了全面客观地了解与反映教育系统廉政文化建设的成效及存在的问题，一方面，本研究以教育系统工作人员、在校学生以及社会大众三类不同群体作为研究对象，在2014年1月~10月间，选取了华北、东北、华东、中南、西南、西北等地区15个省（市、区）进行调查，回收有效问卷2 957份，另一方面，对参加教育部校长培训中心培训的6个班的学员（中小学校长、幼儿园园长）以举行座谈会的形式进行专题座谈，课题组成员到教育部、北京、上海和浙江、江苏、湖南等省市以及到国外及港澳台地区访学时，对教育主管部门分管领导进行深入访谈，并去不同类型的学校参与所开展的廉政文化建设活动；针对教育廉政文化长效建设中的考评指标体系合理制订问题，课题组于2015年11月~2016年3月在全国318所中小学及高校进行了测试并做了问卷调研，根据调研结果对考评体系进行优化；为了深化教育系统廉政风险预警防控机制建设研究，课题组于2015年11月对全国100余所高校纪委书记、纪委副书记、监察处长等259位局处级干部展开了问卷调查，等等。

2. 广泛查阅资料，拓展研究的深度与广度

本研究非常注重汲取古今中外现有的教育廉政文化研究思想、理论成果和实践经验，为此，课题组查阅、研究和分析了大量资料。比如，在教育廉政文化建设理论研究中，分析了经典作家对资本主义社会腐败现象的批判和对社会主义"廉政政府"的构建思想，系统梳理了新民主主义革命以来我国马克思主义廉政文化思想、十八大以来中国化的马克思主义廉政文化思想和西方理论中涉及教育系统廉政文化建设的大量思想文化资源；在教育系统廉政文化建设的国际经验研究中，系统查阅了欧美发达国家和我国香港、澳门地区关于教育领域防腐、育人的大量制度文件、报刊和研究论文，对美国的道德立法、韩国日本等国的公职人员伦理法、德国等国的廉政道德承诺制度、日本的"耻感文化"、新加坡的"共同价值观"、北欧国家的廉政文化和德国、美国、中国香港的教育防腐规制体系以及英国高校的反腐治理规制、澳大利亚的科研经费防腐治理规制进行了较为全面的梳理。

3. 理论研究与实践调适相结合，注重研究的可行性

作为一项对策研究，研究的可行性十分重要，为此，研究者尝试在理论研究过程中将部分成果投入实践测试的方法以调适完善理论成果，使得最终的研究成果更具可行性。比如，在评测指标体系的构建研究中，课题组先以理论为依据构建了"学校廉政文化建设指标评测体系"，然后将该测评体系投入实践试点运用，并跟踪调查分析，发现该指标体系对高校区分度更好，同时在中东部沿海城市的适用性更高，这提醒了研究人员对于偏远和欠发达地区的廉政文化建设要更加考虑实际情况，对于高校和中小学等不同类型的教育机构也需要采用不同的测评体系。课题组据此对评测体系做了一些调整，以增强研究的可行性。

二、数据来源

本研究的数据来源除了教育部、各级政府和教育主管部门发布的统计数据外，主要来源于调研得到的第一手数据。为了保证研究的针对性和实效性，课题组先后开展了三次问卷调查：一是关于教育系统廉政文化建设的现状，在全国15个省（区、市）对教育系统工作人员、在校学生以及社会大众这三类不同群体分别进行调查（有效样本2 957份）；二是针对"教育廉政文化长效建设中的考评指标体系"在全国318所中小学及高校测试；三是"深化教育系统廉政风险预警防控机制建设"对全国近100余所高校纪委书记、纪委副书记、监察处长等259位局处级干部进行的问卷调查。课题组对以上三次问卷调查的数据加以录入，形成了课题的总数据库。对问卷调查中开放式题目的回答，也进行了分类整理。

此外，课题组还与党政实体部门（教育部纪检组、上海市纪委）和教育部门（上海市教委、教卫党委、教育部中学校长培训中心等）合作共同研究，展开了深入的实地调研，还通过专访和座谈会形式搜集第一手资料，并及时形成记录。其中，课题组成员在出访美国、日本、韩国、中国台湾等国家和地区期间，就专门与当地司法部门、教育主管部门、中小学及高校等进行交流，掌握了近年海内外教育廉政建设的大量前沿经验，同时，积极搜集有关的中小学教材、课程安排、制度文本等文献资料，确保课题顺利推进。

第六节 本研究的重点内容

一、教育系统廉政文化建设的双重使命

当前教育廉政文化建设已成为社会主义核心价值观建设、完善惩治与预防体系等的重要内容,但仍面临不少问题,严重影响建设成效。这些问题至少表现为四个"困惑":

困惑一,廉政制度建设是否比文化建设"更重要、更见效"。近年,教育系统围绕经费使用、设备采购、基础建设等关键部位与关键领域的制度约束不断增强,廉政风险点大量减少,发生在教育系统的职务犯罪案件数占全国职务犯罪案件总数的比例呈下降状态。因而不少人认为,相对而言,教育廉政制度建设比文化建设更为重要、更易见效。但实际上,这种认识具有一定"局限性",忽视了教育廉政文化建设的长效作用。长远来看,随着教育改革深广度的增强,教育资源配置中新的风险和不廉洁因素将不断增加。例如,调研发现,不少地方中小学财务改革后,学校腐败情况大幅下降,但却产生风险集中上移、设施设备质量下降、部分领导干部态度松懈等新问题。显然,仅仅依靠廉政制度建设并不足以应对层出不穷的新情况新风险,廉政文化建设内生性拒腐防变作用难以替代。

困惑二,经济部门廉政文化建设是否比教育系统更紧迫。当前,教育廉政文化建设的内生需求尚显不足,有的领导干部认为,与经济部门、权力部门相比,教育系统面临的贪腐情况相对不甚严重,廉政文化建设并不迫切,学校讲廉政建设是"小题大做",故而产生廉政文化建设可有可无、与己无关的错误认识。不少教育机构将廉政文化建设置于边缘位置,仅靠有关主管部门"一厢情愿"地推动,简单搬抄上级文件或规定,缺少结合自身特点的合理延伸、阶段目标和具体措施,廉政文化建设与实际效果"两张皮"等现象广泛存在,例如,有的学校廉政文化建设流于形式且只在"廉政月"等期间开展。究其原因,主要在于对教育系统反腐倡廉工作复杂性与紧迫性的误判,以及对教育廉政文化建设战略意义的浅解。

困惑三,领导干部腐败该不该让学生"吃药"。有关"领导生病,学生吃药"的争论是教育廉政文化建设中的又一常见困惑,即认为教育系统中易于滋生腐败的主要群体是领导干部,因而廉政文化建设应当针对领导干部展开,而非针

对学生，否则教育廉政文化建设既有失公平，也难以取得成效。同时，一些师生也认为廉政主要是领导干部的事情，与自己无关。某种程度上，这种认识是对教育廉政文化建设的曲解，教育廉政文化建设的意义不仅在于提高领导干部的拒腐防变能力，更在于引导下一代树立正确的道德观念与价值准则，这也正是教育系统有别于其他系统廉政文化建设的重要特点所在。

困惑四，教育廉政文化建设会不会加重学生负担、影响教学质量。教育廉政文化建设与学校教学之间的融合不断加强，以青少年廉洁教育进教材、进课堂、进头脑的"三进"活动为主渠道，教育系统内部与外部的资源正积极展开整合，涵盖不同教育机构以及广大教师、学生、家庭、纪检部门、文化设施、社会组织等多样主体，共同提升教育廉政文化入耳、入脑、入心的效果。对此，有的人担忧，廉洁文化教育是否可能加重学生课业负担，甚至部分教师与家长存在"学校进行廉洁文化教育会影响升学"等忧虑。

实际上，上述困惑所反映出的对教育系统反腐倡廉工作复杂性与紧迫性的误判，以及对教育廉政文化建设战略意义的浅解，究其根源，关键在于对教育系统廉政文化建设使命这一根本问题的模糊认识。使命是教育系统廉政文化建设的根本性问题，只有明确使命才能明确廉政文化建设的指导思想、基本原则、发展方向以及战略目标，而使命的确立必须以准确把握教育系统特殊性为前提。本研究依托调研以及国内外经验做法的研究，对我国教育廉政文化建设的主要特点与任务要求等进行探讨，明确提出贯穿整个研究过程的核心观点："防腐"与"育人"正是教育系统廉政文化建设的双重使命。

其中，"文化防腐"是构建教育系统反腐倡廉的潜在防线。防腐本身就是廉政文化建设的使命所在。但与其他部门或系统相比，教育系统构建廉政文化防腐的柔性防线必须准确把握文化防腐的普遍规律与自身的独特情况，至少需要关注以下三个方面：第一，在腐败特点方面更具复杂性。一方面是显性腐败与隐性腐败交织。另一方面是短期危害与长期危害交织。教育系统在国家发展与治理现代化中的基础性，决定了教育系统腐败危害的严重性，分别在短期与长期产生影响。从短期来看，教育腐败损害教育公平，干扰正常的教育秩序；从长期来看，教育腐败更将给下一代造成一种扭曲的观念，即教育中的不公平现象是正常的，通过欺诈和贿赂换前程是可以接受的，导致"腐败繁殖"，并且随着时间的推移，使教育腐败愈发严重。第二，在防腐对象方面更具多样性。从机构类别来看，教育系统包括教育行政部门和高等教育、基础教育、成人教育、职业教育等，不同教育机构腐败特点与防腐重点不尽相同。从群体类别来看，教育廉政文化建设的主要群体通常包括领导干部、教师与学生，其中，前两者是文化防腐的主要群体。第三，在参与主体方面更具公众性。教育系统在廉政文化建设全局中处于特殊位置，与纪检部门、社会组织、文化机构、家庭成员等联系密切。目前，教育廉政文化建设已实现从"党政齐抓，思想宣传、纪检监察、组织人事、学生工作等部门共管"到"相关工作部门各负其责、广大干部师生共同参与"的提升，未来更应进一步促进教育系统内部与外部联动网络的双重整合，促进教育廉政文化防腐的多方参与，形成文化防腐合力。

"文化育人"是青少年廉洁价值理念的内生培育，是教育廉政文化建设更为重要且难以替代的使命所在。立足于我国实际情况，借鉴与汲取海内外廉政文化育人的先进经验，进一步增强教育系统廉政文化建设在育人中的重要作用，至少应着力推进以下六个方面：一是树立科学的廉政文化育人目标框架；二是促进传统文化与现代实践有机结合；三是根据不同年龄段特点采取针对性策略；四是以载体创新催化文化育人内生活力；五是在持续改进中推动文化育人长效发展；六是建立完善教育廉政文化育人的考评监测。[①]

事实上，在后面的各项研究中，"防腐"与"育人"这一教育系统廉政文化建设的双重使命均得到贯彻和落实，无论是教育系统廉政文化建设育人环境的调研、教育系统廉政文化防腐的长效机制建设还是教育系统廉政文化培育的实施策略都紧紧围绕"双重使命"展开。

二、教育系统廉政文化建设的育人环境

教育系统廉政文化建设的育人策略是本研究的重点问题，而育人策略的制定前提是全面客观地了解当前教育系统廉政文化建设的育人环境。其中最为重要的环境包括：现阶段我国教育系统廉政文化建设的认知现状、实践状况以及对国外廉政的经验感知等基本情况；我国教育系统廉政文化的主要成就、基本经验与主要问题；影响教育系统廉政文化建设的主要因素等（本部分内容主要在第二章展开）。

在教育系统廉政文化建设的实践中，教育系统廉政文化建设的主要对象是教师、学生还是学校领导、行政人员，这个问题一直以来就是争论的焦点，因此，对于该问题的准确定位必将极大地影响教育系统廉政文化建设的开展。从现阶段我国教育系统廉政文化建设的认知现状调研来看，有几个现象值得重视：一是大多数受访者认为教育系统廉政文化建设的主要对象是学校领导、教师和行政人员，只有极少数人认为学生需要接受廉政教育，一定程度上反映出社会对教育系

[①] 罗国振、虞阳：《防腐与育人：教育系统廉政文化建设的双重使命》，载于《全球教育展望》2014年第12期。

统廉政文化"育人"使命缺乏认同；二是绝大多数受访者都将廉政内涵与"不贪污受贿""不以权谋私""诚实守信"相联系，而对于"爱岗敬业""勤俭节约"等内容的关注还不够多，一定程度上反映出受访者对廉政文化内涵认识的局限性；三是受访对象对于教育系统廉政文化建设更看重提升道德水准、提高法纪意识和培育廉洁氛围等中长期目标，对于树立廉洁标准与预防腐败滋长的短期目标认识不足；四是社会大众和在校学生在观念上基本能够认识到学校开展廉洁教育活动的重要性，但对学生而言，作弊似乎是一件十分具有诱惑力的事情，甚至有高达60%的学生有过作弊的想法或者经历。针对学生的廉洁教育没有引起足够重视，这在现阶段我国教育系统廉政文化建设的实践现状调研中得到了证实。调研表明：廉洁教育在我国学校教育中并没有引起足够的重视，校园中"经常有"廉洁教育活动的仅为少数，"偶尔有"和"不记得"则占比重较大，甚至还有学校"完全没有"，即使有廉洁教育活动，多数学校仅仅抱着"完成任务"的心态敷衍了事。不仅学生在学校很少接受廉洁教育，家庭中的廉洁教育同样缺失，只有18.6%的受访者接受过家庭廉洁教育。这些现象令人担忧，更给教育廉政文化建设的实效性和针对性建设带来极大困扰，因此亟须研究和实践扭转。

尤其值得注意的是，中国特色社会主义廉政文化以"务实、为民、清廉"为核心价值取向。但是在实际的调查中，我们发现受访者对于廉政文化的理解不够深刻，甚至还存在一些误区。主要表现在三点：一是对于廉政以及廉政文化的理解比较狭隘，常常用"廉政"与"贪腐、受贿"的关系来理解廉政文化；二是不同群体之间对廉政文化的理解侧重点存在差异，除"不贪污受贿"作为一项共同理解的维度外，在校学生对于廉政文化的理解偏向于"诚实守信"（20.2%），而社会大众（18.7%）与教育系统工作人员（21.5%）则偏向于"不以权谋私"[①]；三是不同收入状况的人群对廉政文化的理解也存在一定的差异，较低收入与较高收入的受访者都比较认同廉政文化的"诚实守信"方面的内涵，而收入处在中间阶段的受访者则更加倾向于"不贪污受贿"的含义。这种认识上的问题在国家不断倡导推进廉政文化建设的空间内极容易形成某种抵制与对抗，给廉政文化建设带来诸多消极影响，对于廉政文化建设的实效性大打折扣。

另外，作为教育廉政文化建设的实效性和针对性研究，我们十分关注当前廉政文化建设的实效性。但调研结果确实不容乐观：当前我国的教育系统廉政文化建设大多流于形式，或脱离实际勉强应付，或缺乏创新单调说教，使其难以成为主流价值观教育的核心议题并深刻地影响师生的思想和行为。如，有些学校"上级怎么唱，学校怎么跳"，由于对廉政以及廉政文化的认识不到位，这些学校把

---

① 教育系统廉政文化建设调查（2014年）数据库（汇总版）。

廉政文化等同于廉政文艺，以举办一些与廉政文化建设为主题的文化汇演或者文化宣传来应付考核和评价，并不会真正关心是否"进入大脑""深入内心"。还有不少学校的廉政文化活动往往停滞于临时性、象征性、应付性阶段，缺乏廉政文化建设的意识化、常态化、长效化、制度化机制，更有一些学校的廉政文化教育被赋予了浓厚的思想政治说教色彩，缺乏感染力与亲和力，更难以取得相应的教育效果。

　　该部分的研究使我们对教育系统廉政文化建设现状，尤其是存在的问题有了更为清晰的认识，成为后面展开长效反腐机制研究和廉政文化育人策略设计的坚实基础。

三、教育系统廉政文化防腐的长效机制

　　对教育系统廉政文化防腐的长效机制的探讨是贯穿本研究始终的核心问题，如何通过科学管理切实提高廉政文化建设的实效性与针对性更是廉政文化建设中的重要难题。为此，本研究从三个问题入手深入展开。

　　一是我国建设教育系统廉政文化长效机制的理论基础是什么？这是本研究要着力研究的重点问题之一（本部分内容主要在第三章展开）。而廉政文化建设在中外都有很多可资借鉴的理论，如何充分吸收古今中外的廉政文化思想和理论十分重要。其中，集中梳理我国的马克思主义廉政文化思想，尤其是十八大以来的廉政文化建设实践意义十分重大。例如，党的十八大以来，我们党着眼于新的形势任务，把全面从严治党纳入"四个全面"战略布局，以习近平同志为核心的党中央把加强廉政文化建设同廉洁政治、廉政价值理念、廉政教育、廉政制度、廉政监督等结合起来，充分发挥广大人民群众的积极性和创造性，让廉洁理念深入社会各个领域，在全社会形成以廉为荣、以贪为耻的良好风尚，逐步形成中国特色的廉政文化体系，着力构建不敢腐、不能腐、不想腐的体制机制。这一系列实践成为本研究需要着力总结和消化的理论源泉和思想宝库。同时，西方民主法治理论中的权力制衡思想和多元治理理论、社会资本理论、公共行政理论等也值得认真梳理和总结借鉴。如，多元治理理论对我们研究教育系统廉政文化提供了诸多启发。治理的目标是"善治"，本质特征"就在于它是政府与公民对公共生活的合作管理，是政治国家与市民社会的一种新颖关系，是两者的最佳状态"，要求有关的管理机构和管理者最大限度地协调各种公民之间以及公民与政府之间的利益矛盾，使公共管理活动取得公民的认可，在善治状态下，公民有权获得与自己的利益相关的政府政策的信息，包括立法活动、政策制定、法律条款、政策实施、行政预算、公共开支以及其他有关的政治信息，同时，善治也强调行动者能

够为自己的行为担责。多元治理理论的探讨表明传统的教育系统廉政文化建设不能固守行政思维、停留在"管"的层面，而应该实现向廉政文化治理的转变。

二是古今中外有哪些值得我国借鉴的教育系统廉政文化建设的实践经验？这是本研究要着力研究的另一个重点问题（本部分内容主要在第四章展开）。客观而言，海外涉及教育廉政文化建设的实践经验很多，如美国的道德立法，日本、韩国等国的公职人员伦理法和德国等国的廉政道德承诺制度；同时，我国的传统廉政文化教育思想也有诸多不容忽视的启示作用，最为重要的有选贤任能的教育廉政实践、廉政职业教育实践、廉政社会教育实践等。如，芬兰科学院的项目申请要求主持人签字承诺保证经费用于研究项目、及时汇报经费使用情况并遵守芬兰国家研究道德规范委员会的规章制度三个方面，同时要求课题所在研究机构签字承诺课题经费专款专用、年终呈报经费使用情况并遵守芬兰国家研究道德规范委员会的规章制度，若课题组人员有违相关规定，要及时报告芬兰科学院等两项。另外，在项目评审时，在研究计划评估的4个问题中也包括道德问题1项，申请者对该问题的回答对项目立项具有重要影响。再如，柏林州审计局对州教育部进行了腐败风险评估，不同风险程度的部门使用贴有不用颜色标签的信封，红色标签代表风险高，绿色标签代表风险低，以此类推。根据评估结果，教育部人事处、法律咨询处贴上了绿色标签，采购部贴的是红色标签（一般物资采购贴淡红，大宗物资采购贴艳红），有决定权的人（如部长、各部门负责人）以及教师资格审核部门贴的也是红色标签。通过这些措施，时刻提醒那些在高风险领域工作的人要谨慎用权。

三是如何有针对性地构建教育系统廉政文化建设的长效机制？这是本研究的主要任务。基于中外廉政文化建设的经验，廉政风险预警防控是建设廉洁教育生态的关键，其中，教育系统权责清单管理、廉政风险排查，整合廉政制度、廉政文化和现代信息技术的优势对于化解廉政风险十分重要，因此也成为本研究的重点之一（本部分内容主要在第五章展开）。对此，本研究提出了"制度＋科技＋文化"三位一体进行廉政风险预警防控机制建设的理念和方法，强调制度为本、科技管控和廉政文化支撑的综合作用，推进权力公开透明运行，加强预警防控，提高制度执行力，以"三重一大"（重大事项决策、重要干部任免、重要项目安排、大额资金的使用）、"三招三费"（招生、招聘、招投标，教育收费、科研经费、三公经费）为监督重点，严把招生录取、基建修缮、物资采购、财务管理、科研经费等十个关口，努力形成"管理防控有制度、岗位风险有提示、实施过程有监控、监督检查有办法、化解风险有措施"的廉政风险防控长效机制。然而，廉政风险的防控只是廉政文化长效机制建设的其中一个环节，还需要廉政文化建设的长效保障机制、长效推进机制和评估激励机制等多种机制配合起来才有效果。如何保障多种机制的协同推进成为本研究的重点，也是一个难点（本部分内容主要在第六章展开）。为此，本研究提出应该以各级教育行政部门的管理者、各类教育机构（学校）的管理者为教育系统廉政文化建设的关键主体，以教师为核心主体，学生为重要主体，家长和其他相关利益为参与主体，社会公众为边缘主体，明确各主体在教育系统廉政文化建设中的地位和作用，形成教育廉政文化建设的共同愿景，建立责任清晰的教育廉政文化建设的治理结构。同时，学校的廉政文化教育必须转变模式，变"教书育人"为"全程育人""全方位育人""全员育人"，廉政教育的责任不能仅仅归于上课的教师或者"两课"教师、班主任和辅导员，整个教育系统都应对此承担责任，而且，育人对象不同，育人形式不同，其方法、手段、评价标准亦不相同。另外，教育系统的廉政文化建设，必须要主动适应网络社会的发展趋势，必须保持应对时代挑战的高度自觉，必须把加快推进廉政文化与网络媒体融合发展作为一项战略任务和紧迫任务。

四、教育系统廉政文化培育的实施策略

教育系统廉政文化建设担负着防腐与育人的双重使命，因此，除了防腐的长效机制建设之外，廉政文化的培育成为另一个主要研究任务（本部分内容主要在第七章展开），本研究也同样从三个方面深入展开。

一是应该以什么样的思路展开教育系统廉政文化培育？其中，最为核心的问题是教育系统廉政文化建设的特殊性是什么，这是本研究需要重点思考并解决的问题。本研究认为：首先，教育廉政文化建设的主体具有特殊性。在教育系统中，成员身份具有多样性，廉政文化建设的主体不仅指廉洁从政的教育系统党政领导与一般管理人员，也包括教师与学生，不同的主体在教育系统内廉政文化的生成与发展中发挥不同的作用，承担相应的义务与责任。其次，教育廉政文化内容的构成具有复杂性。教育系统廉政文化观念的主体具有多样性，包括领导干部、一般管理人员、教师以及学生，由于不同的主体基于其对应身份形成了关于廉洁从政的差异性的看法，不同主体廉洁观念层次的要求也不同；教育系统中的廉政文化观念具有时空跨度。从时间上看，教育系统中的廉政观念有指导当下内部人员行为的"现在进行时"，即在当前的教学、科研与管理活动中，校园人所秉持的廉政观念；同时也有关涉国家政治发展的"未来时"，即培育学生在未来的政治生活中所应当持有的廉政观念。从空间上看，教育系统中存在的廉政观念不仅指教育系统内部，同时也指教育系统外部的社会生活。最后，教育系统廉政文化场域的特殊性。教育系统这一文化"场域"承担着"育人"的职能与使命，同时，外部环境与教育系统内部的交互效应影响教育系统廉政文化生态等。

二是教育系统廉政文化的培育要素有哪些？其中，物质文化、精神文化、制度文化、行为文化培育要素的确定是本研究的重点。如，在良好的校园环境建设中，需要在发展满足广大师生衣食住行等生存需求的饮食文化、服饰文化、建筑文化和交通文化、发展满足师生舒适和健康需求的园林文化和发展对学校和广大师生至关重要的自我实现需求的文体设施和实验设备等的同时，将倡廉育人精神融入其中。廉政文化活动形式的选择还应与学校不同时期的活动重点相结合，如新生入学、期末考试，应着重强调廉洁的教风、学风；毕业、就业，着重强调廉政的党风与服务作风等。

三是教育系统廉政文化的培育如何实施？这是本研究的核心任务之一。其中，需要深入探析的问题包括如何在课程教学中实施廉政文化教育和如何在课堂之外的各个领域，如校园文化、教育管理、学术研究等实施廉政文化教育。如，按照《教育部关于在大中小学全面开展廉洁教育的意见》《中小学廉洁教育指导纲要》和《大学生廉洁教育读本大纲》等相关规定，在中小学思想品德类课程和高校思想政治课程标准中明确廉洁教育内容，专门安排课时师资，在具体实施的过程中，应从教学内容、教学方法，以及教师的教学能力上进一步贯彻落实；同时，在专业基础课程的教学活动中，教师可以结合专业课程的背景和知识，开展与之相关的廉政文化教育。另外，学生考核内容中可以关注廉政文化精神。以廉政文化教育中的"诚实守信"内容为例，学校可以拟定统一的考试诚信承诺文本，印在每份考卷的首页上端，考生签名后再答卷，对于不签名者不予批改；在日常的学生社会实践考核指标方面，可以将"光盘行动"等看作学生参与社会实践、履行廉政文化教育内容的具体行为，并将其纳入学生的日常德育素质考核标准之内等。

第二章

教育系统廉政文化建设的
基本经验与主要问题

腐败问题既是一个历史性问题，具有延续性，也是一个全球性问题，带有普遍性；同时，腐败如同垃圾与毒品，既具备蔓延性，又具备破坏性。[①] 改革开放以来，我国在取得巨大的经济社会建设的成就之时，也面临着日益严峻的腐败问题。当前，我国处于腐败的易发、多发期，且腐败的表现形式复杂多样。党的十八大报告指出："反对腐败、建设廉洁政治，是党一贯坚持的鲜明政治立场，是人民关注的重大政治问题。这个问题解决不好，就会对党造成致命伤害，甚至亡党亡国。"[②] 加强中国特色社会主义廉政文化建设的分量和力度，可以有效地挤压腐朽文化的生存空间，对于遏制腐败，促进党风、政风和民风的好转起着至关重要的作用。党的十九大报告特别强调了教育事业的重要性，指出："优先发展教育事业，加快教育现代化，办好人民满意的教育，推进教育公平。"在本章中，我们通过教育系统廉政文化建设的问卷调查统计，概括出了现阶段我国教育系统廉政文化建设的基本状况，包括认知状况、实践状况和对国外的经验感知状况等；在此基础上，总结了我国教育系统廉政文化的主要成就与基本经验，分析了当前我国教育系统廉政文化建设存在的问题。与此同时，本章还将从国家、社会、学校和个人四个维度分析影响教育系统廉政文化建设的主要因素。

[①] 王庭坚：《中国特色社会主义廉政文化建设研究》，湖南师范大学 2013 年博士学位论文，第 2 页。
[②] 胡锦涛：《坚定不移沿着中国特色社会主义道路前进，为全面建成小康社会而奋斗》，人民出版社 2012 年版，第 53 页。

第一节 当前我国教育系统廉政文化建设基本情况的调研分析

党的十九大报告指出："重点强化政治纪律和组织纪律，带动廉洁纪律、群众纪律、工作纪律、生活纪律严起来。"教育系统廉政文化建设已经成为优化当前教育环境的重要组成部分，同时也是政府和学术界十分关注的现实问题。教育系统廉政文化对于引领社会廉洁风尚、推动全社会的廉政文化建设具有根本性的重要意义，在廉政文化建设中具有举足轻重的地位。但是，目前专门针对教育系统廉政文化的研究较少，大部分研究不是针对高校廉政文化建设，就是针对中小学廉政文化推进，忽视了对教育系统廉政文化建设的整体性把脉。① 为了全面客观地了解与反映教育系统廉政文化建设的成效及存在的问题，本研究以全国教育系统（包括教育行政管理部门以及各类学校组织，即大中专院校、中小学及幼儿园等）工作人员、在校学生以及社会大众三类不同群体作为研究对象。第一，在问卷设计②中，以对廉政文化建设的认知、实践、制度、体制机制和国际经验借鉴等为主要内容，以感知、认同、目标、效果、路径等为维度或指标，并辅以若干开放性问题以得到更丰富、全面的信息；针对三类被调查群体的特点，问卷设计时在部分题目相同的前提下，又各有侧重。③ 第二，调查实施过程中，采取的是多阶段配额抽样的方法，最后形成了5个层级的抽样单元。抽样单位和逻辑层次依次为：东、中、西部（总体）→样本省级行政单位④→城市/县级区划→学校→个人5级抽样单位。在2014年1~10月间，选取了华北、东北、华东、中南、西南、西北等地区的15个省（自治区、直辖市）进行调查，共发放问卷3 200份，回收有效问卷2 957份，有效回收率为92.4%。其中，教育系统工作

---

① 罗国振、虞阳：《防腐与育人：教育系统廉政文化建设的双重使命》，载于《全球教育展望》2014年第12期，第72~81页。
② 在前期的资料梳理、专家访谈和师生座谈会的基础上，课题组形成问卷初稿，并预调研287份问卷，进行初步统计，针对发现的问题对问卷加以完善。
③ 针对教育系统工作人员、在校学生以及社会大众三个不同群体的特点，课题组设计了不同的问卷，在部分题目相同的前提下，又各有侧重，比如，社会大众的问卷侧重于其对教育系统廉政文化建设的印象、看法和建议，在校学生的问卷侧重于廉政文化建设的认知、实践及其效果，教育系统工作人员的问卷则侧重于认知、实践及体制机制等方面，并都设计开放性问题（结合自身的工作经历谈意见和想法等）以收集更多信息。
④ 作为最高一级地方行政区域，目前包括省、自治区、直辖市、特别行政区和新疆生产建设兵团。本次调查中的省级行政单位主要包括省和直辖市。

人员 832 份，大、中、小学在校学生 1 091 份，教育系统之外的社会大众（以学生家长为主）1 034 份。（1）教育系统工作人员包括学校（大、中、小学）的教师、行政人员以及教育行政部门的工作人员（832 份）。[①] 教育系统工作人员对教育系统内部的运行体系和运行机制相对熟悉，可以结合自身的工作经历谈相关的意见和想法。（2）在校学生（1 091 份）。在校学生是教育系统服务的主要对象，其发展状况是衡量教育系统工作的重要标准，因此，在校学生对学校的现实情况的评判对于深刻解析教育系统的工作有着重要意义。（3）教育系统之外的各类社会大众（1 034 份）。尽管他们与教育系统之间并没有非常直接的关系，但是对于教育系统的看法却可以视作社会印象的主要依据。通过对三类对象分别进行问卷调查及访谈，我们试图全面、客观呈现出目前教育系统廉政文化建设的各个方面的现状。

本章通过课题组所提供的相关数据分析，详细了解当前我国教育系统廉政文化建设的认知现状、实践状况以及对国外廉政的经验感知。

一、我国教育系统廉政文化建设的认知现状

认知现状所表现的是目前社会民众对于教育系统廉政文化建设内涵及其对象的主观认识。从廉政文化的真正内涵到廉政文化建设所应针对的对象，以及廉政文化建设应该实现怎样的目标等，这些都是针对社会民众对于教育系统廉政文化建设的主观认识，也是本次调查所要研究的基本问题和重要维度。

（一）对于教育系统廉政文化建设主体的认知状况

教育系统廉政文化建设的实践中，往往容易出现"领导生病，学生吃药"的现象，即认为教育系统中易于滋生腐败的主要群体是领导干部，因而廉政文化建设应当针对领导干部展开，而非针对学生，否则教育廉政文化建设既有失公平，也难以取得成效。同时，一些师生也认为廉政主要是领导干部的事情，与自己无关。教育系统廉政文化建设的主要对象是教师、学生还是学校领导、行政人员，这个问题一直以来就是争论的焦点，因此，对于该问题的准确定位必将极大地影响教育系统廉政文化建设的开展。通过了解不同群体对于该问题的看法和观点，也可以帮助我们更好地厘清廉政文化建设的主体问题。为此，课题组专门设计了"教育系统廉政文化建设的主要对象"这一问题。

[①] 本课题所调查的教育系统工作人员以学校（大、中、小学）的教师、行政人员为主，教育行政部门的工作人员相对较少。

根据多重响应结果显示，受访者对于廉政文化建设的主要对象有着较为统一的认识，87.5%的受访者认为学校领导应该是教育对象；其次则是教师和行政人员，分别是66.0%和63.0%；认为学生干部和学生应成为教育对象的比例只有17.5%和24.2%（见表2-1）。由此可见，教育系统工作人员、学生以及社会一般大众对于教育系统廉政文化建设的主要对象的认识没有太大分歧，学校领导、教师和行政人员被普遍认为是主要对象。

表2-1　　　　　教育系统廉政文化建设的主要对象

教育系统廉政文化建设的主要对象	响应 频率（次）	响应 百分比（%）	个案百分比（%）
学校领导	3 087	33.8	87.5
教师	2 326	25.5	66.0
行政人员	2 221	24.3	63.0
学生	853	9.3	24.2
学生干部	617	6.8	17.5
其他	35	0.4	1.0
总计	9 139	100.0	259.2

缺失个案21次，有效个案3 526次，合计3 557次

资料来源：教育系统廉政文化建设调查（2014年）数据库（汇总版）。

注：因为针对教育系统工作人员、在校学生以及社会大众三个不同群体的特点，课题组设计了不同的问卷，为进行比较分析，故对调查的数据的来源会注明汇总版、学生版、教育系统工作人员版和社会大众版。下同。

（二）对于教育系统廉政文化主要内涵的认知状况

何为廉政？古人云："临大利而不易其义，可谓廉也"。这里"廉"的基本内涵可以解释成为"不收不义之财，不取不义之利"。《周礼·天官冢宰》中记载了对廉吏建设的主张："以听官府之六计，弊群吏之治。一曰廉善，二曰廉能，三曰廉敬，四曰廉正，五曰廉法，六曰廉辩。"因此，"六廉"便成为古代官吏廉洁的评判标准。"廉政"一词则最早出现在《晏子春秋·问下四》："廉政而长久，其行何也？"意指官员履行职责时，不以权谋私。可见，中华民族的传统文化中拥有宝贵的廉政思想和文化资源。习近平总书记在中共中央政治局集体学习时特别强调，"积极借鉴我国历史上优秀廉政文化，不断提高拒腐防变和抵御风险能力"。

通常意义上讲，"廉政"就是指在"廉"的价值观指引下的廉洁从政。但

是，随着我国市场经济的快速发展，工具理性日益膨胀，容易引起人们对各种私欲的无限制的追求。不少党政机关的工作人员在金钱与利益欲望的驱使下，滥用自身权力，用损害公共利益的代价换取自身的满足。应当说，保持党政机关工作人员的廉洁自律与奉公守法是社会良性运行与协调发展的必要条件，因此，加强廉政文化建设、完善法律体系、健全相关制度、改革监督机构等相关研究和实践，近年来逐渐引起了高层领导和学者的普遍重视，并经历了从"政治自觉"走向"文化自觉"的轨迹。其中，廉政文化建设被摆在了重中之重的位置。[①]

自从"廉政文化"的概念被提出之后，学术界和社会大众对其认识始终存在一定的差异。然而对廉政文化内涵的深刻理解是将廉政文化内化为具体行动的首要前提。在本次调查中，课题组专门设计了"廉政文化的内涵应该包括哪些内容"这一题，以便了解社会大众、教育系统工作人员和在校学生对廉政文化的理解程度。

对于"廉政文化的内涵"一题，共收到10 229次响应。最为大家所认同的是"不贪污受贿"这一内容，占总人数的60.8%；其次则是"诚实守信"及"不以权谋私"两项，分别占到总体的54.7%和54.5%。"遵纪守法"有41.5%的受访者选择，也说明了尊重法律日益深入人心，其他的选项如"爱岗敬业""勤俭节约""不任人唯亲"等，选择的比例都在20% ~ 30%之间，分别是30.1%、28.6%和19.7%。从数据显示的结果来看（见表2-2），绝大多数受访

表2-2　　　　　　　　　　廉政文化的主要内涵

内涵	响应 频率（次）	响应 百分比（%）	个案百分比（%）
不贪污受贿	2 140	20.9	60.8
诚实守信	1 927	18.8	54.7
不以权谋私	1 920	18.8	54.5
遵纪守法	1 462	14.3	41.5
爱岗敬业	1 060	10.4	30.1
勤俭节约	1 006	9.8	28.6
不任人唯亲	693	6.8	19.7
其他	21	0.2	0.6
总计	10 229	100.0	290.6

资料来源：教育系统廉政文化建设调查（2014年）数据库（汇总版）。

[①] 励慧芳：《反腐倡廉：从政治自觉到文化自觉——改革开放30年来中国共产党廉政观念的演进》，载于《浙江社会科学》2008年第6期，第10~14页。

者都将廉政内涵与"不贪污受贿""不以权谋私""诚实守信"相联系,已经有了良好的基础认知;而对于"爱岗敬业""勤俭节约"等内容的关注度还不够多,一定程度上反映出受访者对廉政文化内涵认识的局限性,故加强完整和丰富的廉政文化内涵认知的重要性、紧迫性和必要性可见一斑。

(三) 对于教育系统廉政文化建设目标定位的认知状况

从一般意义上来讲,廉政文化总是与腐败文化相对立而生的。社会大众对教育系统廉政文化建设的目标定位对廉政文化建设有重要的指引作用,是教育系统廉政文化发展的着力点。它不仅有利于推动建设风清气正的校园环境,而且也有利于提升教育系统工作人员、学生群体与社会大众的文化品位。

在本次调查中,对于教育系统廉政文化建设的目标定位,共收到9 455次响应,受访对象最为认可的选项是"提升道德水准",为66.3%;其次则是"提高法纪意识"和"培育廉洁氛围"的选项,分别占比为60.7%、60.1%;而"树立廉洁标准"与"预防腐败滋长"则在40%左右,分别为40.5%和39.8%(见表2-3)。可以看出受访对象对于教育系统廉政文化建设有着其特殊的目标定位,相较于预防腐败滋长和树立廉洁标准这些短期目标而言,更看重提升道德水准、提高法纪意识和培育廉洁氛围等中长期的目标,这是因为"道德水准低下""法纪意识淡薄""廉洁氛围稀薄"是出现"贪污受贿""以权谋私""虚伪失信"等现象的根本原因,这也正好体现了教育系统着眼于长期和未来的特点。

表2-3　　　　　　　教育系统廉政文化建设的目标定位

教育系统廉政文化建设的目标定位	响应 个案(次)	响应 百分比(%)	个案百分比(%)
提升道德水准	2 334	24.7	66.3
提高法纪意识	2 139	22.6	60.7
培育廉洁氛围	2 117	22.4	60.1
树立廉洁标准	1 425	15.1	40.5
预防腐败滋长	1 402	14.8	39.8
其他	38	0.4	1.1
总计	9 455	100.0	268.5

资料来源:教育系统廉政文化建设调查(2014年)数据库(汇总版)。

（四）对于教育系统廉政文化建设重要程度的认知状况

推进教育系统廉政文化建设，首先需要学生群体、教育系统工作人员在观念上的认同。只有具有了观念上认同的价值取向，才有可能转变为实际的行动策略。因此，有必要通过调查揭示出社会大众对于廉政文化的认同度，这也是探讨今后如何开展廉政文化建设的基础。

针对社会大众和在校学生，我们设计了"学校是否需要开展廉洁教育活动"的问题，共收到2 727次响应，其中，有效响应为2 666条（缺失62条）。当被问到是否应该在学校中开展廉洁教育时，多数人（包括一般社会大众和学生自身）都认为是需要的，其中，认为"非常需要"和"有些需要"开展校园廉洁教育活动的占到总体的84.3%，认为"不太需要"开展廉洁教育活动的只有6.5%，认为"完全不需要"开展廉洁教育的只有1.9%。由此可见，社会大众和在校学生基本能够认识到廉政文化的重要性（见表2-4）。

表2-4　　　　　　学校是否需要开展廉洁教育活动

		频率（次）	百分比（%）	有效百分比（%）
有效	非常需要	1 426	52.3	53.1
	有些需要	839	30.8	31.2
	无所谓	169	6.1	6.2
	不太需要	179	6.5	7.0
	完全不需要	52	1.9	2.5
	合计	2 666	97.7	100.0
缺失		62	2.3	
合计		2 727	100.0	

资料来源：教育系统廉政文化建设调查（2014年）数据库（社会大众版+学生版）。

尽管认为廉政文化建设"不太需要"或者"完全不需要"的社会大众与学生受访者仅占8.4%的比例，但是，还是有必要深入了解其内在的原因。在那些认为不需要开展廉洁教育的人群中，有57.6%的受访者认为应当"先做好政府和社会的廉洁"；其次是认为这一教育活动应该针对老师和领导（占46.7%），这与前述问题中的结果相符合。"没有利益关系、不需要"和"学习任务已经很重"这两项并未得到多数人的支持，分别为25.5%和24.2%（见表2-5）。由此可以看出，对廉政文化的正确认识首先基于对廉政文化的内涵的深刻领悟，只有充分认识到廉政文化的内涵，才能把握好廉政文化的建设对象，也才能充分认识到廉政文化的重要性。

表 2-5　　　　　　　　　　不需要廉洁教育的理由

		响应		个案百分比（%）
		个案（条）	有效百分比（%）	
不需要廉洁教育的理由	先做好政府和社会的廉洁	95	36.1	57.6
	应该针对老师和领导	77	29.3	46.7
	没有利益关系、不需要	42	16.0	25.5
	学习任务已经很重	40	15.2	24.2
	其他	9	3.4	5.5
总计		263	100.0	159.4

资料来源：教育系统廉政文化建设调查（2014年）数据库（社会大众版+学生版）。

（五）受访者关于廉洁诚信的自我反思

教育系统作为社会文化系统的重要组成部分，其反腐倡廉离不开其他社会系统的支持与配合，更离不开教育系统主体对廉政文化的自我认知和反思。因此，在此次调查中，为了解受访对象（教育系统工作人员以及学生）对自身廉洁诚信的认识以及是否容易做到廉洁诚信等，我们设计了相关问题。

对于教育系统工作人员的调查中，就"自身是否能做到廉洁诚信"的问题，共收到832次相应，其中，有效信息为830条（缺失2条）。从调查数据反映的情况看，高达89.7%的教育系统工作人员表示比较容易或者很容易做到廉洁诚信，可能是因为教育系统的一般工作人员并没有很大的权力，基本不会涉及"以权谋私""任人唯亲"等问题；8.9%的表示"一般"，另有1.4%的受访对象表示做到廉洁诚信"比较困难"或"非常困难"。从总体上看，这反映了教育系统工作人员在廉洁自律上的自信力（见表2-6）。

对学生而言，就"是否在考试中做过弊"一题，仅有40.8%的受访学生表示从未作弊；另有34.2%的学生表示有过作弊的想法，但未实施；有25.0%的受访学生表示偶尔或经常作弊（见表2-7）。

表 2-6　　　　　教育系统工作人员能否做到廉洁诚信

		频率（次）	百分比（%）	有效百分比（%）	累积百分比（%）
有效	比较容易	403	48.4	48.6	48.6
	非常容易	341	41.0	41.1	89.7
	一般	74	8.9	8.9	98.6
	比较困难	11	1.3	1.3	99.9
	非常困难	1	0.1	0.1	100.0
	合计	830	99.8	100.0	
缺失		2	0.2		
合计		832	100.0		

资料来源：教育系统廉政文化建设调查（2014年）数据库（教育系统工作人员版）。

表 2-7　　　　　　学生自身是否在考试中作弊

		频率（次）	百分比（%）	有效百分比（%）	累积百分比（%）
有效	从未作弊	444	40.7	40.8	40.8
	有过作弊的想法，但未实施	372	34.1	34.2	75.0
	偶尔作弊	254	23.3	23.3	98.3
	经常作弊	18	1.6	1.7	100.0
	合计	1 088	99.7	100.0	
缺失		3	0.3		
合计		1 091	100.0		

资料来源：教育系统廉政文化建设调查（2014年）数据库（学生版）。

综上可知，对教育系统工作人员而言，由于具备一定的抗诱惑能力，在很大程度上能够廉洁自律，避免腐败行为的发生；但对学生而言，作弊似乎却是一件十分具有诱惑力的事情，甚至有高达六成的学生有过作弊的想法或者经历。因此，需要进一步加强在校学生的思想教育，使"有作弊念头、但没有实施"的学生彻底摒弃不良念头，使已经做过弊的学生今后能够彻底改邪归正。因此，针对学生的廉洁教育尤为重要。

（六）关于接受廉政文化的最佳时期的认识

不可否认，教育系统的廉政文化建设包含两方面主题，一是对领导及教职工廉洁观念的塑造与培养，二是对学生廉洁修身及"三观"的熏陶。根据前文所述，目前针对教职工群体的廉政文化教育主要集中在反腐与防腐上，那么，对于廉洁教育从什么阶段开始合适呢？调查发现，多数受访者认为廉洁教育应该从学生时代抓起。[①]

在学生对"廉政修身教育最适合时机"的问题中，共收到1 091次响应，其中有效信息为1 084条（缺失7条）。在校学生受访者（66.8%）普遍认为最为合适开展学校廉洁教育的阶段应该是中小学时期，其次是大学时期（20.6%），以及参加工作之时（6.9%）（见表2-8）。在教育系统工作人员对该问题的回答中，共收到832次响应，其中有效信息为811条（缺失21条）。有62.9%的教育系统工作人员受访者认为，最为合适开展学校廉洁教育的阶段应该是中小学时期，其次是大学时期（21.3%），以及参加工作之时（8.8%）（见表2-9）。可见，两个群体的观点基本一致，将最适宜的时间定位倾向于工作之前的中小学时期和大学时期。认为校园应该是廉政文化教育的主要场所，并且可以起到重要的作用。从学生自己的角度看，他们认为中小学生的思想较为单纯，尚未受到其他思想的洗礼，且愿意听从学校老师的教育和指导，此时接触廉政文化，能够比较容易地接受并"物化"在实践中。当中小学生广泛参与到廉政修身教育的活动中时，不仅可以营造出浓厚的学习氛围，而且这种氛围在无形中可以促使更多的学生接受廉政文化，并知而行之，如此便形成良性循环。在这里值得一提的是，很多从事教育的工作者认为，在廉政文化教育的内容和形式上，要对不同年龄段的学生有所区别，这样才能更好地理解廉政文化的要义。

表2-8　　　　　　　廉洁修身教育最合适时机（学生版）

		频率（次）	百分比（%）	有效百分比（%）	累积百分比（%）
有效	中小学时期	729	66.8	67.3	67.3
	大学时期	225	20.6	20.8	88.0
	参加工作之时	75	6.9	6.9	94.9
	都不合适	27	2.5	2.5	97.4
	其他	28	2.6	2.6	100.0
	合计	1 084	99.4	100.0	
缺失		7	0.6		
合计		1 091	100.0		

资料来源：教育系统廉政文化建设调查（2014年）数据库（学生版）。

[①] 由于针对三类群体的问卷选项存在一定的差异，因此我们在这里分别对三大群体关于"廉洁修身教育最合适的时机"问题进行考察。

表2-9　廉洁修身教育最合适时机（教育系统工作人员版）

		频率（次）	百分比（%）	有效百分比（%）	累积百分比（%）
有效	中小学时期	523	62.9	64.5	64.5
	大学时期	177	21.3	21.8	86.3
	参加工作之时	73	8.8	9.0	95.3
	都不合适	15	1.8	1.8	97.2
	其他	23	2.8	2.8	100.0
	合计	811	97.5	100.0	
缺失		21	2.5		
合计		832	100.0		

资料来源：教育系统廉政文化建设调查（2014年）数据库（教育系统工作人员版）。

那么，社会大众对"廉政修身教育最适合时机"的问题又持什么样的观点呢？课题组共收到1 636次响应，其中有效信息为1 598条（缺失38条）。社会大众受访者（51.0%）认为最为合适开展学校廉洁教育的阶段应该是小学时期，然后依次是初中时期（23.7%）、高中时期（11.1%）、大学时期（10.0%）。认为其他时间较为适宜的仅占1.8%（见表2-10）。社会大众受访者更是将接受廉政文化的时间聚集于中小学时期。

表2-10　在校生开展廉洁教育合适时间（社会大众版）

		频率（次）	百分比（%）	有效百分比（%）	累积百分比（%）
有效	小学阶段	835	51.0	52.3	52.3
	初中阶段	388	23.7	24.3	76.6
	高中阶段	181	11.1	11.3	87.9
	大学阶段	164	10.0	10.3	98.1
	其他	30	1.8	1.9	100.0
	合计	1 598	97.7	100.0	
缺失		38	2.3		
合计		1 636	100.0		

资料来源：教育系统廉政文化建设调查（2014年）数据库（社会大众版）。

总结三类受访者的调查结果来看，普遍认为廉洁修身教育是越早开展教育越好。在埃里克森的"八阶段"理论看来,6~11岁(大约是小学时期)处于勤奋与自卑感阶段,这一时期,儿童对于周围事物主要以好奇心为主,是一个充满想象力和创造力的生命阶段,善于动脑并努力完成自己喜欢的活动;而到了青少年时期(大约是初中、高中时期)则出现认同与角色混淆时期,开始对角色有所了解,实现角色的自我认同,并会加以模仿。[①] 因此,在小学时期接受廉政文化教育,有助于学生在充满好奇心的时间段内逐步养成良好习惯,在初中阶段开始形成身份认知时加强廉政教育,有助于廉政意识的巩固。当然,在这一过程中,务必考虑学生的成长规律和认同能力。教育系统内部的廉政文化教育不仅关系到教育系统本身的健康有序发展,从小接受廉政文化的熏陶,有助于后天习性的培养,也是保证更为庞大的社会文化系统正常运作的关键所在,因此,加强中小学阶段的学生廉洁修身教育活动对教育系统廉政文化建设意义十分重大。

(七)关于廉政与法律关系的认知

教育部2011年修订的《国家教育考试违规处理办法》[②]第九条规定,作弊考生将被"暂停参加各种国家教育考试1~3年",这是国家和教育部对于考生作弊现象所做出的最新惩罚措施,对于这一具体的现象和法规,受访者有何看法呢?在对"作弊考生暂停参加各种国家教育考试1~3年"的问题中,共收到9 121次响应。教育系统工作人员、社会大众以及学生等受访对象普遍表示认可,有75.5%的受访对象选择了"防范考试作弊是维护考试公平公正的前提";67.8%的受访对象同时选择了"营造诚信考试光荣、违纪作弊可耻的考试氛围,有利于进行诚信考试教育和考风考纪教育";有40.2%的受访对象选择了"关键是要在全社会培养廉洁、诚实守信的文化";33.7%的受访对象选择了"急需加强类似《考试法》等法律法规及制度层面建设";33.4%的受访对象选择了"应重点加强考试中的技防、物防建设";另外,仅有7.2%的受访对象选择了"有点过于草木皆兵,是对学生诚信的极度不信任"。针对该问题,三个受访群体内部并没有太大分歧,普遍对这种处罚表示认同(见表2-11)。

依法治国是基本方略。国家的政治、经济运作、社会各方面的活动都依照法律进行,稳步推进建设社会主义法治国家。2014年10月党的十八届四中全会首次专题讨论依法治国问题,并发布《中共中央关于全面推进依法治国若干重大问题的决定》。法治是治国理政的基本方式,同样,"依法治校"已成为教育系统治理的必然选择。针对极易产生腐败的领域,要从严立法,建立规范、系统的规

[①] 郑杭生:《社会学概论新修》,中国人民大学出版社2003年版,第93页。
[②] 2011年12月23日第41次教育部部长办公会议通过,自2012年4月1日起施行。

表 2-11　对"作弊考生暂停参加各种国家教育考试 1~3 年"的看法

对"作弊考生暂停参加各种国家教育考试 1~3 年"的看法	响应 个案（条）	响应 百分比（%）	个案百分比（%）
防范考试作弊是维护考试公平公正的基本前提	2 672	29.3	75.5
营造"诚信考试光荣、违纪作弊可耻"的考试氛围，有利于进行诚信考试教育和考风考纪教育	2 399	26.3	67.8
关键是要在全社会培养廉洁、诚实守信的文化	1 421	15.6	40.2
急需加强类似《考试法》等法律法规及制度层面的建设	1 193	13.1	33.7
应重点加强考试中的技防、物防建设	1 183	13.0	33.4
有点过于草木皆兵，是对学生诚信的极度不信任	253	2.8	7.2
总计	9 121	100.0	257.8

资料来源：教育系统廉政文化建设调查（2014 年）数据库（汇总版）。

章制度，健全、完善和强化内部监督制约机制，用制度管人，用制度管事，将"依法治校"的方针融入教育系统科学管理与规范化发展之中。把廉政文化内在的柔性约束力和法律法规外在的刚性约束力相结合，促使学校领导干部正确行使权力，教育系统工作人员真正热爱教育，在校学生具备良好的道德水准。对于已发生在教育系统的违规行为，进行警示教育，做到早教育、早发现、早提醒、早纠正。为了解教育系统职员对于廉政、贪腐有关的法律法规的认识程度，课题组设计了几个与法律法规相关的问题。

有关教育系统工作人员对"廉政文化建设应学习的法律"的认识和判断上，共得到 2 065 次响应。有 61.8% 的受访者认为应学习教育法；有 54.6% 的受访者认为应学习刑法；51.0% 的受访者认为应学习宪法；42.6% 的受访者认为应同时学习行政法；40.0% 的受访者认为应同时学习民法（见表 2-12）。值得注意的是，超过五成的教育系统工作人员受访者认为与刑法关系较大。由此可见，在他们眼里，常常会将"廉政"的内涵仅仅停留在"不贪污""不受贿""不以权谋私"的层面上。这一方面印证了以上的分析，教育系统工作人员对廉政文化的内涵理解的多样化，廉政文化建设涉及教育法、刑法、宪法、行政法、民法等多种法律；另一方面也反映出教育系统工作人员对法律知识有所提升，希望借助于不同的法律来保障廉政文化的顺利开展。

表2-12　　　　对"廉政文化建设应学习的法律"的认识

廉政文化建设应学习的法律	响应 个案（条）	响应 百分比（%）	个案百分比（%）
教育法	509	24.6	61.8
刑法	449	21.7	54.6
宪法	420	20.3	51.0
行政法	351	17.0	42.6
民法	329	15.9	40.0
其他	7	0.3	0.9
总计	2 065	100.0	250.9

资料来源：教育系统廉政文化建设调查（2014年）数据库（教育系统工作人员版）。

在教育系统工作人员关于"公民对政府职责的调查"中，共得到2 206次响应，有62.2%的受访对象认为政府的职责首先应该是"不得有超越法律的特权"；同时，60.9%的受访对象认为是"依法接受法律机关监督"；50.5%的受访对象认为是"依法接受社会监督"；44.1%的受访对象认为是"依法接受审计机关监督"；同时，有36.7%的受访对象认为是"对人民代表大会负责"，说明其法律意识的不断增强，但对"公民"内涵的认识不够全面深入和透彻。还需注意的是，有14.4%的受访对象对"公民对政府的职责的认识"是不清楚的（见表2-13）。

表2-13　　　　对"公民对政府的职责"的认识

公民对政府的职责的认识	响应 个案（条）	响应 百分比（%）	个案百分比（%）
不得有超越法律的特权	509	23.1	62.2
依法接受司法机关监督	498	22.6	60.9
依法接受社会监督	413	18.7	50.5
依法接受审计机关监督	361	16.4	44.1
对人民代表大会负责	300	13.6	36.7
其他	7	0.3	0.9
不清楚	118	5.3	14.4
总计	2 206	100.0	269.7

资料来源：教育系统廉政文化建设调查（2014年）数据库（教育系统工作人员版）。

同样，在对有关"与廉洁有关的罪名"的认识上，在已得到的2 832次响应中，教育系统工作人员普遍认可给予腐败分子"贪污罪"与"受贿罪"，选择的比例分别占到总体的90.7%和90.3%。另外，有77.7%的受访对象同时选择了"行贿罪"；45.1%的受访对象选择了"渎职罪"；另外有32.8%的受访对象选择了"介绍贿赂罪"（见表2-14）。将腐败与贪污受贿等同，这一结果与前面的"廉政文化建设应该学习的法律"所分析的结果相吻合，也显示出即使具备较高水平文化的教育系统工作人员并没有意识到"腐败"的广义内涵[1]。

表2-14　　　　　　　对"与廉洁有关的罪名"的认识

与廉洁有关的罪名	响应 个案（条）	响应 百分比（%）	个案百分比（%）
贪污罪	748	26.4	90.7
受贿罪	745	26.3	90.3
行贿罪	641	22.6	77.7
渎职罪	372	13.1	45.1
介绍贿赂罪	271	9.6	32.8
其他	2	0.1	0.2
不清楚	53	1.9	6.4
总计	2 832	100.0	343.3

资料来源：教育系统廉政文化建设调查（2014年）数据库（教育系统工作人员版）。

二、我国教育系统廉政文化建设的实践现状

2017年教育系统党风廉政建设工作视频会议指出，"加强党内政治文化建设，从惩治和威慑、制约和监督、教育和引导等方面综合发力，不断净化教育系统政治生态"。廉政文化建设作为一项长期的、系统性的人格品性培养与塑造的工程，内涵多样、外延丰富。一般认为，教育系统内部廉政文化建设的主要任务是在校园里运用文化的方式，对各种不廉洁的思想行为和价值观念进行抨击，宣传积极、先进的社会观念与意识，从而形成褒廉耻贪的共识[2]。校园廉政文化教育是全社会廉洁教育的基础和重要组成部分，是培养有廉洁意识、公正正直观念

---

[1] 李克强：《庸政懒政同样是腐败》，载于《中国纪检查报》2014年7月17日，第7版。
[2] 曹文泽：《高校廉政文化建设 须把握的几个问题》，载于《中国高等教育》2005年第6期，第26～27页。

的合格社会公民的关键。一方面，学校作为教育系统日常实践的主要场所，对生活与工作其中的公职人员具有很好的再教育与警示作用；另一方面，对于青年学生世界观、人生观与价值观的养成，积极、健康人生理念与道德信念的形成具有至关重要的意义。在廉政文化建设进校园的多年实践中，我国教育系统积累了一定的廉洁教育和廉政文化建设进校园的经验，探索出了一套适合本土发展的廉政文化建设的路径。对于实践经验的及时反思与追踪，不仅有助于形成明确的廉政文化建设的指导方针，同时更是了解廉政文化建设成效和意义的重要性。课题组对于考察教育系统廉政教育的实施现状也进行了深入的考察。

（一）校园廉洁教育活动的开展频率

在针对"2014 年，您所在学校或您子女所在学校是否开展过廉洁教育活动"一题的回答中，共得到了 3 557 次响应，其中有效信息 3 537 条（缺失 26 条）。可以发现，经常开展廉洁教育的比重仅有 17.5%，有 31.6% 的学校偶尔开展，另有 19.7% 的受访对象表示完全没有开展过，30.8% 的受访对象表示不记得是否开展过（见表 2-15）。由此可见，"经常有"廉洁教育活动的仅为少数，"偶尔有"和"不记得"则比重较大，甚至还有学校"完全没有"。这表明学校对于廉洁教育并没有得到足够的重视，多数学校仅仅抱着"完成任务"的心态敷衍了事，也从侧面反映了社会对教育系统廉政文化的开展状况缺乏关注。

表 2-15　　　　　2014 年所在学校是否开展过廉洁教育活动

		频率（次）	百分比（%）	有效百分比（%）
有效	经常有	624	17.5	17.6
	偶尔有	1 125	31.6	31.8
	完全没有	700	19.7	19.8
	不记得	1 082	30.6	30.8
	合计	3 537	99.4	100.0
缺失		26	0.6	
合计		3 557	100.0	

资料来源：教育系统廉政文化建设调查（2014 年）数据库（汇总版）。

（二）廉政文化教育活动的接受途经

总体来看，57.8% 受访者通过"电视、电影、广播"的途径接受廉政文化，50.1% 的受访者依赖"书籍报刊"接受廉政文化信息，两者共同构成受访对象接受廉政文化的最主要途径。与此相对应的是,受访者通过"廉政的演讲、书法、美术、摄影作品等比赛活动"接受廉政文化的比例最少,仅占12.9%;"校园网络""廉政文化课程""廉政文化专题讲座"次之,分别为31.0%、30.2%和26.5%,这可能是因为社会大众无法通过这些方式接受廉政文化教育。与此对应,通过"家庭廉洁教育"接受廉政文化的受访者仅占18.6%,折射出家庭廉政文化教育缺失的一面;通过"相关短信、微信、微博"获得廉政文化的受访者仅占15.1%(见表2-16)。从以上数据可以看出,一是类似于电视、电影、广播等大众媒体仍然是接受廉政文化的最主要途径,二是新兴的微信、微博等在廉政文化传播上作用还是有限,应该加强对新媒体技术的利用,广泛地传播廉政文化思想。另据《2013年现阶段我国社会大众精神文化生活调查研究》[①] 数据显示,有39.5%的受访者表示自己从未参加过任何形式的廉政活动。而在我们此次

表2-16　　　　　　　　接受廉政文化教育的途径

接受途径	响应 个案（次）	响应 百分比（%）	个案百分比（%）
电影、电视、广播	2 028	18.7	57.8
书籍报刊等	1 759	16.2	50.1
墙报、黑板报、宣传栏等	1 427	13.1	40.6
校园网络	1 089	10.0	31.0
廉洁教育课程	1 059	9.8	30.2
廉政文化专题讲座	931	8.6	26.5
家庭廉洁教育	652	6.0	18.6
专题讨论会或主题班会	631	5.8	18.0
相关短信、微信、邮件等	530	4.9	15.1
相关演讲、书法、美术、摄影作品等比赛活动	454	4.2	12.9
未曾接受过	244	2.2	6.9
其他	50	0.5	1.4
总计	10 854	100.0	309.1

资料来源:教育系统廉政文化建设调查(2014年)数据库(汇总版)。

[①] 教育部人文社科重大攻关课题项目"现阶段我国社会大众精神文化生活调查研究"(批准号:12&ZD012)。

调查中，未接受过廉政文化教育的教育系统工作人员仅占 6.9%，可见与社会其他子系统相比，教育系统廉政文化教育和实践的普及率高，这与受访者的文化水平和所处环境有关。一般而言，受教育水平越高，越可能通过多种途径接受廉政文化教育。

为了更好地了解三类群体对这一问题的态度，我们专门将"身份类别"变量与"接受廉政文化教育的途径"变量做交叉分析，经卡方检验后，两变量存在显著相关。我们发现学生接受廉政文化教育的途径更为集中，而且对于"未曾接受廉政文化教育"这一点上，社会大众和在校学生自身存在差别，7.4% 的学生认为自己未曾接受廉政文化教育，而社会大众的比例为 0，因为受访的社会大众多为学生的家长，也就是说受访的社会大众认为所有学生在学校接受了廉政教育，这说明了他们对学校廉政教育的认知和认可。此外，关于家庭廉洁教育，教育系统工作人员（3.3%）与学生（7.2%）也存在一定差异（见表 2-17）。

表 2-17　接受廉政文化的途径 * 身份类别交叉制表

接受途径		社会大众	在校学生	教育系统工作人员	合计
书籍、报刊	计数（人）	745	489	525	1 759
	列（%）	13.1	19.0	20.4	16.2
墙报、黑板报、宣传栏	计数（人）	736	373	318	1 427
	列（%）	12.9	14.5	12.3	13.1
电影、电视、广播	计数（人）	896	611	521	2 028
	列（%）	15.7	23.8	20.2	18.7
校园网络	计数（人）	679	182	228	1 089
	列（%）	11.9	7.1	8.8	10.0
廉洁教育课程	计数（人）	731	129	199	1 059
	列（%）	12.8	5.0	7.7	9.8
廉政文化专题讲座	计数（人）	562	90	279	931
	列（%）	9.8	3.5	10.8	8.6
家庭廉洁教育	计数（人）	384	184	84	652
	列（%）	6.7	7.2	3.3	6.0

续表

接受途径		身份类别			合计
		社会大众	在校学生	教育系统工作人员	
专题讨论会、主题班会	计数（人）	381	107	143	631
	列（%）	6.7	4.2	5.5	5.8
廉政相关的手机短信、微信、邮件	计数（人）	282	123	125	530
	列（%）	4.9	4.8	4.8	4.9
廉政的演讲、书法、美术、摄影作品等比赛活动	计数（人）	280	79	95	454
	列（%）	4.9	3.1	3.7	4.2
其他	计数（人）	32	11	7	50
	列（%）	0.6	0.4	0.3	0.5
未曾接受过	计数（人）	0	189	55	244
	列（%）	0	7.4	2.1	2.2
合计	计数（人）	5 708	2 567	2 579	10 854
	列（%）	100.0	100.0	100.0	100.0

资料来源：教育系统廉政文化建设调查（2014年）数据库（汇总版）。

注：通过卡方检验，$Chi^2 = 929.102$，$p < 0.05$（小于20%的期望计数小于5）。由于SPSS无法直接对多选题的交叉分析进行卡方检验，故解决办法是根据多重响应交叉表的输出结果重制新表，并对变量进行重新赋值和转换，数据加权后再进行卡方检验（下同）。

而在"受众了解腐败事件发生的渠道"一题中，我们针对学生和教育系统工作人员做了一项交叉分析，以了解他们在获得腐败事件途径上的差异。总体而言，在校学生与教育系统工作人员在得到腐败案件的信息时，主要依赖的手段是"报纸杂志"（34.4%）和"电视广播"（30.5%）。但是两类群体在接受具体腐败案件时仍旧存在差异，反映出在校学生依靠"电视广播"（31.2%）和"单位传达"（10.7%）的比例偏高；教育系统工作人员则更加依赖"报纸杂志"（35.7%）和"网络渠道"（22.9%）（见表2-18）。这一结果与前文所说的"接受廉政文化教育的途径"并不完全一致，由此可见，在信息时代，了解腐败事件等的发生多是受访者的一种主动行为，而非被动接受。

表 2-18　　　　　　了解腐败事件的途径 * 身份类别交叉制表

了解腐败事件的途径		身份类别		合计
		在校学生	教育系统工作人员	
报纸杂志	计数（人）	893	769	1 662
	列（%）	33.3	35.7	34.4
电视广播	计数（人）	837	640	1 477
	列（%）	31.2	29.7	30.5
网络渠道	计数（人）	523	494	1 017
	列（%）	19.5	22.9	21.0
单位传达	计数（人）	288	151	439
	列（%）	10.7	7.0	9.1
听亲朋好友说的	计数（人）	121	98	219
	列（%）	4.5	4.5	4.5
其他	计数（人）	20	2	22
	列（%）	0.7	0.1	0.5
合计	计数（人）	2 682	2 154	4 836
	列（%）	100.0	100.0	100.0

资料来源：教育系统廉政文化建设调查（2014 年）数据库（学生版 + 教育系统工作人员版）。

注：通过卡方检验，$Chi^2 = 39.069$，$p < 0.05$。

（三）廉政文化教育的实践效果

2013 年《教育系统党风廉政建设工作要点》明确指出："深化大中小学校廉洁教育进教材、进课堂、进头脑工作。"自从实施廉政文化教育进校园以来，对于校园廉洁教育的效果的评估众说纷纭。在此，我们希望选取一个较为直观与客观的问题，试图把握不同群体对于校园廉洁教育的了解程度，进而把握校园廉洁教育的真实效果。

首先，对于校园廉洁教育的开展效果，教育系统工作人员的了解与认知是最主要的一个判断标准。教育部《关于加强高等学校反腐倡廉建设的意见》和《关于在大中小学全面开展廉洁教育的意见》中明确指出，要积极推进廉洁教育"进教材、进课堂、进头脑"的"三进"工作的开展。然而，在此次调查中，受访教育系统工作人员中仅有 41.4% 能够准确判断出"三进"工作的具体内涵，另有 14.6% 表示从未听说过，有 34.6% 听过"三进"工作，将其理解为"进耳、进脑、进心"或者"进学校、进社区、进生活"，但是不能准确地理解其内涵，还有 9.4% 表示说不清楚。这在一定程度上反映出廉洁教育实际开展过程中存在的教育系统内部重视不够，校园廉洁教育的开展并未实现预期效果。反观受访的在校学生的情况，则更为糟糕，仅有 16.6% 的学生能够准确理解"三进"的内涵，34.0% 的学生从未听说过；有 35.6% 听过"三进"，但并不能准确理解其内涵（见表 2-19）。

表 2-19　　　　　　　推进廉政文化教育"三进"工作

推进廉政文化教育"三进"工作		身份类别		合计
		学生	教育系统工作人员	
进耳、进脑、进心	计数（人）	144	85	229
	列（%）	13.3	10.3	12.0
进教材、进课堂、进学生头脑	计数（人）	179	340	519
	列（%）	16.6	41.4	27.3
进学校、进社区、进生活	计数（人）	241	200	441
	列（%）	22.3	24.3	23.2
说不清楚	计数（人）	150	77	227
	列（%）	13.9	9.4	11.9
从未听说过	计数（人）	367	120	487
	列（%）	34.0	14.6	25.6
合计	计数（人）	1 081	822	1 903
	列（%）	100.0	100.0	100.0

资料来源：教育系统廉政文化建设调查（2014 年）数据库（学生版 + 教育系统工作人员版）。

注：通过卡方检验，$Chi^2 = 185.901$，$p < 0.05$。

其次，"五讲四美三热爱"作为指导培养青少年良好道德习惯的口号，自 20 世纪 90 年代以来在全国风行开来，受到社会各界的广泛关注，成为新时期精神文明建设的一座标杆。同样，我们将"身份类别"变量与"'五讲四美三热爱'对青少年廉政文化培养作用"变量进行交叉分析，经卡方检验后，两者存在显著相关。在我们的调查中，仅有 26.4% 的受访对象认为该口号对于培育青少年的廉政文化作用很大，有 40.0% 的受访对象认为作用一般，另有 28.3% 的受访对象甚至认为没有作用或作用很小。相比而言，社会大众则对"五讲四美三热爱"的效果更为乐观，42.8%的社会大众受访者认为作用很大，明显高于教育系统工作人员受访者；认为作用很小的仅占12.8%（见表2-20）。由此可见，在教育实践活动中，尽管已经取得了一定成效，但是校园廉洁教育并未被当成一个十分重要的教育维度，多年来所采取的教育形式与口号收效并不乐观。

表2-20 "五讲四美三热爱"对培育青少年廉政文化作用 * 身份类别交叉制表

"五讲四美三热爱"对培育青少年廉政文化作用		身份类别		合计
		教育系统工作人员	社会大众	
作用很大	计数（人）	218	691	909
	列（%）	26.4	42.8	37.2
作用一般	计数（人）	331	559	890
	列（%）	40.0	34.6	36.5
作用很小	计数（人）	177	206	383
	列（%）	21.4	12.8	15.7
没有作用	计数（人）	57	111	168
	列（%）	6.9	6.9	6.9
说不清楚	计数（人）	44	47	91
	列（%）	5.3	2.9	3.7
合计	计数（人）	827	1 614	2 441
	列（%）	100.0	100.0	100.0

资料来源：教育系统廉政文化建设调查（2014年）数据库（社会大众版+教育系统工作人员版）。

注：通过卡方检验，$Chi^2 = 78.624$，$p < 0.05$。

三、对国外廉政文化建设经验的感知状况

虽然各国的政治理念有所差异，但廉洁政府是各国的共识，如何建设廉洁、高效的政府是共同探讨和研究的议题。反腐败与廉政建设也是当今世界各国都需要共同面对的一项重大政治考验，加强反腐败国际合作已经成为时代的趋势。12月9日是联合国确定的"世界反腐日"，世界银行联合国开发计划署等一些国际组织都设有廉政研究机构，专门致力于反腐倡廉研究。各国学者围绕权力生产、

权力行使、权力制约等方面从政治学、社会学、心理学等角度做了不同学科的研究。由于各国的国情和传统不同,对廉政建设的要求、目标和路径都会有所不同,正如有的学者所说"廉政"是一个具有中国特色的政治概念[①],那么,国外反腐与倡廉理论及实践经验对于我国廉政文化建设是否具有借鉴意义有待考察。其中,民众对其的认知与认可颇为重要。因此,本课题对社会大众关于国外廉政文化建设的经验认知进行了调查,并以此为基础进行分析。

(一)对于国外廉政文化传统的认知

一般认为,西方发达国家拥有较为良好的廉政文化环境,但究竟是哪些因素促成了这样的环境呢?"瑞典和芬兰等国家有良好的廉政文化传统的原因"的调查,共得到11 754次响应。在受访对象心目中,"法制健全"是瑞典、芬兰等国家拥有良好廉政文化传统的主要原因,有56.6%的受访对象选择了该选项;选择较多的是"文化传统"和"环境氛围",分别占到总体的55.2%和52.2%,选择"舆论监督"以及"长期教育"分别为49.7%和46.1%。由此可见,法制健全、优良的廉政文化传统以及良好的舆论监督,是大众心目中认为的最重要因素。此外,"政务公开"和"监督机构独立"也占据了重要地位,分别为36.7%和35.1%(见表2-21)。从国外的相关研究来看,比较经典的理论解释是孟德

表2-21 瑞典、芬兰等国家有良好廉政文化传统的原因

瑞典、芬兰等国家有良好 廉政文化传统的原因	响应		个案百分比 (%)
	个案(条)	百分比(%)	
法制健全	1 990	16.9	56.6
文化传统	1 943	16.5	55.2
环境氛围	1 836	15.6	52.2
舆论监督	1 749	14.9	49.7
长期教育	1 623	13.8	46.1
政务公开	1 291	11.0	36.7
监督机构独立	1 236	10.5	35.1
其他	30	0.3	0.9
不知道	56	0.5	1.6
总计	11 754	100.0	334.2

资料来源:教育系统廉政文化建设调查(2014年)数据库(汇总版)。

[①] 刘杰:《中国式廉政》,学林出版社2012年版,第4页。

斯鸠在《论法的精神》中的概括:"一切有权力的人都容易滥用权力,这是万古不易的一条经验。有权力的人们使用权力一直到遇有界限的地方才休止。"① 此后,国外学者对于贪腐的解释多沿用这一分析框架,从权力制约的角度寻找"防腐"的制度路径,此次调查数据所反映的结果基本与此相契合。除此之外,瑞典有良好的廉政文化传统很重要的另外一个原因是全民参与反腐,视腐败为一场全民的战争,营造出全民监督的社会氛围。鉴于人民群众是廉政文化建设的基础,我国加强廉政文化建设也必须重视人民群众的广泛参与。

再将"身份类别"变量与"芬兰、瑞典等国家有良好的廉政文化"变量进行交叉分析,经卡方检验后,两变量存在显著相关。在教育系统工作人员眼中,"法制健全"是最主要的因素(19.7%);在社会大众眼中,选择最多的是"文化传统"(17.2%),其次才是"法制健全"(16.9%);在学生眼中,"环境氛围"是最首要的选择(19.2%),其次是"长期教育"(16.7%),而"法制健全"(14.9%)和"文化传统"(16.3%)并不是最主要的选择(见表2-22)。尽管三大群体对瑞典、芬兰等国家形成良好的廉政文化首要因素认识存在一定的差异,但是"法制健全""文化传统""环境氛围"基本是受访者认可的重要原因,这也为我国不断完善社会主义法律、创优环境氛围和挖掘中华优秀文化传统提供了指导价值。

表2-22　　　瑞典、芬兰等国家有良好廉政文化的原因＊身份类别交叉制表

瑞典、芬兰等国家有良好廉政文化的原因		身份类别			合计
		在校学生	教育系统工作人员	社会大众	
文化传统	计数(人)	582	434	927	1 943
	列(%)	16.3	15.5	17.2	16.5
舆论监督	计数(人)	457	467	825	1 749
	列(%)	12.8	16.7	15.3	14.9
环境氛围	计数(人)	687	361	778	1 826
	列(%)	19.2	12.9	14.5	15.5
长期教育	计数(人)	598	285	740	1 623
	列(%)	16.7	10.2	13.8	13.8

---

① [法]C.L.孟德斯鸠著,张雁深译:《论法的精神》,商务印书馆1961年版,第154页。

续表

瑞典、芬兰等国家有良好廉政文化的原因		身份类别			合计
		在校学生	教育系统工作人员	社会大众	
法制健全	计数（人）	531	552	907	1 990
	列（%）	14.9	19.7	16.9	16.9
政务公开	计数（人）	381	310	600	1 291
	列（%）	10.7	11.1	11.2	11.0
监督机构独立	计数（人）	307	364	565	1 236
	列（%）	8.6	13.0	10.5	10.5
其他	计数（人）	11	3	16	30
	列（%）	0.3	0.1	0.3	0.3
不知道	计数（人）	18	20	18	56
	列（%）	0.5	0.7	0.3	0.5
合计	计数（人）	3 572	2 796	5 376	11 744
	列（%）	100.0	100.0	100.0	100.0

资料来源：教育系统廉政文化建设调查（2014年）数据库（汇总版）。

注：通过卡方检验，$Chi^2 = 177.575$，$p < 0.05$。

（二）对于境外廉政文化建设经验引进的认知

当前教育系统的廉政文化建设面临着复杂的形势，在立足优秀传统廉政文化的同时，合理适当地借鉴境外廉政文化建设的优秀成果，更能起到事倍功半的效果。因此，我们也试图列出一些被广泛知晓的且较为成功的境外教育系统廉政文化建设案例，试图了解受访对象对可借鉴案例的态度。

对于"境外廉政文化的借鉴"，本次调查共获得6 647次响应。63.8%的受访对象认为，"中国香港廉政公署直接参与学校廉洁教育"的介入措施最为合适和有效，值得借鉴；其次是"美国规定学校重要人员必须进行财产申报"，有43.5%的人支持借鉴；再次则是日本所强调的文化熏陶——"名誉和尊严至上的耻感文化"，有41.7%的比例选择可以借鉴；最后是"新加坡高薪养廉"，35.8%的人支持借鉴。对于"境外案例对我国不适用"，仅为3.2%，反映出绝大部分受访者赞成借鉴国外廉政文化的建设的经验（见表2-23）。对比发现，中国香港廉政公署的介入措施最为人们接受，这可能是因为社会对香港认知度较高，同时也因为文化传统相近，人们相信在香港能做好的事最有可能在内地做成功。

表2-23　　　　　可借鉴的境外优秀廉政文化建设案例

借鉴案例	响应 个案（条）	响应 百分比（%）	个案百分比（%）
中国香港廉政公署直接参与学校廉洁教育	2 241	33.7	63.8
美国规定学校重要人员必须进行财产申报	1 528	23.0	43.5
日本强调名誉和尊严至上的"耻感文化"	1 467	22.1	41.7
新加坡高薪养廉	1 259	18.9	35.8
其他境外适用案例	38	0.6	1.1
境外案例对我国不适用	114	1.7	3.2
总计	6 647	100.0	189.2

资料来源：教育系统廉政文化建设调查（2014年）数据库（汇总版）。

我们还希望挖掘三大群体对借鉴优秀教育系统廉政文化案例的态度有哪些区别。通过将"身份类别"变量与"境外可借鉴案例"变量交叉分析，经卡方检验两变量存在显著相关。三大群体都认为"中国香港廉政公署直接参与学校廉洁教育"是我国教育系统可以借鉴的最主要的案例。除此之外，社会大众认为"美国规定学校重要人员必须进行财产申报"（23.6%）对我国教育系统廉政文化建设更具适应性；在校学生则认为"美国规定学校重要人员需要须进行财产申报"（24.9%）和"日本强调名誉和尊严至上的'耻感文化'"（24.9%）同等重要；教育系统工作人员则更加希望采用"新加坡高薪养廉"（26.8%）的办法推动我国廉政发展（见表2-24）。从以上的分析不难看出，受访者比较认可亚洲国家或地区的廉政经验，反映出文化的相似性对相互借鉴的重要意义。

表2-24　　　　　境外可借鉴的案例＊身份类别交叉制表

借鉴案例		身份类别 社会大众	身份类别 在校学生	身份类别 教育系统工作人员	合计
中国香港特别行政区廉政公署直接参与学校廉洁教育	计数（人）	1 087	643	511	2 241
	列（%）	35.4	32.4	32.0	33.7
日本强调名誉和尊严至上的"耻感文化"	计数（人）	636	494	337	1 467
	列（%）	20.7	24.9	21.1	22.1
新加坡高薪养廉	计数（人）	530	301	428	1 259
	列（%）	17.3	15.2	26.8	18.9

续表

借鉴案例		身份类别			合计
		社会大众	在校学生	教育系统工作人员	
美国规定学校重要人员必须进行财产申报	计数（人）	723	495	310	1 528
	列（%）	23.6	24.9	19.4	23.0
其他境外适用案例	计数（人）	25	10	3	38
	列（%）	0.8	0.5	0.2	0.6
境外案例对我国不适用	计数（人）	67	41	6	114
	列（%）	2.2	2.1	0.4	1.7
合计	计数（人）	3 068	1 984	1 595	6 647
	列（%）	100.0	100.0	100.0	100.0

资料来源：教育系统廉政文化建设调查（2014年）数据库（汇总版）。

注：通过卡方检验，$Chi^2 = 129.174$，$p < 0.05$。

（三）对于国外廉政文化建设经验引进的评价

境外教育系统廉政文化建设的成功案例在某种程度上得到了受访对象的认可，认为有借鉴参考的价值。而这种可以借鉴的意义与作用到底有多大？在本次调查中，针对"借鉴外国经验对我国廉政文化建设的作用"，共回收到3 557次响应，其中有效信息3 391条（缺失167条）。其中，14.2%的受访对象对"借鉴国外经验对我国廉政文化建设作用不大"这一观点表示非常同意，有28.3%的受访对象表示部分同意，有27.5%的受访对象表示不太同意，以及有11.5%的受访对象表示完全不同意（见表2-25）。可见，对于借鉴境外优秀案例对我国廉正文化建设的作用的大小，受访对象并未完全肯定或否定，但总体而言，受访者对借鉴国外经验持观望或相对保守的态度。

2015年7月1日，全国人大常委会通过了关于实行宪法宣誓制度的决定，规定各级人民代表大会及县级以上各级人民代表大会常务委员会选举或者决定任命的国家工作人员，以及各级人民政府、人民法院、人民检察院任命的国家工作人员，在就职时应当公开进行宪法宣誓。该制度自2016年1月1日起实行。此项仅仅针对于国家公务员，那么是否也需要面向教育系统的公职人员？针对"以宣誓等方式强化廉政自律"的问题，我们对教育系统工作人员进行了调查（见图2-1）。对德国等国家"以宣誓等方式强化廉政自律"的廉政文化建设经验

表 2-25　　借鉴国外经验对中国的廉政文化建设作用不大

		频率（次）	百分比（%）	有效百分比（%）	累积百分比（%）
借鉴国外经验对中国的廉政文化建设作用	非常同意	505	14.2	14.9	14.9
	部分同意	1 006	28.3	29.7	44.6
	说不清楚	492	13.8	14.5	59.1
	不太同意	977	27.5	28.8	87.9
	完全不同意	410	11.5	12.1	100.0
	合计	3 391	95.3	100.0	
缺失		167	4.7		
合计		3 557	100.0		

资料来源：教育系统廉政文化建设调查（2014 年）数据库（汇总版）。

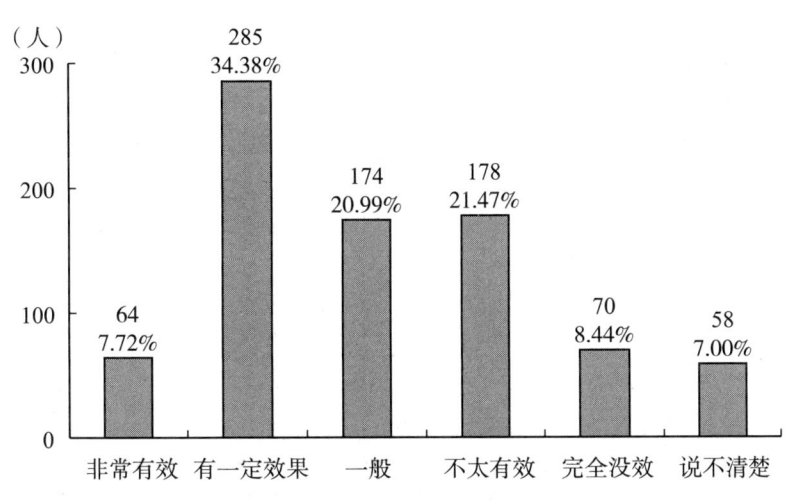

图 2-1　以宣誓等方式强化廉政自律在我国能否取得效果
（教育系统工作人员版）

而言①，有 42.1% 的教育系统受访职员认为，在我国能够取得一定效果；有 20.99% 的受访对象认为取得效果可能一般；有 21.47% 的受访对象认为不太有效；8.44% 的受访对象认为完全没效果；另外，有 7.00% 的受访对象认为说不清楚。从调查的结果看，教育系统工作人员普遍认为宣誓能够对廉政起到一定的

---

① 德国教师上岗前需签"廉政合约"，并宣誓"普鲁士官员的道德标准"。

作用。

英国等西方国家注重加强教师职业的道德教育，从而营造教育系统廉政的氛围。而与我国文化传统更为相近的东方国家，如日本，则通过强化道德约束的方式来预防腐败，"耻感文化"教育被看成是一条十分重要的道德约束的观念。对此，在我们对教育系统工作人员的调查中，共得到832次响应，其中有效信息829条（缺失3条）。其中，有51.5%的认为这种强化道德约束的防腐败措施在我国可能取得一定效果；另外有18.9%的受访对象认为，这种措施对中国不太有效或完全没效果（见表2-26）。总体来看，绝大多数受访者认可道德约束的力量，强化道德约束可以视作我国推进防腐败的重要举措。

表2-26　强化道德约束的防腐败措施在我国能否取得效果

		频率（次）	百分比（%）	有效百分比（%）	累积百分比（%）
有效	非常有效	62	7.5	7.5	8.1
	有一定效果	365	43.9	44.0	51.5
	一般	164	19.7	19.8	71.3
	不太有效	127	15.3	15.3	86.6
	完全没效	30	3.6	3.6	90.2
	说不清楚	81	9.7	9.8	100.0
	合计	829	99.6	100.0	
缺失		3	0.4		
合计		832	100.0		

资料来源：教育系统廉政文化建设调查（2014年）数据库（教育系统工作人员版）。

当然，不同的历史时空条件下，所适合的方式方法都不尽相同。因此，在我国的廉政文化建设的实践中，应该在合理学习境外优秀有效的廉政文化建设案例的基础上，考察我国具体的国情，而不是盲目地引入国外优秀案例。

（四）对于校外机构参与廉政文化建设的评价

加强校外机构合作对廉政文化建设具有重要意义，既有利于进一步加强和改进党对教育系统廉政文化建设的领导，保持廉政文化的先进性和纯洁性，也有利于进一步发挥教育系统各部门的职能,拓展廉政文化建设的优势,优化教育系统廉政文化资源配置,形成廉政文化建设的大格局。那么,如何才能使校外机构成功并有效地介入廉政文化教育呢?

在对教育系统工作人员以及社会大众的调查中,课题组设置了"校外机构应以何种方式参与我国教育系统廉政文化建设"这一问题,共收到5 916次响应。受访对象选择最多的是"组织廉政文化的社会活动",占到总体的61.8%;其次有57.8%的受访对象选择了"对学校廉政文化进行外部监督";有49.6%的受访对象选择了"编制廉政文化的相关材料";有41.4%的受访对象选择了"辅助学校开设相关课程";有28.0%的受访对象选择了"开展廉政文化建设研究"(见表2-27)。由此可以看出,受访者对于校外机构介入学校廉洁教育表现出了一定的积极态度,并且认为外部机构组织有关的社会活动参与外部监督最为有效。

表2-27　　　　校外机构参与教育系统廉政文化建设的方式

外部机构参与教育系统廉政文化建设的方式	响应 个案(次)	响应 百分比(%)	个案百分比(%)
组织廉政文化的社会活动	1 524	25.8	61.8
对学校廉政文化进行外部监督	1 425	24.1	57.8
编制廉政文化的相关材料	1 222	20.6	49.6
辅助学校开设相关课程	1 021	17.2	41.4
开展廉政文化建设研究	690	11.7	28.0
其他	34	0.6	1.4
总计	5 916	100.0	239.8

资料来源:教育系统廉政文化建设调查(2014年)数据库(社会大众版+教育系统工作人员版)。

通过进一步的交叉分析发现,社会大众与教育系统工作人员在"组织廉政文化的社会活动""辅助学校开设相关课程"和"开展廉政文化建设研究"选项上,两者所持观点基本相近;但在一些方面存在不同,比如,社会大众(21.7%)更倾向于校外机构在编制廉政文化的相关材料上与我国教育系统加强合作,丰富廉政文化内容;而教育系统工作人员(26.3%)则更希望校外机构能对学校廉政文化实行外部监督(见表2-28)。

表2-28　校外机构参与教育系统廉政文化建设方式＊身份类别交叉制表

校外机构参与教育系统廉政文化建设方式		身份类别		合计
		社会大众	教育系统工作人员	
编制廉政文化的相关材料	计数（人）	888	334	1 222
	列（%）	21.7	18.3	20.6
对学校廉政文化进行外部监督	计数（人）	945	480	1 425
	列（%）	23.1	26.3	24.1
组织廉政文化的社会活动	计数（人）	1 039	485	1 524
	列（%）	25.4	26.5	25.7
辅助学校开设相关课程	计数（人）	700	321	1 021
	列（%）	17.1	17.6	17.2
开展廉政文化建设研究	计数（人）	498	201	699
	列（%）	12.2	11.0	11.8
其他	计数（人）	28	6	34
	列（%）	0.7	0.3	0.6
合计	计数（人）	4 098	1 827	5 925
	列（%）	100.0	100.0	100.0

资料来源：教育系统廉政文化建设调查（2014年）数据库（社会大众版＋教育系统工作人员版）。

注：通过卡方检验，$Chi^2 = 17.519$，$p < 0.05$。

第二节　教育系统廉政文化建设的主要成就

2004年，"廉政文化"一词在中国共产党中央纪律检查委员会（以下简称中央纪委）第四次全体会议正式提出；2005年1月，为深入开展党风廉政建设和反腐败工作，中共中央颁布《建立健全教育、制度、监督并重的惩治和预防腐败体系实施纲要》（以下简称《实施纲要》），其中明确提出"大力加强廉政文化建设，积极推动廉政文化进社区、家庭、学校、企业和农村。在《实施纲要》的指导下，从中央的决策部署到地方的统筹安排，再到各学校的贯彻落实，形成了时代鲜明、多元发展的廉政文化格局，提升了廉政文化建设的整体水平。无论是教育系统廉政文化理论的创新发展，还是教育系统廉政文化载体的日新月异；无论是教育系统廉政文化建设内容与形式的丰富，还是教育系统廉政文化制度保障的不断健全，我国教育系统廉政文化建设成效显著。在本章节，重点围绕我国教育系统廉政文化建设取得的主要成就以及基本经验展开论述。

一、教育系统廉政文化建设的基本规范稳步确立

2010 年，由中央纪委、中共中央宣传部、中华人民共和国原监察部、中华人民共和国原文化部等六部委联合下发了《关于加强廉政文化建设的意见》，明确了社会主义廉政文化是中国先进文化的重要内容，强调"新时期对廉政文化赋予了新的内涵，它以先进的廉政制度为基础，以先进的廉政理论为统领，以先进的廉政思想为核心，以先进的廉政文学艺术为载体，具有深厚的历史渊源、广博的文化知识和丰富的社会实践"，明确了廉政文化建设在反腐倡廉建设中处于基础性地位，同时强调廉政文化建设要按照"坚持服务大局、统筹协调。坚持以人为本、注重教育。坚持用科学理论引导人、廉洁理念教育人、先进文化熏陶人，不断提高干部群众的思想道德修养和廉洁从政、廉洁从业意识。坚持突出重点、面向社会。坚持继承创新、与时俱进。坚持重在建设、务求实效的要求，把廉政文化建设融入经济、政治、文化、社会建设等各个领域，培养廉洁价值理念"。《建立健全惩治和预防腐败体系 2013~2017 年工作规划》也明确将加强廉政文化建设纳入"科学有效预防腐败"的内容之中。这些文件确立了全社会推进廉政文化建设的指导思想和基本原则，为新时期我国廉政文化建设指明了方向。

教育系统作为社会的子系统之一，在中央文件的指导下，也形成了体现教育系统特色的廉政文化建设的系列行动纲领。在《国家中长期教育改革和发展规划纲要（2010~2020 年）》中提出："加强教育系统党风廉政建设和行风建设。大兴密切联系群众之风、求真务实之风、艰苦奋斗之风、批评和自我批评之风。坚持标本兼治、综合治理、惩防并举、注重预防的方针，完善体现教育系统特点的惩治和预防腐败体系。"以规划纲要为蓝本，从 2011 年起，教育部党组每年发布《教育系统党风廉政建设工作要点》（其中，2017 年为《党风廉政建设工作要点及直属机关任务分工方案》），对教育系统廉政文化建设进行总体部署，有步骤、有重点地推进（见表 2-29）。

为深入学习和贯彻落实习近平总书记在十九届中央纪委二次全会上的重要讲话和二次全会精神，分析研判教育系统全面从严治党形势，部署安排全年工作，教育部召开 2018 年教育系统全面从严治党工作视频会议。教育部党组书记、部长

表2-29 教育部党组发布的《教育系统党风廉政建设工作要点》中有关廉政（廉洁）文化的相关内容（2011~2017年）

年份	相关内容
2011	在"加强廉政教育任务"的要求中提及廉政文化建设
2012	提出"廉政文化进校园"，教育廉政文化建设首次作为独立的工作任务
2013	"加强反腐倡廉教育和廉政文化建设"，要求深化大中小学校廉洁教育进教材、进课堂、进头脑工作等
2014	从"加强反腐倡廉教育"转变为"加强廉洁教育"，强调推进高校廉政文化建设，加强大学生廉洁从政、廉洁从业的教育
2015	加强廉洁教育和廉政文化建设。深入开展廉洁文化进校园活动……大力推进高校廉政文化建设，加强大学生廉洁教育。积极发挥高校廉政研究和文化引领作用，组织召开高校廉政研究机构理论研讨会，推动反腐倡廉的理论创新和实践创新。组织开展教育系统党风廉政建设重大理论和实践课题研究
2016	强化党的意识、纪律意识和规矩意识，举办学习贯彻《党章》《廉洁自律准则》《纪律处分条例》专题培训班；对巡视、审计反馈的领导干部"四风"问题和违反廉纪律问题，进行剖析批评，提出整改措施；以优良党风引领带动教育风气持续好转。 把贯彻《廉洁自律准则》作为改进作风的重要抓手；深入培育践行社会主义核心价值观，引领立德树人。……制订关于加强高校校园文化建设的意见，举办第五届全国高校廉政文化作品征集暨廉洁教育系列活动；推动高等学校廉洁办学
2017	各级党组织和纪检部门要聚焦政治纪律、组织纪律和廉洁纪律，监督执纪问责，践行"四种形态"；坚持党管干部原则，落实好干部标准，建立干部选拔任用、干部监督管理同向并行机制，严把政治关、品行关、作风关、廉洁关；实事求是评价干部，做好党风廉洁情况回复；加强党内政治文化建设。要倡导和弘扬忠诚老实、光明坦荡、公道正派、实事求是、艰苦奋斗、清正廉洁等价值观；要充分利用教育资源，做好党的十八大以来全面从严治党的成效和经验宣传，办好电视、电台、网络、报刊廉洁文化宣传，增强党员师生文化自觉和文化自信，以优良的党风带动教风学风行风，交上作风建设合格的答卷

资料来源：教育部网站 http://www.moe.edu.cn，并根据文件内容进行摘录、整理。

陈宝生在讲话中指出，2018年是贯彻党的十九大精神开局之年，是决胜全面建成小康社会、实施"十三五"规划承上启下关键的一年，是教育系统党建质量年、实施"奋进之笔"进取之年，全面从严治党责任重大。这个会往年是"教育系统党风廉政建设视频会"，2018年改为"教育系统全面从严治党工作视频会",从"党风廉政建设"到"全面从严治党",这一变化彰显了新时代教育部党组推进全面从严治党的坚定决心和意志。①

通过以上梳理,不难发现,教育系统廉政文化建设并不是仅仅局限于教育行政部门和各级各类学校领导干部的"防腐"和学校教师的"廉洁从教""为人师表"问题,也关注学生廉洁价值的培育、廉洁文化认知的教育以及廉洁理念的重塑,发挥高校廉政研究和文化引领作用,从而增强教育系统对整个社会廉政文化建设的引领力和辐射力。总体而言,教育系统廉政文化建设根据当下实际需要出发,紧随现代化步伐、适应全球化趋势,围绕"防腐"与"育人"的双重建设目标,以爱国主义、集体主义、社会公德、职业道德教育为核心,坚持教书育人、服务社会的办学宗旨,加强学校领导干部的职业道德建设、教师师德师风建设和学生思想道德建设,加快推进教育系统廉政文化建设的主体培育、内容体系、建设机制等方面的内容,增强廉政文化教育实质的吸引力、感染力、引导力,深化对廉政文化建设指导思想和基本原则的认识,完善体现教育系统特点的惩治和预防腐败体系,营造"以廉为荣、以贪为耻"的生活环境氛围,创新反腐倡廉建设的理论研究,加强廉政文化建设的实践指导。教育系统廉政文化建设的指导思想与基本原则的初步确立,不仅是今后教育系统廉政文化建设的"风向标",也构成了评估教育系统廉政文化的实践效果的重要指标。

二、教育系统廉政文化建设的内容更加成熟

对廉政文化比较普遍的看法是,廉政文化是与腐败文化完全对立的一种先进文化,经常会与廉洁政治联系在一起理解,从根本上反映着一个阶级、一个政党的执政理念、执政目的和执政方式。"廉政文化"内涵是在历史上生成,并在特定地域随着时代变迁而逐步发展着的,每个时代、每一社会制度中,廉政文化的表现和本质、内涵和外延都有所不同。古代社会和现代社会的廉政文化不同,东方社会和西方社会廉政文化的内涵和外延也不尽相同。② 有学者将廉政文化的内涵与外延进一步扩大,从广义上将廉政文化划分为三个方面:一是廉洁的政治文化,就是要求拥有公共权力的工作人员能够廉洁自律、奉公守法、淡泊名利;二是廉洁的社会文化,就是弘扬良好的道德,希望在全社会范围内创造良好的社会环境,让廉政文化融入人们的日常生活;三是廉洁的职业文化,就是希望无论从

---

① 《坚定不移把教育系统全面从严治党引向深入》,http://www.moe.gov.cn/jyb_xwfb/gzdt_gzdt/moe_1485/201803/t20180301_328397.html,2018年3月1日。

② 郝峰:《试析廉政文化的内涵、结构与功能》,载于《南京政治学院学报》2014年第5期,第73~75页。

事何种职业的人员都能按照法律、法规的规范做事；四是廉洁的组织文化，这是针对国家机关事业单位、国有企业、社会团体等公共组织能够按照公平、公正、公开的原则处理事务①。也有学者将廉政文化分为三类：一是健康向上的社会廉政文化；二是权为民所用、利为民所谋的政府廉政文化；三是办事公道、克己奉公的公职廉政文化。②尽管对于"廉政文化"内涵的理解不应一概而论，但不可否认的是，学术界对廉政文化的解释已经开始向更加广泛的维度迈进。

首先，从其内涵的发展轨迹来看，教育系统廉政文化紧随当前社会大环境的发展步伐，与教育发展、干部作风、教书育人、学生成长的阶段性特征相适应，内涵不断扩展、内容进一步充实。廉政文化具有本质的先进性、积极的导向性、鲜明的时代性、历史的继承性，③同时具有空间上的扩散性和时间上的持续性。教育廉政文化作为校园文化的重要组成部分，在新的形势下，推进教育廉政文化融入校园、社区和家庭的各项领域，贯穿于教育的实践之中是廉政文化建设的应有之义。

其次，从构成要素看，它主要包括廉政精神文化、廉政制度文化、廉政物质文化、廉政行为文化等。廉政精神文化是灵魂，从领导干部、教育系统工作人员、学生的"三观"着手，以马克思主义为指导，塑造干部廉洁从政、教师廉洁从教、学生廉洁好学的价值理念，抵制腐朽文化侵蚀，创造风清气正的校园环境；廉政制度文化是保障，对于学校的教学、科研、管理、生活提供参照标准，并且使校园廉政文化建设规范化、法制化，推进廉政文化深入发展；廉政物质文化是载体，学校通过完善校园硬件与软件的基础设施，为教育廉政文化的普及与推广提供平台，创新廉政文化建设形式；廉政行为文化是根本，将廉政文化的精髓物化到人的行动之中，规范领导干部、教育系统工作人员、在校学生的日常行为，心怀律己之心。

最后，从建设过程和重点领域看，包括确立廉政文化价值理念、建设廉政文化理论体系、推动廉政文化科学发展、铸造廉政文化时代特色、廉政文化主体创造、扩大廉政文化群众基础。④这六个方面相互影响、相互渗透、相互补充，既是教育廉政文化建设的目标，也是建设路径，更是廉政文化建设的内容。近年来，我国教育廉政文化走出了一条中国特色的发展之路，内容已经涵盖了爱国守

---

① 周国富：《廉政文化建设"五思"》，载于《中国纪检监察报》2005年12月20日。

② 刘新华：《廉政文化建设的基本内涵与价值初探》，载于《宁波大学学报（人文科学版）》2005年第2期，第147~150页。

③ 常一青：《加强高校廉政文化建设 弘扬和谐校园先进文化》，载于《中南民族大学学报（人文社会科学版）》2009年第6期，第97~101页。

④ 王庭坚：《中国特色社会主义廉政文化建设研究》，湖南师范大学2013年博士学位论文，第89~92页。

法、明礼诚信、爱岗敬业、勤俭节约、廉洁从政、秉公执法等，涉及生活、学习、工作、社会交往等方方面面。在廉政文化内容不断扩展、理论研究不断深化的同时，廉政文化的主体创造就显得尤为重要。

当前，我国教育廉政文化建设初步形成了学校党委领导、党政齐抓、纪委协调、师生参与的基本格局，增强了社会大众的心理认同和创造动力，激发师生的参与热情，教育廉政文化建设的内容更加成熟。如前文所述，54.7%的受访者认为，廉政文化不能仅仅局限在"不以权谋私""不贪污受贿""不任人唯亲"等选项上，更应该包含诚实守信（见表2-2）。特别是在在校学生群体中，"诚实守信"（59.4%）被视作廉政文化建设的重要组成部分，超过受访学生的半数。此外，"遵纪守法"（41.7%）、"勤俭节约"（30.7%）也被纳入学生对于廉政文化理解的范畴之内（见表2-30）。又如，66.3%的受访者认为，廉政文化建设的目标定位应该着眼长远，提高学校领导干部、教育系统工作人员和学生的道德水准（见表2-3）。这反映出社会大众对廉政文化内涵的理解正在打破以往惯性思维的局限性，内容更为扩展，主体更为多元化，实践性更为突出。

表2-30　　您认为"廉政文化"的内涵包括哪些内容

		响应		个案百分比（%）
		个案（条）	百分比（%）	
您认为"廉政文化"的内涵包括哪些内容	不贪污受贿	707	22.1	65.1
	诚实守信	645	20.2	59.4
	不以权谋私	538	16.8	49.5
	遵纪守法	453	14.2	41.7
	勤俭节约	333	10.4	30.7
	爱岗敬业	318	9.9	29.3
	不任人唯亲	195	6.1	18.0
	其他	11	0.3	1.0
总计		3 200	100.0	294.7

资料来源：教育系统廉政文化建设调查（2014年）数据库（学生版）。

三、教育廉政文化载体日益丰富

教育系统对社会文化活动具有引领作用。学生在学校里不仅需要掌握科学文化知识与专业技能，同时也需要接受思想道德教育和良好文化熏陶，学会做人，学会做事，从而实现学生知识与道德的全面发展。这些不仅对学生有重要的教化作用，而且对教育系统工作人员修身养性和教育教学工作也有积极的效果，如宣传师德师风先进个人事迹，宣传教书育人典范，充分发挥优秀教师在廉洁教育中的示范和引导作用。可以说，文化建设是一项系统工程，牵涉学校的各个方面，学校各个部门都需要统一思想，提高认识，合力协作，相互监督，共同发展。

第一，自从教育系统廉政文化开展以来，全国各地学校紧紧围绕中央的统一安排，结合各地地方特色，创造出很多内容丰富、形式新颖的廉政文化活动，如开设支部廉政党会、观看反腐倡廉影片、举行以廉政文化为主题的征文活动等，这些活动让在校学生与教育系统工作人员对廉政文化的认识不断加深，廉洁思想水平不断提高，对自我关于廉洁诚信的要求逐渐严格。如表2-6和表2-7所示，40.8%在校学生受访者表示从未作弊，而对于教育系统工作人员而言，有近九成受访者表示较为容易做到廉洁。由此可见，当前教师和在校学生比较顺利地将廉政文化中的精髓思想运用到了自己的生活与学习之中，教育系统廉政文化建设发挥了作用，取得了一定的成绩。但是，不可忽视的是，近六成的在校学生受访者曾经有过作弊的念头或者已经有过作弊的经历。尤为需要关注的是，有过念头但又没有作弊的学生占到学生受访者的34.2%，所占比例较高。对于这部分学生而言，他们处在利益与诚信之间的中间地带，既想不努力而获得优异的成绩，又不愿违背自己的诚信。因此，对教育系统而言，在已经取得一定的成绩下，要进一步加强廉政文化建设，让廉政意识不仅在学生内心深处生根发芽，而且还要开花结果，牢固树立"公正、诚信、自律、守法"的思想理念。

第二，随着国家对教育重视程度的不断提高，教育经费占GDP的比重也在不断提升，教育系统的基础设施在不断的改善，这不仅有利于给学生营造一个良好的学习环境，也对学生心灵净化、陶冶情操起到了重要作用。类似的学生活动中心、图书馆、档案馆等公共空间为廉政文化的建设提供了多样化的载体。此外，现代科学技术的快速发展和应用彻底打破了"时—空"之间的凝固关系，校园网、微信、微博、校园电子阅览室等现代科学技术手段也为廉政文化的发展提供了广阔的前景。这些新兴文化载体可以迅速、快捷地扩大廉政文化建设的辐射面，以惊人速度传播廉政文化建设内容，以爆炸形式更新廉政内容，使廉政文化建设活动变得更加形象化、立体化，更加富有吸引力和发展力。根据本次调查数据显示，以在校学生为例，56.8%学生受访者会通过"电影、电视、广播"接廉政教育，45.4%学生受访者选择"书籍报刊等"。除此之外，"墙报、黑板报、宣传栏等"（34.7%）、"校园网络"（16.9%）、"相关微信、短信、邮件等"（11.4%）、"专题讨论会或主题班会"（9.9%）也成为在校学生接受廉政文化的重要方式（见表2-31）。

表 2 – 31　　　　　您曾通过哪些途径接受廉政教育

<table>
<tr><th rowspan="2"></th><th rowspan="2"></th><th colspan="2">响应</th><th>个案百分比</th></tr>
<tr><th>个案（条）</th><th>百分比（%）</th><th>（%）</th></tr>
<tr><td rowspan="11">您曾通过哪些途径接受廉政教育</td><td>电影、电视、广播</td><td>611</td><td>23.8</td><td>56.8</td></tr>
<tr><td>书籍报刊等</td><td>489</td><td>19.0</td><td>45.4</td></tr>
<tr><td>墙报、黑板报、宣传栏等</td><td>373</td><td>14.5</td><td>34.7</td></tr>
<tr><td>家庭廉洁教育</td><td>184</td><td>7.2</td><td>17.1</td></tr>
<tr><td>校园网络</td><td>182</td><td>7.1</td><td>16.9</td></tr>
<tr><td>廉洁教育课程</td><td>129</td><td>5.0</td><td>12.0</td></tr>
<tr><td>相关短信、微信、邮件等</td><td>123</td><td>4.8</td><td>11.4</td></tr>
<tr><td>专题讨论会或主题班会</td><td>107</td><td>4.2</td><td>9.9</td></tr>
<tr><td>廉政文化专题讲座</td><td>90</td><td>3.5</td><td>8.4</td></tr>
<tr><td>相关演讲、书法、美术、摄影作品等比赛活动</td><td>79</td><td>3.1</td><td>7.3</td></tr>
<tr><td>接受廉洁教育途径：其他</td><td>11</td><td>0.4</td><td>1.0</td></tr>
<tr><td></td><td>接受廉洁教育途径：未曾接受过</td><td>189</td><td>7.4</td><td>17.6</td></tr>
<tr><td colspan="2">总计</td><td>2 567</td><td>100.0</td><td>238.6</td></tr>
</table>

a. 值为 1 时制表的二分组。

资料来源：教育系统廉政文化建设调查（2014 年）数据库（学生版）。

关于在校学生受访者了解腐败案件的渠道，82%的学生受访者是通过网络渠道了，比例最高。76.9%的受访者是通过电视广播进行了解。相比较而言，通过"报纸杂志"（48.0%）了解腐败案件的学生受访者较少（见表 2 – 32）。由此可见，网络、电视等媒体在廉政文化宣传方面起着重要的作用。

表 2 – 32　　　　　您主要通过以下哪些途径了解腐败案件的发生

<table>
<tr><th rowspan="2"></th><th rowspan="2"></th><th colspan="2">响应</th><th>个案百分比</th></tr>
<tr><th>个案（条）</th><th>百分比（%）</th><th>（%）</th></tr>
<tr><td rowspan="6">您主要通过以下哪些途径了解腐败案件的发生</td><td>网络渠道</td><td>893</td><td>33.3</td><td>82.0</td></tr>
<tr><td>电视广播</td><td>837</td><td>31.2</td><td>76.9</td></tr>
<tr><td>报纸杂志</td><td>523</td><td>19.5</td><td>48.0</td></tr>
<tr><td>听亲朋好友说的</td><td>288</td><td>10.7</td><td>26.4</td></tr>
<tr><td>单位传达</td><td>121</td><td>4.5</td><td>11.1</td></tr>
<tr><td>其他</td><td>20</td><td>0.7</td><td>1.8</td></tr>
<tr><td colspan="2">总计</td><td>2 682</td><td>100.0</td><td>246.3</td></tr>
</table>

资料来源：教育系统廉政文化建设调查（2014 年）数据库（学生版）。

值得注意的是，现代科学技术成为信息传播的重要手段，新科技已经深深嵌入到校园文化环境中，成为学校廉政文化建设重要的新型平台载体。这种新型科技使用起来便捷快速，易于抓住在校学生和教育系统工作人员的眼球，激发阅读和学习兴趣，提高了廉政教育宣传的有效性。可以说，在学校里，网络等科技成果开始逐渐超越传统廉洁教育课程、专题讲座等廉政教育方式。另外，从数据调查的资料中可以看出，书籍报刊对于在校学生和教育系统工作人员接受廉政文化也起到了重要作用，也从一个侧面折射出廉政文化传播载体的日新月异。总之，多样化、全方位、多层次的廉政文化传播载体有力地推动了教育廉政文化的深入发展。

四、廉政文化理论研究不断深化

宋讷在《大明敕建太学碑》中指出："盖学所以扶天理、淑人心也，皇极由之而建，大化由之而运，世道由之而清，风化本原、国家政务，未有舍此而先者。或有未备，则无以维三纲五常之具，示作人重道之心。"这就是说，廉政文化作为非制度性文化的一部分，往往更容易在潜移默化的过程中对生活其中的人们产生作用及影响。"廉政文化"一词在2004年提出之后，学术界对其研究就迅速展开。随着我国廉政文化建设实践的开展，相关的研究不断深入，不仅促进了学术交流和学术研究，也推动了廉政文化的理论成果转换，理论引领和指导实践的作用日益凸显。

首先，加强教育系统廉政理论研究是教育部关注点之一。从2009年开始，为进一步加强教育系统廉政理论研究，深入推进党风廉政建设和反腐败工作，教育部专门设立人文社会科学研究专项任务项目（教育廉政理论研究），申请者可以围绕设定的研究方向、结合自身的研究专长拟订选题，每项课题资助不低于5万元。教育部党组发布的《2015年教育系统党风廉政建设工作要点》中，首次明确提出要"积极发挥高校廉政研究和文化引领作用，组织召开高校廉政研究机构理论研讨会，推动反腐倡廉的理论创新和实践创新。组织开展教育系统党风廉政建设重大理论和实践课题研究"。

其次，廉政文化的研究成果丰富。如果以"廉政文化"为关键词在中国知网（China National Knowledge Infrastructure, CNKI）全文数据库进行搜索，从2004年1月~2017年6月，共检索出3 427篇期刊学术论文。其研究内容涵盖廉政文化的内涵、特征、功能、意义、路径等，结合我国具体国情，批判性地继承了中国传统廉政文化和世界上廉政经验的精华，形成了中国特色社会主义廉政文化理论体系和分析框架，注重廉政文化思想传承与廉政文化实践创新相融合。廉政文化建设的核心在于使得公职人员树立廉洁的权力观，形成崇尚廉洁的行为习性，筑起抵御腐败的心理防线，并形成廉洁制度，保障廉政文化建设走向普遍化和大众化。[①] 同时，廉政文化建设的目标也包括使得社会大众能够自觉地树立起制度权威、制度平等、制度约权和制度改革意识，形成全社会的廉洁氛围。[②] 与此同时，2010 年由南通大学主办的《廉政文化研究》学术期刊经新闻出版总署批准正式在国内外发行，标志着廉政文化研究具有了专业性学术期刊。宁波市鄞州区联合部分高校组织编撰了《中国廉政文化丛书》第一辑、第二辑共十卷，400 余万字。

在既有研究成果中，教育系统尤其是高校更是研究的热点。仅以"高校廉政文化"和"高校廉洁文化"为关键词在中国知网（CNKI）进行查询，共找到了 428 篇期刊论文和硕士、博士学位论文，其中仅 2014 年就多达 61 篇。研究人数多、范围广、内容深、题材详，涵盖了高校廉政文化内涵、特征、已取得的成果、存在问题、建设路径等，内容丰富，材料详尽，形式多样。高校研究重点以"育人为本""导引社会""办好人民的满意教育"[③] 为宗旨，满足广大师生以及社会大众对优秀文化的精神追求，利于教育系统廉政文化建设实现实践操作和广泛传播。

最后，很多高校成立廉政（文化）研究机构，对教育系统廉政文化进行系统性、全方位的梳理，形成了具有前瞻性的最新理论成果。如北京大学、清华大学、中国人民大学、中山大学、上海交大、华东师范大学、湖南大学、南通大学[④]等高校设立廉政研究中心等机构，对廉政文化进行专项研究。中国社会科学院也成立了中国廉政研究中心（智库），从 2012 年起发布"反腐倡廉蓝皮书"年度报告，较为全面地反映了我国反腐倡廉建设进展与效果。这些专业化的廉政文化研究机构有力地推动了廉政文化理论研究的快速发展，使我国现阶段廉政文化理论水平得到快速有效的提升。尤其是很多廉政文化研究机构设置在高校，熟知教育系统实际运作过程，对教育系统廉政文化的深刻内涵、本质特征、重大意义以及基本经验有了更加全面深入的认识和可行性论证，深入分析廉政文化建设与反腐倡廉建设、校园文化建设的内在联系，让教育系统的教育系统工作人员、在校学生、领导干部的廉政文化意识得到了进一步的增强，廉政文化实践操作得到了进一步的指导。

---

① 田志闯：《当代中国廉政文化建设研究》，大连理工大学 2012 年博士学位论文，第 12～13 页。
② 包心鉴：《廉政文化：从伦理到制度》，载于《红旗文稿》2007 年第 9 期，第 7～9 页。
③ 常一青：《加强高校廉政文化建设　弘扬和谐校园先进文化》，载于《中南民族大学学报（人文社会科学版）》2009 年第 6 期，第 97～101 页。
④ 2007 年 4 月，中共南通市纪委联合南通大学共同成立了校地共建的、以"廉政文化"为研究对象的学术机构——南通廉政文化研究所，旨在将地方纪检监察机关的实践、经验优势与高校的理论、学科、人才、教育优势进行有机整合。2010 年版，中心成为江苏省高校哲学社会科学培育点，2012 年被确定为中央纪委研究室纪检监察工作调研与创新联系点，2013 年该中心正式更名为"南通廉政文化中心"。目前中心已经拥有较高水平的研究团队，目前形成了廉洁教育、党风廉政、廉政文化和廉洁政治与政府治理四个研究方向，中心举办的"反腐倡廉南通论坛""江海廉政大讲坛"受到社会各界的广泛关注。

五、教育系统廉政文化的引领作用正在形成

教育系统廉政文化建设的特殊之处就在于,"防腐"与"育人"共同构成教育系统廉政文化建设的双重使命,两者贯穿于教育廉政文化建设的全过程。加强教育系统的廉政文化建设,保证党和国家的先进思想方针能够内化到教职工及学生的成长环境中,需要让师生真正理解廉政文化建设的内涵和重要意义,使师生真正能够从"学习文化"向"实践文化"转变。以本次调查中社会大众的受访者为例,我们将"是否需要开展针对学生的廉政文化教育"变量与"身份类别"变量进行交叉分析,通过卡方检验后,两变量之间存在显著相关。分析结果显示,57.6%的社会大众受访者认为学校开展廉洁教育非常需要,比例高于在校学生(47.3%)的对其重要性的认可度,还有29.2%的社会大众受访者并没有完全否认廉政文化的作用,认为开展学校廉政文化教育"有些需要"。当然,持这种观念的受访者并未意识到廉政文化建设的重要性。社会大众受访者对于"不太需要"或者"完全不需要"的选择人数仅仅为7.5%,比例很低。而在校学生选择"不太需要""完全不需要"的比例则占到学生受访者的10.6%(见表2-33)。由此可见,在社会大众的眼里,教育系统廉政文化的重要性基本得到认可,崇尚廉政文化的社会氛围初步形成。

表2-33　是否需要开展针对学生的廉政文化教育＊身份类别交叉制表

			身份类别		合计
			社会大众	学生	
是否需要开展针对学生的廉政文化教育	非常需要	计数(人)	922	504	1 426
		列(%)	57.6	47.3	53.5
	有些需要	计数(人)	467	372	839
		列(%)	29.2	34.9	31.5
	无所谓	计数(人)	92	77	169
		列(%)	5.8	7.2	6.3
	不太需要	计数(人)	89	90	179
		列(%)	5.6	8.5	6.7
	完全不需要	计数(人)	30	22	52
		列(%)	1.9	2.1	2.0
合计		计数(人)	1 600	1 065	2 665
		列(%)	100.0	100.0	100.0

资料来源:教育系统廉政文化建设调查(2014年)数据库。

注:通过卡方检验,$Chi^2 = 29.645$,$p < 0.05$。

从理论上讲，教育系统作为生产和传播社会主义先进文化的公共空间，聚集了"公共大同"与"校本特色""自主积淀"与"时代潮流""追逐崇高"与"取向合理""行业规律性"与"教育特殊性"等多重双向元素，[①] 不仅很好地推动了廉政文化的理论创新，促进了校风校纪的清正廉洁，而且有效地抵制了官僚主义、极端个人主义等腐朽思想与社会不良风气的侵害，对全社会廉政文化建设起到导向和示范的作用。

从另一个角度看，全社会廉政文化氛围日益浓厚为学校的廉政文化建设提供了土壤。党的十八大以来，以习近平同志为核心的党中央坚持从严治党、依法治国，以知促行、以行促知，党内存在的形式主义、官僚主义、奢靡主义之风得到了一定程度的改善。[②] 与此同时，全国各地积极响应中央的号召，尊重文化发展的基本规律，突出高品位、弘扬主旋律，逐步建立起一批廉政文化建设示范基地。比较著名的有湖南省廉政文化教育基地、重庆红岩革命纪念馆、西柏坡廉政教育馆等，一些地方还创新了廉政戏剧，举办了大型廉政展览，等等。总体而言，以廉政建设为主题的各种组织性活动，既在全社会传播了廉政文化的理念，也极大地丰富了社会大众精神文化生活。各种形式的廉政宣教活动都对社会大众的廉洁意识发挥了重要启示作用，对社会群众的日常道德行为起到了评估衡量作用，对社会环境的廉洁氛围起到了很好的营造作用，对人类社会的道德水平发展起到了推动和促进作用。

总体而言，自廉政文化建设开展以来，全国教育系统都采取形式各异的方法来加强廉政文化建设，校园廉政文化建设已取得了初步的效果：指导思想确立、基本原则明晰、建设目标明确、理论成果丰硕、建设内容成熟、表现形式新颖、社会氛围形成。这些成果为教育系统今后进一步加强廉政建设和反腐败工作提供了良好的文化支撑和智力支持，也为我国教育事业进一步深化改革和发展，实现全面人才培养目标提供了强有力的政治保证。

第三节　教育系统廉政文化建设存在的主要问题

近年来，我国的廉政文化建设无论在理论上还是实践上都取得了令人瞩目的

[①] 陈金波、荣欣：《新形势下高校廉洁文化建设的困境与对策》，载于《廉政文化研究》2013年第4期，第66~74页。

[②] 《习近平：历史使命越光荣奋斗目标越宏伟　越要增强忧患意识越要从严治党》，载于《人民日报》2014年10月9日，第1版。

成果，但由于廉政文化建设本身具有系统性、长期性、艰巨性与复杂性等特征，加之社会各界廉洁观念较为淡薄，教育系统的廉政文化建设在创新发展的过程中，也面临着众多不确定因素的影响和挑战，教育廉政文化建设还存在着许多问题。如封建残余的消极文化思想仍然存在、社会转型时期腐败文化的滋生蔓延、国外资本主义的腐朽生活方式和拜金主义价值观的影响，等等。课题组对廉政文化建设中存在的一些问题进行了调查，期待能够从问题着手，找到提高廉政文化建设实效性和针对性的路径。

一、教育系统廉政文化的内涵和主体尚未达成共识

廉政文化建设作为我国反对腐败、建设廉洁政治的重要战略举措，是党中央"全面从严治党"的战略思想的体现，"八项规定"、"六项禁令"、纠"四风"问题、注重"三公"管理等种种举措，都表明了新一届中央领导集体反对腐败的坚强决心，并始终保持着反腐败的高压态势，进而指导推动了党的建设取得明显的进展和成效。[①] 2018年教育系统全面从严治党工作视频会议指出，要推进部机关和直属单位党组织建设更严格；推进高校院系基层党建工作更深入；推进中小学党组织和党的工作"全覆盖"；推进民办高校、中外合作办学全面从严治党"无死角"。这些都使得广大干部群众对廉洁社会秩序的建立充满信心。然而，我们也必须承认，关于廉政文化的内涵和主体仍未达成共识。

（一）对廉政文化的内涵的理解不够全面、深刻

中国特色社会主义廉政文化以"务实、为民、清廉"为核心价值取向。但是在实际的调查中，我们发现受访者对于廉政文化的理解不够深刻，甚至还存在一些误区。这主要表现为：

第一，对于廉政以及廉政文化的理解比较狭隘，常常用"廉政"与"贪腐、受贿"的关系来理解廉政文化。当前，我国反腐败形势依然严峻复杂，区域性腐败和领域性腐败交织，用人腐败和用权腐败共存，体制外和体制内挂钩。[②] 有些地方或领域甚至出现了系统性、塌方式腐败，令人触目惊心。而从被查处的官员的犯罪情况来看，"贪污""受贿""滥用职权"等成为落马官员主要的犯罪事实。因此，腐败成为贪污、受贿的另外一种表达方式，廉政文化也理所当然地被认为是约束掌

[①] 蒋斌、陈金龙、程京武：《全面从严治党是全党的共同任务——学习习近平总书记关于党的建设的重要论述》，载于《求是》2015年第6期，第49~51页。

[②] 江琳：《持续反腐，中央已经布好局》，载于《人民日报》2015年2月17日，第17版。

握公共权力的公职人员的一种"亚文化"。根据这样的事实和逻辑判断，就不难理解受访者为什么会将廉政文化等同于"不贪污受贿""诚实守信"和"不以权谋私"了，表2-2的数据也证实了并没有全面地把握廉政文化的深刻内涵这一点。

第二，不同群体之间对廉政文化的理解侧重点存在差异。社会个体对事物的理解容易受到主观价值和客观环境等多重因素的影响。将"身份类别"变量与"廉政文化的内涵"变量进行交叉分析，可以看出三大群体对于廉政文化的理解有所不同。除"不贪污受贿"作为一项共同理解的维度外，在校学生对于廉政文化的理解偏向于"诚实守信"（20.2%），而社会大众（18.7%）与教育系统工作人员（21.5%）则偏向于"不以权谋私"（见表2-34）。

表2-34　　　　　　廉政文化内涵 * 身份类别交叉制表

			身份类别			合计
			在校学生	社会大众	教育系统工作人员	
廉政文化内涵	诚实守信	计数（人）	645	843	439	1 927
		列（%）	20.2	18.2	18.3	18.8
	爱岗敬业	计数（人）	318	521	221	1 060
		列（%）	9.9	11.2	9.2	10.4
	勤俭节约	计数（人）	333	507	166	1 006
		列（%）	10.4	10.9	6.9	9.8
	遵纪守法	计数（人）	453	656	353	1 462
		列（%）	14.2	14.2	14.8	14.3
	不贪污受贿	计数（人）	707	941	492	2 140
		列（%）	22.1	20.3	20.6	20.9
	不以权谋私	计数（人）	538	867	515	1 920
		列（%）	16.8	18.7	21.5	18.8
	不任人唯亲	计数（人）	195	294	204	693
		列（%）	6.1	6.3	8.5	6.8
	其他	计数（人）	11	7	3	21
		列（%）	0.3	0.2	0.1	0.2
合计		计数（人）	3 200	4 636	2 393	10 229
		列（%）	100.0	100.0	100.0	100.0

资料来源：教育系统廉政文化建设调查（2014年）数据库（汇总版）。

注：通过卡方检验，$Chi^2 = 76.908$，$p < 0.05$。

第三，不同收入状况的人群对廉政文化的理解也存在一定的差异。通过将"收入水平"变量与"家庭人均月平均收入"进行交叉分析，家庭人均收入低于800元的受访者（21.6%）倾向于将廉政文化的意义理解为"诚实守信"。而家庭人均收入在800~2 300元（20.6%）、2 301~5 000元（18.4%）、5 001~8 000元（21.7%）、8 001~10 000元（22.2%）区间段的受访者更加倾向于将廉政文化理解为"不贪污受贿"，而家庭人均收入在10 001~17 000元、17 000元以上的受访者与家庭人均收入少于800元受访者相似，同样倾向于廉政文化解释为"诚实守信"（见表2-35）。可以看出，较低收入与较高收入的受访者都比较认同廉政文化的诚实守信方面的内涵，而收入处在中间阶段的受访者则更加倾向于"不贪污受贿"的含义。

表2-35　廉政文化内涵 * 家庭人均月平均收入交叉制表

			家庭人均月平均收入							合计
			低于800元	800~2 300元	2 301~5 000元	5 001~8 000元	8 001~10 000元	10 001~17 000元	17 000元以上	
廉政文化内涵	诚实守信	计数（人）	159	344	753	372	94	85	62	1 869
		列（%）	21.6	18.2	16.3	19.1	18.1	20.6	22.5	18.0
	爱岗敬业	计数（人）	89	212	439	181	46	32	32	1 031
		列（%）	12.1	11.2	9.5	9.3	8.9	7.7	11.6	9.9
	勤俭节约	计数（人）	81	215	898	174	51	37	21	1 477
		列（%）	11.0	11.4	19.5	9.0	9.8	9.0	7.6	14.2
	遵纪守法	计数（人）	94	277	582	265	85	62	50	1 415
		列（%）	12.8	14.7	12.6	13.6	16.4	15.0	18.1	13.6
	不贪污受贿	计数（人）	156	390	848	421	115	78	56	2 064
		列（%）	21.2	20.6	18.4	21.7	22.2	18.9	20.3	19.9
	不以权谋私	计数（人）	108	336	802	386	95	79	43	1 849
		列（%）	14.7	17.8	17.4	19.9	18.3	19.1	15.6	17.8
	不任人唯亲	计数（人）	47	111	289	139	31	38	11	666
		列（%）	6.4	5.9	6.3	7.2	6.0	9.2	4.0	6.4
	其他	计数（人）	3	5	3	5	2	2	1	21
		列（%）	0.4	0.3	0.1	0.3	0.4	0.4	0.4	0.2
合计		计数（人）	737	1 890	4 614	1 943	519	413	276	10 392
		列（%）	100.0	100.0	100.0	100.0	100.0	100.0	100.0	100.0

资料来源：教育系统廉政文化建设调查（2014年）数据库（汇总版）。

注：通过卡方检验，$Chi^2 = 76.908$，$p < 0.05$。

回溯以上分析结果，我国各群体、阶层之间受主客观因素的影响，对廉政文化的理解与国家主导的话语形成了某种偏差。身份的差别、收入的不同维持了自下而上的廉政文化体系多元分化的格局。在国家不断倡导推进廉政文化建设的空间内，形成张力的多元话语之间极容易形成某种抵制与对抗，产生的一种后果就是：国家所倡导的廉政文化建设不仅没有取得预期的效果，反而成为社会大众放大对"贪污""受贿"等现象认识的工具，更有可能出现对廉政悲观的社会氛围。同时，缺乏完整体系的廉政文化又限制了社会大众廉政文化建设的实践，从而带来了一些消极影响。

（二）教育系统廉政文化建设主体不明确

"反腐"与"倡廉"虽是一体两面，但在廉政文化建设的系统中，二者应各自有明确受教育的主体与范围，不能混为一谈。"反腐"应该针对掌握教育系统公共权力的领导干部展开，因为学校领导干部在监督体制不完善的情况下，有可能以权谋私、任人唯亲；而"倡廉"则意义更加广泛，是教育系统全体人员都需要履行的义务，学校领导是关键、教育系统工作人员是主角、学生是主体。但是在具体的实践中，往往容易出现学生、教师、领导干部之间对于"廉政"和"倡廉"受教育主体认知相矛盾的现象，例如：学校领导认为学生应该从小树立廉洁自律的思想，教育廉政文化应该主要针对学生展开；反过来，学生则认为学校领导干部是最容易发生腐败的群体，廉政文化主要的限制对象应该是学校领导。这无疑混淆了反腐与倡廉的受教育主体及范围，严重制约了教育系统廉政文化的进一步推进。

尽管教育系统廉政文化建设对于教育系统领导干部、教育系统工作人员、学生及其家长所产生的意义并非相同，但它针对的是与教育系统相关人群的思想文化系统性教育工程。不言而喻，教育系统廉政文化要以师生为建设主体，以师德建设为重点，提高廉政文化建设的实效性，使其更贴近教职工与学生的思想实际，最终形成廉政与清明的校园文化氛围。根据表2-36所示，有87.5%的被调查者认为，校园廉政文化建设的主要对象应该是"学校领导"，其次是"教师"（66%）、"行政人员"（63%）、"学生"（24.2%）及"学生干部"（17.5%）。受访者普遍认为，"学生"与"学生干部"并非是廉政文化受教育的主要对象。那么将"廉政文化教育对象"变量与"身份类别"变量进行交叉分析，反映出三大群体对于廉政文化教育对象的不同认识。除"学校领导"被共同视作廉政文化的受教育主体之外，在校学生（23.8%）与社会大众（26.9%）认为，"教师"也应该成为接受廉政文化的群体；教育系统工作人员则不同，他们认为除了"学校领导"之外，应该加强对学校"行政人员"（27.9%）的廉政文化教育，而并不是教师（见表2-36）。不难看出，三大群体对于"谁是教育系统廉政文化受教育的主体？"仍然存在着分歧。

表2-36　廉政文化教育对象 * 身份类别交叉制表

			身份类别			合计
			在校学生	教育系统工作人员	社会大众	
廉政文化教育对象	学校领导	计数（人）	898	754	1 435	3 087
		列（%）	31.4	35.1	34.8	33.8
	教师	计数（人）	680	537	1 109	2 326
		列（%）	23.8	25.0	26.9	25.5
	行政人员	计数（人）	622	599	1 000	2 221
		列（%）	21.7	27.9	24.2	24.3
	学生干部	计数（人）	274	112	231	617
		列（%）	9.6	5.2	5.6	6.8
	学生	计数（人）	373	142	338	853
		列（%）	13.0	6.6	8.2	9.3
	其他	计数（人）	15	6	14	35
		列（%）	0.5	0.3	0.3	0.4
合计		计数（人）	2 862	2 150	4 127	9 139
		列（%）	100.0	100.0	100.0	100.0

资料来源：教育系统廉政文化建设调查（2014年）数据库（汇总版）。

注：通过卡方检验，$Chi^2 = 149.498$，$p < 0.05$。

二、教育系统廉政文化建设的广度、力度和深度需要拓展

任何事物都是不断变化发展的，其内容都是要通过一定的形式表现出来的；而且形式能否符合内容的实际要求，会对内容的发展产生或是促进，或是阻碍的影响。[1] 教育系统廉政文化作为社会廉政文化的重要组成部分，既需要不断地贴近校园生活、贴近师生，紧随社会大环境发展变化的步伐，逐步健全与完善理论体系，也需要适应校园文化的内在机理，充分利用各种载体丰富廉政文化的推进

---

[1] 郑又贤：《廉政文化建设的难点及其探解》，载于《东南学术》2007年第3期，第114~121页。

形式，更好地实现"防腐"与"育人"的双重目标，"可使每个个体实现其某种需要、愿望，从中体验满足、快乐、幸福，获得一种精神上的享受"。① 然而，一个不可回避的现实问题是在广度、力度和深度上都需要拓展。具体体现在以下几个方面：

（一）相关主体对学生廉政文化教育缺乏全面的认识

不言而喻，社会大众、教育系统工作人员是与学生息息相关的主要群体，但是，由于社会大众与教育系统工作人员结合自身的生活经历以及对学生的了解，对于学生的廉洁教育困境存在一些分歧。

第一，将"针对学生廉洁教育的困难"变量与"身份类别"变量进行交叉分析，从表2-37中的数据看，在校学生从自身的角度看，认为"缺少对学生具有吸引力的廉洁教育教材"（25.2%）是针对学生开展廉洁教育存在困难的主要原因；教育系统工作人员结合自身从教经验，认为"社会大环境不利于有效开展廉洁教育"（26.8%）构成了主要原因，社会大众则更加倾向于"社会对廉政文化重要性认识不足"（23.1%）。应当说，推进教育系统廉政文化建设既需要学生与教育系统工作人员一起努力，提高教育系统廉政文化建设的实效性与针对性，也需要净化社会大环境。虽然自中国共产党第十八次全国代表大会以来，一系列反腐倡廉举措都取得了很好的效果，但社会整体贪腐风气却很难在短时间内彻底消除。法国社会学家涂尔干指出，"一个时代的教育风格是与社会的道德状况相一致的"，② 但是，在我国，廉政文化作为一种"亚文化"，却没有很好地融入到社会道德文化建设的范畴之中。除了宏观的社会环境因素之外，中观层次的"尚未形成廉洁教育的固定机制"以及微观层次的"缺少对学生具有吸引力的廉洁教育材料"同样被视作学生廉洁教育的困难之所在。

第二，学生自身对廉洁教育课程认识不足。当代学生的大部分都是"90后""00后"，拥有良好的物质条件，他们个性鲜明，敢于挑战权威，具有独立精神。老一辈革命家所倡导的"艰苦奋斗""勤俭节约"等思想在不少学生眼里已经非常老旧。③ 2003年前后在大学生中间流行着这样一则顺口溜："一月五百贫困户，千儿八百刚够用，两三千元是扮酷，四千五千真大户。"④ 这可以说是当

---

① 鲁洁：《试论德育之个体享用性功能》，载于《教育研究》1994年第6期，第46~47页。
② ［法］爱弥尔·涂尔干著，李康译：《教育思想的演进》，上海人民出版社2003年版，第366~367页。
③ 陈金波、荣欣：《新形势下高校廉洁文化建设的困境与对策》，载于《廉政文化研究》2013年第4期，第66~74页。
④ 《直击大学生"高消费"》，人民网，http://www.people.com.cn/GB/paper447/10332/942910.html，2003年10月8日。

表 2-37　针对学生的廉洁教育存在的困难 * 身份类别交叉制表

针对学生的廉洁教育存在的困难		身份类别			合计
		在校学生	教育系统工作人员	社会大众	
社会大环境不利于有效开展廉洁教育	计数（人）	458	539	940	1 937
	列（%）	17.7	26.8	23.0	22.3
社会对廉政文化重要性认识不足	计数（人）	579	294	946	1 819
	列（%）	22.4	14.6	23.1	20.9
缺少对学生具有吸引力的廉洁教育材料	计数（人）	653	493	944	2 090
	列（%）	25.2	24.5	23.1	24.1
尚未形成廉洁教育的固定机制	计数（人）	500	358	757	1 615
	列（%）	19.3	17.8	18.5	18.6
开展校园廉洁教育的方式比较单一	计数（人）	370	314	473	1 157
	列（%）	14.3	15.6	11.6	13.3
其他	计数（人）	27	12	32	71
	列（%）	1.0	0.6	0.8	0.8
合计	计数（人）	2 587	2 010	4 092	8 689
	列（%）	100.0	100.0	100.0	100.0

资料来源：教育系统廉政文化建设调查（2014 年）数据库（汇总版）。

注：通过卡方检验，$Chi^2 = 120.902$，$p < 0.05$。

代大学生消费观的真实写照。2013 年 8 月底，《中国青年报》对大学新生盲目追求高消费的现象进行了报道，并评论道：大学生的高消费现象"流失的是节俭自立的品格"。[①] 教育廉政文化作为国家制度安排下的一项政治任务，大多时候被学生视为思想政治教育的延伸，没有真正领会学习廉政文化对自身成长的重要意义。因此，学生经常将廉政文化与思想政治教育课程混为一谈。课题组在针对在校学生的"廉洁教育课程最合适的形式"问题中，得到有效信息 1 083 条（缺失 8 条）。56% 的在校学生认为廉洁教育课程应该融入思政课，占据调查学生受访者的一半以上；16.5% 的在校学生认为可以将廉洁教育课程作为一门"专项选修课"；仅仅有 14.2% 的在校学生认为廉洁教育课程可以作为"专项必修课"；10.3% 的在校学生较为倾向于以讲座的形式开展廉洁教育课程。仅有 2% 的在校学生认为不需要开设廉洁教育课程（见表 2-38）。这种学生群体认识的差异，

[①] 《纵容大学生高消费，流失的是节俭自立的品格》，载于《中国青年报》2013 年 8 月 22 日。

表明学生主体对廉政教育课程认识尚未统一,差异较为明显,认识不够全面,亟待强化。

表 2-38　　　　　　　　　廉洁教育课程最合适形式

		频率 (次)	百分比 (%)	有效百分比 (%)	累积百分比 (%)
有效	融入思政课	607	55.6	56.0	56.0
	专项选修课	179	16.4	16.5	72.6
	专项必修课	154	14.1	14.2	86.8
	专题讲座	112	10.3	10.3	97.1
	不需要开设	22	2.0	2.0	99.2
	其他	9	0.8	0.8	100.0
	合计	1 083	99.3	100.0	
缺失		8	0.7		
合计		1 091	100.0		

资料来源:教育系统廉政文化建设调查(2014 年)数据库(学生版)。

(二) 缺乏针对性强的廉政文化教育相匹配的素材

"一个有远见的民族,总是把关注的目光投向青年;一个有远见的政党,总是把青年看作推动历史发展和社会前进的重要力量。"[1] 学生是教育系统廉政文化建设的重要对象,也是教育系统占据多数的群体。他们正处于社会化时期,尤其是中小学学生正是世界观、人生观、价值观的形成时期,也是思想最活跃的年龄段,对于外界的各种事物充满了好奇心和幻想力。面对各种现代消费、娱乐、科技等多元文化的冲击,具有吸引力的廉政文化素材不仅有利于学生对于廉政文化的自我建构,而且有利于将廉政文化的精髓内化到将来的实践行动之中。素材的创新需要以文化为起点,文化的传播需要以素材为支撑。但是,在针对"开展校园廉政文化教育中存在的困难",共得到 8 689 次响应,选择最多的一项是"缺少对学生有吸引力的廉洁教育材料",占到总体的 59.4%;其次是 55.1% 的受访者选择了"社会大环境不利于有效开展廉洁教育",51.7% 选择了"社会各界对廉政文化重要性认识不足",45.9% 选择了"尚未形成廉洁教育的固定机制",还有 32.9% 的受访对象同时选择了"开展校园廉洁教育的方式比较单一"(见表 2-39)。总体来看,缺少吸引学生的廉洁材料被视作开展校园廉政文化的最主要困境。

---

[1]《赢得青年版,就是赢得未来和希望》,载于《人民日报》2011 年 7 月 11 日。

表 2-39　　　　　开展校园廉政文化教育存在的困难

		响应 个案（次）	响应 百分比（%）	个案百分比（%）
开展校园廉政文化教育存在的困难	缺少对学生具有吸引力的廉洁教育材料	2 090	24.1	59.4
	社会大环境不利于有效开展廉洁教育	1 937	22.3	55.1
	社会各界对廉政文化重要性认识不足	1 819	20.9	51.7
	尚未形成廉洁教育的固定机制	1 615	18.6	45.9
	开展校园廉洁教育的方式比较单一	1 157	13.3	32.9
	其他	71	0.8	2.0
	总计	8 689	100.0	247.1

资料来源：教育系统廉政文化建设调查（2014 年）数据库（汇总版）。

（三）廉政文化建设流于形式，缺乏深度和实效

每个事物都有它独特的发展规律，教育系统廉政文化建设亦是如此。我国在 2007 年就加入了《联合国反腐败公约》，并将廉政文化作为"中小学和大学课程在内的公共教育"内容。廉政文化的建设，关键在于形成对文化的普遍认同及由此形成的社会评价。[①] 在廉政文化建设的过程中，不可忽视的问题就是：当前我国的教育系统廉政文化较多地存在着浮于形式的现状，或者脱离了实际情况，缺乏对廉政文化发展规律的深刻认识。"上级怎么唱，学校怎么跳"，由于对廉政以及廉政文化的认识不到位，有些学校把廉政文化等同于廉政文艺，以举办一些与廉政文化建设为主题的文化汇演或者文化宣传来应付考核和评价，并不会真正关心是否"进入大脑""深入内心"。不少学校的廉政文化活动往往停滞于临时性、象征性、应付性阶段，缺乏设计廉政文化建设的意识化、常态化、长效化、制度化机制。廉政文化建设方式单调并且缺乏创新、廉政文化建设追求功利而无致远、廉政文化建设覆盖片面缺乏深度。[②] 可以说，这些在廉政文化建设中浮于形式的做法具有一定的代表性。加之，校园廉政文化教育被赋予了浓厚的思想政治说教色彩，缺乏感染力与亲和力，更难以取得相应的教育效果。可见，廉政文化教育素材的缺乏、形式的单一在很大程度上使其难以成为主流价值观教育的核心议题并深刻地影响师生的思想和行为。

[①] 田湘波：《廉政文化与廉政制度关系辨析》，载于《廉政文化研究》2010 年第 4 期，第 26～32 页。
[②] 陈金波、荣欣：《新形势下高校廉洁文化建设的困境与对策》，载于《廉政文化研究》2013 年第 4 期，第 66～74 页。

(四) 缺乏开展廉政文化动力、开展频率偏少

学校廉政文化活动的频率表现了对学校廉政文化的重视程度,是衡量廉政文化建设的重要维度。将"身份类别"变量与"一年内是否展开过廉洁教育活动"变量的交叉分析状况。对于学生而言,认为所在学校一年内经常开展廉政文化教育活动的仅有 8.9%,认为近一年内完全没有开展廉政文化教育活动的有 32.0%;对于教育系统工作人员而言,认为所在单位一年内能够经常开展廉政教育的比例仅有 39.0%,选择"偶尔有"的占到 42.0%,明显多于在校学生;对于社会大众而言,高达 41.0% 受访者并不清楚身边学生所在学校最近一年内是否开展过廉政文化教育活动,反映出他们对学校廉政文化建设状况漠不关心(见表 2-40)。综合来看,教育系统工作人员所在单位、学生所在学校以及社会大众接触到的学生所在学校开展廉政文化活动十分有限。

表 2-40　　一年内是否开展过廉洁教育活动 * 身份类别交叉制表

一年内是否开展过廉洁教育活动		身份类别			合计
		在校学生	教育系统工作人员	社会大众	
经常有	计数(人)	97	324	203	624
	列(%)	8.9	39.0	12.6	17.7
偶尔有	计数(人)	314	349	462	1 125
	列(%)	28.8	42.0	28.7	31.9
完全没有	计数(人)	348	66	286	700
	列(%)	32.0	7.9	17.8	19.8
不记得	计数(人)	330	92	660	1 082
	列(%)	30.3	11.1	41.0	30.6
合计	计数(人)	1 089	831	1 611	3 531
	列(%)	100.0	100.0	100.0	100.0

资料来源:教育系统廉政文化建设调查(2014 年)数据库(汇总版)。

注:通过卡方检验,$Chi^2 = 623.011$,$p < 0.05$。

此外,部分学校重视"硬件"改造、忽视"软件"升级,也是导致廉政文化教育偏少的一个原因。对于学校来说,校园的硬件设施建设很重要。如果一所学校连最基本的现代化设施都没有,仍然还是依靠一支粉笔、一块黑板等,这必然会对学生的均衡发展、教育水平的提高产生影响。可以看到,随着国家对教育

领域投入的不断加大,近年来,全国大中小学不断建设新校区,更新校园硬件设施,学生的学习环境已经得到了较大的改善。毫无疑问,这是一件好事。但是,同时也面临着一个重要的问题就是,偏远地区乡村教师流失十分严重。据统计,2010~2013 年,全国乡村教师数量由 472.95 万人降为 330.45 万人。短短三年时间内,乡村教师流失率达 30%。某些乡村学校已经陷入了年年招、年年走的怪圈。[①] 迫于这种压力,乡村学校只能将多类别的课程集中在少数老师的身上,如很多老师既教语文,又教思想政治;或者取消音乐、美术、思想政治这些通常被视作"副课"的课程内容。离开专业的教师队伍,针对学生的廉政文化建设也就成为无源之水、无本之木,"学生对教师尊重的唯一源泉在于教师的德和才……学生品格主要是通过与教育者的亲身接触而形成的,而不是(至少主要不是)通过教科书的作用"。[②] 更重要的是,当前多数学校缺乏定向廉政文化教育机制,缺乏针对性地对普遍的作弊、代考、贿赂辅导员、论文抄袭、学术造假等问题定向开展廉洁思想教育。

三、廉政文化教育的良性互动机制尚未形成

加强廉政文化建设,推进廉政文化进家庭、社区、学校、企业,这是我国建设社会主义市场经济和构建社会主义和谐社会的时代要求。教育系统的廉政文化建设在廉政文化建设全局中处于特殊位置,与纪检部门、社会组织、文化机构、家庭成员等联系密切。虽然教育廉政文化建设已经由党政、宣传、纪检、组织、学工等职能部门分工负责,进一步扩大为"广大干部师生共同参与",最近不少地方又进一步扩展为教育系统内部与外部的联动整合,以促进教育廉政文化"防腐"与"倡廉"的多方参与,但是,在现实廉政文化建设过程中,它仍然被认为是"政治性"的,家庭、学校与社区教育之间仍然没有建立起良性的互动机制。

(一)家庭文化教育力度相对不足

随着社会的快速发展,我国家庭结构逐渐从联合家庭、主干家庭形态向核心家庭转换。以家庭结构日趋简单为特征的家庭小型化趋势,可以说是现代化和工

[①] 《全国乡村教师 3 年流失 30%,地位低待遇差是主因》,http://edu.qq.com/a/20150911/011972.htm。

[②] [美]阿尔伯特·爱因斯坦著,许良英、赵中立、张宣三译:《爱因斯坦文集(第 3 卷)》,商务印书馆 1979 年版,第 143~144 页。

业化带来的人口结构变动在家庭领域的衍生后果,这对于中国传统的大家庭来说,无疑是一个划时代的转变。① 这种转变不仅意味着人口居住形态的缩小,而且也对家庭成员之间亲密关系以及家庭所承担的社会功能转型具有重要意义。尽管家庭结构发生了许多重要变化,但是,家庭仍然对于中国人来说有着不可取代的社会化以及寄托情感的功能。1967 年,美国心理学家鲍姆林特首次提出家庭教养方式(parenting style)的概念,揭示出家庭教化对儿童人格成长、心理健康、人际关系方面的影响作用。家庭是以血缘和亲情为纽带的社会化场域,与学校、社区、企业等空间相比,具有无法比拟的天然优势。家庭作为社会的"细胞",是个体情感维系、道德形塑、价值观念传承的重要场域,也是预防和抵制腐败的一道重要防线。家庭廉洁教育是社会廉洁教育中所不可缺少的重要组成部分,对于个体廉洁意识的养成起着至关重要的作用,也是教育系统廉政文化建设取得成功的关键所在。

在针对社会大众"家庭各项教育频率"问题的调查中,共得到 4 180 次响应。我们发现,家庭教育的主要内容是"诚信教育"与"文明教育",其比例分别占到社会大众受访者的 77.9% 和 72.4%;其次则是"爱国教育",有 52.3% 的受访对象在家中进行过类似教育活动;再次则是"廉洁教育",有 45.2% 的比例(见表 2-41)。由此可以看到在家庭中廉洁教育的关注程度并不高,对于儿童与青少年的家庭教育中往往重视诚信与文明教育,而忽视爱国与廉洁教育的重要性。

表 2-41　　　　　　　家庭各项教育频率(社会大众版)

家庭各项教育	响应 个案(条)	响应 百分比(%)	个案百分比(%)
诚信教育	1 256	30.0	77.9
文明教育	1 168	27.9	72.4
爱国教育	844	20.2	52.3
廉洁教育	729	17.4	45.2
没有	150	3.6	9.3
其他	33	0.8	2.0
总计	4 180	100.0	259.1

资料来源:教育系统廉政文化建设调查(2014 年)数据库(社会大众版)。

---

① 李建民、李新建:《中国城市居民家庭小型化及其对消费需求的影响》,载于《人口学刊》1988 年第 3 版,第 41~45 页。

虽然在家庭教育中，廉洁教育并没有得到足够的重视，但在关于"如何看待家庭廉洁教育"的调查中，受访社会大众的回答却呈现出相反的态势，有 52.3% 的社会大众受访者认为家庭廉洁教育非常重要，有 32.6% 的社会大众受访者认为家庭中的廉洁教育比较重要；有 12.1% 的受访对象选择"一般"；仅有 3.1% 的受访对象选择"不太重要"和"不重要"（见图 2-2）。结合《2013 年现阶段我国社会大众精神文化生活调查研究》的调查数据，高达 84.4% 的受访者认为应当继续加强反腐倡廉工作力度，对反腐倡廉工作表现出较高的期待和要求。总之，从调查数据分析的结果来看，多数受访者能够认识到家庭廉政文化教育的重要性，并且希望加大各领域的反腐倡廉力度。

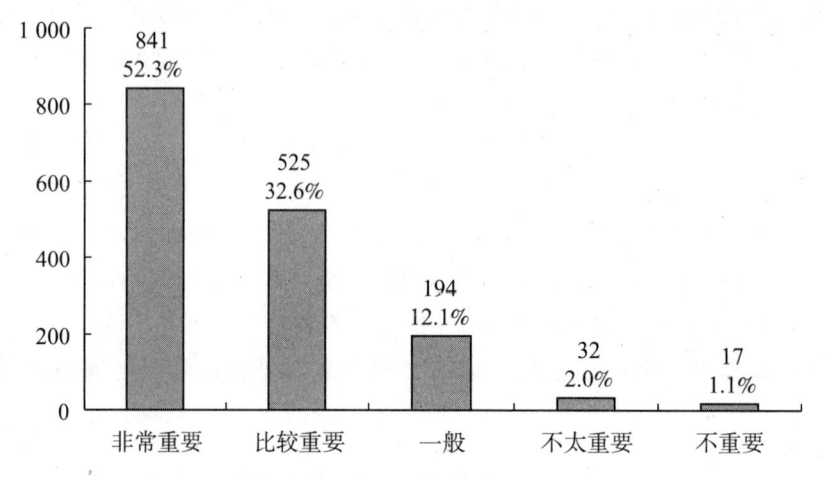

图 2-2　如何看待家庭廉洁教育（社会大众版）

资料来源：教育系统廉政文化建设调查（社会大众版）。

基于以上分析，不难看出社会大众对于家庭廉政教育的实践与认识之间仍然存在张力。他们能够认识到家庭廉政文化的重要作用，但是却没有在具体的实践中体现出来与这种认识相对应的行动结果，可以说是教育系统廉政文化建设的一项缺陷。从本质上讲，社会大众没有认识到家庭廉政教育对学生的理论教化、行为规范、鼓舞斗志以及净化家庭环境、营造良好家风、维护家庭和睦的功能，也没有认识到廉政文化同诚信、文明、爱国教育之间的紧密联系，他们对于廉政文化的理解还停留在宣传层面上，并未落实在具体的行动之中。因此，纠正社会大众"廉政文化与家庭无关""廉政仅与领导干部有关"等片面化的认识，推动社会大众对于教育廉政文化的认识从"观念自觉"到"行动自觉"的转变，是教育系统廉政文化建设的主要支点。

(二) 家庭、学校与社区之间尚未建立良性互动机制

教育廉政文化是公共产品，一方面它不是个别人或者少数人的事情，而是一个覆盖国家、社会、学校和个体的大工程，需要全社会的共同努力；另一方面个体或个体组织缺乏提供教育廉政文化的可能性。[①] 长期以来，我国反腐倡廉是以国家自上而下的防范式推进，个体或民间组织只有在因官员贪腐而造成利益受损时才有可能主动地参与反腐倡廉行动之中，难以从私人领域走向公民身份。社会大众的"被动化"效应明显，或多或少地存在"盲目"情绪，并未真正达到"自觉"境界。[②] 这也导致了学校领导干部"既是廉政文化建设的主体，又是廉政文化的建设的客体；既是廉政文化宣传的参与者，又是廉政文化的限制对象"的角色混乱。[③] 甚至在某些学校，廉政文化建设成为学校领导干部"自导自演的独角戏"，忽视师生、学生家长和社区的参与。过度依赖学校党政部门及领导干部，无疑为廉政文化建设带来了消极影响。

根据表 2-16 所示，仅有 18.6% 的受访者表示通过"家庭廉洁教育"的方式和途径接受过廉政文化教育。如表 2-42 所示，对"感兴趣的廉政文化教育培养方式"的选择上，共得到 1 249 次响应，教职工受访者中选择"电影、电视、广播等"的人数最多，为 52.1%，选择"校园网络"的人数仅为 16.4%，而选择"家庭廉洁教育"的人数仅为 5.8%。可见，家庭在廉洁教育方面所承担的角色与功能被普遍弱化，受访者并不期待在家庭中接受相关的教育。

表 2-42　对于廉政文化培养方式，您感兴趣的是哪些（最多选三项）

您感兴趣的是廉政文化培养方式	响应 个案（条）	响应 百分比（%）	个案百分比（%）
电影、电视、广播等	315	25.2	52.1
廉政的演讲、书法、美术、摄影作品等比赛	185	14.8	30.6
廉政文化专题讲座	143	11.4	23.6
书籍、报刊等	138	11.0	22.8
墙报、黑板报、宣传栏等	101	8.1	16.7

---

① 任建明：《关于廉政文化建设的几个基本问题》，载于《中国监察》2006 年第 9 期，第 24~25 页。
② 林学启：《廉政文化建设存在的问题及对策研究》，载于《山东理工大学学报（社会科学版）》2009 年第 2 期，第 24~27 页。
③ 郑又贤：《廉政文化建设的难点及其探解》，载于《东南学术》2007 年第 3 期，第 114~121 页。

续表

您感兴趣的是廉政文化培养方式	响应 个案（条）	响应 百分比（%）	个案百分比（%）
校园网络	99	7.9	16.4
廉政相关的手机短信、微信、邮件等	97	7.8	16.0
专题讨论会或主题班会	71	5.7	11.7
廉洁教育课程	64	5.1	10.6
家庭廉洁教育	35	2.8	5.8
未曾接受过	1	0.1	0.2
总计	1 249	100.0	206.4

资料来源：教育系统廉政文化建设调查（2014年）数据库（教育系统工作人员版）。

另外，有64.2%的教育系统工作人员受访者对"学校应该加强与家庭、社区在廉洁教育上的合作沟通"表示非常赞同，26.0%教育系统工作人员受访者部分同意，同时也有3.4%的教育系统工作人员受访者持不太同意和完全不同意的态度（见表2-43）。总之，通过对以上两组数据的比较，可以发现在当前我国教育系统的廉政文化建设过程中，学校、家庭与社区之间仍未建立起有效的互动机制。

表2-43　　学校应该加强与家庭、社区在廉洁教育上的合作沟通

		频率（次）	百分比（%）	有效百分比（%）	累积百分比（%）
有效	非常同意	2 182	61.3	64.2	64.2
	部分同意	883	24.8	26.0	90.3
	说不清楚	213	6.0	6.3	96.5
	不太同意	76	2.1	2.2	98.8
	完全不同意	42	1.2	1.2	100.0
	合计	3 397	95.5	100.0	
缺失		161	4.5		
合计		3 557	100.0		

资料来源：教育系统廉政文化建设调查（2014年）数据库（汇总版）。

此外，学校、社区与家庭之间的廉政文化建设缺乏主体之间的相互沟通，

致使彼此之间条块分割，相互独立。当今，学校作为学生社会化最重要的空间，已经基本涵盖了学生学习的方方面面，而家庭、社区在学生入学之后，承载的社会化功能日渐弱化。因此，家庭、社区和学校功能上的分化使得彼此之间缺乏推进廉政文化发展的公共空间。仅有超过一半多一点（52.4%）的受访社会大众明确表示非常愿意共同参与校园廉政文化建设，37.3%的受访社会大众缺乏明确的态度，既有愿意的一面，也有不情愿的理由，是一种相对模糊的态度；还有9.3%的受访者明确表示不愿意和不太愿意与学校共同推进廉政文化建设（见表2-44）。

表2-44　是否愿意共同参与学校廉政文化的建设

		频率（次）	百分比（%）	有效百分比（%）	累积百分比（%）
有效	非常愿意	858	52.4	52.9	52.9
	一般	610	37.3	37.6	90.5
	不太愿意	97	5.9	6.0	96.5
	不愿意	56	3.4	3.5	100
	合计	1 622	99.1	100.0	
缺失		15	0.9		
合计		1 636	100.0		

资料来源：教育系统廉政文化建设调查（2014年）数据库（社会大众版）。

那么，对于不愿意与学校共同推进廉政文化的社会大众是如何看待学校、社区和家庭之间的互动呢？我们通过将"是否同意加强家庭、社区在廉洁教育上的合作沟通"变量与"是否愿意共同参与学校廉政文化的建设"变量做交叉分析后，可以看出，愿意共同参与学校廉政文化的建设的社会大众也基本上赞成学校、家庭和社区相互沟通的廉政文化建设模式，两者之间呈现正相关关系。值得注意的现象是，不愿意和不太愿意与学校共同推进廉政文化建设的受访者却在观念上认可学校、社区和家庭之间的互动模式（见表2-45）。这一情况表明，这种认可仅仅存在于他们的观念之中，他们并不愿意为此付诸实际的行动。这可能是因为他们受到现实客观环境的制约，没有更多的时间关注子女的廉政文化教育；也有可能是他们主观上轻视廉政文化建设的必要性，甚至认为廉政文化建设就是建设"廉政文化"，因而缺乏主体能动性，呈现出观念与行动的隔离。

表 2-45　加强与家庭、社区在廉洁教育上的合作沟通*是否愿意共同参与学校廉政文化的建设交叉制表

学校应该加强与家庭、社区在廉洁教育上的合作沟通		是否愿意共同参与学校廉政文化的建设				合计
		非常愿意	一般	不太愿意	不愿意	
非常同意	计数（人）	630	319	35	17	1 001
	列（%）	77.6	53.8	36.8	34.0	64.6
部分同意	计数（人）	139	209	36	17	401
	列（%）	17.1	35.2	37.9	34.0	25.9
说不清楚	计数（人）	26	46	12	7	91
	列（%）	3.2	7.8	12.6	14.0	5.9
不太同意	计数（人）	8	11	9	5	33
	列（%）	1.0	1.9	9.5	10.0	2.1
完全不同意	计数（人）	9	8	3	4	24
	列（%）	1.1	1.3	3.2	8.0	1.5
合计	计数（人）	812	593	95	50	1 550
	列（%）	100.0	100.0	100.0	100.0	100.0

资料来源：教育系统廉政文化建设调查（2014年）数据库（社会大众版）。

注：通过卡方检验，$Chi^2 = 187.766$，$p < 0.05$。

尽管廉政文化应当不断地渗透到家庭、学校、社区，但是不同场域之间的廉政文化的内容也存在着一定的差异，并有可能阻碍文化之间的相互协调与融合。总体而言，教育系统廉政文化是在教育系统廉政理论与教学实践过程中形成的一种高品位的文化形态。它既是整个社会廉政文化的组成部分，同时也具有自身的特殊性、专业性和行业性。[①] 因此，教育系统廉政文化与廉政文化是两个不相同的概念，它们是"特殊"与"一般"的关系。同样，社区廉政文化与家庭廉政文化同属社会廉政文化系统的亚文化，也都具有自身的独特性。这种文化上的专业性也决定了文化之间的区隔性。教育系统廉政文化作为一种潜在的教育力量，影响着校园管理者、教育系统工作人员和广大学生的思想和情感，它以廉政为主题，通过媒体、课堂、讲座、展览、表演等各种方式，以宣传先进的廉洁制度和廉洁理念为重点，树立"岗位育人、教书育人、服务育人"的思想理念，是校园文化的重要组成部分。而社区廉政文化、家庭廉政文化所针对的主体显然同教育

[①] 阎现章：《高等学校廉政文化建设体系的系统性与创新性研究》，载于《河南大学学报（社会科学版）》2008年第5期，第106~118页。

系统廉政文化有所不同，内容也存在较大差异。对此，中小学可以搭建家、校联系的平台，形成学校、家庭、社会互动的资源整合机制和教育辐射力；高校则可以利用大学生社会实践等时机，凝聚正能量，争取社会、家庭对其廉政教育的支持与配合，促进教育系统廉政文化建设内容的校内外联动、社会齐抓共管，真正实现廉政文化"全方位育人"的功能。

四、教育廉政文化建设的制度保障有待完善

完善的制度不仅可以有效地制约权力膨胀，而且可以促使廉政文化建设规范化、常态化。法国思想家孟德斯鸠即指出："一切有权力的人都容易滥用权力，这是万古不易的一条经验。有权力的人们使用权力一直到遇有界限的地方才休止。"[①] 英国思想家阿克顿勋爵也指出："权力导致腐败，绝对的权力导致绝对的腐败。"[②] 这都可以看作是从权力制约的角度寻找"防腐"的制度路径。而且也只有制度反腐，才是最为根本的措施。然而，当前我国的廉政文化建设仅仅停留在以"文化"抓"文化"的层面上，却忽视了制度建设的重要性。应当说，文化对人的行为的约束只是一种自我道德约束，是一种主观上的自觉，并且这种自觉具有不稳定性，它会随着外界环境的变化而发生变化。然而制度则不同，它具有外在强制性的约束力，带有全局性、根本性、稳定性和长期性的特点。因此，从根本上说，教育系统廉政文化建设离不开教育体制的改革，离不开制度建设。

当前我国的教育系统廉政文化建设存在一个现象是：虽然各地制定了学校领导干部道德规范和约束条例，但是在全国范围内并没有一部统一的学校领导干部的道德性规范。因此，当学校领导干部贪污、受贿、滥用职权的行为发生时，可以直接受到专业性法律的制裁，但是如果仅仅是轻微的诸如"不作为行为""摆脸色行为""为亲朋好友插队行为""利用职权刁难学生的行为"等道德性质的不良行为很难受到有效的约束。

在此次调查中，有关促进"廉政文化建设的长效机制"的选择上，得到响应最多的是"与校园文化建设活动融为一体"，有54.6%的受访对象选择了该选项；其次，有49.4%的受访对象选择了"大力开展社会诚信、廉洁教育实践活动"；有44.6%的受访对象选择了"明确领导分工"；有38.1%的受访对象选择了"廉政文化内容进教材、进课堂"；有36.9%的受访对象选择了"要与社会、

---

① [法] C. L. 孟德斯鸠著，张雁深译：《论法的精神》，商务印书馆1961年版，第154页。
② [英] 约翰·阿克顿著，侯建等译：《自由与权力》，商务印书馆2001年版，第346页。

家庭教育形成互动机制";另外有27.2%的受访对象选择了"重点建设廉政文化教育品牌"(见表2-46)。可见,廉政文化建设与廉洁教育推广的长效机制并不应该是单一的,而应探索多样与多途径的方式促进长效机制的建立。针对"廉政文化建设的长效机制"这一问题,教育系统内受访教育系统工作人员、受访学生以及受访社会大众的选择与整体情况完全一致,均认为推进廉政文化建设长效机制形成的首要措施是"与校园文化建设活动融为一体"。

表2-46　　　　　　　　廉政文化建设的长效机制

廉政文化建设的长效机制	响应 个案(条)	响应 百分比(%)	个案百分比(%)
与校园文化建设活动融为一体	1 915	21.7	54.6
大力开展社会诚信、廉洁教育实践活动	1 730	19.6	49.4
明确领导分工	1 563	17.7	44.6
廉政文化内容进教材、进课堂	1 335	15.1	38.1
要与社会、家庭教育形成互动机制	1 295	14.7	36.9
重点建设廉政文化教育品牌	954	10.8	27.2
其他	25	0.3	0.7
总计	8 817	100.0	251.6

资料来源:教育系统廉政文化建设调查(2014年)数据库(汇总版)。

然而,不同的群体是否对校园廉政文化长效机制有不同的见解呢?我们通过将"身份类别"变量与"廉政文化进校园长效机制"变量进行了交叉分析。在校学生(16.8%)对于廉政文化内容"进教材、进课堂"的呼声比较高,而教育系统工作人员(19.4%)则对明确领导分工比较重视,社会大众(15.3%)则认为更需要与社会、家庭教育形成互动机制(见表2-47)。可见,三大群体之间因为自身利益诉求和角色立场不同,对教育系统廉政文化建设的长效机制建议和认知也有所不同。因此,教育系统的顶层设计需要综合考虑各方的意见,建立综合的廉政文化建设的长效机制。

制度文化是廉政文化建设的重要内容,它包括制度本身的建设和制度运行的文化环境建设。从世界反腐败经验来看,完善的制度体制是遏制腐败最为有效的途径。同样,进行廉政文化建设也需要有完善的制度作保障。完善的长效机制对于推进教育系统廉政文化有重要意义。就目前而言,教育系统廉政文化建设还未形成比较系统的机制。一方面是由于国家层面对于教育廉政文化的重要性认识还不到位。在进行教育廉政文化建设时过多地强调载体表现形式,忽视内容促进

表 2-47　　廉政文化进校园需建立的长效机制 * 身份类别交叉制表

廉政文化进校园需建立的长效机制		身份类别			合计
		社会大众	教育系统工作人员	在校学生	
明确领导分工	计数（人）	761	405	397	1 563
	列（%）	18.3	19.4	15.5	17.7
与校园文化建设活动融为一体	计数（人）	872	474	569	1 915
	列（%）	21.0	22.7	22.1	21.7
重点建设廉政文化教育品牌	计数（人）	476	210	268	954
	列（%）	11.5	10.0	10.4	10.8
廉政文化内容进教材、进课堂	计数（人）	610	293	432	1 335
	列（%）	14.7	14.0	16.8	15.1
大力开展社会诚信、廉洁教育实践活动	计数（人）	790	419	521	1 730
	列（%）	19.0	20.0	20.3	19.6
要与社会、家庭教育形式互动机制	计数（人）	635	288	372	1 295
	列（%）	15.3	13.8	14.5	14.7
其他	计数（人）	13	2	10	25
	列（%）	0.3	0.1	0.4	0.3
合计	计数（人）	4 157	2 091	2 569	8 817
	列（%）	100.0	100.0	100.0	100.0

资料来源：教育系统廉政文化建设调查（2014 年）数据库（汇总版）。

注：通过卡方检验，$Chi^2 = 31.312$，$p < 0.05$。

廉政文化建设的功能。[1] 尽管教育部党组每年都会印发《教育系统党风廉政工作要点》，以此作为教育系统党风廉政建设的标杆，但是从制度角度看，这绝不是我国教育系统廉政文化建设的制度性安排。这种制度性安排的缺失引发了教育系统廉政文化建设的临时性、盲目性等问题，缺乏激励和惩戒机制，未能形成全国统一推进的格局；另一方面部分学校将廉政文化与思想政治教育相混淆，并未形成专门而有效的制约机制来规范廉政文化建设的开展路径。这种将廉政文化教育简化为思想政治教育的做法，实际上造成了部分学校缺乏对廉政文化建设的全方位把握的现实性问题。

---

[1] 李桂红：《中国特色廉政文化建设的现实价值与路径突破》，载于《学术交流》2014 年第 8 期，第 216~219 页。

五、教育系统廉政文化建设区域间发展不平衡

改革开放以来，我国经济社会发展取得了巨大成就，但也存在着东部、中部、西部经济社会发展不平衡的现实性问题。那么，经济社会的发展对教育系统廉政文化的建设发挥着哪些重要的作用呢？我们通过将受访者"所在区域"变量与"一年内是否展开廉洁教育活动"变量做交叉分析，经卡方检验后，两变量之间存在显著相关。从受访对象的回答中看，西北区域的受访者（34.3%）在过去一年中经常接受到廉政文化教育，而华东区域的受访者（14.7%）在过去一年经常接受到廉政文化教育的较少。而西南区域在过去一年中完全没有接受到廉政文化教育的受访者（26.8%）最多。在本次调查中，大约有20.1%受访者对过去一年廉政文化的开展情况毫无印象，这在一定程度上反映出廉政文化建设浮于表面的现状。总体来看，我国六大区域教育系统廉政文化建设发展不平衡，西北地区开展频率相对较高（见表2-48）。

表2-48　　2014年是否开展过廉洁教育活动*所属区域[①]交叉制表

一年内是否开展过廉洁教育活动		所属区域						合计
		东北	华北	西北	中南	西南	华东	
经常有	计数（人）	41	71	58	135	58	234	597
	列（%）	17.7	17.4	34.3	18.7	17.3	14.7	17.3
偶尔有	计数（人）	77	148	53	232	89	510	1 109
	列（%）	33.2	36.2	31.4	32.2	26.5	32.1	32.1
完全没有	计数（人）	35	48	27	139	90	355	694
	列（%）	15.1	11.7	16.0	19.3	26.8	22.3	20.1
不记得	计数（人）	79	142	31	215	99	492	1 058
	列（%）	34.1	34.7	18.3	29.8	29.5	30.9	30.6
合计	计数（人）	232	409	169	721	336	1 591	3 458
	列（%）	100.0	100.0	100.0	100.0	100.0	100.0	100.0

资料来源：教育系统廉政文化建设调查（2014年）数据库（汇总版）。

注：通过卡方检验，$Chi^2 = 82.967$，$p < 0.05$。

[①] 本调查是以"省"一级单位展开调查的，为了便于分析，本文对数据做了一些合并和处理，将各省份划分到六大类里：华北地区（北京市、天津市、河北省、山西省、内蒙古自治区）；东北地区（辽宁省、吉林省、黑龙江省）；华东地区（上海市、江苏省、浙江省、安徽省、福建省、江西省、山东省）；中南地区（河南省、湖北省、湖南省、广东省、广西壮族自治区、海南省）；西南地区（重庆市、四川省、贵州省、云南省、西藏自治区）；西北地区（陕西省、甘肃省、青海省、宁夏回族自治区、新疆维吾尔自治区）。

我们再通过将受访者"所属区域"变量同"接受廉洁教育途径"变量作交叉分析，西北区域的受访者接受廉洁教育课程（12.5%）与廉政文化专题讲座（9.2%）最多，并且西北地区受访者（14.3%）也多从墙报、黑板报、宣传栏等传统媒介方式得到廉政文化教育信息。华东区域的受访者（10.6%）则比较多地使用校园网络推进廉政文化建设，西南区域（14.7%）的受访者接受廉洁教育课程（7.7%）和廉政文化专题讲座（7.0%）最少（见表2－49）。总体来看，西南地区在教育系统廉政文化建设方面相对欠缺，而西北地区教育系统廉政文化活动相对较多。

表 2－49　接受廉洁教育途径 * 所属区域交叉制表

接受廉洁教育途径		东北	华北	西北	中南	西南	华东	合计
书籍、报刊	计数（人）	113	183	101	365	171	779	1 712
	列（%）	17.5	15.2	18.2	15.8	16.7	16.1	16.2
墙报、黑板报、宣传栏	计数（人）	72	145	79	301	127	658	1 382
	列（%）	11.2	12.0	14.3	13.0	12.4	13.6	13.1
电影、电视、广播	计数（人）	142	225	93	414	217	889	1 980
	列（%）	22.0	18.7	16.8	17.9	21.2	18.4	18.7
校园网络	计数（人）	55	117	55	215	97	512	1 051
	列（%）	8.5	9.7	9.9	9.3	9.5	10.6	9.9
廉洁教育课程	计数（人）	55	118	69	245	79	452	1 018
	列（%）	8.5	9.8	12.5	10.6	7.7	9.4	9.6
廉政文化专题讲座	计数（人）	50	114	51	217	72	403	907
	列（%）	7.8	9.5	9.2	9.4	7.0	8.3	8.6
家庭廉洁教育	计数（人）	38	74	26	139	70	288	635
	列（%）	5.9	6.1	4.7	6.0	6.8	6.0	6.0
专题讨论会或主题班会	计数（人）	35	71	33	141	58	282	620
	列（%）	5.4	5.9	6.0	6.1	5.7	5.8	5.9
廉政相关的手机短信、微信、邮件	计数（人）	39	61	33	112	57	222	524
	列（%）	6.1	5.1	6.0	4.9	5.6	4.6	5.0
廉政的演讲、书法、美术、摄影作品等比赛活动	计数（人）	23	62	13	110	46	191	445
	列（%）	3.6	5.1	2.3	4.8	4.5	4.0	4.2

续表

接受廉洁教育途径		所属区域						合计
		东北	华北	西北	中南	西南	华东	
其他	计数（人）	2	9	0	6	5	28	50
	列（%）	0.3	0.7	0.0	0.3	0.5	0.6	0.5
未曾接受过	计数（人）	20	25	1	44	27	127	244
	列（%）	3.1	2.1	0.2	1.9	2.6	2.6	2.3
合计	计数（人）	644	1 204	554	2 309	1 026	4 831	10 568
	列（%）	100.0	100.0	100.0	100.0	100.0	100.0	100.0

资料来源：教育系统廉政文化建设调查（2014年）数据库（汇总版）。

注：通过卡方检验，$Chi^2 = 84.686$，$p < 0.05$。

可见，我国区域之间经济社会发展的不平衡，对教育系统廉政文化建设产生了一定的影响。就经济发展程度而言，华东区域属于我国经济发展的前沿，发展水平最高，教育事业发达；中部地区次之，西部地区经济社会发展水平落后。因此，华东区域教育系统廉政文化建设会通过校园网络以及信息媒体技术推进，形式多样、内容丰富，而西部地区则更为依赖传统的"廉洁教育课程"与"廉政文化专题讲座"来开展，和华东区域相比较而言，其组织形式较为单一。就人口形态而言，西北地区和西南地区少数民族众多，教育系统廉政文化的推进对于营造校园文化、统合意识形态、巩固国家统一都具有重要的作用，特别是在对学生的廉政文化教育，可以有效地使学生正确树立与社会主义市场经济相吻合的世界观、人生观、价值观。就目前我国廉政文化建设状况而言，东、中、西部教育系统廉政文化建设区域之间差异较大，发展不够平衡。

然而，加强教育廉政文化建设需要鼓励各区域之间相互学习、取长补短、汲取优秀经验，通过彼此之间的交流学习，以促进共同发展。与此同时，教育部门还需要结合各地区、各学校实际情况，做到立足现实、因地制宜、因材施教，贴近师生学习生活、贴近校园文化，生动地再现一批与学生和教育系统工作人员息息相关的"腐败"典型案例，以便形成有地方特色的廉政文化，发挥更好的教育效果。

第四节 影响教育系统廉政文化建设的主要因素

2018年教育系统全面从严治党工作视频会议指出："以习近平新时代中国特

色社会主义思想为指导,坚持和加强党对教育事业的全面领导,全面加强党的建设,全面从严治党取得新进展新成效,风清气正的教育政治生态正在形成,人民群众教育满意度不断提升。"对于当下的中国而言,廉政文化建设具有现实性与紧迫性。廉政文化的政治道德、文化价值、精神理念对于形塑社会氛围,从根本上改变公共权力运行的文化生态,激发社会对公共权力运行的监督热情都有不可替代的作用。教育系统作为社会系统的子系统,与其他类型的社会系统(经济系统、政治系统、文化与科技系统)有着密切的关系,且承担着文化生产与培育人才的双重功能,加强教育系统廉政文化建设有着防腐和育人的双重使命和特殊战略意义。因此,从教育系统廉政文化建设所取得的基本经验以及存在的问题来看,有必要重新审视教育系统廉政文化建设的内在机理与外部环境。

本节将分别从国家层面、社会经济层面、学校层面和个体层面等四个维度,来剖析影响教育系统廉政文化建设的因素。

一、国家治理转型:新旧体制变换中的廉政制度缺位

当前,我国正处在经济体制转轨、社会结构转型和治理体系与治理能力迈向现代化的特殊时期。在新旧体制的变换社会中,传统社会的风险与现代社会的风险同时存在,表现为风险共生。[①] 更为重要的是,转型期的到来为社会价值带来了更加深刻的内涵,腐败成为转型期结构性"阵痛"效应的必然产物。[②] 然而,由于当前我国廉政制度的改革基本上是从权力运行示范的角度出发的,缺乏源头防腐的制度性措施。从这个角度来看,我国腐败现象的多发易发与转型社会的时代背景存在着密切的关系。美国政治学家亨廷顿在其《变革社会中的政治秩序》(*Political Order in Changing Societies*) 一书中,从现代化的视角解释了转型国家腐败高发的"病因"。他认为,腐败是现代化过程中的附属品,是随着现代化进程不可避免而产生的现象,是转型社会必须直面的问题。因为在转型国家中,传统与现代社会价值观出现某种分裂甚至对抗,并且随着国家权力的全面收缩,集权政治便为腐败提供了天然的土壤。[③] 尽管亨廷顿的观点对转型社会腐败现象的大量出现具有一定的解释力,但同时也存在种种缺陷,可能给转型社会提供一个"腐败正常"的合法化解释。尽管制度对权力的约束具有十分重要的作用,但是

---

① 李路路:《社会变迁:风险与社会控制》,载于《理论参考》2004年第2期,第10~16页。

② 刘杰等:《转型期的腐败治理:基于不同国家和地区经验的比较研究》,上海社会科学院出版社2014年版,第6页。

③ [美]塞缪尔·P.亨廷顿著,王冠华译:《变革社会中的政治秩序》,华夏出版社1988年版,第59~60页。

仅仅依靠制度反腐很难真正解决腐败问题，借助文化的力量展开更深入与彻底的反腐倡廉工作，对于从源头上遏制腐败问题的发生具有更为重要的意义，这也是我们注重加强廉政文化建设的重要原因。

毫无疑问，廉政文化建设作为党风廉政建设的重要组成部分，是从源头上预防腐败的重要途径，具有教化人心、熏陶濡染、内化行为和群众监督的强大功能。当然，推动廉政文化建设是一项长期而又艰巨的任务，在此，长效而又完善的廉政文化机制就显得尤为重要。在调查了不同受访群体对当前廉政文化建设中存在的问题的了解与认识的基础上，我们能够感知到在一个风险共生的转型社会中，廉政制度的缺位对教育系统廉政文化建设所带来的影响。

（一）廉政文化建设的行政色彩浓厚且建设主体单一

我国廉政文化建设是采取自上而下的方式进行的，"行政命令"色彩浓厚，而且建设主体相对单一。因此各级党政机关和领导干部不仅成为廉政文化建设的主体，而且成为廉政文化建设过程中的主要限制对象。这种情况在教育系统也不例外。这种模式必然导致学校领导、教育系统工作人员、在校学生缺乏对于教育廉政文化的主动性和创造性，他们不仅被动地置于廉政文化建设的框架之内，而且难以主动地接受其核心价值。在行政命令的强制下，廉政文化成为领导政绩考核、教师绩效考核、学生成绩考核的一部分。学校领导出于政绩考核方面的考虑，对学生的廉政文化素养进行应试教育，甚至出现了"学校领导是建设主体，在校学生是限制对象"的奇怪现象。建设主体与限制对象的"对立化"，不仅让学生难以深入理解廉政文化的精髓，而且也扭曲了教育廉政文化建设的初衷。部分学校领导干部把创新廉政文化建设途径，片面化地理解为"创新廉政文化建设的形式"，追求形式的多样性，而忽视内容的实效性。这不仅不利于教育系统工作人员、学生深入理解廉政文化的内涵，培养良好的习惯，而且在一定程度上还会让学生出现对腐败行为的错误的认知，甚至认可腐败行为。可见，这种流于形式的廉政文化建设，并不能对腐败文化的蔓延构成有效的防御，其效果如何是可想而知的。

（二）当前我国廉政文化建设条块分割、缺乏系统完整的体系

中国特色社会主义廉政文化既吸取了了华夏五千年的文化精髓，也受到了来自西方文化的深刻影响，同时也是对社会主义实践过程的一种反映。廉政文化本身构成了一个自在的矛盾体。在中国古代，"廉"是指人对待财利的一种正确态度。如前文所述，各领域、各单位之间的廉政文化尽管有共性，但也存在着特殊性。与此同时，在教育系统内部，廉政文化建设与学校党风廉政宣传教育、学校师德

师风、学术道德教育、学校德育教育、学校党建工作及日常管理联系比较松散，它也没有真正纳入校园文化建设之中。目前在我国教育系统中普遍存在的一种现象：在对学校领导干部的教育中，重视领导干部的统计考核，如升学率、论文发表率等，以至于领导干部特别重视学校的教学和科研能力，却忽视了某些学校领导干部思想蜕变、道德"滑坡"的问题；在对教师的教育中，把教学和科研水平作为一项重要工作，常抓不懈，却忽视了对教师的思想道德因素的考量，从而致使部分教师道德水准下降，对廉政文化认识不清；在对学生的教育中，迫于应试考核的要求，重视专业理论课的教育、考试成绩的高低和论文发表的数量，却忽视了对学生廉洁思想教育，轻视了思想品德和做人准则的教诲，致使部分学生诚信意识下降。因此，加快推进教育体制的改革，改变教育模式的单一化、考核标准的指标化，方能推动廉政文化的传播与发展。

（三）缺乏有效的防腐与反腐的长效机制

长效机制的缺乏导致既无法有效遏制学校领导腐败现象，也无法保障教育廉政文化的深入和有序开展，使社会大众对廉政文化的认可度有所下降，产生一种无奈和失望的社会心理。这种心理反应，一方面是由于媒体的放大效应（amplify effect），不同程度地夸大了现实中存在的贪腐问题的严重性；另一方面是由于社会大众对克服"为政不廉"等贪腐现象信心不足。[1] 教育系统廉政文化的防腐功能既要强调内在统一性，也必须注重不同机构、群体等的差异化特征，从而形成具有针对性与实效性的文化"防腐"和"育人"策略。从机构类别来看，教育系统包括教育行政部门和高等教育、基础教育、成人教育、职业教育等不同机构，不同教育部门腐败特点与防范重点全然不同，如中小学主要集中于"教师强制学生补课""收受学生礼物""胡乱安排学生座位"和"乱收学杂费"等问题上，中等职业学校腐败多产生于"助学金的分配不公"和"免学费政策落实"过程中，而高等院校系统是兼具"科层制"与"扁平化"特征的复合型组织体系，[2] 腐败风险与对象更为多样，例如在"干部任用""财务管理""审计""招生"和"基础工程招标和建设"等方面常常存在诸多的问题。从群体类别来看，教育系统廉政文化建设的主要群体通常包括教育行政部门和各级各类学校领导干部、行政人员、教师与学生，其中，前两者是文化防腐的重点对象。对于党委书记、校长和其他行政干部，重点在于坚定"立党为公、执政为民"的理想信念，

---

[1] 郑又贤：《廉政文化建设的难点及其探解》，载于《东南学术》2007年第3期，第114~121页。
[2] 曹文泽、龚波：《从中外比较看我国高校廉政文化建设的策略》，载于《中国高等教育》2010年第3期，第19~20页。

树立正确的价值观、权力观、利益观以及廉洁自律的风范，筑牢思想道德底线。对于教师应侧重于加强师德师风建设，加强职业道德教育和如何做人类灵魂工程师的教育，倡导"严谨治学、廉洁从教"的教风，使广大教师真正做到"学高为师、身正为范"，为学生做出表率。① 据调查数据显示，近六成社会大众受访者（58.9%）认为，"社会各界对廉政文化的重视不够"是开展廉洁教育的最大障碍，我国教育系统廉政文化建设的制度安排还不够完善。从近几年查出的案例来看，腐败量大面广已成为基本事实。反腐形势依然严峻复杂，"不敢腐、不能腐、不想腐"还没有取得压倒性胜利。② 教育系统亦是如此，通过社会大众对"教育系统易存在腐败的领域"认识中，可以看出，"选拔任用干部"（67.6%）、"基建招投标"（64.0%）、"招生环节"（62.9%）成为教育系统腐败多发的领域。当然，在"职称评定"（47.4%）、"教育收费"（42.5%）、"专项基金使用"（39.6%）、"项目评审"（30.3%）、"财务管理"（27.7%）等领域也存在不同程度的腐败问题（见表2-50）。

表2-50　　　　　　　教育系统易存在腐败的领域

易存在腐败的领域	响应 个案（条）	响应 百分比（%）	个案百分比（%）
选拔任用干部	2 394	17.6	67.6
基建招投标	2 269	16.6	64.0
招生环节	2 228	16.3	62.9
职称评定	1 680	12.3	47.4
教育收费	1 506	11.0	42.5
专项基金使用	1 404	10.3	39.6
项目评审	1 075	7.9	30.3
财务管理	980	7.2	27.7
其他	30	0.2	0.8
不知道	64	0.5	1.8
总计	13 630	100.0	384.6

资料来源：教育系统廉政文化建设调查（2014年）数据库（汇总版）。

---

① 车宗哲：《关于廉政文化进校园的思考和对策》，载于《中国成人教育》2009年第20期，第42~43页。
② 《习近平：反腐形势依然严峻复杂》，新浪新闻中心，http://news.sina.com.cn/c/2015-01-14/031931395798.shtml，2015年1月14日。

通过对表 2-50 的分析，我们一方面可以看出，教育系统显性腐败与隐性腐败错综交织。"挪用科研经费""钱权交易""钱学交易"等长期困扰教育系统的显性腐败尚未得到充分遏制，许多具有教育系统特点的隐性腐败又日益突出。种种不公正、不公平行为，在"促进学校发展、提高教学质量、进行学术交流"等各种合法化解释掩盖下被隐蔽，如在"职称评定""成果鉴定"等过程中，通过委托第三方，相互"打招呼"等方式，进行权力与利益交换，规避法律规定；又如在学校人事任用中，有选择地听取意见、"暗箱操作"，故意排除他人竞争的可能。某种程度上，这些教育隐性腐败相比显性腐败更容易扩散且治理难度更大。[①] 另一方面是短期危害与长期危害相互交织。教育系统处于国家发展与社会治理现代化的基础性地位，这也决定了教育系统腐败危害的严重性会在短期与长期对社会产生不同影响。从短期来看，教育腐败行为损害教育公平，干扰正常的教育秩序；如果教育系统的贪腐现象不得到及时治理，那么会对下一代造成一种扭曲的观念，即教育中的不公平现象是正常的，通过欺诈和贿赂来换取前程是可被接受的，导致世代"繁殖腐败"。随着时间的推移会使教育腐败愈发严重，最可怕的是让腐败成为一种习惯。基于教育系统腐败危害的复杂性，必须通过加强廉政文化疏导，提升社会廉政意识，增强廉政社会环境约束力。

进而，我们将"身份类别"变量同"易存在腐败的领域"变量做交叉分析，社会大众认为当前教育系统在"选拔任用干部"（17.2%）和"基建招投标"（17.2%）比较容易发生腐败，而学校教育系统工作人员则更加倾向于"基建招投标"（22.2%）。值得注意的是，在校学生则并没有将注意力放于此，他们认为教育系统的招生环节（19.7%）最容易发生腐败（见表 2-51）。数据表明，部分党员干部经不住金钱的诱惑，成为腐败"毒瘤"的牺牲品；一些教育系统工作人员道德滑坡、学术不端行为时有发生；还有部分在校学生廉政意识淡薄，缺乏抵制不治之风的决心。可以看出，三大群体对腐败发生的领域是根据生活常识以及自己的生活经验而判断的，存在一定程度的分化。但不可否认的是，通过表 2-50 和表 2-51 的数据对比，教育系统各领域、各环节腐败现象错综复杂，甚至各个领域的腐败形成了一个以腐败网络寻求庇护手段，呈现出裂变式扩散形态。[②]

[①] 张家勇、张家智：《联合国国际教育规划研究所"教育伦理和教育腐败"专题研究综述》，载于《比较教育研究》2006 年第 5 期，第 17~21 页。

[②] 陈国权、毛益民：《腐败裂变式扩散：一种社会交换分析》，载于《浙江大学学报（人文社会科学版）》2013 年第 2 期，第 5~13 页。

表 2-51　　易存在腐败的领域 * 身份类别交叉制表

易存在腐败领域		身份类别			合计
		社会大众	教育系统工作人员	在校学生	
选拔任用干部	计数（人）	1 059	610	34	703
	列（%）	17.2	18.9	1.1	13.6
基建招投标	计数（人）	1 059	720	351	2 130
	列（%）	17.2	22.2	11.3	17.0
职称评定	计数（人）	750	388	450	1 588
	列（%）	12.2	12.0	14.5	12.7
教育收费	计数（人）	741	169	504	1 414
	列（%）	12.1	5.2	16.2	11.3
招生环节	计数（人）	1 006	558	615	2 179
	列（%）	16.4	17.2	19.7	17.4
项目评审	计数（人）	523	279	265	1 067
	列（%）	8.5	8.6	8.5	8.5
专项基金使用	计数（人）	642	290	464	1 396
	列（%）	10.5	9.0	14.9	11.2
财务管理	计数（人）	338	214	415	967
	列（%）	5.5	6.6	13.3	7.7
其他	计数（人）	13	3	11	27
	列（%）	0.2	0.1	0.4	0.2
不知道	计数（人）	12	5	5	22
	列（%）	0.2	0.2	0.2	0.2
合计	计数（人）	6 143	3 236	3 114	12 493
	列（%）	100.0	100.0	100.0	100.0

资料来源：教育系统廉政文化建设调查（2014 年）数据库（汇总版）。

注：通过卡方检验，$Chi^2 = 1\,024.546$，$p < 0.05$。

二、社会结构变迁：多元文化对廉政文化认同的消解

伴随社会转型所带来的结构变迁与群体分化已经被人们在经验中肯定。古今

中外多向度文明元素使现阶段我国社会文化更为多样化。不得不承认,这种多元文化体系之间共融与抗拒,[①]重塑和引领着社会大众的价值规范与精神内涵。同时也启发我们深思多元文化体系之间的相互碰撞,对廉政文化产生了怎样的认同冲击?又是以何种方式影响教育系统廉政文化建设的效度的?

(一)分化的社会结构与变迁中的社会文化增加了廉政文化的不稳定性,在一定程度上影响了人们对"爱国""诚信""廉政"等文化的接受

改革开放以来,随着我国对外开放程度的加深,与世界的联系日益加强,文化的发展呈现出开放性、世俗化、多样性的特征,不同群体之间的价值观念仍然处在变化之中。一方面,为中国的社会文化、价值取向的更新提供了更加广泛的视野;另一方面,使得多元文化之间的冲突日益激烈,传统的价值体系不断受到挑战,导致个人的相对化以及社会观念整合有所下降。[②] 教育系统是国家之间各种文化和科学技术相互交流、相互融合的平台,也是思想文化最为活跃的场域。当然,在吸收国外先进科学技术文化的同时,腐朽的文化思想和生活方式也会腐蚀教育系统部分党员干部和师生员工的思想,使他们崇拜西方,盲目地追求西方的文化思想和道德观念。当多种文化要素相互接触时,就会产生不同的文化碰撞,人们既受到曾经适应的规范文化的制约,又会受到外来规范文化的不同程度的影响,在对不同的规范文化的认识、分析和比较的博弈中,出于自身的利益,可能会选择外来规范文化的行为。[③] 此外,各种消极亚文化快速蔓延,如我国经济社会环境中的拜金主义、文化环境和社会环境中的享乐主义等消极亚文化,对廉政文化形成了一定的抗拒作用,从而削弱了廉政文化在社会大众之间的认同,留给廉政文化建设的空间十分狭小。反过来,这又使得世界观、人生观、价值观偏离正确的轨道。因此,面对我国当下思潮的多元化、多样化和多层次,更加需要创新廉政文化建设的内容与形式,使社会大众真正意识到廉政文化的重要性和紧迫性。

(二)传统消极文化使得社会大众将廉政文化的内涵局限在反腐上

在我国古代社会,"学而优则仕"是莘莘学子恪守的一项座右铭,这种"官

---

① 文军、吴越菲:《多域转型中的"文化抗拒"——我国社会大众精神文化生活的变迁路向及特征》,载于《探索与争鸣》2014年第7期,第38~42页。
② 常士訚:《西方多元文化主义争论、内在逻辑及其局限》,载于《政治学研究》2006年第1期,第62~74页。
③ 李进宏:《高等学校廉政文化建设》,载于《理工高教研究》2006年第1期,第42~43页。

本位"意识长期占据着社会价值的主脉。"官本位"文化意识往往导致人们把"官职""金钱"与"权力"作为衡量人们社会地位、社会价值和人生成就的主要依据,致使人们"以官为本"。权力本位、地位本位与金钱本位的相互交融和博弈的局面,在当下处于转型之中的中国社会继续存在。并且,"轻视公德重视私人关系是中国传统人际关系的一个特点,'礼尚往来'这一戒律使人际关系中的利益交换具有一种道德含义;'千里做官为求财'说明中国人心灵深处对在政府任职的一种世俗看法('经世济民'只是儒家的道德政治理想,而不是中国人,尤其不是普通民众的普遍理想);'法不责众'一方面使人们在犯罪之时有了从众的心理基础,另一方面使社会惩罚失去了效力。"[1] 以铜为镜可以正衣冠,以史为镜可以知兴替。当前,在教育系统内部,在一些党员领导干部深层观念中把做官当成人生最大的追求,认为"做官"意味着权力、地位和利益的获得,甚至视为"致富"的捷径,把"官职"和"权力"作为人生重要的价值取向,谋取官职不是更好地为师生员工服务,而是作为谋取个人私利的工具,进而导致腐败。在此类从政思维的引导下,教育系统领导干部的行为与社会大众的期待存在较大差距,加深了社会对于领导干部贪污腐败的刻板印象,从而将廉政文化的内涵局限在某些较为单一的反腐含义之上。

(三) 社会对廉政文化内涵以及受教育主体并未形成统一的认识

一方面,我国的改革发端于经济领域,社会转型明显落后于经济转型,缺乏与之相匹配的治理体系,因此充满了各种风险与挑战;另一方面处在转型期的社会,社会大众仍然处于"单位人"到"社区人"、从价值到理性、从动员式社会参与到依法有序参与的深刻变迁之中。这种双向不足的后果导致不同群体对廉政的认知和诉求难以达成共识,[2] 对廉政文化的理解缺乏系统性梳理。我们将"廉政文化教育对象"变量与"身份类别"变量做交叉分析,数据显示,在社会大众看来,廉政文化限制的对象应该是学校领导干部(34.1%),其次是教师(28.3%)和行政人员(23.8%)。同样,在学校行政人员和学生的数据调查也基本与以上内容相差无几(见表2-36)。学校领导作为学校内部掌握公权力的对象成为全社会普遍公认的限制对象,但是社会大众对于学校内部的教师以及行政人员的看法存在一定分歧。当然,这也从一个侧面反映出,当前全社会对教育系统廉政文化的建设对象仍然较为模糊,教育对象不明,也是造成教育系统廉政文化建设动

---

[1] 何清涟:《现代化的陷阱》,今日中国出版社1998年版,第25页。
[2] 刘杰等:《转型期的腐败治理:基于不同国家和地区经验的比较研究》,上海社会科学院出版社2014年版,第9页。

力不足的另一个原因。

三、宗旨意识偏颇：功利驱使下的育人观

近代著名教育家蔡元培指出："教育是帮助被教育的人，给他们能发展自己的能力，完成他的人格，于人类文化上能尽一分子责任；不是把被教育的人，造成一种特别器具，给抱有他种目的人去应用的。"[①] 教育系统作为培养人才、传授和创新知识以及传承文明主要阵地，承担着为国家和社会培养合格接班人的重任，培养具有民族眼光和世界眼光的现代人才，应该是学校办学的宗旨和社会责任。推进教育系统廉政文化建设既是全社会反腐倡廉工作的基础性工程，更是一项培养人才与教化人心的建设性工程，不仅是新形势下进一步推进反腐倡廉工作与加快改革发展步伐的需要，更是培育具有道德责任意识的现代优秀人才的需要。从理论上讲，学校应该根据每一个受教育者的基本要求和身心发展规律对其提供专业化的教育产品。但是，随着教育体制的市场化改革，自主办学的逐渐扩大，教育环境的进一步改善，学校受各种利益的驱使，使行动更加具有"针对性"和"理性化"。对于教育主管部门评判学校的重要指标，学校都会千方百计提高评估效果，有些甚至违反法律法规，"暗箱操作"；而对于缺乏评估指标的"软性"领域，多数学校却失去改进的动力。理性化教育行动的可能结果是学校将学生培养成为"专业过硬、道德滑坡"的各类毕业生。学校逐渐失去了"教书育人"的真谛，沦为适应现代工厂生产需求的劳动力制造基地。

（一）部分学校"商业化"行为严重

学校历来被视作一方净土，对个体传递社会生产和生活的经验，促进个体身心发展的重要场所，这也是学校区别于其他组织的显著特征。[②] 但是，这种传统的观念正在受市场经济浪潮以及学校各种绩效考核的挑战。中小学的升学率、高校的论文发表量往往成为评价一所学校办学质量和效果的最重要依据，却忽视了学生和教育系统工作人员"三观"的塑造，从而导致学校的发展面临着功能失衡的困境。如今，很多学校为了赢得竞争的主动权，甚至花钱"购买"优秀的学生，将学生作为一种商品交换。部分优秀学生则为了眼前的利益，禁不住诱惑，接受学校的金钱，支持这种商业化操作模式，将自己陷入利

---

① 高平叔：《蔡元培全集》第四卷，中华书局1984年版，第177页。
② 劳凯声：《重新界定学校的功能》，载于《教育研究》2000年第8期，第3~5页。

益的陷阱之中。① 两者之间的巧妙耦合，又为这种商业化行为添加了无限的生存动力。部分学校的"商业化"行为已经成为某些学校快速发展的"新引擎"，利益化的趋势不仅为学校领导干部留出了大量的"寻租"空间，也使得教育本身价值的贬值，损害了校园的廉洁氛围。一旦学习之风被商业化浪潮吞噬，核心价值观底线就会被突破，也会加剧社会大众对教育廉政的不信任。所有这些都会对学校、学生和社会以及教育系统的廉政文化的建设带来极其恶劣的影响。

（二）学校社团发展滞后，难以在学校甚至教育系统内部形成一个有效的治理体系

目前，国内学校社团虽然发展快速，但是大多数校园社团不是以学术为支撑，而是停留在娱乐化层面。即使那些以"爱国主义""廉政文化"为主要特色的社团，也不会引起学校、学生的重视，难以成为学校主流的社团。此外，在校学生特别是中小学生多数还是未成年，对廉政文化的内涵还难以深刻把握，难以自发组织实施廉政文化教育，更不用说对学校领导和教师起到有效的监督。因此，在教育系统内部开展廉政文化建设，自然地由学校领导以及教育系统工作人员来担当。反过来看，从教育廉政文化的建设主体来说，学校领导承担廉政文化建设主要责任，因此难以对其权力形成一种有效的文化制约，极易将廉政文化建设形式化、表面化。

（三）学校对思想政治教育以及廉政文化没有引起足够的重视

当今学校尽管承担着育人的重要职责，但是基本上都把"育人"的内涵狭隘化了。人们普遍认为，"育人"就是将书本上的知识转化为考试卷上的分数和论文的发表数量，培养的优秀"人才"就是具有高技术水平。造成这种情况的原因，一方面是因为我国的教育体制对学校的考核，多是以科学研究能力、升学率等统计指标为主；另一方面，专业能力的提升也是教师晋升与学生就业的关键。因此，在这样的背景下，学校领导对于思想政治教育和廉政文化重视度明显不足，常常是以得过且过的心态来应付国家安排的廉政教育活动。

四、个体实践欠缺：滞留在观念感知层的"廉政意识"

从"总体性社会"到"个体化社会"的转变可谓是我国当前社会结构转型

---

① 《北大清华抢生源掐架：互揭花钱买考生》，中华网，http://news.china.com/domesticgd/10000159/20150629/19918318.html，2015年1月14日。

的一个显著特征。正如英国社会学家齐格蒙特·鲍曼所说，个体化"所承载的是个体的解放，即从归属于自己、通过遗传获得、与生俱来的社会属性等的确定性属性中解放出来。这种变化被正确地看作现代的境况中最明显和最有潜势的特征"。① 个体化通过多种方式把人们从传统角色和传统束缚下解放出来，个体对传统的思想意识和传统的行为方式越来越持怀疑与批判的态度，② 人们不仅逐渐从集体组织中抽离出来，而且也对集体意识形成一定的背离，个体化社会将人撕裂为碎片，社会价值观呈现裂变式样态。原先作为个体的行动框架及制约条件的社会结构逐步变动、松动乃至失效。这对社会大众"三观"的解构与重塑产生了重要作用。这样，如果缺乏正确的价值引导和思想教育，个人主义很容易走向极端利己主义，占据社会价值的主要部分，构成现代社会的实质性元素。③ 教育系统是文化生产的前沿阵地，深受西方现代思想的影响。当下，我国的校园环境正处于现代转型的过程之中，传统师生关系日益解体，学校领导、教育系统工作人员和学生不约而同地面临着身份重构的困境，这既反映了学校领导、教育系统工作人员和学生日常行动上的离散性、个性化，使得校园的整合程度下降，也反映了统合性集体意识的反叛，类似于"追星族""低头族"等亚文化在校园兴起。由此看来，个体化社会的来临为教育系统廉政文化建设带来了诸多的挑战。

（一）从社会大众层面看，社会大众对校园"廉洁教育"认识存在一些误区

如前文所述，社会大众对于廉政文化的理解相对局限，主要体现在他们的思想、观念、知识落后于廉政文化建设的需求，常常将"廉洁教育"与拥有公共权力从政者相联系，认为只有那些掌握公共权力的领导干部才应该学习廉政文化，普通民众与廉政文化的关系不大。"尽管从严格意义上腐败的主体是'公共权力的拥有者'，但是从更加宽泛的范畴看，一个国家内部的市场主体、社会主体乃至任何一个单独的民众个体也可以是腐败的共谋者和参与者。"④ 从调查的数据来看，在社会大众眼里希望建立一个风清气正的社会环境，希望官员能够在法律法规的范围内履行职责，但是，在实际的家庭教育中，更加看重孩子的"诚信"

---

① ［英］齐格蒙特·鲍曼著，范祥涛译：《个体化社会》，上海三联书店2002年版，第181~182页。
② ［德］乌尔里希·贝克著，吴英姿、孙淑敏译：《世界风险社会》，南京大学出版社2004年版，第159页。
③ 刘杰：《中国式廉政》，学林出版社2012年版，第114页。
④ 刘杰：《中国式廉政》，学林出版社2012年版，第3页。

"文明"等中国传统文化中的基本"为人"品质,却把"廉洁教育"放在末位,并没有积极对子女进行廉政文化教育。这是因为,在家长看来,"诚信""文明"等品质将直接服务于子女的日常生活,而廉政文化只有当孩子日后掌握了权力之后才会发挥作用。尽管教育系统廉政文化建设首先在于学校领导干部,但是也应该看到,它同时也是一种群众性活动,只有依靠社会各界的积极参与和监督实施,才能取得预期效果。

(二)从教师层面看,教师对当前的反腐工作认识不够,主体意识相对缺乏

近年来,随着反腐形势的变化,各级领导干部对学校反腐败斗争重要性和紧迫性的认识不断提高,但仍有一部分教师没有意识到廉洁从教的重要性,在利益面前经受不住诱惑,向道德妥协,违反学校规定。还有部分教师认为国家的反腐主要针对具有公共权力的学校领导干部,这也为教师的违规行为提供了"合法性"解释。教师这种隐性的腐败行为,不仅忽视了道德的教化作用,而且作为接触学生最多的成年群体,各种违规行为对学生心灵的毒害更加严重,与人民教师的"园丁""螺丝钉""蜡烛"等传统形象大相径庭。而且,学校对不断出现的教师腐败现象,侧重的是查打,缺乏从文化的角度来审视廉洁、廉政;忽视通过对教师所处的环境、教师的行为等方面的影响直接或间接地产生约束力的文化建设。

(三)从学生层面看,繁重的课业任务与休闲娱乐文化占据了学生的日常生活

现如今,学生从进入小学开始就要面对繁重的课业任务,在校时间长、作业量大、考试次数频繁,已经成为中小学生日常学习生活不争的事实。课堂之余不是被学校安排上各种补课内容,就是被家长送去参加各种辅导班。学业任务基本挤压了学生的全部空间,加之缺乏正确的引导、有力的宣传以及娱乐文化的冲击,他们鲜有时间去思考廉政文化的内涵和实践。在学校,廉政文化没有成为广大学生为之努力的公共责任,没有成为广大学生自觉的意识和自为的行动。从一定意义上讲,教育系统廉政文化建设的最重要的对象就是学生,如果学生时代缺乏良好的思想道德教育,无疑增加了他们迈入社会后的犯罪概率。教育廉政文化建设有赖于每一位学生廉政意识的增强和廉洁习惯的形成。

总之,教育系统廉政文化建设是一项长期的战略任务,关系到我国教育事业的长远发展,需要国家、社会、学校和个体共同努力,携手推进。坚持严惩犯罪

与健全机制相结合、弘扬传统与改革创新相结合、廉政文化与校园文化相结合、理论研究与实际贯彻相结合，只有不断地加强和改善我国教育系统廉政文化建设，才能遏制腐败文化对学校所带来的危害，推动我国教育系统廉政文化建设迈向新的高度。

第三章

教育系统廉政文化建设的理论基础

党的十八大以来，党风廉政建设和反腐败工作已成为国家政治生活的新常态。廉政文化建设与反腐败是相辅相成的，加强廉政文化建设能从根源上预防和减少腐败现象的发生，有利于营造清正廉洁的社会环境。中央纪委下发的《关于加强廉政文化建设的意见》明确指出："廉政文化以崇尚廉洁、鄙弃贪腐为价值取向，融价值理念、行为规范和社会风尚为一体，反映人们对廉洁政治和廉洁社会的总体认识、基本理念和精神追求，是社会主义先进文化的重要组成部分。廉政文化建设，以党政机关和领导干部为重点，以培育廉洁价值理念为根本，以廉政制度和规范为支撑，以群众广泛参与的廉政文化创建活动和丰富多彩的廉政文化产品为载体，在反腐倡廉建设中处于基础性地位。"[①] 党的十八大提出建设廉洁政治的总目标，要求做到干部清正、政府清廉、政治清明，表明中共中央从国家战略层面对反腐倡廉建设做出了新的部署、提出了更高的要求。

教育系统作为培育人才、传播知识、传承文明的重要"摇篮"，也是反腐倡廉工作的重要阵地，因此，加强教育系统的廉政文化建设，不仅有利于"全程育人、全方位育人"，培育"四有"新人和社会主义事业接班人，也有利于推动全社会党风廉政建设与反腐败工作深入有效的开展。

---

① 《关于加强廉政文化建设的意见》，载于《人民日报》2010 年 3 月 15 日。

第一节　马克思主义：教育系统廉政文化建设的理论基石

廉政文化建设是马克思主义经典作家关注的重大理论问题和实践问题。在马克思主义经典著作中，尽管没有专门论述廉政与腐败问题，但仍然有不少相关的思想观点散见其中。例如，《资本论》中对资本主义剥削制度和内在矛盾的揭露；《1844年经济学哲学手稿》中对资产阶级欲望、贪婪的描绘；《法兰西内战》中对未来廉价政府的设想；《共产主义同盟章程》中防止无产阶级异化思想的提出，等等。又如，在十月革命胜利后，关于无产阶级政党的革命和治国实践过程中出现的宗派主义、享乐主义、官僚主义等不良倾向，以及如何克服这些不良倾向，保持先进政党的纯洁性等，列宁做出了更为具体的论述。综合马克思主义经典作家有关廉政思想的论述，一方面，马克思主义认为腐败问题存在于阶级社会的各个历史阶段，并着重对资本主义腐败现象进行了无情的批判；另一方面，马克思主义经典作家对未来社会的廉价政府提出了理论与制度上的建构。

一、经典作家对资本主义社会腐败现象的批判

由于马克思、恩格斯没有直接领导无产阶级政党进行治理国家的政治实践，因而在其著作中也就没有专门论述无产阶级政党取得胜利后如何进行反腐败斗争，加强廉政文化建设。他们关于廉政文化的思想，更多的是通过揭示资本主义发展过程中的腐败现象而体现出来的，其中包括对资本主义腐败根源的探讨，资本主义生产、分配、交换和消费过程中的道德批判以及对资本主义政治制度与政治程序的批判，等等。

（一）私有制是腐败现象产生的根源

马克思、恩格斯对腐败产生根源的考察是建立在历史唯物主义的基础之上的。马克思主义认为，人是一种社会存在，是一定生产关系下的产物，更是一切社会关系的总和，对人类任何问题的考察都不能离开对生产关系的认识。马克思在《政治经济学批判》序言中就提到："人们在自己生活的社会生产中发生一定的、必然的、不以他们的意志为转移的关系，即同他们的物质生产力的一定发展

阶段相适合的生产关系"。① 人们在一定生产关系基础上进行着物质与精神的活动，但两者之间的关系是：物质生活的生产方式制约着整个社会生活、政治生活和精神生活的过程。《共产党宣言》更是将人类活动的这一规律总结为："每一历史时代的经济生产以及必然由此产生的社会结构，是该时代政治的和精神的历史的基础。"② 马克思主义从生产关系的发展来考察人类社会发展中的问题的思路，为人们在探究腐败根源的研究上提供了路径指导，即腐败是一定生产关系基础下的产物，腐败现象的存在具有其客观性。

在这种宏观理论背景下，马克思、恩格斯认为私有制是腐败产生的根源。早在马克思主义诞生之前，空想社会主义理论家就认识到了腐败与私有制之间的关系，马克思主义在吸收这一观点的基础上，进一步指出腐败现象是与私有制相伴而生，而剥削制度为腐败的产生提供了基础，"自从阶级对立产生以来，正是人的恶劣的情欲、贪欲和权势欲成了历史发展的杠杆，关于这方面，例如封建剥削的和资产阶级的历史就是一个独一无二的持续不断的证明"。③ 在阶级社会中，统治阶级总是千方百计地利用权势为自己谋取利益，从而造成公共权力的异化，最终损害人民群众的利益。因而在以私有制为基础的剥削阶级社会中，腐败是不可避免地存在着的，从封建社会灭亡中所产生的资本主义制度并没有能够消灭阶级剥削，反而更是一个生产资料私人占有，以极少数人剥削和压迫大多数人的社会。尽管资本主义社会中市民社会已经独立出来，人民已经获得了一些权力，但是，人民手中的权力无法与少数人所控制的强大的国家公共权力与物质力量相抗衡，所谓的人民民主权力，只不过成了资产阶级统治合法性的工具，剥削制度的存在便成为国家腐败产生的最大"温床"。因此，马克思、恩格斯认为，消除腐败的唯一出路在于打碎传统的国家机器，建立无产阶级政权，实现真正的人民当家做主。

（二）资本异化是腐败现象产生的内在机理

对资本本质的认识与批判是马克思、恩格斯认识与批判资本主义的基础。在马克思之前也有一些学者对资本进行过探索，大多认为资本是一种有用物、生产工具、货币或是劳动。马克思则认为，资本是一种社会生产关系。马克思在《资本论》中就说道："资本不是物，而是一定的、社会的、属于一定的历史社会形态的生产关系，后者体现在一个物上，并赋予了这个物独特的社会性质。资本不

---

① 《马克思恩格斯选集》（第二卷），人民出版社2012年版，第2页。
② 《马克思恩格斯选集》（第一卷），人民出版社2012年版，第380页。
③ 《马克思恩格斯文集》（第四卷），人民出版社2009年版，第291页。

是物质的和生产出来的生产资料的总和。资本是已经转化为资本的生产资料，这种生产资料本身不是资本，就像金和银本身不是货币一样。"① 马克思、恩格斯对资本进行了深刻的剖析，认为生产资料私有制是资本赖以产生的社会基础，没有私有制就不可能有资本的产生，在资本主义生产条件下，劳动力转化为商品使得货币转化为资本，劳动力在生产过程中创造了价值增值即剩余价值，被资本家无偿占有，成为资本主义剥削的源泉，也是资本主义生产关系的实质与生产目的，马克思还对剩余价值率进行了深刻的分析，揭示了资本家剥削工人的程度。马克思、恩格斯认为，资本带来了剩余价值，从而带来了剥削，由于剩余价值具有隐蔽性，因而资本的剥削关系具有隐蔽性、贪婪性与虚伪性。资本家追求的是无限增长的财富，资本剥削关系在看似平等关系的掩盖下进行，工资、利润、利息、地租等都掩盖了资本家剥削工人的真相。总之，马克思、恩格斯揭示了在资本主义生产关系下资本异化、劳动异化的过程，而这一过程贯穿着剥削与被剥削，同时也使得资本主义腐败成为必然。

马克思、恩格斯对自由资本主义时期的资本进行了批判，列宁在马克思主义资本的原理与方法基础上，对垄断资本主义时期的资本进行了深刻剖析。列宁认为，帝国主义时期"恰好不是工业资本而是金融资本"。② 生产的集中与垄断导致银行与工业日益融合，形成了金融资本，同时也形成了金融寡头，控制着国民经济命脉，而实际操控国家政权的则是少数垄断资本家或资本集团。列宁还指出，金融资本的统治并不限于某个发达的资本主义国家，而具有国际趋势，"资本主义已经成为极少数先进国家对世界上绝大多数居民实行殖民压迫和金融扼杀的世界体系"。③ 而资本的无限扩张会产生食利阶层或食利国，与之相伴随的则是寄生、腐朽和停滞的趋势，资本的垄断最终会产生政治上的反动与思想上的腐败。

（三）资本主义正义观是腐败现象的掩饰物

对资本主义正义的批判是马克思、恩格斯正义观建构的前提。从《黑格尔法哲学批判》到《1844年经济学哲学手稿》，其中都有对资本主义正义的虚伪性的论证，在合理揭示了资本主义腐败产生的必然性的同时，最终论证了资本主义走向灭亡的合理性。马克思在对欧洲国家社会历史进行研究的过程中，一直将贫苦大众的生活作为关注对象。他注意到，尽管资本主义革命取得了胜利，但却没有

---

① 《资本论》（第三卷），人民出版社2004年版，第922页。
② 《列宁选集》（第二卷），人民出版社1995年版，第653页。
③ 《列宁选集》（第二卷），人民出版社1995年版，第578页。

改善广大困苦民众的生存状况。资本主义所提倡的自由、民主、平等只不过是一种口号，并没能真正的实现。马克思通过对市民社会的深刻剖析，认识到市民社会是以财产私有制为基础的，尽管人已获得了公民权利，但特权仍然大量存在于市民社会之中，所谓自由也是相对的自由，民众成为"封闭于自身、私人利益、私人人性，同时脱离社会整体的个人的人。"① 人的自由与权力都是建立在私有财产基础上，建立于此的正义必然也是充分肯定和保护私有财产的。而作为人本身而言，人受到私有财产的束缚、奴役和控制，必然会导致利己主义和金钱控制论的泛化。总之，资本主义所提倡的正义，只是一种思辨正义，具有虚伪性。

在对自由主义正义观进行批判的基础上，马克思、恩格斯利用历史唯物主义的工具，构建了真正的无产阶级的正义观，包括生产的正义、分配的正义、价值的正义以及制度的正义。在《关于费尔巴哈的提纲》中，马克思批判了形而上学和唯心主义在认识人与世界关系上的局限性，揭示了人是在具体实践过程中达到主观与客观的相对统一，社会历史的发展是合规律性与合目的性的统一，因而正义不仅仅是一个规范性的存在，更应渗透到人类的具体活动之中。在《德意志意识形态》中，马克思从物质生产本体出发，通过详细分析需要、分工、所有制、生产方式、生产关系等，再次论证了分配正义的规范性、价值性与实践性相统一。在《共产党宣言》中，马克思提出了最终的价值追求，即实现"每个人的自由发展是一切人自由发展的条件。"② 在《资本论》《1857~1858年经济学手稿》和《哥达纲领批判》中，马克思、恩格斯最终完成了对资本主义正义的批判和后资本主义时代正义的基本设想。

总之，马克思认为与社会化大生产、以交换为目的市场经济相适应的自由、平等、民主等正义的价值，并没能在资本主义市民社会中实现，而是更多地流于形式，并成为麻痹无产阶级的意识形态，只会导致更为严重的贫富差距和资产阶级腐败行为的出现。要想将规范意义上的正义切实运用到实践中，只能颠覆资本主义生产关系，改变由私有制所导致的生产中的剥削和交换中的不平等。

（四）消费主义是腐败现象的社会后果

马克思主义对资本主义消费的批判源于其异化理论。马克思主义的异化理论包括：一是人与劳动产品的对立，即人们通过劳动生产出来的产品成为束缚和控制人本身的异己力量；二是劳动的异化，即真正的劳动是人自觉的实践，而私有制下的劳动异化为一种自我牺牲、自我折磨的行为，带来的不是自由与幸福，而

---

① 《马克思恩格斯全集》（第一卷），人民出版社1995年版，第439页。
② 《马克思恩格斯文集》（第一卷），人民出版社2009年版，第53页。

是痛苦与不幸；三是人本身的异化，人的本质是有别于动物的自由自觉的实践，而在异化劳动下，人异化成了动物，将吃、喝、生殖作为追求的主要目标；四是人与人关系的异化，即工人的劳动成果被资本家所剥削和占有，导致了工人与资本家矛盾的对立。与人的异化、劳动的异化相伴随的是资本主义社会消费主义的盛行。

早期资本主义并不唯利是图、贪得无厌，在创业过程中有着勤奋、节俭、禁欲、倾心于财富的增长的优良品质，因而冲破了封建宗教的束缚，创造了大量的物质财富。但当经济消费的理念逐渐取代了宗教伦理之后，人们只注重经济发展的结果，资本主义社会发展的最终动力由"资本的逻辑"所取代，马克思称之为追求资本无限增值的欲望。当大量的社会产品被生产出来，而人们的需求达到饱和的时候，便会导致社会财富的过剩与浪费。资本家逐利的本性使得他们会通过刺激消费、扩大购买力等手段销售过剩产品，这便导致了消费主义的产生。

消费主义促使人们将消费与一个人的身份、地位联系起来，一个人的社会地位、能力、是否成功，是通过他的消费来体现的，譬如：出入什么样的场合，穿什么样的衣服，开什么样的车子，消费什么样的商品和服务，等等。消费主义使得社会的价值出现了真空现象，把社会带到了眼花缭乱的疯狂消费的终极享乐中，"一切等级的和固定的东西都烟消云散了，一切神圣的东西都被亵渎了"。[①] 这不仅带来人与人之间的冷漠、疏远、虚伪、功利与怀疑，更会带来整个社会的腐化、资源的浪费与严重的生态危机。马克思主义对资本主义消费的批判，将异化理论推向了极致。如何做到扬弃消费主义？答案只能是：回归人类自由本质的追求。

（五）官僚主义是腐败现象的集中表现

马克思对资本主义政治的批判主要体现在《1848 至 1850 年的法兰西阶级斗争》和《路易·波拿巴雾月十八日》等一些著作中。马克思主要利用阶级斗争理论批判资本主义民主的虚伪性，并探讨其导致官僚主义的根源。马克思深入分析和研究了法国大革命的历史进程，在肯定资产阶级共和制推翻封建统治的历史作用的同时，也对三权制衡的政治体制进行了深刻的批判，并认为这是导致波拿巴实现复辟的重要原因。首先，马克思认为，资产阶级共和制并不能实现真正的自由平等，其实质是资产阶级对无产阶级的专政。资产阶级取得政权后，便制定宪法和实行戒严，把曾经与自己一同战斗的盟友——无产阶级作为专政的对象。

---

① 《马克思恩格斯选集》（第一卷），人民出版社 2012 年版，第 403 页。

其次，资本主义议会民主有其局限性。马克思认为，"资产阶级共和国在这里是表示一个阶级对其他阶级实行无限制的专制统治。"① 资本主义不可能实现人民当家做主，民主是一种手段，本质是为了维护资产阶级的阶级利益。最后，资产阶级民主的虚伪性决定了行政权高于立法权，资产阶级为了更好地控制市民社会，需要通过加强行政权来加大对无产阶级的剥削和统治。在这样一种政治秩序之下，不可避免地出现了庞大的官僚机构。民主的理想之所以导致寡头的出现，关键在于资本主义民主的局限性。

马克思、恩格斯还从国家社会关系的角度入手，探讨权力的本质，从而指出如何防止权力的异化以及如何制约监督权力。在《家庭、私有制和国家的起源》《集权与自由》等文章中，认为权力来源于社会，社会由于权利保障的需要而产生了法律，国家是为维护法律而由社会授权产生，但国家权力不断的集权化，最终会侵吞法律，乃至社会权利。因而只有确立法治，通过法律制约监督国家权力，以防止国家权力的异化导致官僚主义的恶化。列宁将马克思主义的权力批判思想运用到政治实践中，探讨了为什么腐败作为私有制的孳生物在剥削制度灭亡后，仍然出现在新生政权中，并探讨了一系列制约官僚主义出现的策略，极大地丰富和发展了马克思主义的思想。

二、经典作家对社会主义"廉价政府"的构建

马克思主义经典作家认为，在无产阶级夺取政权和建设政权过程中，如果不采取措施对权力进行有效的制约和监督，那么，就会导致公共权力的异化。为了防止公共权力的异化，他们从各方面论证了社会主义"廉价政府"的构建模式，主要包括政权建设、制度建设、政党建设、思想建设以及廉政文化建设。

（一）廉价政府的根本目标：消灭私有制、建立无产阶级专政

通过对人类社会发展的规律与趋势的考察，马克思、恩格斯认为，在资本主义制度下，公共权力发生了异化，政府代表的是少数剥削阶级的利益，资产阶级掌握的"国家政权在性质上也越来越变成资本主义压迫劳动的全国政权，变成了为进行社会奴役而组织起来的社会力量，变成了阶级专制的机器"。② 这就是说，公共权力更多的是控制和压迫社会与人民的工具，并因此而造成了国家与社会、

---

① 《马克思恩格斯全集》（第十一卷），人民出版社1995年版，第140页。
② 《马克思恩格斯文集》（第三卷），人民出版社2009年版，第152页。

政府与民众的对立。所以，为了防止出现权力的腐败，"工人阶级不能简单地掌握现成的国家机器，并运用它来达到自己的目的。"① 只能打碎传统的国家机器，让权力回归人民。同时，马克思、恩格斯认为，资产阶级的权力根源于私有制，而私有制是腐败产生的根源，阶级统治的本质已经证明：资本主义社会本身无法通过正常的途径根治腐败问题，而绝大多数人民的利益将会在腐败下受到越来越严重的损害，最终解决这一问题的途径只能是消灭私有制，即通过暴力革命的方式消灭私有制，建立共产主义制度。"把生产资料从这种桎梏下解放出来，是生产力不断地加速发展的唯一先决条件，因而也是生产本身实际上无限增长的唯一先决条件"，② 通过暴力革命，"无产阶级将取得公共权力，并且利用这个权力把脱离资产阶级掌握的社会化生产资料变成公共财产。通过这个行动，无产阶级使生产资料摆脱了它们迄今具有的本质属性，使它们的社会性质有充分的自由得以实现"。③

马克思、恩格斯曾对世界上出现的第一个无产阶级政权——巴黎公社——给予了极大的关注和很高的评价。巴黎公社是建立在公有制基础上的无产阶级政权，原先被资产阶级所掌控的国家权力已经回归人民，人民有权力罢免和监督国家公职人员，这一措施铲除了腐败的根基，有效地防止了腐败的出现。马克思指出，巴黎公社第一次让廉价政府从梦想变成现实，其之所以是廉价政府，是因为巴黎公社"实质上是工人阶级的政府，是生产者阶级同占有者阶级斗争的产物，是终于发现的可以使劳动在经济上获得解放的政治形式"。④ 列宁也高度评价了巴黎公社实现了廉价政府的政治目标，他指出，巴黎公社的政府官员"变成不仅由人民选举产生，而且一经人民要求即可撤换的官吏，处于普通的受委托者的地位；他们从占有能领取资产阶级高薪的'肥缺'的特权阶层，变成特殊'兵种'的工人，其报酬不超过熟练工人的一般工资"。⑤ 廉洁奉公是构建廉价政府的主要途径，列宁在肯定巴黎公社的同时，他还进一步将廉价政府的建设作为资本主义社会通往社会主义社会的路径和目的。

（二）构建廉价政府的路径：普选、罢免和监督

马克思在《法兰西内战》中总结巴黎公社经验时，就给无产阶级政权进行了定位，即无产阶级的政权是一个负责任的、服务型政权，为人民服务是其本质工

---

① 《马克思恩格斯文集》（第三卷），人民出版社2009年版，第151页。
② 《马克思恩格斯文集》（第三卷），人民出版社2009年版，第563页。
③ 《马克思恩格斯文集》（第三卷），人民出版社2009年版，第566页。
④ 《马克思恩格斯文集》（第三卷），人民出版社2009年版，第158页。
⑤ 《列宁选集》（第三卷），人民出版社1995年版，第20页。

作。为了防止公共权力的变异,廉政工作应该贯穿于无产阶级政权建设的始终,因为"随着时间的推移,这些机关——为首的是国家政权——为了追求自己的特殊利益,从社会的公仆变成了社会的主人"。① 马克思、恩格斯赞扬了巴黎公社为防止权力异化所采取的薪水制、普选制和撤换制,在总结巴黎公社经验的基础上,马克思全面阐述了预防国家机关和公职人员腐化的思想,并对之作出了制度上的设计。马克思、恩格斯主要从普选制度、罢免制度和监督制度三方面着手。首先,人民可以通过行使普选权将自己信任的人选进国家机关。在资产阶级社会,普选权经常被滥用,并成为统治阶级手中的玩物,"而现在,普选权已被应用于它的真正目的,由各公社选举它们的行政的和创制法律的公职人员"。② 其次,马克思认为人民还有罢免权,可以随时撤换那些不称职的国家公职人员,以避免公职人员出现以权谋私和贪污腐化的行为。最后,马克思、恩格斯认为应该将国家机关的一切事务置于人民群众的监督之下,只有这样,才能做到政务公开,防止官僚的出现。

列宁在继承马克思、恩格斯制度防腐思想的基础上,结合苏维埃国家政治建设的实际,深入探讨了如何从制度上加强廉价政府的构建。首先,列宁认为,要正确处理党政关系,做到党政分开。列宁强调,党领导无产阶级专政主要是通过苏维埃政权实现的,但在坚持党的领导的同时,要注意执政方式的调整,"党努力领导苏维埃工作,但不是代替苏维埃""无论如何不应当把党组织的职能和国家机关即苏维埃的职能混淆起来"。③ 其次,列宁认为,精简机构是建立廉洁国家机关的重要环节。列宁对当时苏维埃国家机关中存在的机构臃肿、人浮于事、效率低下的现象进行了尖锐的批评,并采取了精简机构、减少开支、反对浪费、消灭官僚主义和拖拉作风等一系列措施,以提高国家机关的办事效率。最后,列宁尤为强调监督制度的重要性。列宁认为,应在党内建立制衡机制。1920年,苏俄成立中央监察委员会,目的是监督中央政治局和中央委员会的工作。列宁还特别重视监察队伍的人员培养工作,培养一批经验丰富且大公无私的人员,以有效防御官僚主义和贪污腐化。同时,列宁还重视发挥人民群众、社会团体以及新闻媒体的监督作用,建立和完善了一套社会主义国家的监督机制,加强对权力运行中不当行为的监督、预防和惩治。

(三) 廉价政府的领导核心:公仆式的无产阶级政党

公仆意识是马克思主义廉政思想的重要组成部分。马克思在《法兰西内战》

---

① 《马克思恩格斯文集》(第三卷),人民出版社2009年版,第110页。
② 《马克思恩格斯文集》(第三卷),人民出版社2009年版,第196页。
③ 《苏共决议汇编》(第一分册),人民出版社1964年版,第571页。

一文中首次提到"公仆"原则,在《共产党宣言》中就有了"公仆"思想的萌芽。《共产党宣言》指出:"过去的一切运动都是少数人的,或者为少数人谋利益的运动。无产阶级的运动是绝大多数人的,为绝大多数人谋利益的独立运动"。[①] 无产阶级本质上是大公无私的,共产党作为无产阶级的先锋队本质上就是为人民谋利益,同时消灭私有制以及与其相伴生的腐败行为。马克思、恩格斯认为,要求无产阶级政党及其公职人员树立公仆意识,可以从三个方面着手:一是无产阶级政党和政权机关要始终做到人民利益的代表者,将为民谋利作为根本宗旨。《共产党宣言》宣布,共产党"没有任何同整个无产阶级的利益不同的利益"。这表明:无产阶级的理论与实践都是为了实现无产阶级和广大人民群众的根本利益。二是公职人员必须将公仆意识内化为自身的信仰,无产阶级的政权就应当是有责任的社会勤杂员,为人民服务是其本质工作,社会公仆是共产党员的本质属性。三是通过经济上的同工同酬和制度上的约束,明确无产阶级政党与公职人员的公仆身份,防止公仆意识的淡化。

列宁依据苏俄的实践经验,继承和发展了马克思、恩格斯巴黎公社时期的公仆意识,并提出了"人民公仆"的思想,揭示了公仆的根本特征就是面向群众、代表群众。列宁认为,公仆就是无产阶级取得政权后,在人民当家做主的基础上,国家机关与公职人员必须为人民服务的一种政治关系,工农群众当家做主是公仆思想的核心。对于公仆思想的培育,列宁不断思考,从选拔、配备、任用、管理干部以及提高公仆素质等多个方面,制定了一系列原则和措施。他认为,选择人民公仆时应该将"质量高一些,数量少一些"作为基本原则,将多种素质和优点的人民公仆结合起来,而且公仆干部必须由党集中统一管理。列宁还指出,公仆要有求真务实、勇于实践的工作作风,坚定为人民服务,才能有效战胜官僚主义、贪污腐败等不正之风。

(四) 廉价政府的制度保障:克服官僚主义、密切联系群众

在探讨腐败产生根源时,马克思、恩格斯、列宁等都倾向于认为,官僚主义是腐败产生的重要原因之一。苏维埃政权在打碎资本主义官僚机器初期,官僚主义现象并不明显,但不久官僚主义就有所抬头,贪污腐败行为难以禁绝。列宁尖锐地指出:"官僚这个专干行政事务并在人民面前处于特权地位的特殊阶层的机关来说……与俄国的落后性及其专制制度相适应的,是人民在官吏面前完全无权,特权官僚完全不受监督"。[②] 官僚的本质也就是脱离人民群众的一些特权阶

[①] 《马克思恩格斯文集》(第二卷),人民出版社 2009 年版,第 42 页。
[②] 《列宁专题文集:论无产阶级政党》,人民出版社 2009 年版,第 34 页。

层，但它严重地损害了广大人民群众投身社会主义建立的积极性与创造性，从而严重危害到了党的执政地位。列宁指出，"对于一个人数不多的共产党来说，对于一个作为工人阶级先锋队来领导一个大国在暂时没有得到较先进国家的直接援助的情况下向社会主义过渡的共产党来说，最严重最可怕的危险之一，就是脱离群众，就是先锋队往前跑得太远，没有'保持排面整齐'，没有同全体劳动人民大军即同大多数工农群众保持牢固的联系"。① 对于官僚主义的危害，列宁认为，"所有经济机构的一切工作中最大的毛病就是官僚主义。共产党成了官僚主义者。如果说有什么东西会把我们毁掉的话，那就是这个"。② 官僚主义轻则有损于党和国家的威信，重则亡党亡国。关于官僚主义产生的原因，列宁认为，导致官僚主义原因有多种，对个人利益的过度追求是腐败产生的微观原因，而社会主义建设初期各项政治制度的不完善，以及相对落后的经济文化条件等，也是滋生腐败现象的原因。因而，要治理官僚主义现象，除了加强法律与政治制度建设外，还要注重人民群众的力量，要吸引广大人民群众参与到根除官僚主义的工作中去，"只有当全体居民都参加管理工作时，才能把官僚主义的斗争进行到底，直到取得完全的胜利"。③

列宁认为，善于利用和发动群众是无产阶级政党取得革命胜利的重要保障，十月革命的胜利就是布尔什维克在广大民众的支持下由在野党而成为执政党的。在新的执政条件下，无产阶级政党要想取得人民的支持，除了依靠革命时期的牺牲精神和英雄气概外，还得继续发扬为人民服务的精神和与广大劳动人民打成一片的战略和策略。列宁多次强调，"我们需要的是能够经常同群众保持真正的联系的党，善于领导这些群众的党"。④ 脱离群众最终会使无产阶级政党背离为人民服务的宗旨，无法成为人民利益的代表，最终丧失民心而导致政权危机。列宁在强调走群众路线的同时，还对党内外存在的特权阶层进行了整治。他认为，如果党员享有优先权，那么，这无疑是无产阶级政党的一大祸害。因而，他要求取消执政党的一切特权，并要求党员干部廉洁奉公，与劳动人民一样艰苦朴素。

总之，马克思主义经典作家通过对资本主义腐败现象的批判和对社会主义"廉价政府"的构建，为中国特色社会主义廉政文化建设奠定了强大的理论基石。中国共产党人非常注重借鉴和吸收巴黎公社时期和苏维埃时期有关廉价政府建设的经验，进一步推进廉政文化建设，遏制腐败，铲除滋生腐败的一切制度因素、文化因素以及个人因素。

---

①④　《列宁专题文集：论无产阶级政党》，人民出版社 2009 年版，第 343 页。
②　《列宁专题文集：论无产阶级政党》，人民出版社 2009 年版，第 348 页。
③　《列宁专题文集：论无产阶级政党》，人民出版社 2009 年版，第 219 页。

第二节 中国化的马克思主义：教育系统
廉政文化建设的理论指南

中国共产党成立 90 多年，中华人民共和国成立 70 年来，党和政府以全心全意为人民服务为宗旨，始终坚决反对腐败，不断与各种腐败现象作斗争，在反腐败的实践中不断总结经验，创立和发展了一系列廉政文化建设理论。

一、新民主主义革命时期中国化的马克思主义廉政文化思想

1919 年五四运动标志着无产阶级开始走向政治舞台，中国革命进入新民主主义革命时期。1921 年中国共产党诞生，从此中国革命的面貌焕然一新。中国共产党在领导中国人民推翻"三座大山"的过程中，逐步开始了建立政权的尝试，同时也伴随着相应的廉政建设，为中华人民共和国成立初期和改革开放以来特别是党的十八大以来的党风廉政建设提供了非常宝贵的经验。

（一）中华苏维埃共和国时期的廉政建设思想

"苏区干部好作风，自带饭包去办公；日着草鞋干革命，夜走山路访贫农。"[①] 1931 年 11 月 7 日至 20 日，中华苏维埃第一次全国代表大会召开，宣告成立了中华苏维埃共和国，瑞金成为革命的首都，毛泽东当选为临时中央政府主席。新生的苏维埃政权，机构精简，开支节俭，在革命的艰苦年代中，各级苏维埃工作人员，从中央执行委员会主席到政府办事员，一律不发薪水，只领微薄的伙食津贴，艰苦奋斗，廉洁奉公。毛泽东称赞兴国县的苏维埃政府创造了"第一等的工作"。当然，由于受官僚主义的影响，加上一些党员小农思想严重，混入革命队伍的异己分子以及少数意志薄弱者违法乱纪和牟取私利，各级苏维埃政府也都存在铺张浪费、贪污腐化、以权谋私等腐败现象。为消除这一现象，赢得党心民心，巩固新生的苏维埃政权，中华苏维埃共和国（简称"中央苏区"）非常重视廉政建设工作，也留下了大量宝贵经验。

1. 加强廉政思想教育，提升干部素质和防腐能力

苏维埃工作人员素质的高低决定着党和人民事业成败，因此强化苏区干部的思想政治工作是消除腐败根源的治本手段。中央苏区时期，为了清除党组织成员

---

① 戴向青：《中央革命根据地史稿》，上海人民出版社 1986 年版，第 574 页。

内的各种非无产阶级思想，提高他们的党性修养和政治觉悟，中央苏区采取了各项措施加强政治思想教育。

第一，开办培训班和学校等教育机构加强干部思想政治教育。在1929年召开的古田会议上，中国共产党提出要用无产阶级思想建党建军。会议强调，必须加大对红军和广大党员干部开展党的正确路线和马列主义教育，从根本上提高他们的思想觉悟和拒腐防变的能力，使拒腐防变成为一种自觉的行动。古田会议确立了从思想上建党的原则之后，中央苏区大力推广红四军加强党内、军内思想教育的经验，在不少地方办起了苏维埃学校以及其他干部学校，直接培训干部。并把马列主义、巴黎公社干部的道德风尚作为主要内容进行授课，开始有针对性地突出思想道德在整个干部思想政治建设中的地位。

1932年3月2日，人民委员会制定了《政府工作人员要加紧学习》第6号命令，规定"各级苏维埃工作人员，尤其是负责人要学习马克思主义基本理论，学习党的方针政策，学习政府制定的制度和法规，学习文化知识，尽快提高思想理论水平和文化程度。"[①] 根据命令的指示和要求，苏区政府开办了各种长期和短期的培训班，培训县、区、乡的苏维埃干部。由于苏维埃公职人员大多是来自于农村的小生产者，封建官僚政治的余毒、小农经济带来的各种非无产阶级思想意识，在他们身上还有广泛的存在，因此，培训的主要内容之一就是有针对性地对他们进行反腐倡廉的思想教育，敲响"贪污和浪费是极大的犯罪"[②] 的警钟，树立对共产主义的坚定信仰。

1933年3月，中央马克思共产主义学校在中央革命根据地创办，后来更名为中央党校。在此之后又陆续建立了苏维埃大学、红军大学、中央教育干部学校等教育培训机构。同时，地方的苏维埃政府也创办了不少干部培训学校，如江西省苏维埃干部学校，对苏区党、政干部进行系统的政治灌输和思想教育。这些学校的开办，极大地提高了广大党员对马克思主义的认识水平，提高了苏区干部的政治思想素质，增强了他们拒腐防变的能力，有力地推动了反腐倡廉运动在苏区的发展。

第二，加强干部选拔环节中的思想政治教育。干部选拔环节中的思想政治教育是廉政建设的重要内容。干部素质好，廉政措施才能有效实施。否则，再好的制度和措施，也会流于形式，不起作用。在各种腐败现象中，人事上的腐败往往是源头。1931年8月27日，中共中央在《关于干部问题的决议》中，尖锐地批评了那种在提拔干部和引进干部过程中，往往从派别观念、感情关系、地方主义

---

① 《政府工作人员要加紧学习》，载于《红色中华》1932年第2期。
② 《毛泽东选集》（第一卷），人民出版社1991年版，第134页。

出发，而不讲原则地随便把一些不符合标准的人拉进领导机关的错误做法，以及忽视党内教育工作，没有从政治上、组织上在日常斗争与实际工作中去教育干部的倾向，并指出："要切实执行缩小上层机关，最高限度地发展自我批评，对于那些浪漫腐化、消沉敷衍、怠工、雇佣劳动化的表现，必须加以严格地审查和肃清，对于干部中的不正确倾向，必须作不调和斗争，使现有干部在政治上、思想上团结一致"。

2. 建立健全苏维埃民主制度，保障人民主体地位

制度问题带有全局性和根本性。因此，健全苏维埃民主制度，是保证苏维埃政府廉洁的根本措施之一。在苏维埃民主制度建设方面的工作主要有：

第一，建立市乡代表会议制度。《中华苏维埃共和国宪法大纲》规定："苏维埃全部政权属于工人农民红军兵士及一切劳苦民众。在苏维埃政权下，所有工人农民红军兵士及一切劳苦民众都有权选派代表掌握政权管理。""苏维埃公民在十六岁以上皆享有苏维埃选举权和被选举权，直接选派代表参加各级工农兵会议（苏维埃）的大会，讨论和决定一切国家的地方的政治事务。""选举人无论何时，皆有撤回被选举人及实行新选举的权利。"[①] "市乡代表会议制度是苏维埃组织的基础，是使苏维埃密切接近于广大民众的机关"[②]。同时，还对政府工作人员的产生作出了相应的规定，他们由选举而任职，对于那些不能胜任的政府工作人员则根据公意而撤换，一切问题的讨论与解决也根据民意。这样，苏维埃政权真正成为广大民众的政权。

第二，建立民主选举制度。"苏维埃最广泛的民主，首先表现于自己的选举。苏维埃给予一切被剥削被压迫的民众以完全的选举权与被选举权"[③]。在选举过程中，要求切实做好七个方面的工作：（1）选民登记；（2）成分比例；（3）选举单位；（4）参加选举的人数；（5）候选名单；（6）妇女的当选；（7）工作报告。通过对选举程序的详细规定，使苏维埃选举过程体现了民意，保证了苏维埃巩固的群众基础。

第三，适当划分行政区，防止官僚主义滋生。由于根据地多建于偏僻的边界地带，常常包括多个省、县的部分区域，造成基层政权管辖过大的现象，既有碍于政府的集中领导和指挥，也不利于保持同人民群众的联系。为此，"精简乡村级政权，设立省、县、区、乡（市）四级地方组织，划分行政区域以每乡土地面

---

① 《中华苏维埃共和国法律文件选编》，江西人民出版社1984年版，第6~7页。
② 中共江西省委党校党史教研室、江西档案馆：《中央革命根据地史料选编》（下），江西人民出版社1982年版，第308~309页。
③ 中共江西省委党校党史教研室、江西档案馆：《中央革命根据地史料选编》（下），江西人民出版社1982年版，第306页。

积不超过 5 里，人口 5 000 人以下；山区不超过 15 里，人口 3 000 人以下为宜，每区辖 9~12 个乡，每县辖 12~15 个区。"① 苏区行政区域的重新划分和缩小，是根据地苏维埃民主精神的体现。毛泽东认为，由于苏维埃取消了旧的大而无当的行政区域，把从省到乡各级苏维埃的管辖境界都改小了，从而使苏维埃政府得以周知民众的要求，也使民众的意见能够顺畅地反映到苏维埃政府来，并迅速得到讨论和解决。

3. 建立健全监督制约体系机制，严惩腐败行为

第一，建立群众监察组织，开展群众监督。在中央苏区，"为了巩固工农民主专政，苏维埃必须吸引广大民众对于自己工作的监督和批评。每个革命的民众都有揭发苏维埃工作人员的缺点错误之权""苏维埃工作人员中如果发现了贪污腐化消极怠工以及官僚主义的分子，民众可以立即揭发这些人员的错误，而苏维埃则立即惩办他们决不姑息。"② 根据《中华苏维埃共和国宪法大纲》中关于工农群众对其工作人员有批评监督、罢免之权的规定，中央苏区建立了各级群众性的监察组织。包括：

一是突击队。这是工农群众在工农检察部的指导之下，监督、检察国家政权机关及其工作人员的一种方式。凡是有选举权的人都可以参加突击队，监督和检察苏维埃机关和国家企业。工作方式有公开的突然检查和暗中调查。

二是轻骑队。共青团组织直接领导下的青年群众监察组织，业务上受工农检察部领导，主要是揭露、检查和控告各级苏维埃政权机关、企业及合作社组织内的腐败现象。

三是工农通讯员。分布在一切国家机关、企业、学校、社会团体、街道村落中不脱产的群众监察员，其监督材料经所属机关审查后以通讯的方式向检察机关报告。

四是群众法庭。监察部门依靠群众进行反腐败、加强廉政建设的重要措施。《工农检察部组织条例》规定：工农检察机关如果发现各级政府机关内有官僚主义者和腐败分子时，可由监察部门出面组织群众法庭，以审理不涉及犯法行为的案件，可以作出开除、登报公布罪状等决定。③

第二，设立专门监察机构，加强党内监督和政府监督。一是党内成立中央党务委员会和省县监察委员会。1933 年 9 月，中共中央作出了《关于成立中央党

---

① 吴传煌、刘录开：《中国共产党廉政建设史》，甘肃人民出版社 1992 年版，第 52~53 页。
② 中共江西省委党校党史教研室、江西档案馆：《中央革命根据地史料选编》（下册），江西人民出版社 1982 年版，第 309 页。
③ 中共江西省委党校党史教研室、江西档案馆：《中央革命根据地史料选编》（下册），江西人民出版社 1982 年版，第 163 页。

务委员会及中央苏区省县监察委员会的决议》，规定其职责是：监督党章和党的决议的执行，检查违反党的总路线的各种不正确的倾向与官僚主义及腐化现象等，并与之作无情的斗争。1934年1月，在中国共产党第六届五中全会上正式选举了中央党务委员会。同时，党的省县各级监察机构也纷纷成立，并在实际工作中发挥作用。二是苏维埃各级政府机关成立工农检察部。1931年11月27日，中华苏维埃共和国中央执行委员会召开第一次会议，决定设立工农检察等九部一局，选举何叔衡担任工农检察人民委员，并讨论通过了《工农检察部组织条例》。一套从中央到地方的监察系统在政权中随之建立起来。包括：

一是中央工农检察人民委员部。主要负责对中央政府机关及其工作人员进行监督，同时指导地方各级工农检察部门的反腐败斗争和廉政建设工作。

二是省、县、区苏维埃政权的工农检察部。负责监督、检查本级苏维埃政府机关工作情况，有权向本级政府建议撤换或处罚本级政府的工作人员，如发现工作人员有腐败行为有权报告法院。

三是控告局。各级地方政府的工农检察部之下设立控告局，接受群众的控告书，调查所控告的事实，并将调查材料报告工农检察部，以便决定处理办法。

四是各级检举委员会。它是由各级工农检察机关为开展工作而设置的一种由多个部门人员参加的临时性机构，主要任务是检举、监察各级政府和军事机关的工作人员，只有检举上报权，不能直接参与处罚。

第三，加强舆论监督。中央苏区时期，党和政府十分重视新闻舆论工具在廉政建设中的重要作用。苏区的报刊，如《红色中华》《青年实话》《斗争》等都担负着监督苏维埃政府的职能，对党政干部中的腐败行为和不良风气进行毫不掩饰地揭露和批判。《红色中华》和《青年实话》分别辟有"红板""黑板"和"反贪污浪费"专栏，其中，"黑板"专门用以刊登苏维埃工作人员中立场摇摆、消极怠工的不良现象；"红板"专门用以展现苏维埃政府机关工作人员清明公正，做人民公仆的先进事迹；"反贪污浪费"则专门用以批判那些铺张浪费、贪污腐败的恶劣现象，并对这些案件的处理结果予以严肃通报。《红星》作为军中媒体，它开辟了"铁锤"专栏，专门刊载红军部队中存在的各种不良作风情况，还辟有"自我批评"专栏。《青年实话》还建有"轻骑队"专栏，主要用于刊登揭露群众的举报，还有一些党政机关和群众团体也创办了自己的批评专栏。这些报纸在当时很好地伸张了正气，抑制了邪气，使根据地政权中的腐败现象及时得到发现和清查。

此外，中央苏区在开展反贪污浪费的斗争中，党和政府对贪污浪费等行为进行了严肃惩处，查办了一批大案要案。如中央印刷厂、造币厂和军委印刷所贪污腐化案，中央总务厅苏大工程处主任左祥石贪污案，中共胜利县临时县委书记钟圣谅、县苏维埃主席钟铁青贪污腐败案，于都县苏维埃主席熊仙壁、县军事部长刘士祥贪污腐败案等。中央苏区党和政府在查办大案要案的同时，还注重做到三个统一：一是注重中央与地方的统一。当时的反腐败斗争从中央到省、县、区、乡等都普遍地展开，而中央机关及领导充分发挥了示范表率作用。毛泽东、朱德、周恩来、彭德怀等当时中央苏区的领导人清正廉洁、艰苦朴素、全心全意为人民谋利益，至今仍留下了很多佳话。1934年，中央机关首先执行了中央工农检察委员会关于检举贪污浪费与官僚主义的训令，带动了基层的反贪污斗争。二是注重查案与治本的统一。中央工农检察委员会第二号训令指出："反贪污浪费不仅是检举几个贪污的分子，而是拿这一事实来教育全体工作人员，什么是贪污浪费，它对于革命的危害是怎样，并实际建立和改善会计制度……我们在每一检举与斗争中，都要达到实际的改善与转变工作这一目的。"三是注重廉政与效能的统一。中央工农检察部在《怎样检举贪污浪费》中指出，通过肃清贪污浪费现象，"不但省出了经费为着战争，而且将要紧张苏维埃工作人员的工作精神，提高工作效能"。1934年5月，董必武同志在《斗争》上发表署名文章——《把检举运动更广大的开展起来》，他指出，"在检举运动中提高了工作效能，各机关裁减了很多不必要的人员，而工作反比以前更好"。[①]

值得注意的是，苏维埃政府于1933年底颁发了《关于惩治贪污浪费行为》训令，这是中央苏区时期最有代表性的廉政法制文献。该训令除了对贪污罪有明确严厉的处罚之外，首次对浪费公款也进行了定罪。浪费罪是苏维埃工农民主政府的一大发明，是毛泽东对廉政法制建设的一个伟大贡献，是毛泽东廉政思想的重要组成部分。中央苏区把铺张浪费行为列入刑法惩治范围，予以严厉的处罚。应当说，这个规定是别具特色、实施效果良好的廉政法制建设举措，并为后来的根据地所接受和继承，成为惩治贪污条例或刑事立法的重要内容。

4. 建立统一的财政制度，力倡节俭之风

苏维埃政权建立初期，财务制度不健全，收钱、管钱、用钱机关混在一起，没有彼此之间的监督和制约，给贪污浪费和营私舞弊造成了可乘之机。为了扭转财政管理上各自为政的混乱状况，杜绝贪污浪费，临时中央政府成立后，制定了《暂行财政条例》。1932年9月，中央财政部发出训令，强调各级政府必须按照中央颁布之财政条例，坚决执行，不按照财政系统的财政手续，无论任何机关，都不准给一个钱，对于随便提款及随便付款者，予以严厉的处分。

第一，建立审计制度。1931年11月，苏区政府颁布了《地方苏维埃政府暂行组织条例》，首次在苏维埃政府法律法规中确立审查委员会，这意味着苏维埃

[①] 王关兴、陈挥：《中国共产党反腐倡廉史》，上海人民出版社2001年版，第241页。

财务审计制度的正式形成。1932年8月，在财政委员部之下暂设审计处，省财政部下设审计科。1934年2月成立中央审计委员会，并出台《中华苏维埃共和国中央政府执行委员会审计条例》，中央审计委员会和最高行政机关人民委员会同隶属于中央执行委员会。审计制度的建立与执行，克服了各级政府自收自用，各自为政的现象，提高了财政廉洁程度，有效地防止了全局性的浮支浪费。

第二，建立预决算制度。中央人民委员会颁布《统一财政编制预决算制度》，规定："预算分为每月经常费预算、临时费预算、季度预算和年度预算。规定，每月5日前，将上个月的决算表上报审核，每月25日前，上报下个月的预算。"①"各级财政机关……对于每月预算和决算以及向各上级机关领款或大宗款项付出时，所属各级财政机关均须经过各机关之负责人员之批准和署名盖章方为有效。"② 1932年初，在苏区全面实行了财政预决算制度。

第三，统一税收。1932年12月，临时中央政府相继颁布了《暂行税则》和《暂行财政条例》。上述条例规定："一切国家税收，概由国家机关（中央及各省、县、区财政部以及城市财政科）按照临时中央政府所颁布的税则征收……地方政府不得自行规定或征收，各级行政费用，各军伙食、杂用费等经费经造预算后，统一由上一级财政部依据批准之预算付款。"③ 这一条例颁布之后，中央革命根据地的税收彻底统一掌握在中央政府自己手中。

第四，统一会计制度。1932年12月16日，中央财政人民委员部颁布了《统一会计制度》的第12号训令，作出了统一会计制度的五项规定，并把"节省每一个铜板为着战争和革命事业，为着我们的经济建设"确定为苏维埃政府会计制度的原则。会计制度的建立，对于规范中央苏区财政资金的使用和管理，发挥了重要作用，虽然在具体实施的过程中，各地由于会计人员的水平及对政策的理解存在差异等原因，对于会计制度的执行程度各有不同，但资金在流转的过程中要求必须严格程序、单据齐全、审核签名到位等，无疑是对一切贪污腐化行为的巨大约束。

第五，建立国库制度。中央苏区时期，为了便于财政资金的管理，中央财政人民委员部决定成立国库及分支库，由国金银行代理国库，各省分行为分库，国库及分库直接受中央财政部指挥与监督，各地税收均按期上交国库或分库，国库及分库对中央财政部负责，所收付款项必须向中央财政部列表报告。1933年10月22日，临时中央人民委员会颁布《关于国库暂行条例》，规定："国家税收及

---

① 朱钦胜：《中央苏区反腐倡廉史》，中国社会科学出版社2009年版，第58页。
② 舒龙、凌步机：《中华苏维埃共和国史》，江苏人民出版社1999年版，第331页。
③ 窦效民：《监督：反腐防腐的有效机制——中华苏维埃时期的廉政建设实践》，载于《学习论坛》1998年第10期。

所有的现金收入之款,概须交纳国家支分金库,无论任何收款机关不得埋藏不报,违者以贪污舞弊论罪。"①

1932年春,中央苏区还开展了反贪污反浪费的节俭运动。2月17日,临时中央政府人民委员会发布第3号通令,要求所有地方的预算、杂费、特费等必须尽量减少,不必要的工作人员一律裁减,甚至一张纸一支笔都不要浪费。3月14日,中央革命根据地着手开展节俭粮食和经费的运动。4月21日《红色中华》的一篇报道称:宁都县苏维埃政府在节省运动中,一部分区、乡政府已实行每天吃两餐干饭一餐粥。在费用方面,争取节约原有预算的1/4,同时进行裁撤闲散人员,禁止客饭,等等。毛泽东在1934年1月召开的第二次全国工农代表大会上的报告中指出:"财政的支出,应该根据节省的方针。应该使一切政府工作人员明白,贪污和浪费是极大的犯罪。""节省每一个铜板为着战争和革命事业,为着我们的经济建设,是我们的会计制度的原则。我们对于国家收入的使用方法,应该和国民党的方法有严格的区别。"②

(二) 陕甘宁边区政府时期的廉政建设思想

在新民主主义革命时期,中国共产党领导的陕甘宁边区政府不仅是抗日和民主政治的典范,更是廉政建设的典范。边区政府"在极端困难的条件之下,坚持了正确的政治方向,发扬了艰苦的工作作风,厉行了廉洁政治。"③毛泽东同志用"十没有"生动地描述当时的景象:"这里一没有贪官污吏,二没有土豪劣绅,三没有赌博,四没有娼妓,五没有小老婆,六没有叫化子,七没有结党营私之徒,八没有萎靡不振之气,九没有人吃摩擦饭,十没有人发国难财。"当时的延安,政治清明,人民安居乐业。当时的老百姓为边区政府敬赠了"爱民模范、廉洁政府"锦旗,官民、军民鱼水情深,密不可分。党中央和毛泽东等老一辈无产阶级革命家,在以延安为中心的陕甘宁边区政府时期,"只见公仆不见官",形成了清正廉洁、勤政为民、艰苦朴素和无私奉献等廉政文化品格和精神气魄,在党的历史上谱写了辉煌篇章。

1. 重视党员干部思想教育,反对和消除官僚主义等不良之风

随着抗日民族统一战线的形成和抗日根据地的扩大,国内政治、经济情况发生了很大变化,党内一些同志缺乏思想准备,在政治上"右倾"麻痹,在思想、作风上出现了不良苗头以至贪污腐化和官僚主义倾向,损害了党群关系。在边区

---

① 许毅:《中央革命根据地财政经济史长编》(下册),人民出版社1982年版,第537~547页。
② 《毛泽东选集》(第一卷),人民出版社1991年版,第134页。
③ 中国科学院历史研究所第三所《陕甘宁边区参议会文献汇辑》,科学出版社1958年版,第3页。

政府机关中,"因为若干干部中文化不足或保留着封建文化的某些影响,于是在工作作风上表现为民主不足,或官僚主义习气相当浓厚"。① 毛泽东针对当时的财务和经济工作,特别指出:"从事经济和财政业务的工作人员,还必须克服存在着的有些还是很严重的官僚主义,例如贪污现象,摆空架子,无益的'正规化',文牍主义等等。"② 为此,毛泽东和党中央决定加强对党员干部的思想教育。

第一,用国民党的政治腐败教育全党。1937年11月毛泽东在延安党的活动分子会议上所作的报告中尖锐地指出,要特别防止"国民党对共产党干部所进行的长官发财酒色逸乐的引诱"。③ 抗日战争时期,国民党军事上的溃败导致国家濒临灭亡的境地,其原因除蒋介石的"消极抗战,积极反共"外,主要是政治腐败,不得民心。毛泽东在1940年2月所作《向国民党的十点要求》中,揭露了国民党内的贪污腐败现象。他在延安民众声讨汪精卫大会上所作的《团结一切抗日力量,反对反共顽固派》的讲演中,把陕甘宁边区政府共产党员的为政清廉与国民党统治区的腐败进行了鲜明的对照,深刻揭露了国民党的腐败面目,警示全党要引以为戒。这一时期,刘少奇、陈云、谢觉哉等同志也分别写了《论共产党员的修养》《怎样做一个共产党员》《防止贪污与反对资本主义》等文章,对全体党员干部进行教育。

第二,在全党开展整风运动教育。为了提高全党的马列主义水平,纠正党内的各种非无产阶级思想,毛泽东于1941年5月和1942年2月,分别作了《改造我们的学习》《整顿党的作风》和《反对党八股》的报告,号召全党反对主观主义以整顿学风、反对宗派主义以整顿党风、反对党八股以整顿文风。同年6月,中共中央宣传部发出了《关于在全党进行整顿三风学习运动的指示》,从此开始了全党范围的整风运动。运动的宗旨是"惩前毖后,治病救人"。1944年,毛泽东同志又号召广大党员干部,学习郭沫若先生的《甲申三百年祭》,借鉴李自成农民起义军推翻明王朝后,许多首领腐化和发生宗派斗争,使全军陷于失败的历史教训。整风运动提高了全党的认识,从而使党在政治上、思想上、组织上达到了空前团结和统一,为夺取抗日战争和中国革命的最终胜利奠定了坚实基础。

第三,抓典型,用共产党员的模范作用教育全党。为加强党员的反腐败思想教育,党中央和边区政府在抗日战争时期,树立了白求恩、张思德两个光辉榜样,号召全党学习他们无私无畏的献身精神,要求党员在抗战中发挥先锋模范作用。1944年9月,毛泽东同志发表了《为人民服务》的讲话,以张思德同志为

---

① 中国科学院历史研究所第三所:《陕甘宁边区参议会文献汇辑》,科学出版社1958年版,第232页。
② 《毛泽东选集》(第三卷),人民出版社1991年版,第896~895页。
③ 《毛泽东选集》(第二卷),人民出版社1991年版,第391页。

榜样的学习教育活动在边区深入展开。此后,出现了无数全心全意为人民服务的模范,形成了一支全心全意为人民服务的干部队伍。边区政府副主席李鼎铭在1944年1月边区政府委员会第四次会议上,明确提出:"首长负责,与群众结合,反对官僚主义,仍然是我们的战斗口号,并且永远是我们的战斗口号。"① 通过对党员干部的思想教育,增强了他们拒腐防变的能力,有力地推动和促进了边区反腐倡廉运动的发展,形成了廉洁奉公、勤政为民光荣,官僚主义、贪污腐化可耻的政治环境。

2. 加强法制法规和制度建设,保持干部队伍纯洁性

抗日战争进入相持阶段后,环境更加复杂,条件更加艰苦,反腐倡廉显得更加重要。随着革命阵营的扩大,全国各阶级、阶层的人士加入到抗日民族统一战线中来,各种消极腐败现象也在党内滋生、蔓延。此外,党的队伍日益扩大,其成分也日益复杂化,需要统一思想认识。加上国民党的威逼利诱,一些共产党员经不住考验,理想信念发生动摇,党的自身建设面临严峻的形势。正是在这样的历史背景下,延安时期中国共产党和陕甘宁边区政府通过制定施政纲领、法律法令、规章制度等,规范政府与政务人员行为,严惩贪官污吏,毫不松懈地进行反腐败斗争,逐步形成了相对完善的法规体系。

第一,颁布一系列法律规章制度,约束政务人员奉公守法。1938年8月15日,边区政府制定了《惩治贪污暂行条例》,规定有下列行为之一者,即以贪污罪论处:克扣或截留应行发给或缴纳财物者;买卖公物,从中舞弊者;盗窃侵吞公有财物者;强占强征或强募财物者;意图盈利,贩运违禁或漏税物品者;擅移公款,作为私人盈利者;违法收募税捐者;伪造或虚报收支账目者;勒索敲诈收受贿赂者;为私人利益而浪费公有之财物者。并规定了严格的惩治条款,贪污数目在1 000元以上者,处死刑;在500元以上者,处5年以上有期徒刑或死刑;贪污数目在300元以上500元以下者,处3年以上5年以下有期徒刑;贪污数目在100元以上300元以下者,处1年以上3年以下有期徒刑;贪污数目在100元以下者,处1年以下有期徒刑或苦役。② 经试行后于1939年颁布了《惩治贪污条例》,要求政务人员"公正廉洁,奉公守法"。号召群众揭发控告,"对发现同事中之贪污情事者,能及时向上级报告,并经查出确有实据者,酌予奖励""倘有违犯政府法令、徇情从私及滥用职权者,一经发觉,定行严厉处分。""共产党员有犯法者从重治罪",其党龄、地位、功劳、职务,都不能成为"赦罪"开脱的借口。

---

① 《陕甘宁边区的精兵简政》(资料选辑),求实出版社1982年版,第162页。
② 韩延龙、常兆儒:《中国新民主主义革命时期根据地法制文献选编》(第三卷),中国社会科学出版社1981年版,第59~60页。

此外，边区政府还通过一系列宪法性文件，将厉行廉洁政治、肃清贪污腐化作为一项重要的法律原则加以规定。如1939年4月4日《陕甘宁边区抗战时期施政纲领》第十一条规定："发扬艰苦作风，厉行廉洁政治，肃清贪污腐化，铲除鸦片赌博"。1941年5月《陕甘宁边区施政纲领》（即"五一纲领"）第八条规定："厉行廉洁政治，严惩公务人员之贪污行为，禁止任何公务人员假公济私之行为，共产党员有犯法者从重治罪"①。1946年4月《陕甘宁边区宪法原则》也提出了严惩贪污浪费分子以及政府一切人员必须廉洁奉公、忠于人民的法律要求。

第二，不徇私情，严惩贪污腐败分子。陕甘宁边区的廉政法规是相当严肃的，贯彻执行也是十分严厉的。边区司法部门从严判处了180多起贪污腐化案件。对各种违法乱纪行为，无论官有多大、功有多高，绝不徇私情、讲面子，而是严惩不贷，坚决打击。对其中的罪大恶极分子，依照党纪法规，坚决处以死刑，绝不手软。如1933年就参加革命的陕甘宁边区税务局长肖玉璧，于1941年因贪污3 000元被判处死刑；参加过五次反"围剿"和二万五千里长征、在平型关战役中身负重伤荣立战功的某团政委刘震球，因贪污500元被开除党籍；从小参加红军曾任旅长职务的抗日军政大学六队队长黄克功，因对陕北公学女学生刘茜逼婚未遂开枪将其打死在延河水畔，于1938年初被陕甘宁边区高等法院判处死刑。在黄克功一案中，有人提出，在国难当头，急需用人之际，可让他带罪杀敌。经中央研究决定仍维持原判，公审大会上宣读了毛泽东的信，信中说，黄克功过去的斗争历史是光荣的。今天他犯了不容赦免的大罪，如果赦免，便无以教育党，无以教育红军，无以教育革命者。共产党与红军，对于自己的党员与红军成员不能不执行比较一般平民更加严格的纪律，因为他们受过共产党更多的教育。这些轰动一时的案件的处理，充分体现了党和边区政府反腐倡廉的决心和信心。正如毛泽东所说的："艰苦奋斗、以身作则，工作之外还要生产、奖励廉洁，禁绝贪污，这是中国解放区的特色之一"②。

第三，规范干部选拔和任免奖惩制度。延安时期，陕甘宁边区政府总结了长期干部管理的经验，开始规范干部选拔和任免。1937年，毛泽东在《目前抗战形势与党的任务报告提纲》第四部分的"干部政策"中提到"审查干部"。1940年，陕甘宁边区作出《关于开除党员党籍问题的决定》，明确提出对党员在教育无效的情况下要予以开除。1943年，颁布各级政府干部任免条例，提出任用干部必须符合忠诚、德才、关心群众和廉洁奉公四项标准，对于不符合标准的干

---

① 《陕甘宁边区施政纲领》，载于《新中华报》1941年5月1日。
② 《毛泽东选集》（第三卷），人民出版社1991年版，第1048页。

部，一律禁止任用。如发现现任干部贪污腐化，予以停职或惩戒。《陕甘宁边区政务人员公约》第五条规定："公正廉洁，奉公守法"。① 1943年4月《陕甘宁边区各级政府干部奖惩暂行条例》中规定，对贪赃枉法、腐化堕落、假公济私、包庇蒙蔽者，给以下种类的惩戒：（1）撤职查办或向法院提出公诉；（2）撤职；（3）撤职留任；（4）记过；（5）警告或申诉。此外，抗战期间，为使公务员惩戒办法落到实处，陕甘宁边区专门组建惩戒委员会，颁布《边区公务员惩戒委员会组织条例草案》和《边区公务员考核奖惩暂行条例》。1943年初，西北局和边区政府奖励王震、习仲勋等22位模范干部，严惩王华亭等8名贪污犯。可见，这个时期的干部制度已基本纳入了廉政法制建设的轨道②。

3. 强化民主监督，构建预防和惩治腐败体系

发扬民主监督的精神，不断完善制约和监督体系，切实将政府对权力的行使置于监督之下，这是保证干部清正、政府清廉的根本举措。1945年7月，爱国民主人士黄炎培访问延安，并与毛泽东促膝交谈达十几个小时，抛出耿耿诤言，希望共产党能避免"政怠宦成""人亡政息"的历史悲剧，跳出历史兴亡的"周期率"。毛泽东自信地回答道："我们已经找到新路，就是民主，只有让人民来监督政府，政府才不敢松懈，只有人人起来负责，才不会人亡政息"③。民主监督是中国共产党在陕甘宁边区政府廉政建设中的一条基本经验。

第一，精兵简政，建立普选制和"三三制"的抗日民主政权体制。1941年11月在陕甘宁边区第二届参议会上，党外人士李鼎铭先生向大会提交了精兵简政的提案，大会以165票多数通过了该项提案。1942年春夏，政府工作人员缩编24%，1943年制定了《陕甘宁边区简政实施纲要》，将中央各大机关的工作人员锐减至2 000余人，精简下来的富余人员全部充实到战斗和生产的第一线，既增强了战斗力和生产力，还极大地减轻了边区政府的负担。精兵简政大大促使政府机关提高工作效率，在某种程度上克服了官僚主义，有效地促进了党风廉政建设。《陕甘宁边区抗战时期施政纲领》规定："发扬民主政治，采用直接、普遍、平等、不记名的选举制，健全民主集中制的政治机构，增强人民之自治能力。"同时还提出"健立有利于人民的司法制度，保障人民有检举与告发任何工作人员的罪行之自由。" 1937年，边区政府颁布了《陕甘宁边区议会及行政组织纲要》：决定把原来的苏维埃民主制改为议会民主制，实施"三三制"的政权体制（即

---

① 西北五省区编纂领导小组、中央档案馆：《陕甘宁边区抗日民主根据地（文献卷）》（下），中共党史资料出版社1990年版，第134页。
② 西南政法学院函授部：《中国新民主主义革命时期法制建设资料选编》（第2册），1982年版，第94~95页。
③ 《十六大以来重要文献选编》（上），中央文献出版社2005年版，第144页。

在政府人员构成上,共产党员占 1/3,非党的左派进步分子占 1/3,不左不右的中间派占 1/3),通过各阶层的民主合作与互相监督,可以有效保持政府廉洁公正的风气及民主政权的团结。

第二,丰富监督形式,建立和完善民主监督体系。边区政府十分重视运用各种监督形式对党和政府及其工作人员进行多层次、多方位的广泛监督。一是人民群众的监督。人民群众对政府和政务人员的监督检查,主要是通过批评、建议、控告等方式直接监督检查,或者通过各级参议会常驻会,随时转达人民的要求、意见和呼声。《陕甘宁边区施政纲领》规定:"人民有用无论任何方式控告任何公务人员非法行为之权利"。[①] 1943 年的《陕甘宁边区政纪总则草案》还规定:"各下级政府或政务人员,如接到人民向上级政府控告的诉状,特别是控告政务人员的诉状,需随时负责转呈上级政府,不得有任何阻难亦不得置之不理。"[②] 实践证明,由于边区政府始终如一地接受人民群众的监督,真正把自身打造成了廉洁、高效的民主政权。二是参议会的监督。乡、县、边区三级参议会是由人民直接选举的参议员组成,它是边区各级政权的最高权力机关,其职权主要是"督促和检查边区政府领导及边区各级政府、司法机关之公务人员的非法行为。"[③] 三是党内监督。党内监督主要有党员之间的互相监督,有广大党员与领导之间的互相监督以及上下级组织之间的互相监督。其监督方式,除了强调铁的纪律要求和健全党内民主生活、开展批评与自我批评外,党的六届六中全会上还规定"在区党委之下设监察委员会",主要监察各级党的机关,党的干部及党员的工作、财务、违纪等情况。这样,把党的纪律建设和监督制度建设结合起来,对于保证党的集中统一,防止党员干部的腐化堕落发挥了重要作用。

4. 领导干部率先垂范、以身作则,发扬艰苦奋斗的优良传统

随着抗战相持阶段的到来,国民党顽固派的"溶共""限共"政策的出笼,国民党的消极抗战、积极反共和日寇对根据地的扫荡,又加上根据地严重的自然灾害,抗日根据地面临着巨大的困难。1939 年 1 月 6 日,中共中央在延安召开生产动员大会,毛泽东同志提出"自己动手,克服困难"的号召。5 月,毛泽东同志告诫全体党员和干部,"我们民族历来有一种苦奋斗的作风,我们要把它发扬起来。要把现在许多人中间流行的那种自私自利,贪生怕死,贪污腐化,萎靡不振的风气,根本改变过来"。艰苦奋斗的精神是中华民族的优良文化传统,更是中国共产党在长期的革命斗争中所倡导的优良作风。

---

① 《中国新民主主义革命时期根据地法制文献选编》(第一卷),中国社会科学出版社 1981 年版,第 35 页。
② 《陕甘宁根据地革命史料选辑》(第一辑),甘肃人民出版社 1983 年版,第 304 页。
③ 《陕甘宁根据地革命史料选辑》(第一辑),甘肃人民出版社 1983 年版,第 296 页。

第一，边区政府继承了"成由勤俭败由奢"的传统美德，建立了严格的审计制度，反对奢侈浪费。1937年9月21日，边区政府规定：公私费用必须"严格分开"。一切私人费用，均"不能出公家账"，禁止"办高价酒席"。1942年边区政府在"财政统筹支出法"中强调：除招待外宾外一切大会、节庆、纪念、结婚等，不论公家与私人，不得铺张宴请。1942年12月，边区政府又发布了"坚持廉洁节约作风，严厉反对贪污腐化现象"的五项规定：一是不急之务不举，不急之钱不用，且须用在急务上，力求合理经济；二是除保证供给外，其他消费概需厉行节约，要注意一张纸、一片布、一滴灯油、一根火柴的节省，实行严格的审核；三是集中力量于急的经济事业，实行经济核算制，加强管理与监督；四是爱惜民力，节约动员，不浪费一个民工、一匹民畜；五是坚持廉洁节约作风，严厉反对贪污腐化现象。[①]

第二，毛泽东等中共领导人，艰苦奋斗，勤俭节约，与人民群众同甘共苦，以实际行动做出了表率。为了克服经济困难，中央领导同志带头参加大生产运动，"毛泽东同志在延安杨家岭亲手开荒种菜，周恩来、任弼时被评为纺线能手，朱德背上粪筐拾粪积肥。中央领导和士兵一样，吃的是小米饭，穿的是粗布衣，住的是土窑洞，点的是小油灯"。[②] 著名爱国华侨陈嘉庚捐来两部小汽车，办公厅要给毛泽东留一部，可毛泽东提出了一个分配原则："一要考虑军事工作的需要，二要照顾年纪较大的同志，"一部分配给朱德，一部分配给五老（徐特立、董必武、谢觉哉、林伯渠、吴玉章）使用，自己仍然以马代步。"延安五老"之一的林伯渠在担任陕甘宁边区政府主席期间，生活极为简朴，被誉为"革命先锋——老牛"。大生产运动中，他还制定了工作之外的个人生产计划，要求自己收集废纸交建设厅，拒绝吸食外来纸烟；当年的棉衣、单衣、鞋袜等日用品也不要公家供给。[③] 此外，一大批领导同志在延安都过着艰苦朴素的日子，同时也积极参与大生产运动，是廉洁奉公的光辉典范。在长期艰苦卓绝的革命斗争实践中，正是党的领袖和一大批领导干部这种言行一致、率先垂范、大公无私、艰苦朴素的作风，同人民群众同甘共苦、共患难的高尚风范和伟大人格，维系了党心、军心、民心，带出了党的优良传统作风，培育了延安精神，使当时的延安和陕甘宁边区政坛气象为之一新。

二、建国初期中国化的马克思主义廉政文化思想

新中国成立后，中共领导人都非常重视廉政建设工作，提出了一系列现实指

---

① 邵景均：《新中国反腐简史》，中央党史出版社2009年版，第9页。
② 徐家林等：《中国共产党反腐倡廉建设史论》，中国方正出版社2009年版，第119页。
③ 参见《解放日报》1944年1月28日。

导性强、理论一贯性高的论述。在廉政建设和反腐败斗争的实践中，毛泽东、周恩来等领导人对马克思主义廉政思想进行了积极探索，形成了具有中国特色的廉政文化建设思想的基本框架。

（一）深刻认识廉政与建立和巩固社会主义政治经济秩序的关系

1949 年中华人民共和国的成立标志着中国人民从此站起来了。"我们不但善于破坏一个旧世界，还将善于建设一个新世界。"① 血与火的革命战争考验虽已结束，新生的人民政权却悄然滋长权力腐蚀的风险。为了恢复和发展脆弱的国民经济，巩固新生的人民民主政权，巩固和维护党的执政地位，必须迫切加强党的廉政文化建设。1949 年 3 月 23 日，中共中央从西柏坡起程前往北平时，毛泽东说："今天是进京的日子，不睡觉也高兴呀。今天是进京'赶考'嘛。进京'赶考'去，精神不好怎么行呀？"周恩来也说："我们应该都能考试及格，不要退回来。"毛泽东说："退回来就失败了。我们绝不当李自成，我们都希望考个好成绩。"② 这段著名的对话，在中国共产党和新中国的历史上留下了久久不绝的回响。从此，"赶考"成为具有特殊意义和深远历史影响的话题。

"不当李自成"反映了以毛泽东为核心的党中央第一代领导集体居安思危，时刻抱有强烈的忧患意识。毛泽东以非凡的洞察力和战略远见充分估计到，在这个重大历史关头，中国共产党所肩负的任务是非常繁重的，所面临的挑战是十分严峻的。为应对革命胜利后可能产生骄傲自满情绪的挑战、资产阶级糖衣炮弹的挑战和全面执政的挑战，必须加强党风廉政建设和反腐败斗争。政治上，毛泽东强调，"务必使同志们继续地保持谦虚、谨慎、不骄、不躁的作风，务必使同志们继续地保持艰苦奋斗的作风"，③ 以巩固新生的人民民主政权；经济上，毛泽东号召全体党员干部，自觉抵制资产阶级"糖衣炮弹"的袭击，严厉惩处腐败，发展经济。中华人民共和国成立之初，人民民主专政的国家政权迅速得到巩固，国民经济基本得到恢复，这和以毛泽东为代表的共产党人率先带头、以身作则，重视全党的党风廉政建设，是分不开的。

（二）深刻认识廉政与培育社会主义新人的关系

中国共产党领导全国人民夺取政权后，少先队和青年团等全国青少年的模范代表，也从解放区推广到了全国，"塑造新人"成了与建设新社会并行的目标。

---

① 《毛泽东选集》（第四卷），人民出版社 1991 年版，第 1439 页。
② 《进京赶考和思想准备》，载于《新潮评论》2016 年第 17 期，第 28 页。
③ 《毛泽东选集》（第四卷），人民出版社 1991 年版，第 1438～1439 页。

加强全社会的廉政教育，是培育社会主义新人的重要手段。毛泽东指出，"教育必须为无产阶级政治服务"，为培养什么样的人而服务。要对青年学生进行马克思主义思想教育，努力提高他们的政治觉悟和道德修养，把青年一代培养成为"有社会主义觉悟的、有文化的劳动者"。① 在培养全面发展的社会主义新人的教育过程中，"学校要把坚定的政治方向放在第一位"，以此提高广大受教育者的共产主义觉悟，帮助他们树立正确的理想和信念。"把政治方向放在第一位"是培养全面发展社会主义新人的根本条件和基本途径之一，学校能否培养出德才兼备、全面发展的社会主义新人，关系到国家的前途和命运。

毛泽东强调，"教育必须与生产劳动相结合。劳动人民要知识化，知识分子要劳动化。"打破教育与生产劳动相互分离的旧传统，缩小脑、体劳动之间的差别，造就有社会主义觉悟的、有文化的劳动者。20世纪60年代上半期，社会主义新人在各条战线涌现出来，其事迹得到了广泛的宣传、报道。大庆油田的"铁人"王进喜和他的"32111英雄钻井队"，即工业战线新人的典范。以毛泽东为核心的党中央第一代领导集体重视廉政教育和廉政建设，牢牢抓住学校教育的政治方向，把教育和劳动相结合，提高青年学生的马克思主义理论水平和思想道德素质，提高青年学生的社会实践能力，成为全面发展的社会主义新人。

（三）努力探索廉政建设的路径与方法

在党的七届二中全会上，毛泽东在共产党即将成为全国性的执政党的重大历史转折点，向全党提出要在胜利面前保持清醒的头脑，在夺取政权后要经受住执政的考验，并提出了"两个务必"的重要思想。新中国成立初期，以毛泽东为核心的第一代中央领导集体奋发自强，努力探索廉政建设的路径与方法。

20世纪50年代初，党注重将经济建设和反腐廉政建设结合起来，使得经济迅速从战争的创伤中走出来。毛泽东十分重视对执政党的监督，这也是加强党风廉政建设和反腐倡廉工作的重要举措。毛泽东重视民主功能的发挥，其中之一就是发动群众运动以反对党内的腐败。就廉政建设而言，群众运动不同于思想政治教育的柔性引导与民主法制的刚性约束，其能够充分地动员组织人民群众，扩大权力的监督主体。毛泽东还认为，"无论是共产党，或者是民主党派，监督它们的首先是人民。再则，政党的党员又监督政党的领导者。现在我们加上一条，各个政党互相监督"。② 群众雪亮的眼睛"使得大量腐败分子无所遁形，这对潜在的腐败分子产生了强大的心理震慑，在相当长一段时间内比较有效地遏制了腐败

---

① 《毛泽东文集》（第七卷），人民出版社1999年版，第226页。
② 金冲及：《毛泽东传》（上），中央文献出版社2004年版，第680页。

的发生"。① 充分发动群众监督、揭露和惩治腐败，去解决党和社会中存在的贪污腐化和官僚主义现象，逐渐成为新中国成立初期反腐廉政的主要模式，并取得了显著成效。考察一个党员干部的重要标志要看他是否熟悉人民群众的情况，关心人民群众的疾苦，是否能够保持艰苦奋斗的作风，与人民群众同甘共苦，是否能够接受人民群众的批评监督。江泽民在评价这段历史时曾说："建国以后，我们党在扫除旧社会的污泥浊水、保持党和国家机关清正廉洁方面，取得了举世公认的成就"。② 通过整风整党和"三反""五反"运动，共产党清除了党和政府内的贪腐分子，教育和挽救了一大批党员干部，保持了党和国家机关的清正廉洁。

党在注重思想教育的柔性引导的同时，也侧重制度倡廉，培养党员干部的主观自觉，保持党员干部的清正廉洁。毛泽东曾振聋发聩地指出，"同人民有福共享，有祸同当，这是我们过去干过的，为什么现在不能干呢？只要我们这样干了，就不会脱离群众"。③ 党一直坚持制度反腐的思想，其出发点是从社会文化、经济建设转向多领域和层次上加强制度反腐建设。但由于历史和现实的原因，制度上还存在某些缺陷，但随着逐步完善社会主义公有制和加强人民民主专政，巩固社会主义的意识形态的主导地位，党和政府通过一系列制度设计，对领导干部的行为作风进行规定，以避免领导干部的腐败行为。1950~1955年，中组部、中央军委和政务院多次颁布相关规定和制度，防止和遏制领导干部出现假公济私等特权现象。"掌握思想教育，是团结全党进行伟大政治斗争的中心环节。如果这个任务不解决，党的一切政治任务是不能完成的。"④ 中共中央于1952年4月21日发出《关于处理在"三反"斗争中受到行政处分的干部的指示》，其中就指出"对于一切可以挽救的干部，党必须尽力挽救他们，对于极少数不可挽救的分子，党也必须做到仁至义尽"。⑤ 同日颁布的《中华人民共和国惩治贪污条例》（以下简称《条例》）也明确地提出，条例采用的原则是惩戒与教导相结合，严肃与宽大相结合。新中国成立后相当长的一段时间内，党在反腐廉政建设的过程中对法律制度建设比较重视，毛泽东亲自领导并推动了中国第一部专门惩治贪污的法规的制订。《条例》不仅规定了贪污罪及其惩治方法，还专门提出对行贿者也应予以处罚。《条例》作为新中国第一个规定贪污罪的刑法规范，其颁布实施使得惩治贪污法律化，使得"三反"运动后期有法可依，是处理贪污分子的准绳。这是我国《刑法》问世前中国唯一一部反腐败法令，标志着新中国反腐廉政建设进入

---

① 过勇：《中国国家廉政体系研究》，中国方正出版社2007年版，第31页。
② 江泽民：《论党的建设》，中央文献出版社2001年版，第102页。
③ 《毛泽东选集》（第五卷），人民出版社1977年版，第317页。
④ 中共中央文献研究室：《建国以来重要文献选编》（第四册），中央文献出版社1993年版，第532页。
⑤ 刘华峰、王雨亭：《中国共产党组织工作大事记》，辽宁人民出版社1992年版，第420页。

有法可依的阶段。

　　1956年党的八大召开之后，我国进入了开始全面建设社会主义的新的历史时期。党以优良的党风政风带动着清新的社会风貌，政治上的清正廉洁为人们津津乐道。然而，民主法制不健全的弊端日益凸显，个人崇拜、专断之风日盛，官僚主义普遍存在。针对这一问题，党中央强调从思想教育和制度建设两个方面加强执政党建设，并提出了廉政建设的新路径。

　　和平环境在为社会主义建设创造有利条件的同时，也为反腐廉政建设带来了新的考验，容易使得党员干部滋长官僚主义等不良倾向，较之以往相比增加了脱离群众的危险。我们需要认识到的是，抵御马克思称之为"天然特权"的特权并不容易，因为多是由于中国的经济文化发展不平衡造成的；抵御中国数千年的封建特权思想更是不易。在开始全面建设社会主义时期，毛泽东等党的重要领导人始终将反对特权和干部待遇特殊化作为反腐廉政建设的重要问题来审视，一系列的举措都指向了"特权"。例如，党的八届二中全会提出的警惕党内形成脱离人民的"特权"阶层的思想、在《工作方法六十条》中反映出的祛除官风思想、限制和破除资产阶级法权的思想等，都可以看出：党反对特权的思想是明晰和一以贯之的。邓小平在1956年指出"执政党的地位，很容易使我们同志沾染上官僚主义的习气。脱离实际和脱离群众的危险，对于党的组织和党员来说，不是比过去减少而是比过去增加了"[①]。邓小平在党的八大报告中提出，"个人决定重大问题，是同共产主义政党的建党原则相违背的，是必然要犯错误的，只有联系群众的集体领导，才符合于党的民主集中制原则，才便于尽量减少犯错误的机会"[②]。邓小平还曾指出"从党和国家的领导制度、干部制度方面来说，主要的弊端就是官僚主义现象，权力过分集中的现象，家长制现象，干部领导职务终身制现象和形形色色的特权现象"[③]。从祛除特权所采取的具体步骤来看，1957年整风运动、1958年干部下放劳动锻炼、缩小党政高级干部同一般干部和职工的工资差别，都反映出党对反对干部特殊化所做出的不懈努力。在如何抵御党自身官僚主义以及西方主要资本主义国家"和平演变"的腐蚀，也是该阶段廉政思想必须直面的重大问题。其中，党的八大对贪污腐化现象予以极大关注，表明消除贪污腐化现象的决心的同时，强调要从思想教育和制度两个方面加强执政党建设，这是反腐廉政的新思路。

　　全面建设社会主义阶段，是以保证社会主义建设顺利进行为反腐廉政建设作为出发点的。1957年春，全党开展了"整风运动"，毛泽东先后在党的八大、党

[①] 《邓小平文选》（第一卷），人民出版社1994年版，第214页。
[②] 《邓小平文选》（第一卷），人民出版社1994年版，第229页。
[③] 《邓小平文选》（第三卷），人民出版社1993年版，第327页。

的八届二中全会以及其他多次谈话中，提出要通过整风运动来加强党内思想教育，除去思想病根，弘扬优秀品质。另外，从"三反"斗争中反映出的危害问题表明，重大的贪腐问题往往与行贿、偷税、漏税、盗税、中饱私囊、集体舞弊、偷工减料、窃取国家经济情报等腐败违法行为有联系，大多有党政机关中的贪腐分子与资产阶级的不法分子暗中勾结。1950年4月，党中央专门作出《关于在报纸刊物上展开批评和自我批评的决定》，提出报纸和刊物允许对党和政府机关的问题和错误进行公开和披露。以公开见报方式批评党和政府工作中不良现象以及一些党员的贪污现象和处理措施的文章，在当时产生了良好的效果。1952年，中共中央根据毛泽东的提议，发出《关于"三反"运动和整党运动结合进行的指示》。可以看出，该时期中国化的马克思廉政思想，主要体现在党的主要领导人从思想意识方面，查找党和政府内存在的贪污腐化和官僚主义等问题的原因，并逐渐将党内存在的不良倾向与资产阶级联系起来。毛泽东指出，"主观主义、官僚主义、宗派主义是资产阶级的东西，我们党内存在这三个东西，这个账要挂在资产阶级身上"。[①] 他强调："我们认为需要来一次全党的大清理，彻底揭露一切大、中、小贪污事件……才能停止很多党员被资产阶级所腐蚀的极大危险现象，才能克服二中全会所早已料到的这种情况，并实现二中全会防止腐蚀的方针。"[②] 在这个理念上，他要求全体党员，"必须严重地注意干部被资产阶级腐蚀发生严重贪污行为这一事实，注意发现、揭露和惩处，并须当作一场大斗争来处理"。[③] 毛泽东从执政的高度对廉政的作风建设做了深刻阐述，增强了全体党员清正廉洁的自觉性。

三、改革开放以来中国化的马克思主义廉政文化思想

党的十一届三中全会的召开是我国经济社会的转折点和新起点。我国改革开放的40年也是廉政建设持续进行的40年，是廉政文化建设从理念到实践再上升到理论的过程，中国化的马克思主义廉政观念也不断从政治自觉走向文化自觉。在40年间，中央领导集体对廉政工作的思路与方法进行了开拓与创新，确立了以经济建设为中心、将反腐纳入体制改革轨道的新思路。改革开放之初，首先恢复并确立了党的思想路线，启动了新时期思想解放运动，反复强调解放思想、实事求是是马克思主义的灵魂。邓小平以真理标准问题的讨论为廉政建设的突破口，可谓是对中国化的马克思主义廉政思想的新发展。改革开放后的一系列廉政

[①] 中共中央文献研究室：《建国以来重要文献选编》（第十册），中央文献出版社1994年版，第608页。
[②③] 《毛泽东文集》（第六卷），人民出版社1999年版，第190页。

建设理论的核心思想，始终代表着广大人民群众的根本利益，同时，也是建设有中国特色的社会主义理论的有机组成部分，是指导中国人民进行改革开放建设和实现社会主义现代化的正确理论。

（一）改革开放启动时期中国化的马克思主义廉政思想

在这一时期，全党和全国人民在以邓小平为核心的党中央领导下，实行改革开放，走出了"文化大革命"造成的政治和经济困境，经受住了一系列大风大浪的考验，在经历生死攸关的严峻考验后，邓小平深刻指出："中国要出问题，还是出在共产党内部。"[1]"要整好我们的党，实现我们的战略目标，不惩治腐败，特别是党内的高层的腐败现象，确实有失败的危险。"[2] 该阶段党从检讨党风廉政意识着眼，站在党性自觉的高度，努力推进中国化马克思主义反腐倡廉的实践和理论建设。

1. 完善制度体系，开创廉政文化建设新局面

1978～1992 年，即从改革开放起步到邓小平发表南方谈话，该阶段是党在邓小平的廉政思想指导下加强中国化马克思主义党风廉政建设的时期。邓小平在总结我国改革开放经验的基础上，提出了要使廉政建设法制化，强调要用法制来保证反腐倡廉工作的顺利进行。他明确指出："对干部和共产党员来说，廉政建设要作为大事来抓。还是要靠法制，搞法制靠得住些。"[3] "制度好可以使坏人无法任意横行，制度不好可以使好人无法充分做好事，甚至会走向反面"[4]。同时强调对高级干部更要严惩，"越是高级干部子弟，越是高级干部，越是名人，他们的违法事件越要抓紧查处，因为这些人影响大，犯罪危害大"[5]。要建立惩戒高级干部的长效机制，"不管牵涉到谁，都要按照党纪、国法查处"[6]。通过健全社会主义法律制度，才能够做到有法可依，有效发挥法律武器功能同腐败作斗争。"向后看"——腐败的历史教训需要深刻总结，"应该保持艰苦奋斗的传统。坚持这个传统，才能抗住腐败现象"，[7] 邓小平指出，"搞好安定团结，发展社会主义经济，需要加强党的领导，把我们党的优良作风发扬起来，坚持下去。这是一个非常重要的问题"[8]；"向前看"——随着商品经济的发展，社会生产力不断提高，物质产品不断丰富，腐败的客体广泛而大量地存在，改革开放和活跃商品经

---

[1] 《邓小平文选》（第三卷），人民出版社 1993 年版，第 380 页。
[2] 《邓小平文选》（第三卷），人民出版社 1993 年版，第 313 页。
[3] 《邓小平文选》（第三卷），人民出版社 1993 年版，第 379 页。
[4] 《邓小平文选》（第二卷），人民出版社 1994 年版，第 333 页。
[5][6] 《邓小平文选》（第三卷），人民出版社 1993 年版，第 152 页。
[7] 《邓小平文选》（第三卷），人民出版社 1993 年版，第 290 页。
[8] 《邓小平文选》（第二卷），人民出版社 1994 年版，第 12 页。

济给腐败提供了条件。基于对"向前看"问题的深刻预见，邓小平强调，"整个改革开放过程中都要反对腐败"。他还指出，必须着力于"一手抓改革开放，一手抓惩治腐败"的"两手抓、两手都要硬"的方针。总结历史经验是为了更好坚持社会主义的理想信念，发扬艰苦奋斗的优良传统。他说："我们为社会主义奋斗，不单因为社会主义有条件比资本主义更快地发展生产力，而且因为只有社会主义才能消除资本主义和其他剥削制度所必然产生的种种贪婪和不公正现象"。[①]

2. 培育"四有"新人，发扬社会主义新风尚

邓小平同志关于"四有"新人的思想，是邓小平理论的一个重要组成部分。"四有"新人思想的提出，体现了邓小平同志作为一个伟大的马克思主义者，对建设中国特色社会主义和最终实现共产主义的坚定信念，对什么是社会主义、怎样建设社会主义等重大问题的深思熟虑。邓小平同志指出："搞社会主义精神文明，主要是使我们的各族人民都成为有理想、讲道德、有文化、守纪律的人民"。[②] 培养"四有"新人要从青少年抓起，培养"四有"新人要特别注意加强青少年的思想道德教育，要"从娃娃抓起"，这是邓小平同志的一个重要思想。

"有理想"，包括共产主义理想和社会主义现代化的理想。邓小平同志对"四有"新人中的"有理想"提出了两个层次，一个是"共产主义的远大理想"，一个是"社会主义现代化"的现实理想，这是相互联系和相辅相成的两个方面，前者是最终理想，后者是实现最终理想之现实追求。

"讲道德"，就是要坚持社会主义道德和共产主义道德。"有道德"是邓小平同志所提出的"四有"新人的一个重要方面。对于广大群众来说，应当提倡个人利益要服从集体利益，局部利益要服从整体利益，暂时利益要服从长远利益。应当使人们理解，如果违反集体利益而追求个人利益，违反整体利益而追求局部利益，到头来，势必两头都受损失。

"有文化"，就是要提高文化、科学、技术研发水平。科学技术突飞猛进，机遇与竞争并存。邓小平指出："今天，由于现代科学技术的日新月异，生产设备的更新，生产工艺的变革，都非常迅速。许多产品，往往不要几年的时间就有新一代的产品来代替。劳动者只有具备较高的科学文化水平，丰富的生产经验，先进的劳动技能，才能在现代化的生产中发挥更大的作用。在我们的社会里，广大劳动者有高度的政治觉悟，他们自觉地刻苦钻研，提高科学文化水平，从而必将在生产中创造出比资本主义更高的劳动生产率"。[③]

---

① 《邓小平文选》（第三卷），人民出版社1993年版，第341页。
② 《邓小平文选》（第二卷），人民出版社1994年版，第408页。
③ 《邓小平文选》（第二卷），人民出版社1993年版，第111页。

"守纪律",是党和人民事业成败的关键。"四有"新人中的"有纪律",是邓小平同志对毛泽东社会主义新人思想的一个重要发展。中华人民共和国成立以后,毛泽东同志对社会主义的新人,曾提出"又红又专"和"德、智、体全面发展"的要求,强调理想信念、思想道德、科学文化和健康体格的重要意义。中国是一个具有十几亿人口的大国,如果没有纪律,"就会像旧中国那样一盘散沙,那我们的革命怎么能够成功?我们的建设怎么能够成功?"① 目前一些地方的本位主义、地方保护主义、"上有政策,下有对策"的种种违法乱纪现象不能得到及时的纠正和克服,正说明"有纪律"的要求还需进一步加强和落实。

3. 坚定理想信念,筑牢廉政文化建设思想基础

一个人有了理想,就有了明确的奋斗目标和前进方向,共产党员理想信念的坚定及其程度,与其"做人"的境界及其高低内在一致的。一个人有信念,就会为追求真理和实现目而勇往直前,乃至牺牲自我。早在1945年,毛泽东就指出:"我们共产党人从来不隐瞒自己的政治主张。我们的将来纲领或最高纲领,是要将中国推进到社会主义社会和共产主义社会去的,这是确定的和毫无疑义的。我们的党的名称和我们的马克思主义的宇宙观,明确地指明了这个将来的、无限光明的、无限美妙的最高理想"。② 1986年,邓小平在会见日本首相中曾根康弘时说:"根据我长期从事政治和军事活动的经验,我认为,最重要的是人的团结,要团结就要有共同的理想和坚定的信念……没有这样的信念,就没有凝聚力。没有这样的信念,就没有一切"。③

(二) 改革开放推进时期中国化的马克思主义廉政思想

中国共产党人运用辩证唯物主义和历史唯物主义分析了改革开放展开推进时期反腐廉政建设的新情况和新特点,结合改革开放和社会主义建设的实践,科学而系统地分析了在改革开放和现代化建设的背景下,为什么必须反腐败和怎样反腐败这两个根本性问题。

1. 解放和发展生产力是廉政建设的逻辑出发点

毫无疑问,腐败严重阻碍着社会生产力的解放和发展。邓小平认为,"文化大革命"后,我们社会的基本矛盾,"仍然是生产关系和生产力之间的矛盾,上层建筑和经济基础之间的矛盾"。④ 他还指出了"左"的历史和现实的巨大危害:"右可以葬送社会主义,'左'也可以葬送社会主义。中国要警惕右,但主要是

---

① 《邓小平文选》(第三卷),人民出版社1994年版,第88页。
② 《毛泽东选集》(第三卷),人民出版社1991年版,第1059页。
③ 《邓小平文选》(第三卷),人民出版社1993年版,第190页。
④ 《邓小平文选》(第二卷),人民出版社1994年版,第182页。

防止'左'"。① 腐败问题的存在,同时也是社会改革的障碍,不坚决反腐,就不能很好地解放和发展生产力。

2. 以经济建设为中心是廉政建设的重要原则

要处理好反腐倡廉与经济建设的关系。邓小平认为,"离开了经济建设这个中心,就有丧失物质基础的危险。其他一切任务都要服从这个中心,围绕这个中心,决不能干扰它,冲击它"。② 社会主义市场经济是产权为特征的法制经济,腐败会扭曲社会主义市场经济的建立。市场经济要健康的发展,必须自觉保障完备的法律体系,更为重要的是得到有效的实行。中国化的马克思主义廉政建设过程中,虽然是以经济建设为中心,但反腐败是动真格的,对任何腐败行为是严惩不贷,真正把反腐败的方针落实到具体工作中去,"要扎扎实实做几件事情,体现出我们是真正反腐败,不是假的"。③

3. 群众路线是廉政文化建设长效机制最有效的方法

邓小平清醒地洞见到群众运动的历史弊病,深刻地指出,不搞群众运动并不意味着反腐败斗争就不需要群众路线,相反地,开展反腐败斗争必须紧紧依靠人民群众,走群众路线。"党只有紧紧地依靠群众,密切地联系群众,随时听取群众的呼声,了解群众的情绪,代表群众的利益,才能形成强大的力量,顺利地完成自己的各项任务"④ 邓小平指出,"有的党政机关设立了许多公司,把国家拨的经费拿去做生意,以权谋私,化公为私。还有其他的种种不正之风。对于这些,群众很不满意"。⑤ 他强调:"我们一手抓改革开放,一手抓惩治腐败,这两件事结合起来,对照起来,就可以使我们的政策更加明朗,更能获得人心。"⑥ 对于脱离群众路线的危害,邓小平指出:"坚决批评和纠正各种脱离群众……群众是我们力量的源泉,群众路线和群众观点是我们的传家宝……如果哪个党组织严重脱离群众而不能坚决改正,那就丧失了力量的源泉,就一定要失败,就会被人民抛弃"。⑦

(三) 社会主义市场经济体制开创时期中国化的马克思主义廉政文化思想

如果说邓小平主要基于改革开放中腐败现象的蔓延,而从致力于"要整好我

---

① 《邓小平文选》(第三卷),人民出版社 1993 年版,第 375 页。
② 《邓小平文选》(第三卷),人民出版社 1993 年版,第 64 页。
③ 《邓小平文选》(第三卷),人民出版社 1993 年版,第 297 页。
④ 《邓小平文选》(第二卷),人民出版社 1994 年版,第 342 页。
⑤ 《邓小平文选》(第三卷),人民出版社 1993 年版,第 112 页。
⑥ 《邓小平文选》(第三卷),人民出版社 1993 年版,第 313 页。
⑦ 《邓小平文选》(第三卷),人民出版社 1993 年版,第 368 页。

们的党"的角度，提出了中国化的马克思主义廉政建设思想，那么，进入20世纪90年代中后期，由于国际政治斗争的新格局及全球经济一体化的深入发展，我国面临着较为严峻的内外部环境，因而党中央更多地倾力于从"严峻的政治问题"来思考中国化的马克思主义廉政建设，从而深化对执政党廉政建设规律的探索，丰富和发展中国化的马克思主义廉政思想理论体系。党的十五大报告明确指出，反腐败与党和国家命运密切相连。党的十六大报告明确提出了两大历史性课题——提高党的领导水平和执政水平、提高拒腐防变和抵御风险能力，进而提出了加强党的执政能力建设、夯实党的阶级基础和扩大党的群众基础等一系列战略任务，并对新时期党风廉政建设和反腐败斗争作了一系列重大部署，并在这个过程中，进一步丰富了中国化的马克思主义廉政文化思想。

1. 以"三个代表"重要思想指导廉政文化建设工作

在这一时期中国化的马克思主义廉政建设思想的重要内容，就是提出把惩治腐败作为一个系统工程来抓。"三个代表"重要思想，是中国化的马克思主义理论思想重要成果，是党中央在坚持马克思主义理论的指导下，在不断总结党的革命和建设实践经验的基础上，根据国际国内新形势和社会主义现代化建设的新问题、新任务，做出的科学论断，具有很强的理论性、实践性以及鲜明的时代特征，从根本上回答了要把我们党建设成为什么样的党和怎样建设党的重大问题。在廉政思想方面主要表现为：首先，党始终代表着先进社会生产力的发展要求，这就要求廉政建设必须能够防止任何腐败行为的发生，防止其破坏社会主义经济基础和市场经济秩序，阻碍生产力的提高；其次，党始终代表先进文化的前进方向，因此，中国化的马克思主义廉政文化建设必须符合科学的社会主义文化的要求，培育风清正气的政风民风；最后，党始终代表最广大人民的根本利益，因此，廉政建设必须要以维护最广大人民的利益作为根本出发点。

2. 深刻揭示廉政建设与党和国家存亡的辩证关系

在中国化的马克思主义廉政思想脉络中，我们可以看到在社会主义市场经济体制建立时期，较好地继承了邓小平"两手抓"的廉政思想，"经济搞不好会垮台。经济搞上去了，如果腐败现象泛滥，贪污贿赂横行，严重脱离群众，也会垮台"。[①] 江泽民指出，在新的历史条件下，加强反腐败斗争，要进一步密切联系群众，"反腐败斗争是关系党心民心、关系党和国家前途命运的严重政治斗争。……这个问题不解决好，……就有亡党亡国的危险"。[②] "如果听任腐败现象发展下去，党就会走向自我毁灭"。[③] 这绝非是危言耸听，苏共的教训摆在眼前。随着

[①] 《江泽民论有中国特色社会主义（专题摘编）》，中央文献出版社2002年版，第426页。
[②] 江泽民：《论党的建设》，中央文献出版社2001年版，第236页。
[③] 《江泽民文选》（第三卷），人民出版社2006年版，第129页。

反腐败问题的日益严峻，在1997年召开的中央纪委第八次全会上，提出了"反腐败斗争是关系党心民心、关系党和国家前途命运的严重政治斗争"①的重要警示。警告"堡垒最容易从内部攻破，绝不能自己毁掉自己。如果腐败得不到有效惩治，党就会丧失人民群众的信任和支持"。②党的十六大在这个基础上，从党的建设的高度提出了一个重要论断："坚决反对和防止腐败，是全党一项重大的政治任务"。③对反腐败斗争的政治定性，为中国化的马克思主义廉政思想确定了正确的方针，奠定了策略基础。

3. 明确提出反腐斗争的综合治理方略和原则

在中国化的马克思主义廉政具体实践中，一个重要指导理念是治国必先治党和治党务必从严，要标本兼治，德法并举。江泽民同志在1993年8月中纪委第二次代表大会上指出："惩治腐败要作为一个系统工程来抓，标本兼治，综合治理，持之以恒"。④ 在中国化马克思主义廉政建设的具体举措上，首先，要加强教育、法制、监督整合制度。江泽民提出必须坚持马列主义、毛泽东思想、邓小平理论的指导，从源头上根除腐败滋生的土壤。其次，要依靠法律、健全法制来解决腐败问题。江泽民指出："要总结实践经验、严格纪律，建立和完善内部管理制度，建立和完善制度制约机制，建立和完善各项政策法规"。⑤ 1993年江泽民明确指出反腐败需从易生腐败的部门和环节抓起，依靠法制来解决腐败问题，健全法制体系就会起到事半功倍的效果。江泽民同志指出："对于那些应该用市场机制运作代替行政审批的项目，要建立科学机制，以堵塞漏洞，减少钱权交易的机会。各级政府部门要进一步转变职能，凡是能通过法律、法规、政策、经济方法解决的问题，应当尽量减少和避免用行政手段来解决；就是需要用行政手段来解决的问题，也必须有公开公正的程序"。⑥

江泽民指出："腐败是一种历史现象。它的主要表现是贪赃枉法、行贿受贿、敲诈勒索、权钱交易、挥霍人民财富、腐化堕落等。这种现象，从本质上说是剥削制度、剥削阶级的产物"。⑦ 他指出，"加强党的思想政治教育，是从源头上预防和治理腐败现象的一项极其重要的工作"。⑧必须要从思想上筑牢拒腐防变的堤坝。这一时期，以江泽民为代表的中国共产党人对腐败产生的主客观原因、国际国内形势和问题进行了详细的分析，使我们可以更加准确地把握滋生腐败的诸多

---

① 中共中央文献研究室：《十四大以来重要文献选编》（下），人民出版社1999年版，第2270页。
② 中共中央文献研究室：《十五大以来重要文献选编》（上），人民出版社2000年版，第49页。
③ 中共中央文献研究室：《十六大以来重要文献选编》（上），人民出版社2005年版，第42页。
④ 江泽民：《论党的建设》，中央文献出版社2001年版，第105页。
⑤⑧ 江泽民：《论党的建设》，中央文献出版社2001年版，第101页。
⑥ 江泽民：《论党的建设》，中央文献出版社2001年版，第126页。
⑦ 《江泽民文选》（第一卷），人民出版社2006年版，第322页。

历史的、社会的、文化的、思想方面的原因，进而更加科学、有针对性、务实有效地开展反腐倡廉工作。党的十四届六中全会通过了《关于加强社会主义精神文明建设若干重要问题的决议》，决议强调"以德治腐"，即构成为社会主义精神文明的重要内容。在 2000 年 6 月召开的中央思想政治工作会议上，江泽民明确使用了"德治"的概念，并阐述了德治与法治相结合以发挥最大功效的思想。"法治以其权威性和强制手段规范社会成员的行为，德治以其说服力和劝导力提高社会成员的思想认识和道德觉悟。道德规范和法律规范应该相互结合，统一发挥作用"。① 社会主义法律和社会主义道德在功能上相辅相成，在实施中互为支撑。

（四）21 世纪中国化的马克思主义廉政文化思想

在 21 世纪，中国化的马克思主义廉政思想有了新的时代内涵和现实指导意义。以胡锦涛同志为总书记的党中央领导集体在全面建设小康社会的新形势下，从提高党的执政地位和巩固党的执政能力的战略高度出发，在前几代领导集体中国化的马克思主义反腐经验基础上提出："标本兼治、综合治理、坚持惩防并举、注重预防"的方针，并提出了一系列反腐制度思想。

1. 把科学发展观贯穿廉政文化建设整个过程

自始至终，中国化的马克思主义廉政思想就是一个制度思想不断成熟和完善的过程。党风廉政建设责任制，是深入推进党风廉政建设和反腐败斗争的一项根本性制度，也是党风廉政建设制度体系中的一项具有全局性、关键性和根本性的制度。2010 年 12 月，《关于实行党风廉政建设责任制的规定》进一步具体规定了党风廉政建设的责任主体，完善了党风廉政建设制度。党的十七届四中全会指出，新时期的反腐败斗争要"把反腐倡廉建设放在更加突出的位置""严格执行党风廉政建设责任制"。在十七届中央纪委第二次全会上，胡锦涛重申：要"把反腐倡廉建设贯穿于社会主义经济建设、政治建设、文化建设、社会建设各个领域，体现在党的思想建设、组织建设、作风建设、制度建设各个方面，不断把党风廉政建设和反腐败斗争引向深入"。② 这些重要论述，表明了中国化的马克思主义廉政思想所反映出的反腐败斗争的地位和作用，强调坚持反腐廉政建设与中国特色社会主义事业总体布局发展相适应的必然要求。

2. 以人为本、执政为民的廉政文化建设原则

"任何政党的兴衰存亡，归根结底取决于它在推动历史前进中的作用，取决

---

① 《江泽民文选》（第三卷），人民出版社 2006 年版，第 91 页。
② 《胡锦涛在中国共产党第十七届中央纪律检查委员会第二次全体会议上的讲话》，载于《人民日报》2008 年 1 月 16 日。

于人民群众对这种作用的认可程度"。① 胡锦涛指出:"党风廉政建设和反腐败斗争贯彻以人为本、执政为民,……把实现好、维护好、发展好最广大人民根本利益作为一切工作的出发点和落脚点,认真解决损害群众利益的突出问题和反腐倡廉建设中群众反映强烈的突出问题,……保持党同人民群众的血肉联系;……充分发挥人民群众在党风廉政建设和反腐败斗争中的积极作用;……以党风廉政建设和反腐败斗争的实际成效取信于民。"② 着力抓住反腐倡廉工作中人民群众利益的重心点,围绕解决民生、民主,构建反腐倡廉民心工程。在工作中要转变思想,强化以人为本、执政为民的理念,推进政府职能转变,建设依法行政、公开透明、高效廉洁的服务型政府,要"大力增强法治观念和依法办事意识,大力推行依法行使权力,大力提高依法办事能力,大力实施各项公开制度,保证权力在阳光下运行"。③ 十一届全国人大四次会议、全国政协十一届四次会议指出:建立坚强的群众监督评价体制是加强党执政能力建设的重要举措。胡锦涛指出,建立健全群众监督制度,最重要的就是实现好、维护好、发展好最广大人民的根本利益。从中国化马克思主义廉政思想的发展脉络上看,权力监督的理念是一脉相承的。

3. "求真务实"的廉政文化建设理念

"求真务实"四字箴言,同样一直反映在中国化的马克思主义廉政思想之中。求真务实是对马克思主义认识论精神实质的概括,是中国共产党一以贯之的优良传统和作风,也是各项事业不断取得胜利的根本保证。胡锦涛指出,当前民众对于官场存在的严重的形式主义和官僚主义现象反映强烈,必须加以遏制。他列举了形式主义和官僚主义的十大表现形式:"一是不思进取、得过且过,……二是作风飘浮、工作不实,……三是好大喜功、急功近利,……四是随心所欲、自搞一套……五是心态浮躁、追名逐利,……六是弄虚作假、欺上瞒下,报喜不报忧,掩盖矛盾和问题,蒙蔽群众,欺骗上级。七是明哲保身、患得患失,……八是贪图享受、奢侈浪费,……九是以权谋私、与民争利,……十是高高在上、脱离群众,……等等"。④ 胡锦涛进一步强调,要"树立正确政绩观,切实按照客观规律谋划发展。要求真务实、埋头苦干,察实情、讲实话,鼓实劲、出实招,办实事、求实效,努力做出经得起实践、人民、历史检验的实绩"。⑤ 用"一以贯之"来形容中国化的马克思主义廉政思想的时代特征,可以较好地说明廉政思想内化于党在各个历史阶段的建设和发展之中。胡锦涛把求真务实提升到推进党和国家各项工作的基础性和根本性的战略高度,揭示了全面建设小康社会时期求

---

① 中共中央文献研究室:《十六大以来重要文献选编》(中册),中央文献出版社 2006 年版,第 615 页。
②③④⑤ 《胡锦涛在中国共产党第十七届中央纪律检查委员会第六次全体会议上的讲话》,载于《人民日报》2011 年 1 月 11 日。

真务实的内涵和本质，强调"在全党大力弘扬求真务实精神、大兴求真务实之风，关键是要引导全党同志不断求我国社会主义初级阶段基本国情之真，务坚持长期艰苦奋斗之实；求社会主义建设规律和人类社会发展规律之真，务抓好发展这个党执政兴国的第一要务之实；求人民群众的历史地位和作用之真，务发展最广大人民根本利益之实；求共产党执政规律之真，务全面加强和改进党的建设之实"。①

4. 建立健全惩治和预防腐败体系

中国化的马克思主义廉政思想体现的不仅仅是对腐败问题的解决上，更是将预防腐败放在了重要位置上。"建立健全与社会主义市场经济体制相适应的教育、制度、监督并重的惩治和预防腐败体系"。②胡锦涛在继承中国化的马克思主义廉政思想的基础上，提出惩治和预防两手都要抓的方针，"要坚持治标和治本、惩治和预防两手抓、两手都要硬，惩治于已然，防患于未然，努力把腐败现象减少到最低程度"。③在党的十六届四中全会上，胡锦涛同志进一步提出了"标本兼治、综合治理、惩防并举、注重预防"④的十六字方针。惩治和预防腐败体系是中国化马克思主义反腐廉政理论和实践上的重大创新成果，兼具从严治标和着力治本，统筹整体推进和重点突破，体现了反腐廉政建设科学化的基本要求。

第三节　新时代中国化的马克思主义：教育系统廉政文化建设的理论遵循

党的十八大报告提出，要"加强反腐倡廉教育和廉政文化建设"。⑤2012年12月4日，中央出台《关于改进工作作风、密切联系群众的八项规定》，要求狠刹形式主义、官僚主义等不正之风，加强党的廉政建设和领导干部廉洁自律，反对奢侈浪费，"以优良党风凝聚党心民心、带动政风民风"。在十八届中共中央政治局第一次集体学习时，习近平总书记以"物必先腐，而后虫生"警告全党，如果腐败问题得不到解决，反而愈演愈烈，那么，最终必然会亡党亡国。

应当说，2012～2017年，党风政风为之一新，党心民心为之一振，赢得了人

---

① 中共中央文献研究室：《十六大以来重要文献选编》（上），中央文献出版社2005年版，第728～729页。
② 《建立健全惩治和预防腐败体系若干重大课题解读》，新华出版社2005年版，第1页。
③ 《胡锦涛在中国共产党第十七届中央纪律检查委员会第二次全体会议上的讲话》，载于《人民日报》2008年1月16日。
④ 《十六大以来重要文献选编》（中），中央文献出版社2006年版，第252页。
⑤ 《坚定不移沿着中国特色社会主义道路前进　为全面建成小康社会而奋斗》，人民出版社2012年版，第8页。

民群众的衷心赞誉。全面从严治党成绩值得充分肯定，经验值得深入总结。"打铁还需自身硬"，这是习近平总书记在 2012 年 11 月 15 日十八届中央政治局常委与中外记者见面会上作出的庄严承诺。2014 年 10 月 8 日，习近平总书记在党的群众路线教育实践总结大会上，首次提出"全面推进从严治党"。2014 年 12 月，习近平总书记在江苏调研时，第一次将"全面从严治党"同全面建成小康社会、全面深化改革、全面推进依法治国并列提出。2015 年 2 月，习近平总书记在省部级主要领导干部学习贯彻十八届四中全会精神全面推进依法治国专题研讨班的讲话中，第一次提出全面建成小康社会、全面深化改革、全面依法治国、全面从严治党的"四个全面"战略布局。2017 年 26 日至 27 日，省部级主要领导干部"学习习近平总书记重要讲话精神，迎接党的十九大"专题研讨班上，习近平总书记充分肯定党的十八大以来全面从严治党取得的重大成果，深刻阐述加强党的领导、推进党的建设的极端重要性，明确提出了继续推进全面从严治党的新要求，是新形势下加强和改善党的领导的思想指南，是推动全面从严治党向纵深发展的根本遵循。"事关党和国家事业继往开来，事关中国特色社会主义前途命运，事关最广大人民根本利益""中国特色社会主义进入了新的发展阶段""必须高度重视理论的作用，增强理论自信和战略定力"。① 习近平总书记在开班式上的重要讲话，对即将召开的党的十九大的重要意义予以了明确，提出了一系列新的重要思想、重要观点、重大判断、重大举措。十九大报告中，习近平总书记再次强调，"只有以反腐永远在路上的坚韧和执着，深化标本兼治，保证干部清正，政府清廉，政治清明，才能跳出历史周期率，确保党和国家长治久安。"② 2017 年 12 月 27 日中共中央政治局会议重点研究和部署了 2018 年党风廉政建设和反腐败工作，强调"中国特色社会主义进入新时代，我们党一定要有新气象新作为。要把全面从严治党长期坚持下去，将反腐败斗争进行到底，绝不半途而废。"在 2018 年初的十九届二中全会上，中央要求各级领导干部，"依照宪法法律行使职权、履行职责、开展工作，恪尽职守，廉洁奉公，自觉接受人民监督。"可见，加强廉政建设始终贯穿于党和国家各项事业的进程之中。

廉政文化建设是一项长期的、系统性工程，需要从基础着手，下大气力筑牢廉政文化的根基。"党的十八大以来，我们党着眼于新的形势任务，把全面从严治党纳入'四个全面'战略布局，把党风廉政建设和反腐败斗争作为全面从严治党的重要内容，正风肃纪，反腐惩恶，着力构建不敢腐、不能腐、不想

---

① 《坚定不移推动全面从严治党向纵深发展——八论学习贯彻习近平总书记"7·26"重要讲话精神》，载于《人民日报》2017 年 8 月 7 日。
② 《决胜全面建成小康社会，夺取新时代中国特色社会主义伟大胜利》，载于《人民日报》2017 年 10 月 28 日。

腐的体制机制。"① 党的十八大以来，以习近平同志为核心的党中央把加强廉政文化建设同廉洁政治、廉政价值理念、廉政教育、廉政制度、廉政监督等结合起来，充分发挥广大人民群众的积极性和创造性，让廉洁理念深入社会各个领域，在全社会形成了以廉为荣、以贪为耻的良好风尚，逐步形成了中国特色的廉政文化体系，为党员干部特别是领导干部廉洁从政营造了良好的道德环境和社会氛围。

一、提出建设廉洁政治的总目标

在新的历史起点上不忘初心、继续前进，坚定不移推动全面从严治党向纵深发展。党的十八大报告指出："反对腐败，建设廉洁政治，是党一贯坚持的鲜明政治立场，是人民关注的重大政治问题。"② 这是建设廉洁政治的提法第一次出现在党的代表大会报告中，体现了党从更高的站位、更宽的视野，对反腐倡廉教育和廉政文化建设提出了更高要求。党的十九大报告又提出了要"夺取反腐败斗争压倒性胜利"，要"保证干部清正、政府清廉、政治清明。"③ 可以看出，反腐败，建设廉洁政治，就是要把反腐倡廉教育和廉政文化建设放在社会政治文明大局中筹划，在经济社会发展全局中体现，在党风廉政建设和反腐败工作中落实。反对腐败，建设廉洁政治，有利于加强党的建设，增强党的权威，巩固党的执政地位；有利于保持党的纯洁性和先进性，更好地代表最广大人民的根本利益，更好地领导实现国家治理体系和治理能力现代化，实现"两个一百年"奋斗目标、实现中华民族伟大复兴的中国梦。

廉洁政治是一个总目标，这个目标是由若干子目标构成的。党的十八大报告强调："要坚持中国特色反腐倡廉道路，坚持标本兼治、综合治理、惩防并举、注重预防方针，全面推进惩治和预防腐败体系建设，做到干部清正、政府清廉、政治清明。"④ 十九大中也再次强调了"干部清正、政府清廉、政治清明"对夺取反腐败斗争胜利的重要意义。因此，"三清"是廉洁政治总目标的子目标和基本组成部分，也是实现廉洁政治的主要途径、措施和表现。三者的有机结合，构成了廉洁政治的完整系统。建设廉洁政治，干部清正是基础，政府清廉是关键，政

---

① 《习近平在中国共产党第十八届中央纪律检查委员会第六次全体会议上的讲话》，载于《人民日报》2016年1月12日。

②④ 《坚定不移沿着中国特色社会主义道路前进　为全面建成小康社会而奋斗》，人民出版社2012年版，第8页。

③ 《决胜全面建成小康社会，夺取新时代中国特色社会主义伟大胜利》，载于《人民日报》2017年10月28日。

治清明是核心。"廉洁"在本义上包含了清正、清廉、清明的表述，三者缺一不可。其中，干部清正是建设廉洁政治的基础。清正是党员干部做人立业之本，每一个共产党员都应以廉为荣、以贪为耻，慎待、慎用人民赋予的权力。干部清正是建设廉洁政治的微观基础，着力解决个体廉洁问题。政府清廉，是建设廉洁政府的关键。清廉，是人民政府的本质属性，要把清廉要求与公共权力行使相结合，实现政府服务的公正性。政府清廉是建设廉洁政治的主要内容，着力解决组织廉洁问题。政治清明是建设廉洁政治的核心。清明是人民群众对政治生活的现实期待，要把清明的要求作为每一项政治事务的基本规范。政治清明是建设廉洁政治的宏观价值，着力解决制度廉洁问题。政治清明必须以干部清正、政府清廉为前提和基础；唯有建立健全政治清明的体制、机制、制度，才会造就越来越多的清正干部，保持政府清廉。

"三清"理念是党根据人民群众的新要求新期待，对反腐倡廉建设提出的战略性目标，有利于创造风清气正的良好局面。习近平总书记在十八届中纪委第二次全会上的讲话指出："《人民日报》2013年1月9日'人民论坛'栏目发表了一篇文章，题目叫《让崇清成为一种风尚》，文中写道，清则心境高雅，清则正气充盈，清则百毒不侵，清则万众归心，从一个角度解释了干部清正、政府清廉、政治清明的喻义。"[①] 在世情、国情、党情发生深刻变化的新形势下，面对执政、改革开放、市场经济、外部环境的四种考验，必须从严治党，深入推进以完善惩治和预防腐败体系为重点的反腐倡廉建设，保持党的先进性和纯洁性。"源澄而流清，源浑而流浊"。所有的清，最根本的在于人的清，在于清者志之清远、性之清淬、品之清正。否则，不崇清，不褒清，不守清，只能换来污浊的人生。每个人尤其是党员干部，只有不断增强自我净化、自我完善、自我革新、自我提高的能力，才能让清气充盈生命的价值，让清风吹拂生活的每一天。[②] 百代兴盛依清正，千秋基业仗民心。全面从严治党以来，取得的成绩是斐然的。据国家统计局开展的全国党风廉政建设民意调查数据显示，党的十八大召开前，人民群众对党风廉政建设和反腐败工作的满意度是75%，2013年是81%，2014年是88.4%，2015年是91.5%，2016年是92.9%，逐年走高。十八大以来，党以巨大的政治勇气和责任担当，以零容忍的态度惩治腐败，人民群众对党风廉政建设和反腐败工作的满意度也在逐年增高，极大地增强了人民群众对党中央的信心、信任和信赖。这充分表明党中央坚定不移全面从严治党，顺党心、合民意，高度凝聚起党心民心，厚植了党执政的政治基础，因此，要坚定信念信心，把反腐败

---

① 《习近平关于党风廉政建设和反腐败斗争论述摘编》，中央文献出版社、中国方正出版社2015年版，第230页。

② 桑林峰：《让崇清成为一种风尚》，载于《人民日报》2013年1月9日。

工作一以贯之地抓下去。①

在中央党风廉政建设总目标与任务下，教育系统党风廉政建设和反腐败工作也在走向深入，得到巩固和发展。2017年3月教育系统党风廉政建设工作视频会议上，教育部长陈宝生明确要牢牢抓住主体责任这个牛鼻子，牢牢抓住理想信念这个总开关，牢牢把握作风建设这个关键环节，牢牢抓住纪律和规矩这个根本标尺，牢牢抓住惩治这个"撒手锏"，把全面从严治党贯彻到教育改革各方面，使教育系统的党风政风得到明显改善。

二、培育清正廉洁的廉政文化理念

理念是行动的先导，高尚的理念对人有正确的导向作用。清正廉洁的廉政文化价值理念对于党员干部把好思想关，提高拒腐蚀能力具有重要作用。反对腐败，建设廉洁政治，首先要从思想源头上筑牢防治腐败的基础，在全党全社会中牢固树立廉政文化理念。深入开展党性党风党纪教育和从政道德教育，加强领导干部廉洁自律，督促党员干部始终坚守共产党员的精神追求，永葆共产党员清正廉洁的政治本色，使清风正气得到弘扬。

（一）以社会主义核心价值体系引领廉政文化建设

党的十八大以来，以习近平同志为核心的党中央重视加强社会主义核心价值体系建设，充分发挥其在引领廉政文化建设中的作用。马克思主义指导思想、中国特色社会主义共同理想、以爱国主义为核心的民族精神和以改革创新为核心的时代精神以及社会主义荣辱观，构成社会主义核心价值体系的基本内容。社会主义核心价值体系是廉政文化的灵魂，为廉政文化建设指明了方向。习近平指出："要加强社会主义核心价值体系建设，倡导富强、民主、文明、和谐，倡导自由、平等、公正、法治，倡导爱国、敬业、诚信、友善，积极培育和践行社会主义核心价值观，使之成为全体人民的共同价值追求。"② 一方面，社会主义核心价值体系为廉政文化建设提供了丰富的内容；另一方面，社会主义核心价值体系为廉政文化建设指明了方向，发挥着引领的作用。廉政文化建设应当将社会主义核心价值体系自觉融入对党员干部的日常教育中去，使之进入党员干部的头脑

---

① 《人民群众对党风廉政建设和反腐败工作满意度达92.9%》，国务院新闻办公室网站，http://www.scio.gov.cn/xwfbh/xwbfbh/wqfbh/35861/35980/zy35984/Document/1539044/1539044.htm，2017年1月9日。

② 《习近平关于全面深化改革论述摘编》，中央文献出版社2014年版，第134页。

和心灵，成为他们的行动指南。充分发挥社会主义核心价值体系的引领作用，在全社会构建起廉荣贪耻的价值理念，重塑社会的价值观特别是党员干部的价值观。引导党员干部做培育和践行廉洁价值观的表率，影响、带动、引导、助推整个社会廉洁价值观的重构，为实现干部清正、政府清廉、政治清明奠定坚实的思想基础。

（二）"革命理想高于天"，把理想信念教育贯穿廉政文化建设的始终

理想信念是一种道德自律和精神支撑，是一个国家、民族和政党团结奋斗的精神旗帜。十八大以来，以习近平同志为核心的党中央高度重视理想信念的作用，强调在反腐倡廉教育和廉政文化建设必须加强理想信念的教育。

革命理想高于天。崇高的理想信念是中国共产党领导中国人民进行革命、改革和建设取得胜利的精神支柱。坚定理想信念，坚守共产党人精神追求，始终是共产党人安身立命的根本。对马克思主义的信仰，对社会主义和共产主义的信念，是共产党人的命脉和灵魂。习近平总书记指出："理想信念就是共产党人精神上的'钙'，没有理想信念，理想信念不坚定，精神上就会缺钙，就会得软骨病"。[①] 在现实生活中，一些党员干部贪污腐化、道德败坏，"四风"盛行，最根本的原因，就是理想信念发生动摇。理想信念动摇是最危险的动摇，理想信念滑坡是最危险的滑坡。廉政文化建设的一个重要作用，就是要教育、引导广大党员干部坚定理想信念，坚守共产党人精神家园，不断夯实党员干部廉洁从政的思想道德基础，筑牢拒腐防变的思想道德防线，在各种诱惑面前立场坚定，在大是大非面前旗帜鲜明，在风浪考验面前无所畏惧，在具有许多新的历史特点的伟大斗争中，永葆共产党人政治本色。

（三）加强廉政文化建设与实现中华民族伟大复兴的"中国梦"相结合

"中国梦"，是党的十八大以来习近平总书记所提出的重要指导思想和重要执政理念。习近平总书记在参观《复兴之路》展览时指出："实现中华民族伟大复兴，就是中华民族近代以来最伟大的梦想。"[②] "中国梦"的基本内涵是实现国家富强、民族振兴、人民幸福。"中国梦"的奋斗目标是到2020年国内生产总值和

[①] 《十八大以来重要文献选编》（上），中央文献出版社2014年版，第80~81页。
[②] 《承前启后继往开来朝着中华民族伟大复兴奋斗目标奋勇前进》，载于《人民日报》2012年11月30日。

城乡居民人均收入在 2010 年基础上翻一番，全面建成小康社会。到 21 世纪中叶，建成富强民主文明和谐的社会主义现代化国家。实现中华民族伟大复兴的中国梦，关键在党。具体来说，干部清正、政府清廉、政治清明是实现"中国梦"的必然要求。加强反腐倡廉教育和廉政文化建设，直接关系到党的执政能力建设和纯洁性、先进性建设。发挥廉政文化的力量，提高党的执政水平，提高党抵御风险和拒腐防变的能力，强化党员干部为政清廉、克己奉公的廉政意识和廉政观念。加强廉政文化建设，一方面，为实现"中国梦"创造出清正廉洁的思想意识氛围；另一方面，也更有助于在实践领域推动整个社会主义事业的全面进步，为全面实现中华民族伟大复兴的"中国梦"凝聚正能量。

（四）树立社会主义廉政文化自信

党的十八大以来，以习近平同志为核心的党中央特别强调文化自信。在 2014 年 2 月 24 日的中央政治局第十三次集体学习中，习近平提出，要"增强文化自信和价值观自信""中国有坚定的道路自信、理论自信、制度自信，其本质是建立在 5000 多年文明传承基础上的文化自信"。在庆祝中国共产党成立 95 周年大会的讲话上，习近平指出，"文化自信，是更基础、更广泛、更深厚的自信"[1]。文化自信是一个民族、一个国家以及一个政党对自身文化价值的充分肯定和积极践行，并对其文化的生命力持有的坚定信心。继道路自信、理论自信和制度自信之后，文化自信成为中国特色社会主义的"第四个自信"。2018 年 5 月 4 日，习近平在纪念马克思 200 周年诞辰讲话中，着重强调："理论自觉、文化自信，是一个民族进步的力量；价值先进、思想解放，是一个社会活力的来源。"中共在领导中国革命、建设和发展的历程中，已经将马克思主义先进理论与中国博大精深的传统文化相结合，孕育出鲜明独特、奋发向上的革命文化和承前启后、继往开来的社会主义先进文化，不断丰富着马克思主义文化建设。文化自信，不仅来自于文化的积淀、传承与创新、发展，更来自于当今中国特色社会主义的蓬勃生机，来自于实现中国梦的光明前景。树立社会主义廉政文化自信，以为我国社会主义廉政文化建设提供精神动力和智力支持。

三、全方位、多层次广泛开展廉政文化教育

廉政宣传教育作为廉政文化的一个重要内容和手段，在廉政文化建设中的作用日益突显，对于推进廉政文化建设起着举足轻重的作用。习近平总书记指出，

---

[1]《习近平在庆祝中国共产党成立 95 周年大会上的讲话》，载于《人民日报》2016 年 7 月 2 日。

干部素质低，思想意识不好，是产生腐败现象的重要原因之一，也是惩治腐败的一种障碍。2016 年，中纪委与中央电视台联合制作播出电视纪录片《永远在路上》，以及在 2017 年收视率不断创新高的反腐主题电视剧《人民的名义》[①] 中，不少人从省部级干部沦落为贪污腐败分子，很重要的原因就是理想信念的滑坡。理想信念的"缺口"被打开之后，其他的各种错误行为就慢慢来了。这也提醒我们，假如理想信念松了一寸，行动上就有可能散了一尺。理想信念的"总开关"没有拧紧的话，各种"跑冒滴漏"就是在所难免的。因此，首先必须抓好干部的廉政教育。要通过学习教育，使党员干部认识到实现现代化的过程绝对不是享受和安逸，不能"躺在过去的功劳簿上"，而是要付出比过去更为艰苦的奋斗。要提高干部的党性修养，增强廉洁奉公的自我约束力。2017 年 6~7 月播出的 10 集大型政论片《将改革进行到底》，由中宣部、中央全面深化改革领导小组办公室组织指导，被认为是迄今为止首次对全面深化改革所做的权威、全景报道，片中也着重强调了反腐败工作的极端重要性和艰巨性。2017 年 9 月播出的 6 集政论片《法治中国》，一个突出的主题就是：全面依法治国——实现中华民族伟大复兴中国梦的坚实保障。科学立法、严格执法、公正司法、全民守法向着国家治理体系和治理能力现代化的方向砥砺前行；在建设法治中国的伟大征程中书写时代华章。党的十八大以来，廉政文化教育宣传在内容上更加丰富多样、载体上更加优化组合、方式上更加创新多样，全方位、多层次广泛开展廉政文化教育宣传活动。

（一）全面从严治党战略的贯彻落实

"赶考"没有结束，全面从严治党永远在路上。2015 年 10 月 18 日，以习近平同志为核心的党中央颁布实施新修订的《中国共产党廉洁自律准则》和《中国共产党纪律处分条例》。这些纪律规范，充分体现了习近平总书记在新形势下依规治党、从严治党的决心和意志。2016 年 10 月 28 日，习近平总书记在党的十八届六中全会上深刻指出："全面从严治党是党的十八大以来党中央抓党的建设的鲜明主题。办好中国的事情，关键在党，关键在党要管党、从严治党。"[②] 党的十九大上，习近平总书记总结了新时代党的建设的总要求，即"坚持和加强党的全面领导，坚持党要管党、全面从严治党，以加强党的长期执政能力建设、先

[①] 该剧于 2017 年 3 月 28 日在湖南卫视"金鹰独播剧场"播出。4 月 24 日 CMS 35 城和 CMS 52 城最高实时收视均破 7，创造了近十年国内电视剧史最高纪录。2017 年 5 月 19 日获得第 22 届华鼎奖评委会大奖。

[②] 《习近平在中国共产党第十八届中央委员会第六次全体会议上的讲话》，载于《人民日报》2016 年 10 月 28 日。

进性和纯洁性建设为主线,以党的政治建设为统领,以坚定理想信念宗旨为根基,以调动全党积极性、主动性、创造性为着力点,全面推进政治建设、思想建设、组织建设、作风建设、纪律建设。"① 党的十八大以来,以习近平同志为核心的党中央身体力行、率先垂范,坚定推进全面从严治党,坚持思想建党和制度治党紧密结合,集中整饬党风,严厉惩治腐败,净化党内政治生态,党内政治生活展现新气象,赢得了党心民心,为开创党和国家事业新局面提供了重要保证。

党的十八届六中全会审议通过了《关于新形势下党内政治生活的若干准则》和《中国共产党党内监督条例》,立足于不断从思想上、政治上、组织上、作风上、制度上防范和解决党内存在的突出矛盾和问题,就加强和规范新形势下党内政治生活准则、健全党内监督制度作出了全面部署,为推进全面从严治党提供了基本遵循。中央纪律检查委员会为深入推进党风廉政建设连续召开一系列会议,深入开展审查调查、巡视巡察工作,深刻说明了以习近平同志为核心的党中央对党风廉政建设的积极深入、系统推进和贯彻落实。

第一,抓好思想教育这个根本。② 加强思想教育和理论武装,是党内政治生活的首要任务,是保证全党步调一致的前提。党内政治生活出现这样那样的问题,根子还是一些党员、干部理想信念这个"压舱石"发生了动摇,世界观、人生观、价值观这个"总开关"出现了松动。要坚持不懈强化理论武装,毫不放松加强党性教育,持之以恒加强道德教育,教育引导广大党员、干部筑牢信仰之基、补足精神之钙、把稳思想之舵,坚守真理、坚守正道、坚守原则、坚守规矩,明大德、严公德、守私德,重品行、正操守、养心性,做到以信念、人格、实干立身。

第二,抓好严明纪律这个关键。2016 年 10 月,十八届六中全会上,习近平总书记又进一步强调,办好中国的事情,关键在党,关键在党要管党、从严治党。实践证明,坚持和完善党的领导,是党和国家的命脉所在、根本所在,是全国各族人民的幸福所在、利益所在。纪律严明是加强和规范党内政治生活的内在要求和重要保证。要强化党内制度约束,扎紧制度的笼子。政治纪律和政治规矩是党最根本、最重要的纪律,要坚持有令必行、有禁必止,坚决查处各种违反纪律的行为,使各项纪律规矩真正成为"带电的高压线",防止出现"破窗效应"。各级党组织和广大党员要自觉遵守政治纪律和政治规矩,不断增强政治意识、大局意识、核心意识、看齐意识,做到坚守政治信仰、站稳政治立场、把准政治

---

① 《决胜全面建成小康社会夺取新时代中国特色社会主义伟大胜利》,载于《人民日报》2017 年 10 月 28 日。
② 《习近平在党的十八届六中全会第二次全体会议上的讲话(节选)》,载于《求是》2017 年第 1 期。

方向。

第三，抓好选人用人这个导向。党的十九大报告指出，"要坚持党管人才原则，聚天下英才而用之。"① 选人用人是党内政治生活的风向标，端正用人导向是严肃党内政治生活的治本之策。要落实好干部标准，严把政治关、品行关、作风关、廉洁关，真正让忠诚干净担当、为民务实清廉、奋发有为、锐意改革、实绩突出的干部得到褒奖和重用，让阳奉阴违、阿谀逢迎、弄虚作假、不干实事、会跑会要的干部没市场、受惩戒。要大力整治选人用人上的不正之风，使用人风气更加清朗，坚决纠正"劣币驱逐良币"的逆淘汰现象，以用人环境的风清气正，促进政治生态的"山清水秀"。要完善从严管理监督干部制度体系，解决"重选轻管"问题。同时，要抓紧健全容错纠错机制，加大正向激励力度，引导广大干部保持良好精神状态，奋发有为、敢于担当。

第四，用好组织生活这个经常性手段。开展"两学一做"学习教育活动，是坚持思想建党、组织建党、制度治党紧密结合的有力抓手，是不断加强党的思想政治建设的有效途径。其初衷是推动党内教育从"关键少数"向广大党员拓展，从集中教育转向经常教育延伸。党的组织生活是党内政治生活的重要内容和载体，是党组织对党员进行教育管理监督的重要形式。要认真落实"三会一课"、民主生活会、领导干部双重组织生活、民主评议党员、谈心谈话等制度，加强经常性教育、管理、监督。要创新方式方法，增强吸引力和感染力，提高组织生活质量和效果。批评和自我批评是党强身治病、保持肌体健康的锐利武器，也是加强和规范党内政治生活的重要手段。领导干部要带头，班子要作表率，在党内营造批评和自我批评的良好风气。领导干部要坚决反对事不关己、高高挂起，明知不对、少说为佳的庸俗哲学，坚决克服文过饰非、知错不改等错误倾向。

第五，抓住继承和创新这两个关键环节。党在长期实践中形成的党内政治生活的光荣传统，不论过去、现在还是将来，都是党的宝贵财富。光荣传统不能丢，丢了就丢了魂；红色基因不能变，变了就变了质。同时，要立足新的实际，不断从内容、形式、载体、方法、手段等方面进行改进和创新，善于以新的经验指导新的实践，更好发挥党内政治生活的作用，努力在全党造成一个又有集中又有民主、又有纪律又有自由、又有统一意志又有个人心情舒畅生动活泼的政治局面。

（二）重视家庭、家教、家风教育

中华民族源远流长的五千年文明发展史，是我们建设社会主义和谐社会须臾

---

① 《决胜全面建成小康社会夺取新时代中国特色社会主义伟大胜利》，载于《人民日报》2017 年 10 月 28 日。

不可分离的元素。建设中国特色的社会主义廉政文化，必须把握和遵循廉政文化的发展规律，植根于传统历史文化的土壤，挖掘弘扬中华传统历史文化中的廉政思想精华，吸收借鉴优秀传统历史文化成果，不断丰富社会主义廉政文化内容，提升社会主义廉政文化建设水平。十八大以来，以习近平同志为核心的党中央在开展廉政文化教育宣传上，既注重挖掘传统文化资源，又重视家庭、家教、家风教育。"以铜为镜可以正衣冠，以古为镜可以知兴替，以人为镜可以明得失"。习近平总书记指出："研究我国反腐倡廉历史，了解我国古代廉政文化，考察我国历史上反腐倡廉的成败得失，可以给人以深刻启迪，有利于我们运用历史智慧推进反腐倡廉建设。"①"不论时代发生多大变化，不论生活格局发生多大变化，我们都要重视家庭建设，注重家庭、注重家教、注重家风"，使得"千千万万个家庭成为国家发展、民族进步、社会和谐的重要基点。"② 2015年10月18日，中共中央印发《中国共产党廉洁自律准则》，以党内纪律规矩的方式，首次将廉洁齐家列为党员领导干部廉洁自律规范的重要内容之一，将树立良好家风列为党员领导干部的必修课，必将开创党风、政风、社风建设的崭新局面。2015年10月29日，习近平在中共十八届五中全会第二次全体会议上讲话，要求广大党员干部，"要做到廉以修身、廉以持家，培育良好家风，教育督促亲属子女和身边工作人员走正道。"③ 2016年1月12日习近平在中纪委六次全会上强调："每一位领导干部都要把家风建设摆在重要位置，廉洁修身、廉洁齐家，在管好自己的同时，严格要求配偶、子女和身边工作人员。"④ 十八届六中全会通过的《关于新形势下党内政治生活的若干准则》和《中国共产党党内监督条例》均对领导干部的家风提出了更高的要求。2016年12月12日，习近平会见第一届全国文明家庭代表时，盛赞了优秀家庭对社会、国家带来的正能量。2017年3月5日习近平在参加上海代表团审议时，再次肯定了家风与村风、民风建设的关系。家庭是社会的细胞，党员干部的家风，是反映党风和社会风气的一个重要"窗口"，也是党风廉政建设的"晴雨表"。老百姓不仅关心党员领导干部自身廉洁自律、勤政为民的问题，还十分注意其配偶子女在社会上的言行举止。

（三）重视学校教育的廉洁育人功能

教育兴则国兴，教育强则国强。习近平总书记在全国高校思想政治工作会议

---

① 《习近平在中共中央政治局第五次集体学习时的讲话》，载于《人民日报》2013年4月21日。
② 《习近平在2015年春节团拜会上的讲话》，载于《人民日报》2015年2月17日。
③ 《习近平在中国共产党第十八届五中全会第二次全体会议上的讲话》，载于《人民日报》2015年10月29日。
④ 《习近平在中纪委第六次全体会议上的讲话》，载于《人民日报》2016年5月3日。

上指出："实现中华民族伟大复兴，教育的地位和作用不可忽视。"① 学校教育、育人为本，德智体美、德育为先。学校教育肩负着"培养什么样的人、如何培养人、为谁培养人"的根本问题，是一个国家文明程度的重要标志。

党的十八大以来，以习近平同志为核心的党中央始终高度重视学校教育，把学校教育作为一项强基固本工程抓好、抓牢。坚持用社会主义核心价值观引领知识教育、引领师德建设，加强中华优秀传统文化和革命文化、社会主义先进文化教育，加强党史、国史、改革开放史、社会主义发展史教育，引导广大师生做社会主义核心价值观的坚定信仰者、积极传播者、模范践行者。"教育公平是社会公平的重要基础，要不断促进教育发展成果更多更公平惠及全体人民，以教育公平促进社会公平正义。"② 我国高等教育肩负着培养德智体美全面发展的社会主义事业建设者和接班人的重大任务，必须坚持正确政治方向。2016年1月，中共中央办公厅、国务院办公厅印发《关于加强和改进新形势下高校思想政治工作的意见》，强调指出，高校肩负着人才培养、科学研究、社会服务、文化传承创新、国际交流合作的重要使命。加强和改进高校思想政治工作，事关办什么样的大学、怎样办大学的根本问题，事关党对高校的领导，事关中国特色社会主义事业后继有人，是一项重大的政治任务和战略工程。"要坚持把立德树人作为中心环节，把思想政治工作贯穿教育教学全过程，实现全程育人、全方位育人，努力开创我国高等教育事业发展新局面。"③习近平总书记还告诫广大青年学子要"扣好人生的第一粒扣子"，树立正确的世界观、人生观和价值观。2016年12月7~8日全国高校思想政治工作会议上，习近平总书记强调高等教育应把"立德树人作为中心，把思政工作贯穿全程"。2018年5月3日在考察北京大学时，习近平总书记再次强调，高校教育"要抓住培养社会主义建设者和接班人这个根本任务，努力建设中国特色世界一流大学，对高校做好立德树人工作提出了明确的要求。"可以看出，学校教育是培养社会主义事业接班人的重要渠道，学校德育工作做得好，会为培养合格的干部奠定重要的基础。

（四）重视党风、政风、社风、民风的清正廉洁

好的风气是社会发展一双"隐形的翅膀"，能够在潜移默化之中扬善扶正。党的十八大以来，以习近平同志为核心的党中央带头落实八项规定精神、狠刹"四风"，强调作风问题关乎人心向背、关乎党的生死存亡，要以优良党风、政风

---

①③ 《习近平在全国高校思想政治工作会议上的讲话》，载于《人民日报》2016年12月8日。
② 《全面贯彻落实党的教育方针努力把我国基础教育越办越好》，载于《人民日报》2016年9月9日。

凝聚党心民心，带动社风、民风的转变。王岐山同志在天津调研时指出，党风政风与民风社风紧密相连，相互影响。① 党风政风是前提，决定民风社风；民风社风是土壤，影响党风政风。党风正则民风淳朴。正如邓小平同志曾指出："党是整个社会的表率""要搞好我们的党风、军风、民风，关键是要搞好党风。"② 要解决当前官场上的不良习气，社会中存在的不良风气，归根到底要从整治党风入手。实现"两个一百年"奋斗目标和中华民族伟大复兴的中国梦，必须坚持党要管党、从严治党，狠抓党风建设，纠正不良之风，促进民风转变、移风易俗，推动社会风气健康发展。针对党内、军队中、社会中的各种不良风气，中共中央纪委出台了相应的政策，例如，2013年9月中央纪委发出《关于落实中央八项规定坚决刹住中秋国庆期间公款送礼等不正之风的通知》；2014年1月中国共产党第十八届中央纪律检查委员会第三次全体会议公报中强调，严禁干部用公款互相宴请、赠送节礼、违规消费；2015年1月中央纪律检查委员会第五次会议公报中强调，要紧盯"四风"问题新形式、新动向，坚决查处公款吃喝、旅游和送礼等问题；2016年12月中央纪委要求，强化监督执纪问责，营造"两节"风清气正的氛围；2017年十八届中央纪委七次全会上要求，加强党风廉政建设，打造"风清气正"的基层政治生态。可见，优化党风、政风、社风、民风，风气正，才能营造好的廉政建设氛围，实现真正的清正廉洁。

（五）深入开展多种形式的学习教育实践活动

党的十八大明确提出，围绕保持党的先进性和纯洁性，在全党深入开展党的群众路线教育实践活动，贯穿"照镜子、正衣冠、洗洗澡、治治病"的总要求，以为民务实清廉为主要内容，以县处级以上领导机关、领导班子和领导干部为重点，把贯彻落实中央八项规定作为切入点，进一步突出作风建设，坚决反对形式主义、官僚主义、享乐主义和奢靡之风，着力解决人民群众反映强烈的突出问题，密切党同人民群众的血肉联系。2015年4月，中共中央办公厅印发《关于在县处级以上领导干部中开展"三严三实"专题教育方案》，对2015年在县处级以上领导干部中开展"三严三实"专题教育作出部署。"三严"，即严以修身、严以用权、严以律己；"三实"，即谋事要实、创业要实、做人要实。"三严三实"是共产党人最基本的政治品格和做人准则，也是党员、干部的修身之本、为政之道、成事之要。开展"三严三实"专题教育，是党的群众路线教育实践活动的延展深化，也是深入推进党的思想政治建设和作风建设的重要举措。2016年2

---

① 王岐山：《以优良党风政风带动社风民风》，载于《人民日报》2013年9月7日。
② 《邓小平文选》（第二卷），人民出版社版1994年版，第177～178页。

月，中共中央办公厅印发了《关于在全体党员中开展"学党章党规、学系列讲话，做合格党员"学习教育方案》，开展"两学一做"学习教育，是面向全体党员深化党内教育的重要实践，是推动党内教育从"关键少数"向广大党员拓展、从集中性教育向经常性教育延伸的重要举措。地方上也开展了各种类型的干部党风廉政建设的教育，例如，安徽省制定了《省直机关党支部书记教育培训规划》，2016~2017年累计举办"省直机关大讲堂"41期、8届"读书月"活动，并高密度推进"双进双百"宣讲活动。

（六）线上线下相结合的廉政文化教育多元载体

党的十八大以来廉政文化教育摒弃以往简单枯燥的廉政宣讲模式，注重利用各种宣传载体，进一步扩大廉政文化宣传的影响力。2016年10月和2017年1月，中央纪委四个月内连续推出《永远在路上》和《打铁还需自身硬》两部大型反腐专题片，反映党的十八大以来，以习近平同志为核心的党中央把全面从严治党提升到"四个全面"战略布局的高度，正风肃纪，锲而不舍纠"四风"，赢得了党心民心。着力整治群众身边的腐败问题，坚决清理门户，严防"灯下黑"，构建不敢腐、不能腐、不想腐的体制机制。在注重线上宣传教育的同时，也注重线下教育。用儒家等传统文化中的廉政思想打造廉政文化教育基地；组织文艺创作，以身边人、身边事为创作素材，以群众喜闻乐见的戏剧、小品、歌曲等文艺形式，将党风廉政教育融入作品之中，寓教于文、寓教于艺、寓教于乐，潜移默化影响党员干部的内心世界，不断提高思想道德素质，自觉抵制贪腐行为。把廉政教育和干部群众生活结合起来，使廉政精神具体化。让廉政教育宣传进社区、进农村、进企业、进学校、进机关，把廉政文化建设与机关文化、社区文化、企业文化和农村文化建设融为一体，增强全社会的反腐倡廉意识。

四、建立系统完备的廉政文化制度保障体系

习近平在中央政治局第五次集体学习时强调，制度问题更带有根本性、全局性、稳定性、长期性。"不受约束的权力极易滋生腐败现象，要有制度约束做保证。"[①] 腐败现象是滥用权力造成的，为了有效制约权力的滥用，必须健全权力运行制约和监督体系，让人民监督权力，让权力在阳光下运行，把权力关进制度的笼子里。反对腐败，加强廉政文化建设，最根本的就是要加强廉政文化制度建设。十八大以来，以习近平同志为核心的党中央加大巡视力度，坚持"老虎"

---

① 习近平：《摆脱贫困》，福建人民出版社2015年版，第221页。

"苍蝇"一起打,健全法律法规制度体系,预防和惩治腐败,逐步建立起相对系统完备的廉政文化制度保障体系。

(一) 领导干部带头遵守"八项规定",逐步完善党内法规体系

十八大以来,以习近平同志为核心的党中央带头严格自律,制定《中共中央政治局关于改进工作作风、密切联系群众的八项规定》(以下简称《规定》)。《规定》强调领导干部特别是高级干部作风对党风政风乃至整个社会风气具有重要影响。因此,抓作风建设,首先要从中央政治局做起,要求别人做到的自己先要做到,要求别人不做的自己坚决不做,以良好党风带动政风民风,真正赢得群众信任和拥护。[1] 领导干部要"严明政治纪律和政治规矩""把守纪律、讲规矩摆在更加重要的位置"。[2] 通过严明政治纪律,带动廉洁纪律等其他纪律。

习近平总书记在十八届中央纪委二次全会上指出:"要加强反腐倡廉党内法规制度建设"。[3] 党的十八大以来,党中央高度重视加强制度建设,从顶层设计上持续推进,出台和修订了50多部党内法规,超过现行150多部的1/3。如《中国共产党章程》《中国共产党廉洁自律准则》《关于新形势下党内政治生活的若干准则》《中国共产党纪律处分条例》《中国共产党巡视工作条例》《中国共产党问责条例》《中国共产党党组工作条例(试行)》《中国共产党巡视工作条例》《推进领导干部能上能下若干规定(试行)》和《中国共产党党内监督条例》等重新修订,标志着党内法规制度体系建设进入了一个新的里程碑。[4]

当前,党内法规制度体系建设取得明显成效,现行有效的中央党内法规主要包括1部党章、2部准则、23部条例以及近100件规则、规定、办法、细则等,初步形成了以党章为核心的党内法规制度体系,为廉政文化建设提供有力制度保障。

(二) 高举巡视利剑,健全反腐倡廉的法律制度体系

党的十八大报告指出:"反腐倡廉必须常抓不懈,拒腐防变必须警钟长鸣"。习近平总书记在十八届中央纪委三次全会上强调指出,"全党同志要深刻认识反腐败斗争的长期性、复杂性、艰巨性,以猛药去疴、重典治乱的决心,以刮骨疗毒、壮士断腕的勇气,坚决把党风廉政建设和反腐败斗争进行到底""要加强反

---

[1] 《十八大以来廉政新规定》,人民出版社2016年版,第125页。
[2] 《习近平在中国共产党第十八届中央纪律检查委员会第五次全体会议上的讲话》,载于《人民日报》2015年1月13日。
[3] 《习近平在十八届中央纪委二次全会上发表重要讲话》,载于《人民日报》2013年1月22日。
[4] 《十八大以来党风廉政建设和反腐败法规制度汇编》,中国方正出版社2014年版,第210页。

腐败国家立法，确保国家机关按照法定权限和程序行使权力"①。十八大以来，习近平总书记多次强调把权力关进制度的"笼子"，强化对权力运行的监督制约。加强对一把手的监督，认真执行民主集中制，保证领导干部做到位高不擅权、权重不谋私。更好发挥巡视在党内监督中的重要作用，健全和完善党的巡视制度。2015年8月，中央印发新修订的《巡视工作条例》，成为深入开展巡视工作的遵循和保障，其中，首次从党内法规层面明确了紧扣"六项纪律"、深化"四个着力"的内涵，使巡视与全面从严治党新要求同向而行。2016年，中央巡视首现"回头看"，这是巡视制度的重大创新，放大和延续了震慑效应，释放了全面从严治党的强烈信号，体现了党内监督的韧劲和严肃性。截至2017年1月，中央巡视已开展11轮，覆盖了240多个党组织，全覆盖率达90%。人民网舆情监测室的一份统计分析显示，党的十八大以来，巡视反馈和整改效果满意度为84%，中央巡视成效良好率达到93%。

2015年，全国人大常委会表决通过了刑法修正案（九），对我国现行刑法作出修改，加大了贪污贿赂犯罪的惩处力度，特别是确立了严重腐败犯罪死缓犯的终身监禁制度，成为我国反腐刑事法治的创新和尝试。同时，加大国际追逃追赃力度，"把追赃追逃工作纳入党风廉政建设和反腐败斗争总体部署，把反腐败斗争引向深入"②，加强双边多边协作，开展"天网""猎狐"行动，发表《北京反腐败宣言》，建立反腐败执法合作网络。

加强廉政文化建设，最根本的是建立健全反腐倡廉的法律制度体系，健全廉政风险防控、领导干部报告个人有关事项等制度，逐步形成内容科学、程序严密、配套完备、有效管用的法律法规制度体系，切实把权力关进制度的笼子里。

（三）规范网络反腐，加强党风廉政建设"两个责任"机制建设

随着信息技术的发展，"互联网+"时代方兴未艾，互联网在促进生产生活变革的同时，也为反腐增添了新的渠道。2013年9月2日，中央纪律检查委员会、监察部主办的综合性政务门户网站——中纪委监察部网站正式开通。仅上线一年，网站实名注册的人数已经超过1.5万人，留言4万多条；日均举报量达到800余件。在中国网民数量高达7亿多的背景下，网络反腐日益成为群众监督政府的重要途径。中纪委监察部网站为网络反腐"撑腰"，逐步把网络反腐纳入反腐倡廉制度体系。此外，党的十八届三中全会指出："落实党风廉政建设责任制，

---

① 《习近平在十八届中央纪委三次全会上发表重要讲话》，载于《人民日报》2014年1月14日。
② 《习近平关于党风廉政建设和反腐败斗争论述摘编》，中央文献出版社、中国方正出版社2015年版，第150页。

党委负主体责任，纪委负监督责任，制定实施切实可行的责任追究制度。"随后颁布的《建立健全惩治和预防腐败体系 2013~2017 年工作规划》进一步强调，健全反腐败领导体制和工作机制，严格落实党风廉政建设责任制，党委负主体责任，纪委负监督责任。[①] 习近平总书记在十八届中纪委第三次会议上指出："要落实党委的主体责任和纪委的监督责任，强化责任追究，不能让制度成为纸老虎、稻草人。党委、纪委或其他相关职能部门都要对承担的党风廉政建设责任做到守土有责。"[②] 2014 年 6 月 30 日中共中央政治局审议通过的《党的纪律检查体制改革实施方案》又指出，党的纪律检查体制改革要为党风廉政建设和反腐败斗争提供体制机制的制度保障，深化党的纪律检查体制改革，关键在落实党风廉政建设党委主体责任和纪委监督责任。这些政策要求为强化"两个责任"指明了方向。

[①]《中共中央建立健全惩治和预防腐败体系 2013~2017 年工作规划》，2013 年 12 月 25 日。
[②]《习近平在中国共产党第十八届中央纪律检查委员会第三次全体会议上的讲话》，载于《人民日报》2014 年 1 月 14 日。

第四章

教育系统廉政文化建设的
国际经验与中国政策

如今,腐败已经日益成为需要全球共治的世界性"恶疾",2014年国际反腐败日时任联合国秘书长潘基文说,根除腐败"对我们未来的福祉至关重要",呼吁人人响应"打破腐败链"[1]的号召。然而,腐败产生的原因是多方面的,如果说造成腐败的政治、经济因素是显性的,那么,政治经济背后的文化则是隐性的深层因素[2]。美国著名学者塞缪尔·P. 亨廷顿认为,一个国家的腐败程度与它的文化密切相关[3]。当前,依托文化影响力与渗透力更好地预防腐败已渐成共识[4]。

教育系统廉政文化建设具有"防腐"与"育人"的双重使命。其中,教育文化"防腐"与其他系统相比,具有腐败危害的复杂性、防腐对象的多样性、防腐参与的公众性等特点;教育文化"育人",则是教育廉政文化建设更为独特且难以替代的使命所在[5]。因此,有人认为教育腐败是社会危害最大的腐败[6]。本

---

[1] 《国际反腐败日 潘基文吁人人响应"打破腐败链"》,http://world.cankaoxiaoxi.com/2014/1209/591324.shtml,2014年12月9日。

[2] 庄振华:《腐败的文化成因及其治理研究综述》,载于《党政论坛》2008年第7期,第45~47页。

[3] [美]塞缪尔·P. 亨廷顿著,张岱山、聂振雄等译:《变动社会的政治秩序》,上海外文出版社1989年版,第64~72页。

[4] 林拓、虞阳:《国外全民参与廉政建设借鉴》,载于《检察风云》2014年第20期,第14~15页。

[5] 罗国振、虞阳:《防腐与育人:教育系统廉政文化建设的双重使命》,载于《全球教育展望》2014年第12期,第72~81页。

[6] 吴湘韩:《社会危害最大的腐败是"教育腐败"》,http://edu.china.com/new/edunews/jysp/11076179/20110928/16790706.html,2011年9月28日。

章首先将充分借鉴古今中外教育廉政文化建设的经验,在此基础上,结合我国具体国情,探索政策体系构建等重大问题。

第一节 教育廉政文化建设的国际比较

北宋著名政治家王安石曾言"立善法于天下,则天下治;立善法于一国,则一国治",说的是法治的重要性;英国法学家麦克莱说过"善良的心是最好的法律",讲的是德治的重要性。然而,道德与法律并不是相互冲突的,而是具有深刻内在关联的,正如美国著名总统林肯所言"法律是显露的道德,道德是隐藏的法律";道德与法律是相互补充的,"法治和德治犹如车之两轮、鸟之两翼,不可偏废"[1],法治中国建设应坚持依法治国和以德治国相结合,教育廉政文化建设也是如此。事实上,在欧美大学、学术机构中就普遍设有道德委员会[2]。在这方面,其他国家和地区的经验值得关注。

一、教育防腐道德规范:硬约束与软约束

(一)基于道德法治化的硬约束

从世界各国相关法律来看,很多国家都制定相关法律条文明确规定中小学教师的公务员身份[3],有的国家还包括大学教师。如法国、德国、意大利、芬兰、葡萄牙等国把中小学教师列为国家公务员职系;日本、韩国则单设教育公务员职系并采用终身雇用制[4];美国公务员分几大序列,其中就有教育序列公务员(公务雇员),由教育行政部门聘请,在英国、加拿大、澳大利亚也是如此。因此,这些国家的公务员法也适用于教师,当然也有一些有别于其他公务员的特殊补充规定,如日本在《国家公务员法》和《地方公务员法》的基础上,另由《教育

---

[1] 雒树刚:《坚持依法治国和以德治国相结合》,载于《人民日报》2014年11月24日,第7版。
[2] 《各国道德委员会观察:欧美用操守韩俄借伦理》,http://world.huanqiu.com/exclusive/2014-09/5151664.html,2014年9月26日。
[3] 张謦芳:《关于建立教育公务员制度的思考》,载于《华中师范大学研究生学报》2009年第4期,第25~29页。
[4] 蔡永红、肖艺芳:《日本教育公务员制度的特点及其对我国的启示》,载于《教师教育研究》2011年第6期,第76~80页。

公务员特例法》做出了教育公务员有别于普通国家公务员和地方公务员的特殊补充规定和具体的管理标准①。其中，道德法治化的做法值得重视，其意义在于通过道德法对教师等公务人员的伦理道德提出刚性要求，并强制约束和严厉制裁。比较典型的有：美国的道德立法、韩日等国的公职人员伦理法和德国的"廉政契约"制度。

1. 美国的道德立法

美国反腐败的一个重要措施就是建立联邦政府的道德标准，其主要关注的点在于事先防范，而不是事后惩罚。1978 年通过的《政府道德法》就是对政府及政府官员道德行为的法律制约。该法规定在联邦政府各系统内建立个人财产申报制度，并对政府官员离职后的从业行为作了详细规定。1989 年，美国政府对该法进行修订，颁布了《政府道德改革法》，扩大了官员离职后从业行为受限的范围，同时还规定中下级官员也要申报个人及亲属财产。

美国在不断强调从政道德的同时，还组建了配套的廉政监察机构——联邦政府道德署（Office of Government Ethics，OGE），专设教育司，主要负责制定廉政政策、法规和培训计划。具体职责包括：宣传道德行为准则，制定并协助各级行政部门开展廉政教育培训；评估廉政法规，建议制定新的法规或对现有法规提出修改意见等。1992 年，OGE 出台的《行政部门雇员道德行为准则》对礼品、利益冲突、滥用职权、兼职等都作了详细规定，如规定公职人员一次不得接受价值超过 20 美元的礼品，而且一年内从一个人那里接受的礼品不得超过 50 美元②。

在美国，大学、公司、政府等许多组织中，经常可以看到类似"道德委员会"或"道德办公室"的机构③。道德官员由各部门任命，多数情况下为监察长或人事部门负责人，负责执行道德署的规定，根据本部门实际，制定有关法规的实施细则等。为了让政府雇员人人熟悉道德法规，并将其融入日常工作中，OGE 制定了两级培训体系：OGE 负责对各部门道德官员进行培训，各部门道德办公室负责本部门雇员的培训。其中，公务员网上廉政教育一年不少于一次，以道德行为准则和法律法规为主要内容；教育和培训的方式包括运用媒体、网络、海报等，近年来，一些如"达·芬奇密码""幸存者""道德拼图"的廉政教育互动游戏寓教于乐，广受欢迎④。作为信息技术最发达的国家，美国政府道德办都建

---

① 《聚焦外国教师公务员制度》，http://news.xinhuanet.com/newmedia/2005 - 11/30/content_3855556.htm，2015 年 11 月 30 日。
② 《美国：从政道德法制化　多方制约防腐败》，载于《政府采购信息报》2013 年 12 月 20 日，第 4 版。
③ 《美国"道德办"管着 400 万公务员》，http://world.huanqiu.com/depth_report/2012 - 06/2791141.html，2012 年 6 月 6 日。
④ 黄辉等：《反腐倡廉是我们的共同责任——亚太经合组织（APEC）反腐败研讨会综述》，载于《中国纪检监察报》2009 年 10 月 22 日，第 1 版。

有对外公开的网站,利用网络技术宣传政府的道德行为准则、解答公务人员廉政和道德方面的咨询。如果政府雇员拿不准自己的行为是否存在利益冲突,应立即向本部门道德官员咨询,而不应假定自己属于例外情况,结果触犯利益冲突刑法,给自己带来严重后果,OGE 最新推出的一份培训材料就名为《要么接受建议,要么付出代价》。近年来,OGE 还加强了对道德官员的网上培训,并设计一些培训材料,供部门道德官员培训本部门员工使用。

此外,在政府行政部门廉政文化建设上美国还采用模范项目助推廉政建设,这些模范项目包括:把《行为准则》制成道德日历;将部门道德官员与部门首长的谈话制成幻灯片作为本部门的培训内容;编写与廉政相关的咨询邮件,定期发送给部门所有职员。这种定期发送的廉政道德信息及时指出雇员工作中可能涉及的道德和利益冲突问题,并在一些重要日子提醒雇员注意节日期间收受礼品的规定等。部门间的道德官员还成立了跨部门道德委员会这一非正式组织,一般每月的第一个星期一的中午定期聚会,就培训技巧、网上发布道德自律信息、旅游规定、对承包人的管理、如何提供建议等进行讨论、交流,分享经验。OGE 认为,尽管各行政部门情况不同,一个部门行之有效的做法不一定适合其他部门,但分享这些信息,有利于增强行政部门的公开性、透明性和有效性,有助于各部门开拓思路,更好地开发适合本部门的廉政项目[①]。

2. 韩国、日本等国的公职人员伦理法

在韩国,提到道德,马上就会想到 1981 年颁布的《公职人员伦理法》。之后,韩国政府又多次随着形势的变化对其进行修订,每次修订都对过去执行中出现的漏洞进行堵塞,并对存在的偏差进行纠正。同时,为了与《公职人员伦理法》相配套,国会又制定了详细的配套措施和实施细则《公职人员伦理法实施令》。《公职人员伦理法》的主要内容有三项:公职人员财产登记制度、礼品申报制度和就业限制制度。该法从不同方面把公职人员的财产来源纳入规范化管理的渠道。1993 年修改后的《公职人员伦理法》规定在国会、法院、直辖市、道教育厅等设立公职人员伦理委员会,主要负责对所辖公职人员的财产登记情况进行审查并对审查结果进行处理。具体到教育系统,韩国公职人员财产登记制度规定大学校长以及学院院长、教育监、教育委员本人、配偶、直系亲属的所有财产都必须登记,其中,大学校长及院长财产必须公开。2001 年 6 月,正式通过的《韩国防止腐败法》进一步将《公职人员伦理法》中对公职人员伦理及行为规范的抽象规定具体化,"并且将财产登记的范围扩大到伴侣的直系亲属",《防止腐败法》与《公职人员伦理法》形成上下联动

---

① 马小宁:《美国政府道德办公室措施具体》,载于《人民日报》2009 年 10 月 29 日,第 14 版。

之势①。2014年，随着《公职人员伦理法实施令修改案》发布，韩国教育部修改了内部行动纲领，禁止高位公务员退休2年内到大学就任校长②。如今，财产申报和公示已经成为韩国公职人员的"例行公事"，韩国社会已经形成了廉洁氛围和廉政文化，有人甚至称韩国社会患上了"廉政洁癖"③。同样，日本在1999年通过并颁布了《国家公务员伦理法》和《国家公务员伦理规程》，其中，《公务员伦理法》第四十条为"关于教育公务员的特例"④。

事实上，除了韩日以外，其他一些国家和社会组织也出台了类似的行政伦理。比如，经济合作与发展组织（Organization for Economic Cooperation and Development，OECD）理事会于1998年4月发出了《改善行政伦理行为建议书》⑤；加拿大政府于2003年9月1日开始实施具有法规性的行政伦理守则，名为《公共服务的价值与伦理规范》，突出强调了公共服务的价值和伦理，以指导和支持公务员的职业行为⑥；意大利出台了国家公务员《道德法典》，而根据2012年11月通过的《意大利反腐败法》，意大利的"公职人员"也包括大学教育机构的工作人员，而且政府的"公共管理高级学校"负责组织实施公共行政部门的反腐败培训⑦，这里的公共行政部门包括各级别的研究所、学校和教育机构、大学机构⑧。这些均表明：包括教育系统工作人员在内的国家公职人员道德伦理规范化、法制化已经成为一种趋势。

3. 德国等国的廉政道德承诺制度

当前，很多国家都实施廉政道德承诺制度，如在美国，"联邦道德规范事务办公室每年都要将新制定或修订的公务员道德规范发给每个公务员，要求其知晓，并对须遵守的道德规范签字做出承诺"；在加拿大安大略省（加拿大中央政府没有教育行政管理部门，教育由各省独立负责管理），"公务员履职时要进行宣誓并签署一份法律文书（主要是对道德规范的承诺）"⑨。但最典型的还是德国的

---

① 杨绪盟、黄宝荣：《腐败与制度之"笼"——国外反腐经验与启示》，人民出版社2014年版，第161～183页。
② 《仅用〈公职人员伦理法〉弥补无法根除官员利害关系》，http://chinese.donga.com/big/srv/service.php3?biid=2014042915498，2014年4月29日。
③ 薛洪涛：《韩国的"廉政路"》，载于《人民公安报》2013年2月16日，第6版。
④ 《日本国家公务员伦理法》，http://www.people.com.cn/GB/news/6056/20011023/588437.html，2001年10月23日。
⑤ 李春城：《发达国家行政伦理的特点》，载于《学习时报》2007年6月18日，第6版。
⑥ 王伟：《关于加强行政伦理法制建设的建议》，载于《人民论坛》2010年第4期。
⑦ 黄风译：《意大利反腐败法》，中国方正出版社2013年版，第5～6页。
⑧ 黄风译：《意大利反腐败法》，中国方正出版社2013年版，第46页。
⑨ 李胜利：《加强教育行政监督保障教育事业健康发展——美国、加拿大教育监察机制考察报告》，载于《国家教育行政学院学报》2005年第3期，第76～80页。

"廉政合约"制度。

德国的教师是纳入公务员管理系统的,高等院校从业者除部分属于工作人员外,其他均属于公务员,其行为受到《联邦公务员法》和《公务员守则》的制约。在公务员的录用上,德国坚持忠实可靠、待人诚实、勤劳认真的标准,《德国联邦公务员法》还专门对高等院校教师以及科学助手的聘任条件做出了具体的规定[1]。作为世界上最早建立公务员制度的国家之一,德国各级政府依据《德意志联邦共和国基本法》和《公务员法》对公务员进行严格的管理。每个公务员每年都要与所在单位签订一份"廉政合约",并在国旗下宣誓,要以"传统的普鲁士官员的道德标准"要求自己,做到廉洁奉公、公私分明[2],而且德国《联邦公务员法》第32条规定"拒绝就职宣誓或者拒绝以誓言代替宣誓"的公务员将被解聘[3],这不仅是德国公务员与政府之间的一份合同,更是公务员对民众的一份承诺。

当然,在制度设计上,德国除了要公务员签订"廉政合约"之外,还实行轮岗制度,政府官员(包括反贪工作人员)5年必须轮岗交流,对容易滋生腐败的建设、规划、医药等部门则将轮岗间隔缩短为3年。在岗期间如发现违规行为,立即调离现岗位。德国政府要求,公务员的所有行为都要公开,每个公务员都要做好随时接受监督和调查的准备。决策的理由要进行论证,决策的过程要进行备案,并要求注明时间、地点、有无上级施加影响、是否代表本人意愿等信息。公务员执行公务之后都要进行报告、签字,并且长期保存,以备案发后作为证据使用,方便责任追究[4]。

除此之外,还有一些国家公务员虽然没有签订"廉政合约"之类的正式合约,但也有宣誓环节,事实上也是一种"廉政合约"。综合考察联合国193个会员国的现行宪法文本,其中规定了宣誓制度的国家有177个,未规定该制度的国家有16个,多数国家都将举行宣誓仪式作为宣誓者开始执行职务的必要条件,有的国家的宪法还对宣誓制度进行了特殊规定,如爱尔兰、伊朗和赞比亚不仅要求宣誓者进行口头宣誓,还要在宣誓书上签名[5];新加坡公务员在任职时必须填写宣誓书,宣誓尽忠职守、决不贪污、决不违法、保守国家机密,如果违反职责义务,愿意接受最严厉的惩罚[6]。韩国《国家公务员法》也明确规定"所有公务

---

[1] 徐久生:《德国联邦公务员法 德国联邦公务员惩戒法》,中国方正出版社2014年版,第4~16页。
[2] 倪邦文等:《国外廉政建设制度与操作》,中国言实出版社2013年版,第177页。
[3] 徐久生:《德国联邦公务员法 德国联邦公务员惩戒法》,中国方正出版社2014年版,第34页。
[4] 北顾:《德国如何把权力关进制度笼子:建限制收礼制度》,载于《学习时报》2013年8月5日,第2版。
[5] 邓静秋:《宪法宣誓制度的意义与功能》,载于《法制日报》2014年11月26日,第12版。
[6] 马志刚:《新加坡道路及发展模式——新型工业与儒家文化》,时事出版社1996年版,第399页。

员都必须宣誓就职",韩国《公务员服务规定》第二条"宣誓"规定:"1. 根据《国家公务员法》第五十五条的规定,公务员就任之时,应在所属机关的首长面前宣誓。2. 宣誓内容依照附件一的《誓词》统一进行。"《誓词》全文如下:"本人保证以一名公职人员应有的荣誉和良心,为国家和国民奉献自己的一切。现宣誓如下:本人决心遵守法令,服从上级的指挥和命令。本人决心站在国民一边,以正直和诚实的品质投身于公务。本人决心以创新的工作和主动的精神去履行应尽的职责。本人无论是在担任公职人员之时,还是在不担任公职人员之后,绝不泄露在履行公务的过程中所掌握的机密。本人作为一名正义事业的实践者,决心在根除腐败的斗争中起表率作用。"[1]

值得注意的是,这种廉政道德承诺制度当前也在科研领域得到了应用。其中,最为典型的就是欧洲国家对科研工作者提出明确的科研道德规范和道德承诺。欧洲科学基金会制定了完善的科学道德和学术规范规章,把科学道德和学术规范视为最重要的基本问题,要求24个成员国都要遵守,并在国家层面和大学及研究机构制定相应的规定,针对研究人员和不同学科领域,也有具体的规范。比如,芬兰主要研究工作由大学承担,政府的科研经费多投向大学。芬兰科学院的项目申请要求主持人签字承诺保证经费用于研究项目、及时汇报经费使用情况并遵守芬兰国家研究道德规范委员会的规章制度等三个方面,同时要求课题所在研究机构签字承诺课题经费专款专用、年终呈报经费使用情况并遵守芬兰国家研究道德规范委员会的规章制度,若课题组人员有违相关规定,要及时报告芬兰科学院等二项[2]。另外,在项目评审时,在研究计划的评估4个问题中也包括道德问题1项,申请者对该问题的回答对项目立项具有重要影响。

(二) 基于廉洁价值观的软约束

教育系统廉政文化建设中,道德法治化的硬约束能对公职人员形成外在的规范和约束,但要塑造出人内在的廉洁精神信仰还需要基于本土文化传统的廉洁价值观的长期培育,"因为只有被深深内化的良好的个人道德品质才能够保证公务员的行为既能与政府的组织目标之间保持和谐,又能与民主社会中的公民义务之间保持一致"[3]。美国参议员道格拉斯也曾说过"我认为比改进机构更为重要的

---

[1] 《为官既讲行政义务更讲行政良心》,http://big5.qstheory.cn/gate/big5/news.xinhuanet.com/politics/2007-11/28/content_7158318.htm,2007年11月28日。

[2] 中国社会科学院赴北欧科研管理考察团:《芬兰、瑞典的科研经费投入与研究项目管理》,载于《社会科学管理与评论》2006年第1期,第87~96页。

[3] [美]特里·L. 库珀著,张秀琴译:《行政伦理学:实现行政责任的途径》,中国人民大学出版社2001年版,第162页。

是需要建立一套更为深刻的道德观"①。在廉洁价值观的塑造方面，值得重视的有日本的"耻感文化"、新加坡的"共同价值观"和北欧国家的廉政文化。

1. 日本的"耻感文化"与文化传统

"耻感文化"，是美国著名文化人类学家鲁思·本尼迪克特给日本文化类型下的定义，是在区别于西方"罪感文化"的基础上概括出来的。他在一本专门论述日本文化和民族精神的著作《菊与刀》中将西方文化定义为"罪"的文化，而将日本文化说成是"耻"的文化。并认为，如果说西方意义上的"赎罪"是通过个人孤独地面对上帝时的忏悔来完成的，那么，日本文化意义上的"雪耻"，则是通过外在地清除名誉上的污点来实现的。当一个日本人犯下罪行，他难以承受的不是罪恶引起的自责，而是罪行带来的耻辱②。在日本，对"耻"的畏惧远远超过对"罪"的恐惧，"名誉"的含义等同于"清洁"与"善良"，其反义词是"污秽"和"罪恶"，全社会普遍赞誉诚实的、一尘不染的人格。耻辱感对贪污腐败等不良名誉的行为构成巨大的恐惧和威慑力量，把肮脏的人排斥在纯洁的群体之外是日本社会惩处品行不端者的硬性规则。在古代日本农村，如有人犯罪，村里人不仅要将犯人驱逐出村，还要焚毁其住所。犯罪被看作污秽，由这种污秽所带来的灾邪之气必须采取严厉措施才能得到彻底根除。在今天，家长对犯下过错的孩子最严的处罚也是把他排除在家庭活动之外，并将这种冷淡孩子的行为称为"村罚"。各种不同层面的共同体都具有高度一致的群体意志，也使日本人在遵守团体规范方面不敢越雷池半步③。

这种"耻感文化"也反映在教育领域。在日本，学生穿校服是一种自觉的习惯，以搞特殊化为耻，甚至以不穿统一的校服为耻。日本还以坐公车上学为耻，就连日本天皇的孙女——爱子上学也不能开车送到校门，因为"皇太子认为，如果直接送爱子上学，容易显示爱子的特殊，不利于爱子与同学的平等相处"，为了避免让爱子显得特殊，爱子上初中也是自己带盒饭，中午和同学们一起在教室里相聚共餐，吃冷饭冷菜④。

2. 新加坡的"共同价值观"

新加坡在廉政文化建设方面的成功，很重要的一个方面是提倡"廉"是立国之本、执政之根，首先强调公务员的人生信仰、道德操守，然后才是外在的法纪约束功能⑤。李光耀曾说，对腐败"最强有力的制止方法，就是对贪污者进行批

---

① 季正矩、陈德元：《他山之石——海外反腐肃贪要览》，北京出版社1994年版，第45页。
② 倪邦文等：《国外廉政建设制度与操作》，中国言实出版社2013年版，第174页。
③ 李文：《东亚国家廉政文化建设比较研究》，载于《浙江社会科学》2006年第5期，第50~56页。
④ 徐静波：《奔跑上学的公主》，载于《特别关注》2014年第8期，第32页。
⑤ 倪邦文等：《国外廉政建设制度与操作》，中国言实出版社2013年版，第176页。

判与谴责的大众舆论；换句话说，大众对贪赃枉法持有不能接受的态度，使贪污罪行的耻辱不能因坐牢而被磨灭"[①]。1991 年 1 月，新加坡政府发布了著名的《共同价值观白皮书》，提出了新加坡的五大价值观：一是国家至上、社会为先（nation before community and society above self），把国家和社会利益置于个人利益之上，注意培养全民的爱国主义精神和对国家盛衰、民族兴亡的强烈责任感；二是家庭为根、社会为本（family as the basic unit of society），新加坡政府认为一个公民只有重视家庭、注重亲情、孝敬父母，才能遵守纪律、忠于国家和社会；三是关怀扶持、尊重个人（community support and respect for the individual），强调每位公民享有的权利是不容侵犯的，国家必须为公民提供平等的机会，社会不仅要奖励工作、生活中的强者，也要照顾和保护弱势群体；四是求同存异、协商共识（consensus, not conflict），新加坡政府认为当发生矛盾与分歧时，一定要本着互谅互让、互相协商的精神化解矛盾，消除分歧，每一项社会政策的出台和实施都要尽可能多地得到大家的认可和支持；五是种族和谐、宗教宽容（racial and religious harmony），强调各种族和宗教之间必须容忍。宗教与政治两者在新加坡不可混淆，任何政党和教派都必须把政治和精神信仰分开[②]。

值得注意的是，"共同价值观"提出后，新加坡十分注重共同价值观的教育。比如，在小学，新加坡进行了《好公民》课程教育，共有 7 个主题：培养品格、发挥个人潜能、培养人际关系、肯定家庭生活的意义、促进社区精神、助长文化与高尚品德、发扬献身国家建设精神，有 15 个领域，包括 35 个德目，分别是仁（爱己、爱人、爱物）；孝（孝顺、缅怀祖先）；家庭和谐（手足情深、维护家庭声誉、家和万事兴）；礼（尊敬别人、尊敬老师、尊敬长辈、守法）；责任感（对己、对家庭、对他人、公德心）；恕（容忍、为他人着想、原谅别人）；忠（爱校、以我校为荣、敬业乐业、爱国）；信（守诺言、自信）；诚；勇；毅；节俭慷慨（节俭、慷慨）；义（公正、平等）；协作精神；睦邻精神（睦邻、种族和谐）。课程内容的重点是随着年级而发展的，即小学一年级以"个人"为中心，二年级以"家庭"为中心，三年级以"学校"为中心，四年级以"邻居"为中心，五年级以"国家"为中心，六年级以"世界"为中心[③]；在中学，新加坡教育部根据《共同价值观白皮书》颁布了《公民与道德教育大纲》，开设《公民与道德》课程，《大纲》规定中学教育的五大道德价值观念：第一，国家利益高于社区利益，社会利益先于个人利益；第二，家庭是社会的基础；第三，支持

[①] 朱维平：《新加坡廉政建设经验及启示》，载于《中国经贸导刊》2004 年第 14 期，第 2 页。
[②] 杜晓燕、宋希斌：《新加坡共同价值社会化路径及对我国核心价值观建设的启示》，http://www.cssn.cn/sf/bwsf_dz/201312/t20131205_895420.shtml，2013 年 8 月 19 日。
[③] 王学风：《新加坡基础教育》，广东教育出版社 2003 年版，第 161 页。

社会，尊重个人；第四，珍视团结，防止冲突；第五，实现种族和宗教平等，注重公民知识、公民技能、公民态度等三方面的教育，并在此基础上促使学生的行为符合业已形成的价值观①。现在，新加坡每年开展的全国性运动大约有 20 多个，如讲礼貌运动、反对乱丢乱吐运动、睦邻周、忠诚周、敬老周、国民意识周等。在开展的各种活动中，他们做到政府倡导与团体组织相结合、讲求实效，大大提高了新加坡国民的文明礼貌程度②。

此外，新加坡政府还出台了一系列法律法规倡导共同价值观，如新加坡于 1994 年制定了"奉养父母法律"，成为世界上第一个将"赡养父母"立法的国家。建屋局在分配政府组屋时，对三代同堂的家庭给予价格上的优惠和优先安排，同时规定单身男女青年不可租赁或购买组屋，但如愿意与父母或四五十岁以上的老人同住，可优先照顾；对父母遗留下来的那一间房屋可以享受遗产税的减免优待，条件是必须有一个子女同丧偶的父亲或母亲一起居住；如果纳税人和父母或患有残疾的兄妹一起居住，该纳税人可享有"父母及残疾兄弟税务扣除"优待③。同时，新加坡把"诚实和正直"放在制度文化的五个核心价值观首位，把"正直——清廉"作为治理国家的首要原则④。因为崇尚诚实，假公济私、投机取巧的行贿受贿自然就是严重犯罪，行贿几十元钱会比逾期居留、酒醉驾车遭到更为严厉的惩罚。2008 年，戴某某案判决显示：她想用 70 新元行贿巡警被判坐牢 3 个月，至于居留逾期 177 天的罪行，则被判坐牢 4 个星期，罚款 2 000 元⑤。

在倡导"共同价值观"的基础上，新加坡还不遗余力地推崇儒家和发扬中华民族的优秀文化传统，忠孝、仁爱、礼仪、廉耻被政府确立为新加坡人的行为准则并根据不同时期一一被赋予新的含义。如"忠"转化为忠于国家，具体包括归属感（情感上归属于新加坡）、国家利益第一（以国家利益为先）、群体意识（新加坡的成就是集体协作得来的，个人和群体不可分割）。这些内涵与腐败水火不容，因而对于维护廉洁、防止腐败有积极意义。新加坡文化廉洁性，形成了人们嫉腐如仇的习惯，把担任公职贪污受贿的人看成社会公敌。从而，成功地把我们儒家和中华民族优秀文化传统融入廉政文化，并完成了现代化的转化，成为新加坡最宝贵的资产⑥。

---

① 王小梅：《新加坡基础教育在多元与整合中走向平衡》，陕西师范大学教育史专业硕士学位论文，2008 年，第 41 页。
② 倪邦文等：《国外廉政建设制度与操作》，中国言实出版社 2013 年版，第 181 页。
③ 潘志玉、谢庆录：《新加坡劳动与社会保障法律制度研究》，载于《法制与社会》2009 年第 1 期，第 49、55 页。
④ 梁文松、曾玉凤：《动态治理新加坡政府的经验》，中信出版社 2010 年版，第 101 页。
⑤ 吕元礼：《新加坡治贪为什么能？》，广东人民出版社有限公司 2011 年版，第 126 页。
⑥ 斯阳：《反腐倡廉新思考：制度 科技 文化》，法律出版社 2014 年版，第 346～347 页。

3. 北欧国家的廉政文化

北欧（包括丹麦、瑞典、挪威、芬兰、冰岛）是世界上最廉洁的地区之一，多年来，在透明国际发布的全球"清廉印象指数"排行榜上，北欧五国一直名列前茅。究其原因，北欧人自己和国外研究者都将其归结为廉政文化造就了廉政的土壤①。北欧国家廉政文化的特色主要有三点：

一是诚实守信、遵纪守法、崇廉忌贪的社会风气。北欧人说话算数守信用，朋友之间相互信赖的程度相当高，在口头上达成的君子协议如同正式签订的合同一样的有效，使许多事情运作起来既简单又高效②。在瑞典，公平正义和诚实守信是必须遵守的社会准则和个人操守，贪污受贿等权钱交易更被认为是非常羞耻的事，谁要是背负腐败臭名，整个家庭和家族都难以抬起头来；同时，国家通过信息联网，将每一位公民的诚信记录在案。一个人如果有不良行为，就会作为污点被如实记录下来，并在求学、就业、晋级时产生应有的影响③；在芬兰，人与人之间普遍信任，"为谋求个人私利而受贿或行贿的想法是不被接受的……芬兰超过90%的私营企业家认为遵纪守法是公司文化的重要组成部分"④。这种社会风气也反映在科研管理领域：芬兰、瑞典、丹麦等国家特别重视科研诚信和科研道德制度建设，科研项目和经费管理主要依靠承担单位和科学家个人的信用，而不是依靠高强度和频繁的监督，一旦失信，则无立足之地⑤。

二是官员的平民化。在芬兰，官员们没有任何特权，连总统平时也是骑自行车上下班。政府官员收到的礼品一律都上缴，要不就自己花钱将礼品买下⑥。在瑞典，首相就居住在普通居民区，平时没有保镖，出入也不带随从，家里没有公务人员，更没有厨师、保姆等政府配给的后勤服务人员，上下班必须乘坐公共汽车或开私家小车。平时除非履行国务，否则不允许使用公务车辆⑦。丹麦皇宫为灰褐色哥特式建筑，外观朴素，四栋建筑分别为现任女王玛格丽特二世与王夫、王储、二王子以及宾客的住所，市民与车辆可自由穿梭在四栋楼中间，象征平等与亲民。小王子寝宫楼下就是文物馆与纪念品展示区，人来人往，女王甚至自己上超市买东西⑧。

---

① 倪邦文等：《国外廉政建设制度与操作》，中国言实出版社2013年版，第83页。
② 倪邦文等：《国外廉政建设制度与操作》，中国言实出版社2013年版，第184页。
③⑦ 劳剑：《反腐败在瑞典》，载于《检察风云》2006年第24期，第34~35页。
④⑥ 张立：《反腐败需要全社会共同行动——访芬兰副总检察长杰马·卡司克》，载于《检察日报》2005年11月15日，第4版。
⑤ 科研经费管理北欧考察团：《芬兰、瑞典和丹麦科研经费管理考察报告》，http://jgzx.org/gzdtyj/2438.htm，2012年10月8日。
⑧ 刘佩修、贺先蕙：《丹麦人：全世界最快乐的人》，载于《领导文萃》2009年3月（上），第142~145页。

三是公务员事务的公开透明化。芬兰将民主决策作为廉政工作的基本理念，每一个人都可以对政府官员的工作进行监督，总统府门口没有警卫，只有一个秘书负责接待，总统可以随时应约与任何公民进行平等交谈，而且根据芬兰《公开法》，国家预算及各部门预算建议在通过之前必须在互联网上公布，除法律规定的军事秘密文件外，政府档案馆及公共部门的所有档案对社会开放，公民需要时可以通过这一途径了解政府部门的有关情况[①]；"作每个决策都需要解释其背后的原因。如果对决策不满意，每个人都有权利提出异议……芬兰行政事务的过程一般都是公开的，公民个人也可以从各种记录和官方文件中查询信息，监督公共权力和公共资金的使用……芬兰的大众媒体拥有很高的自由度，他们关注即使很轻微的可能导致贪污腐败的行为，并且会立即将其公开，而芬兰人热衷于读书读报，因此如果某件事一旦成为媒体关注的对象，那么很快会成为众所周知的新闻"[②]。家庭财产申报、登记和公布的制度最早起源于瑞典，早在1766年，瑞典公民就有权查看一般官员直到首相的纳税清单，这个制度一直为后世所延续并被许多西方国家所借鉴[③]。此外，在瑞典，政府高官与普通公务人员，都要按法律规定将购买房屋等大宗家庭资产的情况"广而告知"，作为瑞典的公务人员，连聘请保姆、缴纳电视费这样"花小钱"的事情也必须要接受监督[④]，瑞典《新闻自由法》明确规定：公民和媒体有获得官方档案和资讯的自由和权利，政府工作人员有为公众获取资讯提供方便和向媒体公开的义务[⑤]。

当然，除了以上所述日本、新加坡和北欧五国之外，还有一些廉洁国家也很重视社会廉洁风气的打造。如新西兰十分重视对公务员的教育，将行为准则、价值标准、管理标准和腐败案例等编印成册或做成书签，下发给每位公务员，让他们清楚地知道，一旦腐败行为被发现，就将会受到严厉追究。除了政府相关部门的教育外，他们还与社会、媒体、家庭、民间团体的教育结合起来，加强对公民的宣传教育，让公民知道公职人员的哪些行为是被允许、哪些是不被允许的，遇到腐败问题如何处理等[⑥]。这样，通过各种形式的反腐败宣传教育，新西兰在全社会形成了一种廉洁从政的文化氛围。

[①] 刘步健：《芬兰反腐保廉的制度化解读》，载于《群众》2011年第7期，第89~90页。

[②] 张立：《反腐败需要全社会共同行动——访芬兰副总检察长杰马·卡司克》，载于《检察日报》2005年11月15日，第4版。

[③] 杨绪盟、黄宝荣编著：《腐败与制度之"笼"——国外反腐经验与启示》，人民出版社2014年版，第181页。

[④] 雷达：《瑞典官员"接受阳光的监督"》，载于《人民日报》2009年10月29日，第14版。

[⑤] 张本平：《瑞典廉政建设的经验和启示》，载于《中国监察》2007年第19期，第62~63页。

[⑥] 《澳大利亚、新西兰廉政建设和防止利益冲突情况》，http://www.mof.gov.cn/mofhome/guojisi/pindaoliebiao/cjgj/201406/t20140618_1100982.html，2018年4月27日。

（三）与道德规范相关的公平正义观

公平，英文为 fairness，它与公正、正义（justice）、平等（equality）是意思相近的词，许多著作家对它们的含义都未予严格区分，许多词典也是在互换的意义上使用这些词的①；在古希腊文中，"orthos"一词代表公正，原意是"表示置于直线上的东西"，往后就引申来表示"真实的、公平的和正义的东西"②；根据权威的《简明牛津词典》和《现代汉语词典》，英语 justice 和 fairness 及其中文对应词"正义""公正"与"公平"都是同义词，在日常语言中可以互换使用，在哲学探讨中，伦理学家和政治哲学家们也常常将它们当同义词交替使用，而并不仔细区分它们的意义差别③。可见，通常意义上讲，公正、公平、正义的意思相近，本研究也在这个意义上使用公平、公正、正义等概念。

古希腊思想家几乎都对公正做过论述。柏拉图把公正列为四德之一，强调一个人不论言辞或行事都应当着眼于公正，认为公正包含了全部最基本的美德；亚里士多德把公正视为百德之大全的"全德"，把公正作为各种德行的总称和调节社会生活的手段④。之后，公平正义也一直是政治哲学、道德哲学所探讨的核心问题之一。在我国，反腐败也迫切需要公平正义的社会环境，公平正义的倡导对廉政文化的塑造起着重要作用，因为廉洁与公平正义具有高度正相关关系：一方面，坚持廉洁才能促进社会公平正义；另一方面，坚守公平正义是廉洁国家的重要标志和公职人员廉政的必要前提，如新西兰《国家公务员诚信与操守标准》开篇第一句话即是"我们应当做到公平、公正、负责和可靠"⑤，把"公平公正"作为国家公务员操守的首要标准。此外，西方公平正义思想中对于追求公平正义的目的、内涵和实现公平正义的制度、程序理论也颇有建树，对于我国预防腐败、打造廉洁政府也很有借鉴意义。

1. 基于契约论的公平正义思想

在公平正义思想史上，契约论历史悠久而影响深远，"其正义的向度与人本精神被人民深度认肯和广泛欢迎"⑥。契约论认为公正是人们相互协商并订立的

---

①④ 洋龙：《平等与公平、正义、公正之比较》，载于《文史哲》2004 年第 4 期，第 145～151 页。

② 钟民援、林毅：《西方公正概念述评》，载于《武汉大学学报》（哲学社会科学版）2008 年第 4 期，第 552～559 页。

③ 徐大建：《西方公平正义思想的演变及启示》，载于《上海财经大学学报》2012 年第 3 期，第 3～10、34 页。

⑤ 孙平译：《新西兰官方信息法 行政监察专员法 国家公务员诚信与操守标准》，中国方正出版社 2014 年版，第 280 页。

⑥ 杨新杰：《公共政策制定中的弱势群体考量——基于社会契约论的视角》，载于《湖北社会科学》2008 年第 3 期，第 30～32 页。

契约所包含的一种约束原则，其目的是为了保证彼此的利益不受到侵害[1]。其中，影响较大的代表性思想有卢梭的古典社会契约论、康德的先验社会契约论和罗尔斯的新契约论。

卢梭的"社会契约论"首先设想一个"黄金时代"的自然状态，那时的"野蛮人"非恶非善，无过失无德行，人人平等，不受任何束缚。人的本能的怜悯心、相爱心起着现代法律风俗和道德的作用[2]。随着人类的发展，自然状态中不利于人类生存的种种障碍已超过了每个个人为了自我所能运用的力量，于是，人们被迫去寻找自由与安全的新出路。经过努力，人们发现通过放弃自己的生命权利，以契约的方式让渡给国家是一条好的出路，通过这种方式建立的集合体表现了人民最高的共同意志，这个意志就是"公意"，"公意"永远公正，而且永远以公共利益为依归，"是衡量一切其他意志的标准"[3]。卢梭认为，由全体公民进行投票表决，由多数人决定，是判断一个意志是否符合公意的最好办法，"法律乃是公意的行为"[4]"立法权力是属于人民的，而且只能是属于人民的"[5]。因此，在这种国家中，全体人民或大多数人民能够参与国家活动，直接掌握国家主权，亲自制定和通过法律，保证法律的正义性，保证人民的自由平等权[6]。由此可见，卢梭的"社会契约论"十分强调全民参与性和主权在民。

康德的先验"社会契约论"中假设了一个美好的自然状态。他认为，人类起初是生活在桃源牧歌式的"自然状态"里，他们团结友爱，和谐美满。但人类有两种源自本性的特征，一为"己性"，二为"合群性"[7]。"己性"产生混乱与战争，"合群性"引领人们订立社会契约，组成国家，这项契约叫"原始契约"，它能提出一种观念，通过此项观念可以使组织这个国家的制度合法化。国家的唯一职能便是制定和执行法律，国家不得也不必干涉公民的活动，不得也不必以家长式的方式关注他们的利益和个人幸福，国家应当使自己的活动限于保护公民权利的范围之内，国家要保护每个人的自由、权利、独立，保护每个人免受他人侵害[8]。为了防止形成专制统治，康德要求权力分立，立法权必须属于人民。在此基础上，他提出"人民主权"与国家"三权分立"的整合与统一。康德以思辨

---

[1] 钟民援、林毅：《西方公正概念述评》，载于《武汉大学学报》（哲学社会科学版）2008年第4期，第552~559页。
[2] ［法］卢梭著，李常山译：《论人类不平等的起源和基础》，商务印书馆1962年版，第103页。
[3] ［法］卢梭著，李平沤译：《爱弥儿》（下卷），商务印书馆1978年版，第714页。
[4] ［法］卢梭著，何兆武译：《社会契约论》，商务印书馆2003年版，第47页。
[5] ［法］卢梭著，何兆武译：《社会契约论》，商务印书馆2003年版，第71页。
[6] 潘云华：《"社会契约论"的历史演变》，载于《南京师大学报》（社会科学版）2003年第1期，第48~55页。
[7] ［德］伊曼努尔·康德：《法的形而上学》，商务印书馆1991年版，第11页。
[8] 何勒华：《西方法学史》，中国政法大学出版社1996年版，第203页。

哲学的方式深刻地阐明了近代资本主义文明健康发展和合理运行的发展机制，把社会契约当作一种看待国家合理性的价值标准和道德标准[1]。

1971年罗尔斯出版《正义论》提出了"公平的正义"理论[2]，以"纯粹正义的程序"来思考实现正义的路径，使"社会契约论"以一新的面貌出现在世人面前。他的"社会契约论"可以高度概括为：在一个假想的"原初状态"下的人们通过"社会契约"的方式去找到正义的理想[3]。由于"原初状态"的人们处于厚厚的"无知之幕"后面，因此，每个人对他本人和社会的特殊知识信息一无所知，这就把形成和支配人们思想观念的特殊因素（包括家庭、教育、职业以及个人天赋等）和偶然因素排除了，即承认任何人在原初意义上的平等。在此前提下，人们按契约的方式遵循"最大最小值原则"做出的选择只能是：按平等的自由原则和差别原则构建的"正义原则"。所以罗尔斯主张程序正义的观念：关键不在于我们"选择了什么"，而在于"如何选择"；如果我们能够设计出一种正义的程序，那么我们从中所选择的任何原则都是正义的。那么，如何保证程序正义呢？他的回答是：只有支配社会基本结构的原则是正义的，这个社会才能是正义的。在罗尔斯看来，如何设计一个社会的基本结构，从而对基本权利和义务做出合理的分配，对社会和经济的不平等以及以此为基础的合法期望进行合理的调节，这是正义的主要问题[4]。而"社会基本结构"在其晚年出版的《政治自由主义》中，被解释为："社会的主要政治制度、社会制度和经济制度以及它们是如何融合成为一个世代相传的社会合作之统一体系的"[5]。因此，在罗尔斯的逻辑中，程序正义比结果正义更重要。另外，罗尔斯认为评价一个社会的差别应以处在社会最底层群体的生活状况为参照点，当且仅当这种差别能最大限度地促进贫者的利益时，这种差别才是可以容忍的，才是合理的[6]，因此对最少获益者进行补偿是正义的体现。为此，他提出了关于正义的一般观念："所有的社会基本善——自由和机会，收入和财富及自尊的基础——都应被平等地分配，除非对一些或所有社会基本善的一种不平等分配有利于最不利者"[7]，而"最不利者"是

---

[1] 杨国栋：《社会契约理论的历史回溯、思想评价及宪政意蕴》，载于《陕西行政学院学报》2012年第3期，第95~100页。

[2] 何怀宏：《公平的正义》，山东人民出版社2002年版，第16页。

[3] 潘云华：《"社会契约论"的历史演变》，载于《南京师大学报》（社会科学版）2003年第1期，第48~55页。

[4] 施正文：《论程序法治与税收正义》，载于《法学家》2004年第5期，第40~44页。

[5] John Rawls, Political Liberalism. New York Columbia University Press, 1996, P. 11.

[6] 丛占修：《试析罗尔斯的正义观对功利主义的超越》，载于《烟台大学学报》（哲学社会科学版）2002年第4期，第380~383页。

[7] 约翰·罗尔斯，何怀宏等译：《正义论》，中国社会科学出版社1988年版，第292页。

那些拥有最少权力和最少收入的人们①。这样，差别原则最终以对弱者利益的保护和强调取代了功利主义公正观对最多数人最大利益的优先考虑。这些都是罗尔斯理论的时代光辉所在。

2. 当代其他基于"社会契约论"的公平正义思想

由于罗尔斯的影响，现代社会产生了许多新的"社会契约论"的变体，如诺齐克的"无意图的契约论"，哈贝马斯的有意图的"政治契约论"②。

诺齐克的契约论也称为"持有的正义"论，认为应当建立"最弱意义的国家"，保护个人权利（很大程度上意味着尊重个人意愿）就是国家和个人最低限度的道德要求，这对于现代国家注重保护民众的政治参与意识和唤起民众的自我保护意识都具有积极意义，而民众的参与监督与自我保护意识的觉醒恰恰是反腐的"利器"。

哈贝马斯追求的是程序正义和正义的合法性。在他看来，正义不是先天的、既定的和抽象的，而是后天的、选择的和具体的，是由人们通过对话或理性商谈而达成的共识决定的③。为了保证人们能够通过对话而获得大家一致认可的道德规范（即正义），道德对话就需要一种公平的"对话规则"，它一共有三条：（1）"每一个具有言语和行为能力的主体都应该被允许参与对话"。（2）"A. 每一个人都被允许对任何主张提出疑问"。"B. 每一个人都被允许在对话中提出任何主张"。"C. 每一个人都被允许表达其态度、欲望和需要"。（3）"不允许以任何内在的或外在的强迫方式阻止言说者履行其由第一条和第二条所规定的权利"④。为此，哈贝马斯构建了"民主合法化的商谈论"，该理论主要论及两个原则：商谈原则和普遍化原则，而且商谈原则优于普遍化原则。所谓"商谈原则"是指："只有那些所有可能受到影响的人作为合理商谈的参与者都可能（could）同意的行动规范才具有有效性"⑤，而商谈原则表现为"民主原则"，"商谈原则被期待以法律制度化的方式采取民主原则的形态。这样，民主原则就赋予立法过程以合法化力量。关键的理念在于：民主原则从商谈原则和法律形式中获得了解释"⑥。

---

① 姚大志：《罗尔斯正义原则的问题和矛盾》，载于《社会科学战线》2009 年第 9 期，第 35~41 页。
② 潘云华：《"社会契约论"的历史演变》，载于《南京师大学报》（社会科学版）2003 年第 1 期，第 48~55 页。
③ 冯颜利、张朋光：《哈贝马斯的正义观与当代价值——兼论哈贝马斯与罗尔斯正义观的主要异同》，载于《华中师范大学学报（人文社会科学版）》2013 年第 6 期，第 75~85 页。
④ Jurgen Habermas, Moral Consciousness and Communicative Action. trans. Christian Lenhardt & Shierry Weber Nicholsen, MIT Press, 1990, P. 89.
⑤ Jurgen Habermas, Moral Consciousness and Communicative Action. trans. Christian Lenhardt & Shierry Weber Nicholsen, MIT Press, 1990, P. 65.
⑥ Jurgen Habermas, Between Facts and Norms: Contributions to a Discourse Theory of Law and Democracy. trans. Williiam Rehg, MIT Press, 1996, P. 121.

同时，哈贝马斯认为法律商谈中还需要公平妥协的补充，但是，这种公平妥协必须不能违反正义的要求或不能破坏所有群体共享的伦理价值，而且应当在技术上具有可行性①。可见，哈贝马斯十分关注民主的程序和程序正义的普遍性（"商谈主体的普遍性"），这就为规范权力运行指明了方向和道路。这也启示我们：公平正义的社会首先是一个公民的主体意识得到充分发育和主体权利得到充分保障的社会，是一个民主政治的社会，在这个社会中，建构一个能够充分反映各方意见和利益诉求的平台（公共领域）并确保他们平等地表达这种意见和诉求的权利至关重要②。而民主政治和权力规范运行恰恰是廉洁政府的基石。

从以上分析可知：域外国家的道德立法是一种基于利益冲突管理和利益相互制衡的反腐败法治思维，对于公务人员从事公务活动时自觉回避"利益相关者"起到了源头治腐作用。即使是道德价值观的塑造，其背后也往往有相关法治和舆论监督做支撑，甚或是一系列法律法规的配套治理。而从与道德规范相关的公平正义思想历史演变来看，也是逐渐从道德理性、道德理想意义上"看不见"的公平正义转向制度保障和立法、司法等程序上、分配上"看得见"的公平正义。从这个意义上说，西方的道德其实质是一种相互制衡的道德，这种道德注重引导人注意现实社会人与人、人与国家之间等关系的调适，以使个人的生存和发展能够得到一个最佳的外部条件，而很少考虑个人如何向道德最高境界努力的问题，更少空谈道德。对于和他人有关的事项和场合，道德会加以严格规定，并且和法律、习俗等携手，让每个人都能预期到如违反这些要求将受到怎样的制裁。在西方社会，一个人只要他在一个普通人面前撒一次谎，其个人的信用或者污点记录就可能让他在现实生活中陷入困境。在这里，道德就不是个人修身的问题，而是在相互制衡的关系中个人该如何服从普遍认定的行为规范的问题③。这也是中外传统道德理论的重要不同点，也是西方道德规范能发挥反腐作用的威力所在。

二、教育防腐法律规制：体系化、标准化与零容忍

域外教育廉政文化建设的经验除了重视教育道德规范之外，最值得借鉴的就是反腐败的制度创新与法治精神。其中，以美国、德国为代表的发达国家不断完

---

① 孙国东：《基于合道德性的合法性——从康德到哈贝马斯》，载于《法学评论》2010年第4期，第8～15页。

② 冯颜利、张朋光：《哈贝马斯的正义观与当代价值——兼论哈贝马斯与罗尔斯正义观的主要异同》，载于《华中师范大学学报（人文社会科学版）》2013年第6期，第75～85页。

③ 秦馨：《西方发达国家廉政文化的特点及运行条件分析》，载于《学术论坛》2011年第2期，第50～55页。

善教育法律法规体系，各州教育管理部门、学校都有关于公务人员、教师、职员的管理规定和行为准则，对违反规定的通常交给其上级行政主管进行降职、降薪、解聘等处理，情节严重的交司法机关依法惩处，这些法律规定比较周全、缜密，对预防教育腐败起到了积极作用。同时，当前联合国国际教育规划研究所（IIEP）正开展一系列专项活动，包括腐败趋势观察、方法论工具开发、成功经验评估、反教育腐败政策对话，其目标是确定容易产生腐败的领域、识别招生过程腐败、评估腐败程度、设计预防和减少腐败的策略等，并将成果列入IIEP培训课程。

就廉洁国家和地区教育法律规制而言，值得借鉴的经验主要有三个特点：体系化、标准化和零容忍。

（一）严密而体系的法规

廉洁国家和地区的廉政规制大致包括廉政立法建设、廉政监督建设、廉政道德建设和廉政制度建设四个层面，其中，廉政制度建设包括财产申报制度、利益协调制度、公务回避制度、廉政惩处制度等。具体在教育系统，已经形成预防惩治机制、透明公开和民主决策形式、内部监管形式、教育培训管理、教育系统建设、制定规章守则、教育国际合作等多个方面的规制。

1. 德国的教育防腐规制体系

在德国，有"腐败预警与风险评估机制"、内部监管机制等一套比较健全的教育廉政法律体系。德国人重制度、守纪律，做任何事都一丝不苟、精益求精，这一独特的民族特性也贯穿在德国的教育防腐制度设计中。

其中，"腐败预警与风险评估机制"具体做法是：一方面，高校教师和管理人员实行公开招聘，大学校长由选举产生，坚持忠实可靠、待人诚实、勤劳认真的人员录用标准，并对高校教师及科学助手聘任条件做出具体规定，把好入口关，而对于在职人员，则建立预警机制，将可能发生腐败的迹象概括为中性迹象和报警性迹象两类。其中，中性迹象包括：有不合理的高水准生活、在未获得批准或未进行说明的情况下从事其他兼职工作；报警性迹象包括做出不同寻常且令人费解的决定、有意回避检查、隐瞒某些事件和情况、试图对不属于自己管辖范畴的决策施加影响等。对每一种迹象，管理部门都会采取针对性的处理措施。另一方面，在教育系统建立腐败风险评估制度。如柏林州审计局对州教育部进行了腐败风险评估，不同风险程度的部门使用贴有不同颜色标签的信封，红色标签代表风险高，绿色标签代表风险低，以此类推。根据评估结果，教育部人事处、法律咨询处贴上了绿色标签，采购部贴的是红色标签（一般物资采购贴淡红，大宗物资采购贴艳红），有决定权的人（如部长、各部门负责人）以及教师资格审核部门贴的也是红色标签。通过这些措施，时刻提醒那些在高风险领域工作的人要谨慎用权①。

在内部监管方面，德国设立内审或检查小组，负责对本部门发生腐败的可能性进行评估，明确反腐、防腐的重要环节，对确定的重点部门定期进行抽查；设立反腐败工作联系人制度，帮助本部门负责人发现、抵制腐败现象；定期实行岗位轮换，经常更换具体负责办理审核事项等重要岗位的工作人员，一般两年换一次，至多四年必换；实行分权制衡，防止权力过分集中。对容易滋生腐败的岗位实行多人共同负责制，相互监督，如对物资采购、资金使用遵循"四只眼睛"或"六只眼睛"的原则（即两人以上共同参与），以加强互相监督，避免个人决定而产生腐败问题。此外，德国还实行严格的财务管理制度，根据德国联邦《基本法》，教育事业由州管辖，州教育部和财政部根据本州的财政法和教育法对学校资产进行审批管理，州审计署将对学校财务状况和设备采购进行突击检查，高校在副校长中设一名财务主管（也称其为常务副校长）负责学校财务工作，同时作为州政府委托的校内财务督察，在许多州直接对主管高校工作的文化教育部长负责。为保证教育经费的使用效益，德国大学都建立了比较严格的财务管理监督制度，有的高校设有财政预算委员会，由学校的教授、讲师、技术人员和学生等联合组成，委员会主席一般由财务部门的负责人担任，委员会的职能是为学校财务预算方面的工作以及财政系统的支持发展出谋划策，例如，提出下个季度或年度的预算需求，拟定预算分配的原则，划分各院系学科的经费以及调整收费规定等。

对于目前漏洞较多的高校科研经费使用，德国也建立了一套比较完善的管理制度。德国高校的非竞争性科研经费主要来自于州政府的财政拨款，州政府把资金拨到学校财务部门，学校根据院系教职工人数、学生人数、毕业生数量、科研成果等指数，把相应的资金划拨到院系，院系再根据一定标准平均分到人头上。一般来说，科研经费是由课题负责人自己管理、自己支配，学校不从科研经费中提取管理费。另外，这种科研经费实行严格的预决算制度，由州政府财政拨款的科研经费在课题结束后，如果仍有结余，则划入该课题负责人下一财政年度经费中，如果剩余的科研经费超过总数的1%～5%，则被收回，而来自于第三渠道的科研经费，结题后如果还有剩余则应退还给出资人②。对于竞争性科研经费，德国则实施了宽严有度、更注重科研经费使用效益的管理制度。一方面，严格科研经费管理，防止科研经费滥用。首先，严格项目评审，严防科研经费配置环节的腐败。德国科学基金会要求评审专家在近十年内与项目申请人（甚至是申请人

---

① 吴晋生：《高校廉政风险防范管理》，华中师范大学出版社2012年版，第42～43页。
② 吕伟萍：《加强内部监督严格财务管理建立风险评估制度 德国：防止高校腐败 让"象牙塔"更纯净》，载于《中国纪检监察报》2010年5月13日，第4版。

所在学校）没有任何公开的合作关系，如果国内找不到这样的专家，甚至不惜去国外请来①。不但如此，德国还将科研经费审计前移到科研项目立项、正式招投标实施之前，有效杜绝经费分配不公②。其次，严格科研经费管理。科研项目立项后，项目负责人需要和立项单位签订经费预算合同，一旦经费核定，就具有法律效力，必须严格执行，不允许超预算范围和标准使用资金③。而且，科研经费审计涵盖了事前、事中和事后三个阶段的全程审计。另一方面，尊重科研活动规律，聚焦科研经费效益。首先，德国认为科学家自己的灵感最容易出成果，因此，科研人员有充分科研自主权，研究领域与研究方向一般由科研人员自己提出，而且在项目评审时，专家更关注项目对学科发展的价值，"不会受太多现实因素影响"④。其次，科研经费预算时重视人力价值，60%~70%的经费预算属于项目人员经费，项目负责人在经费配置、人员聘用等各个方面都有很大自主权。而且，德国科研项目研究周期一般是3~5年，让研究者有足够的时间和精力从事研究，事后审计也更加重视科研经费使用的经济性与有效性（除关注科研经费支出的合法合规性外）。最后，科研经费管理模式上根据科研类型实行差异化管理，不搞一刀切。比如，基础研究需要相对宽松自由的科研氛围，马普学会就采取事后评价的方式；大科学工程研究的目标性和任务性较强，赫尔姆霍兹联合会就对项目进行事前评价；应用研究经费主要来自外部用户，弗朗霍夫学会的评价就以研究所自评为主⑤。

2. 美国的教育防腐规制体系

在美国，教育领域也建立了独立有效的监督机制、教育听证制度、高校问责制和道德规范事务办公室等一系列制度。

美国教育部设有总监察长办公室，下设四个部门：总监察长直属办公室、分析和督察事务部、审计事务部、调查事务部，总监察长由总统提名、国会批准任命，在监察工作方面直接向教育部长和副部长汇报，同时也向国会汇报，实行双重汇报制度。向国会报告的任何事项不受机关限制，对教育部长的工作进行监控。总监察长办公室负有审计权、调查权和建议权，负责主持教育部审计及其他相关活动，签署审计报告，可以依照相关政策和程序对教育部提供经费并管理的项目中所发生的非法欺诈、滥用资金案或问题进行调查及检查，还可以根据需要对教育部现行或拟制的法规、规定、政策、工作程序、标准和规则提出修改建

---

①④ 《德国如何防科研经费被贪吞挪骗》, http: //news.xinhuanet.com/mrdx/2013 - 12/09/c _ 132951587. htm, 2013年12月9日。
② 胡蕊:《德国是这样监督科研经费的》, 载于《中国会计报》2015年8月14日, 第9版。
③ 高筠:《德国科研经费管理带给我们的启示》, 载于《中国城市经济》2010年第12期, 第200页。
⑤ 吴建国:《德国国立科研机构经费配置管理模式研究》, 载于《科研管理》2009年第5期, 第117~123页。

议，促进项目管理与实施工作降低成本、提高效率，预防和发现欺诈、浪费和滥用资金行为。在发现和查办案件时，由总监察长办公室独立办案，不与教育部沟通和交换意见，在案件调查工作中，可以行使搜查权、查封权、要求提供相关资料权、逮捕权（监察官行使搜查权、逮捕权需向法院申请，经法院批准后执行）[①]。20 世纪 90 年代，美国几个大的学区，如纽约、洛杉矶、芝加哥、迈阿密等也相继建立了独立的监察长制。这些官员不向学校管理方负责，他们由专业审计人员和调查人员组成，并被赋予了独立的地位和诸如传讯等广泛的法律权力。改革后，每个学校首席监察长都要发布综合性的年度报告，详细汇报其发现的问题，并就应采取的惩戒措施、起诉和系统改革方案提出建议。学校首席监察长在大量揭露腐败问题的同时，为了从根本上消除教育腐败，还及时转换角色，学校首席监察长不只是发布命令，更重要的是在一种信任的氛围中为管理者提供一些更好的政策建议和支持，使学区的管理得到良好发展[②]。

此外，美国教育系统各个部门都设有道德办公室。办公室主任由校长任命并直接对校长和董事会负责，其职责是：制定政策和制度；加强道德规范建设；协调学校各部门廉政工作；进行法制宣传、教育和培训；监督关键部门和重要环节的运作；审查和公布个人财产申报[③]。当然，除了这些固定的监督、问责机构之外，美国各州的立法机关也肩负着对高校进行责任评估的职责，立法机关主要通过事前审计、过程审计和终期审计等形式来控制大学的各种计划、项目实施情况。

美国还实行教育听证制度，其具体做法是：由辖区的选民投票选举产生学区的教委，每个学校都有学生家长参加的顾问委员会，由其向学区教委提出工作建议。学区教委在研究学区教育的重要事项时都在公开场合，面向公众进行，任何人都可以列席上述会议。如学校选用州政府推荐的教材，需在学校展示一个月并听取各方面的意见后，学区教育总监才能决定选用哪个教材[④]。

在高校，美国建立了独立的高校问责制。问责的固定机构包括由各州立法机构指定的一批学校外部人士组成的董事会和各州政府组织的高等教育委员会，校外人员董事会主要职责是对学校大型建设项目的必要性、资金投入等经济问题及学校发展的其他重大问题进行审议和监督；高等教育委员会通常采用两种方式组成：一是由政府出面采取合作的方式吸收社会各界熟悉高校管理的人员参与（如

[①④] 李胜利：《加强教育行政监督保障教育事业健康发展——美国、加拿大教育监察机制考察报告》，载于《国家教育行政学院学报》2005 年第 3 期，第 83~86、72 页。

[②] 高洪源、梁东荣：《美国教育中的腐败问题透析》，载于《比较教育研究》2006 年第 5 期，第 1~6 页。

[③] 沈蓓纵等：《美国公立大学的廉政建设和教育行政监督》，载于《中南大学学报》（社会科学版）2012 年第 2 期，第 217~222 页。

加利福尼亚州、伊利诺斯州、华盛顿州等）；二是由州政府直接创设并进行管理（如北卡罗来纳州、威斯康星州等）。高等教育委员会与政府教育决策部门之间的关系非常微妙、复杂，一方面，政府要尊重高校的自主办学权，另一方面，又要对高校行为涉及公共利益的重要问题进行监管。由于高等教育委员会吸收了社会各界精通高等教育的人士参与，因而对高校管理的干预能够控制在相对科学、合理的范围之内。问责制涉及的范围包括大学的学科、课程设置、与学生利益密切相关的规章制度、学生获得学位的时间或信用度、教职员工考核指标体系、学生选择学院/专业自由度、毕业生就业情况、非结构性收入（如股票）、科研赞助经费使用情况、教师接收培训和进修的制度、学生考试考核成绩等[①]。

美国高校的科研经费防腐规制也很有特色。首先，美国建立了科研经费的全成本核算机制，有效减少了制度性腐败风险。科学合理核算科研活动成本是搞好科研经费预算、支出和管理的必要前提，也是防范科研经费腐败的重要环节。为此，美国白宫管理与预算办公室代表国家对各联邦资助机构经费管理政策进行总体规范和协调并制定了统一规范的"教育机构成本准则"（A-21通告），该准则详细规定了高校承担联邦科研项目所必须遵从的成本计算原则，包括成本的确定、分配、追踪、报告等多个环节，涵盖了科研项目资助、科研项目合同和其他协议[②]，形成了基于科研活动全成本核算的联邦政府对大学的科研资助体系。而其中最有特点是将科学家、技术人员的薪金和研究团队成员（包括研究生）的工资、津贴纳入直接成本和将科研设施、大学管理成本纳入间接成本计算。这种全成本计算方式既考虑了科研的物质成本，更考虑了人力成本；既考虑了对科研人员的激励，也考虑了对大学科研支撑公共成本的补偿，更能反映真实的科研成本。同时，这种方式使大学和科研人员的利益都能够得到合理满足，辅之以其他制度，如美国严格的项目预决算制度、预算调整快速反应制度和规范的科研经费支出制度（大学先审核垫付项目支出的大学自身、资助机构二次审核制度），大大减少了科研人员套用和滥用科研经费等制度性腐败的发生概率，更有利于大学的科研公共支撑体系建设，从而改善研究人员的研究环境和提高大学的整体研究能力，提高科研经费的整体使用效益。

其次，美国制定了一套涵盖国家立法、外部监督、内部控制等比较完善的监督机制，强化对科研经费申请、分配、使用和绩效评估等全过程监督。比如，在国家法律层面，有《总监察长法》《联邦会计和审计法》《单一审计法》《信息公

---

① 樊钉、吕小明：《高校问责制：美国公立大学权责关系的分析与借鉴》，载于《中国高教研究》2005年第3期，第2页。

② 史静寰、赵可：《从美国大学科研经费的间接成本管理看政府与大学的关系》，载于《清华大学教育研究》2007年第3期，第83~92页。

开法》等,其中,《信息公开法》规定经政府批准的科研经费预算执行情况在不违背国家利益的情况下,必须向社会公众公布,接受公众监督;在监督层面,美国科研经费外部监督有国会及所属国家审计署,内部监督有部门的总监察长办公室(OIG),前者主要负责科研经费的预算、批准与拨款,后者主要负责科研项目立项、经费使用过程调查监督和经费使用结果审计与评价,各司其职,确保科研经费使用各个环节都有监督;从经费监督的内容来看也相当丰富,不仅仅局限于对经费分配、使用的监督管理,还对科研人员的科学不端和学术腐败行为进行调查。不但如此,美国还制定了一套成熟的监督程序,强化监督工作本身的规范性运作。一是编制科技经费年度监督计划,对投入力度大或风险高的经费支出以及信用较差的经费使用单位进行重点监督;二是根据监督计划和各方面信息(包括来自于部门工作人员、同行评议人员、科研人员等关于违规行为的投诉)综合,确定采用审计、检查、调查、报告和绩效考评等监督手段,根据相关经费监督的操作规范(如审计操作规范和调查操作规范)进行实施,并将监督结果向社会公开,接受公众监督,整个监督工作做到了自始至终都有法可依、有章可循;三是十分重视听取被监督对象有关人员的意见和建议,并对申述意见予以相应反馈;四是强调对监督结果的充分利用,对相应问题采取通报批评、书面承诺改正、暂停拨款、终止资助资格、转交司法部门处理等措施①。最后,美国还将利益冲突防止办法引入预防科研经费腐败领域。以同行评议为例,在美国做同行评议的人员都要填写相关表格,如给熟人或存在经济往来的项目做评审,就应自动申请避嫌②,以防止科研经费落入私人手里。

最后,由于美国的高校教师属于公务员,《政府道德法》《政府道德改革法》《信息披露法》《阳光下的政府法》和《政府工作人员道德行为准则》等一些针对政府公务员的道德规范法律制约对美国公立大学的高层行政管理人员同样具有法律效力。这些法律覆盖了防止政府雇员利益冲突的主要方面,如滥用职权、物资采购、资金管理、隐私保护、基建招标、兼职取酬、亲友回避、收受礼品以及公车使用等。有些大学,如密歇根州州立大学道德标准办公室还颁布了大学雇员行为规范,如《密歇根州州立大学职员道德守则》《教授科研和校外兼职守则》《教师手册》等③。同时,美国还是最早实行大学董事会制度的国家,董事会成员主要来自企业、政府或所在社区,董事会、校长和评议会(教授会)"联合治

---

① 戴国庆:《美国联邦政府科研经费监督管理及其启示》,载于《科研管理》2006年第1期,第17~22页。
② 《随笔:美国怎样防范科研经费腐败》,http://news.xinhuanet.com/tech/2014-10/12/c_1112791325.htm,2014年10月12日。
③ 沈蓓纵等:《美国公立大学的廉政建设和教育行政监督》,载于《中南大学学报》(社会科学版)2012年第2期,第217~222页。

理"模式在某种程度上也起到了尊重共享、相互制约与权力平衡作用。这一系列制度整合在一起共同发挥了预防和抑制美国教育腐败的重要作用。

3. 英国高校的反腐治理规制①

树立清正廉洁、诚信守法的大学形象，引导全体师生形成公平廉洁的价值观，一直以来是英国高等院校反腐文化建设的基本立场。近年来，伴随着英国2010年4月新《反贿赂法》的颁布，对英国高校的反腐提出了新的要求，主要表现在三点：一是扩大的贿赂罪使高校触犯法律的风险加大；二是新设的"贿赂外国公职人员罪"同样增加了犯法风险；三是高校需要依法贯彻"商业组织防止贿赂失职罪"。尤其是最后一条，该罪将师生或关联人员个体层面的触犯贿赂罪行为与高校机构犯罪"捆绑"在了一起，意味着若高校疏于防范贿赂行为，则将被课以"防贿失职罪"并受到法律严惩，唯一可以免罪的途径是高校需要提供"充分的防控政策"，证明学校有预防腐败行为发生的机制。该法的实施使得英国高校从系统层面全面提升反腐能力。

首先，形成共同的反腐理念。英国不同层次的高校普遍认为高校反贿赂的关键是建立强大的反腐文化并制定健全的反贿赂体制和程序，无论何时、何地、何事，学校都应该以高度的诚信、公平、专业和符合伦理的方式开展各类工作，对任何贿赂和腐败行为持"零容忍"态度。高校有责任妥善使用来自政府、捐赠和慈善机构等各种来源的资金，确保捐赠者、雇员、师生和学校不受贿赂和腐败的伤害。事实上，几乎所有的英国高校结合国家法律都制定了本校的反贿赂政策，如《反贿赂和腐败政策》《反贿赂政策和治理程序》《反贿赂与欺诈政策》等。这些反腐政策虽然名称不一，但都注重促进共同的反腐理念的进一步制度化。

其次，制定成员共同恪守的行为规范。英国高校的反腐治理有明确的人员范围，不仅包括高校在职员工，而且包括与学校有合作的关联机构人员。对于这些人员，英国高校将学校秉持的诚信、守法、公平和反腐等理念融入员工的日常行为规范中并普遍有明确的防腐行为规范。一是告知明令禁止的腐败行为，如剑桥大学规定学校任何雇员或相关人员不得通过贿赂方式为学校获得经济或其他方面的受益，学校接受的慈善捐赠仅可用于特定的慈善目的，不可对大学所作的任何决定施加不适宜的影响，否则也将被视为腐败行为等；二是对易滋生腐败的重点环节和重点部位制定特定行为的操作规范，堵塞可能产生的腐败行为。英国绝大部分高校对如采购部、基建部、招生部、重大项目合作部等都有特别的业务操作规范。如牛津大学规定在业务活动或捐赠接待中若存在礼品过于贵重或接待招标

---

① 邵兴江、许迈进：《英国高等院校反腐治理机制述评》，郑爱平、张子法：《清心　正道——浙江大学廉洁教育与廉政文化建设的思考与实践》，浙江大学出版社2014年版，第175～183页。

的行为则可能构成贿赂罪；除非符合学校的财务制度，否则，任何雇员或相关人员给予或接受礼品、招待等都被视为不符合规定；三是积极鼓励成员参与监督、共同反腐，形成反腐合力。几乎所有英国大学都积极鼓励全体员工共同参与反腐的监察与举报并为之提供多种举报渠道。同时，学校对所有可能的贿赂和欺诈情况进行调查、记录和汇总分析。如牛津大学明确要求大学雇员一旦怀疑某人或某事有贿赂或欺诈行为，应当及时汇报。此外，对于有合作联系的其他机构，大部分英国高校在合作之初和相关阶段都会清晰地告知对方本校的反腐"零容忍"政策并要求彼此共同恪守这一规范，甚至将本校标准化的"反腐和贿赂"条款写入合同，加大对第三方的制约力度。

再次，建立明晰的反腐治理组织架构。英国高校的反腐治理组织架构一般有三个层级。最上层是反腐最高决策中心，一般由大学委员会或董事会担任，其职责是：对本校反腐问题负有最高责任；整体上把握本校反腐形势与问题；负责制定或修订全校性的反腐政策并确保这些政策与英国法律、大学伦理与责任相一致；授权相关部门或人员开展反腐的执行、监督和评价活动；授权部门或他人开展反腐调查并参与重大腐败案件的处理等。中间层是反腐常态负责和管理机构，一般由学校的高层管理者或具体的实体部门负责，具有校际差异性。如剑桥大学由教务长负责，斯特林大学由财务总监负责，布里斯托大学由校长办公室负责，爱丁堡大学由风险管理委员会负责。其职责一般为：在总的反腐政策下，开展宣传沟通与解释工作并制定更具操作性的细化政策和工作流程；对反腐工作开展日常监控、举报接待和年度评议并审查反腐政策的落实情况；对出现的反腐问题进行调查处理等。此外，一般以年度为周期定期对学校面临的腐败问题开展风险评估并就政策贯彻、违规情况、政策适用性和有效性等编制年报向大学委员会或董事会汇报，必要时还提供相关的改进建议，从而为反腐政策的持续完善奠定基础。最下层是反腐的具体贯彻落实和反馈机构，包括各个院系、研究机构和医院、公司等附属机构以及代表本校利益开展业务的第三方关联机构等（大学出版社反腐事务一般不归高校管辖）。其职责是：按照反腐要求宣传沟通反腐理念，确保校内反腐步调一致；规范所在部门员工行为并按照学校要求做好经费收支、招待等方面的相关记录；负责人还承担本部门员工如招待等业务费用使用的审批，监督员工遵守学校规范，接受部门员工腐败问题的举报等。

最后，建构规范化的反腐治理程序。英国高校重视反腐工作的体制化和流程控制，积极引入公开、透明、清晰、操作性强的治理程序。一是重视反腐的事先主动预防程序并关注做好群众性基础工作。具体表现在：各高校十分重视反腐的宣传沟通工作，不仅在学校网页主页清晰呈现本校的反腐政策，更为关键的是普遍采取宣讲、海报、邮件告知等多种方式确保所有员工知晓并理解本校的反腐政策；就反腐的核心价值观、学校反腐政策、员工的反腐权利和义务、反腐案例等话题积极开展校本培训，对某些风险系数高的部门和人员还进行专题培训；二是引入反腐的过程控制程序，一般包括财务开支的申报记录程序、尽职调查程序、业务的标准化操作程序等。如萨利大学招待的事先申报程序规定申报的信息包括招待者的姓名、职位、所属院系、招待时间、招待情况、招待价值、被招待对象和地址、和本校的业务关系以及分管领导的姓名和批示等；索尔福德大学制定有采购程序、投标程序、代理机构管理程序（如海外招生机构）以及公共利益维护政策、员工违纪惩治政策、人员招募手册、大学委员会成员和高级管理者行为手册等，以尽可能减少利益相关方的可能腐败机会；三是腐败的事后问责处理与持续完善程序。英国高校鼓励成员通过网络、举报信或现场举报等方式向分管领导或学校反贿赂人进行举报，学校除保护举报人外，对任何被怀疑存在腐败的项目将启动反腐程序调查，并对可能的腐败案件均作文本记录。一些高校如牛津大学每年还会以这些记录为依据，运用特征分析和风险管理的方法，对本校过去一年的反腐情况做出客观评价并作为学校下一年度反腐决策的重要参考依据。为了完善反腐政策的可能不足，提高政策的恰当性、效用性与针对性，大部分高校都设有政策持续完善的更新机制。如剑桥大学由学校审计委员会每隔三年对反腐政策进行重新评估并依据需要出台修订方案，以促进更完善的反腐体系建立，减少可能的腐败行为。

4. 澳大利亚的科研经费防腐治理规制

制定完备的制度体系，强化科研经费内外监督的规范化、制度化是澳大利亚的典型经验。

澳大利亚侧重于预防，通过完备的制度体系、科研绩效评估及不同层面的审计等，将滥用科研资金的可能性降到最低。首先，在国家宏观层面，有《总审计长法》《财务管理与责任法》《澳大利亚联邦机构与公司法》《高等教育资助法》《澳大利亚研究委员会法》《国家卫生与医学研究委员会法》等形成了对科研经费内外"兼"督的完备规制，比如《高等教育资助法》是关于向高等教育机构提供资金的法令，对高等教育机构教学与研究拨款和开支以及经费使用均做出了原则性规定；《总审计长法》对审计署开展科研经费审计的法定程序和标准进行了规定；在研究管理机构层面，有澳大利亚研究理事会、国家健康和医疗研究理事会和大学共同制定的《澳大利亚负责任研究的行为守则》；在高校层面，澳大利亚国立大学校董会下设直属的审计和风险管理委员会，根据《审计与风险管理委员会章程》，基于风险鉴别、排序、处置和管理对科研经费使用管理情况开展审计工作，对资金往来交付过程、科研辅助人员工资状况、关键资金账户确认3个关键区域进行重点关注；科研管理部门（科研办公室）设有专门的科研诚信办公室，负责对科研诚信及学术不端行为等进行监管，促进"负责任研究"的开展①。此外，澳大利亚审计署还长期派代表作为观察员参加澳大利亚研究委员会财务与审计委员会的重要会议，强化内外"兼"督的互动机制②。

（二）统一而明确的标准

廉洁国家和地区一般对包括教育领域公务员在内的国家公务员受贿索贿、经商和兼职、公务活动、以权谋私、离职后的行为等都有统一而明确的禁止性规定或限制性条款。例如：美国《行政部门雇员道德行为准则》规定礼物（gift）包括任何奖励、好处、折扣、娱乐、款待、贷款、债务偿还期延长以及其他有金钱价值的东西，还包括以实物、提前支付或是事后报销的方式提供的服务、培训、交通、当地旅游以及食宿。而且规定雇员每次可以从一个来源接受非索取的、总的市场价值不超过20美元的礼物，但从任何一个人获得的单项礼物的总的市场价值每年不得超过50美元，而且雇员不得为了接受价值20美元的那部分礼物而支付超过20美元的部分。如果一次提供的有形物品的总价值超过20美元，雇员可以拒绝接受任何单独的物品，以便接受那些总价值没有超过20美元的物品，而且后面附5个相关解释性案例③。芬兰对公务员的管理制度规范而且没有弹性，易于执行、便于监督，在公务接待方面，政府制定了全国统一的招待标准：每顿饭一律为一菜一汤一饭，除此之外加菜或烟酒的费用通过电脑网络列出清单，点了什么菜、招待了什么人、花了多少钱都一清二楚，在公务往来方面，芬兰规定公务员接受小礼品的价值一般不得超过20欧元，超出一律上缴或者自己花钱买下④。

此外，新西兰1988年颁布的《国家部门法》（2013年重印）第7章专设"教育服务部门"专章，其中对教育服务部门的人事管理、雇佣条件谈判、委员会专员的权力、平等就业机会、技术性裁员的补偿限制等都进行了明确的规定。如第77C条规定教育部的首席执行官制定关于教师工作绩效的任何事项之前应当咨询新西兰教师委员会、教育审查办公室的首席执行官、教师雇主代表、教师组织等各方面的意见⑤。

---

① 夏秀芹：《澳大利亚国立大学科研经费评估和审计对我国高校科研经费监管的启示》，载于《北京教育：高教》2012年第4期，第78~80页。

② 胡蕊：《澳大利亚：科研经费管理经》，载于《中国会计报》2015年8月28日，第11版。

③ 《美国政府道德法 1989年道德改革法 行政部门雇员道德行为准则》，朱圳、马帅译，中国方正出版社2013年版，第191~198页。

④ 刘步健：《芬兰反腐保廉的制度化解读》，载于《群众》2011年第7期，第89~90页。

⑤ 《新西兰官方信息法 行政监察专员法 国家公务员诚信与操守标准》，孙平译，中国方正出版社2014年版，第162~179页。

（三）对腐败行为的零容忍

廉洁国家和地区一般都对教育腐败行为保持"零容忍"态度。其中，一些国家的腐败"零容忍"公务员规制也对教育领域的公务员适用。如瑞典规定，不能因工作关系接受当事人的任何馈赠，不论接受礼物价值高低都在禁止之列，不允许发生任何违规行为，对直接、间接、主动、被动的违法行为，都进行严格的追究和惩处；加拿大规定，政府官员无权接受任何礼品，所有收受的礼品都需要个人用钱买下，违反规定者，将被追究法律责任；日本规定虽不利用职务，也不给人办事，但得到好处与其地位有关就算受贿，官员没有利用职权但利用自己的关系请别人为行贿者办事也算受贿[1]。在新加坡也是如此，受贿罪的构成不以受贿人为行贿人实施谋利行为为必要条件，新加坡《预防腐败法》规定，即使是受贿人事实上没有权力、权利或者机会向行贿人给予好处，但是，只要其接受了贿赂就构成犯罪。受贿人构成犯罪的"零容忍"还表现在腐败犯罪构成没有最低数额要求，无为他人谋利益等要求，即使收受一元钱后者一杯咖啡也能构成犯罪[2]。

此外，有些国家和地区也出台了一些具体的教育领域腐败"零容忍"规制性条款。如新加坡出台了"教师监管零容忍制度"，政府对教师兼职规定非常明确：不准教师对本校学生提供有偿课外辅导，这既保证了教师将主要精力用于规定的教学活动，也有效地防止了教师利用自己的地位收取家长和学生的钱财，损害教师形象。英国不同层次的高校普遍对任何贿赂和腐败行为持"零容忍"态度，正如前文述及的，大部分高校对于有合作联系的其他机构在合作之初和相关阶段都会清晰地告知对方本校的反腐"零容忍"政策并要求彼此共同恪守这一规范，甚至将本校标准化的"反腐和贿赂"条款写入合同。

三、教育防腐廉政风尚：领导垂范、全民监督、共同营造

（一）领导率先垂范

放眼世界廉洁国家的廉政建设历程，国家领导人的反腐决心和率先垂范作用往往在关键时期能够发挥不可替代的作用。如，韩国尽管1981年颁布了《公职

---

[1] 《国外廉政文化建设注重消除利益冲突》，http://www.hfsjw.gov.cn/system/2012/11/14/012737143.shtml，2012年11月14日。

[2] 王君祥译：《新加坡预防腐败法》，中国方正出版社2013年版，第9页。

人员伦理法》,但一直维持了非公开的原则,因此,公职人员财产申报制度对于韩国的反腐作用不明显。1993 年,金泳三当选总统就职后第二天,在法律并没有规定公职人员财产公开的情况下,率先公布自己及全家的财产,包括自己、妻子、父亲及两个成年儿子的财产,引起舆论的强烈反应,推动了其他高官财产的公开及《公职人员伦理法》的修改,也重建了清廉的社会风气,效果十分明显[①]。

另如新加坡总理李光耀在宣誓就任总理的当天晚上就曾把父母和兄弟们请到家里来,对他们说他当上了总理,手里的权力是人民的权力,决不能用来谋私,并告诉他们不要指望从他那里得到特殊照顾,此后,执政 30 多年的李光耀始终没有被指责过贪污腐化[②]。1986 年 12 月,前国家发展部长郑章远被指控收取两笔各 50 万新元的贿赂而刑拘时,面对曾与李光耀并肩作战、立下过汗马功劳、深受器重的郑章远,李光耀虽感痛心,但并未心慈手软,他立即令郑章远停职接受审查。郑章远最后畏罪自杀,他在留给李光耀的信中称:"自己用自杀来表达对新加坡法律的尊重。"[③] 李光耀的率先垂范使得新加坡人崇尚廉洁的社会风尚有了一个看得见的标杆,人们逐渐把贪污贿赂看成全社会的公敌,廉洁的社会文化成为新加坡傲耀全球的优质资产。

(二) 全民参与监督

2003 年通过的《联合国反腐败公约》第 13 条"社会参与"要求各缔约国力所能及地推动公共部门以外的个人和团体,例如,民间团体、非政府组织和社区组织等积极参与预防和打击腐败并提高公众对腐败的存在、根源、严重性及其所构成的威胁的认识。认为应当采取的措施有:提高决策过程的透明度并促进公众在决策过程中发挥作用;确保公众有获得信息的有效渠道;开展有助于不容忍腐败的公众宣传活动以及包括中小学和大学课程在内的公共教育方案;尊重、促进和保护有关腐败的信息的查找、接收、公布和传播的自由[④]。世界廉洁国家和地区的反腐历史充分表明:提高公众反腐认知,充分发动公众全民参与反腐,让腐败暴露在"人民战争"的汪洋大海里不愧是铲除腐败毒瘤的利剑。

北欧国家历来有"崇廉忌贪"的传统,加之较为成熟的公民参政与社会监督力量,培育出"平民化"公务人员职业精神,所以北欧国家从政府内部官员到外

[①] 杨绪盟、黄宝荣:《腐败与制度之"笼"——国外反腐经验与启示》,人民出版社 2014 年版,第 162~163 页。
[②] 任建明:《反腐败制度与创新》,中国方正出版社 2012 年版,第 146~147 页。
[③] 任建明:《反腐败制度与创新》,中国方正出版社 2012 年版,第 56~57 页。
[④] 《联合国反腐败公约 联合国打击跨国有组织犯罪公约》,中国方正出版社 2013 年版,第 30 页。

部的社会民众,形成了一种监督政府滥用职权、以权谋私的无形之网,这是北欧国家之所以一直保持在世界廉洁度排名前列的重要原因[1]。北欧人特别爱管"闲事"、多管"闲事",好多事情根本与自己没有关系也主动过问、监管,甚至制止,在他们看来,对别人负责,实际也是对自己负责,更重要的是对社会负责。瑞典民众有很强的监督意识,在他们看来,反腐败不仅仅是检察官和法官的事,而是全社会都应该关注的事。如果一个人有贪污受贿行为,其他人就可以向有关机构或新闻媒体投诉,政府内部的公务员也可以对其所在部门或直接领导的违纪违法行为进行举报。媒体接到投诉会负责地做出调查,并予以曝光。任何人都无权调查是谁向媒体举报,更不能实施打击报复,否则会受到法律的追究。瑞典新闻媒体和公众的广泛参与,对于有效监督官员起到了非常重要的作用[2]。

澳大利亚和新西兰十分重视公共事务的公开透明,都强调对公共事务中的重点和关键环节要公开,议员们辩论时公民可以自由进入议会旁听;澳大利亚《联邦信息自由法》规定,行政机关应公布有关行政机关职能和任何信息的记录,以及任何存储或记录信息的资料;新西兰《官方信息法》规定,在不危害国家利益前提下,任何在新西兰生活的个人或团体均有权获得政府的相关文件,以此来保障公众享有充分的知情权。不但如此,澳大利亚和新西兰还鼓励全民监督:一是鼓励公众监督,公众可以通过免费热线电话、电邮、写信或亲自到有关部门进行投诉;有关部门印制投诉指南指导投诉,对投诉者回复调查结果并严格保密。二是支持媒体监督,在议会都有专供记者采访的座席区,报刊、电台、电视台的记者可随意旁听议会辩论[3]。种种措施在保障了公民监督权的同时,也当然对政府行政部门产生了实质性的影响,如澳大利亚规定各部门都需要建立具体程序,以确保利益冲突管理能经得住公众监督,公众监督成了天然的防腐剂。

(三) 重视青少年的廉洁教育

除了鼓励民众积极参与反腐倡廉工作之外,世界廉洁国家和地区还非常重视强化廉洁教育,尤其是普遍重视对青少年的廉洁教育,并形成了一些行之有效的做法,概括而言主要有四个方面:

1. 廉洁教育对象上,坚持"从娃娃抓起"并贯穿教育全过程

早期教育对人一生的成长至关重要,可谓"廉洁从娃娃抓起"得到了很大程度的落实。比如,我国香港和澳门地区的廉洁教育就抓得很早。香港从幼儿园开

---

[1] 倪邦文等:《国外廉政建设制度与操作》,中国言实出版社2013年版,第232页。
[2] 闫群力:《北欧人"小处"显现"大义"》,载于《大众科技报》2008年1月29日,第A07版。
[3] 《澳大利亚、新西兰廉政建设和防止利益冲突情况》,http://www.mof.gov.cn/mofhome/guojisi/pindaoliebiao/cjgj/201406/t20140618_1100982.html,2018年4月27日。

始抓廉洁教育，廉署社区关系处专门为幼儿园的孩子编写《廉洁的香港我的家》，香港的中小学校专门为学生开设了廉政课，廉署为他们编了专门教材，教材的名字是《建设廉洁繁荣的新香港》[①]，教科书中有研讨性的文章，有许多典型案例，也有拒腐不沾的政府公务员、商界和企业界人士的事迹。后来，廉政公署又参与到香港社会科学、公共事务等学科的课程发展委员会中，具体讨论反腐教育在大学阶段的实施问题。从20世纪90年代中期开始，商业伦理学已经成为香港所属7家大学的必修科目；近年来，香港廉政公署还成立了"德育资源网"并推行"学校德育伙伴计划"，进一步加强年轻一代的廉洁教育[②]；为了让公民在家庭、学校、社会皆可感受到廉洁教育，我国澳门廉政公署与澳门教育界携手合作，分别制作了《诚实和廉洁》小学诚信教育教材套及《学而思》中学诚信教育教材；在社区专门开辟"廉政乐园"，设小剧场，注重廉政文化的品位和传播并以多渠道、多元化的方式向社会各界推广廉洁信息，倡导廉洁风尚，争取公众支持和参与廉政建设，包括户外综艺表演、摊位游戏、比赛、展板巡回展览、社区团体互访座谈等等；在廉政公署网站专门开辟"倡廉教育"专栏，教科书《遵纪守法》《诚实守信》《公平竞争》《金钱价值观》《认识廉政公署》和动画短片《害人害己》《消失的奖杯》等资料可供浏览与下载。

再如，新加坡提倡"家庭为根、社会为本"，政府十分重视青少年的家庭廉洁教育，在中学普遍开设了廉政和反贪污课程，使青少年认识到腐败的罪恶，在大学普遍开设儒家伦理、品格教育、国民教育等课程，将廉洁教育贯穿青少年成长的全过程，甚至从小学阶段开始，政府就有意寻找从政人才，并对它们进行高标准的选拔与培养，并送往国外留学深造，学成回国后一般直接进入高级公务员行列[③]。芬兰十分重视公民守法观念的教育和诚信自律意识的培养，学校在学生上学之初就开始教授社会学课程和法律知识，以使青少年在走上社会之前便已具备基本的法律知识和遵纪守法的观念，而国家录用公职人员的一个重要条件，就是要具有良好的法制意识和一定的法律知识[④]。新西兰的廉政教育从青少年就抓起，如以小故事的形式为青少年编写廉洁教育读本免费送到学校图书馆，此外，政府还经常宣传反腐的知识和法律，在学校也开设这类课程，从青少年开始，就不断灌输反腐意识。新西兰的廉洁教育还与社会、媒体、家庭、民间团体的教育结合起来，让年轻人明白什么可为、什么不可为，遇到腐败如何处理等[⑤]。值得

[①] 杨伟：《香港和新加坡廉政教育的几个特点》，载于《中国监察》2005年第17期，第63页。
[②] 任建明：《反腐败制度与创新》，中国方正出版社2012年版，第149页。
[③] 任建明：《反腐败制度与创新》，中国方正出版社2012年版，第146页。
[④] 刘步健：《芬兰反腐保廉的制度化解读》，载于《群众》2011年第7期，第89~90页。
[⑤] 佚名：《新西兰 廉洁教育从青少年抓起》，载于《政府采购信息报》2014年4月14日，第32版。

注意的是，一些发展中国家也开始重视"廉洁从娃娃抓起"并将廉洁教育纳入学校课程体系。比如，柬埔寨较早就将反腐败纳入学校课程体系，为此编写了 1~12 年级学生使用的高棉语、公民教育、家庭经济、历史等课程的教师指导手册，并培训教师如何使用这些手册，教师在课堂教学中鼓励青少年与他们的家人或亲戚共同探讨问责和腐败问题[①]。

2. 廉洁教育目标上，以提升青少年的反腐意识和抵制腐败的能力为重点

民众对腐败行为的容忍是腐败蔓延的根本原因之一，部分国家和地区的实践证明提升青少年反腐意识和抵制腐败能力非常关键。比如，澳门廉政公署"诚实的新一代"项目旨在传递"正直、廉洁和诚实是应被珍视的重要的社会价值""腐败不应被容忍，它对社会上的每一个人都有害""每个人（包括年轻人）都能够通过做一个负责任和诚实的人为建立一个无腐败的社会做出贡献"等重要信息[②]；巴西圣保罗州财政教育计划致力于提高学生对于保护公共利益、国家财产的认识，让学生认识到公共空间和国家财产归全体公民所有，公共支出应依照一定的优先顺序进行并且受到社会的监督控制，社会大众的纳税能力有限，腐败和浪费行为必须被禁止[③]；透明国际意大利分会的道德教育项目以激发学生独立思考、反思个人责任、强化道德判断和决策能力为目的[④]；哥伦比亚"椅子计划"旨在让学生们了解人在廉洁方面面临的困境，今后当个人生活面临道德挑战的时候，应考虑到哪些利益群体，确保公共利益而不是个人私利得到优先维护[⑤]；美国校园伦理道德教育示范项目的目标是提高学生在面对道德和品质问题时的解决问题的能力和决策能力，让学生们明白：原谅那些看似微不足道的不道德行为，将为今后出现更为严重的不当行为（如违反公共信任、贪污和腐败）留下隐患[⑥]。

3. 廉洁教育内容上，以与廉洁相关的社会价值观为重点

不诚信和腐败有着极为密切的关联，因此，很多国家和地区十分重视青少

---

① 透明国际，清华大学公共管理学院廉政与治理研究中心译：《全球青少年廉洁教育概览》，中国方正出版社 2007 年版，第 59 页。
② 透明国际，清华大学公共管理学院廉政与治理研究中心译：《全球青少年廉洁教育概览》，中国方正出版社 2007 年版，第 5 页。
③ 透明国际，清华大学公共管理学院廉政与治理研究中心译：《全球青少年廉洁教育概览》，中国方正出版社 2007 年版，第 13 页。
④ 透明国际，清华大学公共管理学院廉政与治理研究中心译：《全球青少年廉洁教育概览》，中国方正出版社 2007 年版，第 26 页。
⑤ 透明国际，清华大学公共管理学院廉政与治理研究中心译：《全球青少年廉洁教育概览》，中国方正出版社 2007 年版，第 23 页。
⑥ 透明国际，清华大学公共管理学院廉政与治理研究中心译：《全球青少年廉洁教育概览》，中国方正出版社 2007 年版，第 43~44 页。

年诚信品质的培养。如我国澳门廉政公署为小学免费提供的教材名称即为《诚实和廉洁》，并提供类似《诚信小剧场角色扮演剧本》《诚实的小猪》等短篇话剧剧本作为教学工具；新加坡在大学开设的儒家伦理课程内容"八德目"即由我国儒家"忠、孝、悌、信、礼、义、廉、耻"转化而来。同时，抵制腐败需要个人较强的社会责任感和真正尊重他人的意识以及抵制利益诱惑的意志力，因此，这些品质的培养也普遍受到重视。如新加坡品格教育课程通过个案、讨论和郊游等方式将廉洁、进取、毅力、关怀、合作与尊重别人的价值观传递给学生①；国民教育课程旨在通过新加坡历史和国情的认知，引导学生树立"我是一个新加坡人"的国家意识和社会责任感②；哥伦比亚"椅子计划"强化对当前组织所面临的价值和道德挑战的反思，将诸如企业在一个冲突社会中的社会责任、媒体的社会责任、利益集团在立法过程中的作用等有关公共利益的话题引入互动讨论，促使学生理解道德判断的必要性以及公共利益的概念，正确管理人际关系③。

4. 廉洁教育形式上，贴近青少年年龄特点和生活实际，注重给予学生较好的获得感

青少年廉洁教育应尽可能贴近学生年龄特点和生活实际，重视顺应学生兴趣，给予他们较好的获得感，吸引学生主动参与。

首先，顺应学生年龄、身心成长特点，采用不同的教育方式。如香港廉政公署专门为幼儿园编写《廉洁的香港我的家》，书中内容以儿歌、卡通画、短文警句、寓言故事等小朋友很容易接受的形式呈现，效果很好，孩子从小就知道贪污的人和"大灰狼"一样坏④；澳门"诚实的新一代"项目以4~6年级的小学生为主要对象，廉政公署里专门为小学生们设计的"廉洁乐园"更像一个游玩场所，而不是一个严肃的教室，以使孩子们感觉舒适并能够自由地发表他们的观点，而且因为大多数学生对廉政公署都很好奇，所以参观廉政公署很能吸引他们。廉洁乐园由3个部分组成：信息展览区、活动教学室（莲花村）及愿望树，其中，信息展览区内设有计算机游戏、仿真口供室、辨认室及案件模型，以此引导孩子们初步了解澳门廉政公署的反贪工作；活动教学区通过电脑演示、木偶剧和录像等形式讲述4个人的故事，引导孩子们讨论腐败对社会的影响，而每一个参观者在离开莲花村前，都会得到一张水果卡片，孩子们可以在这张卡片上写下

---

① 李芳：《新加坡思想道德教育的启示与借鉴》，载于《丝绸之路》2009年第10期，第108~110页。

② 殷竹钧：《新加坡大学生廉洁教育的实践经验及其借鉴》，载于《东南亚纵横》2013年第4期，第71~75页。

③ 透明国际，清华大学公共管理学院廉政与治理研究中心译：《全球青少年廉洁教育概览》，中国方正出版社2007年版，第23页。

④ 杨伟：《香港和新加坡廉政教育的几个特点》，载于《中国监察》2005年第17期，第63页。

自己的愿望，然后把它挂在莲花村入口处的许愿树上[①]。相对小学和低幼孩子喜欢"寓教于乐""寓教于玩"而言，大学和中学生更喜欢互动式参与体验，因此，启发式案例教学备受重视。如"椅子计划"开发了采用案例研究方式的教材，这些案例不但描述了人在廉洁方面面临的困境，并且鼓励学生自己找到解决方案。在课堂上，学生通过角色扮演、辩论等有趣方式识别道德问题和利益冲突问题，然后讨论切合实际的解决方案，在此过程中，学生、教师和职业人士可以提出问题并对道德困境进行分析。许多观察家认为，"椅子计划"之所以能够有吸引力，就是因为它的教学内容和教育方式（如案例分析研讨会、研修班、全体会议等）[②]。美国校园伦理道德教育示范项目广泛运用案例学习和角色扮演练习，而且案例没有标准答案，在教学过程中，教师会随机分配学生扮演委员会的成员，比如被告、辩方律师或检察官等，当委员会听取了有关道德困境的陈述并且做出决定后，在场的其他学生都可以参与，在之后的部分，学生们变换角色，从而使更多的学生可以参与正式的决策过程，那些没有扮演委员会正式角色的学生同样积极参与，而且，在做出决定的过程中，学生会被要求判定他们的行为究竟符合注重结果、注意规则还是注重仁爱的哲学[③]。

其次，顺应学生生活实际，寻找学生感兴趣的廉洁话题。如透明国际意大利分会的道德教育项目通过引入学生自身有可能接触到的情景来引起学生对反腐败话题的兴趣，并鼓励当地的平民反腐英雄演讲时尽可能涉及学生比较熟悉的真实腐败案例和当地的故事，参加研讨的学生还可以获得相应的学分[④]；美国校园伦理道德教育示范项目委员会提供给学生的教学材料集中于学生所面对的现实问题，并为学生提供有关学生能够理解的不良行为的实例以及处罚这些行为的困难性的实例，希望使学生意识到，即使是微小的不当行为，也会对社会造成严重的影响[⑤]。

再次，给予参与学生较好的获得感对于青少年积极参与廉洁话题的讨论很有帮助。如非洲青年反腐败网络在学校内设立旨在提高反腐意识的青年俱乐部，该俱乐部在高中组织实施"良治"讨论，青少年对治理的看法以及他们提出的改进

[①] 透明国际，清华大学公共管理学院廉政与治理研究中心译：《全球青少年廉洁教育概览》，中国方正出版社2007年版，第5~7页。

[②] 透明国际，清华大学公共管理学院廉政与治理研究中心译：《全球青少年廉洁教育概览》，中国方正出版社2007年版，第23~24页。

[③] 透明国际，清华大学公共管理学院廉政与治理研究中心译：《全球青少年廉洁教育概览》，中国方正出版社2007年版，第44~45页。

[④] 透明国际，清华大学公共管理学院廉政与治理研究中心译：《全球青少年廉洁教育概览》，中国方正出版社2007年版，第29页。

[⑤] 透明国际，清华大学公共管理学院廉政与治理研究中心译：《全球青少年廉洁教育概览》，中国方正出版社2007年版，第43~44页。

建议有机会在全国和地方性媒体上公开发表，这一措施有力地促进了青少年有关良治知识的大幅度增长和校园反腐俱乐部数量的增长[1]；格鲁吉亚"青年反腐项目"事先开展了大量调研工作，诸如"哪些事例和问题最能吸引学生参与""哪些嘉宾最适合为14~15岁的学生演讲""如何根据学生的年龄和知识水平设计讨论和作文比赛"等均得到了主办者的高度重视，项目最后是通过一个由14~15岁的学生参加的校园作文比赛而达到高潮，项目组织者鼓励学生们表达自己对腐败和守法等问题的看法并提供在全国范围内表达个人意见的机会和与格鲁吉亚社会名流会面的机会，经过评选，9篇最好的作文被格鲁吉亚的顶级报纸《24小时》和格鲁吉亚透明国际的网站发表和登载，使得参加项目的青年意识到，他们的意见和观点对于社会具有价值，此举大大激发了学生参与的积极性并迅速扩大了反腐项目在校园的影响力，学生对于腐败的态度发生了明显改变[2]。此外，阿根廷开展了"无边界教室"全国竞赛，决赛入围班级将应邀参加全国会议，并在会上展示他们设计的项目，成效显著[3]。

最后，学校教师的身教言传对学生的廉洁教育有着潜移默化的重要影响，教师本人的廉洁度、对职业的忠诚度、处理事务的正直度对学生廉洁观念的形成具有直接的影响，因此，教师群体本身即是青少年廉洁教育的活教材。新加坡对教师职业的极为重视可以给予我们极大启示。一方面给予教师公务员身份和在公务员中处于上等的工资以及丰厚的恩奉金；另一方面对教师的廉洁从教要求十分严格，依据新加坡法律，教师如果收受礼品价值超过50新元，一旦发现并证实，将定为受贿罪，而且终身不得再从事教师职业。严格的法治与高薪养廉制度的同步实施，使新加坡教师逐渐养成奉献、忠诚、正直的个人品格，直接影响学生优秀品格的形成，增强了学生的廉洁信心。

第二节 我国传统教育廉政文化的历史启迪

"廉"是中国传统官德的一个基本规范，"不受曰廉，不污曰洁"，为官廉洁，被视为"国之大维""人生大纲""仕者之德"。"廉"在古汉语中是指堂屋

---

[1] 透明国际，清华大学公共管理学院廉政与治理研究中心译：《全球青少年廉洁教育概览》，中国方正出版社2007年版，第36~37页。

[2] 透明国际，清华大学公共管理学院廉政与治理研究中心译：《全球青少年廉洁教育概览》，中国方正出版社2007年版，第52~57页。

[3] 透明国际，清华大学公共管理学院廉政与治理研究中心译：《全球青少年廉洁教育概览》，中国方正出版社2007年版，第75页。

的侧面,东汉著名经学家、文字学家许慎《说文解字》就释曰:"廉,仄也,从广兼声",而古代"堂之侧边"的特点是平直、方正、有棱角。此外,南朝梁代黄门侍郎兼太学博士顾野王在《玉篇·广部》中释曰:"廉,清也";晚清经学大师、中国近代著名教育家孙诒让在《周礼止义》中解释"廉者,洁不滥浊也"。因而"廉"具有正直、方正、清、洁、节俭等含义,基本要义是"不取不义之财、不贪不义之利""不饮盗泉之水,不受嗟来之食"。而"政者,正也",即正直公道,中国传统府衙的公堂上常挂有"明镜高悬"匾额,其意也在于提醒官员"清正廉洁""公正廉明"。

  同时,从教育的管理体制上,我国在氏族公社末期就开始形成了"官师合一"的制度,当时学校"成均之学"和"虞庠之学"的教师由两种人组成:一是由"部落显贵"兼任,他们既是行政首领,又是学校教师;二是由经过遴选的德高望重的老人任专职教师。之后,这种"官师合一"的制度直接为夏商周所继承,尤其是在西周政教不分、官师合一的制度日臻完善,形成了"学在官府"、教育机构设于官府之中的教育模式①。虽然在春秋战国时期出现了"天子失官,学在四夷"的官学衰微现象,私学开始兴起,政与教、官与师开始分离,隋唐之后科举制度勃兴,传统教育事实上成为了一种社会教育,但是当时选择做私塾教师或家庭教师的大多是落榜的读书人,而每个地方也大多仍有官学教育机构——县学、文庙和监管学务的儒学教谕,一些贤达的知县也有时亲自登台授课,"学而优则仕""学成文武艺,货与帝王家""书中自有黄金屋,书中自有颜如玉"等功利思想、做官思想仍然是读书人的主流,因此教育仍然与政治有着十分重要的关系,无论是官学还是私学都非常重视教育的政治功能,把教育作为治民安人、移风易俗和培养治国理政人才的重要工具。西周时,周公就主张"明德慎罚",先教后刑,这一思想对后世影响很大,构成了中国古代教育的一个基本特点。后世如孔子"为政以德"的主张,《学记》中"建国君民,教学为先"和"化民成俗,其必由学"的观点,董仲舒关于"教,政之本也"的论述,以及王安石"天下不可一日而无政教"的提法,都是对周公这一思想的继承与发展②。中国传统教育的这一重要特点为我国教育廉政文化的形成、发展奠定了重要基础,也正是在此基础上形成了"概略来讲主要有民本、崇德、公廉、慎刑、尚贤、节用、教化、监督等"③源远流长、博大精深的廉政文化。

---

  ① 朱永新:《滥觞与辉煌:中国古代教育思想史》,人民教育出版社2004年版,第221~229页。
  ② 朱永新:《滥觞与辉煌:中国古代教育思想史》,人民教育出版社2004年版,第22~23页。
  ③ 高春平:《中国古代优秀廉政文化面面观》,载于《山西日报》2015年3月3日,第C02版。

一、选贤任能：早熟的教育廉政思想

与西方文化偏重于法治的廉政思想不同，我国传统文化偏重于德治的廉政思想，表现在官员的选拔上十分强调贤人治国和能人理政，不仅要求官员"有德者居其位"，而且要求德为先前提下的德才兼备，并在此思想指引下形成了一大批可谓早熟的廉政文化教育思想成果。事实上，如今的反腐败过程中，最棘手的不是反腐，而是选人用人问题。2015年全国人民代表大会上，时任山西省委书记王儒林就感叹有些干部"今天提起来，明天又进去了"，如何把好用人入口关、真正把合适的人放在合适的领导岗位上需要慎之又慎。这方面，中国古代的选贤任能思想可以适当借鉴。

（一）修身治国的统一："有德者居其位"

我国传统文化中"学而优则仕"的观念深入人心，问题是：怎么算是"学而优"？《大学》回答了这一问题，其开篇便说："古之欲明明德于天下者，先治其国；欲治其国者，先齐其家；欲齐其家者，先修其身"，从而确立了个人"修身—齐家—治国—平天下"的"内圣外王"人生道路范式。可见，修身是入仕治国的前提和基础，修身教育也就成为我国传统教育的最基本教育内容，而其中最重要的就是品德教育。儒学大家孔子、朱熹、王夫之等皆十分重视孩子的品德教育，如孔子把"德行"作为四科之首，朱熹亲自编定儿童德育教材《小学》，王夫之主张"习于蒙学"并提出了"蒙以养正"的早期教育观点。

那么，入仕的官员需要具备哪些品德呢？《尚书·皋陶谟》中记载，早在舜时，司法官皋陶就提出从政者要有九德："宽而栗，柔而立，愿而恭，乱而敬，扰而毅，直而温，简而廉，刚而塞，强而义"，即行事谨慎而如履薄冰，处事柔和而坚持原则，与人为善从人心愿而认真负责，治事公平而持重，耐心柔顺又极其果敢，为人正直而不傲慢，性格豁达而行为端方，做事主动坚决又有节制，作风强势又能协调好关系。到西周时，"廉"已经作为官员的必备品质而纳入考察，如《周礼·天官冢宰·小宰》中提到察考官员注重"六廉"："一曰廉善，二曰廉能，三曰廉敬，四曰廉正，五曰廉法，六曰廉辨"；春秋时，著名政治家管仲提出"礼义廉耻"为"国之四维"说，晏婴提出"廉者，政之本也""廉之谓公正""行廉而不为苟得"的思想；战国时期，屈原《楚辞·招魂》说"朕幼清以廉洁兮"，《韩非子·奸劫弑臣》言"百官之吏，亦知为奸利之不可以得安也，必曰：'我不以清廉方正奉法，乃以贪污之心枉法以取私利，是犹上高陵之巅，堕峻溪之下而求生，必不几矣。'安危之道若此其明也，左右安能以虚言惑主，而百官安敢以贪渔下？是以臣得陈其忠而不弊，下得守其职而不怨。此管仲之所以治齐，而商君之所以强秦也"，这里，韩非子明确提出：国家强盛的一个重要原因就是臣僚清廉方正，而不是放纵贪污之心以徇私枉法①。可见，以公正、正直、洁净、不贪、不求私利等为内涵的"清廉"思想在我国很早就出现了，而且最晚在战国时，"廉"与"忠""贪"与"奸"开始关联起来，那些"贪污""枉法""虚言惑主"的"奸利"之徒祸乱国家，令国家"不可以得安"，因此，历代统治者更加重视官员的"廉"品考察，唐代武则天编的《臣轨》就专辟"廉洁"一章，旗帜鲜明提出"廉平之德，吏之宝也"的观点。

同时，春秋时期的孔子提出了君子、小人之说，"君子学道则爱人，小人学道则易使"②，"尊五美，屏四恶，斯可以从政矣"，"五美"即"君子惠而不费，劳而不怨，欲而不贪，泰而不骄，威而不猛"，"四恶"即"不教而杀为之虐，不戒视成为之暴，慢令致期谓之贼，犹之与人也，出纳之吝谓之有司"③，北宋著名政治家欧阳修则明确提出"廉耻，士君子之大节"。可见，廉、"欲而不贪"是君子的必备品质。

此外，我国一直有"气"说思想，如《黄帝内经》的人体"清浊之分"说、孟子的"养浩然之气"说、道家的"道气"说、王充的"元气"说等，后来北宋理学家张载提出"天地之性"与"气质之性"的区别，强调"守礼""持性"而不违道，"由穷理而尽性"，开创了对后世影响深远的"气学"。而在我国"气说"中，与廉政相关的就是气的"清浊之辩"，清与廉相关，浊与污相联，周敦颐《爱莲说》即推崇"出淤泥而不染"的清正人格，我国也把清正廉洁的官员简称为"清官"。因此，清气、正气、浩然之气也成为廉者的必备品质。

最后，我国有悠久的民本传统，《尚书》认为"民惟邦本"，晏婴提出"德莫高于爱民，行莫厚于乐民"，孔子提出富民、教民的仁政思想，《道德经》提出"圣人无常心，以百姓心为心"，《孟子》提出"民为贵，社稷次之，君为轻"，西汉贾谊的《新书》提出"闻之于政也，民无不为本也"等。而后来北宋范仲淹提出著名的"先天下之忧而忧，后天下之乐而乐"的"忧乐"观可谓是民本思想的最高境界，认为一个有为官员应该胸怀天下，具有济世救民的高度责任感和时代使命感。民本思想的核心是惜民、恤民、爱民、教民，一个真正的"有德者"应该时时刻刻顺民意、体民情、殖民产、启民智，关心老百姓、爱护老百姓、教化老百姓，并惩恶扬善，救民于水火。

总之，我国传统文化中，"清廉—正气—君子—忠—爱民"相互关联，"贪

---

① 李洪峰：《中国古代的廉政文化》，故宫出版社2014年版，第17页。
② 《论语·阳货》，张学贤主编：《论语导读》，浙江大学出版社2013年版，第259页。
③ 《论语·尧曰》，张学贤主编：《论语导读》，浙江大学出版社2013年版，第300页。

污—浊气—小人—奸—弃民"相互勾连。清官一定是一身正气,是忠君爱民的谦谦君子;反之,贪官一定是贪赃枉法、虚言惑主、骑在人民头上作威作福的奸佞小人。这一理论为我国选人用人提供了很好的借鉴和参考,即选官用官上要注意听民意、察民情,尽量选用为人处事上有正气、敢于直言、勤政爱民、坚持原则并忠于职守的君子,坚决摒弃老百姓反映强烈的作威作福、一味迎合上级、任人唯亲的谄佞小人。同时,"物以类聚,人以群分",清清相近、浊浊相靠,我们在选人用人时还可以从观察其身边的朋友入手来判断其为人的"清浊",身边小人群集的官员一定不是好官,看一个官员廉不廉,要善于观察他的朋友、亲情关系,看这些人在他升迁前后发生了哪些变化。著名政治家诸葛亮在其名作《出师表》中说"亲贤臣,远小人,此先汉所以兴隆也;亲小人,远贤臣,此后汉所以倾颓也"。"亲近谁、远离谁"不但关乎官员的人品,而且关于国家安全,所以考察官员不但要观察他 8 小时之内的政绩,更要察考他 8 小时之外的生活。

  事实上,在教育实践中,我国也确实重视品德教育。我国古代通行的蒙养教本"三、百、千、千",即《三字经》《百家姓》《千家诗》《千字文》,以及《女儿经》《教儿经》《童蒙须知》等大量充斥着道德教化内容已经是众所周知的,而记载孔子教育思想和教学过程的名作《论语》中仅"君子"教育的言语就非常多,如"君子讷于言而敏于行""君子耻其言而过其行""君子不器""君子不忧不惧""君子喻于义,小人喻于利""君子怀德,小人怀土。君子怀刑,小人怀惠""君子和而不同""君子周而不比,小人比而不周""君子坦荡荡,小人长戚戚"等,还有当时通行的教材《诗经》中也有大量的教育内容,如《硕鼠》篇"硕鼠硕鼠,无食我黍。三岁贯汝,莫我肯顾。逝将去女,适彼乐土"对贪官污吏的讽刺和厌恶,《诗经·大雅·烝民》篇"天生烝民,有物有则,民之秉彝,好是懿德"对周宣王使贤任能及宰相仲山甫才德出众的赞美等,而学习《诗经》当时十分风行,可谓"不学诗,无以言,不学礼,无以立"。在政治实践中,我国也有着举荐"有德者"直接做官的优良传统。如汉代通过选举科目,贤良方正、孝廉等为中央和地方选拔优秀人才,其中,贤良方正是为中央选拔具有文学才能的上层统治人才,孝廉是为地方选拔人才。汉朝建立之初(公元前 196 年)汉高祖就下诏书令各地诸侯、郡守亲身劝贤者并以车驾迎至京师,不肯推荐的要免官[①],汉文帝即位第二年(公元前 178 年)即下诏举贤良方正,"及举贤良方正能直言极谏者,以匡朕之不逮"[②]。

[①] 程舜英:《中国古代教育制度史料》,北京师范大学出版社集团 2011 年版,第 12 页。
[②] 班固:《汉书》卷四《文帝纪第四》,浙江古籍出版社 2006 年版,第 27 页。

(二)"德才兼备,以德为先"的理念:《周礼》"六廉"思想

在我国传统廉政文化中,《周礼》"六廉"思想具有十分重要的地位,而且影响深远:纵观整个封建社会,官吏的考核评判标准基本未超出"六廉"范畴,在实际运作中,"六廉"也对封建官吏的为官从政行为起到了准则导向作用,此外,"六廉"还为中国古代廉政文化建设奠定基本的内容框架①。

"六廉"出自《周礼·天官冢宰·小宰》,"以听官府之六计,弊群吏之治,一曰廉善,二曰廉能,三曰廉敬,四曰廉正,五曰廉法,六曰廉辨"。郑玄说"廉为六事之本",《周礼注疏》认为:"此经六事,皆先言廉,后言善、能之等,故知将廉为本"②,《周礼正义》也认为:"听,平治也,平治之计有六事。弊,断也,既断以六事,又以廉为本"③。因此,"六廉"的意思是善、能、敬、正、发、辨"六事"皆以廉为本。而根据东汉郑玄《周礼注》,"善,善其事,有辞誉",意为"善于治事理民,有好的声誉";"能,政令行也",意为"各项政令得以推行";"敬,不解(懈)于位也",意为"在其职位上能尽职尽责,恪尽职守";"正,行无倾邪也",意为"公正,不偏袒,不徇情";"法,守法不失也",意为"遵守法纪,执法公允";"辨,辨然不疑惑也","谓其人辨然于事分明,无有疑惑之事也"④。任松峰、王杰由此得出以下结论:

不难看出,"善、能、敬、正、法、辨"六个方面是官吏考核、计其功过多少的六条标准。它所注重的不是"贤""德"一类的软性条件,而是是否称职一类的硬性条件。因此,六者关乎其能力、工作态度等。……官吏考核的这六个标准,实际包含三个层面:法律层面的"廉法",道德层面的"廉敬"和"廉正",能力层面的"廉善""廉能"和"廉辨"。"六廉"体现了中国古代考课制度中坚持道德考课与能力考课并重的特点。⑤

由上分析,"六廉"十分明确地提出了我国传统廉政文化中"德才兼备、以德为先"的官员考核标准。当然,早在五帝时期,我国就十分注重"德才兼备、以德为先"人才的选拔标准,从皇帝提拔的风后、力牧到舜选举产生,各级官员都是德才兼备的人才;春秋战国时期著名思想家荀子也认为选拔官员的依据应该

---

① 任松峰、王杰:《〈周礼〉"六廉"思想及其现代价值》,载于《中共中央党校学报》2014年第18卷第3期,第54~57页。
②④ 李学勤:《周礼注疏》,北京大学出版社1999年版,第60页。
③ 彭林:《〈周礼〉主题思想与成书年代研究》,中国社会出版社1991年版,第121页。
⑤ 任松峰、王杰:《〈周礼〉"六廉"思想及其现代价值》,载于《中共中央党校学报》2014年第3期,第54~57页。

是"无德不贵,无能不官""尚贤使能"①。到了汉代,从察举制度可以看出,汉武帝时选拔官员有两个重要标准,首要的是"德",要求被举荐的官员道德修养高,对举荐人员不实甚至弄虚作假者处罚极重,其次才是才学,衡量的标准是儒术的高低,为了保证察举真正的人才,汉代还实行"试任制"②。之后,宋代著名史学家司马光强调"仁且智",认为"德者,才之帅;才者,德之资",十分明确提出德、才关系,他在《资治通鉴》中把人分为四类:有才有德的圣人、有德无才的贤人、无才无德的愚人和无德有才的小人,主张宁要有德无才的贤人,也不要无德有才的小人。宋代另一位教育家张载则进一步强调品德发展对于智力的积极影响,他认为"人若志趣不远,心不在焉,虽学无成,人惰于进道,无自得达,……德薄者终学不成也"③。从中可以看出,"德才兼备,以德为先"大多数情况下是我国人才培养和官员选拔的标准和共识。

而要选拔到德才兼备的人才,培养人才是关键,学校教育无疑是关键的关键。在氏族社会末期学校教育萌芽时期,我国教育内容大概就以"乐"与"孝"为主,到了夏商周三代时期,教育内容已经日趋统一和明确,形成了所谓的礼、乐、射、御、书、数"六艺"教育。其中,"礼"的教育功能:"道德仁义,非礼不成",承担着政治宗法教育、伦理道德教育、爱国主义教育和行为习惯的培养等任务,"乐"教有乐德、乐语、乐舞诸方面,"射御"之教是射箭技术的训练,"书数"教育即识字教学和数的教学,而数的教学按照吕思勉德先生的说明涵盖了天文、历法、五行、杂占、形法等六个方面④,从中可以看出"六艺"教育贯彻了德才兼备、文武并重、知能兼求思想,已经颇具特点。春秋时期,我国著名的教育家、思想家孔子的教育目的是培养三种规格的人才:一是"仁人"或"圣人",这是人才的最高境界,也是理想境界,现实生活中几乎不存在,所以,"圣人,吾不得而见之矣";二是"君子"或"成人",这是人才的较高境界,是指全面发展、品行高尚的人,这些人"修己以安人""修己以安百姓""谋道不谋食""食无求饱,居无求安,敏于事而慎于言";三是"士",这是人才的良好境界,主要是辅佐人才,可以从事各种层次的政治、外交、军事、文化等具体活动,也可以协助理财和掌管各种礼仪。从孔子的教育实践看,"士"是他最现实的培养目标,为此他建立了"德行、言语、文学、政事"四科,以诗书礼乐、文行忠信教育弟子⑤。从中可以看出,"吾从周"的孔子坚持"德才兼备,以德为

---

① 安小兰译注:《荀子·王制》,中华书局2007年版,第85页。
② 邵景均、单卫华:《图说中国廉政文化》,山东画报出版社2013年版,第39页。
③ 《张载集·经学理窟·义理》,转引自朱永新:《滥觞与辉煌:中国古代教育思想史》,人民教育出版社2004年版,第118页。
④ 朱永新:《滥觞与辉煌:中国古代教育思想史》,人民教育出版社2004年版,第169~170页。
⑤ 朱永新:《滥觞与辉煌:中国古代教育思想史》,人民教育出版社2004年版,第103~104页。

先"的教育特征十分明显。汉武帝时，我国严格意义上的官办太学出现，公孙弘所定的博士弟子员制度规定"郡国县官有好文学，敬长上，肃正教，顺乡里，出入不悖"①者得"受业如弟子"，这些弟子入学一年后不勤学、不能通一艺者要退学，可见也是坚持"德才兼备、以德为先"的原则。唐宋以后，中国古代教育的人才观念大致沿着两条道路前进：一条是以韩愈、朱熹为代表的，强调仁义道德的人才观；另一条是以王安石、颜元等为代表的，强调经世应务的人才观。但是，双方并非完全否定对方而是互相影响、互相渗透，如朱熹在大谈"心性"时也主张"实用"的教育，他说："若论为学，修己治人，有多少事。至如天文、地理、礼乐、制度、军旅、刑法，皆是着实有用之事业。"颜元虽然主张"以经世为宗"，但他主张培养的人才应该是"实才实德之士"，南宋事功学派的代表人物叶适、陈亮都主张培养德艺并举的人才，他们反对的只是空言德性，强调具有真才实学的秉义明道之人才②。由是观之，毋庸置疑，我国传统教育思想基本上都是坚持"德才兼备，以德为先"的人才培养观。

事实上，我国当代教育仍然坚持"德才兼备，以德为先"的人才培养观，可谓"培养德智体美全面发展的优秀人才"。2010年，胡锦涛同志在全国人才工作会议上再次强调"要坚持德才兼备原则，全面提高人才素质"，《人民日报》评论员文章认为："才者，德之资也；德者，才之帅也……德才兼备，是我们党对人才工作一贯的要求。从坚持学习科学文化与加强思想修养的统一到把品德、知识、能力和业绩作为衡量人才的主要标准。"③ 然而，当前，我国"能人贪腐"、乱作为问题十分突出，"懒官庸官"不作为问题也同样不容小觑。不管是有才还是无才，"德"的缺失都是显而易见的，缺乏忠于职守、为国立功、为民请命的责任感和使命感无疑是其共同特点，坚持公务人员选拔的"德为先"原则仍然任重而道远。早在宋代，大诗人元好问诗里就说"能吏寻常见，公廉第一难"，以廉为本，如何选拔出真正德才兼备的人才仍然是需要我国继续探索和破解的世界性难题。

（三）其他选贤任能教育文化思想

在我国传统廉政文化中，除了主流的儒家思想之外，道家、墨家、法家同样提倡选贤任能，但是在什么是贤德、什么是才能的看法上与儒家有所同也有所

---

① 《汉书》卷八十八《儒林列传序》，转引自程舜英编著：《中国古代教育制度史料》，北京师范大学出版社集团2011年版，第86页。
② 朱永新：《滥觞与辉煌：中国古代教育思想史》，人民教育出版社2004年版，第107~110页。
③ 《坚持德才兼备 提高人才素质——五论学习贯彻胡锦涛总书记在全国人才工作会议上的重要讲话》，载于《人民日报》2010年6月4日，第1版。

异，这些教育文化思想同样值得我们借鉴和重视。

首先，在对"贤德"的认识上，儒家在个人修身上以"仁和礼"为核心，主张差等秩序的爱和人人遵从周礼，强调寡欲和忧患意识，如孟子就说"养心莫善于寡欲""生于忧患而死于安乐"；在官员标准方面以"廉"为本，强调"有为"、忠于职守、公私分明、教民爱民、惩恶扬善，生活上节俭，反对奢华侈靡。道家在个人修身上以"道"为核心，主张"见素抱朴，少私寡欲"，即保持内心的朴素本真，清心寡欲；在官员标准方面以"无为"为本，强调少干预，通过"无为"达到"无不为"，生活上节俭，反对铺张浪费。墨家在个人修身上以"兼爱"为核心，主张无差等的爱，墨子还认为"君子之道也，贫则见廉，富则见义，生则见爱，死则见哀，四行者不可虚假，反之身者也"①，把"贫则见廉"作为君子的重要标准之一；在官员标准方面以"尚贤"为核心，强调贤人政治、非攻，生活上提倡节用，反对铺张浪费，并从节用出发，主张"节葬"，反对儒家提倡的"厚葬"。法家是先秦诸子百家中反贪倡廉呼声最突出的一家，在个人修养上大力提倡"废私立公"，认为公正是道德的行为，也是守法的表现；在官员标准方面以"守法"为核心。

其次，在对"才能"的认识方面，儒家强调胸怀天下、经天纬地、济世救民、安邦定国、明辨是非的"事功"型"士大夫"；道家强调不争、贵柔、绝圣弃智的"无为"型人才；墨家强调能分工合作、"各从事其所能"，掌握实用知识和技能的"兼士"型人才；法家强调"法治"型人才，包括见识远大、明于事理的"智术之士"、立场坚定、敢于斗争的"能法之士"和为人正直、刚直不阿的"耿介之士"，这些"全大体者"能"望天地，观江海，因山谷，日月所照，四时所行，云布风动；不以智累心，不以私累己；寄治乱于法术，托是非于赏罚，属轻重于权衡；不逆天理，不伤情性；不吹毛而求小疵，不洗垢而察难知；不引绳之外，不推绳之内；不急法之外，不缓法之内；守成理，因自然；祸福生乎道法而不出乎爱恶，荣辱之责在乎己而不在乎人。"②

最后，在教育内容上，儒家多以六艺或六经为内容，道家主张以不争、知足、贵柔、无己、无功、无名、无情为核心，墨家以实用知识和技能为主，法家强调社会教育尤其是法制教育的重要性，因此注意充实法制教育的内容；教学方法上，儒家以教学相长、因材施教、学思结合、行知统一、愤启悱发、居敬持志、学以致用等为主③，道家以绝圣弃智、顺应自然、涤除玄鉴、心斋坐忘为特

---

① 李小龙译注：《墨子·修身》，中华书局2007年版，第10页。
② 《韩非子》大体第二十九，见《韩非子集解》，王先慎撰，中华书局2011年版，第209~210页。
③ 朱永新：《滥觞与辉煌：中国古代教育思想史》，人民教育出版社2004年版，第195页。

色[1]，墨家主张"交相利"，法家主张"以法为教，以吏为师"。

由上分析可知，"选贤任能"是以儒、道、墨、法为主体的中国传统廉政教育文化思想的共同点，而各家学说对贤德、才能的不同侧重点也为我们当代坚持多元人才观提供了深厚的基础，是当代中国不拘一格用人才、育人才和多元化考核人才的重要思想渊源。从"选人用人是廉政文化建设的基础和基点"而言，我国传统文化中"选贤任能"的廉政思想无疑为当代中国廉政教育文化建设提供了可资借鉴的重要思想资源。

二、形式多样：廉政的职业教育

在选人用人上，选贤任能，把贤德、有能力的人选任到工作岗位上仅仅是第一步，如何让"有德者"始终保持为官清廉是第二步，也是最关键的一步。明代著名思想家薛王宣认为"廉洁"有三重境界："有见理明而不妄取者，上也；尚名节而不苟取，其次也；畏法律、保禄位而不敢取，为下矣。"这一论断极有意义[2]。法家认为，人人都有"好利恶害"的天性，从而提出了"明主治吏不治民"的著名论断。事实上，我国传统文化中，"明主"也确实重视开展针对在职官员的廉政职业教育，教育官员"见理明""尚名节"。

（一）多形式帝王训示

我国历史上的有为之君往往重视"治吏"，注重在各种场合对臣下进行廉政训示，提出廉政要求。从1975年湖北省云梦出土的秦代竹简中记载的《为吏之道》来看，至少在秦代，帝王已经开始对官吏进行廉政训示。《为吏之道》中要求官员必须做到"五善"——忠信敬上、清廉毋谤、举事审当、喜为善行、恭敬多让，规定做到"五善"的有赏，否则就要受到处罚[3]。汉代许多诏书的开始一段话，都是教育官吏以民为本，为政以德，廉洁从政，汉代诏书下到乡里，民众也要来听或看，这对廉洁思想的普及很有意义[4]。清代雍正皇帝给大臣的御批往往比奏章本身的字数还多，里面多劝谕，如雍正元年二月二十八日，新上任的苏州织造胡凤翚上折谢恩，雍正御批：

朕今擢用你光景，况又系府下旧人，体面地步自然为众之敬畏。督抚地方府

---

[1] 朱永新：《滥觞与辉煌：中国古代教育思想史》，人民教育出版社2004年版，第105页。
[2] 《领导干部应具有的三种品质》，http://theory.people.com.cn/n/2013/0114/c49150-20194026.html，2013年1月14日。
[3] 邵景均、单卫华：《图说中国廉政文化》，山东画报出版社2013年版，第32页。
[4] 卜宪群：《中国历史上的腐败与反腐败》（上册），海峡出版发行集团鹭江出版社2014年版，第39页。

道等形势，必加优待。汝可竭力自恃，安分知足；倘少坏朕声名，妄干地方吏治之事，一点忍奈（耐）不住，朕之耳目汝所深知，负朕此大恩，岂肯轻轻处分之事也？勉之，慎之。你若有辩（办）不来差使，不妨奏明，朕命人帮你，不可私作（做）一事，私求一利，一切食用节俭为要。向日织造等非分之享用，今日之现报，岂不见乎前车之戒业？当自警。况尔之利害又胜前人之数倍，祸福之关矣，不可少忽，特谕。再，奏报地方情形、雨水，不要徇故套，浮泛隐匿，一切着落，实在奏闻。①

该御批中，雍正告诫胡凤翚廉洁从政，不可"私作一事，私求一利"，要"竭力自恃，安分知足"；一切奏闻不可欺上瞒下，"奏报地方情形、雨水，不要徇故套，浮泛隐匿"，要"一切着落，实在奏闻"。

当然，帝王的训示除了这种严厉的，也有与臣下谈心似的。如《贞观政要》中记载了唐太宗李世民与臣下魏征、房玄龄等人关于施政问题的对话，其中就有不少涉及廉政的谈话。他曾语重心长地对臣下说："若受人财贿，不过数万。一朝彰露，禄秩削夺，此岂是解爱财物？规小得而大失者也。昔公仪休性嗜鱼，而不受人鱼，其鱼长存。且为主贪，必丧其国；为臣贪，必亡其身。"②

还有一种帝王训示的形式就是御制官箴。如明宣宗《御制官箴》、清世宗《钦颁州县事宜》等。如清世宗曾指出："牧令为亲民之官，一人之贤否关系万姓之休戚，故自古以来慎重其选。而朕之广揽旁求，训勉告诫，冀其奏循良之绩以惠我蒸黎者，亦备极苦衷矣。"因此，他希望地方官"慎守官方，勤恤民隐，兴利除害，易俗移风。"③

（二）多层次素质教育

从"六廉"可知，我国传统文化中对官员坚持"德才兼备，以德为先"的选用和考核标准，清官廉吏不仅仅是个人道德上的要求，也包括对其治事能力的要求。因此，历代"明主"都很重视对官员的执政能力和素质的教育，主要包括法治教育、勤政教育。

历代"明主"都十分重视官吏的法律学习和教育，使官吏通过知法、守法而达到廉洁从政、从政有为的目的，所谓韩非子所说的"明主治吏不治民"。如秦代编制了专供官吏学习法律的教科书，如秦简中的《法律答问》就是多采用问答

---

① 《雍正皇帝御批真迹》，http://www.360doc.com/content/14/1112/18/11532035_424612438.shtml，2014年11月12日。
② 吴兢：《贞观政要·贪鄙第二十六》，载于《贞观政要全集》，海潮出版社2009年版，第269页。
③ 清世宗：《世宗宪皇帝御制文集》卷八《钦定训饬州县规定序》，转引自卜宪群《中国历史上的腐败与反腐败》（下册），海峡出版发行集团鹭江出版社2014年版，第801页。

的形式，对秦律某些条文、术语及律文所作的明确解释，它们是专供官吏学习和运用法律的权威依据。另外，云梦睡虎地秦简中的《语书》和《为吏之道》对秦时区别"良吏"与"恶吏"的标准做了原则性说明，如《语书》中，我国秦代已经明确将官吏区分为"良吏"和"恶吏"两类，"凡良吏明法律令，事无不能殹（也）；有（又）廉絜（洁）敦悫而好佐上；以一曹事不足独治殹（也），故有公心；有（又）能自端殹（也），而恶与人辨治，是以不争书"。也就是说"良吏"应通晓法令，廉洁诚实，出于"公心"而不独断专行，与同僚协调办理公务而不搬弄是非。而"恶吏"正与"良吏"相反，"恶吏不明法律令，不知事、不廉洁"。这里，将是否懂法律令与廉洁与否相结合起来考查，无疑是一个卓识。秦国整饬吏治，其效果是显著的，这可以用荀子的评论来概括：

入境，观其风俗，其百姓朴，其声乐不流污，其服不挑，甚畏有司而顺，古之民也。及都邑官府，其百吏肃然，莫不恭俭敦敬，忠信而不楛，古之吏也。入其国，观其士大夫，出于其门，入于公门，出于公门，入于其家，无有私事也，不比周，不朋党，偶然莫不明通而公也，古之士大夫也。观其朝廷，其间听决百事不留，恬然如无治者，古之朝也。故四世有胜，非幸也，数也。

汉代统治者也很重视吏治，汉代朱博说"如太守汉吏，奉三尺律令以从事耳"，意指奉法行事是官吏的天职。汉代皇帝也经常告诫官吏要守法奉公，即使昏庸如成、哀诸帝，也不忘要求官吏"崇宽大，长和睦，凡事恕己，毋行苛暴"，或呼吁"公卿大夫其各悉心勉帅百寮，敦任仁人，黜远残贼，期于安民"。汉代还专设法律科以选拔人才，如汉武帝时，令举贤才，辟士分为四科，其一即"明习法令，足以决疑，能按章覆问，文中御史"并从选官制度上重视任用法律人才，如西汉成哀年间"以律令为尚书"，《后汉书·陈忠传》说"（陈）忠明习法律，宜备机密，于是擢拜尚书，使居三公曹"①。

东晋以后，为了强化官吏的法制教育，朝廷专设以教授官吏律令为专业的"律博士"；隋朝开皇中于大理寺置律博士弟子员，"律博士八人，明法二十人"，并在州县设有律生，隋文帝还要求"诸州长史已下，行参军已上，并习律令，集京之日，试其通不"；唐代一度在国子监中设立律学，为国子六学之一；宋代最高统治者把法律提到了"理国之准绳"的高度，把习读法律视为从政之方，宋初专设博士教授官吏法律，一百多年后，即神宗熙宁六年（1073年）始设律学，为国子监直接管理的法律专门学校，上自朝京，下至州县都要学习法，知州、通

---

① 综合参考卜宪群：《中国历史上的腐败与反腐败》（上册），海峡出版发行集团鹭江出版社2014年版，第55页；石行伟：《中国古代官吏法制教育制度检讨及启示》，载于《法制与社会》2006年第18期；《秦汉法律与吏治》，http://www.guoxue.com/wenxian/nowwen/qhflysh/qhflysh7.htm。

判及幕职、州县若对法律全然不知,还要受到一定的处分,不仅如此,宋神宗还要求凡要考取进士科的,不但在礼部"省试"时要考律义两道,就是在本州府参加乡试时(即后来的举人)也要考律义一道,这样天下所有的读书人都要读律,在宋代实施法制教育的诸项措施中,这是最为彻底的一项举措,史载神宗时代"天下争诵法令",诚非虚言;明代的统治者,特别是太祖朱元璋,非常注重对官民的法制宣传教育,吴元年议定律令时,他就指示订律大臣说"法贵简当,使人易晓",并"召诸臣赐坐,从容讨论律义",书成之后"又恐小民不能周知"而将所定律令当中"凡民间所行事宜,类聚成编,训释其义,颁之郡县,名曰《律令直解》,使民家喻户晓,才算满意",因此,注重对整个社会进行普遍的法制教育是明代法制教育的一大特色①。

到了清代,官员学习法律已经成为一种自觉,因为官员本身对法律知识也有着强烈的需求,特别是公堂问案之时,如果毫无准备,"猝难质诸幕友者,势必游移莫决,为讼师之所窥测",而如果熟谙律例,则"可因事傅例,讼端百变,不难立时折断,使讼师慑服,诳状自少,即获讼减刑轻之益"②。这种自觉也体现在当时流行的官箴内容变化上,"官箴原是规劝告诫从政为官者的一些思想原则与规范内容,以后逐渐演化成为带有自律性的具有自我约束功能的准则与规范……不仅涉及到伦理文化内容,管理文化内容,也涉及到法律文化内容,特别是行政法律文化的内容"③。

除了法治教育以外,我国古代还注重将官员的勤政教育与廉政教育相结合,以提高官员的勤政爱民素质。我国对清官廉吏向有"清、慎、勤"的要求,梁启超《新民说·论公德》说:"近世官箴,最脍炙人口者三字,曰:'清、慎、勤。'"古时衙署公堂也多书"清慎勤"三字作匾额。对于"清、慎、勤"三者之间的关系,南宋参知政事真德秀的话可谓代表,他说:"士大夫万分廉洁,止是小善,一点贪污,便为大恶。三字之中自以清为第一义,官如不清,虽有他美,不得谓之好官。然廉而不慎,则动静之为必多疏略。廉而不勤,则政事纷繁,必多废弛,仍不得谓之好官",即清是前提,慎是必要条件,勤是为政的保障,没有勤也不能称为好官;清代官员汪辉祖《学治臆说》认为虽说应当奉行清、慎、勤三项职业道德,但实际上尤以勤为重要,他认为如果丧失勤政之德,便会"宴起昼寝,以至示期常改,审案不结,判稿迟留,批词濡滞,前后左右之人,皆足招摇滋事,势必不清,何慎之有?"他甚至提出懈怠政务以至严重渎职,

---

① 《中国古代官吏法制教育制度检讨及启示》,载于《法制与社会》2006年第18期,第98~100页。
② 汪辉祖:《学治说赘·律例不可不读》,见张廷骧编:《入幕须知五种》,光绪壬辰(十八)年。
③ 郭成伟:《官箴书点评与官箴文化研究》绪论,法律出版社2000年版,转引自张小也:《儒者之刑名——清代地方官员与法律教育》,载于《法律史学研究》2004年第7期,第173~195页。

其危害程度尤甚于贪污腐败①。此外，元朝徐元瑞编著的《吏学指南》提出为官三尚"廉、勤、能"，明朝佚名编著的《初仕要览》说"初仕以勤政为首务，政不勤则百事殆"②，可见，"勤政"在我国传统官德中得到了一以贯之的重视。

中国传统勤政教育首先包括守职、尽职教育，旨在教育官吏恪尽职守，做好分内之事、本职工作，以"克勤无怠"之心杜绝懒政、惰政，《周礼》中反复要求官员"虔恭尔位""靖恭尔位""夙夜敬止"都是指官吏"在其位，谋其政"，就是要求"法定职责必须为"。而我国从"三皇五帝"中的皇帝时起就有了分职设官的传统，其中皇帝还专门设置了对官员实施监督的左右大监，主要任务就是对各氏族、部落行使监察权③，另外，《汉书·百官公卿表》《后汉书·百官志》等对丞相、三公及以下各级官吏的法定职责都有清楚的规定，正如《后汉书·百官志》引《周官》所说"分职著名，法度相持"。其次，勤政教育还包括勤于事、勤于能，用曾国藩的话说就是"勤之道有五：一曰身勤。险远之境，屈身经验之；艰苦之境，身亲尝之。二曰眼勤。遇一人必详细查看，接一文必反复审阅。三曰手勤。易弃之物，随手收拾；易忘之事，随笔记载。四曰口勤。待同僚，则互相规劝；待下属，则再三训导。五曰心勤。精诚所至，金石亦开；苦思所积，鬼神亦通。五者皆到，无不尽之职矣"④，曾国藩本人也一生践行勤政，并以此告诫子孙后代，"以人事与天争衡，莫大乎忠勤二字……忠不必有过人之才智，尽吾心而已矣；勤不必有过人之精神，竭吾力而已矣……吾家子孙，倘将来有出任艰巨者，当励忠勤以补吾之阙憾"⑤。最后，勤政教育还包括勤俭、节俭、诫骄奢教育，因为生活奢侈、骄奢放逸必然导致追求安乐，心游于"嬉"而废"业"，可谓"业精于勤，而荒于嬉"。中国古代三大思想家均强调"俭"的重要性，孔子说"礼，与其奢也，宁俭"，老子说"圣人去甚，去奢，去泰"，墨子说"俭节则昌，淫佚则亡"。贞观十二年（公元638年），唐代名臣魏徵与唐太宗李世民的对话极具代表性。魏徵说："然自古帝王初即位者，皆欲励精为政，比迹於尧、舜；及其安乐也，则骄奢放逸，莫能终其善。人臣初见任用者，皆欲匡主济时，追踪于稷、契；及其富贵也，则思苟全官爵，莫能尽其忠节。若使君臣常无懈怠，各保其终，则天下无忧不理，自可超迈前古也。"太宗曰："诚如卿言。"⑥

---

① 郭成伟：《官箴文化系列之四：传统勤政文化及其借鉴》，载于《人民法院报》2012年2月10日，第5版。
② 李洪峰：《中国古代的廉政文化》，故宫出版社2014年版，第51页。
③ 邵景均、单卫华：《图说中国廉政文化》，山东画报出版社2013年版，第8页。
④ 曾国藩：《曾国藩全集》第14册，岳麓书社1986年版，第439页。
⑤ 曾国藩：《曾国藩全集》第14册，岳麓书社1986年版，第392页。
⑥ 吴兢：《贞观政要》卷十《慎终》第四十，《贞观政要全集》，海潮出版社2009年版，第386页。

值得重视的是，勤政还要求官员既要作为，又不乱作为，更要敢于不畏强权，坚持依法办事，有责任、有担当，所谓既要"法无授权不可为，法既授权必须为"。如著名清官包公一生"以法律提衡天下""立朝刚毅"，其形象长期受到民众尊敬和称赞，"童稚妇女，亦知其名，呼曰'包待制'。京师为之语曰：'关节不到，有阎罗包老'"，而"贵戚宦官为之敛手，闻者皆惮之"①，被后人尊为"包青天"；唐高宗和武周时期的审案官徐有功廉洁清正、光明磊落，一生被酷吏奸臣多次弹劾，三次被控死罪，两次被免官，酷吏皇甫文备曾陷害徐有功，但皇甫文备后来被人控告，徐有功仍然坚持公正审理，使其免刑，有人问他为何不伺机复仇，他说不能以公法泄私愤②；宋代著名政治家王安石深感朝廷积贫积弱，倡导大力革新，反对派对其群起而攻之并逼迫王安石罢相归隐，王安石仍不改其志，在宋神宗支持下积极推行庆历新政，对于扭转当时的政治颓势起了一定作用③。

（三）多样式的警示教育

除了皇帝亲自训示以外，我国传统文化中十分注重以案说法，将以身试法的贪官污吏案件编印成册作为反面教材，以达到震慑效果。如明太祖鉴于贪官污吏泛滥的形势，曾于洪武十八年至二十年间（1385~1387年），连续发布了《御制大诰》《御制大诰续编》《御制大诰三编》和《大诰武臣》，四编皆由案例、峻令、训诫组成，以近期发生的案例为例，一方面揭示官吏诸如贪赃枉法、科敛害民、肆虐舞弊等不法行为；另一方面则反复告诫臣民应以此为戒，家藏户诵，以免蹈于刑辟④，并"皆颁学宫以课士，里置塾师教之""于时，天下有讲读《大诰》师生来朝者十九万余人，并赐钞遣还"⑤，洪武二十四年（1391年）还下令："诏科举岁贡命题于《大诰》中科取"⑥。四编大诰对明初的吏治治理有一定的积极意义，在社会上形成了"讲法学法"的良好风气，尤其是对当时的官吏贪墨起了很大威慑作用。

明太祖朱元璋还以贪腐官员酷刑现场警示官吏奉公守法，最极端的是皮草庙，"明祖严于吏治，凡守令贪酷者，许民赴京陈诉。至六十两以上者，枭首示众，仍剥皮实草。府、州、县、卫之左特立一庙，以祀土地，为剥之场，名曰皮

---

① 脱脱等：《宋史》第30册，卷316，列传第75《包拯传》，中华书局1977年版，第10317页。
② 李洪峰：《中国古代的廉政文化》，故宫出版社2014年版，第180页。
③ 李洪峰：《中国古代的廉政文化》，故宫出版社2014年版，第201~202页。
④ 卜宪群：《中国历史上的腐败与反腐败》（上册），海峡出版发行集团鹭江出版社2014年版，第737页。
⑤ 张廷玉等：《明史》，中华书局1974年版，第2284页。
⑥ 查继佐：《罪惟录》卷18《科举志》，浙江古籍出版社2012年版。

场庙。官府公座旁，各悬一剥皮实草之袋，使之触目惊心。"① 应该说，这种极端的警示教育虽然严酷，但其效果是好的，正如《明史·循吏列传》所言："明太祖……一时守令畏法，洁己爱民，以当上指，吏治焕然不变矣"②。

再则，我国传统廉政教育中还有很多警示教育类的格言警句，如吕不韦《吕氏春秋·贵公》说"智而用私，不如愚而用公"；《宋史·叶梦鼎传》说"廉耻事大，死生事小"；明朝朱祖文《北行日谱》说"为清官死，死有余荣"；清代顾炎武《日知录》说"不廉，则无所不取；不耻，则无所不为"；清代朱舜水《伯养说》言"公则生明，廉则生威"；清代钱泳《履园丛话》说"惟俭可以惜福，惟俭可以养廉"等③。

此外，我国传统文化中对于贪腐行为的特殊法律"待遇"也有很强的警示教育意义。其中，最典型的是历史上的大赦制度和赎罪制度中特别规定不赦、不赎贪官及其后人，让贪官污吏为自己的行为付出沉重代价。如东汉本初元年（146年）汉桓帝下诏说"臧吏子孙，不得察举"；大赦较为频繁的唐朝皇帝多次下诏强调不赦贪官污吏；元代元成宗曾下诏"今后因事受财，依例断罪外，犯枉法赃者，即不叙用。"这种为贪一时而殃及数代的特殊"待遇"对于官吏而言无疑具有极大的警示教育意义。④

值得注意的是，我国古代还出现过发动群众反腐的特殊时期，对贪官污吏具有极大的威慑力和警示作用。如明太祖朱元璋《大诰》中郑重申明：凡守令贪污者，允许百姓赴京控告。朱元璋还特别指出，"有能为民除害者，会议城市乡村，将老奸巨猾及在役之吏、在闲之吏绑缚赴京，敢有邀截阻拦者，枭令""其正官、首领官及一切人等，敢有阻拦者，其家族诛"。据史书记载，有嘉定县民郭玄二等人，响应皇帝号召，手持《大诰》赴京，状告本县首领弓兵杨凤春等害民，被巡检何添观留难，弓兵马德旺索要钱财。后事发，马德旺被砍头示众，何添观被砍掉双脚并带木枷示众⑤；常熟县陈寿六等三人把贪财害民的官员顾英绑缚京师，朱元璋当即奖赏三人还免除他们三年杂泛差役，并警告当地官员：胆敢对陈寿六等人打击报复者，一律族诛！⑥

需要说明的是，虽然发动群众反腐在中国古代极为少见，但发动群众监督、进言却有悠久的历史。如早在舜任命的 22 名官员中就有一个特殊的职位叫"纳

---

① 赵翼：《廿二史札记》，转引自罗元信：《也谈"剥皮实草"的真实性》，载于《历史研究》2001 年第 4 期，第 157～166 页。
② 张廷玉等：《明史》，中华书局 1974 年版，第 7185 页。
③ 林岩、王曼：《中国古代廉政文化集萃》，中国方正出版社 2009 年版，第 247～303 页。
④ 卜宪群：《中国历史上的腐败与反腐败》（上册），海峡出版发行集团鹭江出版社 2014 年版，第 62 页。
⑤ 孟庆瑜、赵宏：《朱元璋反贪的现代启示》，载于《河北学刊》2014 年第 4 期，第 178～181 页。
⑥ 邵景均、单卫华：《图说中国廉政文化》，山东画报出版社 2013 年版，第 133 页。

言",这个官职实际上是舜的上传下达的谏官,负责搜集臣民的意见,是民主议政的表现形式之一;尧舜时还设立了收集老百姓声音的谏鼓和谤木,《淮南子·主术训》载"尧置敢谏之鼓,舜立诽谤之木",传说尧担心决策失误,在宫中听不到人民意见,就在宫门外设立一面大鼓,如果有人想直言进谏就敲鼓求见;舜时于交通要道树立木牌,让人在上面写谏言,名曰"非谤木",简称"谤木",也叫"华表木"①。这种开放式的群众进言方式乃至社会反腐模式十分值得重视,因为让贪官污吏透明于老百姓的"汪洋大海"是对他们最好的监督、最强的警示。

三、颂廉风尚:廉政的社会教育

孟子说:"圣人,百世之师也,伯夷、柳下惠是也。故闻伯夷之风者,顽夫廉,懦夫有立志;闻柳下惠之风者,薄夫敦,鄙夫宽。"② 可见,榜样的力量是巨大的。也正因为如此,颂廉刺贪的廉政社会教育成为中国古代教育廉政文化建设的重要内容。其中有三个方面的内容:一是官方通过丰富多样的奖廉教育在全社会形成示范效应;二是社会大众在民间形成了崇尚清官文化的独特传统,以强大的社会舆论推动官员的廉洁从政行为;三是有识之士通过多样艺术形式进行廉政宣传,促进整个社会廉政氛围的形成。

(一)丰富多样的奖廉官方教育示范

1. 最高统治者的以身作则、带头示范

我国一直有"上梁不正下梁歪"的说法,《孟子·离娄上》说"君仁,莫不仁;君义,莫不义;君正,莫不正",《盐铁论·疾贪》曰"夫上之化下,若风之靡草,无不从教",五代时期的名臣苏绰曾言"凡人君之身者,乃百姓之表,一国之的也。表不正,不可求直影;的不明,不可责射中。君身不能自治,而望治百姓,是犹曲表而求直影也;君行不能自修,而欲百姓修行者,是犹无的而责射中也",认为如果君主躬行仁义、孝悌、忠信、礼让、廉平、俭约,就会使人"畏而爱之,则而象之,不待家教日见而自兴行矣"③,指出了君主、"上"的表率、上行下效的重要意义。其中,最典型的莫如唐太宗李世民,他曾经说过

---

① 邵景均、单卫华:《图说中国廉政文化》,山东画报出版社2013年版,第9~11页。
② 《孟子·尽心章句下》,杨伯峻译注:《孟子译注》(下册),中华书局2000年版,第329页。
③ 令狐德棻等:《周书》第二册,卷二十三,列传第十五,《苏绰传》,中华书局1971年版,第383页。

"君，源也；臣，流也。浊其源而求其流之清，不可得矣"①　"为主贪，必丧其国；为臣贪，必亡其身"②　"若安天下，必须先正其身，未有身正而影曲，上治而下乱者"③，可谓至论。史载，唐太宗当政时期，吏治清明、经济发达、社会安定，史称"贞观之治"。卜宪群认为论吏治之清明，社会之生机，"贞观之治构成了后世臻治和反腐的一块重要样板"，表现在"行王道仁政""君臣之一体，贤能之进用，益思之广益，群言之畅达"④。而这些成就的取得均得益于唐太宗本人的表率作用，赵克尧、许道勋《唐太宗传》从对民本思想的强调和践履而言认为唐太宗可称历代皇帝中的第一人。

唐太宗的表率作用主要表现在三点：其一，唐太宗真正以民为邦本。吴兢《贞观政要》记载，贞观六年，唐太宗与侍臣们讨论帝王兴衰事。唐太宗说："天子者，有道则人推为主，无道则弃而不用，诚可畏也。"魏徵赞成唐太宗的看法，说，"古语云'君，舟也；人，水也。水能载舟，亦能覆舟。'陛下以为可畏，诚如圣旨"⑤。此外，唐太宗还常以君舟民水之教育子女，他曾对太子李治说："舟所以比人君，水所以比黎庶，水能载舟，亦能覆舟。尔方为人主，可不畏惧！"⑥ 唐太宗是这么说的，也是这么做的。他带头勤俭节约，廉洁自律，身体力行，率先垂范，在继位后的很长一段时间，他所住的宫殿都很破旧，且明令禁止官吏们奢侈浪费，在他的熏陶和倡导下，朝廷上下形成了一种良好的节俭风气，出现了许多廉俭大臣。如户部尚书戴胄，由于生前生活简朴出了名，死后家里连个祭祀的地方都找不到，至于魏徵更是如此，一生也没有个象样的正屋⑦。《旧唐书·玄宗本纪》评论道，"贞观之风，一朝复振。……与民休息，比屋可封"。实际上，李世民刚即位时，面临的是一个"霜旱为灾，米谷踊贵，突厥侵扰，州县骚然"⑧的烂摊子，至贞观元年，关中饥荒，仍有卖儿卖女者。但是经过李世民和大臣们的精心治理，至贞观三年，已经达到"关中丰熟，咸自归乡"⑨，贞观四年"天下大稔，流散者咸归乡里，米斗不过三、四钱，终岁断死刑才二十九人。东至于海，南极五岭，皆外户不闭，行旅不赍粮，取给于道路

---

① 司马光：《资治通鉴》卷192，《唐纪八》，中华书局2007年版，第2324页。
② 吴兢：《贞观政要·贪鄙第二十六》，载于《贞观政要全集》，海潮出版社2009年版，第269页。
③ 吴兢：《贞观政要·君道第一》，载于《贞观政要全集》，海潮出版社2009年版，第2页。
④ 卜宪群：《中国历史上的腐败与反腐败》（上册），海峡出版发行集团鹭江出版社2014年版，第290~291页。
⑤ 吴兢：《贞观政要·政体第二》，载于《贞观政要全集》，海潮出版社2009年版，第19页。
⑥ 吴兢：《贞观政要·教戒太子诸王第十一》，载于《贞观政要全集》，海潮出版社2009年版，第151页。
⑦ 刘建明：《唐太宗与倡廉治贪》，载于《政策瞭望》2011年第10期，第58页。
⑧⑨ 吴兢：《贞观政要·政体第二》，载于《贞观政要全集》，海潮出版社2009年版，第27页。

焉"①。其二，唐太宗严于律己，带头守法。他重视立法，明于用法，认为"诏令格式，若不常定，则人心多惑，奸诈益生"②，强调"广任贤良，高居深视，法令严肃"③，曾言"法者非朕一人之法，乃天下之法"④，带头遵守国家法纪。比如在对待深受器重、战功卓著而"赃百余万，罪当死"的党仁弘事件上，大理寺要求判处党仁弘死刑，唐太宗却顾及其已年近70岁，"哀其白首就戮"，多次"为之求生理"而又"终不可得"，于是召集五品以上大臣商量，要求破例"曲法"免其一死并检讨自己，"今朕私党仁弘而欲赦之，是乱其法，上负于天。欲席藁于南郊，日一进蔬食，以谢罪于天三日。"并为此明降手诏，自称"朕有三罪：知人不明，一也；以私乱法，二也；善善未赏，恶恶未诛，三也"⑤。其三，从谏如流，对大臣推心置腹。唐太宗一向不以权术驾驭群臣，而是推心置腹。对自己任用的大臣，唐太宗从不轻易怀疑。他自称，他与群臣相处融洽，做到了"相亲如一体"。宰相房玄龄病危时，唐太宗派人将其接到宫中治疗。病情稍稍稳定，唐太宗则喜形于色；病情加剧，则深深忧虑，房玄龄临终时，唐太宗"握手与诀，悲不自胜"⑥。唐太宗愿意正视自己的缺点错误以及施政中的过失，能够自觉地听取臣下的批评意见，他经常要求大臣们对他的过失"明言之""直言无隐"。经常犯颜直谏的重臣魏征去世后，唐太宗说过一句传世千古的名言"人以铜为镜，可以正衣冠；以古为镜，可以知兴替；以人为镜，可以知得失"，并沉痛表示自己失去了一面镜子。

2. 官方确立儒家正统思想的强大影响

在儒家经典《礼记》中的《大学》篇首先概括了教育的纲领"大学之道，在明明德，在亲民，在止于至善"，意思是说大学教育的根本任务是催发人的善良本性、亲民爱民并使自己尽善尽美。接着，进一步阐述道："古之欲明明德于天下者，先治其国；欲治其国者，先齐其家；欲齐其家者，先修其身；欲修其身者，先正其心；欲正其心者，先诚其意；欲诚其意者，先致其知。致知在格物，物格而后知至，知至而后意诚，意诚而后心正，心正而后身修，身修而后家齐，家齐而后国治，国治而后天下平。自天子以至于庶人，壹是皆以修身为本。其本乱而末治者，否矣。其所谓厚者薄，而其所薄者厚，未之有也。此谓之本，此谓之至也"。

这段话提出了儒家教育的目的：修身为本，教会人"正心诚意""格物致

---

① 司马光：《资治通鉴》卷193，《唐纪九》，中华书局2007年版，第2343页。
② 吴兢：《贞观政要·赦令第三十二》，载于《贞观政要全集》，海潮出版社2009年版，第323页。
③ 吴兢：《贞观政要·政体二》，载于《贞观政要全集》，海潮出版社2009年版，第17页。
④ 吴兢：《贞观政要·公平第十六》，载于《贞观政要全集》，海潮出版社2009年版，第199页。
⑤ 计翔翔、洪朝晖：《唐太宗与法制》，载于《杭州大学学报》1980年第3期，第96~99页。
⑥ 夏里：《唐太宗讲诚信》，载于《人民论坛》2006年第14期，第62~64页。

知""治国平天下"的道理。此后,汉武帝开始"独尊儒术",儒家思想成为官方统治思想,学校教育以德育为首的宗旨得到长期贯彻,"以德教民"成为基本国策。在这种儒家思想的教育和影响下,一些官员对自己的廉洁品质十分看重。如《汉书·儒林传》记载汉元帝时的少府欧阳地余诫其子曰:"我死,官属即送汝财物,慎毋受。汝九卿儒者子孙,以廉洁著,可以自成。"可见,"儒者子孙"与"廉洁"的内在联系正是儒家文化中的廉政意识广泛宣传的社会结果①。

3. 公开奖廉,大力弘扬社会正气

在我国历史长河中,历代"明主"皆重视奖廉,对廉政名臣给予特殊待遇。如公元 643 年正月,唐太宗著名谏臣魏征已经身染重病,即将不久于人世,当唐太宗去看望病重的魏征时,发现一身清廉节俭的魏徵,家里的住宅竟然没有正厅,唐太宗李世民下了一道命令,停止为自己营造宫殿,用这些材料为魏征修建一座房子,这座房子只用了 5 天时间就盖好了。唐太宗用这种方式,表达着自己对一位能臣廉吏的感怀与褒奖。但是,房子刚刚盖好,魏征就去世了。魏征的去世,使太宗皇帝感到十分悲痛和惋惜,他亲自前往家中吊唁,并下令停朝 5 天,以示哀悼;曾写"一黍一铢,尽民脂膏。宽一分,民即受一分之赐;要一文,身即受一文之污。虽曰交际之常,于礼不废。试思仪文之具,此物何来?"的张伯行一生忠于职守,克勤克俭,被康熙称为"真能以百姓为心者""操守为天下第一清官",曾下旨表彰曰"张伯行操守清洁,立志不移,朕所深悉"②,雍正皇帝即位后,对张伯行也很敬重,军国大事都听从他的建议,去世后被雍正皇帝赐谥"清恪",表彰其为官清廉、恪勤职守的品质。

更为值得重视的是,中国历代统治者非常重视奖廉的制度建设,多方面提高廉吏的政治待遇。一是采用国家祭祀形式,如西汉时国家鼓励地方政府上报廉吏事迹然后以国家形式进行表彰,如汉哀帝元始四年(公元 4 年),"诏书祀百辟卿士有益於民者,蜀郡以文翁,九江以召父应诏书。岁时郡二千石率官属行礼,奉祠信臣冢,而南阳亦为立祠"③;明清时,还将文武功臣配享太庙,作为国家政治祭祀的一部分,如明代的功臣庙,清代的昭忠祠、忠义祠等,此外还设置了稍次于太庙配享、文庙从祀的贤良祠和乡贤祠,在此导向下,各地方也建立乡贤祠,作为激励④。二是职位升迁,如《汉书·循吏传》序言"故二千石有治理效,辄以玺书勉厉,增秩赐金,或爵至关内侯,公卿缺则选诸所表以次用之。是

---

① 卜宪群:《中国历史上的腐败与反腐败》(上册),海峡出版发行集团鹭江出版社 2014 年版,第 28 页。
② 张笑:《张伯行:为官不取民一钱》,载于《检察日报》2013 年 12 月 3 日,第 8 版。
③ 班固:《汉书》卷八十九《循吏传第五十九》,浙江古籍出版社 2006 年版,第 1092 页。
④ 卜宪群:《中国历史上的腐败与反腐败》(上册),海峡出版发行集团鹭江出版社 2014 年版,第 782~783 页。

故汉世良吏，於是为盛，称中兴焉"①；明清时期还规定凡经考核被品定为优秀或政绩显著者，不仅本人得到皇帝表彰嘉奖、升官晋爵，其父祖三代抑或子弟亦会得到相应的封赠、恩荫等荣誉②。三是死后赐予哀荣，如汉代循吏朱邑死后"家无余财"，皇帝不仅下诏表彰他一生"廉洁守节"，而且"赐邑子黄金百斤，以奉其祭祀"③。四是载之史册，留名后世，自司马迁列入《循吏列传》后，中国传统的"正史"，即二十四史大都有《循吏传》《良吏传》等，将历代廉吏载之史册，树立榜样。这些措施对于形成廉洁光荣、贪腐可耻的社会风尚发挥了积极作用。

（二）风靡社会的民间清官文化

我国有悠久的民本思想基础，历代廉吏清官也都奉行"民为贵"思想，概括起来，他们的为政行为除了自身廉洁之外还一般有五个特点：一是实地走访、广泛接触老百姓，善于听取老百姓意见，如汉代刺史何武做扬州刺史时，巡视时先到学校，听取学生们的意见，再到住所，调查一年来的土地变动、收成、治安等情况，把情况了解清楚后再与郡太守等官见面④。二是发展生产，造福百姓，很多官员都重视兴修水利，推广先进的农业生产技术，如秦朝蜀郡太守李冰兴修了享誉千古的都江堰，苏轼、白居易为政杭州时疏浚了西湖。三是赈济灾民，为民解困，如南朝宋代的沈演之在元嘉十二年（435 年）巡行拯卹遭水灾的东诸郡时"开仓廪以赈饥民，民有生子者，口赐米一斗，刑狱有疑枉，悉制遣之，百姓蒙赖"⑤；"一代廉吏"于成龙在灾荒岁月以糠代粮，把节余口粮、薪俸救济灾民，为广行劝施，让富户解囊，他更以身作则，甚至把仅剩的一匹供骑乘的骡子也"鬻之市，得十余两，施一日而尽"⑥；四是除暴安良，为民请命，如包公"贵戚宦官为之敛手，闻者皆惮之"⑦，海瑞刚直不阿，不畏权势，敢言直谏，为民伸冤；五是重视教化、兴办学校，如东晋太守范汪"在郡大兴学校，甚有惠政"⑧，唐代柳宗元到当时的蛮荒之地柳州后积极兴办学堂，并亲自登坛讲课等。可以看出，历史上的清官廉吏都是实实在在为老百姓办实事，心系老百姓，老百姓也对

---

① 班固：《汉书》卷八十九《循吏传第五十九》，浙江古籍出版社 2006 年版，第 1087 页。
② 卜宪群：《中国历史上的腐败与反腐败》（上册），海峡出版发行集团鹭江出版社 2014 年版，第 782 页。
③ 班固：《汉书》卷八十九《循吏传第五十九》，浙江古籍出版社 2006 年版，第 1090 页。
④ 卜宪群：《中国历史上的腐败与反腐败》（上册），海峡出版发行集团鹭江出版社 2014 年版，第 33 页。
⑤ 沈约：《宋书》第 6 册，卷 63，列传第 23，《沈演之传》，中华书局 1974 年版，第 1685 页。
⑥ 《康熙口中的三个"天下第一"清官》，http：//www.jswater.gov.cn/art/2014/2/28/art_1603_42667.html，2014 年 2 月 28 日。
⑦ 李洪峰：《中国古代的廉政文化》，故宫出版社 2014 年版，第 46 页。
⑧ 房玄龄等：《晋书》第 7 册，卷 75，列传第 45，《范汪传》，中华书局 1974 年版，第 1983 页。

他们感念于心，用真心回报清官，清官成了老百姓心头的期盼，久而久之就形成了风靡民间的清官文化，主要表现在以下三点：

一是真心爱护清官。众多清官为官一地往往造福一方，获得了百姓的真心拥护，在他们离开时百姓都非常舍不得，如康熙年间的著名清官"豆腐汤"汤斌离开苏州时，苏州百姓哭泣挽留未成，停市三天，拦路烧香为他送行；"一代廉吏"于成龙离开广西罗城时，出现了百姓"遮道呼号：'公今去，我侪无天矣！'追送数十里，哭而还"的感人情景；或在清官落难时自觉保护清官，如1701年，因江苏省乡试舞弊案，张伯行与总督噶礼相互参劾导致张伯行被解职，张伯行工作过的地方——扬州、苏州等郡百姓相继罢市，扬州百姓还扶老携幼至公馆，拿水果蔬菜以献伯行，伯行坚辞不受，百姓皆泣曰："公在任，止饮江南一杯水；今将去，无却子民一点心！"不得已，伯行收下豆腐一块、菜一束，在路途中，扬州士民担心途中有不测变故，数万人集江岸护送后得到伯行被降旨留任消息，江苏士民欢声如雷，许多人在门旁写红幅："天子圣明，还我天下第一清官"；或去世后得到老百姓的自觉送别，如万历十五年（1587年），海瑞病死于南京任上，海瑞的死讯传出，南京的百姓因此罢市，海瑞的灵柩用船运回家乡时，穿着白衣戴着白帽的人站满了两岸，祭奠哭拜的人百里不绝；于成龙逝世后，南京"士民男女无少长，皆巷哭罢市，持香楮至者日数万人。下至菜庸负贩，色目、番僧也伏地哭"①。

二是长期纪念清官。很多造福一方的清官去世后，得到了当地老百姓的永久纪念，老百姓为他们修祠堂长期供奉，他们永远活在老百姓的心中。如春秋战国时期魏国人西门豹死后，邺地百姓专门为他在漳水边建造了祠堂，四季供奉；明代况钟死后，当地百姓为纪念他，在苏州和七个县都建立了祠堂；唐代柳宗元死后，其工作过的地方百姓在永州建有"柳子祠"、柳州建有"柳侯祠"供奉纪念他；明末秀水（今嘉兴）人高承埏累官迁安、宝坻、泾县等地知县，皆于危难之际担当重任，升任工部主事后，泾县民众为了纪念他，在"四贤令祠"内增设了他的牌位并把祠堂名称改为"五清先生祠"，以纪念包括高承埏在内的五位清官。

当然，除了祠堂供奉之外，老百姓还想出了其他一些形式，如地名"命名"来纪念清官。明代海盐清官叶春清正廉洁，所到之处"秉公推明，行之以果，无所屈挠"，深得民心，其去世后，海盐乡民把建在叶春家附近的那座桥改名为叶家桥，把他故宅所在的弄堂成为叶家弄；南宋"后乐宰相"卫泾一生以范仲淹

---

① 《康熙口中的三个"天下第一"清官》，http://www.jswater.gov.cn/art/2014/2/28/art_1603_42667.html，2014年2月28日。

"先天下之忧而忧，后天下之乐而乐"为座右铭，自号"后乐居士"，为官四十余年"忧国忘家，始终一节，而谋虑深远，不邀近功"，病逝后，宋理宗停止临朝听政一天表示哀悼，而民间为了纪念这位状元宰相，在石浦与县城玉山镇西北隅的马鞍山阴华藏教院左侧先后建"状元坊"和"卫文节公祠"，还在马鞍山建立高两丈许、形状像直刺青天的大巨笔"文笔峰"，昆山石浦镇西北有衣冠冢，当地人称为"状元山"①。此外，安徽桐城的"六尺巷"默默地传唱着清代著名清官——张英的事迹和他一首信诗："千里家书只为墙，让他三尺又何妨。长城万里今犹在，不见当年秦始皇"；广东肇庆的包公井仍然是著名清官包青天任职肇庆时带领百姓打井以解决百姓吃水难的历史见证。

三是处处传唱清官。主要表现在传唱民间的民谣、民歌、清官戏和说书久盛不衰。民谣民歌如汉代"桑无附枝，麦穗两歧。张君为政，乐不可支"②赞颂当时的渔阳太守张堪"劝民耕种，以致殷富"，使人民安居乐业；三国曹魏时期"我府君，惠如春，盛如唐"，赞美京兆太守李庄；宋代"叶光化，丰谷城，清如水，平如衡"，歌颂清官光化知县叶康直的贡献；"朝廷无忧有范君，京师无事有希文"传诵着范仲淹的丰功伟绩。而清官戏最典型的是包公戏，根据《包公戏研究》③，仅元杂剧中现存包公戏就有 11 种、现佚失包公戏 11 种，明清时期的包公戏剧目更多。相应的包公断案话本小说也很多，如《三现身包龙图断冤》《合同文字记》《宋四大闹禁魂张》等。据宋末罗烨《醉翁谈录》甲集卷一《小说开辟》最后一段，"说国贼怀奸纵佞，遣愚夫等辈生嗔；说忠臣负屈衔冤，铁心肠也须下泪。讲鬼怪令羽士心寒胆战，论闺怨遣佳人绿惨红愁。"可见，宋代的民间说书中已经有很多说清官的话本。

（三）别具风采的廉政宣传艺术形式

1. 倡廉刺贪的文人文学

我国传统文化中，文人士大夫往往借用诗、词、歌赋、散文、小说、戏曲等等文学艺术来表达自己的廉政主张，宣传廉政志向。

诗歌如东晋末年著名的清官廉吏吴隐之在赴广州任刺史路过位于广东南海区西北石门的贪泉时，写下的著名诗歌《酌贪泉诗》"古人言此水，一歃怀千金。试使夷齐饮，终当不易心"。对于贪泉，古来相传"饮此水者，无论多么清廉的

---

① 袁锦贵：《嘉兴人文精神的历史记忆——100 个嘉兴历史文化遗珠拾萃》，学苑出版社 2013 年版，第 72～74 页。
② 范晔撰，李贤等注：《后汉书》，第 4 册，卷 31，列传第 21，《张堪传》，中华书局 1965 年版，第 1100 页。
③ 陈涛：《包公戏研究》，人民出版社 2011 年版。

人，也会变得奇贪无比"，吴隐之坦然地喝了贪泉里的水，表明自己矢志不改清廉的决心。史书记载，在他任广州刺史后，终年食素，过节才烹制条干鱼吃，所用的蚊帐、家具、衣帽、鞋袜等修了再修，补了再补，离开广州时，家无余资，囊空如洗①。因此，这首诗也告诉后人一个道理：真正的清廉之士，无论身处何种环境和条件都是不会改变其志操的。此外，还有著名的《石灰吟》："千锤万凿出深山，烈火焚烧若等闲。粉骨碎身浑不怕，只留清白在人间。"抒发了明代著名政治家、清官于谦立志要做纯洁清白之人的豪情壮志；《拒寿礼》"铁面无私丹心忠，做官不可念叨功。操劳本是份内事，拒礼为开廉洁风。"宣告了北宋名臣包拯的清廉抱负；《燕京杂诗》"不烧铅汞不逃禅，不爱乌纱不爱钱。但愿清秋长夏日，江湖常放米家船。"直白了清代著名画家郑燮清正爱民的决心；《墨梅》"我家洗砚池头树，朵朵花开淡墨痕。不要人夸颜色好，只留清气满乾坤。"表达了元朝诗人王冕不向世俗献媚的人生态度。

　　当然，除了倡廉诗，我国历史上也不乏刺贪诗，例如，元朝至元年间的太师伯颜，贪婪无比，后被贬谪岭南，病死途中，有人以诗吊之："百千万锭犹嫌少，堆垛金银北斗边。可惜太师无脚费，不将些子到黄泉。"；明代有个荆州太守特别贪虐，惹得民怨沸腾，遂有民谣云："食禄乘轩着锦袍，岂知民瘼半分毫。满斟美酒千家血，细切肥羊万姓膏。烛泪淋漓冤泪滴，歌声嘹亮怨声高。群羊付与豺狼牧，辜负朝廷用尔曹。"这些诗歌对贪官污吏的贪鄙行为讽刺可谓入木三分。另有一些诗歌讽刺了那种人前一脸、人后一脸的"阴阳人"嘴脸，例如，宋代有个县令，自我标榜廉洁清正，上任不几天竟贴出一张告示："后日是本县生辰，特公告全县吏民，不得送礼贺寿。"众人心领神会。至时，送礼贺寿者纷至沓来，县令悉数收下，毫不推辞。不久，县令又为夫人的寿辰贴出类似告示，送礼贺寿者又盈巷填户。有人写了首《鹭鸶》诗进行揭露抨击，其中两句是："飞来疑是鹤，下处却寻鱼。"看似清高的鹤，一落到水里却是专吃鱼腥的鹭鸶，以两种貌相似而性相异的禽鸟比拟县令的自我标榜与实际所为，恰当贴切②。

　　除了诗歌之外，其他文体如词、歌赋、散文中也有类似的倡廉刺贪作品。如宋代著名词家陆游的名作《卜算子·咏梅》："驿外断桥边，寂寞开无主。已是黄昏独自愁，更著风和雨。无意苦争春，一任群芳妒。零落成泥碾作尘，只有香如故。"以群芳比喻嫉贤妒能的小人，以风雨比喻权贵的压制，作者用梅花的高洁和孤芳自赏、不屈不挠表达自己尽管遭受迫害也绝不与奸臣小人同流合污的决心和志向；西晋鲁褒的著名小赋《钱神论》猛烈抨击拜金主义，"夫钱，穷者能

---

① 钦森辑：《酌贪泉诗——晋·吴隐之》，载于《铜陵日报》2010年3月23日，第A3版。
② 王贞虎：《闲话古代刺贪诗》，载于《西安晚报》2014年2月25日，第17版。

使通达，富者能使温暖，贫者能使勇悍……失之则贫弱，得之则富强。无翼而飞，无足而走。解严毅之颜，开难发之口。钱多者处前，钱少者居后。处前者为君长，在后者为臣仆。君长者丰衍而有余，臣仆者穷竭而不足。……钱之所在，危可使安，死可使活。……钱能转祸为福，因败为成"①，辛辣讽刺了西晋社会金钱至上，把金钱奉为神灵的社会价值观，并将其作为当时社会贪腐黑暗的一个根源，可谓振聋发聩；唐代柳宗元被贬到永州（现在湖南零陵）时写下的散文名篇《捕蛇者说》，文中描写了当时官吏鱼肉百姓的凶狠："殚其地之出，竭其庐之入……悍吏之来吾乡，叫嚣乎东西，隳突乎南北，哗然而骇者，虽鸡狗不得宁焉"，造成当地民不聊生、"非死则徙"的惨状："号呼而转徙，饥渴而顿踣，触风雨，犯寒暑，呼嘘毒疠，往往而死者相藉也尔"，作者不禁感叹道：

孔子曰："苛政猛于虎也。"吾尝疑乎是，今以蒋氏观之，犹信。呜呼！孰知赋敛之毒有甚是蛇者乎？故为之说，以俟夫观人风者得焉。

可谓对当时"苛政猛于虎"的有力控诉，并希望以此引起统治者注意改革暴政、施行仁政，实在是用心良苦。此外，北宋理学家周敦颐的散文名篇《爱莲说》通过对"出淤泥而不染，濯清涟而不妖"莲的赞誉表达了作者追求洁身自爱高洁人格的人生旨趣；著名爱国诗人屈原《楚辞》通过大量"香草美人"意象投射了作者不愿放弃自身理想和美好人格的决心以及对丑恶事物的讽刺与厌弃，影响了一代又一代知识分子和清正爱国人士，成为激励中华民族在黑暗中不屈抗争的精神力量。

我国古代小说、戏曲作为民众喜闻乐见的艺术形式，更是不乏来源于现实生活的刺贪作品。李肇《唐国史补》中收录的唐传奇《崔昭行贿事》就揭露了贪鄙伪善的官僚受贿前后的表现，可谓入木三分。因篇幅很短，全文摘录如下："裴佶尝话：少时姑父为朝官，有雅望。佶至宅看其姑，会其姑退，深叹曰：'崔昭何人，众口称美，此必行贿者也。如此安得不乱？'言未竟，阍者报寿州崔使君候谒。姑父怒呵阍者，将鞭之。良久，束带强出。须臾，命茶甚急，又命酒馔，又命秣马饭仆。姑曰：'前何倨而后何恭也？'及入门，有得色，揖佶曰：'且憩学院中。'佶未下阶，出怀中一纸，乃昭赠官绢千匹②"。

此外，还有被鲁迅评为"写鬼写妖高人一等，刺贪刺虐入木三分"的《聊斋志异》，精于批判和嘲讽吏治腐败、科举弊端、礼教虚伪的《儒林外史》，着力刻画官逼民反的《水浒传》和专注于描写官场腐败的《官场现形记》等皆是刺贪批腐的小说佳作。当然，倡廉刺贪的戏曲也不少。著名的如汤显祖享誉千古

---

① 任重：《鲁褒〈钱神论〉对拜金主义的批判》，载于《山东大学学报》（哲学社会科学版）1991年第4期，第77~81页。

② 吴蜀魏：《人情义理101招》，当代世界出版社2007年版，第125页。

的《临川四梦》,矛头直指科场腐败和贿赂公行,对贪官污吏进行了暗喻讽刺,表达了自己对太平清明盛世、公正廉洁社会的向往。此外,"元曲四大家"之一的关汉卿的著名悲剧《窦娥冤》真实而深刻地反映了元代社会极端黑暗、极端残酷、极端混乱的悲剧时代;《包待制智斩鲁斋郎》极力刻画了骄横好色的权贵鲁斋郎横行霸道的丑恶行径;等等。

2. 褒贬廉政的对联楹联

褒扬廉政的对联,如杭州西湖岳王坟前有楹联"青山有幸埋忠骨,白铁无辜铸佞臣";合肥包公祠有对联"一颗赤心悬日月,两张铁面斥奸邪";王守仁题杭州于谦祠对联"赤手挽银河,公有大名垂宇宙;青山埋忠骨,我从何处哭英雄";柳州侯祠堂有楹联"洁廉为心,忠信为仗;文章在册,功德在民"。

贬斥贪腐的对联,如佚名撰写"一二三四五六七,孝悌忠信礼义廉"痛骂贪官"无耻";"王好货,不论金银铜铁;寅属虎,全需鸡犬牛羊"讽刺县令王寅;"顾司空,顾人情不顾脸面;戴学士,戴关节不戴眼睛"讽刺清朝顾司空、戴学士为顺天主考官;"见州县则吐气,见道台则低眉,见督抚大人茶话须臾,只解道说几个是是是;有差役为爪牙,有书吏为羽翼,有地方豪绅袖金赠贿,不觉得笑一声哈哈哈"讽刺清末小官见大官。①

当然,也有一些对联楹联是清官所写的自抒联,如河南省南阳市内乡县的县衙"三省堂"有康熙十九年知县高以永撰写的楹联"得一官不荣,失一官不辱,勿说一官无用,地方全靠一官;吃百姓之饭,穿百姓之衣,莫道百姓可欺,自己也是百姓。"该楹联以朴素的语言揭示了官与民、荣与辱、得与失的辩证关系,发人深思,值得后世官吏"三省吾身"时仔细揣摩②。

此外,还有一些城隍庙里的宗教信仰类警示对联,如"阳间有钱赎汝罪,地狱无门躲我刑",横批"何苦乃尔";"死后怕为双角兽,生前莫作两头蛇",横批"明察秋毫";"造化有凭当日漫使千般计,机关无用此地难容半点情",横批"也有今日";"牢狱初开人网漏天网无漏,肺肝如见阳律饶阴律不饶",横批"张善瘅恶";"阳报阴报迟速报终须有报,天知地知鬼神知谁谓无知",横批"到此方知"等③。

3. 劝廉讽贪的民谚民谣

劝廉民谚如"世常羞贪贱,贪贱非我羞""只有盱江守,怜民不爱官""住世一日,则做一日好人;居官一日,则做一日好事""尔奉尔禄,民膏民脂,下民易虐,上天难欺"等。

---

① 林岩、王曼:《中国古代廉政文化集萃》,中国方正出版社 2009 年版,第 307~341 页。
② 邵景均、单卫华:《图说中国廉政文化》,山东画报出版社 2013 年版,第 172 页。
③ 《古代的警示教育》,http://blog.sina.com.cn/s/blog_7e58a85801014bk3.html,2012 年 6 月 2 日。

讽贪民谚民谣如宋徽宗期间朱勔受宠，仅家奴即有百余人封官赐爵，其中受金带者有数十人。民谣说："金腰带，银腰带，赵家世界，朱家坏！"，还有"打破筒（童贯），泼了菜（蔡京），便是人间好世界"。南宋后最著名的民谣是"要得官，杀人放火受招安；要得富，赶着行在（皇帝驻地）卖酒醋"①。此外，还有汉武帝时期的民谣"颍水清，灌氏宁；颍水浊，灌氏族"讽刺当时灌夫一族在颍川的横行不法；元代江南民谣"奉使来时，惊天动地；奉使去时，乌天黑地。官吏都欢天喜地，百姓却啼天哭地"刻画元朝打着皇帝旗号到处盘剥百姓、不受欢迎的奉使丑恶嘴脸。

4. 其他艺术形式

除了常见的文人文学、对联楹联、民谚民谣等之外，还有其他艺术形式，如石刻、书法、绘画等廉政宣传艺术形式。

福建省武夷山主景点大王峰南壁有一处发人深省的摩崖石刻——"居高思危"，游客游览至此，一抬头便能望到那四个苍劲拙朴的大字。据考证，抗战时期，崇安县（今武夷山市）一位新上任的县长带着大小政府官员攀登大王峰，他们沿陡峭狭窄的石阶艰难地爬到峰顶，领略到险峰的"无限风光"，此刻，县长问同行者有何感受，大家各抒己见。最后县长用四个字概括了此行的体会："居高思危。"这其中不仅点明了居高不忘其险的意义，还包含着要官员们小心用权，职务越高越要注意廉洁自律之意。此后，这四个大字便被刻于此，成为前人告诫后来者要清廉为官的一道景观。②

我国古代廉政书法，张德宽考证后认为"廉政与书法的关系历史悠久，源远流长"③，古代官员往往将自身感悟、警句、格言书写于门堂书舍是十分平常的事。绘画也如此，如南唐名画《韩熙载夜宴图》等描绘了贵族官僚韩熙载的糜烂生活，而相当多的文人画家以梅兰竹菊为题材所画的"四君子图"更是他们高洁人格的代言人。

四、家风族训：廉洁教育的"良方"

中国人历来非常重视家庭建设，"在各层社会集合之中，家无疑是最重要最

---

① 李建明：《论宋朝清官文化的兴起》，载于《社会科学家》2009年第4期，第34~39页。
② 《摩崖石刻"居高思危"的警示》，载于《中国纪检监察报》2014年8月25日，http://lianzheng.hebei.com.cn/system/2014/08/25/013862527.shtml. 另注：2011年温州市文成县在南田镇刘基故里也建造了一个刘基"铭廉壁"摩崖石刻，具体见《刘基廉政文化教育基地增添新景观"铭廉壁"摩崖石刻》，http://www.wzlzw.gov.cn/system/2011/07/15/011129581.shtml, 2011年7月15日。
③ 张德宽：《书法与廉政文化》，http://ks.xjkunlun.cn/djlm/dflz/2011/2125729.htm, 2011年2月12日。

基本的一环"①,《大学》开篇即说:"古之欲明明德于天下者,先治其国;欲治其国者,先齐其家;欲齐其家者,先修其身。"可见,"齐家"被视为个人德行和社会治理之间最重要的桥梁纽带。因此,塑造廉洁社会必须高度重视廉洁家庭建设。在这方面,我国传统的廉洁家教家风、家训家诫、族训宗规提供了天然的"防腐剂"。

(一) 家教家风——廉洁教育从娃娃抓起

俗话说"十年树木,百年树人",教育得从娃娃抓起,廉洁教育也不例外。而家庭"是社会的基本细胞,是人生的第一所学校"②"是人的品格形成的原点,也是构成整个社会风气的基石"③,有什么样的家教就有什么样的家风,有什么样的家风就培育什么样的家庭成员,因此,家教家风对孩子一生的成长影响巨大。中华民族素以重视家教家风著称于世,古往今来,有无数例子可以证明父母的言传身教对子女一生廉洁、正直品性和正气精神塑造的重要性。例如,家喻户晓的贤相诸葛亮一生刚直不阿、清正廉洁、不谋私利,"鞠躬尽瘁、死而后已",虽贵为丞相却经常是"家无余财""妾无副服",这种品格和浩然正气在其家族中并不鲜见,显是受其良好的家风影响所致。在诸葛亮家族中,其爷爷诸葛丰性情刚正不阿,对贪官污吏、阿谀奉承的小人恨之入骨,曾弹劾抓捕西汉元帝的外戚亲属,痛斥当时"率尽苟合取容,阿党相为,念私门之利,忘国家之政"④ 的时政,被班固《汉书》评价为"名特立刚直";其兄诸葛瑾胸怀宽广,温厚诚信,直言敢谏,出使西蜀与诸葛亮"俱公会相见,退无私面"⑤,被孙权评价为"其为人非道不行,非义不言"⑥;其子诸葛瞻、孙诸葛尚,国难当头之际,在汉魏最后一战——绵竹之战中拒绝邓艾诱降而战死疆场,毛宗岗评价"诸葛瞻父子受命于大事既去之后,而能以一死报社稷。君子曰:武侯于是乎不死。"⑦ 即高度肯定了诸葛瞻父子的义行是诸葛亮之风的传承。

再如,清代"天下第一廉吏"于成龙清苦节俭,以"誓勿昧天理良心"为做

---

① 余英时:《中国思想传统的现代诠释》,江苏人民出版社2003年版,第20页。
② 《习近平在2015年春节团拜会上的讲话》,http://cpc.people.com.cn/n/2015/0217/c64094-26580837.html,2015年2月17日。
③ 万吉良:《建好"人生的第一所学校"》,载于《河北日报》2015年2月25日,第3版。
④ 班固:《汉书》卷77,《诸葛丰传》,浙江古籍出版社2006年版,第986页。
⑤ 陈寿撰,裴松之注:《三国志》,第5册,卷52,吴书七,《诸葛瑾传》,中华书局1982年版,第1232页。
⑥ 虞溥:《江表传》,裴松之注引。见陈寿撰,裴松之注:《三国志》,第5册,卷52,吴书七,《诸葛瑾传》,中华书局1982年版,第1233页。
⑦ 罗贯中:《三国志演义》(下册),山东文艺出版社2007年版,第780页。

官信条。按清朝规定，总督出门可乘8人抬的大轿，可有仪仗护卫等随从26～34人，但于成龙平时只雇骡车一辆，察访时也只有小儿子跟随，父子二人各带制钱若干枚，沿途投宿旅店，不住官家公馆驿站，很少烦扰各地州县为之张罗交通、食宿等事宜。于成龙官至富甲天下的两江总督后，仍是"日食粗粝一盂，粥糜一匙，佐以青菜，终年不知肉味"，江南老百姓亲切地称他为"于青菜"①。于成龙逝世后被封谥号"清端"，康熙皇帝为其亲撰碑文"朕读《周官》，六计弊吏，曰廉善、廉能、廉敬、廉正、廉法、廉辩，吏道厥唯廉重哉"。史载，于成龙的长子于廷翼也当过官，自俸节俭，周济百姓，素有于成龙遗风。于廷翼的家教也继承于成龙作风，要求儿子不仅要清廉，而且要公正，其子于准是于成龙家庭中另一位深受百姓爱戴的好官，在于廷翼去世时，于准还在浙江当按察使，讣文传到杭州，于准按律要准备回乡"丁忧"，却被当地百姓以"罢市"的方式试图挽留于准留任②。另外，于成龙还热心公益，虽家族历代都是富裕乡绅，但清苦节俭是其家风，他不贪图财利，也不留恋功名，把节省下来的俸禄都用来做了公益慈善事业，经常捐出家产救济灾荒，他三个儿子也都是大慈善家，特别是长子于廷翼，最多的时候曾同时救济几千户人③。由此，无论廉洁做官还是做慈善，均可见于成龙家风对后世家人的巨大影响。

特别值得一提的是，除了父亲的影响之外，母亲的教育对于廉洁家风的形成也格外重要。例如，隋朝郑善果之母崔氏"节操出众，性体贤明"，20岁时丈夫郑诚以身殉国，其子郑善果幼年袭爵，崔氏教育善果说"（其父）忠勤之士也，在官清恪，未尝问私，以身殉国，继之以死，吾亦望汝副其此心"，要他"当须散赡六姻，为先君之惠"，不可"独擅其利，以为富贵"，更不可"心缘骄乐，堕于公政"④。郑母不仅经常教导善果为官清廉、勿耽于骄乐，而且身体力行，一直坚持自己纺纱织布直至深夜，给儿子做榜样。正是由于郑母教导有方，郑善果一生"由此克己，号为清吏""正身奉法，甚有善绩"，终成一代廉清好官，被传颂至今。

再如，东晋名将陶侃的父亲很早就去世了，全靠母亲纺纱织布抚养长大，年轻时当过浔阳县负责监管鱼坝的小官，有一次，他派人将一罐干鱼送给母亲品

---

① 《于成龙曾铁腕治贪 从向他行贿的官员开刀》, http://culture.people.com.cn/BIG5/n/2015/0130/c172318-26480979.html, 2015年1月30日。
② 《"一代廉吏于成龙"（四）：孙子官居要职 后人种地为生》, http://news.163.com/14/1104/04/AA68DQ6L00014Q4P.html, 2014年11月4日。
③ 《"一代廉吏于成龙"专题报道（之九）：不以温饱为志 不昧天理良心》, http://news.163.com/14/1124/04/ABPPKVPJ00014Q4P.html, 2014年11月24日。
④ 魏徵等：《隋书》，第6册，卷80，列传第45，《烈女传之郑善果母传》，中华书局1973年版，第1804页。

尝，其母不但将干鱼送回，而且写信责备他说："汝为吏，以官物见饷，非唯不益，乃增吾忧也！"陶侃读完母亲来信，愧悔交加，无地自容①。还有一次，浔阳县衙举行宴会，陶侃喝得酩酊大醉。酒醒后，母亲一边垂泪，一边责备他说："饮酒无度，怎能指望你刻苦自励，为国家建功立业呢？"陶侃羞愧难当。母亲要求他保证：从此严于律己，饮酒不过三杯②。自此以后，他将母亲的训导铭刻于心，为官40年，从县吏一直做到荆、江两州刺史，掌管其他六州军事，是当时最有实力的人物之一，但一直忠顺勤谨，珍时惜物，清廉爱民。在陶侃的言传身教下，他的手下多能廉洁奉公，政治清明，对他的后代陶渊明当然也起了示范作用。

此外，无数个家风的集合就是社风、民风、政风，公务人员，尤其是领导干部及其家属的言行对社会风气的形成往往有着加速扩散或收敛的强效应；党员，尤其是党的高级干部及其家属的言行对党风的形成影响甚巨，可谓：家风正，则民风淳；家风好，则政风清；家风浑，则社风浊。也正是如此，一些单位从领导家属廉洁教育入手防范领导干部腐败取得了不错的效果。例如，白芨沟矿业公司定期到领导干部家庭走访宣教，向领导干部家属宣传、讲解《中国共产党纪律处分条例》《国有企业领导人员廉洁从业若干规定》《廉洁从政若干准则》等党和集团公司的党员领导干部从业规定，提升家属对领导干部廉洁从业的认识。此外，还经常召开领导干部家属座谈会，邀请领导干部家属观看廉洁故事、廉洁漫画及廉洁文艺汇演、廉政警示教育片等，让领导干部与家属共同签订《家庭廉洁从业承诺书》。在平时，还利用手机、互联网等现代信息手段在节假日为领导干部及重点要害岗位人员发送廉洁短信、廉洁提示、廉洁贺卡、廉洁邮件等，为领导干部的电脑安装"廉洁屏保"程序，为领导干部家属发放廉洁台历、廉洁挂历等，以此提醒领导干部及其家属把好"廉洁家门"，建"廉洁家风"，大大提升了家属和领导的抗腐能力③。这在党的十八大后查处的贪腐案件中苏荣式家庭化腐败、令计划式家族化腐败高发的当下尤其具有借鉴意义。

但是，我们也要看到，虽然说良好的家风有助于领导干部形成不自觉地"不愿腐"的思想基础，但领导干部个人的生活作风、工作作风、行事作风对家风的延续或改变影响也很大，领导人员的个人作风和家风既相辅相成又相互激荡，始终处于此消彼长的动态调整中：作风好的领导干部会持续强化或改善廉洁家风，作风不正的领导干部不仅会将不良作风带到家庭，影响家风，更会放纵或忽视对家人的管教，进一步削弱家风的正能量，动摇良好家风的根基。因此，我们在重

---

① 向亚云、刘庆楠：《树廉洁家风，建幸福家庭》，企业管理出版社2014年版，第154页。
② 张笑：《陶侃：廉洁自好是家风》，载于《检察日报》2013年9月3日，第8版。
③ 向亚云、刘庆楠：《树廉洁家风，建幸福家庭》，企业管理出版社2014年版，第12页。

视家风建设的同时也切不可放松对领导干部个人作风的监督，以"不敢腐"的全社会监控机制和"不能腐"的权力透明公开与制衡机制大幅度提高领导干部的腐败成本，迫使领导干部自觉地"不愿腐"，从而不管领导干部愿意还是不愿意，都"不愿腐"，更"不能腐""不敢腐"。

（二）家训家诫——廉洁教育的世代传承

在中国传统社会中，家训家诫作为独特的家庭教育形式之一对廉政文化的世代传承起着正向推动作用，中国传统家训家诫包含了对子孙立身处世、持家治业、为官理政的教诲，是廉政文化遗产的重要组成部分。尤其是在当下从传统公共话语空间向新公共话语空间转型的情况下，打通"主流舆论场"与"民间舆论场"，重塑"廉洁政治的公共话语空间和主流舆论场"[1] 的背景下，站在中国从大国崛起到民族复兴的关键路口，解读我国几千年的廉洁家训家诫具有十分重要的意义和价值。以家训之祖《颜氏家训》为例，其中就有很多我们当今可以吸取的廉洁家训家诫精华，主要有以下三个方面：

一是鼓励子弟多学习，提高自己的才干，成为"国之用材"，即使是有了一官半职也要注意修身和学习，告诉子弟"必须为"。《颜氏家训·勉学第八》认为"伎之易习而可贵者，无过读书也"[2] "纵不能淳，去泰去甚。学之所知，施无不达"[3]，也就是说，从学习中不但能获得知识，这些知识用在哪方面都会见到成效，而且通过读书，还能培养人的"风骨"和正气，即使不能做到像古人一样醇正也能去掉自己身上的不良行为和毛病。同时，《颜氏家训》也讽刺那些不学无术的官僚，"或因家世余绪，得一阶半级，便自为足，全忘修学；及有吉凶大事，议论得失，蒙然张口，如坐云雾；公私宴集，谈古赋诗，塞默低头，欠伸而已。有识旁观，代其入地"[4]。说他们"欲识人之多，见事之广，而不肯读书，是犹求饱而懒营馔，欲暖而惰裁衣也"[5]，对不读书、不求上进的庸官可谓鞭辟入里。当今，我国大多数公务员也是"读书人"出身，但进入官场后，长期浸淫于官场习气，不读书、不学习，早已忘记了自己当初的志向和理想而堕入庸官甚至腐官之列。2009年5月13日，在中央党校2009年春季学期第二批进修班暨专

---

[1] 庄庸：《廉政家训》中序言《廉政家训——开局之年的"中国式正能量"》，中国方正出版社2014年版，第2页。

[2][5] 颜之推：《颜氏家训·勉学第八》，郑红峰译注，《中华家训大全》（第一册），吉林出版集团有限责任公司2011年版，第40页。

[3] 颜之推：《颜氏家训·勉学第八》，郑红峰译注，《中华家训大全》（第一册），吉林出版集团有限责任公司2011年版，第43页。

[4] 颜之推：《颜氏家训·勉学第八》，郑红峰译注，《中华家训大全》（第一册），吉林出版集团有限责任公司2011年版，第38页。

题研讨会开学典礼上，习近平总书记在讲话中就曾指出，当前领导干部读书的状况不容乐观，主要存在四个方面的问题：一是追求享乐、玩物丧志，不好读书；二是热衷应酬、忙于事务，不勤读书；三是浅尝辄止、不求甚解，不善读书；四是学而不思、知行不一，学用脱节①，可谓对领导干部以多读书修身养性、增长才干，提高防腐拒变能力和执政能力寄予厚望。尤其值得重视的是，学习并不局限于书本，几千年前的颜之推就提出"爱及农商工贾，厮役奴隶，钓鱼屠肉，饭牛牧羊，皆有先达，可为师表，博学求之，无不利于事也"②，强调官员不耻下问，向最广泛的基层群众学习。

二是痛斥官场蝇营苟且、跑官求官、骄奢淫逸之丑恶行径，告诫子孙"不能为"。如《颜氏家训·省事第十二》描述那些趋竞求官者的丑态，"须求趋竞，不顾羞惭，比较材能，斟量功伐，厉色扬声，东怨西怒；或有劫持宰相理疵，而获酬谢，或有喧聒时人视听，求见发遣；以此得官，谓为才力，何异盗食致饱，窃衣取温哉！"③，并分析这些人可悲的结局，"既以利得，必以利殆，微染风尘。便乖肃正，坑阱殊深，疮痏未复，纵得免死。莫不破家，然后噬脐，亦复何及"④。《颜氏家训·勉学第八》描述了那些骄奢淫逸"膏粱"的嘴脸，"无不熏衣剃面，傅粉施朱，驾长檐车，跟高齿屐，坐棋子方褥，凭斑丝隐囊，列器玩于左右，从容出入，望若神仙"⑤，而这些人，"古人云：'膏粱难整'。以其为骄奢自足，不能克励也。"⑥ 也就是说，这些骄奢淫逸之徒品行很难端正，因为他们骄横奢靡，纵欲自足，不能克制欲望，激励自我，可谓"历览前贤国与家，成由勤俭破由奢"。正是看到了奢侈之风的危害，颜之推在制订家训中的"送终"之制时，预先叮嘱子女在自己死后薄葬，切勿奢华。事实上，当前我国的官场腐败很多也恰恰是从奢靡开始，反"四风"中的反奢靡之风、反享乐主义可谓抓住了防腐的一根重要"绳子"。2012 年 12 月 4 日，中央政治局召开会议，审议通过了关于改进工作作风、密切联系群众的八项规定，条条针对铺张浪费、骄奢淫逸等官场顽疾。

三是切中时弊，痛惜那些空谈误国的所谓"雅官"，告诫子弟"不可为"。

---

① 《习近平：读书学习水平决定工作水平领导水平》，http：//theory.people.com.cn/n/2013/0527/c83855-21628561.html，2013 年 5 月 27 日。

② 颜之推：《颜氏家训·勉学第八》，郑红峰译注，《中华家训大全》（第一册），吉林出版集团有限责任公司 2011 年版，第 42 页。

③④ 颜之推：《颜氏家训·勉学第八》，郑红峰译注，《中华家训大全》（第一册），吉林出版集团有限责任公司 2011 年版，第 77 页。

⑤ 颜之推：《颜氏家训·勉学第八》，郑红峰译注，《中华家训大全》（第一册），吉林出版集团有限责任公司 2011 年版，第 39 页。

⑥ 颜之推：《颜氏家训·勉学第八》，郑红峰译注，《中华家训大全》（第一册），吉林出版集团有限责任公司 2011 年版，第 122 页。

如《颜氏家训·涉务第十一》训诫后代子孙"士君子之处世,贵能有益于物耳,不徒高谈虚论,左琴右书"。事实上,1992 年南方谈话时,邓小平在武汉就曾指出"空谈误国,实干兴邦",2013 年以来,习近平总书记在阐述"中国梦"时也曾多次特别强调"空谈误国,实干兴邦"。戒"空谈",是对形式主义和官僚主义的抵制,倡"实干",是对官员真抓实干,抓铁有痕的要求。历史证明:夸夸其谈,必然或热衷于形式主义、表面文章或不能立足于工作实际瞎干蛮干或喜阿谀奉承压制言路,久而久之,就会受到私心杂念的腐蚀,昏昏然于权力,走上贪污腐败的不归路。

正是因为《颜氏家训》,颜氏家族一直保持着良好的"家风",颜之推的六世孙颜诩"一家百口"和谐相处几十年,这在混乱的五代十国十分罕见。如果说颜之推基于对古代官场弊端的了解和自己独特的人生经历积淀而成《颜氏家训》,这本长篇"家训中的为官之道"更多的是循循劝诫性质的话,那么,历史上的一些著名清官家训家诫则带有更多的严厉训诫性质。如宋代著名清官包公"立朝刚毅,贵戚宦官为之敛手,闻者皆惮之"[①],其家训也十分严厉,"后世子孙仕宦,有犯赃滥者,不得放归本家,亡殁之后不得葬于大茔之中。不从吾志,非吾子孙",一共三十七字,其下押字又云"仰珙刊石,竖于堂屋东壁,以诏后世"又十四字[②]。意思是说,后代子孙做官的人中如有犯了贪污财物罪行的人都不准回老家,死了以后也不准葬在祖坟上,如不继续其志向,就不是包公的子孙后代,并让其子包珙把这段训诫刻在石块上竖立在堂屋东面的墙壁旁,用来晓喻后代子孙。与此类似的严厉家训还有曾被朱元璋赐封为"江南第一家"的浙江浦江县郑氏家族《郑氏家范》168 条,这个郑氏家族 20 世同居的家庭法典要求子孙后代为官者"奉公勤政,毋蹈贪黩",其中第 88 条规定"子孙出仕,有以赃墨闻者,生则削谱除族籍,死则牌位不许入祠堂"[③]。也正是因为这些严厉甚至"绝情式"的家训家诫,包公和郑氏后代子孙都保持清廉。如包公后代包绶、包永年两代子孙以及崔氏、文氏等子媳都弘扬包公精神,形成了包氏家族的"孝肃家风",其中,包绶"生平清苦守节,廉白是务,遗外声利,罕有伦比",包永年"凡厥莅官临事,廉清不扰"[④];同样,据《浦江县志》《麟溪集》和《郑氏族谱》记载,"郑义门"出仕的 173 位官吏中,大至礼部尚书,小至普通税令,竟无一贪官污吏,他们人人勤政廉政,忠君爱民,民间也流传许多郑义门的廉政故事[⑤]。

---

① 脱脱等:《宋史》第 30 册,卷 316,列传第 75,包拯传,中华书局 1977 年版,第 10317 页。
② 杨振中:《走进文言文 初中文言文课外阅读与训练精选》(八年级),上海远东出版社 2012 年版,第 3 页。
③ 陈勤建:《廉政文化与民俗》,中国方正出版社 2011 年版,第 122 页。
④ 陈勤建:《廉政文化与民俗》,中国方正出版社 2011 年版,第 127 页。
⑤ 陈勤建:《廉政文化与民俗》,中国方正出版社 2011 年版,第 123 页。

当代新中国的著名政治家——周恩来总理订立的《十条家规》也很清晰而严厉,"第一,晚辈不准丢下工作专程来看望他,只能出差顺路时看看;第二,来者一律住国务院招待所;第三,来者一律到食堂排队买饭菜,有工作的自己出钱,没有工作的由总理代付伙食费;第四,看戏,以家属身份买票入场,不得用招待券;第五,不许请客送礼;第六,不许动用公家汽车;第七,凡个人生活中能自己做的事,不要别人去办;第八,生活要艰苦朴素;第九,在任何场合都不要说出与总理的关系,不要炫耀自己;第十,不谋私利,不搞特殊化"①。从中可见,周总理对亲属的吃穿住行、日常生活都规定得很详细,堪为当代官员治家表率。

(三)族训宗规——廉洁教育的地域传承

费孝通教授通过对中国社会的深入观察和人际交往中的亲身感受,以西方现代社会为参照系,在他的早期著作《乡土中国》中把中国社会结构的特点归纳为"差序格局",认为"社会关系是逐渐从一个一个人推出去的,是私人联系的增加,社会范围是一根根私人联系所构成的网络"②。确实如此,中国传统社会的一个重要居住特点是乡村聚族而居,中国四大名著之一的《水浒传》中即有祝家庄、扈家庄等,至今我国还有李村、大王庄、陈家沟等地名,还有福建土楼这个聚族而居的"活标本",这些都是传统同姓同族乡民聚族而居的有力例证。中国传统社会的这种聚居特点就使得某一个家庭的家训家风代代相传扩而散之为族训宗规,并在宗族聚居之地以某一个宗族为主进一步形成乡规民约,成为传统中国乡土社会的草根力量和乡村治理的内在凝聚力,从而促进廉洁家风家训的地域传承,所谓孔子所说"吾观于乡,而知王道之易也"。

其中,族训宗规包括三种。一种是带有宗族性质的家族族训,属于家训的代际延伸和地域扩展,族人扩散到哪里,家训就传播到哪里。例如,儒家思想的首创者,我国家喻户晓的圣贤——孔子所制定的孔门祖训"崇儒重道,好礼尚德,务要读书明理"一直影响至今的孔门后裔。在家庭生活方面,孔氏家族族训要求子孙祭祀祖先,不忘祖本,与家人相处中秉承父慈子孝、兄友弟恭的和睦原则;在个人修为方面,孔氏祖训宗规强调子孙在利益面前要做到勿嗜利忘义、管理公务时要秉持克己秉公的原则③。由于孔子的精神领袖地位和儒家思想的世代传承,

---

① 耿冬生、江波:《重温周恩来订立的〈十条家规〉有感》,载于《福建党史月刊》2008年第4期,第1页。

② 费孝通:《乡土中国》,北京大学出版社1998年版,第26页。

③ 《孔子后人首次披露孔氏家族祖训家风》,http://www.chinanews.com/cul/2014/05-22/6202653.shtml,2014年5月22日。

孔门祖训"勿嗜利忘义、要克己秉公"的思想事实上也是我们整个中华民族宝贵的廉洁精神文化遗产，对整个中国的廉政文化形成和发展影响深远。

另外一种是带有民族性质的族训宗规，民族迁移到哪里，族训宗规就传播到哪里。例如，如今在我国满族社会生活中和穆昆制并存的即其族规，穆昆制维系了族人的群体意识，同时还保留了相当部分的部落时代的民主遗风和平等意识，对于族规，一般满族人称之为"宗规家训"。据载，凤城樊氏家族将家训写在宗志中，告诫樊氏子孙"侈则恶念多、居官心贿、居乡必盗"，嘱咐要"安守仁义、秉承公道，为人处世、世大光明""学习礼法，遵守道德，为祖先增加荣耀"，鼓励樊氏子孙立志谋求上进[1]。

还有一种是带有乡约性质的族训宗规，是民族或宗族聚居地传统乡民自治的典型形式，具有鲜明的地域性。如湖南永顺县内土家族人聚居的村寨，不分族别、姓氏、男女都须户户遵守、人人执行全村人共同制定的乡规民约。在经过大家商议、认真讨论、宣布通过若干条款后，主持人会率领大家焚香、磕头、敬神，然后喝下滴有鸡血的酒，表示坚决执行的决心。会后还会把决定的条款写在很大的木牌上或刻在石碑上，并立于村内外的要道处，以明示村内村外的人都要遵守执行[2]。这种透明公开的全民参与式民主决策机制有效地培养了族人或村民的公民意识，又对权力形成有效监督和制约，还使人们对决策的内容产生神圣和敬畏感，是我国廉洁制度和廉政文化建设草根智慧的深刻体现。

第三节 我国教育系统廉政文化建设的策略选择

深刻认识和把握新形势下廉政文化建设的特点和规律，注重借鉴和吸收世界各国优秀廉政文化，并适应时代发展变化，不断推进传统廉政文化与现代廉政建设实践的有机结合和创新应用，以建设性的思路、举措和方法扎实推进，构筑源头防腐体系是当下我国教育廉政文化建设的策略选择。

一、强化教育系统腐败的社会化治理思路

目前，我国教育系统处于腐败的高发期已经是不争的事实。各类高校学术腐

---

[1] 路地、白万玺：《丹东满族史绩》，社会科学文献出版社2008年版，第215~216页。
[2] 陈勤建：《廉政文化与民俗》，中国方正出版社2011年版，第32~33页。

败案、校级领导落马案、高考舞弊案等不断见诸媒体，尤其是高考替考案件涉及在校或已毕业学生以及在职教师，2015年吉林松原高考舞弊案还创造了女教师兜售作弊器和考生明抢试卷的双重丑闻，有媒体这样描述松原的高考舞弊"问：松原高考考什么？答：考家长、考商、考官、考钱、考权，就是不考学生"。针对高考招生乱象，有民间流行段子这样写道："一等公民有钱有势，让孩子走保送，绕过门槛上名校。二等公民有钱有人，为孩子弄替考，费点资金保重点。三等公民有钱有路，给孩子买题抄，付出心血进本科。四等公民啥都没有，靠孩子真本事，战战兢兢落孙山。"可见，教育腐败的根源是社会腐败，教育领域的腐败与社会其他领域的腐败互动勾连、相互交织已经成为我国当下教育腐败的重要特点，教育腐败事实上已经成为社会腐败的一个重要组成部分，教育腐败的社会化必须引起我们足够的重视。因此，要彻底治理教育腐败也必须高度重视社会化治理的思路，只有整个社会的腐败治理水平得到提高，教育腐败治理才有改善的可能。

从这个意义上说，很多卓有成效的社会腐败治理策略在教育领域同样适用，概括起来至少有以下三点：

（一）行事在"明处"：公开教育权力清单，一切权利阳光下运作

当下，教育行政管理部门和各级各类学校各有部分行政权限，而且随着绩效工资制度的实施和集中采购制度的实行，地方政府对教育领域的行政干预能力越来越大，教育行政化有日益强化趋势。为了防止权力的任性，有必要实施教育领域的权力清单制度，其中，既包括教育行政主管部门的教育管理权力清单、各级各类学校的教育行政部门权力清单，也包括地方各级政府部门在教育领域的权力清单。这样，既可以防止教育领域内部因素形成的教育腐败，还可以防止地方政府对教育领域的任意干预以及教育领域与非教育领域之间的权力交换和灰色交易，最大限度斩断社会腐败向教育领域不断延伸的"黑链条"，从而有效防止教育领域外部环境形成的教育腐败。

（二）监督在"处处"：完善"事前—事中—事后"的全程监督机制

不受监督的权力必然产生腐败，当下，我国的教育行政部门有权任性的局面并没有得到根本改变，监督力量的薄弱、内部监督的流于形式、社会难于监督使得监督成效极为有限，这无形中加大了教育领域防腐反腐的难度。因此，加快完善"事前—事中—事后"的全程监督机制、改变教育行政权力不受监督的现状已经成为当务之急。首先，涉及"三重一大"——即重大问题决策、重要干部任

免、重大项目投资决策、大额资金使用的事项严格实施"事前—事中—事后"的全程跟踪公示制度,并对公示的事项、对象、范围、时间进行明确清晰的统一规定,尽量压缩权力运作的空间。同时,纪检监督部门要加大"双随机"检查的力度,即随机确定检查人员、随机确定检查对象,把监督落到实处。其次,对教育资源的分配、教育投入等当下教育腐败多发、频发的领域进行重点监督、不间断监督并严格实施责任追究与倒查机制。比如,在招生、招录领域落实校长负责制,所有学生录取、教职员工录用必须校长本人签发通知书并网上全程公示,接受社会监督;在教育基建领域,教育投入经费的来源、预算、使用去向及资金使用绩效必须财务部门、主管校长、纪检负责人三方共同签字并全程公示、接受审计部门的审计。再次,严格实施廉政合约制度。教育领域的所有行政管理人员以及教职员工在履职之前或临时接受重大事项委托之前必须签订廉政合约并举行宣誓仪式保证公正廉洁尽职尽责,对外合同签订时将己方"零容忍"的廉政承诺和举报方式写入条款并要求对方履行廉政合约。最后,试行教育领域主要负责人财产公示制度,并明确公示的项目内容、收入明细和公示范围,新的部门领导干部提拔或晋升时也要求进行财产公示,离任时进行离任审计,最大限度进行经济领域的监督。

(三)利益有"说处":完善教育领域内部民主治理体系

腐败的一个重要表现是利益输送或利益交换,其实质是以损害或攫取他人利益为目的来满足自己利益的行为。因此,防止教育腐败的一个有效策略就是建立当事人参与机制,让利益相关者均能有效参与教育相关事项的决策过程,并赋予他们平等的发言权,构筑公众看得见的教育公平。在完善教育领域内部民主治理体系方面,至少有四点需要加快完善:一是加快落实学校章程规制下的教育专家治校,将学校校长由上级行政管理部门任命和考核改为教职员工选举、上级行政主管部门备案的双考核机制,扭转日益强化的教育行政化趋势,把办学权和治校权真正还给学校;二是加快教育法的修订与完善,明确组织人事、财政支持、教职员工待遇等方面的法律条款,切实保护学校的办学权益和广大教职员工的权益;三是加快完善学校教职工代表大会、工会、妇委会、学术委员会、学生会等组织的治理结构和功能,改变学校内部组织大多由行政单位操控的局面,细化行政权力与学术权力、教师权力、学生权力的分离,改变行政权力裹挟学术不受监督的现状,实施教师学术自治、学生自治制度,切实保障一线教职员工和广大学生依法享有的选举权与被选举权以及作为利益相关者发言的平等权和申述权;四是加快完善家校、社校联系互动的组织和平台建设,让家长、社会有权参与作为利益相关者的教育决策。如学校撤并、校址选择、收费调整、招考政策与学区划分等涉及广大家长和社会利益的教育决策应该充分听取各方意见,充分保障各方的利益平衡,最大限度保护整个社会参与教育、支持教育的积极性。

二、构建全时空的廉政文化育人目标框架

教育腐败不但损害了教育公平,也让还是孩子的学生心灵容易发生异化、价值观极易发生扭曲,当下我国社会存在的腐败年轻化——职务犯罪低龄化倾向,甚至刚刚走上领导岗位的"80"后也"涉贪千万"[①],十分值得我们警惕,也对廉政文化的育人目标框架提出了新的要求。我们认为,教育廉政文化建设不能仅仅局限于学校教育,除学校教育之外,在一个人的一生中,前有家庭教育,后有职业教育,而且在提倡终身教育的当下,家庭教育、学校教育、职业教育不断交叉叠加,构成了贯穿人生全过程的全时空立体化大教育体系。从这个意义上说,人的一生都在接受教育和再教育,而教育廉政文化只有持续叠加才会形成真正意义上的廉政教育,任何一个阶段廉政教育的缺失都可能导致腐败的发生,构建全时空的廉政文化育人目标框架已经成为大势所趋,而且势在必行。

(一)不愿腐——廉政文化的育人目标

从廉政文化自身视角出发,教育系统与其他系统或部门廉政文化的价值理念差异在于教育廉政文化承担着"防腐"与"育人"的双重使命,侧重在"育人",重点在形成"不愿腐"的社会文化氛围。而且,从"不敢腐""不能腐""不愿腐"的反腐败三层防护门而言,"不敢腐"是属于被动防腐层——能腐败而不敢腐,是基于行为人的腐败风险大于收益而言的;"不能腐"是属于中间防腐层,某种程度上说也属于被动防腐层——敢腐而没有机会腐,是基于行为人的腐败机会而言的。但俗话说"道高一尺,魔高一丈","不敢腐""不能腐"两道防腐之门终防不住胆大妄为者的铤而走险,只有"不愿腐"才是真正的防腐安全门,因为这是基于行为人发自内心的抵制腐败而形成的无形之门。因此,"不愿腐"是反腐防腐的终极价值目标,也是廉政文化的育人目标。

(二)育全人——廉政文化的教育对象

介于廉政文化建设是一个开放性、长期性的国家文化建设工程,加上教育系

---

① 《"80后"干部涉贪千万令人扼腕 "腐败年轻化"如何避免?》http://politics.people.com.cn/n/2012/1015/c99014-19264849.html,2012年10月15日。

统内部与社会外部环境具有很强的交互效应，教育系统内部的廉政文化生态场域与整个社会的廉政文化生态场域息息相关，教育系统关起门来搞廉政文化建设是不可取的，也是不可能的。更重要的是，从大教育观而言，社会就是个没有围墙的大学校，每个公民的行为处事公正与否对他人都产生着正面或反面的累积教育示范效应，而且，由于每个公民在不同空间承担的社会角色不同，职业角色而言他（她）可能不是教育系统中人，但回到家他就是孩子的家长、父母的子女和街坊的邻居，负有在家庭中公平公正对待家人、在街坊社区中处事正直无私的责任，也正是在这种角色交织互动中，廉政的家庭教育、学校教育、职业教育和社会教育得到有效统一和贯通，也正是在这种相互教育中，全社会才得以形成"正直为人，公平处事"的社会风气和"崇尚廉洁"的思想意识。因此，从廉政的本义——正直、公平、干净做人、不徇私而言，"廉政"应该是每一个公民都应具有的美德，而不仅仅是公职人员。从这个意义上说，廉政文化的教育对象应该涵盖全体公民，全民接受廉政教育是应有之义，所谓"领导患病百姓吃药、老师患病学生吃药"等都是廉政教育的误区。

（三）全时空——廉政文化的育人策略

廉洁教育不但需要"从娃娃抓起"进行公民"成长—成人—成才"全过程的时间覆盖，而且需要"家庭—学校—社会"全领域的空间覆盖，构建廉洁教育的全时空交叉立体式网络。

首先，廉政文化需要全时段终身育人。终其一生，公民"成长—成人—成才"的全过程都会经过学前时期、学校从学时期（包括幼儿园、小学、中学、大学）和进入社会的从职时期，每个时期持续不间断的廉政教育都十分重要，而且时间上越早越好。其中，学前阶段的孩子开始了对世界的初步探索，也是孩子行事风格、人生观、价值观、世界观雏形的构建阶段，及时植入廉洁的家庭教育十分重要，尤其是要重视廉洁家风、族风潜移默化的影响；从学阶段是孩子行为处事习惯、人生观、价值观、世界观逐步成型并走向成熟的关键时期，也是孩子"成长—成人—成才"的黄金时期，根据学生不同年龄段的心理特点和理解力进行有针对性的全方位廉洁教育十分关键；从职阶段是公民作为成年人成家立业、逐步承担家庭和社会责任的重要阶段，社会错综复杂的人际关系和各种不同的利益诱惑时刻考验着每一个人的人性，在家庭教育、学校教育的基础上进一步接受针对性的廉政职业教育对于帮助公民在工作中抵制诱惑、干净做人、公平处事同样十分重要。

其次，廉政文化需要全空间处处育人。廉政文化教育除了强调时间的延续，空间的延展也同样重要。在公民的生活空间、学习空间、工作空间的各个角落都有效营造"廉政"文化的氛围，让公民处处感受到"廉政"文化的浸染对于廉政文化育人目标的达成有着重要意义。其中，公民日常生活空间，包括社区、街道、公园、交通要道、公共交通工具，乃至一切可以利用的媒体空间，小到家庭"三表"——水、电、煤气等每月账单或抄表单，大到电视、广播等大众媒体、网络媒体和微信、微博等自媒体均可以进行润物细无声似地针对空间特点、媒体特性进行有意识的廉洁教育和廉政提醒；学习空间，包括校园环境、居家书房、公共图书馆、公共博物馆等公共空间等均可以有效利用；工作空间，包括政府机关、企事业单位以及自营空间等针对单位性质、特点和具体工作职责开展无处不在的廉政文化宣传十分重要。总之，廉政文化教育需要"家庭—学校—社会"全领域的空间覆盖，需要在各个空间进行大张旗鼓地明确宣传、提倡和推广，一方面，充分展示政府部门和各有关单位及其群体反腐、防腐的决心和意志并以此推动社会共识的形成；另一方面，在全域空间适时公布并宣传反腐败全国统一举报电话和电子媒体方式方法，花大力气消除反腐的神秘性，使得全民反腐成为常态，使得举报反腐成为全民思想意识和日常行动中的习惯，从而将腐败真正置于人民群众监督的汪洋大海之中无所遁形，无形中加大了腐败分子腐败的暴露风险和腐败成本，从根本上形成反腐防腐的威慑力和反腐教育的强大后盾。

三、精心选择廉政文化育人的内容和形式

（一）接地气：深入挖掘廉政文化的本真内涵

我们现在所说的"廉政"，一般解释是"廉"即廉洁，"政"即国家政权机关及其公务活动，廉政即"廉洁的政治"，主要指政府工作人员在履行其职能时不以权谋私，办事公正廉洁[①]。其实，将廉政限定在"政"的范畴在某种程度上造成了一定的误区，即只有从政人员或者说公职人员才是廉政教育的对象，其他非公职人员与廉政没有关系，也正是这个误区造成了现在廉政教育的尴尬局面：学生对学校开展廉政教育不以为然，认为是"领导犯病学生吃药"。其实，就连公职人员中的部分非领导人员也不以为然，认为有权力的人才会产生腐败，普通工作人员手里没有权力不可能腐败，所以不用接受廉政教育，据我们的初步调查和观察，有这种认识的人还并不少。可见，廉政教育已经到了需要正本清源，需要深入挖掘和还原廉政文化的本真内涵的时候了。

---

① 《廉政与廉正》，http://www.qstheory.cn/CPC/2015-04/21/c_1115035126.htm，2015年4月21日。

那么,"廉政"的本真内涵是什么呢?根据前述古今中外廉政文化的追述,在我国传统廉政文化中,"廉"具有正直、方正、干净、节俭等含义,基本要义是"不取不义之财、不贪不义之利""不饮盗泉之水,不受嗟来之食";而"政者,正也",即正直公道。在西方,廉政的核心内涵是"公正",很多古希腊哲学家都将公正视为四德之首和百德之大全的"全德",一直是西方政治哲学、道德哲学所探讨的核心问题之一,同样,在作为西方文化基础的奠基性作品《圣经》中,对"公义"也做出了特别的推崇,而"公义"的含义包括正直无欺、讲真话、不说假话、不取不义之财、不受贿赂、不以貌取人、保护弱势群体、不欺负并帮助孤儿寡妇、寄居的和贫穷人等内涵。可见,在我国古代廉政文化和西方文化中,"廉政"主要涉及的是基本的人性,是善的道德品质,其内涵主要包括三个方面:一是正直、公道、公正;二是诚实、无欺、无妄;三是干净做人、不取不义之财,另外还有节俭、不奢靡、保护并帮助弱者等延伸内涵。而这些道德品质从善的方面闪耀着人性的光辉,是每个时代都需要的,也是每个公民都需要的,因此,也是每个公民都愿意接受、愿意践行的,也应该是我们当下廉政文化建设的重点。

事实上,古今中外艺术作品无不证明了凡是涉及人性的作品更易达成共识,更易深入人心,也因此更易得到全体人民的理解和支持、拥护和宣扬。从这个意义上讲,我们当下廉政文化教育的内容主体应该放在正直、公道、公正、诚实、无欺、无妄、干净做人、不取不义之财、节俭、不奢靡、保护并帮助弱者等人性内涵上,也只有人性中具有了这些向善的根基,在处事中才可能真正油然而生"廉政"的行为。

(二)重实效:正确处理好德育与法治的关系

值得注意的是,廉政文化教育的内容主体应该放在正直、公道、公正、诚实、无欺、无妄、干净做人、不取不义之财、节俭、不奢靡、保护并帮助弱者等人性内涵上并不意味着我们在廉政文化建设上仅仅强调劝善和引导公民加强自我修养就能形成公民廉政意识和行为。在这方面,古今中外恰好提供了值得我们深思的经验和教训。

我国古代儒家文化的主流以性善论为基础强调个人的修身养性和自律,并以修身为前提走向齐家、治国、平天下,强调的是如何"对自己"并"推己及人""己所不欲勿施于人",在国家治理思想中"德治"也是居于核心地位。因此,在中国古代教育中十分强调德育,直到现在我国还是把思想品德教育作为十分重要的教育内容并实践中践行"德育为先"的选人思想和评价体系,对我国的廉政思想和廉政建设思路产生了巨大影响,也是我国从古到今清官辈出的思想基础和政治基础。但这种过于强调私德培养、忽视公德养成,尤其是忽视人与人之间相互发生关系时的社会交往道德约束的传统,不可避免地带来了至少两大社会弊端或社会问题:一是熟人社会的文化传统使得一部分人形成了"各人自扫门前雪,休管他人瓦上霜""事不关己,高高挂起"的处事哲学,造成了人与人之间的封闭、冷漠与"圈子"主义、山头主义,除了极力争取自己以及本圈子、本山头的利益之外对他人利益漠不关心,甚至损公肥私、贪小利忘大义,更不用说对弱者的保护与帮助,乃至现在仍有社会"戾气"蔓延的趋势;二是对私德的过高要求和过分强调而又缺乏有效的监督与评价机制使得一部分人流行伪善,形成台前台后、明里暗里德行相差太远甚至完全相反的两面人、阴阳人,阳奉阴违、上有政策下有对策的从政哲学流行,"台上反腐败,台下搞腐败"屡屡见诸媒体,这种现象对正直、诚实、无欺的社会风气造成了极大的破坏,乃至现在仍有全社会"信用危机"之感,而这种信任感的丧失进一步加剧了整个社会的"怕吃亏"心理,进一步导致了贿赂公行、不择手段以"自肥"行为的蔓延。更为严重的是,由于政府部分有关部门的腐败和处事不公乃至对百姓冷漠所导致的政府在人民群众心目中的公信力下降,部分群众对政府主导的反腐行为仍然持怀疑态度,导致了政府与群众反腐"信任共同体"难以形成,整个社会难以达成对反腐的共识性认识。这两大社会问题加上我国自古以来不时爆发的对权力、金钱的崇拜现象对廉政文化建设形成了巨大阻碍,也是我国当下构建廉政文化教育体系的最大困难所在。

相对而言,西方文化以性恶论为基础,十分看重"公正""公义"的处事原则和他律精神并在实证主义传统的影响下走向了如何形成公正、怎样才能得到公正的程序论证,并在此基础上进一步形成了西方国家以"法治"为核心的治国思想,具体表现在德育领域的典型就是"道德法治化"思想和规制,这在北欧四国、日本、韩国、美国、意大利等国家均是廉政思想和规制的重要组成部分,事实上对这些国家的廉洁产生了很大影响。

因此,我们当下的廉政文化教育应该吸取古今中外廉政文化建设成果,综合考虑德育与法治教育的关系,形成我国自成体系的廉政教育内容:一是,在继续重视传统私德培育的基础上,重点强化社会公德的培育,正如梁启超《新民论》所言"我国民所最缺者,公德其一端也"[1]。其中,私德侧重于为人,最终指向是做什么样的人,核心是正心诚意、无私心杂念、为人正直、仁爱、友善,其根本是重视个人的道德追求,主要表现在存善心善念,有仁人之心,以善为首德,在梁启超《新民说》"论私德"一节中被概括为"正本""慎独""谨小"三项

---

[1] 《新民说·论公德》,载于《梁启超全集》(第二册),北京出版社1999年版,第694页。

主张；公德侧重于处事，最终指向是如何行事，核心是公共生活中不妨碍别人、不损害他人利益、尊重他人选择，其根本是重视他人的存在，主要表现在处事中的诚实守信、平等待人、公平处事、遵守公共守则和法制，以公正为首德，体现在社会主义核心价值观就是"自由、平等、公正、法治、爱国、敬业"等社会层面的价值观。至于公德和私德的关系，正如习近平总书记所言"做到明大德、守公德、严私德"，严私德就是严于律己，守公德就是遵守社会公共道德，而且私德是公德的基础，公德是私德在公共场域的表现，是私德的进一步推广，两者相互补充、相得益彰。二是，在继续重视道德宣传的基础上，重点强化道德法治化的教育内容。当下，我们有必要继续正面宣传道德模范或反面批判道德失范现象，但更要宣传与道德相关的规制，让公民了解道德失范的后果，比如关于诚信方面的有社会征信系统的征信规制，关于公共场所旅游有游客黑名单制度等。

（三）讲策略：根据不同年龄段特点、不同空间属性采取针对性策略

首先，廉政教育应针对特定年龄段公民的认知特点和生活阅历，采用相应的教育形式和教育内容。例如，针对学前儿童，可以开发廉洁教育动画片、手绘本、童谣儿歌、儿童故事等，在内容的选择上要高度重视地域性廉政文化资源的开发和地方性教材的出版以及亲子性质的廉洁教育基地建设，尤其是加强父母、亲属等孩子身边亲人和幼儿园教师的廉洁教育培训，通过他们的言传身教在孩子幼小的心灵中及早种下廉洁的种子；针对中小学学生，国家的中小学德育课程设置上可以兼顾道德教育的统一性与层次性，其中，一、二年级教育的重点是平等友善对待他人、善待自己、不说谎、讲信用、爱护公物、遵守公共守则等内容；三、四年级教育的重点是做正直的人、及时承认与改正错误、勇敢去做认为正确的事等；五、六年级教育的重点是学会有节制地生活、用纪律约束自己的行动、善于发现自身不足、处事公正公平等；初中阶段则进一步包含身心健康地生活、树立理想、勇气与意志、重视自律精神与独立思考、热爱真理、回顾自身进步并充实人生，懂得对家庭和身边人的责任；高中和大学阶段则进一步加强社会责任感和职业责任心教育以及爱国教育。总之，按照年龄层次，廉政教育的内容遵循以下递进式逻辑："爱自己、爱他人—爱家、爱社会—爱国""为人善—行事讲规则—处事讲公正—职业讲责任"。在教育的方式方法上，一方面，低年级以引导学习为主、高年级以研讨式学习为主，比如，从高中开始可以结合理想信念教育让学生设想将来自己的职业，分析自己职业中可能面临的诸多诱惑和自己可以采取的防范措施；还可以让学生搜集生活中的公德失范现象并分析其成因，尝试

提出自己独到的解决办法；另一方面，尽量以大家都能听懂、能体悟的群众生活语言、大白话进行廉政教育，以老百姓喜闻乐见的形式进行宣传，教育内容和方式都要注重贴近生活、贴近群众、贴近实际。

其次，廉政教育应针对不同空间的属性采取针对性策略。一般而言，廉政教育的空间主要包括以家庭、社区为中心的居住空间，以学校为中心的学习空间，以工作单位为中心的工作空间和以街道、超市、场馆等为中心的公共空间以及报刊杂志、广播电视、互联网等为中心的媒体空间。在公共空间和媒体空间应该加强廉政教育的公益广告宣传教育及警示性标志建设，尤其是依托网站、微博、微信等新媒体平台策划定期开展廉政主题教育活动，营造廉政教育氛围；在学习空间应该强化成体系、有针对性的廉政法律规制教育和讨论；在居住空间宜采用廉政教育家长交流会、廉政教育座谈会、社区广场文艺演出、廉政成果展、廉政案例展示、以案说法等更贴近居民生活的廉政教育形式。当然，还要注意加强各类新载体的统筹协调、互补兼容与集成效应，如探索网络平台与文化活动等的互动提升模式，形成相互促进的系统性廉政文化氛围等。

最后，廉政教育应强化问题意识，加强有问题针对性的教育。比如，应当深入分析当前教育廉政文化建设相关规划与方案的制定方式及主要问题，充分把握党员领导干部、教职员工、学生等群体对教育廉政文化建设的差异化要求；设立校园舆情分析、廉政发展动向等教育廉政文化建设动态信息的监测机制，建立完善针对教育系统廉政文化育人主要问题与发展动态的持续改进与创新策略；进一步密切多方联动，建立教育廉政文化育人方式创新与改进的群众反馈机制，确保教育廉政文化育人成效。

四、完善体系化、标准化、零容忍的教育廉政规制

美国腐败研究领域的权威学者迈克尔·约翰斯顿认为腐败是构成财富与权力之间、公共利益与私人领域之间、国家与社会之间各种关系的综合表现，系统性腐败集中体现了财富和权力的使用及两者之间的种种联系，克利特加尔德（Klitgaard）的腐败公式（1988：75）：腐败＝垄断＋决定权－责任，是一种有可能助长腐败的情景的有力模型[1]。的确，没有人生来就是腐败分子，在财富和权力面前，如果没有强有力的监督，不把权力关进制度的笼子里，好人也会变成坏人。

---

[1] ［美］迈克尔·约翰斯顿著，袁建华译：《腐败征候群：财富、权力和民主》，上海世纪出版集团2009年版，第15页。

邓小平指出："制度好可以使坏人无法任意横行，制度不好可以使好人无法充分做好事，甚至会走向反面。"① 改进制度和加强监督的紧迫性和重要性已经日益凸显。

首先，要完善成体系的教育廉政规制。按照"事前—事中—事后"全方位防范教育腐败并重在预防的原则，教育廉政规制应该统筹规划，成为事前防范、事中监控、事后追责的全过程相互补充、相互衔接的规制体系。其中，事前的廉政风险评估、预警、防范等规制应该优先考虑并重点制定，力争把大部分教育腐败扼杀在腐败的温床中。结合德国的经验，应该强化选人用人标准和过程监控机制以及群众举荐、上级部门备案的用人机制，并可以根据颜色刺激原理，高级风险点岗位人员和领导干部的门牌、办公桌、办公电脑和办公信签等张贴上固定的红色风险警示标志，同时辅之以正前方视野平齐的廉政提醒标语和家人的廉政提醒温馨话语，时刻提醒该类人员注意防腐。与此类似，中级风险点岗位人员以及低级风险点岗位人员的办公环境分别张贴中等红色、淡红色风险警示标志和警示语，提醒公务人员时时刻刻谨慎决策、合法用权。同时，强化教育领域领导干部任用、提拔前财产公示和离任财务审计制度，在有条件的地方可以实行单位财务主管人员上级统一委派机制，防止领导干部与财务人员的相互勾结。另外，强化公务人员及其家属日常生活水平检测报告制度，教育部、各教育厅局、各校园网首页上最醒目处公布全国统一的举报电话，及时受理并妥善反馈群众举报，将教育公务人员的公务活动和日常生活置于最好的防腐剂——阳光之下。另外，对于事中的监控和事后的追责，最为关键的是制定打破权力垄断，实行分权制衡和一切决策过程备案的制度，尤其是强化领导干部的领导责任和真正的民主集中决策制度化、法治化规制制定，重点防范事关学校发展、教师利益、学生利益和家长利益等多元化利益的一切流于形式的代言、代表制度以及终身责任追究制度，将"－腐败＝－垄断－决定权＋责任"落到实处。

其次，要制定标准化的教育廉政细则。结合我国反腐案例反映出来的问题，标准化的廉政细则缺失或缺乏刚性可操作性是防腐规制的缺陷之一，即使是标准化较强的中央八项规定也还是有不少公务人员"上有政策，下有对策"，因此，尽量压缩公务人员"下有对策"的政策空间，制定标准化的刚性细则迫在眉睫。反映在教育领域，主要有三个廉政细则急需制定：一是全国统一（或分地区）的标准化刚性廉政政策和"下有对策"的刚性追责机制，如制定全国统一（或分地区）的公务卡消费、接待细则，实行单次消费、接待经费总额控制、消费数量

---

① 中共中央文献编辑委员会：《邓小平文选》（第二卷），人民出版社 1994 年版，第 133 页。

限定、发票真实性验审和人员真实性验审等标准化系统规制，不允许超出规定的标准，发现偷梁换柱、弄虚作假、化整为零等"下有对策"行为，一经查实即向媒体公开曝光并通报单位和家庭，相关人员全部进入公务报销黑名单，今后的公务报销从严审核并严格追究审批人员的责任，最大限度压缩公务人员自由操作的空间。二是制定全国统一的教育领域重要事项决策和操作实施细则，按照可以公开的程度（完全公开、限定公开、不公开）划分事项并制定标准化操作流程。如学区房等可以完全公开的事项原则上应该整个过程全程网络直播，其划分标准、划分原则、利益相关者参与的具体操作办法实施全国统一操作规程，尽可能把决策过程置于公众的监督和社会的阳光之下；再如，学生补助经费等限定公开的事项原则上应该要求在利益相关者中全部公开，尤其是在学校全体家长会、学生中公开和在学校醒目处张贴公告，并制定严格的标准化暗访回访和审计规制，杜绝"暗箱"操作和一切损害学生利益的行为，切实保护家长和学生的知情权和利益维护权。而对于不宜公开的决策和事项，应该实施严格的民主集中制和决策过程内部录像及备案存档制度，为必要时启动追责程序提供证据。三是制定全国统一的教育领域重要人员入职和提拔标准化操作规制。比如，针对地方教育行政管理部门出现的教育厅局主要负责人非教育领域调入的情况，出台全国性的教育厅局主要负责人任用标准和选拔规则，建议实施教育行政管理重要岗位人员从教育基层选拔并就教育问题进行公开答辩、媒体全程直播的制度，切实提高教育行政管理的人员素质；同样，各级学校校长、副校长建议从真正的行业专家中选拔，实施严格的校长职业标准化制度，要求校长、副校长任用和年度报告实行公开答辩制度，由教育行政主管部门、教师和家长代表共同组成评审委员会，破除校长、副校长直接由上级任命的制度，真正实施校长职业化、岗位标准化、专家治校的选人用人和治校机制。

最后，要贯彻零容忍的教育廉政理念。针对当前教育领域腐败蔓延的趋势，有必要真正落实零容忍的教育廉政理念。一是在全社会大力宣传腐败零容忍的执政理念，并通过体系化、标准化规制的实施将零容忍的理念真正落到实处，如果没有全社会的配合，教育领域不可能独善其身，教育腐败零容忍也不可能真正实现；二是实施包括教育领域在内的腐败零容忍公开承诺制度，任何公务人员和领导干部入职、提拔必须公开承诺廉政并在国旗下宣誓，将公开承诺作为入职、提拔的必要条件；三是实施教育腐败捆绑问责制度，要求各级教育行政部门和学校在网络空间、办公空间全面宣传腐败零容忍的理念并在其显要醒目处公开承诺腐败零容忍，在对外实施交流合作、合作签约以及内部管理方面明确写入腐败零容忍的相关条款并明确告知对方，一旦内部人员、外部合作方出现腐败行为即启动问责机制，除非学校和行政管理部门有充分证据能证明在宣传和实施腐败零容忍方面没有过错，否则一律追求主要领导人的监管责任，以此倒逼教育领域腐败零容忍理念的严格实施。

五、统筹规划与实施青少年廉洁教育

毋庸置疑，青少年廉洁教育是教育系统廉政文化构建的重要环节，需要从教育目标、教育内容、教育形式、教育条件等各方面统筹规划并组织实施，确保我国的廉政文化建设赢在当下，更赢在未来。

（一）教育目标：长期、中期、短期协同推进

青少年廉洁教育是我国反腐倡廉工作的一项战略性任务，更是事关我国廉洁社会构建成败的关键性任务之一，必须有清晰的长期、中期、短期目标，并在此基础上做好三期目标的协同推进工作。

首先，从长期目标看，提升青少年防腐拒变、忌贪揭贪的能力无疑是应有之义。其中，防腐拒变是就青少年对自己的廉洁态度而言的，强调的是自己不贪腐；忌贪揭贪是就青少年对他人贪腐的态度而言的，强调的是忌贪如仇、对腐败零容忍并敢于与贪腐做斗争，两者是相互关联、相互促进的。不但如此，面对各种利益诱惑和贪腐分子的狡诈阴险，防腐拒变、忌贪揭贪不仅需要的是态度与勇气，更需要能力。其中，防腐拒变的能力不但包括坚守清正为人、干净做人、尊重他人、诚实守信等人生信念的毅力，更包括能正确判别利益相关者、清晰区分公共利益与私人利益、集体利益与小团体利益等的边界并在职责范围内主动负责、敢于担当的能力，具有"为职一任，造福一方"的使命感和责任感；忌贪揭贪的能力包括按照法律法规判别腐败、合理合法揭露腐败并依法与腐败分子做斗争的能力。

其次，从中期目标看，提升青少年公民意识和公共精神应为重点。"公民意识就是享有平等身份的公民具有的权利义务意识，它的内涵具体包含公民的身份意识、平等意识、权利意识和义务意识。公民意识的特质以权利意识为核心"[1]。事实上，也只有青少年充分体悟自己的公民身份，充分了解法律赋予公民的权利和义务，才能真正理解哪些是自己必须做的、哪些是自己可以做的、哪些是自己不能做的，在此基础上明确自己所应承担的社会责任；同时，也只有明确了解自己作为公民的权利和义务，他（她）才能真正理解哪些是其他人不能对自己做的、哪些是其他人必须对自己做的，在此基础上明确自己应该捍卫的权利。也正

---

[1] 雍自元、黄鲁滨：《论公民意识的内涵和特质》，载于《法学杂志》2010年第5期，第76~79页。

是如此,"公民意识是建设法治国家的基础""国民普遍具有公民意识是社会文明进步的重要标志之一"[①]。当然,也只有以公民意识为基础,反腐倡廉工作和廉洁教育才具有了深厚的民主法治土壤,公共精神才可能得到真正的培育与彰显。而对于公共精神的价值与作用,诸多学者皆有论及,如杨红良将公共精神和公民精神作为"公共利益"的两大精神基础[②];笪青林认为发达的公共精神是良好社会治理的决定性因素[③];刘鑫淼认为公共精神是现代公民的核心品质[④];谭莉莉认为公共精神是塑造公共行政的基本理念[⑤]等等。可见,公共精神的培育对于国家治理、社会治理和公民精神培育均具有十分重要的作用。而对于公共精神的内涵,刘鑫淼的观点具有代表性:公共理性是公共精神的核心、公共关怀是公共精神的精髓、参与行动是公共精神的实质、对公共善的践履是公共精神的价值归依,"具有公共关怀的公民表现为对他人及他物的普遍尊重和关心上;自觉关心公共生活秩序和维护公共空间的纯洁;对公共价值和公共利益表现出积极的赞赏、认同和支持;对偏离和损害公共价值和公共利益表现出忧虑、愤慨和批判;关注公共生活的良善并使自己个人的福祉与公共福祉有机联系起来等等"[⑥]。可见,公共精神培育是廉洁法治社会建设的必要前提和基础,也是提升青少年防腐拒变、忌贪揭贪能力的必要前提。

最后,从短期目标看,提升青少年公德意识和法治认识应为重心。"社会公德是整个社会道德文明的基础,也是衡量一个国家社会文明进步的重要标志"[⑦],但是,当前,我国不少人的公德缺失已经成为社会的集体无奈,甚至已经严重影响到我国的国家形象和国民形象[⑧],加强社会公德教育已经刻不容缓。"青少年社会公德意识教育的内容主要包括公众交往公德意识教育、公共场所公德意识教育和人类环境公德意识教育",其中,公众交往公德主要包括四点:(1)文明礼貌。基本内容包括:仪表整洁、举止端庄、谈吐文雅、待人热情。(2)助人为乐。基本内容包括:尊重人、关心人、爱护人。(3)平等待人。基本内容包括:不恃强凌弱、不以势欺人、尊重他人人格。(4)诚实守信。基本内容包括:真诚

---

① 雍自元、黄鲁滨:《论公民意识的内涵和特质》,载于《法学杂志》2010年第5期,第76~79页。
② 杨红良:《"公共利益"两大精神基础:公共精神和公民精神》,载于《党政论坛》2010年第2期,第36~38+1页。
③ 笪青林:《社会治理与公共精神》,载于《南京社会科学》2006年第9期,第92~97页。
④⑥ 刘鑫淼:《公共精神:现代公民的核心品质》,载于《经济与社会发展》2007年第6期,第36~40页。
⑤ 谭莉莉:《公共精神:塑造公共行政的基本理念》,载于《探索》2002年第4期,第52~55页。
⑦ 黄娜、何齐宗:《青少年社会公德意识教育》,载于《教育学术月刊》2011年第7期,第50~52+76页。
⑧ 例如,2013年报道的中国游客卢浮宫水池泡脚事件,见《中国游客卢浮宫水池泡脚 游客应遵守社会公德》,http://www.fabao365.com/news/shendu/953170.html,2013年8月1日。

待人、为人诚实、重信誉、讲信用;公共场所公德主要包括爱护公物、自觉遵纪守法、不损公肥私等①。可见,这些日常生活中的公德是一个处于公共社会中的人所必须遵守的为人处事的基本道德底线,在我国基本上属于小学生行为规范的内容。然而,作为一名小学生就应该遵守并做到的公德为何却还能成为一种社会问题呢?

正如前文所述,我国的公德教育基本上属于思想道德教育范畴,并没有纳入法治教育范畴,因此缺乏道德法治化的约束是公德失德的重要原因之一。而"公德意识是最基本的公民意识"②,用法治的手段明确公民在公共场所的权利和义务,将青少年公德教育与公德法治化对接融合,使得青少年的公德意识和法治认识同步提升才是可取的思路,也是当务之急。

当然,鉴于我国的廉政文化建设一直在路上,反腐倡廉工作面临的形势错综复杂,而区域文化传统、社会文明程度、区域教育程度与青少年的整体素质在不同区域间的差异也较大,在全国整体实施青少年廉洁教育短期、中期、长期目标的同时,应该允许各地区因地制宜地制定区域目标并积极鼓励各地探索和完善青少年廉洁教育机制。值得注意的是,三期目标虽有远近区分,并无高下之别,而且有内在的逻辑性。其中,远期目标是总领性、综合性目标,中期和近期目标不但是远期目标实现的基础和前提,也是其中的重要组成部分;近期目标同样既是中期目标实现的基础和前提,也是中期目标的重要组成部分。由此,三期目标本身也需要协同推进,使得青少年廉洁教育呈现螺旋式推进、波浪式前进的态势,不可拘泥于远近之分。

(二) 教育内容:公共价值观与廉洁法治协调融合

基于以上目标,青少年廉洁教育的内容应该包括以下两个方面:(1) 廉洁的公共价值观。首先是公德教育,包括三个层面的价值观教育:一是以诚信为核心的公共交往观,主要包括诚实无欺、守合同、重信誉、讲信用的处事观和坦诚待人、平等待人、尊重他人、关爱他人的待人观;二是以礼义廉耻为核心的公共道德观,主要包括知善恶、懂感恩、体羞耻、悟人情;三是以公私分明为核心的公共利益观,主要包括不损公肥私、不损人利己、不破坏公物、遵守公共场所规制。其次是公民教育,主要包括国民意识、国家观念、权利义务观念、责任意识等。最后是公共精神培育,主要包括公共理性、公共关怀、公共事务参与、公共

---

① 黄娜、何齐宗:《青少年社会公德意识教育》,载于《教育学术月刊》2011 年第 7 期,第 50 ~ 52 + 76 页。

② 陈业宏、王萍:《公民意识、公德意识及公德建构》,载于《河南师范大学学报(哲学社会科学版)》1996 年第 5 期,第 3 页。

善践行和维护等；（2）廉洁的法治教育。主要包括与公共利益、公共道德相关的法律法规和专门的反腐败法、党风廉政建设规定等法律法规条文、实施细则解读和以案说法以及法规普及、咨询教育等。

在年龄层次上，幼儿园、小学阶段应以诚信为核心的公共交往观教育为重点，初中阶段应以礼义廉耻为核心的公共道德观教育为重点，高中阶段应以公私分明为核心的公共利益观教育为重点，大学阶段应以廉洁法治教育为重点。而且，这两方面的教育、各年龄段的教育相辅相成，协调融合，缺一不可。一方面，廉洁的公共价值观是廉洁法治建设的基础与前提，廉洁法治建设是廉洁公共价值观的确认与维护，青少年只有既体悟廉洁公共价值观的软约束，又懂得廉洁法治的硬约束，才能真正走向廉洁；另一方面，公共交往观和公共道德观教育是公共利益观、廉洁法制教育的基础和前提，公共利益观、廉洁法制教育是公共交往观和公共道德观教育的拓展和延续，只有基础厚实才可能拓展，也只有拓展才能从纯粹的道德层面上升到法治层面，从而实现道德与法治相辅相成的效果。

（三）教育形式："双贴近"与"双获得"同步实施

根据国外经验，青少年廉洁教育要收到实效必须坚持"双贴近"，即贴近学生年龄特点和贴近学生生活实际。同时，还要坚持"双获得"，即通过廉洁教育，教师和学生均有获得感。

第一，贴近学生年龄特点和生活实际。一是不同年龄的青少年具有不同的生理和心理特点。大致说来，年龄越小的孩子形象思维越发达，越喜欢寓教于玩乐，而年龄越大的孩子抽象思维能力越强，越喜欢寓教于启发和思辨。因此，可针对低龄青少年精心设计人物和故事情节，开发廉洁教育游戏、动漫、短剧、亲子廉洁乐园等，让孩子们在玩乐游戏、角色扮演中感受诚信、尊重他人等廉洁的公共价值观和基本的廉洁法治；针对高龄青少年可精心选择他们感兴趣的辩论赛、生活中的道德困境、富有启发性的道德故事开展角色扮演、辩论赛、作文大赛、模拟法庭等形式让孩子们去思考和体悟廉洁的公共价值观和廉洁的法治。二是不同年龄的青少年又具有许多共性。如青少年逐步开始用批判的眼光来看待周围事物，有独到见解，喜欢质疑和争论。这时，他们会开始思考人生和世界，提出许多有关"人生目的""人生意义""生活理想"等一类问题，由于这些问题的解决是一个充满矛盾的过程，所以他们常常会为此感到苦恼、迷茫、沮丧与不安[1]。因此，青少年廉洁教育要充分利用这一特点，让孩子们通过自己的观察和

---

[1] 《青少年身心发展的一般特征》，http://www.glbxzx.com/show.aspx?id=846&cid=57，2010年12月19日。

思考去发现和分析社会中广泛存在的腐败现象和自己及身边人的道德困境并寻求解决问题的办法，提出自己的独到见解。更重要的是，在与同龄人的辩论中和教师的引导下学会关注公共利益和他人利益，关注国家和人民的前途与命运以及自己身上的责任。三是越是生活中所熟悉的事务越能引起青少年的兴趣。青少年廉洁教育应尽可能选择他们生活中可能碰到的道德困境、利益纠葛等成长的烦恼作为讨论的案例，为他们解决实际问题，他们才会真正感受到廉洁教育的益处，才会真正有兴趣去学习。

第二，廉洁教育要同步提升师生的获得感。一方面，廉洁教育必须高度关注学生的兴趣与期望。在这方面，可以参考国外经验，在充分调研的基础上，给予学生学分，与偶像交流的机会，与社会贤达人士或著名媒体人、企业家、政治家、学者等当面讨论的机会，参与国家重要决策讨论的机会，甚至他们的讨论和观点可以在全国主要媒体公开发表或者进入国家有关部门的决策意见参考等，让他们感受到他们提出的观点是有价值的，他们的思考是备受社会重视的，以最大限度的满足来调动他们参与廉洁讨论的积极性。另一方面，廉洁教育必须高度重视教师的获得感。在我国，还没有专门从事廉洁教育的教师，大多是思想政治课老师在进行廉洁教育。根据我国廉政建设任重道远的实际情况和新加坡、中国香港、中国澳门等世界廉洁国家和地区的经验，建议将廉洁教育从思想政治课中独立出来，各大中小学均开设专门的廉洁教育项目化课程，由中纪委与教育部联合开发教材和教学资源，培训专门化的廉洁教育师资，并给予他们应有的身份、地位和待遇。

（四）教育条件：软硬兼备与校内外环境联动共建

首先，青少年廉洁教育需要良好的教育条件做支撑。除了教材和师资以外，青少年廉洁教育迫切需要的软性条件是整个社会良好的廉洁建设大环境，尤其是崇廉忌贪的社会风气和道德法治化的法治环境。因为，真实社会的耳濡目染大过一切课堂教育的效果，如果整个社会的崇廉风气和惩治道德失范的法治环境跟不上，受教育者就会觉得教育内容与现实社会相差太远而抵触学习，转而失去对学校和教师的信任，廉洁的学校教育效果终将大打折扣。另外，现实社会的残酷现实使得家长在有意无意怕孩子将来吃亏的心理驱使下放任孩子的自利思想和行为，使得孩子失去了良好的廉洁家庭教育。因此，我们在强调和实施青少年廉洁教育的同时，切不可放松整个社会廉洁风气的塑造和廉洁法治的大环境建设。也正是从这个意义上说，青少年的学校廉洁教育和社会教育是互为支撑的，青少年的廉洁教育软性条件需要校内外环境联动共建。

其次，青少年廉洁教育同样需要硬性条件做支撑，诸如校内的廉洁教育一体化教室、模拟法庭、廉洁剧场、廉政文化园地、廉政文化长廊，校外专门性的廉洁教育基地、廉洁教育亲子乐园、廉政建设成果展览馆、革命纪念馆等可以作为青少年廉洁教育场景或教学基地的场所建设均需要校内外共建共享。

最后，青少年廉洁教育同样需要系统化的组织体系，诸如每个学校的纪委要主动积极牵头与教务部门、学生管理部门联合制定校内学生的廉洁教育细则、计划、组织形式与及时监察计划实施的落实情况，同时，各个学校的纪委还应该与当地监察部门等单位合作共建校外廉洁教育基地，有组织、有计划地开展廉洁教育活动。

综上，作为社会廉政文化建设的重要组成部分，我国教育廉政文化与其他系统廉政文化有着共同的"防腐"责任，更有着"育人"的特殊使命。借鉴海外廉洁国家和地区经验，适时构建全方位、多层次、立体化的教育廉政文化政策体系至关重要，也十分必要。

第五章

深化教育系统廉政风险预警防控机制建设

中共中央纪律检查委员会早在2011年12月就印发了《关于加强廉政风险防控的指导意见》。实践表明，将风险管理理论和现代质量管理方法引入反腐倡廉建设，加强廉政风险防控，是构建惩治和预防腐败体系的重要举措，是规范权力运行、建设法治政府和廉洁政府的客观要求，是促进干部队伍作风建设的现实需要，是推进预防腐败工作的有力抓手。党的十八大报告中强调，要"深化重点领域和关键环节改革，健全反腐败法律制度，防控廉政风险，防止利益冲突，更加科学有效地防治腐败"。[①] 十八届三中全会提出："坚持用制度管权管事管人，让人民监督权力，让权力在阳光下运行，是把权力关进制度笼子的根本之策。必须构建决策科学、执行坚决、监督有力的权力运行体系，健全惩治和预防腐败体系，建设廉洁政治，努力实现干部清正、政府清廉、政治清明。"[②]《国家中长期教育改革和发展规划纲要（2010-2020）》则对教育系统廉政建设提出了明确要求，"坚持标本兼治、综合治理、惩防并举、注重预防的方针，完善体现教育系统特点的惩治和预防腐败体系。"[③] 习近平同志在十八届中央纪委第三次全会上强调，建立健全惩治和预防腐败体系是国家战略和顶层设计。[④] 2013年"两会"期间，习近平在参加江苏代表团全体会议时又指出："预防职务犯罪也出生产力，

[①] 《胡锦涛在中国共产党第十八次全国代表大会上的报告》，载于《人民日报》2012年11月18日。
[②] 《中共中央关于全面深化改革若干重大问题的决定》，载于《人民日报》2013年11月16日。
[③] 中国网：《国家中长期教育改革和发展规划纲要（2010-2020年）》，http://www.china.com.cn/policy/txt/2010-03/01/content_19492625_3.htm，2010年3月1日。
[④] 《习近平在十八届中央纪委五次全会上发表重要讲话》，载于《人民日报》2015年1月14日。

我很以为然。"① 党的十九大报告强调："要加强对权力运行的制约和监督，让人民监督权力，让权力在阳光下运行，把权力关进制度的笼子。"② 在一定意义上，深化教育系统廉政风险预警防控机制建设，已成为教育系统党风廉政建设和反腐败工作的重要内容，成为不敢腐、不能腐、不想腐一体推进的重要举措。

应当看到，教育系统反腐倡廉建设面临新的境遇和挑战，形势依然严峻复杂，整体呈现出四个基本特征：天涯无净土的严峻性，共腐关系圈的复杂性，对垒胶着状态的艰巨性，腐败和反腐败斗争的长期性。同时也呈现出明显的行业特点：一是涉及领域广。教育系统特别是高校具有权力高度集中和资源高度丰富的双重特点，权力寻租和利益输送的风险交织。经费管理、选人用人、国有资产、考试招生、合作办学、基建后勤、附属医院等方面问题易发多发。二是"微腐败"占比高。除极少数领导干部发生贪污贿赂犯罪等严重腐败外，教育系统绝大多数违纪违法案件都是轻微腐败问题。利用职务便利为本人或家人谋利、收受礼品礼金等损害群众利益、损害教育公平公正问题相对较多，败坏师德师风问题也时有发生。三是多种问题交织。一些教育行政部门特别是高校发生的腐败问题具有复杂性，政治问题和经济问题渗透，行政权力和学术权力叠加，失德失范行为和违纪违法问题并存，校内人员与校外人员勾结等。

教育系统经过近年来大张旗鼓地正风反腐，压倒性态势已经形成并巩固发展，正从治标转为治本赢得时间，向标本兼治转化。面对这个现实，迫切要求我们从思想上警醒起来，认识上高度统一起来，坚持推动全面从严治党向纵深发展，全面深化教育系统廉政风险预警防控机制建设。课题组对近100所高校200余位校纪委书记、纪委副书记、监察处长等的调查问卷显示，超过80%的受访者都认为，近年来高校廉政风险预警防控机制建设取得了一定的成效。那么，接下来的任务就是要继续推进长效机制的建设。教育系统要以习近平新时代中国特色社会主义思想为指导，深入贯彻落实党的十九大精神，紧密结合教育系统实际，以"两个维护"作为教育系统全面从严治党的纲和魂，以落实全面从严治党党委主体责任、纪委监督责任为抓手，以规范和制约权力运行为核心，以加强制度建设为根本，以信息技术为手段，以廉政文化建设为支撑，以岗位廉政风险防控为重点，构建权责清晰、流程规范、风险明确、制度管用、措施有力、预警及时、化解有效的廉政风险预警防控机制，充分发挥廉政风险预警防控机制的事前、事中的预防功能和事后的检查纠错功能，从源头上监督，过程中管控，抓早抓小，不断提高预防腐败工作科学化、制度化和规范化水平，标本兼治，净化教

---

① 肖水金、雒呈瑞：《预防也出生产力的南京实践》，载于《检察日报》2013年5月13日。
② 《习近平：决胜全面建成小康社会夺取新时代中国特色社会主义伟大胜利——在中国共产党第十九次全国代表大会上的报告》，人民出版社2017年10月。

育生态，为教育事业发展保驾护航。

第一节　廉政风险预警防控是建设廉洁教育生态的关键

一、廉政风险预警防控机制建设是"三不"一体化推进的应有之义

深化教育系统廉政风险预警防控机制建设是党风廉政建设和反腐败斗争形势的迫切需要，是实现不敢腐、不能腐、不想腐一体化推进的应有之义。我国目前仍然处于社会主义初级阶段，仍然处于发展的关键期、改革的攻坚期、社会的转型期和法治的建设期，这是我国教育系统所处的大环境。应当说，教育系统已经不是传统意义上的"象牙塔"，也渐渐地滋生出一些消极腐败现象，乃至教育腐败易发多发，形势严峻而复杂。例如，河北省衡水中学教育乱收费案件、武汉大学校领导因为基建受贿落马案件、中国人民大学自主招生案件、湖南大学违规转学案件等，都引发了社会的广泛关注和讨论。2015年12月1日，教育部党组通报了中央音乐学院、北京邮电大学、对外经济贸易大学3所部属高校4起违反中央"八项规定"的典型案件。就在此前一周，包括中国传媒大学党委书记、校长在内的8名党员领导干部，因违纪问题接受纪律处分和组织处理。2017年4月，中纪委网站集中通报了北京大学、兰州大学和西安交通大学多起违反中央八项规定精神典型案例，北京大学副校长兼总务长王某某违反廉洁纪律，多次接受可能影响公正执行公务的宴请，受到党内严重警告处分；北京大学副校长兼教务长高某违规受邀参加宴请，对其进行提醒谈话。兰州大学党委委员、校办主任陈某某对校长办公室在公务接待中超次数接待、超标准接待，公务接待酒水消费不明、登记账不清负主要领导责任，给予党内严重警告处分；兰州大学党委委员、组织部部长张某某对其时任校办主任期间校长办公室公务接待酒水消费不明、登记账不清等问题负主要领导责任，给予党内警告处分。这些都是中央巡视组在对中管高校巡视的过程中发现的问题。

教育部党组成员、原中央纪委驻教育部纪检组组长王立英曾表示，高校绝非一片净土，违规违纪问题仍然严重。一场反腐风暴正在教育系统内展开。十八大以来，从2013年3月至2018年3月，包括"中管高校"在内，中纪委网站共通报136名被查处的高校领导干部。

哈尔滨理工大学原党委书记高某，利用职务上便利在招生录取和专业调整方面为他人谋利并收受财物。石家庄学院原副院长赵某某，利用职权在干部录用等方面为亲属及他人谋取利益并收受他人财物。山东行政学院原党委书记高某某涉嫌受贿，依法批准逮捕。武汉体育学院原党委副书记、原院长孙某某，涉嫌严重违纪，接受组织调查。广东医学院原党委书记江某某利用其职务便利，在医疗设备采购、基建工程设计、学生饭堂承包等经济活动中，伙同其子江某多次收受他人贿送共计人民币 642 万元，并为他人谋取利益。四川电子科技大学原党委书记王某某，武汉工程大学原党委书记吴某，西安电子科技大学原党委常委、副校长陈某和张某某，中南林业科技大学原党委副书记、校长周某某，河南大学原党委委员、副校长刘某某，东华大学原副校长江某某，均因涉嫌严重违纪，接受组织调查。复旦大学原党委书记魏某某因涉及辽宁贿选案免职调整。教育系统除因利用职务便利收受钱款等传统犯罪被惩处外，还有与他人通奸、违规兼职取酬、公车私用、办公用房超标、大操大办子女婚礼等违反廉洁纪律、生活纪律等被查处，更有因管理、监督不严，没有履行主体责任和监督责任而被通报处理[①]。受中央纪委委托，国家统计局于 2016 年 10 月底至 11 月底开展了全国党风廉政建设民意调查。关于当前哪些领域不正之风和腐败问题仍然突出，49.0% 的群众选择教育医疗卫生，排在第一位。

当前查处教育系统的很多案件是历史存量，当然更有不收敛不收手的顶风犯案。同其他领域的贪腐一样，当前教育系统的反腐败也已经不只是同一个个独立的贪腐个体作斗争，而更多的是同一个个腐败利益共同体斗争。当然，反腐的"利剑"不仅直指贪污受贿犯罪，也指向违反中央八项规定精神的"四风"问题，着力解决师生身边的腐败问题。可以说，光打不防，越打越忙。因此，从本质上看，预警防控才是治本之策。这就是说，要通过清权、分权、限权、溶权，压缩权力空间、厘清权力边界、构建权力防线、动机防线和机会防线，在加强对教育系统经济活动和办学活动可能产生重大风险的分析研判的基础上，使内部控制建设贯穿于决策、执行和监督的全过程，提前化解或及时化解权力运行过程中各种容易诱发腐败的风险，建设廉洁教育生态。因此，廉政风险预警防控机制建设就成为构建具有教育系统特色惩治的重要载体，成为落实全面从严治党党委主体责任和纪委监督责任的有力抓手，同时也是提高反腐倡廉建设科学化水平的有效途径。

[①] 饶力文、陶虹：《平均每周一名高校领导被通报：2015 年"象牙塔"反腐数据图》，载于《新华每日电讯》2016 年 1 月 3 日。

二、廉政风险预警防控机制建设是现代治理的必然要求

深化教育系统廉政风险预警防控机制建设是教育改革和推进现代治理的必然要求。《国家中长期教育改革和发展规划纲要（2010－2020年）》单列第三部分"体制改革"，确定了人才培养体制改革、考试招生制度改革、建设现代学校制度、办学体制改革、管理体制改革、扩大教育开放等六大重要改革领域。这样，以现代学校制度的章程建设为重点，落实学校办学自主权，完善学校内部治理结构等，将成为进入"深水区"的教育改革方向。可以看到，随着教育系统各项改革向纵深推进，学校党风廉政建设出现了许多新情况新问题，面临着从未有过的挑战。譬如，教育领域呈现出了办学主体多元化、体制结构复杂化、经费来源多样化、竞争日趋激烈化等特点，然而，管理监督机制相对滞后、职务犯罪多发、基建领域案件增多、特殊类型招生监管困难、办学行为不规范等问题越发凸显。因此，推进廉政风险预警防控机制建设，是推进学校现代治理，创新教育系统纪检监察工作机制，提高反腐倡廉建设科学化水平的有效途径。

由于廉政风险主要存在于权力运行和资源配置之中，并且以职务活动为核心，因此，廉政风险预警防控机制建设，必须加强权力的监督和制约，防止权力滥用而导致的腐败风险。在现代管理学中，"风险管理"是指在存在风险的环境当中，主动采取有效措施，将风险系数降到最低的过程。将"风险管理"等现代管理理念和现代科学技术引入反腐倡廉的实践，方能掌握反腐倡廉建设的主动权，增强反腐倡廉的预见性、可操作性和实效性。对廉政风险划分不同等级并分类管理，注重对廉政高风险领域和环节的防治，是源头治理腐败的重要实践成果。通过建立健全预警防控机制，及时掌握职务犯罪发展的趋势、规律，并对职务犯罪的隐患作出预警处置，通过对苗头性问题提醒在前、对倾向性问题防范在前、对普遍性问题约束在前、对典型性问题惩处在前，从案后惩处逐渐发展到惩防并举，才能有效降低教育系统职务犯罪的发生率。对于学校来说，要在整体推行、全面防控的基础上，重点加强对学校内部管理中腐败问题和"四风"问题易发多发的重点领域和关键环节的防控，实行重点管理、重点监督、重点防控，建立长效机制。

三、廉政风险预警防控机制建设是形成廉洁教育生态体系的重要抓手

深化教育系统廉政风险预警防控机制建设是立德树人、创建风清气正廉洁教

育生态体系的重要抓手。教育系统的广大干部、教师和青少年学生,是科教兴国的生力军,是建设创新型国家的重要力量。教育系统要按照中央的要求,全面贯彻党的教育方针,落实立德树人根本任务,以创新、协调、绿色、开放、共享发展理念为指引,以支撑创新驱动发展战略、服务经济社会发展为导向,以深化创新创业教育改革为突破口,以信息技术与教育教学深度融合为重要手段,坚持育人为本、德育为先,实现全员育人、全过程育人、全方位育人,深化改革、优化结构、补齐短板、提升能力、提高质量、办出特色、办出水平,为全面建成小康社会提供强大的人才支持和智力支撑。

教育系统廉政风险预警防控机制建设要在"不敢腐"的基础上立足于防治,着力于"不能腐""不想腐",一手惩、一手治,做到惩与治同向、同步、同进,以惩促治,预防为先,立足抓早抓小,对苗头性、倾向性问题,做到早打招呼、早提醒、早纠正、早处理,防止小问题演变成大错误,教育、提醒、保护好绝人多数,避免出现"要么好同志、要么阶下囚"的极端现象,是遏制教育腐败增量的治本之策,也是学校立德树人的内在要求。教育系统廉政风险预警防控机制建设要取得实效,必须补上监督这个短板,扎牢"不能腐"的制度笼子,提升"不想腐"的自觉,必须在定位上聚集、内容上深化、形式上丰富、方式上创新,通过各种监督方式的综合运用,不断提升监督实效,不断发挥好廉政文化的治本功能。对党员干部进行清正廉洁的价值观教育、群众路线教育,教育和培训党员干部习惯在公开和监督的环境下工作,习惯在程序要求和集体决策下工作,形成良好的工作生态和工作心态,潜移默化地提高思想道德素质和适应现代管理的能力,构筑党员干部廉洁从政的思想道德防线,切实履行好管理的责任,带好一套管理班子,管好一支教师队伍,教好一个学生群体,以优良的党风带动师风、学风、校风,营造良好校园氛围。要通过警示教育,以案说理、以案明纪,增强纪律意识和底线意识;通过传承红色文化基因,不忘初心、牢记使命,补足精神之钙。要对师生开展廉洁从教和廉洁修身教育,全员育人,全过程育人,破除潜规则,提高廉政文化建设的针对性与实效性,创建出和谐高雅的廉政文化,逐步消除产生廉政风险的土壤,建设风清气正、山清水秀的廉洁教育生态。

第二节 教育系统权责清单管理和廉政风险排查

深化教育系统廉政风险预警防控机制建设,要坚持问题导向,盯注重要领域和关键环节,针对工作中的短板、漏洞,要实现"横到边、纵到底"的全覆盖,其中，防控政治风险和加强重点领域和关键环节的监管，是深入推进教育系统廉政风险防控工作的重中之重。要将腐败易发多发的关键权力确定为高风险等级职权，对权力主体进行高风险岗位责任教育和岗位风险教育，制订专门的防控措施。要围绕权力决策、执行、监督、检查、考核和反馈等关键环节，查找廉政风险，完善应对措施，严格内控机制，构筑制度防线。要加强对重点职权的监督，规范监督程序，完善监督制约机制，采取关口前移、全程监督等办法，及时发现风险，清除隐患，堵塞漏洞，优化管理，从而有效降低和化解廉政风险，为教育系统科学发展提供有力保障。

具体而言，首先要确定防控重点部门，从实际出发，选择管钱、管物、管人、管项目、管工程等权力较大、廉政风险较高、容易发生腐败问题的部门。从教育系统的角度而言，主要是要把好：决策审批、干部人事、招生录取、基建项目、物资采购、财务管理、科研经费、校办企业、学术诚信、二级院系（直属单位）"十个关口"，按照以下五个步骤有针对性地开展廉政风险预警防控工作。

一、编制权责清单，防止权力任性

编制权力和责任清单，就是按照简政放权、优化服务和转变职能的改革要求，以清单形式明确教育主管部门和各级学校的行政权责及其依据、行使主体、运行程序等，从而构建边界清晰、权责一致、分工合理、运作高效、合法合规的教育行政体系，以防止权力滥用和监管缺失，强化社会监督和制约，促进教育治理体系和治理能力的现代化。我们应该看到，教育系统出现的腐败情况复杂，所涉及的问题包含个人修养、制度设计、制度执行不到位、社会风气等多个方面。而要破解这一困局，从根本上要做到按教育规律办教育，按学校章程治理学校，构建学校和政府的关系、学校内部关系，建立现代学校制度，推进行政权、教育权和学术权分离，剥离学校领导学者、官员、经营者等多重身份，明确教育管理权力和内部治理权力，规范权力运行体系，形成有效约束机制，实现学校管理职业化。[①]

编制教育系统权责清单具体要把握好三个重要环节：

一是进行权责梳理。按照权责一致的要求，逐级全面梳理本部门承担的各类职权，编制职权目录，科学界定每项职权的名称和内容，并针对每项职权，研究绘制权力运行流程图，明确职权的运行流程和各个环节的工作事项。按照权力既相互制约又相互协调的原则，将每项职权运行过程中各个环节的工作事项合理划

---

① 陈立鹏：《学校章程在现代学校制度建设中的意义》，载于《中小学管理》2004 年第 5 期。

分到相应岗位，并根据相关制度规定要求，明确每个岗位的职责任务、操作程序、工作标准。要根据确保不相容岗位相互分离、相互制约和相互监督的原则，科学设置机构及岗位，切实做到分事行权、分岗设权、分级授权、定期轮岗。各职能部门要针对行政管理、学术研究、教书育人和社会服务等工作中的权力类型及行使情况，按照"权责一致"的要求，对照法律法规、制度规定、岗位职责，采取自下而上与自上而下相结合的方式，逐项进行清理。对清理出来的权力清单，由分管领导和职能部门领导班子集体审核确认，明确职权的名称、内容、类别、行使主体、行使依据等，把权力行使责任落实到具体部门和岗位。权力与责任是相统一的，在制定权力清单的同时也要制定责任清单，权力行使到哪里，责任就跟进到哪里，严格落实"一岗双责"[①]。

二是坚持公开透明。权责清单的梳理不能闭门造车、关门开会，而是要遵循依法依规和公开透明原则，广泛听取教职工和学生意见，广泛征询专家学者和社会各界的建议，切实发挥信息公开对教育系统风险防控的促进和监督作用，努力实现行政权责和民心所向的有机统一，努力实现权由法授和现代治理的有机统一，使权责清单成为治理权力任性的紧箍咒，成为规范权力运行的程序图，成为方便群众监督的晴雨表。

三是明确负面清单。要履行好权责，还必须制定权力的负面清单，对禁止行为做出清晰明确的罗列。为了防止权力越位和缺位、防止权力寻租和慵懒怠政，要通过权力清单明确权力的内容和边界，通过责任清单明确职责内容和要求，通过负面清单告诉党员干部特别是领导干部哪些事情不能做，明确纪律红线和法律底线。通过三位一体的清单管理，促进教育系统的法治型、创新型、廉洁型和服务型行政系统建设，切实推进教育系统的内涵建设。[②]

二、查找廉政风险，评定风险等级

排查廉政风险是廉政风险防控机制建设的基础性工作。学校开展廉政风险预警防控机制建设，必须首先查找廉政风险。任何掌握权力的集体和个人，都有发生廉政风险的可能性。廉政风险排查可以从以下四个方面入手：一是围绕岗位职责特点和权力运行过程；二是围绕业务工作各类数据分析比对；三是围绕信访和

[①] "一岗"就是一个领导干部的职务所对应的岗位；"双责"就是一个领导干部既要对所在岗位应当承担的具体业务工作负责，又要对所在岗位应当承担的党风廉政建设责任制负责。因此，"一岗双责"就是一个单位的领导干部应当对这个单位的业务工作和党风廉政建设负双重责任。

[②] 斯阳：《廉政风险防控与现代大学治理》，载于《华东师范大学学报（教育科学版）》2016年第4期。

审计中发现的问题；四是围绕党员干部违法违纪典型案例，特别是违反中央八项规定精神的典型案件。排查工作需要注意以下四点：一是注重排查可操作性。可以设立二维指标体系，主要从制度完备度、规章执行度、权利裁量度、权力监控度、资金大额度、资源独占度、工作轮岗度、对外关联度、信访发生度九个方面对岗位廉政风险进行评价，所设计的排查办法和程序要简便易行，可操作性强，减少排查部门的工作量。二是注重排查角度的多元性。通过问卷调查和风险点公示等办法增加群众参与度。三是注重排查的客观性。运用社会学的相关理论和方法，把一些本来抽象的问题转化成具体的量化指标，使风险点、风险等级确定更加客观准确。四是注重预警防控工作的导向性。排查过程实质上是廉政教育、廉政警示、廉政引导和管理优化的过程。五是注重排查工作的公开性，排查结果要在一定范围内公开。①

通过自己找、领导提、相互帮、集中评、组织审五种方式，组织干部教师重点查找各自工作岗位在权力行使、制度机制和个人思想道德等方面存在的廉政风险。其中，在权力行使方面，重点查找由于岗位权力过于集中、运行程序不够规范、议事决策机制不够民主科学、自由裁量空间过大，可能造成权力滥用的风险；在制度机制方面，重点查找由于规章制度不健全、制度执行不到位、监督制约机制不完善，可能导致权力失控的风险；在思想道德方面，重点查找由于理想信念不坚定、工作作风不扎实、品德行为不端正，以及受外部环境影响，可能诱发语言失当、行为失范、违纪违法的风险。

调查问卷的结果显示（见图5-1），受访者认为在廉政风险中，应该重点规范前三项风险依次是：岗位职责风险（30.6%）、制度机制风险（28.6%）、业务流程风险（17.2%）。其中，岗位职责风险和制度机制风险两项合计，占比近六成。根据可能对社会造成的危害，可能给国家、集体造成的损失，可能利用职权谋取私利及信访、举报发生的频率等具体指标，确定风险点的风险等级。对各个岗位的廉政风险，由高到低按照一、二、三级进行评定。风险等级评定，采取自下而上、分级负责、一级管一级的原则。其中，各单位班子的岗位风险等级由班子集体研究提出，其他岗位的风险等级由本部门研究提出，并经本单位廉政风险预警防控工作领导小组审定。对于具有决策权、审批权、处罚权、物资管理权等权力的重要岗位，应视为高等级的风险，积极进行差异化的风险防范，提高针对性。为有效控制风险，预警防控机制的建设也要进行分类。防控方式可以按照干部管理权限，分为领导干部预警防控、中层干部预警防控、科室干部预警防

---

① 斯阳：《廉政风险防控与现代大学治理》，载于《华东师范大学学报（教育科学版）》2016年第4期。

控、特殊岗位预警防控等,并根据工作实际实现分类指导和管理,通过警示提醒、责令整改、诫勉纠错及向上级报告等凸显防控及时性和有效性。[①] 此外,学校还要根据法律法规和政策规定的调整、职责职能的变更、防控措施落实的效果以及反腐倡廉实际需要,及时分析调整廉政风险内容、等级和防控措施,加强对廉政风险预警防控机制建设的动态管理。

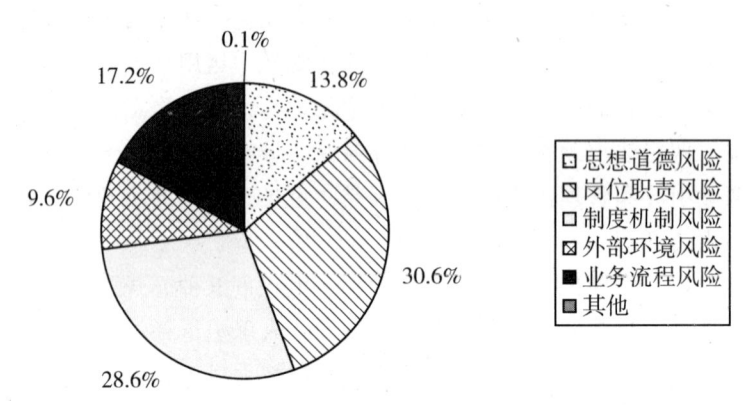

图 5-1 关于"重点应当规范的廉政风险"的调查数据
资料来源:高校廉政风险预警防控机制建设调查(2015)数据库。

三、优化工作流程,制定防控规则

规范权力运行是防范廉政风险的关键,要以监督和制约权力运行为核心,对从领导干部到具体岗位的各项权力进行全面梳理,逐项规范,努力建立权责明晰、程序严密、运行公开、制约有效的权力运行机制。既坚持职能法定,职责明确,又要对过于集中的权力进行分解,实现决策权、执行权、监督权的互相分离和有效制衡,解决权力配置的弊端。在分权的基础上,还要合理限权,要对领导干部的权力进行限制,用制度程序手段限制领导干部的权力应用,对其越权、滥用权力的行为进行及时的提示、监督和惩处。在涉及"三重一大"[②]的决策时,必须经过集体讨论,民主决策。在管理工作中,要坚持将决策与执行、审核与批复、调配与使用、需求与采购等各项工作权力分离,由不同业务部门或不同人员完成,形成相互牵制、相互制约、相互监督、相互轮岗的机制。例如,高校正在探索的"大部制"改革,就可以看作是当前阶段推进体制机制改革的现实选择。当然,改革并不是简单的分分合合,而应该是以回归教育本位、提高本科办学水

---

① 斯阳:《反腐倡廉新思考——制度·科技·文化》,法律出版社 2014 年版。
② 即重大问题决策、重要干部任免、重大项目投资决策、大额资金使用,简称"三重一大"。

平和去行政化为内在目标,在提高工作效率的同时,更大程度地推进惩防体系建设。①"大部制"不应成为集权的手段,而应是以分权为基础,通过教育部向地方分权,地方向学校分权,校级机关向二级院系分权,施行简政放权,向基层下放权力。通过改变内部权力配置,推动学校去行政化的进程,从而为领导干部的权力监督和制约提供良好的体制保证。②

学校机关各职能部门应对每项职权,特别是"高"风险等级的职权运行流程进行系统梳理、科学设定,明确并公开权力行使的基本程序、承办岗位、办理时限等,绘制工作流程图。工作流程图要在单位内公开,与社会服务相关的流程图同时要向社会公开。针对各项职权廉政风险状况,制定有针对性、可操作、具体管用的防控规则。针对查找出来的风险点,干部职工个人、所在单位和部门依据法律法规、政策规定、廉政要求、工作职责和工作标准,从规范权力运行、完善制度机制、筑牢思想防线等方面,有针对性地制定切实管用、操作性强的防控措施。各基层单位领导班子及其成员要制定廉政风险预警防控措施,经廉政风险预警防控工作领导小组审定后,报学校纪委备案。

廉政风险预警防控机制建设可以通过分步实施的办法,先在一些有工作基础的重要职能部门和基层学校进行试点,取得经验,逐步推广。通过将廉政风险预警防控机制建设与廉政教育相结合、与党风廉政建设责任制落实相结合、与业务管理相结合,切实做到廉政风险预警防控与业务工作同部署、同检查、同落实。通过开展廉政风险的排查、工作流程的梳理,认真查找在制度建设、岗位职责及权力运行等各个环节可能存在的风险点,分析可能引发风险的因素,制定针对性的防控措施,努力形成廉政建设与规范管理同步推进的工作格局。

四、建立防控平台,强化权力监控

建立健全廉政风险预警防控信息平台,应结合学校信息化建设,稳步推进。通过发挥廉政风险预警防控信息平台的风险预警、风险分析、风险处置、信息公开等功能,可以实现对权力运行廉政风险的动态防控、电子监察。将权力运行过程中一些易公示、可核查的具体环节、要点、指标等作为"内控点",随权力行使过程动态公开,决策环节实行起点源头监控,执行环节实行网上过程监控,完结环节实行结果监控。

---

① 卢威、邱法宗:《论高校管理机构的"大部制"改革》,载于《国家教育行政学院学报》2011年第3期。

② 斯阳、朱民、王华俊:《高校惩防体系建设中的问题与对策》,载于《廉政文化研究》2013年第1期。

建立办公自动化信息系统、干部廉政信息库、财务管理系统、科研经费管理系统、基建修缮廉政风险管控平台、设备采购竞价系统、资源管理系统、招生管理系统等防控平台和电子监察系统，不仅可以有效规范业务工作流程，破解监督工作中信息不对称、监督不及时的问题，而且可以实现对重大项目、重点工作全过程的动态监控。实现流程规范化、数据安全化、监察实时化、监察全程化、资源共享化、档案电子化、考核科学化、问责制度化、服务智能化，可以保证有关制度和领导决策得到坚决贯彻，并有效提升纪检监察部门的监察效率和监督的质量和水平。

进一步建设廉政风险预警防控信息平台，有助于构建学校系统的防控体系。属于权力行使方面的，要按照分权、控权、制衡和严格履行程序的原则，进一步优化权力结构，规范权力运行，推进阳光作业，实行信息公开，坚持民主决策，切实防止和纠正权力过于集中、个人专断、暗箱操作等问题，尤其要明确信息公开的事项、方式、范围等，切实提高权力行使的透明度；属于制度机制方面的，要查漏补缺，建章立制，构建科学配套、务实管用的制度体系，并着力健全制度执行的责任机制和监督机制，不断提高制度化、规范化、科学化水平；属于思想道德防线方面的，要通过开展党性党风党纪教育、岗位廉政教育、自我养成教育、警示教育等，引导干部教师自觉警惕廉政风险，强化自我约束，正确行使手中权力，不断提升拒腐防变能力。同时在构建防控体系过程中，把高风险岗位作为防控重点，对这些岗位的工作人员每年集中进行至少一次廉政培训，对经济责任审计重点对象每两年进行一次任中审计。特别是要充分利用信息化技术手段，通过建立权力网上公开运行和在线电子监察系统等，实现同向、同步、可视监督，切实加强重点岗位廉政风险防控工作。

五、严格监督检查，提高防控实效

要严格贯彻落实全面从严治党的党委主体责任和纪委监督责任，推动意识形态责任制、基层党建责任制、党风廉政建设责任制和党内监督责任的同部署、同推进、同考核、同落实，通过知责、明责、履责、尽责、督责、问责，压实责任，科学细化监督检查和责任追究的内容、对象、程序和形式，形成规范合理、程序严明的责任追究体系。

课题组的调查显示（见图5-2），受访者认为风险防控措施中最为有效的两项措施是：(1) 加强权力的制约与监督（26.4%）；(2) 落实责任，严格追究责任（18.1%）。这反映出民众对权力问责的呼声很高。其实，中央领导也一直强调责任担当和严肃问责。例如，王岐山在十八届中央纪委五次全会上就明确指出:"没有问责,责任就落实不下去。中央对此三令五申,决不是言之不预、不教而诛。动员千遍,不如问责一次。……问责一个,警醒一片。要建立完善责任追究典型问题通报制度,通过问责,把责任落实下去。""紧紧抓住落实党风廉政建设主体责任这个'牛鼻子',以上率下,层层传导压力。"[①] 当然,对于追责问责必须落到实处,绝不能只是"说说""写写""挂挂",必须有责必问、问责必严。对于各级党组织和党员干部来说,应当认识到:主体责任是党章赋予各级党组织的基本责任,党风廉政建设和反腐败斗争是全党的工作,仅靠党中央抓不行,仅靠纪委抓也不行,必须落实各级党委全面从严治党的政治责任,强化责任担当。具体到教育系统来说,要先从校级领导抓起,抓住"关键少数",层层传导压力,通过约谈督促、监督检查、严肃问责等方式,起到以点带面、纲举目张的效果,推动形成教育系统一级抓一级,层层抓落实的局面。

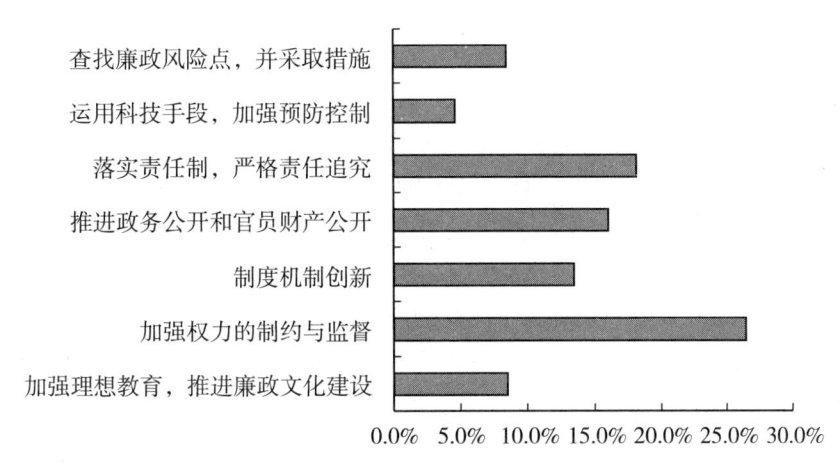

图 5-2 关于"干部廉政风险的防控比较有效的措施"的分布
资料来源:高校廉政风险预警防控机制建设调查(2015)数据库。

为此,应着重从以下三个方面着手:

一是要将廉政风险预警防控机制建设作为全面从严治党检查考核、领导班子考核、文明单位评选的重要指标之一,结合干部考核、部门考核、责任制检查,对单位廉政风险预警防控工作实际效果进行考核评估,并将检查考核结果作为岗位考评和单位绩效的重要依据。对考核评估中发现的问题和薄弱环节,采取措施及时整改。

二是要构建责任体系,使权力行使到哪里,廉政风险防控责任就落实到哪

[①] 人民网:《王岐山在十八届中央纪委五次全会上的工作报告》,http://politics.people.com.cn/n/2015/0129/c1024-26475484.html,2015 年 1 月 29 日。

里，形成分级管理、点面防控、逐级负责的严密责任链条。要改变廉政风险预警防控机制建设中的形式主义、一阵风现象，要改变预警防控中眼睛只盯下不盯学校领导、只盯基建等职务犯罪高风险部门不盯其他职能部门、只盯学校机关不盯院系和直属单位等现象，实现廉政风险预警防控"横到边、纵到底"的全覆盖。对廉政风险预警防控工作落实不到位的单位，应采取检查督促、廉政约谈、限期整改、组织处理等有力措施。

三是要严字当头。过去有一种倾向，廉政风险预警防控的重点是贪污受贿等职务犯罪问题。纪委也往往以查办大案、要案论英雄，只要不违法，违纪被认为是小节，就没有人认真管、严肃究。现在讲的从严就是要坚持严肃教育、严明纪律、严格管理、严惩问责，坚持纪严于法、纪在法前，实现"盯违法"向"盯违纪"转变，从抓大放小向抓早抓小转变，没病保健、小病早治、已病防变，提醒警示在先，纪律规矩在前，管住绝大多数。

严在抓早抓小、落细落实。"针尖大的窟窿能透过斗大的风"。小处不究，必然大处失守。只有一个标一个标地治、一个节点一个节点地纠、一个领域一个领域地清，对过去不够重视的党员干部教师思想、工作、作风方面的问题，要有针对性地开展谈话函询、警示诫勉，以达到防微杜渐的目的；对过去不够关注的校办企业、后勤服务等开展专项治理，自查自纠，才能以点带面，以线成片，化量变为质变，积小胜为大胜。

严在认真较真、言出纪随。针对教育系统已有的违纪违法问题线索，应加大纪律审查的力度，根据其违纪行为及其后果，采取批评和自我批评，批评教育绝大多数，党纪轻处分和组织处理大多数，党纪重处分、作出重大职务调整是少数，对极少数严重违纪违法人员立案审查法律制裁等"四种形态"的处置方式。[①] 每一种具体形态都是一道防线，只有依次设防、环环相扣、道道用力，才能最大限度地教育保护党员干部，最大幅度地防止"要么好同志要么阶下囚"的现象。近年来，通过严肃问责，教育系统久清不下的办公用房超标清了，久管不住的公车私用、私车公养管住了，久堵不住的公款吃喝堵住了，久禁不止的公款旅游禁住了，久治不愈的"点招"、转学治住了，减少了腐败的存量，遏制了腐败的增量，让教育系统风气为之一新、民心为之一振。把握运用监督执纪问责"四种形态"，就是通过层层设置防线，实现全面从严治党的到底、到边，用纪律和规矩管住教育系统全体党员和各级各类学校，强化"不敢腐"的氛围，保障教育系统的健康科学发展。

[①] 《党纪轻处分和组织处理要成为大多数》，载于《晶报》2015年9月27日。

第三节 "制度+科技+文化":化解廉政风险的方法

推动教育系统全面从严治党向纵深发展要着力在"不敢腐""不能腐""不想腐"上下功夫,特别注意在"防"字上做文章,预防为先,以惩促治。严厉惩治、形成震慑这一手任何时候都不能软、不能丢,同时要对腐败发生的机理深入剖析,针对腐败问题易发多发的重要领域和关键环节,有的放矢地抓好防止利益冲突机制建设,健全法规制度,扎牢内控制度笼子,加强党性教育、提高思想觉悟,实现"三不"同步推进、同向发力。因此,学校要积极深化廉政风险预警防控机制建设,探索建立廉政风险静态分析、风险信息动态监控、风险防范常态管理的建设模式,通过"五步工作法",即:党委发文、纪委推动;学习调研、试点探索;梳理排查、分步实施;建章立制、科技管控;不断完善、形成氛围,[①]不断深化廉政风险预警防控机制建设。

为此,我们提出了"制度+科技+文化"三位一体深化廉政风险预警防控机制建设的理念和方法,强调发挥制度为本、科技管控和廉政文化支撑的综合作用,以"三重一大"(重大事项决策、重要干部任免、重要项目安排、大额资金的使用)、"三招三费"(招生、招聘、招投标,教育收费、科研经费、三公经费)为监督重点,严把招生录取、基建修缮、物资采购、财务管理、科研经费、校办企业等十个关口,努力形成"管理防控有制度、岗位风险有提示、实施过程有监控、监督检查有办法、化解风险有措施"的廉政风险防控长效机制。

一、构建制度体系是防控机制建设的根本

正如邓小平同志指出的那样,制度建设带有根本性、全局性、稳定性、长期性。[②] 因此,全面从严治党的一个重要方面就是要加强制度建设,通过立规修规、完善党内法规,通过教育系统制度的废改立和制度创新,建立起科学严密

[①] 斯阳、李伟、王华俊:《"制度+科技+文化":高校廉政风险防控机制建设新探索》,载于《上海党史与党建》2012年第8期。

[②] 《邓小平年谱(1975—1997)》(上),中央文献出版社2004年版,第663页。

的现代制度体系:一是制度的制定要有鲜明的时代性。当经济社会发展到一个新的阶段,教育系统发展到一个新的时期,反腐倡廉工作也会面临新的形势和新的要求。这就要求制度建设要不断探索规律、掌握规律、遵循规律,适应教育系统反腐倡廉工作的内在需求,推出符合实际的制度。同时,及时对落后于实践的制度进行清理、废止和修订完善,增强制度建设的实效性,防止腐败分子钻制度的空子。二是制度的建设要有系统性。教育系统必须编织制度的笼子,制定落实党委主体责任和纪委监督责任制度、"三重一大"民主决策制度等,主干制度要与具体财务内控制度和管理实施细则等,一起形成严密的制度体系。针对目前教育系统还没有形成完备的制度体系,存在制度缺失和制度短板的问题,应当根据新情况、新问题制定并完善各项惩治和预防腐败制度,尤其要加强有效预防腐败的制度建设,并使各项具体制度之间形成较好的联结,形成强大的制度反腐合力。三是制度建设既要有针对性,又要具备延展性。制度建设要坚持问题导向、突出重点、针对时弊。制度建设的针对性和延展性是相辅相成的,针对性着力于立行立改,提高了制度的效用,而延展性则拓宽了制度的涵盖范围,使制度本身更加严密。做好新时代的全面治党工作,重要的是在源头上遏制腐败的发生,特别是要通过一系列的改革来深化反腐倡廉。在制度制定中,注意关注制度约束的延展性,防止制度漏洞的出现,杜绝执行者打制度的"擦边球"的现象。四是制度建设要有前瞻性。制度的设计要洞悉经济社会发展的趋势,灵敏反应教育系统党风廉政建设的新情况,支持改革创新,为改革保驾护航,既不让党员干部在干事创业中陷入无制度规则的犹豫徘徊中,也不让他们因为无制度规则的约束盲动蛮干而承担过错;① 五是强化制度的可操作性。应当在重视实体制度建设的同时,更加重视程序制度建设。教育系统的制度建设不能只提出原则性的要求,还要有内控细则,更要有具体的实施措施,增强制度的指导性和可操作性,从而促进制度的贯彻落实。法规制度要便于实施,要防止含糊不清和模棱两可的表述,并且在公布前要进行廉洁性审查,防止固化不当利益。

对于加强制度建设的重要性的认识,在课题组进行的问卷调查结果中也有具体的体现。问卷调查数据显示(见图 5-3),近七成的受访对象认为当前反腐倡廉建设应当坚持制度导向。

---

① 斯阳:《反腐倡廉新思考——制度·科技·文化》,法律出版社 2014 年版。

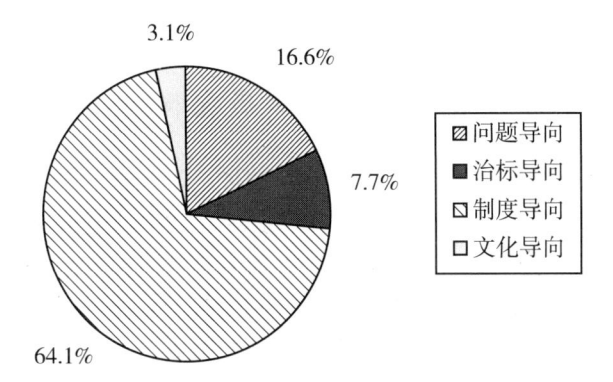

图 5-3　关于"当前反腐倡廉建设应当坚持什么导向为主"的分布情况

资料来源：高校廉政风险预警防控机制建设调查（2015）数据库。

就目前教育系统的反腐倡廉工作来说，首先要从实际出发，根据工作职能的转变、工作方式方法的改进、工作领域的拓展等新的情况，以及权力运行的新特点、滋生腐败问题的新倾向，要以改革的精神抓制度建设，积极推进制度创新，从而更加有效地防控廉政风险。近年来，教育部接连出台《高等学校深化落实中央八项规定精神的若干规定》《贯彻落实〈中国共产党问责条例〉实施办法》等多个文件，制度体系正在进一步健全。其次要提高制度的执行力。制度的生命在于执行。制度绝不能只是嘴上说说、纸上写写、墙上挂挂，要在贯彻实施上下更大的功夫，充分释放制度的力量。要建立制度落实、跟踪、反馈机制，以及监督、检查、考评机制，对不按制度行权、不按制度办事，制度得不到落实的，要严格追责，维护制度的严肃性，促进形成尊崇制度、遵守制度、捍卫制度的良好风尚。针对教育系统实践中追究直接责任容易，追究领导责任难的问题，要按照干部管理权限，探索建立追究领导责任触发机制，分管部门的党员干部出现严重违纪违法问题的，要受到司法惩处或受到党纪、政纪严重处分，产生严重不良社会影响的，学校纪委和党委就要提出追究领导责任的建议，并由上级启动责任追究。① 总之，教育系统要精心编织制度的笼子，科学评估制度的全面性、重要性、制衡性、适应性和有效性，逐步建立"不敢腐""不能腐""不想腐"的机制制度，依靠制度刚性，踩着不变的步伐，态度不变、决心不移、勇气不泄、节奏不变、力度不减、尺度不松，使腐败问题不能纠而复生，"四风"问题不能反弹回潮，才能使反腐倡廉在制度轨道上行稳致远，让人民群众看得见、享受得到教育系统正风反腐的成果，办好人民满意的教育。

---

① 斯阳、朱民、王华俊：《高校惩防体系建设中的问题与对策》，载于《廉政文化研究》2013年第1期。

二、科技管控平台为防控机制建设提供技术保障

2015年7月印发的《国务院关于积极推进"互联网+"行动的指导意见》明确指出:"创新政府网络化管理和服务。加快互联网与政府公共服务体系的深度融合,推动公共数据资源开放,促进公共服务创新供给和服务资源整合,构建面向公众的一体化在线公共服务体系……鼓励政府和互联网企业合作建立信用信息共享平台,探索开展一批社会治理互联网应用试点,打通政府部门、企事业单位之间的数据壁垒,利用大数据分析手段,提升各级政府的社会治理能力。加强对'互联网+'行动的宣传,提高公众参与度。"党的十九大报告则进一步强调要"善于运用互联网技术和信息化手段开展工作"①。按照《指导意见》要求,我国正在加快互联网与政府公共服务体系的深度融合。可以预见,"互联网+公共服务"的政务模式将成为各级教育主管部门施政的新趋势。教育系统要按照习近平同志提出的"积极利用、科学发展、依法管理、确保安全"②的思路,积极推进教育现代治理。

当前教育系统的"互联网+公共服务"尚需着力于两个方面:首先是建立完善的权力公开制度。哪些权力在教育主管部门和学校清单之内,哪些是属于可行使的权力,哪些属于违规使用的,要全面梳理和公开。其次是加大监督力度。目前如同公民行政诉讼难一样,监督教育行政部门的行为是否能够得到及时回应似乎也是一个未知数。未来,应考虑新增网络监察平台,若发现违规行使权力,"互联网+公共服务"的方式亦应该是一个便捷的反映通道。③

现代信息科技手段具有公开性、严密性、实时交互性等特点,这些特点与预防腐败的制度设计相结合,将显示规范权力、制约权力的强大功能。我们不仅要利用现代科学技术,创新工作方式,把科技手段融入廉政风险预警防控、规范权力运行的制度设计和业务管理流程之中,而且要在人与制度、人与计算机之间形成新的工作生态,让无情的电脑帮助有情的人脑,实现从传统预防向科学、全面、全过程预防的转变,切实提高管理水平和监察效能。④让权力在阳光下运行、资源在市场上配置、资金在网络中监管,同步动态管控,及时化解消融廉政风

---

① 《习近平:决胜全面建成小康社会夺取新时代中国特色社会主义伟大胜利——在中国共产党第十九次全国代表大会上的报告》,人民出版社,2017年10月。
② 《习近平出席第二届世界互联网大会开幕式并发表主旨演讲》,载于《人民日报》2015年12月17日。
③ 中央政府网:《互联网+公共服务:李克强"新药方"治"懒政"》,http://www.gov.cn/zhengce/2015-11/19/content_2968062.htm,2015年11月19日。
④ 张世良、何琳娣:《加强廉政风险防控,规范权力运行》,载于《吉林日报》2011年9月5日。

险，努力形成实施过程有监控、即时检查有依据、及时处置有效果的科技管控长效机制。

"互联网+监督"将有助于权力运行的规范化，为推进简政放权提供全新高效的载体，促进权力事项以规定的流程办理。首先是增强权力配置的科学性。在权力运行中要注重以信息网络技术为支撑，对决策权、执行权和监督权进行科学分解和合理配置，形成"硬约束"，使每一项权力，无论是大是小，其边界更加清晰，权限更加明确。其次是规范权力运作的程序化。权力的约束有赖于程序的保障。规范权力运作的程序化，就是把权力运行的全过程在计算机信息系统中进行流程再造，细化和固化各个环节，使任何人只能通过这一系统行使权力，只能行使自己岗位权限内的有限权力，只能按照规定的程序行使权力，既不能放弃操作也不能延时操作、越权操作，最大限度地限制自由裁量权。同时，权力运行的每一项操作都在计算机网络上留下痕迹，更加便于同步监督和制约。最后是增加权力行使的透明度。阳光是最好的防腐剂。信息不公开、不透明所带来的信息不对称，是导致公权私用的重要原因，是滋生腐败的温床。要增加透明度，就必须在权限设置时注重内容公开，在权力运作时注重流程公开，使权力运行的各项制度设计更加科学，并通过网络技术，大力推进网上信息公开，提高权力公开、信息共享的程度。既让领导干部清楚，更让旁观群众明了权力行使的过程，打破权力封闭运行的状况，较好地解决权力运行内部难监督、外部不公开的问题，推进阳光治理。

总之，通过加强智慧校园建设，构建科技管控平台，有助于管理部门和监督监察部门切实严把教育系统"三重一大""三招三费"等关口，并逐步建立起廉政风险预警防控的长效机制。

三、廉政文化确保防控机制长效运行

制度可以规范权力的运行，科技平台可以更加科学、直观地来规范权力运作流程，但是，这些都只能从外部来进行硬约束，反腐制度也好，科技平台也好，都不可能是十全十美、百密无疏的，而作为包容性极强的廉政文化，则正可以弥补前两者的刚性和缺漏，发挥软约束和熏陶的作用，让领导干部和教师发自内心的"不想"。从"不能"到"不想"，关键在于思想上的扶正祛邪，正本清源，在于社会主义核心价值观的重塑。反腐反到根子上，在某种意义上，就是价值观的较量、文化的对决。

我们要努力提高教育系统廉政文化建设的针对性与实效性，破除潜规则，发挥文化治本作用，构筑党员干部廉洁从政的思想道德防线，营造良好的教育生态。教育系统廉政文化建设是新时期社会主义先进文化建设的重大课题，也是教育系统党风廉政建设和反腐败斗争的必然要求。在廉政文化建设中要把握一个指导、两个结合、三个重点、四个原则，即：以习近平新时代中国特色社会主义思想为指导，坚持社会主义核心价值观教育与全员育人、全过程育人和全方位育人相结合、与校园文化建设相结合，以干部思想作风、政风行风、教师道德和社会公德建设为重点，坚持因人分岗施教，寓教于活动、寓教于课堂、寓教于网络、寓教于实践的原则，积极培育和宣传廉洁从政的典型、志愿奉献的英雄，努力营造良好教育生态，充分发挥文化育人、文化反腐作用。[①] 要把培育和践行社会主义核心价值观融入教书育人全过程，真正落实到质量标准体系中，落实到课程教材课堂中，落实到课外实践活动中，落实到教师率先垂范中，使社会主义核心价值观成为学生成长成才的基本遵循，并身体力行。

当前教育系统廉政文化建设与经济社会发展和道德建设的要求还未相互适应，与人民群众对文化育人、文化反腐和文化传承创新的期望还有一定距离。我们要学习贯彻习近平新时代中国特色社会主义思想，贯彻落实党的十九大精神，通过学习贯彻党章和新的《中国共产党廉洁自律准则》《中国共产党纪律处分条例》，加强党性教育和锤炼。党性教育是共产党人的"心学"，是党员正心修身的必修课。常怀忠诚之心，忠诚于信仰、忠诚于党的教育事业、忠诚于组织、忠诚于师生。常怀敬畏之心，敬畏法纪、敬畏权力、不碰红线、严守底线。常怀谦卑之心，增强服务意识、虚心接受批评和监督。常怀担当之心，敢为人先、开拓创新，惩治乱作为、敢治不作为。要立德立规，德法相依，坚持高标准和守底线相结合，加强廉政文化建设，用廉政文化涵养清风正气，为廉政风险防控机制建设提供文化滋养和精神动力。要创新廉政文化教育形式，创新方式方法，因人分岗施教，使廉洁教育更加贴近经济社会发展和改革开放实际，更加贴近教育系统党风廉政建设和反腐败工作实际，更加贴近党员干部和师生思想实际，增强实效，努力形成干部廉洁从政、教师廉洁从教、学生廉洁修身的良好氛围。上海一些高校因地制宜开展了富有特色的廉政文化进校园等活动，上海市纪委和市委宣传部还联合进行了市廉政文化示范点和市廉政教育基地的建设命名活动，切实形成了"党委统一领导、纪委组织协调、部门各负其责、各方积极参与"的工作格局。教育系统的廉政文化建设还应该坚持道德教化，创新廉洁教育载体；坚持廉洁育人，推进核心价值观和廉洁诚信进教材、进课堂、进网络；坚持示范引领，培育廉洁教育品牌；坚持以人为本，经常提醒预防、注重自查自纠；坚持文化治

[①] 斯阳、朱民、王华俊：《高校惩防体系建设中的问题与对策》，载于《廉政文化研究》2013 年第 1 期。

本，推进公开公平公正，培育廉洁环境；坚持行知合一，开展志愿实践活动；坚持辐射社会，学校、社会、家庭互动；坚持理论研究，指导廉政文化建设实践，从而内化于心、外化于行、引领于群、教化于众。例如，华东师范大学作为上海市廉政文化示范点，积极创建廉政文化建设载体，以干部思想作风、教师师德师风和学生品德品行为建设重点，通过开展师德标兵表彰、新教师培训、研究生学术道德集体宣誓、建立廉政文化研究中心及开展廉政文化沙龙等活动，因人分岗施教，春风化雨，润物无声。

廉政文化首先是一种政治文化。文化肯定与意识形态脱不了干系，教育系统作为意识形态的重要阵地，尤其要注重意识形态的宣传和坚守，坚持学术研究无禁区、课堂讲授有纪律、成果发表有规范、教师道德有要求、干部言行有规矩。没有规矩，不成方圆。习近平同志提出要严明政治纪律和政治规矩，把守纪律、讲规矩摆在更加重要的位置，① 我们在廉政文化建设中要把政治纪律和政治规矩放在首位。习近平总书记强调：政治文化是政治生态的灵魂，对政治生态具有潜移默化的影响。要注意加强党内政治文化建设，倡导和弘扬忠诚老实、光明磊落、公道正派、实事求是、艰苦奋斗、清正廉洁等价值观，不断培厚良好的政治生态土壤。教育系统党员干部和党员师生要经常接受中国传统优秀文化、革命文化、社会主义先进文化的熏陶，不断提升人文素养和精神境界。

廉政文化也是一种工作文化。教育系统作为文化的学府、知识的殿堂、道德的高地和社会的良心，廉洁校园建设有着诸多的先天优势，许多专家学者都仍然保留着浓厚的清廉脱俗的文人气质，将中学和高校称为"象牙塔"仍然有一定程度的合理性，虽然当下因受到各种影响，"象牙塔"下的腐败也在逐渐发生，但研究后不难发现，当下的许多腐败大多发生在学校与外界接触的领域，比如物资采购、基建修缮、校办企业等。所以在加强防控的同时，教育系统的廉政文化要固本培元，注重挖掘历史文脉，弘扬"仁爱""致良知""清廉""慎独""不为五斗米折腰"的文人精神。我们要弘扬中华民族优秀传统文化，实现以德治国和依法治国的统一。忠信孝悌、礼义廉耻是中华文明的基因，以德治国是中华传统治理的重要内容，修身养德更是仁人志士的毕生追求。我国古代主张民惟邦本、政得其民，礼法合治、德主刑辅，这对于今天的中国有着重要的启示作用。今天党员干部和教师讲严以修身，既要继承古人修身的宝贵经验，又要结合纪律要求、自身实际和时代特点，不断开拓严以修身的新境界，不断提升学思践悟的新高度，将自律和他律有机地统一起来，将批评和自我批评贯穿其中，在群众路线教育实践中纠错调适、修炼党性，不断完善自身。同时，尊重祖国的文明历史，

---

① 《全党要把守纪律讲规矩摆在更加重要的位置》，载于《东方早报》2015年1月14日。

把握学校的文化根脉,发挥传统廉洁思想的现代教化功能,发挥乡规民约的社会教化作用,着力培养师生的廉洁法治意识,为全面推进依法治国、依纪管党提供文化营养。要构建中华优秀传统文化和革命文化的传承体系,以社会主义意识形态作为社会主义先进文化的主导,致力于创造性转化、创新性发展,加强核心价值观和中国特色社会主义教育,不断发展壮大廉政文化的主体,不断增强文化自觉和文化自信。

调查问卷显示(见图5-4),给党员干部留下深刻印象的廉政文化教育活动主要有:(1)参观监狱等警示教育基地(24.7%);(2)听反腐倡廉讲座报告(18.8%);(3)观看警示教育片,收看廉政公益广告(18.4%);(4)参加廉政谈话(15.2%),从中不难看出警示教育在廉政文化教育中的作用很大,说明通过一系列警示教育活动对于树立廉政观念起着较为明显的作用。

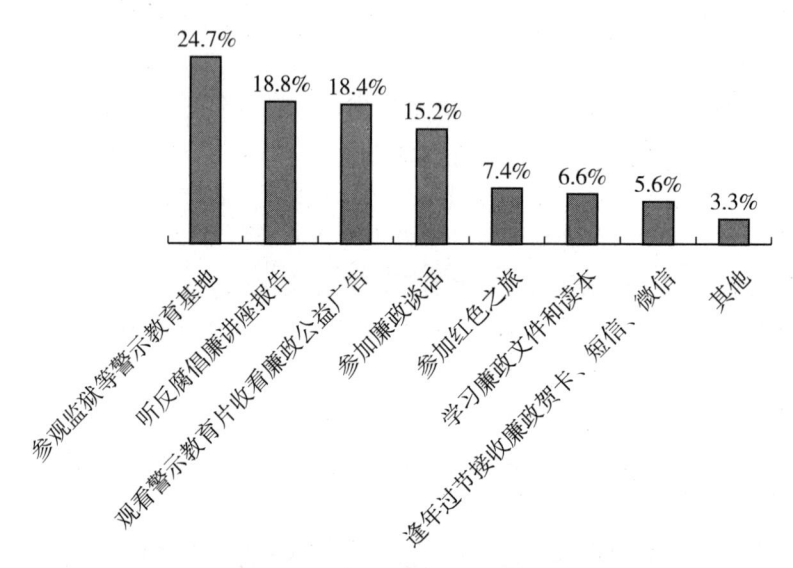

图5-4 关于"给党员干部留下深刻印象的廉政文化教育活动"的统计数据
资料来源:高校廉政风险预警防控机制建设调查(2015)数据库。

总体来说,在教育系统预警防控机制建设中要坚持三个原则:全面从严治党、制度为本的原则;以人为本、注重预防的原则;依托科技支撑、文化熏陶的原则。坚持三个结合:与贯彻落实党风廉政建设责任制相结合;与廉政文化建设相结合;与实际管理工作相结合。明确三个要求:廉政风险预警防控领域做到横到边、纵到底全覆盖;廉政风险预警防控工作做到基础性、经常性和重点工作的全兼顾;廉政风险预警防控工作人员专业化水平和防控科学化水平全提升。坚持三个保证:以决策的信息化、程序化、民主化保证决策的科学性;以党员干部比较完整的廉政信息储备和信息分析保证监督的有效性;以重要岗位和关键环节管控的信息化保证监管的高效能。实现三个公开：廉政风险预警防控建设方案公开；工作业务流程和廉政风险点公示；廉政风险预警防控措施和成效公布。养成三个习惯：走程序民主决策的习惯；在监督的眼光下工作的习惯；在公开的环境中工作的习惯。[①] 只有这样，才能建设一个风清气正的廉洁教育生态。

四、教育系统廉政风险预警防控的十个关口

教育系统面对的是广大青少年和高级知识分子，作为意识形态的阵地和人才培养的"摇篮"，更要严守政治纪律、政治规矩和廉洁纪律，把住政治红线和法律底线。当下教育系统党的领导一定程度上存在上紧下松的问题，全面从严治党通过层层传递到基层单位，信号一直处于衰减之中。在我们一些领导干部眼中，抓党建同抓发展相比要虚一些，研究业务工作多，研究党建工作少，教育系统管党治党的力度有层层递减现象。[②] 中央和教育部的巡视发现，教育系统党组织普遍存在着党的领导弱化、党的建设缺失、从严治党不力等问题。

同时，教育系统的廉政风险预警防控体系还不够健全，既没有做到全覆盖，也没有做到持之以恒，成效不够明显，特别是监督问责往往失之于宽、失之于松、失之于软。2015年岁末，多所高校传出问责的消息：原中国传媒大学校长苏某某因违规超标使用公务车辆、办公用房严重超标、违规在校外餐饮场所公款宴请等问题被免职，原中央音乐学院院长王某某因违规操办女儿婚宴被免职，原北京邮电大学副校长杨某某因虚列支出套取资金设立"小金库"问题被免职，原对外经济贸易大学副校长刘某和原国际商学院院长汤某某因违规兼职取酬等问题被免职。2017年6月16日，十八届中央第十二轮巡视向被巡视的14所中管高校反馈巡视情况，多所高校被指出廉洁风险较高，例如有的高校"校办企业、基建、资产管理、科研经费等领域廉洁风险较高"，有的高校"基建领域腐败问题多发，附属医院、校办企业、科研经费管理、招生录取等方面存在廉洁风险"，有的高校被指出"有的单位利用高校资源谋取不当利益，有的干部或工作人员以权谋私"。这些知名高校领导干部的顶风违纪让人们看到扭转社会风气之难，也让人们更加关注高校的腐败问题。亡羊补牢，为时未晚。教育部长陈宝生强调，教育系统党风廉政建设和反腐败形势依然严峻复杂，我们必须旗帜鲜明讲政治，发扬自我革命精神，保持战略定力，继续把教育系统党风廉政建设和反腐败工作

[①] 斯阳：《反腐倡廉新思考——制度·科技·文化》，法律出版社2014年版。
[②] 《教育部部长：绝不允许不正之风和腐败问题有存在之地》，载于《中国纪检监察报》2015年12月2日。

引向深入，坚定不移推进全面从严治党。教育系统深化廉政风险预警防控机制建设要在整体推行、全面防控的基础上，坚持问题导向，突出重点，见人见事见细节，提高针对性和实效性。教育系统要紧紧抓住落实全面从严治党主体责任这个"牛鼻子"，紧紧盯住领导干部这个"关键少数"，重点加强对单位内部管理中腐败问题和"四风"问题易发多发的招生录取、基建修缮、科研经费、三公经费使用等重点领域和关键岗位的防控，对权力运行的"关节点"、内部管理的"薄弱点"、问题易发的"风险点"，结合党内监督的"纪律点"、上级规定的"政策点"，重点关注的"时节点"，实行重点管理、重点监督、重点防控，强化防控措施，落实防控责任，提高防控效果，建立长效机制。

（一）决策审批关

教育系统决策审批要重点防范"三重一大"制度走过场和行政审批的廉政风险。学校存在民主集中制执行不到位，"三重一大"事项决策不规范现象，决策过程民主不够、集中不足的问题同时存在。影响教育决策失误的原因是多方面的，既有主观因素，又有客观因素。为了尽量减少教育决策的失误应从以下方面努力：第一，着力提高决策者的素质；第二，决策程序要规范；第三，加强对教育决策的监督；第四，建立教育决策失误的责任追究制度；第五，尽量避免影响科学决策的各种干扰。[①] 各单位要严把"三重一大"民主决策关，认真执行党委领导下的行政首长负责制和普教的校长负责制。应当制定落实"三重一大"决策制度实施办法，完善领导班子议事规则和决策程序，规范领导班子"三重一大"决策行为，建立完善专业性事项应经过专业委员会咨询论证，事关改革发展全局的问题和涉及职工切身利益的事项应广泛听取群众意见，并经教代会讨论审议的制度。建立完善决策实施情况的反馈、评估和调整机制。学校党政领导班子成员、各院系和职能部门负责人，都要熟悉掌握"三重一大"决策体系的内容和程序，凡属于单位"三重一大"决策体系范围之内讨论决策的事项，都要认真履行"三重一大"决策程序，认真进行民主集体决策。

教育系统实践中存在"三重一大"议题上会前没有经过科学论证，"一把手"一言堂说了算，分管领导唱"独角戏"算了说，与会领导都是专家学者，对具体管理心不在焉算说了。[②] 由此造成决策失误难以追究，"一把手"和分管领导犯案时有发生。教育系统的领导班子配备不仅要有政治家、教育家、学科专

[①] 曾智昌：《高校教育决策失误频现的成因及对策探讨》，载于《教育理论与实践》2001年第27期。

[②] 斯阳：《反腐倡廉新思考——制度·科技·文化》，法律出版社2014年版。

家，还要有管理型人才。决策时不仅要严格执行回避制度、"一把手"末位发言制度，而且可以探索主题发言、交叉质询制度，确保决策的民主化、科学化。规范党政主要领导干部职责权限，明确权力清单和权力边界，主要领导要抓办学政治方向、综合改革、内涵建设和履行主体责任的第一责任人职责，加强对领导班子的监管，实现主要领导"七个不直接"制度：一不直接管组织人事，二不直接管财务经费，三不直接管基建工程，四不直接管物资采购，五不直接管招生录取，六不直接管监察执纪，七是决策时不直接表态。[①] 同时，探索强化党内监督的有效途径，用好批评和自我批评的武器，让巡视巡察监督成为党内监督的利器，通过教育主管部门和地方党委对地方教育行政部门和中学、高校的巡视，加强对"一把手"和领导班子办学的监督、用权的监管。通过高校校内巡察加强对院系二级党组织的政治巡察，推进全面从严治党向基层延伸。再加上实现信息公开，实施阳光治理，就可以有效破解"一把手"监督难题，解决好因权力高度集中而导致学校"一把手"和领导干部腐败案件易发多发的问题。

切实规范教育行政审批行为。深化教育行政审批制度改革是教育系统贯彻落实党中央国务院深化改革决策部署的具体举措，要深化对教育行政审批制度改革的认识，以此为突破口，切实简政放权、转变职能，激发教育系统活力和创造性，推动教育改革发展，办好人民满意的教育。要坚决把国务院取消和下放的教育行政审批事项落实到位。对于教育系统保留的行政审批事项，要进行严格规范。严格按照行政许可法和有关法律法规，规范行政审批受理、审查、决定、送达等各个环节。要做好放和管"两个轮子"，放要放到底，管要管得住。部内各有关司局要制定取消和下放行政审批后加强事中事后监管的措施。要综合运用行政指导、教育行政执法、教育督导、纪检监察等多种途径实施监管。要完善举报受理、信息通报、违法违规行为公开曝光、违法行为查处和责任追究等机制，维护教育领域秩序，保障人民群众合法权益。各地方和直属高校要健全自主权运行和自我监督机制，用好政府下放的权利，依法规范办学行为。教育行政部门负责组织专家或者委托第三方专业机构对学校的办学水平、效益和教育质量进行评估。评估结果应当向社会公开。

建立教育行政权力清单和责任清单制度，通过公报、网站等便于公众知晓的方式，向社会全面公开教育部门职能、职责权限、管理流程、监督方式等事项，为公民、法人或者其他组织提供优质服务，让权力在阳光下运行。在有条件的地方和学校开展负面清单管理试点，清单之外的事项学校可自主施行。加强行政机关内部的层级监督及监察、审计等专门监督，主动接受党内监督、人大监督、民

---

① 斯阳：《高校职务犯罪防治对策研究》，载于《上海党史与党建》2015 年第 4 期。

主监督、司法监督、社会监督、舆论监督，形成科学有效的教育行政权力运行制约和监督体系。

（二）干部人事关

干部人事工作要重点防范对干部任用、人员招聘、职称评审等的程序风险。加强干部选拔任用工作，具体来说，一是监督严格执行用人原则和标准情况，看用人导向是否端正；二是监督严格把握用人资格和条件情况，看用人把关是否严格；三是监督严格履行用人程序和步骤情况，看用人程序是否合规；四是监督严格遵守组织人事纪律情况，看用人风气是否清正。高校要按社会主义政治家、教育家的目标来选领导。中小学倡导教育家办学。培养一个在复杂形势下能够承担起学校领导重任的干部很不容易，而在滋生腐败的土壤依然存在的情况下，干部垮起来却非常容易。[①] 所以我们要牢固树立注重品行、科学发展、崇尚实干、重视基层、鼓励创新、群众公认的选人用人导向，坚持"德才兼备、以德为先"的选人用人原则，严把选人用人三个关口：严把道德品质关，坚持德才兼备、以德为先的选人用人标准；严把实绩考评关，将工作实绩作为干部考察的重要依据，对工作实绩突出的干部优先提拔重用；严把群众民意关，凡拟提拔人选，都必须经过民主推荐，不能搞变通、做选择、走形式。不唯学历、唯年龄、唯票数，只唯实，要真正把政治素质好、业务能力强、工作作风实、实绩突出、群众公认的优秀干部选拔上来。

深化干部人事制度改革，健全干部选拔任用的机制。积极推行公开招聘和竞争上岗制度。严格实施中层干部选拔任用经党委常委会集体讨论决定和提任干部必须进行民主推荐、民主测评、组织考察、任前公示及会议实名票决等制度。完善人、财、物等权力集中的重点部门负责人和有关岗位定期轮岗交流制度。坚持和完善党委常委会讨论任用干部前书面征求纪委意见制度。坚持干部档案凡提必审、个人有关事项报告凡提必核、纪检监察机关意见凡提必听、线索具体的信访举报凡提必查、主要领导凡提必末位发言。为了加强对干部的监督，可以建立纪委和组织部门的联席会议制度，便于发现苗头性的问题，抓早抓小，防止带病提拔，强化监督的有效性，把好政治关、廉洁关、形象关。

进一步健全和完善人事管理监督机制，严格管控各类人员的招聘信息发布、资格审查、组织考试、面试、公示等重点环节。确保各类专业技术职务评审工作的程序公正规范。坚持师德一票否决制。各类人员聘用、考核、培训、奖惩、辞退、退休等程序合法合规。

---

① 黄苇町：《反腐败不是"花拳绣腿"》，载于《中国纪检监察报》2014年2月26日。

学校可以探索建立干部廉政信息库或干部廉政档案（见图5-5），加强干部监督。在干部廉政信息库中，除了个人基本信息之外，主要涵盖房产信息、配偶子女出国信息、审计信息、信访处理情况、上交礼品情况、年终考核情况以及申报材料核查等具体内容。通过录入领导干部房产信息，了解他们的主要财产情况，充分发挥监督职能，使腐败无处遁形；通过严格证照管理，掌握领导干部配偶、子女的出国情况和有关信息，严控"裸官"，施行有效的任职限制；通过整合纪委的信访查处信息和审计的经济职任审计信息，加强监督实效性，有效防止"带病提拔"；通过了解干部上交礼品情况，可以了解此岗位的风险度高低，同时也可以对干部的平日作风有所考察；通过干部个人申报信息核查是否如实一栏，可以发现线索，抓早抓小，督促其廉洁自律；通过掌握领导干部年终考核信息，可以了解群众对该干部的实际评价，结合干部述职述廉的情况，反映干部的工作全貌，为评优树模提供基本导向，对干部管理监督起到支撑作用。

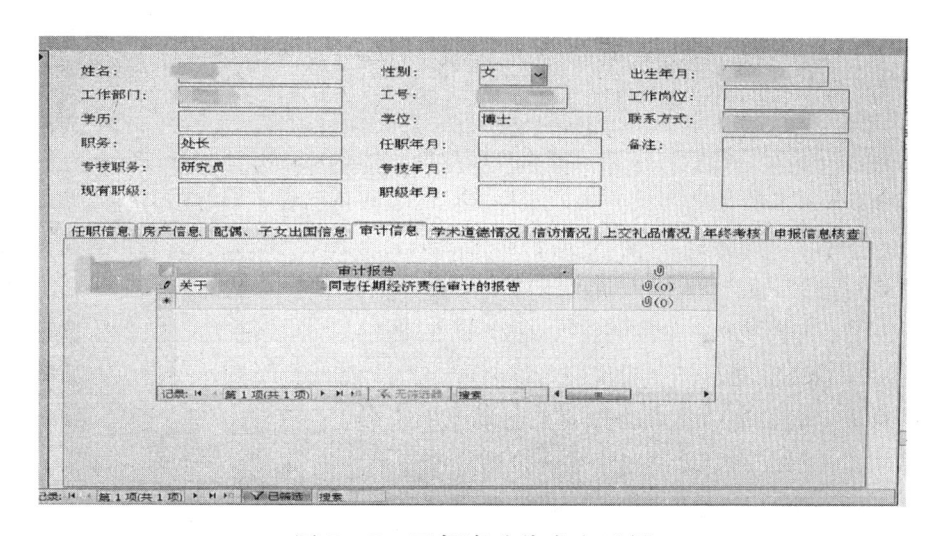

图5-5 干部廉政信息库示例

（三）招生录取关

教育公平是社会公平的基础，阳光招生是实现教育公平的关键。招生腐败是带有教育系统行业特点的腐败现象，需要重点治理。中国人民大学招生就业处原处长蔡某某利用职务上的便利，接受请托，在招录考生、调整专业等事项上提供帮助，非法收受财物共计2 330万元，受到严惩。高校除去5%的自主招生名额外，利用预留指标进行"点招"、操控艺术体育类招生面试环节、"定向生指标"招生、造假舞弊获得保送生资格，在专业调剂、调档、补录报送等环节暗箱操作，违规转学、转专业等都是招生领域权力"寻租"的重灾区。而在普教系统，由于教育资源不平衡、"学区房"紧俏等原因，望子成龙的家长争相把孩子送进优质学校，"八仙过海，各显神通"，找关系、走"后门"，幼儿园、中小学的入读指标成了"香饽饽"，一些人打起入学指标的主意，从中谋利，出现了明收"天价择校费"，暗收受贿赂的严重问题。如福建省各级纪检监察机关瞄准教育民生领域，2015年专项治理中小学招生腐败问题，严肃查处招生中的营私舞弊等违规违纪行为，全省共查处教育系统违纪违法案件431件。同时采取一系列措施要求教育部门公布招生划分片区的原则、依据和标准，并接受社会监督。实现"全公开、零库存"，入园入校指标"零预留"，全部进行公开摇号、电脑派位。又如上海推动学区化集团化办学对择校热起到了釜底抽薪的作用，而且这些政策指向并不是仅仅为了解决择校问题，其重点是如何让"龙头"学校真正发挥它的示范、辐射作用，从而打造老百姓"家门口的好学校"。所以，中小学要重点防范对特长生录取和片区外学生的录取及教育乱收费等廉政风险，通过治理和综合改革，办好人民满意的教育。而教育行政部门在推进改革的同时，要重点防范试题泄密、有组织集体作弊、信息系统漏洞等系统性风险。

对高考招生进行改革，社会最关心的是能否公平。教育行政部门要采取一系列措施为招生公平保驾护航。目前正在进行高考的改革，增加学业能力水平测试和综合素质评价作为高考招生的录取标准之一，目前已在上海和浙江两省市进行试点，并逐渐在全国进行推广。为保障考试安全、成绩可信，一是要由省级专业命题机构依据课程标准统一命题；二是要按照国家教育考试的统一标准设置考点、考场；三是要统一阅卷程序、标准和方式，确保评分准确；四是要强化违规处理，建立安全保密、违规处理等制度，对违规行为严格处理。综合素质材料是对学生成长过程中活动的写实记录。用于招生使用的材料，要公示审核，确保真实可信有用。要制定科学规范的评价体系和办法，组织教师等专业人员进行集体评议，做出客观评价，提前向社会公布，确保评价公平公正，作为招生录取参考。

要坚持公平、择优原则，确保阳光招生。首先，要健全入学机会公平的保障机制和公正的选拔机制。一是优化高校招生计划管理。国家对优质高等教育资源相对短缺地区采取支持性政策，对基础教育薄弱的农村、边远、贫困、民族等地区采取倾斜性政策，扩大实施定向招生专项计划。二是科学设计有关特殊类招考模式。如取消艺术类校考测试，通过更加科学地组织艺术类省级区域统考，考生凭艺术区域统考成绩和学业水平考试成绩或高考文化课成绩申请高校（见图5-6）。三是制定科学的评价手段和选拔标准。比如在自主招生中，高校测试内容不应停留在基础知识的考核上，应当加强综合素质、专业特长测试和创新能力测试等。①

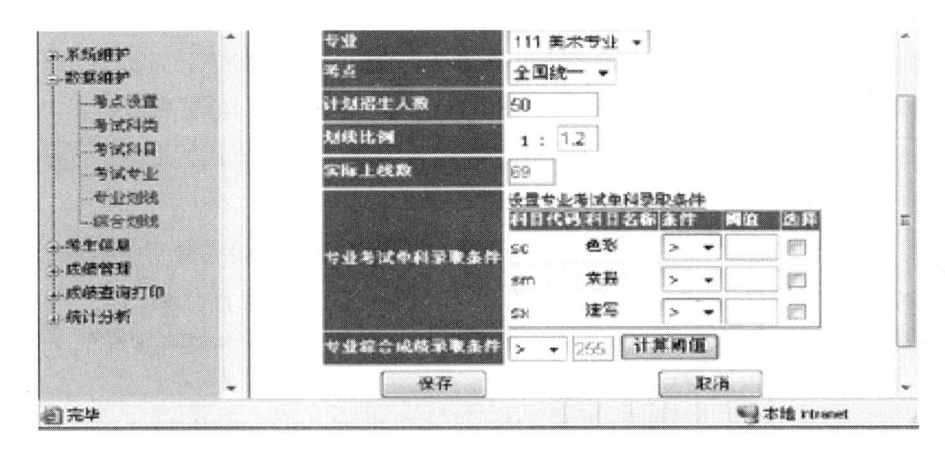

图 5-6 艺术类招生信息系统示例

其次，要健全招生管理的制度体系。一是建立高校招生委员会，吸纳学术委员会和教学委员会教授代表、学生代表、校友代表等参加招生委员会。二是健全招生制度，强化其完备性、廉洁性、程序性和操作性。三是明确加分政策，适当保留对少数民族和烈士子女的照顾性加分。对奥数、体育、艺术等特长性加分则应该严格清理规范，并最终取消。四是完善配套措施。从设立权威的考试机构、建设标准化考场、强化现场技术管理监察、构建社会诚信机制等多方面着手，提供全方位的支撑和保障。五是加强矫正性机制建设。开展对录取学生的入学抽查复核。六是建立考生权益维护机制及仲裁机构。七是严格执行"一案三查"制度。② 严肃查处发生在招生考试领域的泄密案件、舞弊案件、"点招"案件、"权钱交易"违规录取案件。

最后，要不断完善新高考制度下的招生廉政风险预警防控机制建设。坚持"制度+科技+文化"的理念和方法，通过强化制度的约束力、技术的规范力和廉洁诚信文化的引导力，构建招生廉政风险的防控机制：一是严格执行招生集体决策；二是严格实行资格认证；三是严格实行回避制度；四是科学设置面试专家库和题库；五是扎实推进教育系统诚信体系建设，科学组织水平测试和综合素质评价；六是强化技术管控，建立电脑阅卷和评分系统，建设标准化考场；七是全

---

① 斯阳等：《保障教育公平促进科学选才——解读〈关于深化考试招生制度改革的实施意见〉》，载于《中国教育报》2014 年 9 月 15 日。

② "一案三查"主要指落实党风廉政建设党委主体责任和纪委监督责任的要求，强化巡视监督，严格责任追究，建立刚性的、面向领导班子集体和个人的追责机制，实行"一案三查"，即一查当事人的违纪违法责任，二查党委（党组）的主体责任，三查纪委（纪检机构）的监督责任，做到有错必究、有责必问。

面深入实施招生"阳光工程",完善信息公开公示制度,确保招生政策公开、高校招生资格公开、高校招生章程公开、高校招生计划公开、考生资格公开、录取程序公开、录取结果公开、咨询及申诉渠道公开、重大违规事件及处理结果公开、录取新生复查结果公开即招生信息"十公开",完善社会监督机制。

(四) 基建修缮关

在 2014 年底的教育部直属高校基本建设工作会议上,时任教育部副部长鲁昕透露,基建工程案件占到全国教育系统职务犯罪情况统计总数的 24%。在 2015 年 11 月进入二审程序的南昌大学原校长周某某是十八大以来落马的"211 高校"正校长。根据南昌市检察院的指控,周某某涉嫌受贿 2 200 万元、挪用公款 5 800 万元,主要来源为南昌大学新校区的工程招标及工程款项使用环节。同年 4 月开审的"985 高校"四川大学原副校长安某某涉嫌受贿案,被指控在工程招投标、工程建设等方面非法收受现金和财物共计人民币 353.4 万元。① 而中小学实现校长负责制,校长权力集中,随着各级政府不断加大对教育事业的投入,学校的基本办学条件迅速得到改善,基建修缮项目如雨后春笋,使得普教系统基建领域也成了腐败的重灾区,"大楼起来,校长倒下"几乎成一句谶语。

基建修缮要重点防范招投标围标串标、项目变更控制和资金管理使用中的廉政风险。面对基建项目未批先建、超概算、超规模、超标准建设,不按规定招投标,大宗物资采购和修缮工程管理混乱等问题,我们要依靠制度,借力科技,形成廉政文化氛围,打破潜规则,严把基建修缮关。第一,要切实加强廉政教育。引导基建干部、从业人员从思想根源上引起重视,认识到工程建设参与单位所给的好处不可能会是"无缘无故的爱",认识到"若要人不知,除非己莫为",用教育系统的身边人、身边事加强有针对性的警示教育,确保工程优质和干部廉洁。第二,要强化过程监督和流程监管,从源头上切断腐败的通道。以项目周期为主线,按照基建工作流程,将项目划分为前期工作阶段、建设实施阶段和竣工验收阶段。其中,前期工作阶段涵盖立项审批、勘察设计、项目报建、工程招标等内容;建设实施阶段涵盖合同管理、质量控制、安全管理、工期控制、变更控制、资金管理等内容;竣工验收阶段涵盖竣工验收、决算审计、资产交付等内容。逐一排查各环节中的廉政风险点,标示风险等级,明确防控责任主体,提出防控措施。强化对基建修缮工程项目法人责任制、招标投标制、建设监理制和合同管理制落实情况的监控。加强基建修缮项目日常监管,强化对工程招投标、工

---

① 张燕:《揭秘高校腐败:教育部长震惊,56 所高校 83 人被查》,http://business.sohu.com/20151222/n432147630.shtml,搜狐财经网,2015 年 12 月 22 日。

程监理、合同管理、项目变更和现场签证等工程项目管理制度落实情况的监控，实行工程建设过程电子监察。第三，加强对建设工程管理的审计。建设工程管理审计是对建设工程业务活动及其内部控制的适当性、有效性进行的确认和评价活动。在建设工程管理审计中要突出内部控制审计、造价审计、招标审计、付款审计等重点。完善审计结果的运用机制。加强审计意见的权威性，督促有关部门进行整改，对整改不力、屡审屡犯、造成损失的，要严格问责。

基建最主要的风险点一个是招投标，另一个是项目变更。因此，要健全基建修缮项目集体决策、审批报批、招标投标、项目变更、资金支付等制度，加强基建修缮项目审计和日常监管，如，华东师大为加强对基建修缮工程的管理和监控，建立了基建修缮廉政风险防控系统，通过计算机流程化管理，实现了管理流程化、规范化、科学化、精细化，发挥了最大的管理和监督效能（见图5-7）。

	制度管控	工程立项与前期管理	工程过程管理	工程验收、结算与决算
控制活动	工程管理制度的编制及更新 工程管理职责的设置 工程审批授权体系的设置	效果建设总体规划及项目 修缮计划 项目分类 立项及预算 可行论证及审批 工程招标管理流程	工程项目责任管理 工程项目协商机制 工程项目预算执行 工程变更的申请及审批 工程支付管理	工程竣工验收 工程结算 竣工决算 交付登记 资料归档
重点关注	·工程管理制度是否完备 ·工程事项的审核审批权限及流程是否合理及明确	·立项是否考虑总体规划 ·立项与预算的评审机制是否合理 ·招投标流程机制是否合理 ·工程合同签订是否符合相关规定	·是否确保预算刚性 ·工程调整是否由相应权限经规定程序审批 ·工程支付流程是否合理 ·设置保证资金安全	·验收组织及流程机制是否合理 ·竣工决算是否合规并上报教育部

图5-7 基建项目管理

基建修缮廉政风险预警防控系统的使用，进一步完善了基建修缮项目决策、审批报批、招标投标、项目变更、资金支付等制度要求，有利于加强对基建修缮的项目管理、审计和日常监督。通过这个系统把基建修缮工程的全过程在计算机信息系统中进行流程再造，细化和固化各个环节，形成电子档案。同时，学校主管领导和纪检、审计部门可以实时监控，权力运行的每一项操作都会在计算机网络上留下痕迹，更加便于制约和监督。

高校也可探索实行代建制，即通过公开招投标的方式，委托专业化的代建单位，部分或者全部的代行高校对基建项目投资管理、建设组织实施等职责，对基建项目组织实施的全过程或若干阶段提供建设管理服务，严格控制投资、质量和工期，最终完成项目竣工验收并交付使用的管理模式。代建制使得高校的基建部门从微观管理到宏观把控，减少了廉政风险，遏制了腐败的易发多发。

（五）物资采购关

物资采购是滋生腐败的重点领域，采购人员在谈判中无原则地让步、合同之外的私下利益承诺等行为都严重影响了学校的经济秩序。例如，原武汉大学资产部部长、采购中心主任成某某在负责该校设备采购中为他人谋取利益，先后多次收受12家供应商贿赂共计人民币40多万元，被判处有期徒刑六年。原中南财经政法大学资产管理处处长马某某在担任学校资产管理处处长期间，利用负责学校大宗设备采购、招投标工作及项目验收等职务便利，先后11次收受他人财物共计人民币22万余元，以受贿罪判处其有期徒刑八年。王某某担任北京大学图书馆副馆长，利用其图书采编业务的职务便利，收取图书回扣款共计人民币57 000元，并将其中的48 400元占为己有，被判处有期徒刑三年，缓刑三年。杭州师范大学王某某在担任学校设备与实验室管理处副处长、采购中心主任和采购中心返聘工作人员期间，利用其负责该校项目采购、招标评审等职务便利，先后数次接受相关业务单位负责人或业务员的请托，收受"好处费"共计人民币131 000元，被判处有期徒刑十年。所以，物资采购要重点防范分散采购、规避招标、经办人与供应商私下协议、收受回扣以及商业贿赂等廉政风险。

学校在设备仪器采购中要严格执行政府采购有关规定，目前多数地方学校的设备采购已经完全依赖政府采购途径。但是，由于政府采购在服务、时间和专业性方面还不能完全满足高校特别是部属高校的需求，不少部属高校仍采用学校自购的形式。因此，高校要建立健全内部采购监管制度，对大宗物资设备实行严格审批、规范程序，统一采购、阳光采购。在高校内部要建立科学的采购流程，重点加强对教材图书、仪器设备、教学器材、食材耗材等大宗物资采购的监管。加强对邀请招标、竞争性谈判、询价采购和单一来源采购的管理。强化对采购范围、采购程序、采购环节和结果的监控。在"互联网+"时代，对高校采购目录内的部分商品实现电商采购，充分发挥电商采购在产品可比、杜绝专供、价格监测、公开透明、方便快捷、票据规范、节资提效等方面的优势，最大限度地减少采购中的灰色地带。高校可以建立网上竞价采购管理系统和进口仪器设备、图书采购联盟，运用信息化手段，加强动态监控。

例如，华东师范大学设备采购网上竞价系统为学校搭建了标准化产品（电脑、打印机、数码产品等）和仪器设备（示波器、显微镜等）零星采购的阳光平台，组建了一个长期的、安全可靠的、低风险的供应链，逐步消除了学校自购的廉政风险。系统还能在提高工作效率的同时减少供货商与客户及采购员接触的机会,切实防范廉政风险。自竞价系统投入使用以来,运行平稳,竞价项目数百项,涉及全校多个职能部门和院系单位,涵盖范围包括电脑、打印机、复印机、照相机、摄像机等多种电子产品。相对于传统的采购模式和现在流行的网上购物模式,网上竞价系统的特点及优势是用户可先根据自己的需求在网上发布信息,然后在众多报价的供应商中自主选择,最重要的是用户可以在收到货物验收合格、做好学校固定资产入账手续后再付款,无需承担任何风险并能享受签约供应商提供的优质售后服务。设备处从直接参与采购转变为对供货商的把关和遴选。学校还在设备采购网上竞价系统中为纪委监察处开通了专门的账号,使监察和审计人员可以随时监控设备采购的实时状况,第一时间监督、了解采购过程,发现问题及时纠正处理(见图5-8)。

	制度管控	采购预算及计划	采购申请及审批	采购执行	采购验收及付款	供应商管理
控制活动	管理制度的编制 管理职责的设置 授权体系的设置	采购预算的编制及审批 采购计划的编制及审批	采购(立项)申请及审批 采购形式(政府采购/非政府采购) 采购方式(招标、竞标)的确认	招标采购流程 竞争性磋商采购流程 单一来源采购 询价 总价	自行采购验收 精密仪器设备采购验收	供应商准入 供应商评估 供应商停用
重点关注	各采购事项的组织架构是否完备	采购预算及计划机制是否合理	·采购形式及方式选取是否合规 ·采购审批权限设置是否合理	·招标/竞争性磋商采购流程是否合规合理 ·单一来源采购是否设置补充控制	·采购验收机制是否完备 ·是否就大型紧密仪器设备设计有效的采购验收程序	供应商评估的标准及机制是否设立

图 5-8 网上竞价采购方式流程

资料来源:彭伟、谢志发、朱海波、由文辉、金之诚:《网上竞价在高校设备采购中的实践和思考》,载于《实验室研究与探索》2012年第11期。

(六)财务管理关

财务管理是整个学校教学科研工作的保证,是重大经济事项决策的基础,是资源配置中起决定性作用的参谋,同时也是保护国有资产安全的守护者。学校财务管理要严肃执行国家财经纪律,从源头上预防经济犯罪。虽然国家开展"小金库"治理多年,但仍然有单位或部门违反财经纪律。例如,北京邮电大学有关部门、部分科研人员,虚列支出套取资金设立"小金库",严重违反工作纪律、财经纪律和廉洁纪律。其"小金库"的时间跨度之长、开设账户之多、涉及人员之广，在教育部查处的问题中前所未有，令人震惊。又如，陕西民办院校集资"雪球"越滚越大，直至资金链断裂，问题全面爆发，其"非法集资"时间之久、涉案金额之大、投资者之多，国内罕见。还有一些中小学违反国家教育收费政策，以赞助费、择校费等名义收取费用，再以"小金库"形式实行账外列支，是产生教育领域不正之风的新动向，必须引起高度警惕。所以，学校财务管理要重点防范账外资金、设立"小金库"、违规乱收费、虚假列支、非法集资等违反财经纪律的行为，而且在新常态下还要着重严格控制三公经费开支。

学校财务工作实行"统一领导，集中管理、适度放权"的财务管理体制，确保学校财务规章制度、经济分配政策、经济资源配置、财务收支预算、会计核算等高度统一。随着我国经济社会的高速发展，教育系统掌握的财政资源规模越来越大，因预算约束机制不健全而引发的支出性腐败现象呈上升态势。2013 年教育部直属高校总收入达到了 2 596 亿元，平均 34.6 亿元，2014 年直属高校总收入达到 2 801 亿元，增加了 205 亿元。每个学校平均 37 个亿，有四个高校的年收入达到了 100 亿元以上。对于高校而言，财政是学校发展的重要支撑，要从广度和深度进行审查：从广度上要做到全口径预算监督；从深度看收支细目到款项。我们要进一步提高一般性转移支付比例，专项转移支付项目要进一步减少。严格执行财务预决算制度，严格执行收支"两条线"制度，加强预算外资金管理。规范教育收费管理，严控"三公经费"。加强对国有资产的管理，完善资产处理的程序和制度。完善会计委派制，建立健全财务信息公开工作机制。强化对资金集中统一管理，执行财务内控制度和基建项目、大额购置、专项资金等重点支出的监控。学校要明确财务规范化工作是深入贯彻落实党的十八大精神，加强党风廉政建设，是从源头上遏制和防止腐败，规范财务收支活动的重要举措，也是教育和保护干部教师的最后一道防线。

学校的财务信息管理系统应该为审计监察特别开通权限，监察审计部门可以实现同步监督，同时严格执行财务预决算制度，规范收费管理，加强预算外资金管理，巩固"小金库"专项治理成果，推进财务阳光预算程序化、规范化、透明化。学校应该努力实现无现金支付，报销经费全部进卡，同时还应基于物流管理建立预约报销系统，实现不见面报销，智能生成凭证。科研经费、公务经费的管理是廉政建设的重点区域，学校财务处在报销窗口设立廉政监督与服务窗口，通过查询真伪发票、柜台提醒等方式，列出了定性指标和定量指标，特别要强调科研经费中外拨经费的注意事项，明令禁止利用学校经费购买消费卡行为，严格禁止公款吃喝、公款旅游的报账，加强审核，杜绝腐败，确保各项经费能合理合规使用（见图 5 - 9、图 5 - 10）。

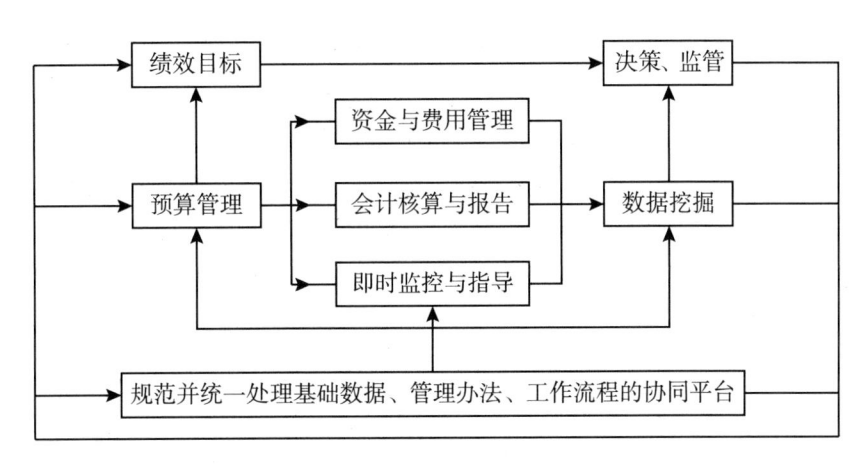

图 5-9 财务管理系统的构建

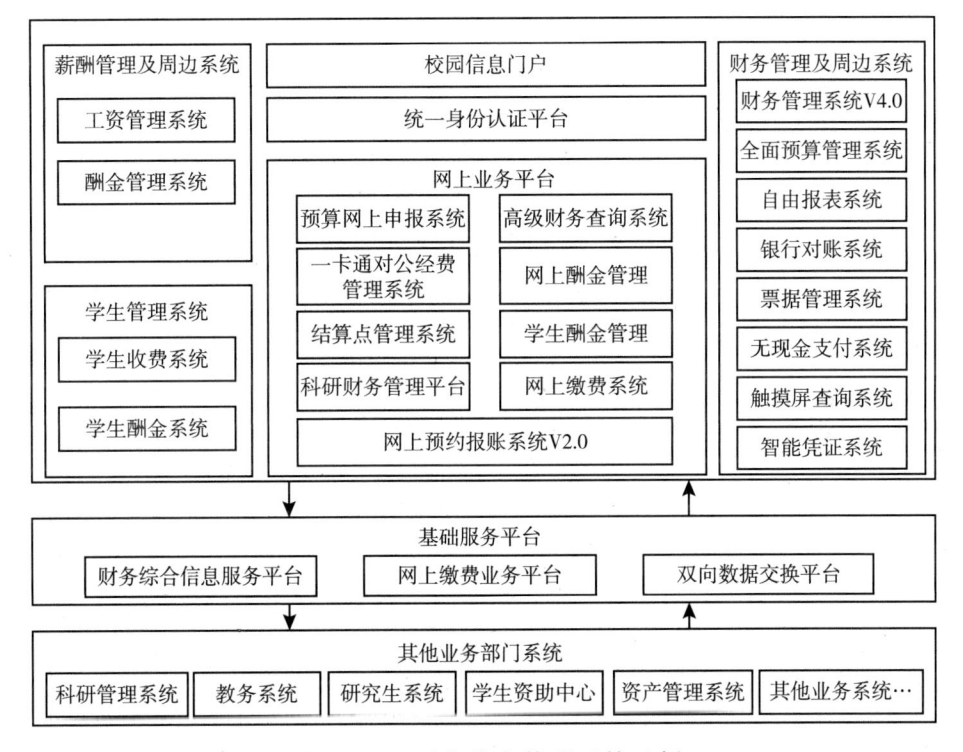

图 5-10 财务信息管理系统示例

要充分发挥审计工作在预防教育腐败中的重要作用，把审计工作作为对领导干部和教师监督的重要手段来抓。纪检、组织、人事、审计等经济责任审计联席会议成员单位要加强协调沟通，形成合力，切实形成"有权必有责、用权受监督、失职要问责、违法要追究"的监督机制。要通过完善内部审计和外部审计相结合的方法，进一步提高审计业务水平和审计结果报告的质量，使审计成果可用、好用和管用，对审计发现的问题，严肃认真处理，同时分析问题产生的原因，有针对性提出整改意见并抓好落实。审计结果和整改情况要在一定范围内公开，并作为干部考核考察、奖惩任用的重要依据之一。教育部门要进一步加大审计工作力度，力求尽快把内部审计工作更好地嵌入内部治理的各个环节之中，充分发挥其"免疫"和"监督"防线作用。近年来，校长的离任审计抓住了学校财务管理的牛鼻子，成效明显。应该适时开展校长的任中审计，切实发挥"防火墙"作用。

（七）科研经费关

2013年以来，教育部面向直属高校开展了两批科研经费管理情况专项检查。而此前，财政部和审计署在科研经费检查中已经发现多起腐败问题线索，露出科研经费腐败的冰山一角。在通报的案例中，比较典型的有：北京邮电大学软件学院原执行院长宋某某，虚列5名亲友名单，签订虚假劳务合同，将国家科技重大专项中央财政资金68万元据为己有，被以贪污罪一审判处有期徒刑十年半，剥夺政治权利一年。原浙江大学教授陈某某授意其博士生陆续以开具虚假发票、编造虚假合同、编制虚假账目等手段，将专项科研经费套取或者变现非法占为己有，贪污945万余元，以贪污罪判处有期徒刑十年，并处没收财产20万元。原厦门大学教授林某某、何某某于2008～2012年，使用与课题无关的票据报销科研经费，违规报销不实经费12万元，厦门大学给予何某某党内严重警告处分，降低岗位等级，给予林某某行政警告处分并令其退回违规保险资金。北京航空航天大学原主任孟某某，采取伪造领导签字、虚开会议通知、虚构会议支出和办公用品支出等手段，先后多次挪用项目经费用于个人经营活动，贪污260万元，被判处有期徒刑十年。中科院地球深部重点实验室原主任段某某，使用虚假票据签订虚假网站开发合同，使用虚假票据报销网站开发费，共骗取科研经费124万元，以贪污罪被判处有期徒刑十三年。原北京中医药大学教授李某某与其妻王某某以虚假采购耗材的方式向一家生物技术公司支付264万余元，涉嫌贪污，已移送司法机关处理。山东大学新药药理和安全性评价中心原主任刘某某虚开发票骗取科研经费等公款341.8万元，被判处有期徒刑十三年。北京师范大学地理学与遥感科学学院原副院长，遥感科学国家重点实验室原副主任张某某以临时工劳务费名义套取科研经费，虚增合同价款等方式骗取科研经费等公款70.5万元，构成贪污罪，被判处有期徒刑十一年。原中国农业大学教授，原工程院院士李某涉嫌将大额科研经费以"外包"名义转移到其名下的公司账户，被依法批捕。西安理工大学原校长刘某因科研经费管理混乱、用科研经费设"小金库"买豪车被查撤职。这些案件都发人深省。

科研经费关要重点防范违规外拨经费、假发票报销等风险。应该说，一段时间以来国家对科研经费的资金投入量是很大的，但是在项目立项、经费使用管理、项目审查监管等环节还缺乏必要的法律规范和制度约束，有关制度设计、学校管理能力和治理水平也存在不适应的问题，形成了容易滋生腐败的土壤，导致了科研经费违规现象频频发生，主要有以下几种情况：一是用科研经费投资经营谋取私利；二是以虚假合同套取科研经费；三是编制虚假业务、虚列支出骗取科研经费；四是编造虚假劳务费侵吞科研经费；五是科研领域"四风"问题突出。教育系统要严格执行国家科研经费管理政策，健全科研经费管理体制。完善科研项目管理和经费使用规则，遵守科研行为规范。健全和落实科研经费统一管理、集中核算制度，建立完善责任追究制度。建立财务和科研管理等部门协同监管机制。加大重大科研项目审计监督。重点加强对科研项目立项预算审查、大型科研设备采购、大额资金转拨、劳务费支出等方面的防控力度，保证科研经费规范使用。同时，充分发挥科研经费管控平台的作用，进一步明确学校科研经费管理相关部门、院系和项目人责任，完善科研经费预算控制和监督制约机制。

项目负责人对科研经费负直接责任，院系负监督责任，学校负监管责任，三个责任缺一不可，无论哪一个责任的缺失都会造成经费管理混乱。对于不同类型和管理归口的项目，将科研经费管理贯穿于科研项目管理的整个生命周期，配合落实项目负责人、学院系所、学校三级管理制度。从学校层面来说，纪委深入院系开展科研经费警示教育，学校科研管理部门和财务部门在科研经费预算和报销方面严格把关，特别是对所有科研外拨经费进行全面梳理检查规范。通过与财务报销系统的数据对接，落实全程预算管理，对于所有的科研项目都要加强科研经费管理，完善内部控制和监督约束机制。在经费管理、成果管理等模块设置院系审核环节，落实院系作为科研活动基层管理单位对本单位科研活动所承担的监管责任。通过以上措施确保科研经费使用权、管理权和监督权的有效行使。[①]

要解决目前科研经费问题频发的现象，需堵疏结合，双管齐下。

首先，要改革科研预算制度。要从科研实际出发，适当增加人员劳务经费预算，承认科研人员劳动，明确间接费使用标准。要明确劳务费是指在项目（课题）实施过程中支付给项目（课题）组成员、因科研项目（课题）需要引进的人才以及临时聘用人员的劳务性费用。改变劳务费只能发给学生等没有固定收入人员的规定。劳务费支出一般控制在申请专项经费支出总额的30%以内，而对

---

① 陈洁、徐明飞、卢蓓蓉、沈富可：《高校科研管理服务平台建设探索：以华东师范大学为例》，载于《华东师范大学学报（自然科学版）》2015年第S1期。

于基础研究类、软科学类和软件开发类等项目（课题），主要靠人的脑力劳动，劳务费支出总额建议控制在申请专项经费支出总额的50%以内。明确专家咨询费是指在项目（课题）实施过程中支付给临时聘请的咨询专家的费用。专家咨询费不得支付给参与项目（课题）研究及其管理相关的工作人员。适当增加间接费用总额，其中，绩效支出要在对科研工作进行绩效考核的基础上，结合项目负责人的实绩，公开、公正的进行绩效奖励。同时，强化预算决算管理，经费使用有盈余的，允许划转到依托单位建立科研发展基金统筹用于科研活动，避免年终突击花钱，既造成浪费，又容易涉及廉政风险。

其次，要优化科研管理机制。要加快改革科研项目管理机制，砍掉繁文缛节，让科研人员把更多精力用到研究上。对科研人员使用科研经费出国出境参加学术会议和学术活动，在规范证照管理的同时，要创造条件为科研人员提供简捷便利的专项服务。要改变"重立项，轻监管"现象，落实学校法人管理责任、院系过程管理责任、项目负责人直接管理责任。

最后，要完善检查考评和奖惩制度。科研部门要履行质量管理责任，财务审计部门要履行监督审计责任，纪委要履行责任追究责任。要加强对科研人员的绩效考核，可以引入第三方评价机构进行过程审核和结果评价，考核结果作为职务聘任、评优、奖惩的重要依据。要加快改革科技成果产权制度、收益分配制度和转化机制，激发科技人员持久的创新动力。

2018年中共中央办公厅（以下简称"中办"）、国务院办公厅（以下简称"国办"）印发《关于进一步加强科研诚信建设的若干意见》的通知，明确自然科学和哲学社会科学论文监管分别由科技部、中国社会科学院负责，组织或委托基层学术组织或第三方对科研人员的重要论文全覆盖核查，终身追责。科研诚信也应该包括科研经费使用的诚信。为严格落实中办、国办和教育部关于科研经费管理的一系列文件精神，学校应该建立科研经费管理平台。可以说，有关平台的搭建为学校完善科研经费管理、促进科研经费合理使用提供了保障。通过与财务系统实现数据同步与共享，共同实现各渠道项目全预算管理，使科研经费的使用能按照经费预算执行，做到按实列支，总额控制，即时监督。通过这个平台，一方面可以严格有效地执行课题预算，并且方便教师工作，教师认领经费、提交预算控制，科研管理部门和财务处的审核工作都在网上进行；另一方面系统将在全预算管理的基础上，实现决算表自动生成功能，教师可以随时查看自己项目的预算执行情况，不必再对财务报表进行大量的计算，从而提高效率，能够更加方便地控制项目的预算执行度。监察和审计人员可以随时查阅科研经费的使用状况，加强了对外拨经费等的控制和监督（见图5-11）。

图 5-11　科研经费管理平台示例

（八）校办企业关

校办企业要重点防范经营活动中的商业贿赂风险和国有资产流失的风险。近年来，高校校办企业国有资产体量不断壮大，但是一些问题却在不断凸显。企业国有资产管理体制不健全，管理制度不完善，产权不清晰，企业国有资产游离于国家监管体系之外，成为一定意义上的"管理真空"。它主要存在三方面的问题，一是国有资产流失严重，二是企业内控和国有资产管理混乱，三是"一手办学，一手经商"。目前全国有近80%的校办企业都存在着亏损。而经营效益好的校企，比如北大方正集团，也因经济问题与政治纪律问题交织而处在舆论的风口浪尖。

据媒体公开披露，包括人民大学、北京大学、浙江大学、中山大学在内的多所高校，校办企业的负责人员多有校级领导层的身影。[①] 校办企业违反中央八项规定精神案件时有发生。校办企业普遍存在着"强调其企业特征有余，重视其国有性质不足"的问题。首先是要杜绝领导干部兼职取酬，2015年11月初，教育部下发了《教育部办公厅关于开展党政领导干部在企业兼职情况专项检查的通知》，要求各高校遵照执行中组部《关于进一步规范党政领导干部在企业兼职（任职）问题的意见》等文件要求。根据教育部文件精神，高校副处级以上领导

---

① 任腾飞、蔡恩泽、孟书强：《高校企业在野蛮生长象牙塔成反腐重灾区》，载于《国资报告》2015年第5期。

干部不得担任上市公司独董。对外经济贸易大学副校长刘某和国际商学院原院长汤某被教育部通报处分，两位在任职上市公司独董期间违规兼职所得也被悉数追缴。其次是要在学校与校办企业间建立"防火墙"，教育部早在十几年前就提出学校和企业各自独立，理顺学校与企业的产权关系，铲除一些高校党政领导利用校办企业进行利益输送的"土壤"，防止国有资产流失。再次是要加强上级、地方国有资产监督管理委员会（以下简称国资委）对校办企业的监管，把高校企业纳入国资监管体系。最后是要建立现代企业制度，全面依法治企。近年来，教育部对学校附属产业的监管也愈加规范，后期可以探索将一些跟学校教学科研和人才培养关系比较密切的如出版社、设计院、双创中心等产业仍然保留在学校产业体系内，而将其余的校办产业划拨由地方国资委进行统一管理。

对于校办企业来说，当前的工作重点有：一是要建立健全学校资产管理制度，制定国有资产具体事项管理规定（对外投资、出租出借以及国有资产报废报损、转让划转、对外捐赠等），加强内控制度建设，校办企业的薪酬体系必须经学校备案同意后方可实行，企业负责人的薪酬由基本年薪、绩效和任期激励三部分构成，防止分配失范。二是要加强学校资产管理信息化建设，建立学校资产管理网络信息管理平台，推进公有资产共享共用平台建设。三是要建立国有资产清查机制，定期开展国有资产清查工作，对持续亏损企业及时关停并转。四是要规范国有资产使用和处置行为严格履行报备报批手续。资产使用事项应严格论证，权属关系不明确或存在权属纠纷的资产不得进行对外投资和出租出借。国有资产出租出借取得的收入应纳入单位预算，统一核算统一管理。对于重要资产的处置行为必须经过严格论证，处置收入按照规定上缴国库，实行"收支两条线管理"。五是要建立国有资产使用绩效考评制度，学校应制定资产使用绩效考评办法对国有资产保值增值和使用效益进行考评，建立健全监督管理责任制，明确责任人及资产管理员工作职责，将资产监督、管理责任落实到具体部门单位和个人，落实奖惩责任。适时组织资产管理人员进行业务学习，提高资产管理的水平与服务质量。六是要加强对高校国有资产管理的监督检查，加大监督的度，发挥审计作用。

当前，特别需要加强校办企业党的建设，使全面从严治党在校办企业得到切实贯彻落实。切实改变党建和经营两张皮，不能有效发挥引领和保障作用的问题。健全学校国有资产监管体系，加强对重大投资、转制改制、兼并重组、资产评估、产权交易等经营管理行为的监管。完善校办企业法人治理结构，建立健全科学民主的决策程序和有效的激励、监督、约束机制。强化校办企业领导干部廉洁自律、廉洁经营等规定的执行力，确保学校经营性资产保值、增值（见图5-12）。

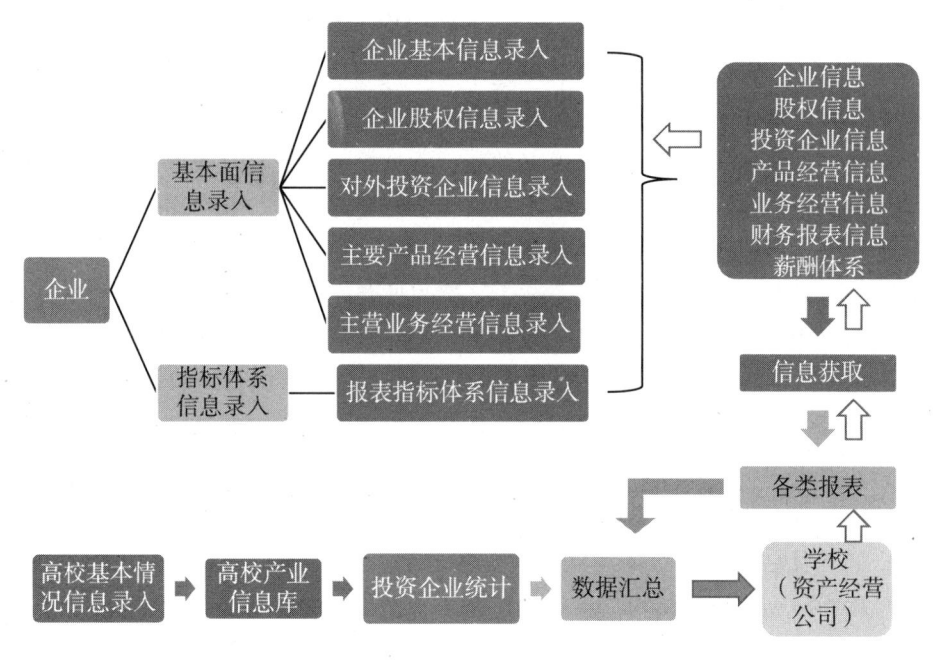

图 5-12　校办企业管理系统

（九）学风建设关

学术不端问题是世界性的学界"肿瘤"，中国教育界也不例外。例如，清华大学某教授伪造个人学术成果、北京大学某教授著作涉嫌抄袭他人作品、上海交通大学伪造汉芯研究成果、复旦大学人工耳窝造假等媒体曝光事件，无不撕扯着学者们脆弱的神经。2015 年以来，我国教育科技界接连遭遇国外出版集团较大规模的集中撤稿，造成极为恶劣的社会影响，我国科学家的国际声誉受到直接冲击。这些事件不但发生在学界，而且涉及中国最著名的学术研究机构，有的甚至涉及科学院、工程院院士，经媒体报道后，制造的杀伤力可想而知。2018 年中办、国办印发《关于进一步加强科研诚信建设的若干意见》，明确自然科学和哲学社会科学论文监管分别由科技部、中国社科院负责，组织或委托基层学术组织或第三方对科研人员的重要论文全覆盖核查，终身追责。

在普教系统也存在着以教谋私、师德失范现象。一些地方和学校存在不按教育主管部门下发的目录范围征订使用教辅资料，存在推荐教辅材料的行为和一科多辅的现象；有的学校存在以家长委员会、班委会等名义变相组织收费补课的行为，部分在职教师存在组织或参与有偿补课的行为；部分干部教师存在借职务之便和工作便利收受学生红包礼品的行为。所以，学风建设要重点防范教学科研活动中的师德失范现象和学术不端行为。

学风建设是学校党风廉政建设主体责任的重要内容，必须站在全面从严治党的高度来认识和落实。党政主要领导是学风建设和学术不端行为查处的第一责任人，必须提高认识，端正态度，对违反师德和学术不端行为严肃查处。

坚持教育引导、制度规范、监督约束、查处警示，建立并完善弘扬优良师德和学风的长效机制。在时机上，突出重要节点，紧盯开学、教师节等重大节庆和招生考试等关键时点，严格要求抓督查，一个节点一个节点抓，一件小事一件小事抓，一个环节一个环节抓。在方式上，突出监督实效。加大明察暗访力度，加大执纪监督力度，保持高压态势。对顶风违纪违规的，发现一起查处一起，点名道姓通报曝光。建立健全加强学术诚信的长效机制，坚守反对科研数据成果造假、反对抄袭剽窃科研成果、反对委托代写代发论文、反对庸俗化学术评价的底线。切实改进评价考核导向，改善评价体系和评价方式，建立对科研人员有效激励和约束机制，规范学术不端行为调查程序，严肃处理学术不端行为。教育系统要推广和普及电脑查重和盲审盲评，如基于全文的"学术不端文献检测系统"，不仅可以为研究生培养机构提供论文审查技术支持、学位论文质量评估，还可以对已经发生学术不端行为的学位论文进行后期跟踪处理，从而实现了高校学位论文学术不端行为的预防和治理的双重功效，并在一定程度上成为针对学术不端行为可能带来的严重后果和恶劣影响的科技屏蔽。教育主管部门应该实行通报问责制度。对于学风建设工作不严不实、学术不端行为查处不力的学校，出现一次记录在案，出现两次约谈涉事学校领导，出现三次列入学风建设不良记录并通报。

随着西方加紧通过互联网等各种渠道对高校等进行渗透分化，加上学校师资队伍的代际更替和来源的多元化、国际化，学校师德建设和教师培训又存在缺失，学校的意识形态阵地存在着一定程度弱化的趋势。目前一些学校教师在重大原则和大是大非问题上有模糊认识甚至错误认识，极个别人的言行挑战政治底线。有的学校对评审环节监管不够，有的对哲学社会科学报告会、研讨会等宣传思想阵地疏于管理，对人才聘用引进和学术交流等政治把关不严，需要引起高度重视，切实整改，以不断强化党性意识、政治意识和职业道德意识。我们要着眼于团结和教育绝大多数，凝聚起最大共识，应用好最强手段，构筑起最坚阵地，有理有利有节开展意识形态斗争，确保社会主义办学方向，培育社会主义建设者和接班人。

教育系统要加强学术道德建设和廉洁诚信教育。学校要明确各部门分工，各负其责，努力形成教育合力：学校组织协调各方共同制定实施方案、落实具体措施；教学管理部门和院系要发挥教育主渠道作用，推动廉洁诚信教育进课堂；宣传部门要充分利用各种媒介，扩大廉洁诚信文化宣传的覆盖面、影响面和教育面；学生工作部门、基层党组织、工会、共青团、妇联等团体要发挥各自优势，引领师生积极参与校园廉政文化建设；各院系、部处根据自身情况，将廉洁诚信规范纳入院系、部处管理中。学校还应积极争取家庭、社会对廉洁诚信教育的支持配合，形成学校、家庭、社会互动的资源整合机制，上下联动、齐抓共管，真正实现廉洁诚信文化全员育人、全程育人、全方位育人的功能。高校要积极创建廉洁从政教育、教书育人教育、学生诚信教育、学术道德教育、志愿奉献教育等具有特色的校园廉洁教育品牌，努力营造干部廉洁从政、教师廉洁从教、职工廉洁从业、学生廉洁修身的良好校园氛围。[1]

修订后的高等教育法规定，高等学校设立学术委员会，履行审议学科建设、专业设置，教学、科学研究计划方案；评定教学、科学研究成果；调查、处理学术纠纷；调查、认定学术不端行为；按照章程审议、决定有关学术发展、学术评价、学术规范的其他事项。所以，学校要充分发挥学术组织和教授委员会的积极作用，探索教授治学的新途径。学术诚信问题主要通过学校学术组织进行调查核实认定。学校要突出正面典型宣传和反面警示教育，用身边人教育师生，动员和引导广大教职工和学生积极参与监督，充分发挥其防控主体的自律和他律作用，切实提高廉洁诚信的主动性和自觉性。例如，南开大学选取了国内外典型学术不端案例进行展出，期望通过真实的案例展示，使师生深刻认识到抄袭、剽窃、造假等学术不端行为带来的严重后果，提醒广大学生以良好的学风砥砺品格、规范言行，诚信科研、诚信为人，以诚实守信、改革创新、积极主动、严谨求实的科学态度开展学习科研活动。又如，华东师范大学面向全校研究生发出倡议，倡导同学们捍卫学术净土、严守科研底线，恪守学术道德、养成学术自觉、谨守科研规范，抵制学术不端，并举行集中宣誓仪式。

（十）院系（直属单位）管理关

随着学校管理重心下移，二级单位人、财、物的管理权也逐渐增大，要推动全面从严治党向基层延伸。二级单位管理要重点防范"三重一大"制度落实不规范、招聘招考不公正的风险。需要通过二级院系党政联席会议决策重大问题，通过前置党组织会议对重大问题进行讨论，确保办学方向；通过教授委员会实现教授治学，通过二级教职工代表大会实现民主管理、民主监督。

首先，强化对二级院系民主决策的监管，制定《二级院系党风廉政建设责任制实施办法》和党政联席会议议事规则，院系"三重一大"事项，必须经领导班子集体讨论决定，党政联席会议要有专人记录，编写会议纪要，但党政联席会议不能替代党组织会议，必须加强院系党组织活动，从而切实加强二级院系党的

---

[1] 王立英：《深入推进教育系统反腐倡廉工作》，载于《中国监察》2010年第11期。

基层建设；凡事关改革发展全局的重大问题和涉及职工切身利益的重要事项，都要经二级教代会审议通过，财务预决算等情况实行公开；对专业性较强的重要事项，应当经过教授委员会或专业委员会咨询论证。领导班子成员应当按照分权制衡原则合理确定分工，建立健全决策权、执行权、监督权既相互制约又相互协调的权力结构和运行机制。

其次，是要建立健全二级单位纪检监察工作体制。在校办产业、后勤等重点单位设置专职纪工委书记岗位，在其他二级单位设兼职纪检员，一般由所在单位副书记或党员领导干部兼任，纪检干部提名和考察应以学校纪委会同组织部门为主。二级单位纪工委书记或纪检员在学校纪委的直接领导下开展工作。强化垂直领导，纪工委书记的人事关系隶属学校纪委，工资及福利待遇、干部考核由学校纪委负责。纪工委书记协助本单位党组织开展党风廉政建设。参加本单位党政联席会议，加强源头监督。定期向学校纪委报告监督执纪履职情况，遇到重大问题和紧急事项须及时上报请示。学校纪委加强纪检干部培训，提升纪检队伍政治水平和工作能力。

再次，要建立和完善二级单位人、财、物等重点领域重点环节廉政风险防控机制。制定廉政风险防控具体方案，做到人员招考录用、职称评审等公平、公正、公开。

最后，对院系的党风廉政建设进行检查监督，通过开展校内巡查对落实二级党组织主体责任及纪工委（纪检员）监督责任、贯彻落实中央八项规定精神、廉政风险防控机制建设、党务公开院务公开、廉政文化建设等五查五看，确保党风廉政建设责任落到实处。王岐山同志强调指出，"动员千遍，不如问责一次"。[①] 凡是"两个责任"不落实的单位，凡是"一岗双责"执行不好的干部，凡是出现重大问题以及频繁出现问题的院系和单位，都必须受到问责追究。当然，问责不是目的，而是以此倒逼各级党组织强化主体责任，牢记党风廉政建设就是各级党组织的"责任田"，书记是第一责任人，班子各成员要认真落实"一岗双责"，切实坚持两手抓，两手都要硬，形成管业务必须管廉政、管行风、管作风的常态工作方式。

总而言之，教育系统开展廉政风险防控机制建设要坚持全面从严治党，运用"制度＋科技＋文化"的理念和方法，充分发挥制度为本、信息技术管控和廉政文化熏陶的综合作用，着力构建现代制度体系，通过管理流程再造，实现阳光治理，加大对重点部门和重点对象、重点领域和关键环节的风险控制和同步监督，

[①] 人民网：《王岐山在十八届中央纪委五次全会上的工作报告》，http：//politics.people.com.cn/n/2015/0129/c1024-26475484.html，2015年1月29日。

科学防控"十大关口"。要以制约和监督权力为核心，以体制机制改革创新为动力，以建立健全制度为重点，以科学技术和廉政文化为支撑，以监督执纪问责为抓手，以人民满意为标准，深化教育系统廉政风险预警防控机制建设，以教育造势、以制度制势、以监督定势、以科技助势、以惩治强势、以文化成势，形成压倒性态势，使不敢腐的震慑作用充分发挥，使不能腐、不想腐的效应进一步显现，形成廉洁教育生态。根据问卷调查，超过九成的受访者对于遏制腐败蔓延，实现根本好转的信心很足，这为我们继续深入推进教育系统廉政风险预警防控机制建设，实现"不敢腐""不能腐""不想腐"同步推进、同向发力，形成风清气正的教育政治生态充满信心。

第六章

教育系统廉政文化长效机制建设

习近平同志在 2016 年 12 月的全国思想政治工作会议上强调"要坚持不懈培育和弘扬社会主义核心价值观,要坚持不懈促进和谐稳定,培育理性平和的健康心态,加强人文关怀和心理疏导,把教育系统建设成为安定团结的模范之地。要坚持不懈培育优良校风和学风,做到治理有方、管理到位、风清气正。"李克强同志在十二届全国人大二次会议上作政府工作报告时指出:"按照推进国家治理体系和治理能力现代化的要求,加快建设法治政府、创新政府、廉洁政府,增强政府执行力和公信力,努力为人民提供优质高效服务。"国家中长期教育改革和发展规划纲要(2010－2020 年)对教育系统廉政建设提出了明确要求:"加强教育系统党风廉政建设和行风建设。大兴密切联系群众之风、求真务实之风、艰苦奋斗之风、批评和自我批评之风。坚持标本兼治、综合治理、惩防并举、注重预防的方针,完善体现教育系统特点的惩治和预防腐败体系。"

近年来,随着国家层面反腐高压态势的形成,教育系统党风廉政建设和反腐败工作取得了显著的成果,反腐败压倒性态势已经形成并巩固发展。在廉政文化建设方面,许多学校也进行了有益的探索,取得了成功的经验。但我们也要清醒地认识到当前存在的问题:一是思想认识尚需提升,一些教育系统内党员干部的思想认识仍然停留在"不敢腐","不想腐"的文化自觉尚未形成。二是体制机制尚待完善,"不能腐"的制度体系尚未健全,一方面教育系统各相关主体在廉政文化建设中的地位和作用仍须进一步厘清;另一方面教育系统廉政文化建设效果的评估评价机制还不健全。三是教育系统各类违法乱纪案件仍时有发生,与国家大力推动教育领域综合改革的态势不相适应,与人民群众的热切关注和期望尚有差距。四是一些教育行政部门和学校的廉政文化建设存在与业务工作相互脱节的"两张皮"现象，廉洁文化建设在功能发挥、覆盖面、实效性以及应对社会"潜规则"的影响方面还存在一些问题。一些廉政文化建设活动被当作花架子，有的三天打鱼两天晒网，缺乏针对性、持久性和实效性，没有充分发挥营造氛围、文化防腐、文化育人的作用。

近年来，无论是中央巡视组还是教育部和地方巡视组，都在对教育系统的巡视中发现不少问题，表明当前教育系统腐败现象依然严重，反腐败形势依然严峻复杂。2013年，中央巡视组在巡视中国人民大学时发现："在党风廉政建设和反腐败方面，惩防体系建设特别是财务管理、领导干部薪酬管理、自主招生等方面存在薄弱环节；在执行中央'八项规定'精神和作风建设方面，出国管理不规范，公款吃喝、送礼现象依然存在；在执行民主集中制和干部选拔任用方面，一段时间里党委领导下的校长负责制贯彻不够到位，干部任用和管理不尽规范。此外，干部职工还反映学校存在行政化色彩较浓、科研经费管理不规范、传统的办学优势和特色弱化等问题。"2016年，教育部党组第四巡视组对东北师范大学反馈意见时指出"党的领导弱化，党建责任落实不到位。一是落实中央及部党组有关要求不及时不到位。抓思想政治建设和意识形态工作的主体责任意识不强。执行《中国共产党普通高等学校基层组织工作条例》滞后。二是部署推动基层党组织建设不力，基层党建薄弱。选人用人问题较多，干部管理失之于宽松软。落实中央八项规定精神不到位，专项整改不力。国有资产监管不力，风险较大。"这反映出高校存在的一些共性问题。

2014年，江西省委巡视组在江西省委教育工委（省教育厅）巡视后指出："有的领导干部利用人事安排、工程招标、教辅材料征订发行、合作办学、经费分配、民办高校招生计划指标分配、高考招生、教育检查评比达标等环节谋取利益，收受贿赂。有的领导干部律己不严，生活作风不检点。一些处室和下属单位违规收费、越权审批、财务管理混乱，出现私设小金库问题。有的工程项目招投标工作不规范、程序不到位，存在违规审批、违规发包、违规采购、大额度超预算等问题。有的下属单位长期借用相关业务单位车辆，有的干部公车私用。执行干部选拔任用程序不够严格，有的干部提拔任用没有充分体现群众公认度和班子成员意见。处室附设社团数量多、财务管理不规范，机关事业单位管理人员兼职企事业单位法人代表绝大部分没有经过主管部门审核批准。"2015年，中共济南市委第一巡视组在对济南市教育局巡视后指出："部分机关干部和基层领导干部对教育系统的腐败问题认识不足，重视程度不高，一些基层单位党政主要领导在主体责任方面职责不清，责任不明。党风廉政建设方面离不想腐、不能腐的要求还存在一定差距。在队伍管理和对违规违纪问题的处理上存在失之于宽、失之于软的现象。对基层单位财务监督制度的落实还不够到位；贯彻落实中央八项规定精神和反对'四风'方面，改革创新的勇气和魄力不足，推动改革视野不宽，魄力不大，教育管理体制改革步伐不快。机关作风还需要进一步转变。教育不均衡的问题还比较突出；执行民主集中制方面，班子成员间的沟通交流需要进一步加强，基层班子的会议制度不规范；选人用人和干部教师队伍建设方面，干部的选拔任用机制还有待完善，教师队伍结构性矛盾突出，教师队伍职业倦怠的问题不容忽视。"

2017年中央对29所中管高校进行了巡视，发现中管高校中在党的领导、党的建设和全面从严治党方面普遍存在比较严重的问题：党委领导作用发挥不够，"四个意识"不够强，意识形态责任制落实不到位，贯彻党委领导下的校长负责制不够自觉；党的建设薄弱，党内政治生活不严肃，基层党组织建设存在虚化弱化现象，选人用人制度不严格，干部管理监督不严，引进人才把关不严；两个责任落实不到位，管校治校宽松软，党委担当不够，纪委监督执纪问责不力，执行中央八项规定精神不力，在校办企业、附属医院、基建修缮、后勤服务、科研经费、财务管理、资产管理等方面廉洁风险突出。这一切都说明，教育系统并非人们想象中的"象牙塔"，反腐败斗争形势严峻而复杂。究其主要根源，就是王岐山同志讲的："有的领导干部根本不学党规党纪，不知法律法规，无视规矩、不讲廉耻，根本不把党纪国法当回事，毫无戒惧之心。"[①]

要从根本上解决教育系统的腐败问题，必须一手抓惩，一手抓治，两手都要硬。打铁还需自身硬。要做到硬，既有要制度、规矩等硬实力，也要有觉悟、文化等软实力，党员干部和师生外受制度和纪律的硬约束，内有廉政文化的软支撑，才能筑牢不想腐的堤坝。所以，我们要从文化的角度来审视廉政问题，从思想的高度来透视廉政文化的真正要义。教育系统的廉政文化建设，要立足于当前教育系统的廉情、立足于教育系统自身特点，以习近平新时代中国特色社会主义思想为指导，始终坚持以科学的理论武装人，以正确的舆论引导人，以高尚的精神塑造人，以优秀的作品鼓舞人，以丰富的知识培育人，建设廉政文化建设长效机制，发挥强有力的导向、示范和教化作用。

第一节 加强教育系统廉政文化长效机制建设的重要意义

在全面从严治党向纵深发展的时代背景下，教育系统要坚持问题导向和目标

[①] 姜洁：《中国共产党第十八届中央纪律检查委员会第四次全体会议在京举行》，载于《人民日报》2014年10月26日，第1版。

导向,加强廉政文化建设的针对性和实效性。加强教育系统廉政文化长效机制建设对于强化党员干部"不想腐"和忠诚干净担当,弘扬教师的敬业爱生、教书育人的崇高师德,培养学生敬廉崇洁、诚实守信的思想品质,具有十分重要的意义。

一、教育系统立德树人的根本基础

党的十九大报告指出:"要全面贯彻党的教育方针,落实立德树人根本任务,发展素质教育,推进教育公平,培养德智体美全面发展的社会主义建设者和接班人。""立德树人"在十八大报告中被定位为教育的根本任务,这是对十七大"坚持育人为本、德育为先"教育理念的深化,强调了德育的重要意义,十九大报告进一步指明了我国教育改革发展的方向。立德树人的根本任务要求把社会主义核心价值体系融入整个教育体系之中,引导学生树立正确的世界观、人生观、价值观、荣辱观。2016年12月的全国政治思想工作会议上,习近平同志强调学校教育、育人为本,德智体美、德育为先,就是说高校要成为锻造优秀青年的"大熔炉"。2018年5月3日,习近平在北京大学师生座谈会上又指出,要坚持不懈培育和弘扬社会主义核心价值观,引导广大师生做社会主义核心价值观的坚定信仰者、积极传播者、模范践行者。要把中国特色社会主义道路自信、理论自信、制度自信、文化自信转化为办好中国特色世界一流大学的自信。教育廉政文化蕴含的价值观念,有利于学生明辨是非,加深对社会主义核心价值观的理解。要把社会主义核心价值观贯穿于高校办学育人全过程,用社会主义核心价值观引领知识教育、引领师德建设,加强中华优秀传统文化和革命文化、社会主义先进文化教育,加强党史、国史、改革开放史、社会主义发展史教育,引导广大师生做社会主义核心价值观的坚定信仰者、积极传播者、模范践行者。

教育系统的廉政文化建设,通过廉政教育活动,有助于形成明辨是非的价值判断;通过廉政制度建设,有助于形成诚实守信的行为自觉;通过廉政文化融入教育活动全过程,有助于形成风清气正的文化氛围,厚植教育系统立德树人的土壤。

二、深化教育领域综合改革的迫切需要

党的十八届三中全会进一步明确了今后一阶段深化教育领域综合改革的任务,确定了坚持立德树人、提高学生素养、促进教育公平、统筹教育资源等一系列改革方向。《国家中长期教育改革和发展规划纲要(2010-2020年)》提出了

"到 2020 年，基本实现教育现代化"的战略目标。改革是实现中国教育现代化进程的必由之路。当前教育改革已经进入了深水区，任务更重、压力更大、牵涉更广、关注更多，当前的教育领域综合改革，要重点解决促进教育公平和提升教育质量、改革考试招生制度和教育管理体制的问题①。在这些亟待解决的重大问题中，蕴含着众多矛盾，问题解决的过程，要把管办评分离、推动"管"的现代化、"办"的现代化、"评"的现代化作为重要任务，推动教育治理体系和教育治理能力现代化②。教育现代化战略目标的达成要求教育系统必须要求有"山清水秀"的政治生态，而教育系统的廉洁水平，也是衡量一个国家教育现代化的重要标志。教育系统的管办评分离，就是要进一步厘清政府、学校和社会的权责关系，形成政事分开、权责明确、统筹协调、规范有序的教育管理体制，实现政府依法管理、学校依法自主办学、社会广泛参与的管理格局③。管办评分离，积极支持专业机构和社会组织等第三方规范开展教育评估评价，有助于形成自我监督和社会监督相结合的监督体系，提升教育系统的廉洁水平，改善社会公众对教育系统的廉洁感知。

另外，教育系统的廉政文化对教育管理体制机制改革起着催化作用，能够引导廉洁教育体制的形成、保障体制的廉洁运行、促进体制的不断完善。首先，价值观念是文化的核心，是人们行为取向的根本决定因素。当公平正义、清正廉明、诚实守信等廉政价值观念成为教育系统普遍认同的行为准则，内化为人们普遍的态度、情感和信念，教育管理者必然倾向于选择和设计更加公正廉洁的管理体制，以保证公共权力的规范运行。其次，各项制度的切实执行更需要人们将廉政价值观和制度体系内化为人的自觉意识，进而转化为自觉自愿的行为。如果制度及其所蕴涵的文化价值不能化为主体的自觉意识和能动实践，再好的制度也只能成为一纸空文。最后，随着教育综合改革实践的不断发展，需要借助不断发展的廉政文化的指导和推动作用，根据教育综合改革实践的现实需要，对教育管理体制进行能动的调整和发展，使其更加公正合理，更加完善和成熟。④ 因此，深化教育系统综合改革，迫切需要教育系统的廉政文化提供引导和支撑。

---

① 顾明远：《教育领域综合改革的宏观视野》，载于《教育研究》2014 年第 6 期，第 4~9 页。
② 杨银付：《深化教育领域综合改革的若干思考》，载于《教育研究》2014 年第 1 期，4~19 页。
③ 资料来源：《教育部关于深入推进教育管办评分离促进政府职能转变的若干意见》。
④ 吴长春、王洪彬：《论廉政文化的软实力价值》，载于《思想教育研究理》2013 年第 8 期，第 36~39 页。

三、提高教育公共服务水平的重要保障

教育公共服务是政府主导、社会参与、公平惠及社会公众生存与发展、满足社会公共利益需求的公益性服务，它是伴随着现代学校和公共教育制度的发展、现代政府主要职能逐步转向公共服务而出现的，是保障和改善民生的基础，是社会和谐稳定的重要保证。[①]《国家中长期教育改革和发展规划纲要（2010－2020年）》提出要"坚持教育的公益性和普惠性，保障公民依法享有接受良好教育的机会，建成覆盖城乡的基本公共教育服务体系"。教育公共服务与人民群众利益直接相关，因此成为了人民群众的关注热点。教育系统的腐败案件，特别是与广大人民群众切身利益密切相关的招生、考试腐败案件，大都成为了社会热点，这也引发人民群众对教育公平性的质疑。因此，教育系统廉洁文化建设是一项从源头上预防腐败现象滋生蔓延的重要基础工作和系统工程。必须加快教育系统的廉政文化建设，确保教育公共服务理念的公正、服务流程的公开、透明、精细和人性化，从而提高教育公共服务水平，办人民满意的教育，厚植党的执政基础。

第二节　教育系统廉政文化长效机制建设的基本原则

教育系统的廉政文化建设，兼具教育文化和廉政文化的双重特点，教育文化从来就具有引领世俗社会价值导向的功能，是社会文明的根基和社会价值观的标尺[②]。廉政文化体现了人们对廉洁政治和廉洁社会的总体认识、基本理念和精神追求[③]。廉政文化一旦形成，就会像空气一样无所不在、无时不有，以其独特的作用和力量去感化人，使个体的廉洁观念内化并直接规范外显的行为。教育廉政文化的双重属性，决定了它具有价值引领、文化育人、文化防腐和文化传承创新等多重功能。教育系统廉政文化建设，必须站在讲政治的高度，从大局出发，立足自身特点，坚持以下原则：

[①] 李潮海、罗英智：《基于公共服务理念的县区教育发展水平评价的思考》，载于《现代教育管理》2015年第7期，第20~25页。

[②] 王生洪：《大学是社会的良心》，载于《中国教育报》2006年7月21日，第5版。

[③] 浙江文化研究工程党建课题组、李梦云：《政治文化架构下的社会主义廉政文化建设》，载于《马克思主义研究》2012年第3期，第83~89页。

一、坚持党建引领，强化责任

习近平同志在中国共产党成立95周年大会上的讲话，继党的十八大提出道路自信、理论自信、制度自信"三个自信"之后，又将文化自信提升为中国特色社会主义的第四个自信。他指出："党内政治文化，是以马克思主义为指导，以中华优秀传统文化为基础，以革命文化为源头，以社会主义先进文化为主体，充分体现中国共产党党性的文化。"教育系统廉政文化是社会主义先进文化的重要组成部分，要保证教育系统廉政文化建设的正确导向，必须坚持党性原则，要深刻领会、准确把握以习近平同志为核心的党中央关于党风廉政建设和反腐败斗争的新思想、新观点和新要求，清醒认识反腐败斗争的长期性、复杂性和艰巨性。

加强教育系统廉政文化建设，要以习近平新时代中国特色社会主义思想为指导，深入贯彻落实党的十九大精神，按照党章要求，紧紧围绕全面推进中国特色社会主义伟大事业和党的建设伟大工程，紧紧围绕立德树人的根本任务和深化教育领域综合改革的总体要求，坚持党要管党、从严治党，坚持标本兼治、综合治理、惩防并举、注重预防，以改革精神加强廉政文化建设，促进体制机制创新，坚定不移反对腐败，建设风清气正的教育政治生态和良好的育人环境，为办好人民满意的教育提供有力保障。

面对新形势、新情况、新任务，教育系统各级行政部门、各级各类学校党组织要深入学习贯彻习近平中国特色社会主义思想，增强"四个意识"、提高政治站位，要站在党的教育事业全面发展的高度，充分认识加强教育系统廉政文化建设的重大意义，切实担负起政治责任和领导责任，始终同党中央保持高度一致，在重大原则和是非问题上始终做到旗帜鲜明、立场坚定。始终坚持弘扬主旋律、凝聚正能量，对于反腐败斗争中暴露的问题要做到"敢抓敢管、善抓善管、常抓常管"。教育系统各级行政部门、各级各类学校党组织和广大党员要牢固树立党章意识，自觉学习党章、遵守党章、贯彻党章、维护党章，自觉按照党的组织原则和党内政治生活准则办事。严格执行民主集中制、党内组织生活制度、请示报告制度等党的组织制度。加强管理，教育引导党员干部自觉接受组织监督，做到"四个服从"。要严格执行党的政治纪律、组织纪律、廉洁纪律、群众纪律、工作纪律和生活纪律等各项纪律，深刻把握贯穿其中的马克思主义立场观点方法，培养战略思维、辩证思维、系统思维、创新思维、底线思维、网络思维、法制思维能力，把党的纪律和规矩融入立德树人的根本任务和教育改革之中。要加强思政课堂和课堂思政建设，加强对课堂、讲座报告、研讨会、论坛、报刊、校园网和新媒体等媒介的管理，坚持学术研究无禁区、课堂讲授有纪律、成果发表有规范,深入开展干部师生思想政治动态和意识形态领域倾向性问题的研判,牢牢掌握意识形态工作的领导权、管理权、话语权。

教育系统廉政文化建设,在理念、制度、程序层面蕴涵着多重不同的价值属性,是一项系统工程,需要教育部统一部署,党政齐抓共管、条块有效联动、部门各负其责、师生支持参与,因此必须强化党组织主体责任和部门相关责任,建立横向到边、纵向到底的责任体系,形成一级抓一级、层层抓落实、人人共参与的多层次、全方位、系统化的工作格局。

二、坚持立德树人,育人为先

教育系统的廉政文化建设,承担着文化育人的使命,必须坚持立德树人、育人为先的原则。育人功能是教育文化的本体功能,教育廉政文化作为教育文化的有机组成部分,对学生的智力发展、道德教育、品格养成、价值选择等方面都将产生深度影响。[1] 廉政文化所包含的价值取向,具有鲜明的社会规范性和精神导向性,有助于社会成员确立坚定的理想信念和高尚的道德情操,引导人们树立正确的世界观、人生观和价值观,使社会成员在共同的价值认同和文化认同的基础上,为维护社会整体利益和个人利益而紧密地团结起来。

教育系统的廉政文化为培养学生健全的道德人格创设了有利条件,有助于学生确立以贪为耻,以廉为荣、诚实守信的理念,有助于提升学生的道德主体意识,有助于规范学生的道德行为。教育廉政文化建设要将立德树人的理念贯穿于课程、实践、校园文化活动等教育活动的各个环节,需要学校在教学、科研、管理、服务的各个维度实现全程育人、全员育人[2]。教育系统要强化在学生思想政治教育方面的引领作用,把社会主义核心价值观作为价值塑造的核心内容,有机融入教育教学的全过程。要强化教师教书育人、立德树人的主导作用,大力弘扬高尚师德,引导广大教师做社会主义核心价值观的践行者和示范者。要强化文化育人春风化雨的重要作用,积极探索廉政文化与社会主义核心价值观教育的有机契合点,逐步深化廉政文化与校园文化的融合度,多渠道、常态化开展价值观教育和廉政教育,与时俱进地传承和发展教育系统廉政文化。

---

[1] 韩萌:《大学多元文化育人功能的思考》,载于《教育研究》2010年第8期,第53~57页。
[2] 骆郁廷、郭莉:《"立德树人"的实现路径及有效机制》,载于《思想教育研究》2013年第7期,第45~49页。

三、坚持标本兼治，注重预防

"标本兼治、综合治理、惩防并举、注重预防"一直是中国共产党反腐倡廉工作的基本方针。所谓治标，就是通过惩治正在发生的、群众深恶痛绝的腐败案件，煞住不断蔓延的贪腐风气，强力遏制腐败现象的滋生蔓延；所谓治本，就是从制度、体制、机制着手，找出腐败发生的根源，将权力的运行制约在制度、体制、机制编织的笼子之内，让权力在法治的轨道上运行。① 近几年来，教育系统腐败案件高发，东北师范大学副校长张某某基建案、中国人民大学招生处长蔡某某招生案、浙江大学陈某某科研经费案等表明腐败已经蔓延到了高等教育的各个领域。在基础教育阶段，基建、招生、教材、校服、营养餐等方面腐败案件也频频发生，如，2010年以来广东省清远市各级纪检监察机关查处了7名教育局局长或副局长，他们的作案主要集中在校服、教材和教学设备采购、基建工程等环节。

习近平总书记在十八届中央纪委二次全会上强调："从严治党，惩治这一手决不能放松。要坚持'老虎'、'苍蝇'一起打，既坚决查处领导干部违纪违法案件，又切实解决发生在群众身边的不正之风和腐败问题。"十八大以来，教育系统对一大批"老虎"和"苍蝇"贪腐案件的惩处，就是对治标理念的实践，通过治标形成强力威慑，收不敢腐之效。治标为治本赢得时间、创造条件，治本为治标巩固成果、根除病源。我们要以惩促防，收治本之效，就要树立长期作战思想，逐步铲除滋生腐败的"土壤"，不断以反腐倡廉实际成效推进廉洁教育建设。守底线靠纪律和规矩，而要追求高标准，则靠文化、靠觉悟。要实现"不想腐"的目标，需要的是文化的力量，需要的是广大党员干部和教师正心修身、正本清源，常怀忠诚之心，忠诚党的教育事业；常怀敬畏之心，敬畏科学、敬畏纪律；常怀谦卑之心，虚心好学、接受监督；常怀担当之心，敢于创新、敢于问责；常怀道德之心，率先垂范、高风亮节。

四、坚持制度创新，重在实效

教育系统廉政文化建设是一个发展中的动态进程。这一方面体现为廉政文化建设是一个长期的过程，不可能一蹴而就，也体现为在我国经济发展水平逐步提高、教育改革不断深化的背景下，教育系统的廉政文化建设必须与国家经济社会

---

① 周淑真：《标本兼治与制度建设——十八大以来治理腐败的路径选择》，载于《探索与争鸣》2014年第11期，第20~22页。

发展和教育改革的步伐相适应。十八届五中全会提出:"必须把创新摆在国家发展全局的核心位置,不断推进理论创新、制度创新、科技创新、文化创新等各方面创新。"教育系统廉政文化建设,要注重制度创新、理念创新、方式方法创新和基层工作创新,要让创新贯穿于所有工作。一要加强理论研究,从中国优秀传统文化中汲取营养,继承和发扬革命文化传统,借鉴国外廉政教育建设的先进经验,参照其他公共领域廉政文化建设的成熟做法,不断探索和总结教育系统廉政文化建设的新途径和新经验,形成制度成果。二是要从健全机制、把握规律、整合资源、注重渗透、融会贯通等方面下功夫,形成良好的机制。要面向不同的群体开展具有针对性的廉政文化活动,要求教育管理者严于用权,要求教育教师恪守师德,要求教育学生诚实守信。三是要充分利用并发挥网络、新媒体等现代信息技术在反腐倡廉教育中的作用,使"互联网+教育"成为廉政文化建设的强大助力。四是要大力挖掘和发挥教育系统文化资源优势,加强各类基层廉政文化阵地建设。五是要准确把握新时期教育系统发生的新变化,始终以发展的眼光来推动廉政文化建设的进程。

第三节 教育系统廉政文化建设的长效保障机制

教育系统廉政文化建设是一项融入社会主义精神文明建设和教育系统反腐倡廉建设全过程、通过大力营造崇尚廉洁的教育系统行风而影响整个社风民风、为教育系统党风廉政建设和反腐败斗争提供坚实思想保障与文化支撑的系统工程,必须要有一系列配套的保障机制,为学校廉洁文化建设的顺利进行提供必要的经费、人员、场地、载体等保障,使廉洁文化进校园的各项措施落到实处,并卓有成效,形成敬廉崇洁、诚信守法的校园风气。

一、强化组织保障

教育系统廉政文化建设作为一项复杂的长期的社会系统工程,必须建立强有力的组织领导机制。我国的教育系统机构中既包含各级政府机构、各类教育事业单位,又包含各类学校;工作人员中既有公务员,又包含事业单位编制、企业编制(如民办学校)的教师和管理人员;管理体制中既有条线管理为主(如部属高校),又有区域管理为主(如基础教育)。教育系统自身运行的多样性和复杂性,要求廉政文化建设必须要统一领导,明确责任,才能使得各相关利益者自觉自愿地加入廉政文化建设主体行列中来，最广泛地发动全体人民群众参与廉政文化建设。

教育系统各级党委要下大力气把廉政文化建设作为一项经常性工作来抓，要纳入党委和政府工作总体布局，与教学、科研、招生、教育公平等各项工作紧密结合，同部署、同落实、同检查、同考核，把反腐倡廉各项要求和责任落实到日常工作之中，不留空白、不留死角、不留漏洞。教育系统各级党委要坚持不懈把廉政文化建设作为一项长期性任务来抓，要贯穿于教育教学改革开放全过程、贯穿于教育现代化建设全过程、贯穿于全面建成小康社会全过程，把阶段性任务与战略性目标结合起来，有计划、有步骤地层层推进，持之以恒，步步为营，须臾不懈怠，一刻不放松，积小胜为大胜，不断压缩腐败活动的生存空间，不断铲除腐败现象滋生蔓延的"土壤"，以实际成效取信于社会公众。

教育系统内各类学校要形成党委统一领导，纪委监督协调，党政相关职能部门和工会、团委、妇联等群众团体密切配合，广大干部师生共同参与的领导体制和工作机制。各学校要成立专门的廉洁文化建设领导小组，统筹推进学校廉洁文化建设。要立足现实，着眼长远，制定符合本部门实际和特点的规划和计划，对廉政文化建设的任务和措施等做出具体部署，将廉政文化建设"五进"（进校园、进课堂、进教材、进网络、进家庭）的要求逐项分解到有关责任部门和单位，并做好经常性的检查评估等工作。

各部门和单位应坚持权责一致和谁主抓谁负责的原则，把廉政文化建设作为党风廉政建设责任制目标管理的重要内容，将责任落实到人，做到权责分明，形成"一把手"负总责、分管领导各负其责、部门各司其职的廉政文化建设责任体系。单位主要负责人是廉政文化建设的第一责任人，统筹协调廉政文化建设工作，明确廉政文化建设责任，廉政文化建设的分管负责人、责任职能处室和技术支持机构做到责任到岗。纪委作为廉政文化建设监督协调的机关，应认真履行监督、协调、督促、检查、问责等职能，通过督促学校不断完善议事制度和工作制度，加强检查指导工作，有效监督协调各部门深入开展廉政文化建设，促进廉政文化建设形成整体合力。要把廉政文化建设纳入基层党风廉政建设责任制检查考核体系，建立廉政文化建设评估与问责机制，确保廉政文化建设的健康、有序发展。教育系统各级行政部门和各类学校要高度重视在教育系统建设廉政文化的重大意义，在发展规划、经费投入、公共资源使用、人员配备中给予考虑和保障；要加强廉政文化宣传阵地建设，积极推进传统媒体与新媒体的融合发展；要切实加强网络舆论引导，积极探索廉政网络文化建设管理机制；要将廉政文化因素渗透师生日常学习生活之中，渗透教育系统的各项规章制度之中。

学校领导班子要高度重视廉洁文化的建设工作，明确主要领导责任，将其纳入党委议事日程,定期分析干部和师生群众思想状况和廉洁文化建设情况,研究加强廉洁文化建设的意见和措施,建立健全廉洁文化建设整体规划和学期工作安排,确保廉洁文化建设有目标、有内容、有措施、有计划地开展,并与其他各项工作同部署、同检查、同考核、同奖惩。要建立一支专兼职相结合的廉政文化建设队伍。要在宣传等部门设置廉政文化建设的专职岗位,落实专职人员的选拔、录用、考核和激励制度。要充分发挥教育系统自身的文化优势,发挥师生主动性,吸纳优秀教师和学生参与廉政文化建设,充分挖掘校史、校友中的廉政文化资源。要加强廉政文化建设人员的专题培训,及时提升其把握政策、了解时事、警示宣讲、策划活动、应用新媒体、营造氛围的能力。建立分层分类的干部教师培训体系。把廉洁教育纳入中小学教师入职培训的管理体系,纳入班主任培训和骨干教师专项培训的必修课程。要加强地方教育局、相关学科教研员、高校思想政治理论课骨干教师和辅导员的专题培训,形成廉政文化建设的骨干队伍。

总之,教育系统各级党组织要履行主体责任,要把廉政文化建设作为学校全面从严治党工作的有机组成部分,作为不敢腐、不能腐、不想腐一体推进的重要举措,贯穿于党风廉政建设的全过程,体现在教学、科研和管理工作的各个方面,与精神文明建设紧密结合,与作风建设紧密结合,与师德师风建设紧密结合,与校风学风建设紧密结合,与校园文化建设紧密结合,做到统筹安排、全面推进。

二、健全制度保障

廉政文化长效机制建设的重点就在于制度建设。课题组对100余所高校纪委书记、副书记为主体的259位局处级干部进行了问卷调查,根据调查问卷中对于受访者关于当前反腐倡廉建设要坚持什么导向这一问题的回答,受访对象中有接近2/3的人认为要坚持制度导向。可见,制度建设是反腐倡廉建设的重中之重。制度具有原则性和规范性、普遍性和强制性、稳定性和连续性、明确性和具体性、根本性和全局性等特点。[①] 健全良好的制度,可以有效约束人们的行为,防止不正之风、权力滥用和消极腐败现象。在健全的制度基础上构建长效机制,发挥制度的稳定性、全局性、强制性,通过制度建设,构建起行之有效的长效机制,使反腐倡廉工作真正做到有序且有效地开展,是不断推进党风廉政建设的重

---

① 刘国皇:《我国反腐倡廉制度建设的必然性及其意义》,载于《决策探索》2006年第5A期,第52~53页。

要保证，是标本兼治、逐步加大反腐败治本力度的根本途径。[①] 十八大以来，中央出台或修订的党内法规超过 70 部，正在构建以《中国共产党党章》为龙头，若干配套党内法规为支撑的，基础性、综合性和专门性党内制度并存的前后衔接、左右联动、上下配套、系统集成的党内法规制度体系。一系列党内规范和制度固化了中央八项规定精神的落实，实现了对党内政治生活的全规范、全覆盖，为党员确立了行为规范。

十九大报告有两个很重要的提法：一是推进反腐败立法；二是成立国家监察委员会。通过反腐败立法和监察法的出台，反腐制度化程度和规范化程度更高，对腐败的威慑力更强。近年来，教育系统一直坚持"制度反腐"的思路，围绕预防、惩治、监督、激励、教育等诸多环节展开的制度建设在教育系统各个层级、条线深入推进。

健全制度体系，就是要最大限度地减少体制障碍和制度漏洞，充分发挥制度建设在反腐倡廉中的作用，提升反腐倡廉制度建设的科学化水平。[②] 健全制度体系，要注重制度的系统性，凡是有权力运行的地方，必须要有制度覆盖，要用制度划清权力的边界，各级教育行政部门和各类学校的管理部门要推行权力清单制度；要注重制度的协调性，每个制度必须严格贯彻执行上位制度，也要与相关的制度协调一致；要注重制度的可执行性，制度必须是越往下越精细化，能够成为直接可遵守的工作细则、可操作的实施细则；要注重制度的廉洁性，要严肃清除那些内含特权、意图将制度性腐败向腐败性制度转化的条规，从政策法制层面切断腐败蔓延的根源；要增强制度的约束力，做到严格执行制度，增强干部的制度意识，坚决维护制度的严肃性和权威性；要注重制度的时效性，制度必须根据上位法则、管理体制的改变而及时做出修订；要注重制度的权威性，通过对反腐倡廉制度执行情况的监督检查，提高制度执行力，维护制度权威性。

学校要完善内部控制制度，构建廉洁文化建设的制度体系。贯彻落实党中央和教育部有关廉政文化建设的精神，建立和完善开展廉洁文化建设和廉洁教育的各项规章制度，逐渐理顺廉洁文化建设的管理体制和运行机制，做到制度创新和方法创新，以加强对廉洁文化建设工作的引导、统筹、管理。在廉洁制度体系中，党风廉政建设责任制是廉政文化建设的龙头，"三重一大"决策制度是科学民主决策的关键，师德公约、学术诚信、科研行为规范和廉政自律规范是干部廉洁从政、教师廉洁从教、学生廉洁修身的基础，防止利益冲突的回避制度是破除

---

① 邹晓斐：《对构建反腐倡廉长效机制的思考》，载于《吉林工程技术师范学院学报（社会科学版）》2007 年第 23（2）期，第 22~24 页。

② 蔡娟：《制度科学化与当代中国惩治和预防腐败体系的构建》，载于《江汉论坛》2012 年第 5 期，第 76~80 页。

"熟人社会""潜规则"的重要举措，党务公开、政务公开和财务公开制度是实现公正廉洁的保证。从某种意义上说，学校制度体系的完备度决定着廉政文化建设的高度。学校要以党风廉政建设制度和各类廉洁行为规范为支撑，规范领导干部和师生员工的廉洁行为，教育引导师生形成廉洁的文化价值取向，不断净化教育生态。

三、夯实物质保障

教育系统廉政文化建设是一项长期性、复杂性的工程，需要有物力、经费等保障。要进一步完善廉政文化建设经费保障机制，将廉政文化建设纳入常规经费。教育系统各级行政部门要将学校文化基础设施、廉政信息平台、廉政教育载体、群众参与廉政监督和评议等项目经费纳入财政预算，逐步加大资金投入，确保有持续性的经费支持；要积极挖掘各类具有廉政文化教育功能的公共资源，优先考虑向各级各类学校免费开放。各级各类学校要在学校教材建设、思政建设、文化建设、网络建设等投入中加大对廉政相关项目的支持，确保廉政文化渗透在学校日常运行的各个层面。探索建立单位自筹、校友及社会各方支持的多渠道经费筹措保障机制，设立学校廉洁文化建设专项基金，切实保障实施廉洁文化建设项目、开展各类廉洁文化活动所必需的资金。学校积极整合开发廉洁教育资源，建设校内外实践活动基地。学校要积极吸纳社会优质教育资源，开辟廉洁教育社会化工作渠道，积累廉洁文化教育教学案例以及主题实践活动等资料，提升廉洁教育的效果。

教育系统要采取健全保障体系、构建廉洁教育体系、创新载体平台建设等措施，积极探索新形势下教育系统廉洁文化建设新路径，为推进学校健康、和谐、科学发展提供有力保障。

一是要明确建设目标，整合资源。形成各方重视、合力推进的教育廉政文化建设格局。要充分发挥教育系统宣传、思政等各工作条线的作用，充分利用教育系统自身的文化优势和资源，与所在社区积极互动，形成廉政文化建设的合力。二是要完善保障，形成多元化投入支持机制。学校要在常规经费支持外，积极争取校友、企业和社会的支持。政府和教育主管部门要加大对中西部地区教育廉政文化建设的投入力度，加强对廉政文化建设的政策支持，将廉政文化建设纳入各地教育发展整体规划。三是要加强协作，形成优势互补的区域、校际、区校合作机制。要不断加强教育廉政文化建设的交流与合作，学习借鉴优秀成果与成功经验，少花钱多办事，结合实际，提出适合区情校情、解决实际问题的廉政文化建设工作方案。

第四节　教育系统廉政文化建设的长效推进机制

廉政文化是中华民族优秀传统文化的重要组成部分，也是社会主义先进文化的重要内容。为了切实在教育系统开展廉政文化建设，使廉政教育融入教育系统立德树人全过程，让廉政价值理念深入人心，不断增强廉政文化的说服力、渗透力和感召力，营造风清正气、和谐向上的教育廉洁政治生态，我们必须紧抓教育系统廉政文化建设推进机制的发展、健全和完善，从而使学校广大党员干部以及全体师生身体力行，廉洁执教，为人师表，敬廉崇洁，诚实守信、遵纪守法，使廉洁文化真正地步入校园、走进课堂、滋养学生的心灵，达到以文化德，以德养廉，以廉育人的教育目的。教育系统廉政文化建设的长效推进要创新形式、注重实效，不断创新学校廉洁文化建设的方式方法，切实增强廉洁教育的实效性，使校园廉洁文化活动更加适应时代发展的特征，更加符合反腐倡廉建设的需要，更加贴近学校的实际，更加适合知识分子的特点，更加符合青少年成长的规律。因此，我们可以从以下两大方面实践和完善推进机制。

一、分层分类重点推进

在推进教育系统廉政文化建设中，首先要明晰各主体的地位和作用，建立责任清晰的教育廉政文化建设的治理结构。各级教育行政部门的管理者、各类教育机构（学校）的管理者、教师、学生、家长、与教育行政部门和学校发生业务往来的其他行政管理部门、基建修缮建设单位、设备物品供货单位、捐赠单位、科研经费提供者、产学研合作者、社区、社会公众等众多不同利益主体，都是教育系统廉政文化建设的主体。然而，当前的教育系统廉政文化建设基本由教育行政部门的管理者和学校的管理者主导，其他主体，如教师、学生，参与廉政文化建设的主动性不强；同教育行政部门和学校发生业务往来的其他行政管理部门、基建修缮建设单位、设备物品供货单位、捐赠单位、科研经费提供者、产学研合作者、社区、社会公众等其他利益相关者尚未整体纳入教育廉政文化建设的范畴。教育系统廉政文化建设各主体角色不同，地位和作用也不同，应该以各级教育行政部门的管理者、各类教育机构（学校）的管理者为教育系统廉政文化建设的关键主体，以教师为核心主体，学生为重要主体，家长和其他相关利益者为参与主体，社会公众为边缘主体，明确各主体在教育系统廉政文化建设中的地位和作用，形成教育廉政文化建设的共同愿景，建立责任清晰的教育廉政文化建设的治理结构，实现教育系统廉政文化建设的"防腐"和"育人"双重使命，达成教育系统"风清气正、立德树人"的廉政文化建设目标。在廉政文化建设中要分类施教、突出重点。根据不同对象的特点，在干部、教师、职工和学生中有针对性地开展廉洁文化教育。以干部作风建设、教师师德教育和学生品行教育为重点，充分发挥干部的表率作用、教师的示范作用，促进青少年学生的健康成长。

（一）紧紧抓住领导干部这个关键少数

作为教育行政管理体系的重要主体，各级教育行政部门掌握着教育行政权力。教育行政部门的管理者在权力的纵向配置（指各层级教育行政机关权力的划分，即权力的垂直性分割）和横向配置（指与教育行政机关同一层级的行政机关，以及教育行政机关内部各类机构的权力划分，即权力的水平性分割）中，掌握核心权力，在教育治理体系中主要承担"管"的职能。各级教育机构（学校）的管理者作为"办"学的关键少数，在学校中拥有人、财、物等关键领域的管理权。管理者权力的合法合规运行，对整个教育系统的运作造成重要影响。因此，在教育系统廉政文化体系中，各级教育行政部门、各类教育机构（学校）的管理者拥有相对权力，应作为关键主体。因此，在教育系统廉政文化建设中，要突出抓好领导干部这个关键，着重开展"两学一做"和"不忘初心，牢记使命"教育学习活动，把反腐倡廉教育贯穿于领导干部的培养、选拔、管理、考核等各个环节。要认真抓好教育系统广大党员干部这条主线，着力开展廉洁自律和岗位责任教育，使他们能够廉洁从政，廉洁用权，廉洁修身，廉洁齐家。

各级干部是决策者和执行者，他们的思想、意识和行为，直接或间接地影响着学校教师和学生。学校、院系领导班子主要负责人作为职责范围内的党风廉政建设第一责任人，应当重要工作亲自部署、重大问题亲自过问、重点环节亲自协调、重要案件亲自督办、重要情况亲自汇报。领导班子其他成员根据工作分工，对职责范围内的党风廉政建设负主要领导责任，做到"一岗双责"。校党委对中层干部管理要加强教育，立规矩，健全制度，让干部常修为政之德、常思贪欲之害、常怀律己之心、常弃非分之想，不断提高思想境界，提高廉洁自律的自觉性，养成廉洁从政的官德和人格。[①]

总之，身教胜于言传，领导干部要以身作则，树立廉洁之风。在思想上坚持以人为本和以学生为本的理念；在人事选聘和任用上要任人唯贤，不搞亲疏，不

---

① 袁志修、陈桂清：《高校廉政文化进校园的尝试与思考》，载于《沧州师范学院学报》2014年第4期，第120~122页。

拉关系走后门；在管理上依法治校和以德治校相结合；在决策上要有长远的发展眼光，有可持续发展的规划意图；在经费使用上要民主和公开透明；在政治上要强化"四个意识"，坚定"两个维护"，廉洁从政、作风民主、关心群众，从而形成良好的校风和行风。

（二）紧紧抓住教师和学生这一核心主体

在国家教育治理体系中，教师是教学的主体。教师在实际工作中，负责日常教学、学生学业评价等，直接面对广大学生，其态度、言行和思维方式会对学生的价值取向产生直接影响。教师行为的失范，不仅影响正常的教学秩序，损害家长学生的切身利益，还会对学生造成直接的负面示范，直接影响社会公众对教育系统廉洁水平的认知，所以教师应作为教育系统廉政文化建设的核心主体。党员教师在教育系统廉政文化建设中，必须从全面从严治党的新要求出发，严于修身、严于治学、严于执教，充分发挥先锋模范作用。全体教师也要立足于立德树人，做到学高为师，身正为范，不但自身要廉洁从教，还要通过自己的言传特别是身教向学生传递正确的价值观。

教师要廉洁从教：学高为师，身正为范。教师是人类灵魂的工程师，是人类文明的传播者和建设者。教师的意识举动、师德师风直接影响着学生的思想、认识和观念。教师不仅肩负着教书育人、培养人才的神圣职责，而且为人师表必须廉洁从教、恪守职业道德。不仅自身要廉洁从教、廉洁自律、洁身自好，同时也要培养学生从小具有"崇尚科学，以廉为荣，以贪为耻"的思想。[①]

因此，要不断提高教师的思想道德和政治文化素养，增强反腐倡廉意识，使广大教师真正做到为学生服务。作为教师，要时刻牢记自己的责任，关心爱护全体学生，尊重学生的人格，平等公正地对待每一位学生。对学生严慈相济，做学生的良师益友。关心学生的身心健康，维护学生的权益，不讽刺、挖苦、歧视学生，不体罚或变相体罚学生。无论课上课下，教师都应多鼓励和引导学生，用心与学生相处。为人师表，教师必须以身作则，作风正派，廉洁奉公，自觉抵制有偿家教，拒绝"家长馈赠"，不利用职务之便强制学生订阅教辅相关资料来谋取私利等。

2014年7月，教育部出台《严禁教师违规收受学生及家长礼金等行为的规定》，针对少数教师利用职务之便违规收受礼品礼金、有价证券和支付凭证等财物的行为设立六条"禁令"。2014年10月，教育部出台《关于建立健全高校师

[①] 袁志修、陈桂清：《高校廉政文化进校园的尝试与思考》，载于《沧州师范学院学报》2014年第4期，第120~122页。

德建设长效机制的意见》，首次划出高校教师师德禁行行为"红七条"，在科研工作中弄虚作假、抄袭剽窃、影响正常教育教学工作的兼职兼薪行为、收受学生及家长礼品、对学生实施性骚扰等都属于违反师德。上述规定的出台，对教师从教提出了明确要求，划定了纪律红线。通过严明纪律要求，教育引导广大教师要强化自我教育和约束，自觉践行社会主义核心价值观，弘扬高尚师德，坚持廉洁从教，切实增强教书育人的责任感和使命感，自觉抵制收受礼品礼金等不正之风，以实际行动塑造教师的良好形象，为全社会树立崇高的道德标杆。然而上海社科院社会学所公布的对上海全市17个区县15 000名中小学生和3 000名学生家长开展的中小学教师师德情况调查结果显示，虽然上海市教委对中小学教师行为规范已见成效，但仍有部分教师存在收礼和有偿补课现象。在被调查的家长中，明确表示向教师送过礼的比例为7.2%，表示说不清的比例为4.5%，其中小学生、初中生和高中生家长明确表示送过礼的比例分别为7.8%、6%和9%，表示说不清的比例分别为5.2%、3.1%和3.3%，这表明事实上有超过10%的家庭都有过送礼经历。[①]

根据调查结果和媒体不断曝光的教师索要礼品、违规补课、贪污营养餐费用和科研经费等案例，教师廉洁从业的现实情况与廉洁社会的美好愿景之间尚有较大距离。少数教师的不良行为给整个教师群体带来极大的负面影响，直接降低了教师群体的社会美誉度。因此，在教育系统廉洁文化建设中，既要关注教师群体师德建设的崇高性，更要关注师德建设的底线，一方面要善于运用底线思维，引导教师坚持基本职业操守，另一方面要发扬中国传统文化中的师德崇高性，让教师成为廉政文化的建设者、引领者和传播者。此外，根据社会经济发展水平，及时提升教师收入，让教师的基本需求得到满足，过上较为体面的生活，将有助于教师爱教乐教，使其"专一其心"。

总之，教师必须不断提高自身素质，坚守高尚情操，自觉抵制不良风气，全心全意为教育事业做出自己应有的贡献；为人师表，以身作则，无论是在教学科研，还是在社会实践、师生交往、家校互动等环节中，都应该做到言传身教，弘扬正气，自觉成为廉洁文化的践行者和示范者，为学生树立廉洁诚信的好榜样。

学生是整个教育系统的服务对象，教育系统运行的核心目的就是为了每一个学生的健康成长和终身发展。学校担负着培养和造就社会主义事业接班人和建设者的重任。而广大青少年学生是祖国的未来、民族的希望，他们是否具有坚定的

---

① 顾一琼：《沪社科院出台师德调查报告　超一成家庭有给老师送礼经历》，载于《文汇报》2015年9月8日，第3版。

廉洁信念，将直接影响他们如何正确看待权力和金钱，影响到未来我们国家的社会廉政风气。当前，社会不正之风污染和侵蚀了一些青少年，学校中"花钱买官"当班干部、花钱请同学代做作业、请枪手代考、大学生学术诚信缺失、助学贷款违约、爱慕虚荣不劳而获等不良现象时有出现。加强校园廉洁文化建设，归根到底，就是要让学生廉洁修身，"修身、齐家、治国、平天下"，修身在前，立德为先。因此，学生应作为教育系统廉政文化的重要参与主体，要通过课堂教学、实践活动、家校互动等多种方式养成学生的廉洁价值观，促使学生形成敬廉崇洁的思想品质。针对不同成长阶段的学生，要采取与其心智发展水平相适应的教育活动。如幼儿园的小朋友，廉洁教育要从诚实不撒谎、守信不迟到开始；中小学生中要倡导作业不抄袭、考试不作弊等；大学生和研究生则要坚守学术诚信底线、培养廉洁价值观等。加强学生学术诚信体系建设，健全信用记录，建立失信惩戒和守信激励制度。学校要不断树立广大学生"崇廉尚洁"的思想道德观，促进校风、学风的根本好转。廉洁教育，学生是主体。学生既是受教育的主体，同时又是将来社会主义建设的主体，他们现在的意识形态将对以后社会主义建设产生深远影响。加强学校学生精神文明建设和廉政文化建设既是教育的本职所在，也是社会主义建设的内在要求和重要保证。[①]

　　廉洁教育要贯穿于学生日常管理之中。抓住新生入学、综合测评、奖学金评定、优秀学生评选、学生干部选举、毕业就业等环节，将廉洁教育作为素质教育的重要内容贯穿始终。同时，广大学生应该从以下几方面践行廉洁修身：首先，关心家人、尊敬老人、诚实守信、遵纪守法，在与同学的交往中，坚持说真话、不说假话，信守诺言、诚实做人，树立正确的世界观、人生观、价值观，不断净化心灵、陶冶高尚的情操。其次，要严格遵守学校各项规章制度，自觉抵制各种诱惑，要坚持"爱国、守法、明礼、诚信"，从小养成艰苦朴素、勤奋好进的优良品质。再次，"小手拉大手，大手牵小手"，学生应该当好廉政"小卫士"。学生们要做家长的"廉政监督员"，支持父母干净做事业、廉洁做公仆，积极向父母倡导"为民、务实、清廉"的从政行事准则。由广大学生来带动家长们的廉政文化教育，发挥"崇廉"教育的社会辐射功能，让家长通过孩子了解廉政文化，时刻注意自己的言行，清白做人，干净做事，为孩子做榜样，营造有利于反腐倡廉的良好社会氛围，为构建和谐家庭、和谐校园、和谐社会做出应有的努力和贡献。最后，积极拓展社会实践中的廉洁教育渠道。探索和建立廉洁教育实践与志愿服务、勤工助学、专业实习、社会实践、毕业择业、就业创业相结合的有效途

---

① 袁志修、陈桂清：《高校廉政文化进校园的尝试与思考》，载于《沧州师范学院学报》2014年第4期，第120~122页。

径，让学生在深入社会、了解社会、服务社会中积极遵循和践行廉洁、诚信、守法的价值理念。

总之，学生应该了解反腐倡廉的知识，阅读反腐倡廉的故事，学习反腐倡廉的人物，努力成为营造廉政建设良好氛围的生力军。从我做起，从小事做起，从现在做起，成为"爱国守法、诚信知礼、敬廉崇洁"的现代公民，为祖国、为自己创造更加美好的明天。

（三）紧紧抓住"三全育人"这个总目标

新加坡前总理李光耀先生曾说："中国在 21 世纪的发展变化取决于三个条件：一是中国的下一代有没有信仰；二是中国的下一代有没有责任感；三是中国的下一代能否实现廉政。"广大青少年是祖国的未来，"廉政文化进校园"作为全社会廉政文化建设的重要组成部分，是反腐倡廉工作的重要内容，也是学校立德树人的核心任务，是促进教育公平、办好人民满意教育的客观需要，有利于学校管理者廉洁从政、教师廉洁从教，有利于加强学生的理想信念教育、基础道德教育、传统美德教育和法制意识教育，对于加强校园文化建设，培养学生的社会主义核心价值观具有十分重要的意义。[1]

学校是培养人才、传承文明、创造和传播先进文化的重要场所，"敬廉崇洁"作为校园文化的重要组成部分，一方面对学生具有潜移默化的影响作用，另一方面对社会有引领作用。因此，为推进廉政文化进校园，大力加强教育系统的廉政文化建设，培养广大师生员工廉洁高尚的道德情操，营造以廉为荣、崇尚廉洁的社会风尚和廉政文化氛围，学校要将廉政文化建设与学校日常管理教学工作紧密结合，廉政文化活动要凸显学校特色，增强针对性和实效性，在全校形成"以廉为荣，以贪为耻"的正气，营造良好校风，提升育人水平。

"育人"不仅是知识的传授，更包含了人格的养成。教育人、培养人、发展人，培养和造就德才兼备的人，是"育人"的出发点和落脚点。因此，学校育人不仅仅是一个传授、灌输和引导的过程，更是一个感化、熏陶和养成的过程。在这一过程中，从教学到管理到服务，凡是与学生生活有关的人都会影响到学生的成长。因此，学校的廉政文化教育必须转变模式，变"教书育人"为"全程育人""全方位育人""全员育人"。廉政教育的责任不能仅仅归于上课的教师或者"两课"教师、班主任和辅导员，整个教育系统都应对此承担责任。

所谓"三全育人"（全员育人、全过程育人、全方位育人），是指学校管理

---

[1] 张华：《关于我市开展"廉政文化进校园"工作的实践与思考》，载于《中国科教创新导刊》2013 年第 16 期。

者、教师、服务人员、家长等利益相关者都参与育人，在学校教学、科研、管理、服务和社会实践的各个环节都关注育人，在课堂、第二课堂、网络、社会各个层面都重视育人。因此，"三全育人"是由学校、家庭、学生、社会组成的"四位一体"的育人机制。学校成员主要包括辅导员、班主任、党政管理干部、专业教师、图书馆工作人员、后勤服务人员等；家庭主要是指父母等；社会主要是指校外知名人士、优秀校友等；而学生主要是指学生中的同伴教育等。特别要指出的是，对学生而言，同伴教育往往比老师父母的说教更有效。青少年的身心发展特点使得其更愿意听取年龄相仿、知识背景、兴趣爱好相近的同伴、同学、朋友的意见和建议。面向青少年的廉政文化教育活动要充分利用青少年的趋众倾向，采用其乐于接受的教育方式。如先对有影响力和号召力的优秀学生进行廉政文化的专题培训，使其掌握一定的知识和技巧，然后再由他们向周围的青少年传播廉政文化，甚至向更广泛的范围传播，以达到教育的目的。

育人对象不同，育人形式不同，其方法、手段、评价标准亦不相同。要落实全员育人、全程育人、全方位育人的理念和目标，学校必须努力完善"三全育人"机制。一是要充分树立"三全育人"的理念。学校领导要将育人的理念体现在学校工作部署的各个环节，要让学科教师、思政老师、管理人员、服务人员认识到所在岗位的育人职责，要将教育人、培养人、发展人的理念贯穿到教育、管理和服务工作中，用自己的专业技能、工作态度、敬业精神和服务意识去影响和感染学生，从而实现教书育人、管理育人、服务育人和实践育人。二是要完善学校育人的组织体系。要按照学校部门分工对育人功能进行任务分解，确保最大程度地发挥各个机构的育人功能。教务处、课部（教研室）等教学管理部门要从课堂管理、教学管理、考试管理、学术规范等环节入手，引导学生学术诚信；学工处、团委等思政教育条线则主要培养学生良好的学习生活习惯及正确的人生观、世界观和价值观；后勤集团、保卫处、医院则负责学生的餐饮食宿、安全和医疗等生活方面；党（团）支部、学生会、学生社团主要培养和锻炼学生"自我教育、自我管理和自我服务"能力。三是要健全学校育人的队伍。人才队伍建设是学校提高育人水平和能力的关键，教职员工是学校育人的主体。按照工作的职责分工，可以将育人队伍分为：教师队伍、管理队伍和服务队伍。我们要以教师为主，管理和后勤为辅的立体式全方位培养学生。因此，学校不仅要加强师德师风建设，确保教师在课堂教学、科学研究中治学严谨、以身示范，起到对学生的价值引导和道德感化；而且要加强对管理人员和服务人员的管理，强化业务和素质培训，不断提高他们的政治素质和业务素质，在管理和服务工作中严格遵守职业道德规范，让学生感受到社会正能量。四是要优化学校育人的环境。环境影响人也改变人，什么样的育人氛围，就培养什么样的人。因此，建设独有的校园文化，让这种特色的校园文化被每位学生所内化，使其得到教化，最终促进其自我管理。

（四）紧紧抓住课堂教育这个主渠道

要建立健全"上级统一领导，党政齐抓共管，党委组织协调，纪委监督指导，部门各负其责，依靠群众的支持和参与"的领导体制和工作机制，推动廉政文化进校园，努力形成廉政文化建设整体合力，建立高效务实的领导体系。[①]

青年学生正处于世界观、人生观和价值观形成的关键时期。任何一种文化对他们的影响都是潜移默化的，但这些文化一旦被他们所接受，其影响具有根本性、长期性和广泛性。廉政文化也是如此，廉政文化是文化的一种形式，也是思想政治教育文化载体的一部分，与其他文化载体一样具有形式多样性、对人的影响具有全面性、渗透性等特点，在青年这个关键的人生时期开展廉政文化教育，让青年学生从小了解反腐倡廉的有关知识，有助于帮助青年学生形成"廉洁光荣，腐败可耻"的意识，培养积极健康的理想和道德观念。

抓住教育主渠道，使廉政文化进课堂，充分发挥课堂教学在廉洁教育中的主渠道作用。课堂教学是育人的主渠道，也是对各年级学生进行廉政教育的重要途径。在学科课程中，各校充分挖掘各门课程，特别是语文、历史、政治等学科中蕴含的廉政教育内容，把廉政教育渗透教学的全过程。在活动课程中，选取适宜主题，以研究性学习、主题综合活动、社会实践、社会考察等方式，引导同学们知行合一，在活动中感悟、在感悟中升华。[②]

学校应该充分发挥课堂教育主渠道作用。把廉政教育作为德育工作的重要内容，列入政治课教学。每学期从政治课的课时中安排一定时间集中开展廉政教育。其他各科教学，尤其是文科要充分挖掘教材中有关内容，对学生进行廉政教育。结合正反两面的典型进行讨论，帮助学生理解个人成长应具备的基本素质，理解个人与他人、个人与集体、个人与社会的关系，引领学生感悟人生意义，树立公民道德和法律意识、诚信意识，培养高尚的道德情操。

学校应该根据学生身心发展的规律和特点，以理想信念教育为关键，把廉政教育与思想政治教育、道德品质教育和纪律教育结合起来。重在学习党的十八大以来以习近平同志为核心的党中央治国理政新理念新思想新战略，重点进行中华民族优良传统和中国革命传统教育，诚实守信教育、热爱劳动、艰苦奋斗教育，

---

① 张乐：《关于高校廉政文化路径的思考》，载于《青年时代》2015 年第 11 期。
② 武乃强、高文红、杜国丽：《校园遍开"廉洁花"——天津市河西区开展廉洁教育进校园活动》，载于《中国监察》2006 年第 7 期。

社会公德和基本道德规范教育、遵纪守法教育、理想信念教育、马克思主义人生观、价值观、世界观教育、党和国家方针政策教育等，侧重培养学生"自律、诚信、正直、勤俭、守法"。具体来说即：首先，在课堂教学中充分挖掘学科的文化内涵，将学科文化渗入课堂教学中。例如，在语文教学中融入我国传统文化；在数学教学中渗透数学文化、数学素养；在英语教学中向学生介绍西方文化，使其在西方文化这一大背景下学习语言。其次，在教学中突出对学生的人文关怀，构建平等和谐的师生关系，凸显课堂教学的人本性。提倡教师要在课堂教学中尊重学生的主体地位，在教学中唤起学生的自主意识，引导和发展学生的主动性与自主性，让学生自己主动地探索知识，反思自己的认知活动，自觉评价学习效果。最后，在课堂教学中赋予学科文化内涵和对学生进行人文关怀的基础上渗透学校文化，实现常规课堂与学校文化的相互融合。教学文化课堂既有常规课堂的基本因素，又将学校文化融入其中，将教师独特的教学理念体现在课堂教学中。

为使廉政文化更好地在学校课堂上被学习和内化，学校应该做到：一方面，要把廉政教育与课程开发相结合。廉政教育既要具有地方性特色，又要包含青少年学生喜闻乐见的故事、熟悉的典故，这样才能充分调动学生学习的积极性。在开发校本课程时，也把廉政教育纳入其中；另一方面，把廉政教育与学科教学相结合。课堂上，老师们充分利用《品德与社会》《语文》等学科渗透廉政思想，寓历史人物、历史事件等有关内容于课堂教学之中。《数学》《科学》等学科教学要注重加强学生实事求是、严谨科学的态度培养，在学生纯洁的心灵中播撒廉洁的种子；各所学校要抓住语文、思品等学科特点开展廉政文化进课堂活动，以此为试点带动其他学科进行渗透。要求教师充分运用现有材料，挖掘文本中的教育资源，在学科教学过程中凸显、补充、强化有关教育点，落实"廉政文化"教育，如在品德课中讲述包拯、文天祥、林则徐等中国历史名人的廉政故事，在课堂中渗透爱国主义和廉政教育。要求教师充分利用媒体收集廉政文化材料，倡导教师将其运用到课堂教学中去。在廉政文化进课堂的教育教学实践中，要求各学科教师积极参与，通过学科资源整合，使各科教学成为敬廉崇洁教育的主阵地，学生既学到文化知识，又受到廉政教育；此外，把廉政教育与主题实践活动相结合，活动寓教。例如，组织开展"我把廉政带回家"活动，利用课余时间组织学生走向社会寻访廉政榜样。廉政文化除了通过上述方式进课堂外，还可以通过例如"廉政网络课堂""廉政影视课堂"，利用录像、专家报告、图片展览和聘请法制专家讲座，定期开设以"廉政教育"为主要内容的宣传栏，以班级为单位组织廉政教育主题活动，以校为单位举办廉政文化演讲比赛，举办以廉政文化为主要内容的主题班级黑板报比赛，组织学生向家长写廉政廉洁信等。

总之,将廉政文化融入课堂教学,不断强化思政课堂和课堂思政是进一步加强和改进学校思想政治工作的有效途径。通过课堂教学把廉政文化贯穿其中,不仅有利于丰富各学科课程的教学内容,而且还有利于创新教学模式,有利于青少年提前了解社会,提高其辨别是非的能力,使青少年学生在学习知识、增强能力的过程中自觉加强廉洁的道德修养。①

二、互联网新媒体推进

21世纪,互联网技术改变了人类社会生活的各个方面,也给廉政文化教育带来前所未有的机遇和挑战。2013年8月19日,习近平在全面宣传思想工作会议上发表重要讲话,明确指出"根据形势发展需要,我看要把网上舆论工作作为宣传思想工作的重中之重来抓。宣传思想工作是做人的工作,人在哪儿重点就在哪儿。我国网民有近6亿人,手机网民有4.6亿多人,其中微博用户达到3亿多人。必须正视这个事实,加大力量投入,尽快掌握这个舆论场上的主动权,不能被边缘化了。"2015年12月16日,习近平在第二届世界互联网大会开幕式上发表讲话,强调"互联网是传播人类优秀文化、弘扬正能量的重要载体。"2016年4月19日,习近平在网络安全和信息化工作座谈会上提出要充分发挥互联网的三项新功能:新平台、新途径、新渠道,通过网络走群众路线。

从教育系统廉政文化建设的角度,互联网已经成为推动廉政文化建设的新动力,成为重塑廉政文化传播的新途径,因此,教育系统的廉政文化建设,必须要主动适应网络社会的发展趋势,必须保持应对时代挑战的高度自觉,必须把加快推进廉政文化与网络媒体融合发展作为一项战略任务和紧迫任务。做好廉政文化进网络工作,必须要强化互联网思维,坚持以先进技术为支撑、以内容建设为根本、以机制创新为动力、以重点项目为抓手、以队伍建设为基础,努力增强廉政文化在网络空间的传播力和影响力,巩固宣传思想文化阵地、壮大主流思想舆论。

做好廉政文化进网络工作,需要从思维、平台和反应机制等角度全方位地强化和推进。

第一,要强化互联网思维。教育系统各级领导干部一是要树立网络阵地意识,要将互联网作为廉政文化建设的重要阵地,而不是谈网变色,将互联网视为洪水猛兽;二是要树立廉政文化建设的新理念,争取网络空间话语的主动权,不

---

① 钱耕耘:《廉政文化进课堂初探——以〈中国近现代史纲要〉课程教学为例》,载于《陕西教育(高教)》2014年第7期,第34~35页。

断提高工作影响力；三是要理解互联网"开放""平等"的内涵，互联网上的廉政文化传播，必须以受众为中心，变受众为用户，传播的内容要符合新媒体的特性，提高用户的黏合度。

第二，要以先进技术为支撑。要充分发挥信息技术的作用，通过建设各级各类管理信息系统来实现教育系统的各项业务办理，可以确保制度执行的精细化、权力运行的透明化、管理服务的高效能、工作痕迹的可追溯。在各类管理信息系统建设的系统设计开始，就要增加廉洁性审查环节，确保权力在网络空间的规范运行。如全国中小学生学籍信息管理系统上线运行以后，通过网上办理跨省转学业务，最快不到9小时即办理完成，极大地规范了转学的业务流程，方便了学生家长，节省了学生家长办理转学业务的开支。2015年，上海市开通义务教育入学报名系统，同时发布了17个区县的义务教育阶段入学工作实施意见和小学对口地段表，使得义务教育阶段就近入学的工作更加有序，得到家长广泛好评。

第三，要有效利用教育数据。要充分运用各级教育管理信息系统的业务数据，促进教育事业数据共享和资源整合，建立"用数据说话、用数据决策、用数据管理、用数据创新"的管理机制，实现基于数据的科学决策，推动教育管理理念和教育治理模式进步。如福建省通过应用"全国中小学电子学籍系统"中强化了对本省办免费教材发放的监管，利用核准学籍数据做到免费教科书发放和资金结算精确到人。在教材征订工作上，各县（市、区）教育局依据学籍管理系统中的学生数及当地新华书店提供免费教科书签领单，审核免费教科书收货总量和码洋，审核通过后，采用免费教科书核算系统自动生成并打印免费教科书签收汇总单，有效防控了教材采购中的廉政风险。

第四，要推动信息公开。在依法加强安全保障和隐私保护的前提下，要稳步推动教育系统数据资源开放，加强信息公开，推动社会监管。推动建立各级教育管理部门和各类学校数据资源清单，推动数据集向社会开放，使得社会力量可以有效参与。如近年来频发的学校营养餐腐败案件。2015年5月，中国发展研究基金会受全国营养办委托建立了"阳光校餐网"，通过教师手机"晒校餐"的方式，实时展现"农村义务教育学生营养改善计划"执行情况与效果，方便家长和社会公众随时了解营养餐的采购、配发等现状。技术手段和信息公开相结合，有助于将营养餐置于社会监管之中，有效消除腐败的温床和土壤。

第五，要积极推进传统媒体与新媒体的深度融合。要有效利用新媒体，拓展教育系统廉政文化传播途径。利用新媒体传播，一方面要重视内容建设，做好主题和内容策划、运用鲜活、生动的新媒体语言，做好图片、视频等新媒体主流载体的设计，增加发布频率，适当运用转发维持与同类新媒体的交流互动，保持新媒体的特色和活力；另一方面要关注与用户的交流互动，了解、分析、管理和回馈用户，保持良好沟通，组织适当的线上线下活动，并据此增加用户黏性。积极进行网络话语构建，或是短小精悍的廉政资讯推送，或是言简意赅的廉政风险提醒，或是通俗易懂的廉洁文化传播，或是鞭辟入里的社会时政评论，或是言之有据的文化知识推介，或是深入浅出的廉政理论解读，把纪言廉语融入网言微语，理上网来，越辩越明；精准受众定位，提升传播吸引力，用掌上"微"平台，传播廉政正能量，持之以恒做好廉政文化的继承弘扬、廉政文化的有效传播、廉政文化的培育认同。

第六，要建立健全廉政文化舆情快速反应机制。教育系统廉政文化的网络舆论对教育系统内外的思想观念和价值取向都有着深刻的影响，要做好廉政文化进网络工作，就必须高度重视网络舆情。近年来，教育系统的廉政网络舆情对社会稳定的影响与日俱增，如因教师节当天未收到礼物，黑龙江某高中班主任在课堂上训斥自己班学生整整一堂课的视频在网络上广泛传播，后续当事教师和校长都被处分。不断爆发的网络舆情事件使人们开始认识到网络社会监督起到的巨大作用。同时，网络舆情具有突发性、随意性、多元化等特点，网络舆情突发事件如果处理不当，极有可能诱发民众的不良情绪，引发群众的过激行为，进而对社会稳定构成威胁。

第七，要做好网络舆情工作，提高信息化时代应变处置能力。要对网络舆情尤其是负面舆情及时妥善处置，从而达到有效化解网络舆论危机的目的。一是要制定应急预案，一旦危机发生，要有章可循。二是要培育网络舆论引导力量，及时检测发现网络舆情热点并积极应对。三是要建立信息通报报送机制，发现的网络负面舆情及时向上级有关部门报告，坚决制止在信息传递方面的欺上瞒下和报喜不报忧，要形成与宣传部门的有效沟通机制，要让学校新闻发言人及时了解有关师德、招生等社会关注度高的信访查处情况，规范、及时地进行信息披露，最大限度地满足民众的知情权，提高学校和教育主管部门在危机处理中的公信力。如 2015 年初，湖南大学被曝一次性接受 17 名外校研究生转入该校就读，在网络和微博、微信等新媒体上被社会公众质疑或存在"转学腐败"，舆情不断发酵。1月 30 日，教育部新闻办公室官方微博"微言教育"发布了"教育部对湖南大学违规办理研究生转学相关责任人做出处理"的长微博做出回应，各地教育新媒体都及时转发，让社会公众及时了解事实真相及查处结果。中国教育舆情监测系统显示，2015 年 1 月 26 日～1 月 30 日，"湖南大学转学令撤销"等相关的新闻成为舆情热点。围绕教育类新闻设置的相关舆情，正面信息 36 765 条，负面信息 19 346 条，中性信息 26 322 条。由于教育部及时发布了相关查处情况，使得正舆情远远高于负舆情。

第五节　教育系统廉政文化建设的评估激励机制

评估激励机制的建构是教育系统廉政文化建设的重要一环，从某种程度上说它决定了廉政文化建设的成效。如果说保障机制为廉政文化建设提供强有力的支撑，推进机制为其提供途径和动力，防控机制防患于未然，有力净化廉洁教育生态，那么评估激励机制的建设则是整个系统的成果总结和再次深入推进。因此，评估激励机制的建设是整个教育系统廉政文化建设的有机组成部分，发挥着不可替代的重要作用。我们要制定针对区域、学校的教育廉政文化的评价指标体系和评估办法，实现面向区域教育系统廉政文化建设和学校廉政文化建设的量化评估和社会评测，将相关评估纳入整体考核工作，将检查评估结果作为问责依据，以提升各地区、各学校建设廉政文化的效率、效果和效益。

一、教育系统廉政文化建设评估激励机制的建构

（一）建构教育系统廉政文化评估激励机制的意义

1. 评估激励机制是教育系统廉政文化建设的系统性要求

无论从系统论的角度还是从系统工程学的角度看，对于任何一个系统而言，要素齐备、机制健全是其正常、高效运行的必要条件。教育系统廉政文化建设本身应当是一个要素齐备、机制健全的系统。评估激励机制就是在这一系统中发挥预警功能、免疫功能和助力功能的机制。所谓预警功能，就是通过评估，对教育系统廉政文化建设的系统要素状态和系统运行情况进行诊断，以期及时发现要素效能弱化或缺失以及系统运行的偏离或障碍，及时发出预警信息，促进要素建设，保障运行良好有效。所谓免疫功能，就是通过评估，尤其是通过自我评估，对教育系统廉政文化建设出现的问题，及时予以纠正，增强自身抵抗力，防患于未然。这就好比人体，自身的免疫系统不能缺失，不可失能，这样才能抵御外来病毒的侵害，消除自身潜在的病患。所谓助力功能，就是通过评估，发现和表彰先进人物、部门及其典型事例，及时总结并推广有效做法和成功经验，增强要素功能，优化运行过程，提高廉政文化建设水平，使得评估不仅具有预警和免疫功能，而且具有激励功能。综上所述，评估激励机制既是教育系统廉政文化建设不可或缺的重要组成部分，又是这一系统中以其他要素和整个系统有效运行为对象

的重要机制。

2. 评估激励机制是教育系统廉政文化建设本质特点的要求

教育系统廉政文化建设，在本课题研究中偏向于广义文化的范畴。无论广义文化还是狭义文化，其核心是文化。所谓文化，就是"以文化之"。其中"文"所包括的思想、道德、伦理、法律、礼仪、规则、主流习俗等，都属于上层建筑意识形态以及制度的范畴。因此，教育系统廉政文化建设的本质特点是一种正能量的意识形态建构，是扬善防恶制度的完善、拥护和遵循等上层建筑建构。

教育系统廉政文化建设正能量意识形态的建构，既有反腐倡廉的理论传播、法律法规政策的宣讲、先进典型的宣传等，又有治贪惩腐的案例警示，触及人们的深层心理，涉及人们对正能量意识形态的理解、认同、接受和信奉。扬善防恶的制度建构，既有对廉洁奉公事例和人物的赞许和褒奖（即正激励），又有对违规违纪甚至违法的单位和个人的举报、发现、批评教育和处置，这也触及人们的深层心理，引导人们的好恶和爱憎，筑成人们的心理防线。此外，教育系统廉政文化建设不仅涉及国家公务人员、学校领导干部和教师，而且还需要对广大学生进行廉洁教育。因此，与监察手段更加刚性相比，评估激励机制更适合于属于意识形态和上层建筑的文化建设。

3. 评估激励机制是教育系统廉政文化建设行为特点的要求

教育系统廉政文化建设，在行为上属于集体行为。任何一个领域的任何一个单元的文化建设，至少都是这个单位的群体行为。教育系统廉政文化建设，是教育系统及其中各个单位的集体行为。这种集体行为，在廉政方面有明确的集体目标，有严密的集体组织，有浓郁的集体氛围，有细致的行动计划等。与监察相比，评估激励机制更适合于教育系统廉政文化建设这样的集体行为。根据我国的《监察法》，监察的对象是国家"公职人员和有关人员"（《中华人民共和国监察法》第十五条），对学校主要针对学校的管理人员。而评估激励机制不是针对教育系统的公职人员，也不是针对某些具体的个人，而是以教育系统的单位为对象，以该单位在廉政文化建设方面的集体行为作为对象。

教育系统廉政文化建设，在行为上又属于自律行为。自律行为就是自我约束、自我反思、自我纠正的行为，既可能来源于外部推动，也可能来自于自觉追求。廉政文化建设，无论是上级要求的任务行为，还是迫于外部形势而采取的模仿行为，其行为都是一种以廉政为内容的自律行为。廉政文化建设，就是要培育清正廉洁的价值理念，使清风正气得到弘扬，营造不敢腐、不能腐、不想腐的氛围，促进个体增强廉洁自律意识。评估激励机制，既重视来自上级部门或受委托的第三方进行的外部评估，更强调教育系统内各单位的定期自我评估，将外部推动和集体的自觉追求统一起来，从而达到"以文化之"的境界。

（二）教育系统廉政文化建设评估指标设计的理论建构

1. 评测指标体系的构建的前提

对事物或者任务完成质量的评估要依靠一个合理的标准或指标，因此建立健全廉政文化建设的评测指标体系必不可少。廉政文化评测指标体系的构建是为了能提供一个评估廉政文化建设状况与成效的具体量化和规范化依据，以保证廉政文化建设工作的针对性和实效性。教育系统廉政文化建设的测评是廉政文化建设体系不可或缺的部分，是落实政府及学校责任、改进管理、提高效能的一个有效工具，直接关系着廉政文化建设目标的实现。2005 年中央印发的《建立健全教育、制度、监督并重的惩治和预防腐败体系实施纲要》提出，"建立测评机制，搞好科学分析，使反腐败工作更有预见性。"在党的十七大报告第十二部分"以改革创新精神全面推进党的建设新的伟大工程"中提出要"完善体现科学发展观和正确政绩观要求的干部考核评价体系"。在党的十九大报告第十三部分"坚定不移全面从严治党，不断提高党的执政能力和领导水平"中提出要"坚持严管和厚爱结合、激励和约束并重，完善干部考核评价机制，建立激励机制和容错纠错机制"。2018 年 5 月中共中央办公厅印发了《关于进一步激励广大干部新时代新担当新作为的意见》提出"体现差异化要求，合理设置干部考核指标，改进考核方式方法，增强考核的科学性、针对性、可操作性"。一系列文件规定为我国教育系统廉政文化建设评价体系的建设提供了指引。评估激励系统的建设首先要对廉政文化的特点有深入的认识，才能对症下药，使评估激励机制建设有的放矢，才能通过考评和调适，使廉政文化建设有效推进。

凡事物必有其固有属性，廉政文化是个内涵丰富的概念，而廉政文化建设更是一个系统工程。廉政文化看似比较软、比较虚，但也是可以感知的；廉政文化软中可带硬、虚中可见实，所以也是可以测量的。在廉政文化建设过程中它的源头性、长期性、创新性和示范性特点逐渐显露，这对我们更好更准确地把握其本质，卓有成效地深化廉政文化建设大有裨益。在认识其特性的基础上，结合具体实践，可以极大地提高工作的针对性和目标性。廉政文化的主要特点有：

（1）源头性。教育系统的廉政文化以建设风清气正教育政治生态为目的，是廉政工作在文化建设领域的扩展和延伸，也是社会主义先进文化的重要组成部分。廉政文化建设有助于让相关利益者认识腐败滋生的危害性和预防腐败的重要性，培养固化诚信廉洁的价值观，形成廉洁的行为方式，促使其自觉接受监督，主动参与监督，筑牢拒腐防变的思想道德防线，从根本上铲除腐败滋生的土壤和条件，是从源头上预防和治理腐败的重要途径。

（2）长期性。反腐倡廉是廉政文化建设的应有之义，因此廉政文化建设也有长期性的特点。原因有三：一是廉政价值理念的建立是一个长期的过程，不可能一蹴而就。人生观是个人在长期生活过程中形成的关于人生的总的看法和基本观点，具有长期性和稳固性。二是近年来教育系统反腐工作成果巨大，但腐败的土壤依然存在，由于传统人情社会的积习和人治思想影响，找关系、走后门、讲人情、请客送礼的陋习和"潜规则"依旧存在，体制改革不可能一蹴而就，一些损害国家人民利益的突出问题还没有得到彻底解决。反腐败的斗争没有终点，决不可能"毕其功于一役"。三是群众的监督意识、依法维权意识还有待加强。虽然国家坚持依法治国，法律体系不断建立健全，而且当自己的合法权益受到侵害后，往往因为维权意识淡薄或解决无门而选择忍气吞声。这都需要我们继续加大廉政文化的宣传和建设，常建常新，让廉政文化深入人心，成为文化氛围潜移默化地影响人，化成行为习惯，成为处事准则，最终化成廉洁的行动。

　　（3）创新性。当今世界科技创新是一个国家核心竞争力的关键。在构建创新型国家的实践中，改革创新是各项事业不断进步的源泉之一。除科学技术的革新以外，制度和管理的创新变革也刻不容缓，它可以解放和发展生产力。开拓新内容、拓展新形式必将事半功倍，加快廉政文化建设的步伐，使建设成果最大化。因此我们要合理继承德治传统，同时借鉴国外先进的廉政管理经验和法治观念，加强舆论监督。但是借鉴不是照搬照抄，产生于西方的廉政体制机制有其特定的土壤，不一定适合我国廉政文化建设的具体情况。新加坡用中国传统儒家思想来指导廉政建设，重视道德教育在廉政文化建设中的作用，对于我国是一个启发。因此我们需要站在东方与西方，传统与现代的交汇点上，有选择、有步骤、有计划、有目标地进行内容的开拓和方法的创新。

　　廉政文化要随着社会的发展变化而与时俱进。当今时代，与廉政文化相对而言的腐败文化一直在不断发展变种，如从"公车私用"到"私车公养"，从真金白银受贿到"雅贿"，从购物卡到微信红包，权钱交易变得更具隐蔽性。廉政文化建设的过程在一定程度上就是与腐败文化的动态博弈过程，批判和抵制腐败文化一直是廉政文化建设的核心任务，因此廉政文化的建设要时刻防范腐败文化产生的负面影响，腐败文化有变种，廉政文化就要有新招，必须通过不断深化改革和创新制度，推动反腐倡廉建设的持久深入开展。

　　（4）示范性。廉政文化建设中的正反面案例，都会给其他人、其他部门、其他学校产生强烈的激励或警示作用，这就是廉政文化建设的示范性之所在。古今中外关于廉政的案例不胜枚举，对于今天的创建是一笔巨大的财富。如杨德广先生曾经担任过上海大学、上海师范大学校长。杨校长退休前就以正直朴素、关心师生被称作"平民校长",退休之后将自己的书稿费和讲课费,以及卖掉一套房子所得的 300 万元分别捐赠给自己的三所母校:南京上坊小学、南京九中和华东师范大学,用以帮助部分贫困生、优秀生度过学习和生活中的困难;同时还心系西部贫困学子,联系和带动了很多慈善爱心人士帮助四川、甘肃等地多所中小学贫困学生改善营养午餐和解决学习、生活困难,惠及上千名学生,因此又被称作"慈善校长"。2014 年杨德广老先生还被评为全国离退休干部先进个人,得到了习近平总书记的接见和表彰。

2. 评测指标体系构建的思路

指标体系是评估激励机制方案的主体部分,它的设计和制定是否可行、科学,这直接关系到评估激励机制能否正确、充分发挥其各种应有作用。相对完整的评估指标体系至少包括:指标、内涵、标准、信息采集的技术规定、结果表述方式的规定等。这里重点阐述本课题评估激励指标的设计思路。

(1)评估指标的概念。评估指标(以下简称"指标"),是教育系统廉政文化建设的内容项目或内容在范畴上的综合及分类,也是教育系统各单位履行廉政文化建设的相关法定职责、完成廉政文化建设任务、遵守关于廉政法律法规政策、达成本单位廉政文化建设目标等在范畴上的综合与分类。指标的设计不仅与人们认识廉政文化建设的职责、任务、规范及目标等范畴的逻辑性有关,而且与人们认识教育系统尤其学校廉政文化建设的特殊性有关,还与人们认识教育系统廉政文化建设的条件、过程与结果等诸方面相互关系的方法论有关。

(2)评估指标设计的基本原则。第一,指标的一致性原则。它是指指标必须与党和国家以各种形式所规定的廉政、廉政文化以及教育系统各单位尤其学校的相应职责、任务、规范及目标等在范畴上保持一致。此原则还要求各项指标之间必须保持一致,避免它们之间在思想性、方向性等方面的冲突或矛盾。

第二,指标的相互独立性原则。它是指在同一层级的指标中,各项指标在逻辑上互不包含、互不交叉。这一原则具有以下意义:一是它有利于人们清晰而准确地理解每一指标的特定含义,避免在理解指标过程中产生认识上的困惑,从而有利于在评估实践中实现评估信息的合理分类、实行清晰而明确的分工。二是它有利于实现指标的简约性,因为在同一层级的指标中,可将被包含的指标略去,简化指标并合理地减少指标数量,减少重复劳动。三是它有利于针对每一指标制定做出独立的评价,如果是定量评价,它还有利于避免重复赋值和重复计分。

第三,指标的相互平行性原则。它是指在同一层级的指标中,各指标必须在逻辑上属于同一层次。所谓在逻辑上属于同一层次,这在技术上表现为两个方面：一是它们要么都是种概念（如同一级指标），要么都属于二级或三级等属概念（如同二级或三级指标等）；二是它们都是依据于同一的范畴划分标准，因而它们在逻辑上是平行的。

第四，指标的有效性原则。此原则要求在指标设计中突出重点，简化指标数量。结合前述廉政文化的相关特点，课题组认为廉政文化建设评测指标体系的构建要以实现如下三个目标为思路：一是要能准确地反映出当下教育系统廉政文化建设的实际进程。对廉政文化建设进程的客观准确描述是进行测评的基础，文化的建设是一个潜移默化的过程，当下的真实进程能使我们在制定推进措施时心中有数，增强廉政文化建设的针对性和实效性，因此，探索建立的评测体系应当是一个内容全面、标准明确、方法科学、易于操作的体系。二是要能客观评估成效，以评促改。评测体系不仅要反映出当下的客观进程，还应当揭露问题，定量评估和定性分析各项廉政文化建设措施是否达到预期效果，从而便于我们把握制度建设的工作走向，针对评测中的薄弱点和关键点，采取更有力的措施促进落实。各单位也能借助各项指标，对照检查存在的不足，明确改进方向，提高廉政文化建设的执行成效。三是要指标的选取尽量的量化可操作。既注重直接效应指标也注重间接效应指标，既考虑长期效应指标也考虑短期效应指标，文化和教育方面的投入具有回收期长、见效慢等特点，要考虑到长效机制的建设，评测的指标应当有所侧重，对于能够量化的应当尽量明确量化。对于一些主观性比较强，难以量化的指标，可以通过外部的评价或群众的美誉度来做考量。

3. 评估指标设计中的重点和难点阐释

在指标设计中，需要认识和处理"指标与目标"的相互关系以及处理"条件与结果""一般性与特殊性""基础性与发展性""统一性与差异性""静态与动态""系统性与离散性""必然性与偶然性"等矛盾。本书侧重讨论其中的重点和难点问题。

（1）在指标设计中如何认识及处理"指标与目标"的相互关系。目前已有的众多关于教育评价的论著，都主张"指标是目标的分解"的观点。本节在前面界定了指标的含义。而对"目标"的定义，多种学科的解释都趋同于下列观点，即：目标是人们的一种期望状态。那么，如果说指标是目标的分解，这就必然推演出"指标是对人们期望状态的分解"的结论。显然，此结论是难以成立的。因为在通常情况下，目标作为期望状态，是人们期望在某些方面期待达到的标准。如果"期望状态"是一个或一组标准，此结论就是将指标与标准相混淆；如果"期望状态"不是一个或一组标准，而是一个或一组范畴及标准，那范畴就不是期望状态，也就难以成为目标了。由此可见，"指标是目标的分解"的观点是不成立的。为了避免在指标设计中出现范畴和标准混列的情况，本课题组在指标设计中正确界定了指标与目标的关系：指标是目标在范畴上的分解，人们对某些方面的期望状态，是指标的标准。

（2）在指标设计中如何认识及处理"一般性与特殊性"的相互关系。各地区各学校的廉政文化建设工作都有其共性即一般性，它主要表现在：第一，关于廉政法律、法规对各地区和学校的普遍适用性。党和国家关于廉政及廉政文化建设的法律、法规和政策是对各地区和学校的共同要求，是各地区和学校都必须共同遵守和执行的。第二，廉政及廉政文化建设对各学校在主要任务和活动上的一致性。第三，廉政及廉政文化建设在基本规律上的一致性。任何地区任何学校的廉政及廉政文化建设，都有其共同的基本规律，使得各自的廉政及廉政文化建设具有较大程度的相似性。因此，本课题组关于廉政文化建设的评估指标必须首先反映相应范围内有关对象的廉政文化建设工作的一般性，必须对相应范围内的有关对象具有普遍的适用性。也就是说，指标应当具有"标准化"的特点。

此外，各地各学校的廉政及廉政文化建设工作又有其特殊性，它主要表现在：第一，廉政文化建设是以人为主体的，而人具有主动性和创造性。国家鼓励各地各学校从实际出发，在依法加强廉政文化建设的同时，创造各自廉政文化建设的特色。第二，当社会在不断变化、进步时，尤其当教育法律、法规尚未及时反映经济、社会和教育的变化与改革时，廉政文化建设需要与时俱进，不断创新。因此，评估指标还必须鼓励和反映各地各学校的廉政文化建设的特色。

（3）在指标设计中如何认识与处理"必然性和偶然性"的相互关系。在廉政及廉政文化建设中，主观努力与结果之间有许多必然性。当各地各学校努力加强廉政文化建设，营造良好的廉政文化环境，其效果就必然能够提升本单位成员的廉政意识，促进本单位的廉政行为，培养学生对廉政的认知，增强学生对廉政的理解。反之，则必然造成廉政文化环境污浊，成员的廉政意识淡漠，贪腐现象丛生，还会造成对学生的精神污染。

与此同时，也必须认识到，在廉政文化建设中，主观努力与结果之间也有一定的偶然性。在一些学校，学校领导、教师和学生的整体努力，也可能因为个别领导或教师的各种原因，而在学校廉政工作中出现纰漏甚至是更严重的问题。这些都是因为教育及其管理的主体是活生生的人，再完善的制度和管理也难以完全杜绝偶然的失误或错误。

正因为如此，评估指标应着重于必然性，避免将偶然性现象当成必然性现象，并以此否定有关对象的整体努力。在廉政及廉政文化建设评估实践中，慎用

"一票否决制"。

（4）在指标设计中如何认识与处理"过程与成果"之间的相互关系。辩证唯物主义时空观认为，时间与空间是事物运动的存在形式。任何事物运动的存在，总是同时处于一定的时间和空间中。现实的事物运动与时间和空间不可分割。事物的运动过程与它在时间的某一点上的空间状态，是一个事物的两个方面。人们在时间的某一点上研究某个事物，是对事物的静态分析，它可以使人们把握事物在一定的时间与空间中的状态；人们从一段时间的连续上研究事物，是对事物的动态分析，它可以使人们了解一定状态的形成与变化过程。这二者是认识某一事物的两种方法。人们在认识某一事物时，只有将这两种方法结合起来，才能真正地把握事物的全部。

廉政文化建设的成果，是学校工作在时间的某一点上达到的空间状态。评估廉政文化建设的成果，就是按照一定的指标、运用一定的方法测量对象在时间的某一点上所达到的空间状态，然后进行价值判断。评估其廉政文化建设的工作过程，就是对空间变化过程中学校的主观努力程度、性质和经验进行分析和价值判断。

显然，如果仅仅是评估对象的工作过程，那只能了解学校廉政文化建设的发展过程，而不能把握其结果即空间状态；如果仅仅是评估对象的工作结果，那也只能把握一定时间点上的结果即空间状态，而不能了解其形成过程。因此，对学校廉政文化建设工作的评估，必须将"管理过程与结果"结合起来，不应当片面强调某一方面。

（5）在指标设计中如何认识及处理"条件与结果"的相互关系。我国幅员辽阔，由于各种原因，各地之间、城乡之间的办学条件差异很大。即使在同一地区，各学校办学条件之间也存在一定的甚至是较大的差异。办学条件的差异在不同程度上影响着廉政文化建设的投入和条件保障，从而有可能影响廉政文化建设的过程及其结果。如果在评估工作中不能正确认识和处理办学条件的差异，那么就不能客观、公正地认识和评估廉政文化建设的结果。倘若如此，评估工作就不能充分发挥其激励和约束的功能。因此，可以通过以下方式来解决上述矛盾：一是侧重评估廉政文化建设条件保障的工作过程和努力程度；二是在指标同一的同时根据客观条件的差异采用不同的评估标准。

（三）教育系统廉政文化建设评估指标设计的主要方法

本课题组认为，教育系统廉政文化建设既包括教育行政机关，又包括各级各类学校（主要指公办学校）。教育行政机关廉政工作与廉政文化建设，更多地反映国家机关公职人员廉政要求，属于国家机关廉政监察的范围，反映国家机关廉政文化建设的特点。根据国家监察法，各级各类学校领导属于国家监察的对象。各级各类学校是国家实施教育系统廉政文化建设的主要机构和场所，根据前面的研究对各级各类学校的廉政文化建设，更适合于采用评估激励机制。因此，本课题组所设计的评估指标，主要以学校为对象。

如前文所述，教育系统廉政文化建设评估指标是国家就廉政及廉政文化建设所规定的与学校相关的职责、任务、规范及目标等在范畴上的综合与分类。本课题组就是依此分解范畴、设计指标。

一是从平行的维度对评估指标进行分解，找出在逻辑上相互平行的范畴。本课题组首先在一级指标设计中，找出在逻辑上相互平行的范畴，确定了廉政文化环境建设、廉政文化体制建设、廉政行为文化建设、廉政制度文化建设、廉政文化活动和特色工作六个一级指标。接着，依次在二级指标中分别找出并确定在逻辑上相互平行的指标。在二级指标下，没有设立三级指标，而是根据逻辑平行原则制定了测评内容。这样可以避免指标设计中的逻辑混乱，从而才能保证在使用中避免理解的混乱和信息数据归类的混乱。

二是从"从属"的维度进行分解，找出某一范畴在逻辑上的次范畴，并适当依次分解。本课题组在确定了六个一级指标的基础上，又分别对每个一级指标的从属指标进行分解，并依据简约原则和重点原则确认了一级指标下的二级指标，以及二级指标下的测评内容。

三是进行要素筛选。课题组先尽可能地列出所有的平行范畴，然后根据"指标的简约性原则"，运用"双向二维筛选法"技术对诸多平行的范畴进行要素分析，删除次要的范畴，保留对廉政文化建设具有关键作用的重要范畴。其具体技术之一就是在本节"指标的简约性原则"中已介绍的"双向二维筛选法"。

四是采用"专家咨询法"和"受访者咨询法"相结合的技术对指标进行筛选与确认。即课题组聘请校内外专家对课题组初步设计的指标进行咨询，根据专家组较为集中的意见对指标进行完善；同时，邀约一些学校，请他们从受访者的角度对指标（建议稿）提出意见和建议。

（四）教育系统廉政文化建设评估指标的内容解析

在上述研究工作的基础上，本课题组根据党和国家关于廉政文化建设的要求，研制的教育系统廉政文化建设测评指标体系主要从廉政文化环境建设、廉政文化体制建设、廉政行为文化建设、廉政制度文化建设、廉政文化活动和特色工作六个维度展开，围绕这六个部分进行评测指标的建设和监管评估（见表6－1）。

表6-1　　　学校廉政文化建设指标评测体系（征求意见稿）

一级指标	二级指标	测评内容	得分
一、学校廉政文化环境建设（共计20分，每项二级指标的满分为5分；下同）	廉政文化基础设施建设	学校为广大教职工、学生参与廉政文化建设提供场所，如教职工培训中心、学生活动中心、教职工文化体育场所、图书馆、校史馆等文化设施，设施完善、使用便利；学校有学校先贤、楷模的纪念设施；学校能充分挖掘利用社会廉政文化教育资源	
	廉政文化载体建设	学校通过多渠道、多形式载体进行廉政文化教育和传播，如借助内部报刊、广播、电视、宣传栏和教育网站、微博、微信等新媒体平台	
	廉政文化教辅资料建设	学校为教职工、学生提供及时更新的廉政文化学习材料，如廉政文化教育教材和课外读物等	
	廉政文化育人氛围建设	学校廉政文化育人氛围浓厚，注重师德师风、廉洁诚信的教育宣传，注重中国特色社会主义理论、社会主义核心价值体系等理论学习和弘扬；在学校教学、科研、管理、服务等各个层面实行全员育人、全过程育人、全方位育人	
二、学校廉政文化体制建设（共计20分）	廉政文化领导体制	建立廉政文化的领导体制和工作机制	
	廉政文化建设责任	领导层对学校党风廉政建设目标明确，措施有力，切实履行主体责任和一岗双责；将廉政文化建设列入学校重要议事日程，纳入学校发展总体规划，融入学校各项工作。与学校中心工作一起部署、一起落实、一起检查、一起考核	
	廉政文化建设投入	学校对廉政文化建设有常态的经费投入；落实专门机构、人员协调廉政文化建设	
	廉政文化建设监督	学校对廉政文化建设有内部检查评估激励机制，纳入干部考核和学校绩效评估体系；学校党委和纪委加强对基层的监督检查，纪检部门严格监督执纪问责，学校没有发生严重违纪违法案件	

续表

一级指标	二级指标	测评内容	得分
三、学校廉政行为文化建设（共计20分）	管理者的廉洁从政行为	管理者对学校廉政目标明确，严格抓教学、科研和其他行政管理中的反腐倡廉工作中无滥用权力、以权谋私的现象发生；办事公开公正，决策民主；贯彻落实中央八项规定精神，严控三公经费，工作生活作风良好	
	教师的廉洁从教行为	教师有高尚的道德情操和崇尚廉洁的思想观念；对教育工作有责任心和责任感，拥有正确的教学观、服务观和敬业观，对廉政规范重要性的认识程度高，遵守师德规范；教师廉洁执教、公正执教、严谨治学；严谨科研，无学术不端现象	
	学生的廉洁修身行为	学生有正确的道德观、人生观、价值观和荣辱观和社会责任感，廉洁的态度和个人价值取向；具有辨识腐败现象本质、根源与危害的能力；正直诚信，持严格遵守校规校纪的态度；无考试舞弊、学术不端行为；无送礼等不良行为	
	服务人员的廉洁从业行为	服务人员敬岗爱业、尊敬教师、爱护学生、无蝇贪等行为	
四、学校廉政制度文化建设（共计20分）	民主决策	贯彻落实党委领导下的校长负责制和中小学校长负责制，坚持民主集中制，严格执行"三重一大"决策制度，建立健全决策权、执行权、监督权既相互制约又相互协调的权力结构和运行机制，防止决策失误和行为失范；决策程序规范、档案完备	
	制度体系	建设以学校章程为核心的现代学校制度体系；以"三重一大"和惩防体系制度为主干，实现人事管理、财务管理、基础设施建设、物资采购、招生、招投标等领域的制度全覆盖	
	信息公开	采取切实措施进一步推进党务公开、校务公开，提高公开实效	
	廉政风险预警防控	开展廉政风险预警防控机制建设，横到边、纵到底、全覆盖；通过管理信息系统及优化管理流程等，提高制度执行力	

续表

一级指标	二级指标	测评内容	得分
五、学校廉政文化活动建设（共计10分）	廉政文化活动	廉政教育内容丰富，包含反腐倡廉教育、师德教育、学生廉洁诚信教育、中国传统文化教育等；廉政教育经常化，教育方式灵活多样性；能深度挖掘校史、校友中的廉政文化资源开展特色活动	
	廉政文化研究	积极开展廉政文化理论研究活动；探索廉政学科建设；建设廉政文化学生社团；开展廉政文化志愿服务	
六、特色（共计10分）	获得相关荣誉称号	两年内获得文明单位等荣誉称号	
	其他廉政特色工作	编制廉政文化建设校本教材、形成廉洁教育品牌、荣获廉政文化教育基地、廉政文化建设示范点等	

说明：第一，测评总分100分。测评得分90分及以上为优秀；80分及以上为良好；60分及以上为合格。第二，适用一票否决的情形（直接判定为不合格）：一是学校主要领导或领导班子成员受到党纪政纪重处分或法律责任追究的；二是学校党委、纪委履行主体责任和监督责任不力受到上级问责的；三是学校发生群体性腐败事件造成重大影响的。

1. 廉政环境文化建设

廉政环境文化建设包含廉政文化基础设施建设、载体建设、教辅资料建设、育人氛围建设四个二级指标，主要评测学校对廉政文化建设提供的软硬件环境支持。主要可以从以下方面作为观测点：学校为广大教职工、学生参与廉洁文化建设提供场所，如教职工培训中心、学生活动中心、教职工文化体育场所、图书馆、校史馆等文化设施，设施完善、使用便利；学校有学校先贤、楷模的纪念设施；学校能充分挖掘利用社会廉政文化教育资源；学校通过多渠道、多形式载体进行廉政文化教育和传播，如借助内部报刊、广播、电视、宣传栏和教育网站、微博、微信等新媒体平台；学校为教职工、学生提供充足的廉政文化学习材料，如廉洁文化教育教材、课外读物、音像制品和网络资源等；学校廉政文化育人氛围浓厚，注重师德师风、廉洁诚信的教育宣传，注重中国特色社会主义理论、社会主义核心价值体系等理论学习和弘扬；在学校教学、科研、管理、服务等各个层面实行全员育人、全过程育人、全方位育人。

2. 廉政文化体制建设

廉政文化体制建设包含廉政文化领导体制、建设责任、建设投入、建设监督四个二级指标，主要评测学校对廉政文化建设的体制机制、责任体系构建、经费人员保障、监督执纪问责等。主要可以从以下方面进行测评：建立廉政文化建设的领导体制和工作机制；坚持社会主义办学方向，落实"两学一做"学习教育；落实党建责任制、意识形态工作责任制、党风廉政建设责任制，党委中心组定期组织学习，领导干部经常讲党课；领导层对学校党风廉政建设目标明确，措施有力，切实履行主体责任和一岗双责；将廉政文化建设列入学校重要议事日程，纳入学校发展总体规划，融入学校各项工作，与学校中心工作一起部署、一起落实、一起检查、一起考核；学校对廉政文化建设有常态的经费投入；落实专门机构、人员协调廉政文化建设；学校对廉政文化建设有内部检查评估激励机制，纳入干部考核和学校绩效评估体系；学校党委和纪委加强对基层的监督检查，践行"四种形态"，严格监督执纪问责；认真进行巡视整改工作；学校"四风"问题明显好转；学校没有发生严重违纪违法案件和教育乱收费等行风问题。为了突出自查自纠的必要性，担当尽责的重要性，特别规定对由学校党委、纪委主动发现并处理的违纪违规案件不做扣分处理，只要学校党委和纪委对于问题线索的处理及时、问责规范，不影响其得分情况。

3. 廉政行为文化建设

廉政行为文化建设包含管理者的廉洁从政行为、教师的廉洁从教行为、学生的廉洁修身行为、服务人员的廉洁从业行为四个二级指标，以忠诚敬业、廉洁从政为基本要求，加强干部思想作风建设。以为人师表、廉洁从教为基本要求，加强教师师德师风建设。以全员育人、廉洁从业为基本要求，加强职工职业道德建设。以诚信守法、廉洁修身为基本要求，加强学生思想道德建设。主要评测学校干部师生员工在工作、学习和生活中的各种行为表现及其背后的价值理念。主要可以从以下方面进行测评：管理者对学校廉政目标明确，无滥用权力、以权谋私的现象发生。办事公开公正，决策民主。贯彻落实中央八项规定精神，严控三公经费，工作生活作风良好；教师有高尚的道德情操和崇尚廉洁的思想观念，对教育工作有责任心和责任感，拥有正确的教学观、服务观和敬业观，对廉政规范重要性的认识程度高。教师廉洁执教、公正执教、严谨治学。严谨科研，无学术不端现象出现，或个别情况及时得到处理，消除了影响。没有违反师德规范，或个别情况及时进行了处理；学生有正确的道德观、人生观、价值观、荣辱观和社会责任感，廉洁的态度和个人价值取向。具有辨识腐败现象本质、根源与危害的能力。正直诚信，持严格遵守校规校纪的态度，无考试舞弊、学术不端行为，或个别情况及时得到处理。无送礼等不良行为。服务人员敬岗爱业、尊敬教师、爱护学生、无蝇贪等行为。

4. 廉政制度文化建设

廉政制度文化建设包含民主决策、制度体系、信息公开和预警防控机制建设四个二级指标，主要评测学校为维持其正常的教学生活秩序而制定的各种规章制度及其执行监督情况。主要可以从以下方面进行测评：贯彻落实党委领导下的校长负责制和中小学校长负责制，坚持民主集中制，制定会议制度或议事规则。严格执行"三重一大"决策制度，建立健全决策权、执行权、监督权既相互制约又相互协调的权力结构和运行机制，防止决策失误和行为失范。决策程序规范、档案完备；建设以学校章程为核心的现代学校制度体系，以"三重一大"和惩防体系制度为主干，实现干部人事管理、财务管理、基础设施建设、物资采购、招生、招投标等领域的内部控制基础性制度全覆盖；采取切实措施进一步推进党务公开、校务公开，提高公开实效；开展廉政风险预警防控机制建设，横到边、纵到底、全覆盖；通过管理信息系统及优化管理流程等，确保制度得以执行。

5. 廉政文化活动建设

廉政文化活动建设包含廉政文化活动和廉政文化研究两个二级指标，主要评测学校开展各类廉政文化活动和廉政文化研究的情况，促进教师和学生共同成长。其中廉政文化研究的指标主要面向高校。主要可以从以下方面进行测评：廉政教育内容丰富，包含反腐倡廉教育、师德教育、学生廉洁诚信教育、中国传统文化教育、法治教育等；廉政教育经常化，教育方式灵活多样性；能深度挖掘校史、校友中的廉政文化资源开展特色活动；积极开展廉政文化研究活动；探索廉政学科建设；建设廉政文化学生社团；开展廉政文化志愿服务。

6. 廉政特色工作

考虑到地区差异和学校特色，评测指标单列了特色工作作为附加的评价维度，来评测上述五个维度未能涵盖的学校特色工作。主要可以从以下方面进行测评：两年内获得省级及以上文明单位等荣誉称号；荣获省级及以上廉政文化教育基地、廉政文化建设示范点；编制廉政文化建设校本教材；形成有区域影响力廉洁教育品牌；廉政文化作品获省级及以上奖项等。对高校来说其马克思主义学科建设和马克思主义学院建设应该作为重要的激励选项。

以上评测指标体系，在具体的使用中，要根据区域整体廉政文化建设水平情况，进行适当的调整。可以采用德尔菲法等，邀请被测评区域内相关专家共同修订确认。此外，廉政文化建设的最终目的是提升群众对教育系统廉洁程度的满意度，提升教育系统的公共服务水平，因此，群众对廉政文化建设的满意度作为最直观显性的指标，也可纳入评测指标体系。

7. 一票否决或不能评优的情形

廉政文化测评指标还应当注重对责任的追究，特别是《中国共产党问责条例》出台之后，对于学校党委落实主体责任和纪委落实监督责任不力的，要追究主体责任、监督责任和领导责任，所以对于学校主要领导或领导班子成员受到党纪政纪重处分或法律责任追究的和发生群体性腐败事件造成重大影响的，甚至巡视整改不力，被上级党委和纪委追究问责的，实行一票否决，直接判为不合格，形成震慑。同时，对社会非常关注的问题，诸如招生入学、转学等问题，一些违反规定教育乱收费等行风问题造成严重不良影响的，也应当取消其评优的资格。

（五）教育系统廉政文化建设测评的实施

课题组认为，建立测评制度并认真组织实施测评，这样才能确保实现教育系统廉政文化建设评估激励机制的上述重要功能。监察制度聚焦于发现、核实和惩处法定对象的职务犯罪行为，廉政文化建设测评制度的侧重点在于弘扬、褒奖正气，形成廉政自觉，预防职务犯罪。反腐倡廉，以预防为主。因此，国家教育主管机关应当在国家监察委员会的领导下，在全国教育系统内建立并实施廉政文化建设测评制度。

测评制度应主要包括测评实施主体、测评实施程序、测评结果处理和激励办法等。

1. 测评实施主体

测评制度应规定，测评实施主体至少应有学校自身和政府（教育行政机关）。

对作为实施主体之一的学校而言，测评制度须明确学校应当使用由教育行政机关发布的教育系统廉政文化建设评估指标体系进行整体自我测评，这样可以用指标体系引导学校更好地把握国家对廉政文化建设的要求，促进学校自我诊断、自查问题、自主纠错，加强廉政文化建设，形成廉政文化自觉。

对作为实施主体之一的教育行政机关而言，测评制度须明确规定教育行政机关应当以教育系统廉政文化建设评估指标体系为依据，对学校廉政文化建设进行周期性测评和不定期的专项测评。教育行政机关对学校廉政文化建设的测评，应与国家监察委员会、国家教育督导委员会对学校工作的监督、指导有机结合，这样既形成对学校廉政文化建设的外部驱动，又可以减轻和控制学校接受测评的工作负担。教育行政机关可以通过购买服务，委托有资质的第三方对学校进行测评。

2. 测评实施程序（工作要求）

合法合规、简洁高效的测评实施程序十分重要，是充分发挥评估激励机制功效的关键。测评制度应就实施程序分别对学校自主测评和教育行政机关对学校的测评做出规定。

第一，学校自主测评的实施程序。在学校自主测评工作要求上：一是要坚持党委或党支部的统一领导，加强组织领导、思想领导和过程领导，明确责任，安排分工，规定日程，规范操作；二是要重视进行思想动员，组织全体干部和教师职工对评估指标和测评内容的学习、理解和把握，明确信息数据要求；三是要明确学校职能部门、教育教学组织、党群工青妇等组织、教师个体等参与测评的路径、主要指标模块、测评操作要求等；四是要依法加强大数据建设，依法实行信息公开。要在日常工作中加强大数据建设，将廉政反腐纳入大数据中，按照国家关于信息数据管理的规范，对所有有关人员依法实行学校信息公开，为测评提供充分的信息数据。这也可以极大地节省测评时间，避免测评工作影响学校日常教育教学工作，减轻职能部门和教师的工作负担。同时，依法加强信息数据安全，避免信息数据流失和舆情误导；五是要依法坚持社会参与，通过合法合规的平台，听取学生家长的意见和建议，保障学生家长的知情权、参与权、评议权、建议权和监督权。这样，也有利于促进教师廉洁自律，引导学生了解廉政文化，逐步形成廉洁意识；六是充分开发智能技术，节约测评成本，提高效率。应要求学校在测评中，尽可能利用学校网络平台，实行网上测评。

此外，在学校自主测评工作环节上，应明确规定动员和学习环节、对照指标和测评内容实施评自查议环节、部门和学校层面自评报告形成环节、部门和学校层面自评报告公示环节、自评报告接受质询环节、自评报告通过环节。

第二，教育行政机关对学校实施测评的程序。应按照国务院教育督导委员会关于学校督导的规程实行。

3. 测评结果处理和激励办法

测评制度还须规定：第一，学校自主测评报告，应报送本级教育行政机关、教育督导机构备案；应在经本级教育行政机关、教育督导机构同意后向社会公布，接受社会监督。第二，教育行政机关对学校实施测评的报告，应在经机关党委（组）批准后向社会公布；根据测评结果（含必要的满意度调查结果）对廉政文化建设成效显著的学校实行奖励的办法，以及对问题较为突出的学校的处理办法。

二、教育系统廉政文化建设评估激励方案的测试

为了检验评估激励机制方案的实用性，课题组在全国范围内选择了部分中小学和高校进行自主测评（因为教育行政机关对学校测评，即使是试验性的，也需要正式的行政程序，所以选择了自愿参与的学校进行试验性测评）。

（一）学校廉政文化建设测评的试验对象

与本课题组对廉政建设现状调查所采用的多阶段配额抽样方法不同，检测试验对象的选择先是采用了整群抽样方法，即将除港澳台地区、新疆生产建设兵团

以外全国的 30 个省（自治区、直辖市）设为相互独立的群，其次对 30 个省级区域内的学校分中小学和高校两个组别进行系统抽样，即在两个组别中以自愿为原则对试点学校进行自主测评试验。在 30 个省级行政区域中，总计有 197 所中小学和 123 所高校，合计 330 所学校参与了自主测评试验并接受了课题组的问卷调查，普教系统和高校的样本比例合理。因为依据的是自愿原则，所以各省级行政区域抽样学校数并不一致。

（二）学校廉政文化建设试测的数据分析

课题组用研制的"学校廉政文化建设测评指标体系"在部分中小学及高校中进行了测试并做了问卷调研，总计回收问卷 330 份，其中有效问卷 318 份，包括中小学（N=195）、高校（N=123）两类样本。测评满分总分应为 100 分[1]，样本平均得分 83.5，最低分 52，最高分 100，标准差 9.14，中位数 84.5（见表 6-2、图 6-1）。

通过对样本进行分类分区域分析，结果如下。

表 6-2　　　　"学校廉政文化建设指标评测体系"调查各指标得分情况

类型	统计量	学校廉政文化环境建设得分（满分20）	学校廉政文化体制建设得分（满分20）	学校廉政行为文化建设得分（满分20）	学校廉政制度文化建设得分（满分20）	学校廉政文化活动建设得分（满分10）	特殊得分（满分10）	测评总得分（满分100）
高校 N=123	平均分	16.0	16.4	16.2	16.6	7.7	7.4	80.2
	标准差	2.5	2.5	2.0	2.3	1.4	2.1	9.8
	最低分	4.5	6.0	10.0	9.0	3.0	0.0	52.0
	最高分	20.0	20.0	20.0	20.0	10.0	10.0	99.0
中小学 N=195	平均分	16.9	17.5	17.9	18.0	8.3	7.1	85.6
	标准差	2.3	2.2	1.6	1.8	1.2	2.8	8.1
	最低分	9.0	3.5	13.0	12.0	3.5	0.0	59.0
	最高分	20.0	20.0	20.0	20.0	10.0	10.0	100.0

---

[1]　为便于受访者自评打分，在"表 6-1　学校廉政文化建设指标评测体系（征求意见稿）"中的 20 项指标每项计为 10 分，即总分为 200 分；但是，在最后的统计分析时，出于习惯性的理解，各项指标得分除以 2 后最终折合成 100 分。

续表

类型	统计量	学校廉政文化环境建设得分（满分20）	学校廉政文化体制建设得分（满分20）	学校廉政行为文化建设得分（满分20）	学校廉政制度文化建设得分（满分20）	学校廉政文化活动建设得分（满分10）	特殊得分（满分10）	测评总得分（满分100）
总体 N=318	平均分	16.6	17.1	17.2	17.4	8.0	7.2	83.5
	标准差	2.4	2.4	1.9	2.1	1.3	2.6	9.1
	最低分	4.5	3.5	10.0	9.0	3.0	0.0	52.0
	最高分	20.0	20.0	20.0	20.0	10.0	10.0	100.0

资料来源：学校廉政文化建设指标评测体系调查（2016）数据库。

注：N = 有效问卷。

比较中小学与高校两组数据（见图6-1），我们不难发现，在各一级指标（除了"特殊得分"这一级指标）和总分（高校总分标准差为9.8，中小学标准差为8.1）上，高校组的标准差都明显高于中小学组，说明高校样本的数值和其平均值之间差异较大，亦即该指标体系对高校区分度更好，在该种意义上，课题组认为本指标体系试验版更加适用于高校，也提出需要针对中小学的适用性进行完善。

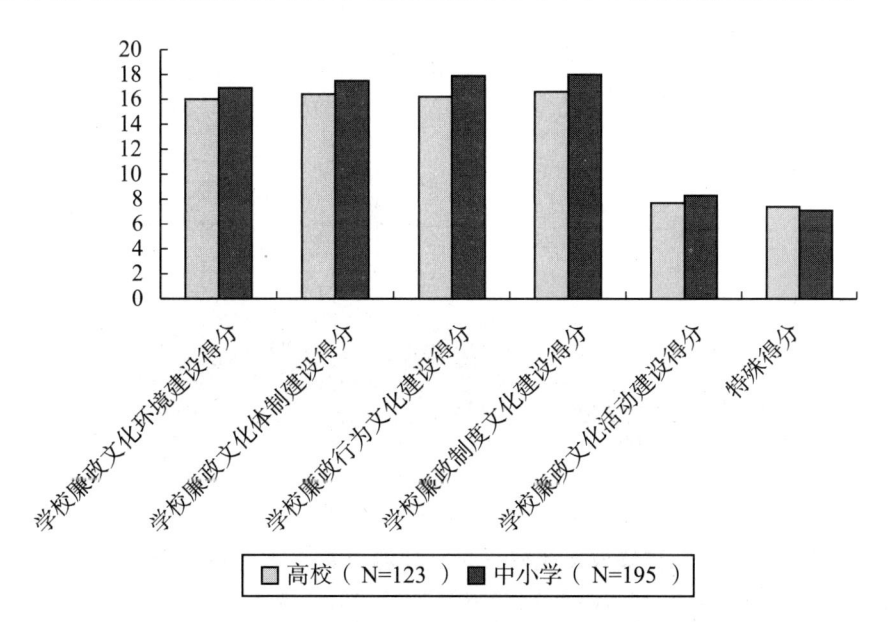

图6-1 不同类型学校"学校廉政文化建设指标评测体系"调查各指标得分情况

资料来源：学校廉政文化建设指标评测体系调查（2016）数据库。

注：N = 有效问卷。

经过问卷调研，对测评体系的评分最多集中在 70~98 分的区间，有 93.7% 的受访者分数都居于此区间，得分 80 分以上的受访者有 66.4%，属于良好范畴。（见图 6-2）说明目前教育系统的廉政文化建设取得了一定成效，总体水平良好。

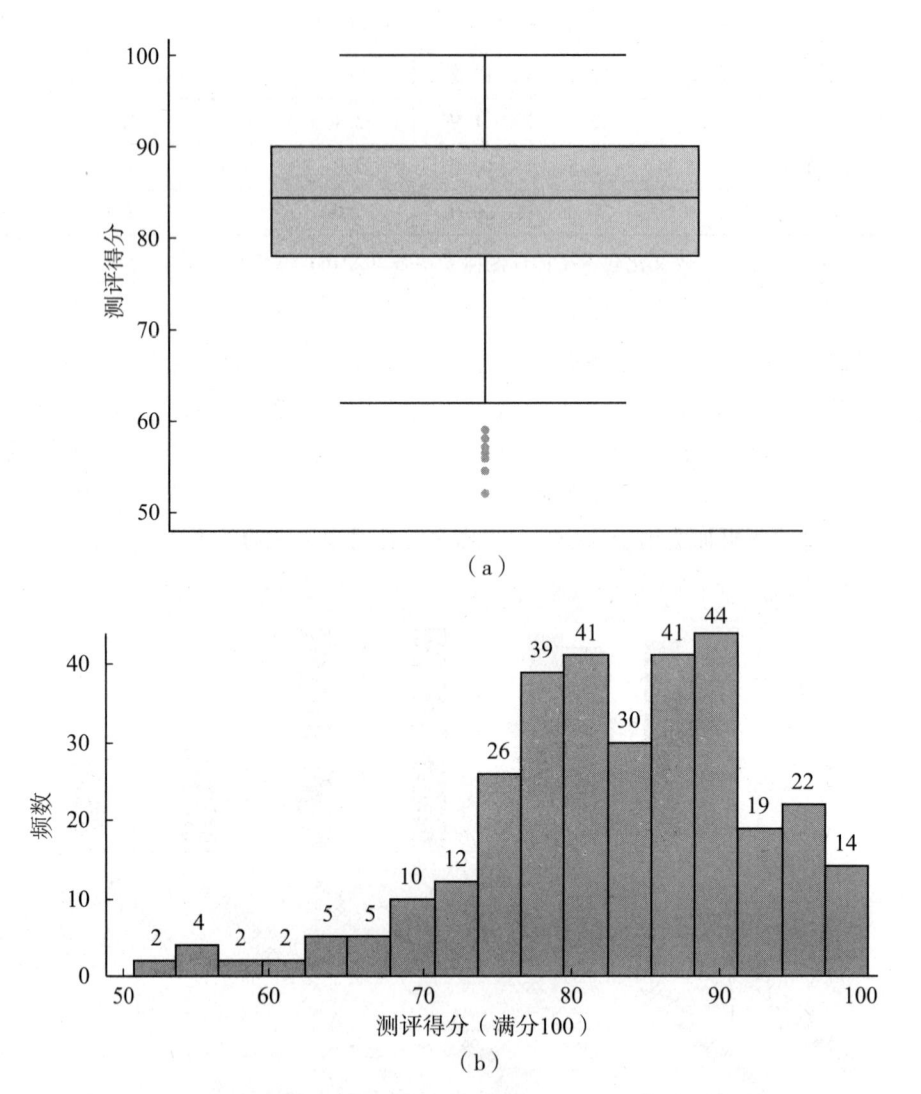

（a）

（b）

图 6-2 "学校廉政文化建设指标评测体系"测评得分分布情况

资料来源：学校廉政文化建设指标评测体系调查（2016）数据库。

通过对受访者地区的划分，我们将问卷数据分为北部、东部、中南部和西部，通过对数据的分析，很明显地看出东部地区测评总得分（84.4 分）高于其他地区，而北部地区（82.6 分）、中南部地区（82.7 分）和西部地区（82.9 分）则相差不大（见表6-3）。在六个一级指标中，东部地区总的平均分都排名靠前。东部沿海城市相对来说是经济社会和教育水平比较发达的地区，这说明在廉政文化建设中东部沿海城市的投入比国内其他地区要高，总体水平也比其他地区更好。在问卷调研中也有受访者提出中西部普教系统一些基础性的设备和人员配置尚且没有达到规定标准，从更高层次来规范的"文化建设"则更加难以与沿海地区同步（见图6-3）。这也提醒我们廉政文化资源的投入应适当地向中西部地区做一些倾斜。测评系统对于偏远和欠发达地区的廉政文化建设也要更加考虑实际情况。

表6-3 "学校廉政文化建设指标评测体系"调查各区域得分比较

区域	统计量	学校廉政文化环境建设得分（满分20）	学校廉政文化体制建设得分（满分20）	学校廉政行为文化建设得分（满分20）	学校廉政制度文化建设得分（满分20）	学校廉政文化活动建设得分（满分10）	特殊得分（满分10）	测评总得分（满分100）
北部 N=52	平均分	16.3	16.9	16.7	17.1	7.8	7.8	82.6
	标准差	2.6	2.6	2.0	2.3	1.5	1.5	10.3
	最低分	9.5	9.5	11.5	12.0	4.5	4.0	56.5
	最高分	20.0	20.0	20.0	20.0	10.0	10.0	100.0
东部 N=113	平均分	16.7	17.2	17.2	17.6	8.2	7.6	84.4
	标准差	1.9	2.0	1.5	1.7	1.1	2.0	6.8
	最低分	11.0	10.5	13.5	14.0	4.0	0.0	69.5
	最高分	20.0	20.0	20.0	20.0	10.0	10.0	99.0
中南部 N=82	平均分	16.5	16.8	17.3	17.6	7.9	6.4	82.7
	标准差	2.8	2.8	2.3	2.5	1.5	3.4	11.4
	最低分	4.5	3.5	10.5	9.0	3.0	0.0	52.0
	最高分	20.0	20.0	20.0	20.0	10.0	10.0	100.0
西部 N=56	平均分	16.4	16.9	17.3	17.3	8.2	6.8	82.9
	标准差	2.6	2.3	2.1	2.0	1.2	2.8	9.3
	最低分	9.0	6.0	10.0	12.0	4.5	0.0	56.0
	最高分	20.0	20.0	20.0	20.0	10.0	10.0	99.0
总体（不含未标明地区）N=303	平均分	16.5	17.0	17.2	17.4	8.0	7.2	83.4
	标准差	2.4	2.4	2.0	2.1	1.3	2.6	9.3
	最低分	4.5	3.5	10.0	9.0	3.0	0.0	52.0
	最高分	20	20	20	20	10	10	100

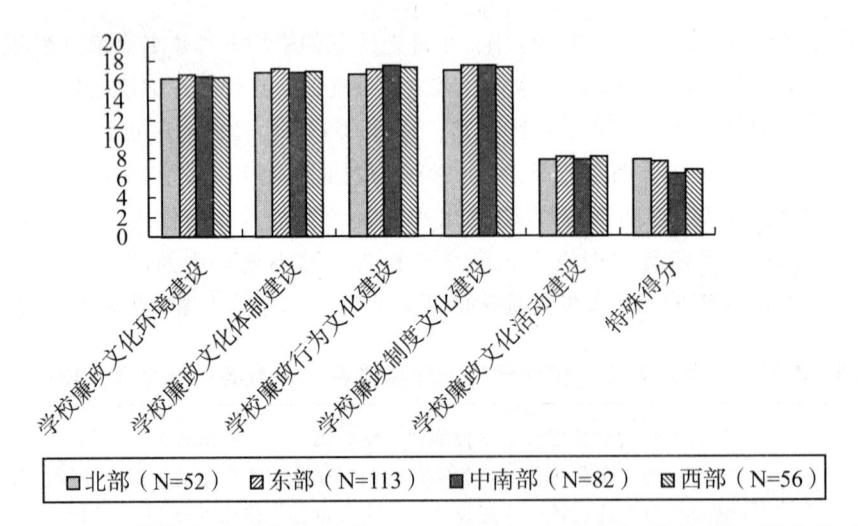

图 6-3 "学校廉政文化建设指标评测体系"调查各区域分指标得分情况

资料来源：学校廉政文化建设指标评测体系调查（2016）数据库。

注：N = 有效问卷。

（三）学校廉政文化建设指标体系的科学性分析

"学校廉政文化建设指标评测体系（征求意见稿）"希望对学校廉政文化建设进行全面、系统的评测，通过 20 个二级指标，通过自评（0~5 分）得分形成量表来考察。该指标体系的科学性和有效性如何，通过信度分析、效度分析的结果来检验。

1. 指标体系的信度检验

在定量分析中常用各种量表来研究所选案例的内涵结构和信息。而对于一个好的量表，其可靠性和稳定性都是十分重要的。

信度指测量工具的稳定性，它代表反复测量结果的接近程度。测度信度的最常用方法是 Cronbach α 系数。学者 De Vellis（1991）认为，一份信度系数好的量表或问卷，最好在 0.80 以上，0.70~0.80 之间还算是可以接受的范围；分量表最好在 0.70 以上，0.60~0.70 之间可以接受。若分量表的内部一致性系数在 0.60 以下或者总量表的信度系数在 0.80 以下，应考虑重新修订量表或增删题项。n 系数是分布于 0~1 之间的数，一般情况下，Cronbach α 系数介于 0.80~0.90 之间被认为非常好，介于 0.70~0.80 之间比较好，介于 0.65~0.70 之间可以接受，0.60~0.65 之间不能接受。对于尚未验证过的变量尺度，允许其 Cronbach α 系数只要大于 0.60 即可接受。[①]

[①] 卢纹岱：《SPSS for Windows 统计分析》，电子工业出版社 2002 年版，第 141 页。

克郎巴哈（Cronbach）α 系数的计算公式为 $\alpha = \dfrac{K\overline{r_{ij}}}{1+(K-1)r_{ij}}$

其中，r_{ij} 为量表的项间相关系数，$\overline{r_{ij}}$ 为其均值，K 为量表的题目数

其中，r_{ij} 的计算公式如下：$r_{xy} = \dfrac{\varepsilon(x-\overline{x})(y-\overline{y})}{\sqrt{\varepsilon(x-\overline{x})^2(y-\overline{y})^2}}$

本文用统计软件 SPSS 20.0 对"学校廉政文化建设指标评测体系（征求意见稿）"的有关数据开展信度分析。

通过对 20 个指标的克郎巴哈系数进行标准化之后，其值为 0.946（见表 6-4）大于 0.8，可以认为本量表的信度非常好。

表 6-4　　　　　　　　　　量表的可靠性统计表

Cronbach's α	基于标准化项的 Cronbach's α	项数
0.927	0.946	20

资料来源：学校廉政文化建设指标评测体系调查（2016）数据库。

2. 指标体系的效度检验

效度指测量结果与试图达到的目标之间的接近程度，评价的是偏倚和系统误差问题。完整意义的效度包括表面效度、内容效度和结构效度。表面效度是指从表面看，问卷能否测量研究者想了解的问题；内容效度指问卷内容能在多大程度上覆盖研究目的要求达到的各个方面和领域；结构效度指对许多概念和特征，如生命质量等，不能直接进行观测，但可以从一系列相关的能够直接测量的行为和现象中得以体现；三者分别从不同的角度来考察调查问卷的有效度。对于表面效度的衡量一般较为简单，通过字面讨论或专家法来检验，在本研究中不再展开；而对于内容效度和结构效度的检验，可以通过因子分析来实现。

因子分析（factor analysis）属于降维分析技术，其基本思想是通过考察量表中题项（观测变量）的相关系数矩阵的内部结构进行研究；具体而言，就是寻找影响观测变量所蕴含的因子数量，在找到因子数量后，继续探寻各因子和相应的观测变量之间的相关性和相关程度，为揭示变量的内在结构奠定基础。研究者有这样的研究假设，假定每个指标变量都与某个因子匹配，并且可以通过因子的载荷对因子结构进行推断和建构。

（1）巴特莱球形检验（Bartlett Test of Sphericity）和（Kaiser - Meyer - Olkin Test，KMO）检验。首先通过 SPSS 软件进行探索性因子分析。从多个变量的问题中找出可以支配多个变量指标的少数几个共性因子，而后以少数的新的共性因子代替原先的变量作为研究对象，并且能够很少地损失原先指标所包含的所有信

息。因此，是否适合做因子分析首先要对调查问卷中的变量进行预分析，方法主要是以下两种：

一是巴特莱球形检验。若此检验统计量得到的数值较大，且相应的概率值小于所设定的显著性水平，则拒绝零假设，认为适合进行因子分析。反之，则认为相关系数矩阵很可能是单位矩阵，不适合进行因子分析。

二是 KMO 检验。KMO 统计量比较的是变量间的偏相关系数，其取值范围为 0~1。KMO 统计量评价是否适合进行因子分析的标准为：KMO 大于 0.8，认为适合；KMO 大于 0.7，认为适合性一般；KMO 大于 0.6，认为不太适合；若 KMO 小于 0.5，认为不适合。

将数据导入，并在统计分析软件 SPSS 20.0 中进行预计算，本量表中的 KMO 统计量为 0.934，表明 Bartlett 球形检验结果显著（见表 6-5），因此，我们可以得出这样的结论，该量表的数据非常适合进行因子分析。

表 6-5　　　　　　　　KMO 和 Bartlett 的检验表

取样足够度的 KMO 度量		0.934
巴特利特球形度检验	近似卡方	4 897.363
	自由度	190
	显著性	0.000

资料来源：学校廉政文化建设指标评测体系调查（2016）数据库。

（2）提取公因子验证。本研究对于提取公共因子的方法采用的是使用最为普遍的"主成分分析法"，随后通过旋转因子进行解释。因为在我们提取了初始因子后，通常无法对因子进行有效的解释，需要通过旋转因子负荷矩阵改变各变量在每个因子上的因子负荷量的值，使初始共性因子的因子负荷尽量分别趋向 0 和 1，这样能够使共性因子的实际意义更便于识别和解释。在此过程中，本研究采用"方差极大正交旋转"。

提取公共因子个数的方法有两种：一是因子对应的特征值大于 1[①] 的前 m 个主成分；二是方差贡献率累计达到 80% 的前 m 个主成分，在本研究中采用后一种方法。根据表 6-6 所显示的方差分解因子提取结果表，前 6 个因子的方差贡献率累计为 78.795%，即解释了原先变量总方差的 78.795%。所以，我们可以

[①] 注：特征值在某种程度上可以被看成是表示主因子影响力度大小的指标，如果特征值小于 1，说明该因子的解释力度还不如直接引入一个原变量的平均解释力度大，因此一般可以用特征值大于 1 作为纳入标准。特征根的大小也表示了对应的因子能够描述原来所有变量信息的多少（也可由方差贡献率来反映）。

从中提取6个公共因子，即 m = 6。

表6-6 主成分分析因子提取结果

成分	初始特征值 合计	初始特征值 方差的%	初始特征值 累积%	提取平方和载入 合计	提取平方和载入 方差的%	提取平方和载入 累积%	旋转平方和载入 合计	旋转平方和载入 方差的%	旋转平方和载入 累积%
1	10.173	50.864	50.864	10.173	50.864	50.864	3.915	19.577	19.577
2	1.876	9.382	60.247	1.876	9.382	60.247	2.99	14.949	34.526
3	1.379	6.895	67.141	1.379	6.895	67.141	2.916	14.579	49.105
4	0.921	4.606	71.747	0.921	4.606	71.747	2.394	11.968	61.073
5	0.786	3.929	75.677	0.786	3.929	75.677	1.788	8.938	70.011
6	0.624	3.118	78.795	0.624	3.118	78.795	1.757	8.784	78.795
7	0.532	2.66	81.455						
8	0.447	2.234	83.689						
9	0.429	2.143	85.833						
10	0.385	1.926	87.759						
11	0.355	1.777	89.536						
12	0.328	1.641	91.176						
13	0.297	1.486	92.663						
14	0.26	1.302	93.965						
15	0.247	1.234	95.199						
16	0.237	1.187	96.386						
17	0.212	1.058	97.444						
18	0.195	0.976	98.42						
19	0.164	0.821	99.241						
20	0.152	0.759	100						

提取方法：主成分分析。

资料来源：学校廉政文化建设指标评测体系调查（2016）数据库。

因子碎石图（scree plot）将因子的数量和特征值的大小用图形的形式来表达，便于我们更加直观地判定因子数量及其特征值的大小（见图6-4）。

图 6-4　因子分析碎石

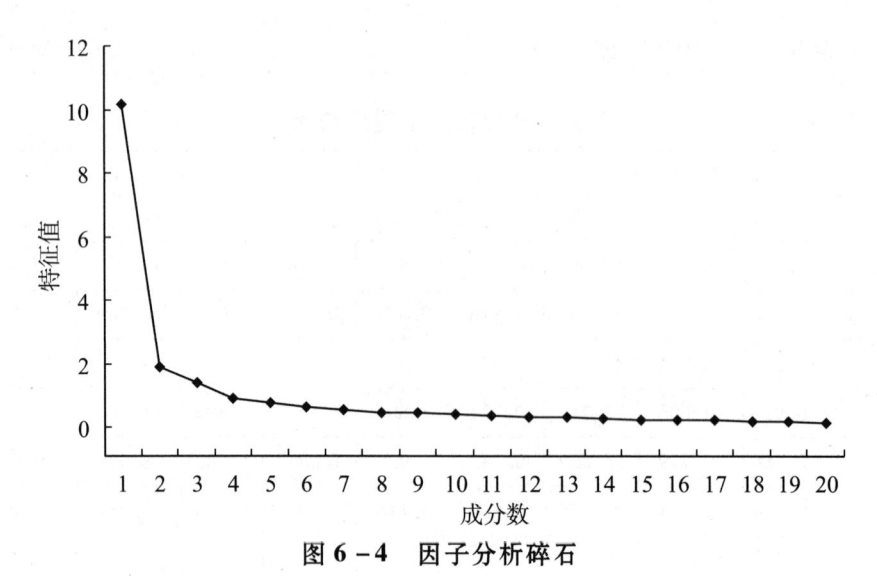

资料来源：学校廉政文化建设指标评测体系调查（2016）数据库。

接下来，需要进一步明确这 6 个新的公共因子的实际含义到底是什么？每一个因子分别代表了原先量表里的 20 个变量中的哪些变量？各变量分别对该因子的负荷为多少？可通过方差极大正交旋转之后的因子负荷矩阵来实现。

从旋转后的成分矩阵（见表 6-7）不难发现，每一个变量的因子载荷都超过 0.4，因此，本研究的因子提取是有效的。

基于表 6-7 各指标的负荷，我们可以发现，如果不考虑"廉政文化育人氛围建设"这项指标，6 个因子和我们设计的指标体系中的一级指标是完全一致，表明指标设计非常合理。

表 6-7　　旋转后的成分矩阵结果

指标	成分					
	1	2	3	4	5	6
4.2 制度体系	0.84					
4.3 信息公开	0.824					
4.1 民主决策	0.693					
4.4 廉政风险预警防控	0.632					
3.1 管理者的廉洁从政行为		0.546				
3.3 学生的廉洁修身行为		0.814				
3.2 教师的廉洁从教行为		0.79				
3.4 服务人员的廉洁从业行为		0.732				

续表

指标	成分					
	1	2	3	4	5	6
2.3 廉政文化建设投入			0.726			
2.4 廉政文化建设监督			0.712			
2.1 廉政文化领导体制			0.685			
2.2 廉政文化建设责任			0.659			
1.2 廉政文化载体建设				0.764		
1.1 基础设施建设				0.667		
1.3 廉政文化教辅资料建设				0.662		
1.4 廉政文化育人氛围建设	0.436	0.474		0.426		
6.1 获得相关荣誉称号					0.922	
6.2 其他廉政特色工作					0.871	
5.2 廉政文化研究						0.844
5.1 廉政文化活动						0.598

注：提取方法：主成分。
旋转法：具有 Kaiser 标准化的正交旋转法。
a. 旋转在 7 次迭代后收敛。
资料来源：学校廉政文化建设指标评测体系调查（2016）数据库。

综合以上分析，可以得出三个结论：（1）20 个指标的克郎巴哈系数进行标准化之后为 0.946，量表的信度非常好；（2）量表中的 KMO 统计量为 0.934，Bartlett 球形检验结果显著，说明量表的数据非常适合进行因子分析；通过主成分方法提取的 6 个公因子和"学校廉政文化建设指标评测体系（征求意见稿）"的一级指标几乎完全一致，说明指标设计非常合理，量表效度高；（3）"廉政文化育人氛围建设"这项指标在三个因子里的载荷量都超过了 0.4，说明该指标非常重要；进一步来看，该指标在"学校廉政制度文化建设"因子的负荷为 0.436、在"学校廉政行为文化建设"因子的负荷为 0.474，在"学校廉政文化环境建设"因子的负荷为 0.426，鉴于负荷相差不大，理论上说将该指标归到这三个因子的任何一个因子都是合适的，考虑到该指标的表述和指标体系设计的初衷，课题组最后将该指标归到"学校廉政文化环境建设"这一因子。因此，从因子负荷来看，原来的指标设计是合理的。

（四）学校廉政文化建设指标体系的效用分析

课题组对自愿使用本评估激励机制方案进行自主测评的学校，还就本方案的设计和效用进行了开放式的问卷调查，收集来自一线使用者的体验、意见和建议。在回收的318份有效问卷中，有273份问卷表达了各自的体会并提供了意见和建议。

第一，在273份开放式回应中，有90.8%的学校对本评估激励机制方案给出了不同程度的积极评价。

对测评指标体系的设计给予积极评价的代表性观点有：一是认为此指标体系"内容丰富，从文化环境建设、文化体制、行为文化制度、文化活动及特色等几个维度考虑周全"；二是认为"本次测评体系从外部文化环境建设、廉政文化体制、廉政文化建设、廉政制度文化建设、廉政文化活动建设、特色活动六大方面，结构强，覆盖全面（校师生），动静结合"；三是"廉政文化建设成效的测评，是党风廉政建设的重要内容，意义重大，上述指标体系是很全面，很客观，设计科学，具有较强的科学性的操作性"。

对测评指标方案的操作和效用给予积极评价的代表性观点有：一是认为"上述学校廉政文化建设指标评测体系设计非常全面，涉及学校办学廉政规范、学校决策廉政规范、教师廉政的道德和行为规范、学生廉洁教育、学校校园文化建设等内容，为学校进行廉政文化建设和学校领导专心办学提供的很好的指引"；二是认为"比较全面地对学校各方面有涉及廉政的给予详细的量化，从学校长远发展考虑有必要做这样一个规范，对学校领导、教师、学生都是一个很好的指导和约束，对学校的发展具有规范化的作用，对学校依法行政是个促进和保障"。

第二，课题组更加重视参与测评的受访者在使用中遇到的困难与困惑，逐一分析受访者对测评指标、权重和实施方案提出的意见和建议，归纳了其共性要点。

对测评指标体系的设计，较为集中的意见和建议有：一是认为"本体系是否为小学、中学、大学的统一标准，如果是，针对性不是特别强""该指标测评体系对于中小学校而言，有些指标不符合学校实际""该指标体系适用于全国教育系统，但高校和中小学在体制机制和教育对象上有较大差别，建议建构高校和中小学校两个指标体系"，建议根据中小学与高校的不同特点对测评内容进行区分；二是认为"该指标体系在测评内容上有一些重叠的地方"，建议进行调整。

对测评指标的权重分配，较为集中的意见和建议有：一是认为"权重分配过于均衡，分配有失主次之分""每项一级指标下的二级指标不应均等赋分5分，应根据其不同的重要性有不同的赋分""不同的项权重应不同，如9，13，16项是核心指标，分值应更加大才行"；二是认为个别指标更适用于定量评价，难以给出权重分值；三是认为"特色加分项应将分值减少为10分，因为很多农村的学校很难有机会参加廉政文化教育基地，廉政文化示范点等评选机会，另外有些地方现在已取消了文明单位的评选，设立文明单位的项目已经没有多大意义"；四是建议"学校廉政文化活动建设是最具操作性，加大权重，受更多可操作性这个指标影响，更能够得以更好的落实"；五是"一票否决第一点应区别对待，一方面我们不能因为对学校个人的否定就否定学校整体，另一方面对学校个人的处罚也要分违纪与违法"，"对于说明中的一票否决制如何理解？在精神文明单位评比中，一票否决制就意味着没有评比资格，而这是对学校廉政文化建设进行测评，即使出现了一票否决制的情形，也不意味着不进行测评。所以，建议有关一票否决制的规定更加清晰些"。

此外，对测评指标体系的实施方案，也反映了一些顾虑：一是认为"评估过程不要太麻烦，会影响学校的教学教育，所以评估要简单易行，特别是中小学校，起码次数不能太多"；二是认为"评估要提前一段时间公布评估指标，并给予指导建议，不要原来没指标，突然用高标准指标来评估，是在为难基层"；三是顾虑"是否会增加和加大学校工作量，最终导致的结果令人堪忧"。

三、教育系统廉政文化建设评估激励方案的完善

根据前文关于测评试验的数据分析和问卷调查的意见分析，为了提高廉政文化建设评估指标体系的针对性、有效性和实施方案的适用性，课题组对指标体系进行了修订，以原先研制的指标体系为基础，设计分别适用于中小学和高校的指标体系，并对指标权重进行了测算。

（一）学校廉政文化建设测评指标体系的修订

在对问卷调查中，几乎所有受访学校的人员都认可原先指标体系中关于一级指标和绝大部分二级指标的设计，提出的修改建议集中在二级指标下的测评内容上，希望测评内容能根据中小学和高校的特点有所区分。

有鉴于此，课题组决定基于原先指标体系进行适当调整，设计分别适用于中小学和高校的两套指标体系。在重新研制分别适用于中小学和高校的测评指标体系的同时，对两套指标体系的部分二级指标的测评内容进行了一定幅度的调整。此外，在适用于中小学的测评指标中，特别注意到适应农村学校的实际。具体设计见表6-8和表6-9。

表6-8　　　　　　　中小学校廉政文化建设指标评测体系

一级指标	二级指标	序号及测评内容	得分
一、学校廉政文化环境建设（共计20分，每项二级指标的满分为5分；下同）	廉政文化基础设施建设	学校为广大教职工、学生参与廉政文化建设提供场所，如教职工活动室（或活动中心、办公室）、学生活动室（或活动中心、教室）、图书馆（室）等文化设施；学校能充分挖掘利用社会廉政文化教育资源	
	廉政文化载体建设	学校通过多渠道、多形式载体进行廉政文化教育和传播，如借助黑板报、广播、宣传栏和学校网站等新媒体平台	
	廉政文化教辅资料建设	学校为教职工、学生提供定期更新的廉政文化学习材料，如廉政文化教育教材和课外读物等	
	廉政文化育人氛围建设	学校廉政文化育人氛围浓厚，注重师德师风、廉洁诚信的教育宣传，注重中国特色社会主义理论、社会主义核心价值体系等理论学习和弘扬；在学校教学、科研、管理、服务等各个层面实行全员育人、全过程育人、全方位育人	
二、学校廉政文化体制建设（共计20分）	廉政文化领导体制	建立廉政文化建设的领导体制和工作机制	
	廉政文化建设责任	领导层对学校党风廉政建设目标明确，措施有力，切实履行主体责任和一岗双责；将廉政文化建设列入学校重要议事日程，纳入学校发展总体规划，融入学校各项工作。与学校中心工作一起部署、一起落实、一起检查、一起考核	
	廉政文化建设投入	学校能在办公经费（如教学经费、教师培训经费、学生图书经费等）中适当用于廉政文化建设；落实机构、人员兼职协调廉政文化建设	
	廉政文化建设监督	学校对廉政文化建设有内部检查评估激励机制，纳入干部考核和学校绩效评估体系；学校党组织加强监督检查，严格监督执纪问责，学校没有发生严重违纪违法案件	

续表

一级指标	二级指标	序号及测评内容	得分
三、学校廉政行为文化建设（共计20分）	管理者的廉洁行为	管理者对学校廉政目标明确，严格抓教学、教研和其他行政管理中的反腐倡廉工作，无滥用权力、以权谋私的现象发生；办事公开公正；贯彻落实中央八项规定精神，严控三公经费，工作生活作风良好	
	教师的廉洁从教行为	教师有高尚的道德情操和崇尚廉洁的思想观念；对教育工作有责任心和责任感，拥有正确的教学观、服务观和敬业观，对廉政规范重要性的认识程度高，遵守师德规范；教师廉洁执教、公正执教、严谨治学；无学术不端现象	
	学生的廉洁修身行为	学生有正确的荣辱观和社会责任感，有廉洁的态度和价值取向；正直诚信，遵守校规校纪，无考试舞弊等不良学习行为；无送礼等不良行为	
	后勤服务人员的廉洁从业行为	后勤服务人员敬岗爱业、尊敬教师、爱护学生、无蝇贪等行为	
四、学校廉政制度文化建设（共计20分）	民主决策	贯彻落实中小学校长负责制，发挥学校党组织监督保证作用，坚持民主集中制，严格执行"三重一大"决策制度，决策程序规范、档案完备	
	制度体系	建设以学校章程为核心的现代学校制度体系；以"三重一大"和内控制度为主干，实现人事管理、财务管理、基础设施建设、物资采购、招生、招投标等领域的制度全覆盖	
	信息公开	采取切实措施进一步推进党务公开、校务公开，提高公开实效	
	廉政风险预警防控	开展廉政风险预警防控机制建设，横到边、纵到底、全覆盖；通过建设管理信息系统及优化管理流程等，提高制度执行力	

续表

一级指标	二级指标	序号及测评内容	得分
五、学校廉政文化活动建设（共计10分）	廉政文化活动	教师廉政教育活动定期实施，形式多样，专题明确，内容丰富，包含反腐倡廉教育、师德教育，全员参与；在学校德育中，有学生廉洁诚信教育的明确任务、计划，注意开发中国传统文化中廉洁奉公的专门内容；廉政教育经常化，教育方式灵活多样性；能深度探索开发廉政文化资源开展特色活动	
	廉政文化研究	积极开展廉政文化理论研究活动；建设廉政文化学生社团；开展廉政文化志愿服务	
六、特色（共计10分）	获得相关荣誉称号	荣获廉政文化教育基地、廉政建设示范点等	
	廉政工作特色	编制廉洁奉公教育校本教材；形成廉洁奉公教育的独特方法和形式	

注：第一，测评总分100分。测评得分90分及以上为优秀；80分及以上为良好；60分及以上为合格。第二，适用一票否决的情形（有以下情形，直接判定为不合格）：

（1）学校主要领导或领导班子成员受到党纪政纪重处分或法律责任追究的；

（2）学校履行全面从严治党责任不力受到上级问责的；

（3）学校发生群体性腐败事件、重大稳定事端、安全事故造成重大影响的。

表6－9　　　　高等学校廉政文化建设指标评测体系

一级指标	二级指标	序号及测评内容	得分
一、学校廉政文化环境建设（共计20分，每项二级指标的满分为5分；下同）	廉政文化基础设施建设	学校为广大教职工、学生参与廉政文化建设提供场所，如教职工培训中心、学生活动中心、教职工文化体育场所、图书馆、校史馆等文化设施，设施完善、使用便利；学校有学校先贤、楷模的纪念设施；学校能充分挖掘利用社会廉政文化教育资源	
	廉政文化载体建设	学校通过多渠道、多形式载体进行廉政文化教育和传播，如借助内部报刊、广播、电视、宣传栏和教育网站、微博、微信等新媒体平台	
	廉政文化教辅资料建设	学校为教职工、学生提供及时更新的廉政文化学习材料，如廉政文化教育教材和课外读物等	

续表

一级指标	二级指标	序号及测评内容	得分
一、学校廉政文化环境建设（共计20分，每项二级指标的满分为5分；下同）	廉政文化育人氛围建设	学校廉政文化育人氛围浓厚，注重师德师风、廉洁诚信的教育宣传，注重中国特色社会主义理论、社会主义核心价值体系等理论学习和弘扬；在学校教学、科研、管理、服务等各个层面实行全员育人、全过程育人、全方位育人	
二、学校廉政文化体制建设（共计20分）	廉政文化领导体制	建立廉政文化建设的领导体制和工作机制	
	廉政文化建设责任	领导层对学校党风廉政建设目标明确，措施有力，切实履行主体责任、监督责任和一岗双责；将廉政文化建设列入学校重要议事日程，纳入学校发展总体规划，融入学校各项工作。与学校中心工作一起部署、一起落实、一起检查、一起考核	
	廉政文化建设投入	学校对廉政文化建设有常态的经费投入；落实专门机构、人员协调廉政文化建设	
	廉政文化建设监督	学校对廉政文化建设有内部检查评估激励机制，纳入干部考核和学校绩效评估体系；学校党委和纪委加强对基层的监督检查，开展巡察工作，纪检部门严格监督执纪问责，违纪违规问题主动查处。学校没有发生严重违纪违法案件	
三、学校廉政行为文化建设（共计20分）	管理者的廉洁行为	管理者对学校廉政目标明确，在教学、科研和其他行政管理中无滥用权力、以权谋私的现象发生；办事公开公正，决策民主；贯彻落实中央八项规定精神，严控三公经费，工作生活作风良好	
	教师的廉洁从教行为	教师有高尚的道德情操和崇尚廉洁的思想观念；对教育工作有责任心和责任感，拥有正确的教学观、服务观和敬业观，对廉政规范重要性的认识程度高，遵守师德规范；教师廉洁执教、公正执教、严谨治学；严谨科研，无学术不端现象	

续表

一级指标	二级指标	序号及测评内容	得分
三、学校廉政行为文化建设（共计20分）	学生的廉洁修身行为	学生有正确的道德观、人生观、价值观和社会责任感，廉洁的态度和个人价值取向；具有辨识腐败现象本质、根源与危害的能力；正直诚信，持严格遵守校规校纪的态度，无考试舞弊、学术不端行为；无给领导或老师送礼等不良行为	
	后勤服务人员的廉洁从业行为	后勤服务人员敬岗爱业、尊敬教师、爱护学生，服务育人，无蝇贪等行为	
四、学校廉政制度文化建设（共计20分）	民主决策	贯彻落实党委领导下的校长负责制，坚持民主集中制，严格执行"三重一大"决策制度，建立健全决策权、执行权、监督权既相互制约又相互协调的权力结构和运行机制，防止决策失误和行为失范；决策程序规范、档案完备	
	制度体系	建设以学校章程为核心的现代学校制度体系；以"三重一大"和内控制度为主干，实现人事管理、财务管理、基础设施建设、物资采购、招生、招投标等领域的制度全覆盖	
	信息公开	采取切实措施进一步推进党务公开、校务公开，提高公开实效	
	廉政风险预警防控	开展廉政风险预警防控机制建设，横到边、纵到底、全覆盖；通过管理信息系统及优化管理流程等，提高制度执行力	

续表

一级指标	二级指标	序号及测评内容	得分
五、学校廉政文化活动建设（共计10分）	廉政文化活动	不敢腐、不能腐、不想腐一体推进，教师廉政教育活动定期实施，形式多样，专题明确，内容丰富，包含反腐倡廉教育、师德教育，全员参与；能深度挖掘校史、校友中的廉政文化资源开展教育活动	
		在学校思想政治教育和大学生德育中，有学生廉洁诚信教育的明确任务、计划，注意开发中国传统文化中廉洁奉公的专门内容；廉政教育经常化，教育方式灵活多样性；能深度挖掘校史、校友中的廉政文化资源开展特色活动；能深度探索开发廉政文化资源开展特色活动	
	廉政文化研究	积极开展廉政文化理论研究活动；探索廉政学科建设；建设廉政文化学生社团；开展廉政文化志愿服务	
六、特色（共计10分）	廉政工作特色	编制廉政教育校本教材；探索廉政文化建设新体制、新机制；形成廉政教育的独特方法和形式；创建廉政教育品牌	
	获得相关荣誉称号	在省级及以上党政机关召开的有关会议上介绍廉政建设先进经验；荣获廉政文化教育基地、廉政建设示范点称号等	

注：第一，测评总分100分。测评得分90分及以上为优秀；80分及以上为良好；60分及以上为合格。第二，适用一票否决的情形（有以下情形，直接判定为不合格）：

（1）学校主要领导或领导班子成员受到党纪政纪重处分或法律责任追究的；

（2）学校常委、纪委履行全面从严治党主体责任和监督责任不力受到上级问责的；

（3）学校发生群体性腐败事件、重大稳定事端、安全事故造成重大影响的。

（二）学校廉政文化建设测评指标权重的测算

20个指标在学校廉政文化建设测评体系中的权重如何，可根据表6-7中相应的公因子的方差贡献率和特征值等数据进行计算。在计算出初始权重后进行归一化处理，最终计算出20个指标的归一化后的权重（见表6-10）。

表6-10 "学校廉政文化建设测评体系"中20个指标的权重

		成分			特征值			初始权重	归一化后的权重
		1	2	3	1	2	3		
1.1	基础设施建设	0.70			10.17			0.22	0.04
1.2	廉政文化载体建设	0.70			10.17			0.22	0.04
1.3	廉政文化教辅资料建设	0.74			10.17			0.23	0.05
1.4	廉政文化育人氛围建设	0.77			10.17				
2.1	廉政文化领导体制	0.76			10.17			0.24	0.05
2.2	廉政文化建设责任	0.79			10.17			0.25	0.05
2.3	廉政文化建设投入	0.69			10.17			0.22	0.04
2.4	廉政文化建设监督	0.73			10.17			0.23	0.05
3.1	管理者的廉洁从政行为	0.78			10.17			0.25	0.05
3.2	教师的廉洁从教行为	0.72			10.17			0.23	0.05
3.3	学生的廉洁修身行为	0.72			10.17			0.23	0.05
3.4	服务人员的廉洁从业行为	0.68			10.17			0.21	0.04
4.1	民主决策	0.78			10.17			0.24	0.05
4.2	制度体系	0.78			10.17			0.25	0.05
4.3	信息公开	0.77			10.17				
4.4	廉政风险预警防控	0.78			10.17			0.24	0.05
5.1	廉政文化活动	0.82			10.17			0.26	0.05
5.2	廉政文化研究	0.64			10.17			0.20	0.04
6.1	获得相关荣誉称号		0.71			1.38		0.61	0.12
6.2	其他廉政特色工作		0.62			1.88		0.45	0.09
								5.00	1.00

资料来源:学校廉政文化建设指标评测体系调查(2016)数据库。

第七章

以"育人"为目标的教育系统廉政文化培育

教育系统廉政建设一个重要的任务就是廉政文化的培育。应当说,教育系统本身是一个文化的场域,在某种程度上,廉政问题只发生在官场,与教育系统几无交集,教育系统并无现成的廉政文化土壤和氛围,因此,教育系统培育廉政文化土壤就显得分外重要,不可忽略。然而,教育系统廉政文化培育应有其特殊性,必须结合现代学校的教育使命来设计,"育人"应当成为教育系统廉政文化培育的核心目标。

第一节 教育系统廉政文化培育的思路

教育系统廉政文化培育如何进行?应该有什么样的策略思路?我们认为,要从教育系统廉政文化的特殊性入手,进而探究教育系统廉政文化教育的特殊性,充分挖掘教育系统廉政文化教育的丰富资源和环境条件,最后归之于育人的目标上,将廉政文化教育与教育方针的目标统一起来,使廉政文化成为育人的重要组成部分。

一、教育系统廉政文化的特殊性

提出教育系统廉政文化特殊性的问题,主要在于"廉政"本不属于教育系统所有的概念，而是政党组织和行政管理领域的概念。"廉政"一词通常解释为"廉洁从政"，与政治腐败相对立，其廉政行为主体是专职管理国家事务的政府、政党及其公务人员，是对国家公职人员在管理国家事务时提出的廉洁、公正、不贪污、不损公肥私的行为要求及其评价。可见，廉政及其文化主要发生于公权领域。

然而，随着时代的变化，公共领域的扩大，公权力产生了"溢出"现象，在国家之外的管理中，不仅存在着一定程度的公权力，甚至也产生了公权滥用的问题。这意味着"廉政"不再限于政权领域，而扩展至其他与公权相关的领域，具有了宽泛的含义。广义的"廉政"指的是"廉洁的政治生活"，即在公共生活中，个人或团体廉洁公正地行使公权力，其中包含着政治生活中的价值取向和行为准则。与此同时，廉政文化也有了相应的拓展。廉政文化是以廉政观念、廉政行为、廉政制度为核心，以外部环境为依托所构成的具有正能量的政治生态。在时间上，廉政文化呈现动态变化的趋势，它不是一经生成就永续存在的，而是在不断地生成、发展与消解的过程中动态存在的；在空间上，廉政文化覆盖了整个社会公共场域，但不同的公共系统涉及不同的廉政文化层次，某些系统本身就是廉政的行为主体，另一些系统不涉及廉政的具体行为，从属于廉政文化的支持系统。

教育系统是社会公共系统的重要组成部分，也存在权力腐败的问题，因此，廉政文化存在于教育系统中是毋庸置疑的。透明国际发布的"2013年全球教育腐败报告"显示，在接受教育的过程中，全球有平均超过15%的人曾有过贿赂行为。①

我国正处于社会转型期，伴随着社会对于优秀人才与高新知识的需求，人们对于优质教育资源的需要与优质教育资源短缺之间的矛盾不断激化，优质的教育资源成为人们竞相争夺的稀缺物。因而，教育的权力属性相较其更为本质的公共服务属性被夸张地突显出来，教育系统中部分管理者凭借教育资源的稀缺性，滥用手中的教育权力及管理权力，于是就出现了腐败现象。譬如，义务教育阶段中小学的"择校费"成为学校"光明正大"的创收途径；高等教育领域，被视为"圣洁之地"的象牙塔如今却沦为"受贿的温床"，从校园建设中的收受贿赂到后勤服务中的挪用公款，从招生就业中的徇私舞弊到教学科研中的弄虚作假等。教育领域的廉政文化生态被现实的腐败所侵蚀，从社会发展的角度来看，教育领域的腐败在某种程度上比社会其他方面的腐败带来更大的威胁，因为"教育领域

---

① Transparency International, Global Corruption Report. Education. London and New York：Routledge，P. 8.

腐败的受害者是全体年轻人"。①

教育系统的廉政文化建设不仅是全社会廉政文化建设的重要环节，也是当前教育发展的必经之路。但教育系统毕竟不同于国家行政管理领域，其廉政文化有其特殊性。把握教育系统廉政文化及其教育的特殊性是筹划教育系统廉政文化培育策略的前提。

（一）廉政文化建设主体的特殊性

在国家机关中，由于其成员都为国家公职人员，廉洁从政是全体成员的行为准则，因此，廉政文化建设的主体本身就是廉政行为的主体。在教育系统中，成员身份具有多样性，廉政文化建设的主体不仅指廉洁从政的教育系统党政领导与一般管理人员，也包括教师与学生。不同的主体在教育系统内廉政文化的生成与发展中发挥不同的作用，承担相应的义务与责任。

《中共中央关于教育体制改革的决定》规定：我国中小学实行校长责任制，又称"一长制"，即校长全权代表学校，拥有决策权、指挥权、人事权及财务权，负责学校日常的教学科研和管理工作；《中华人民共和国高等教育法》与《中国共产党普通高等学校基层组织工作条例》规定：我国高等院校实行党委领导下的校长负责制，即校长是学校的法定代表人，在学校党委领导下，贯彻党的教育方针，组织实施学校党委有关决议，行使高等教育法等规定的各项职权，全面负责教学、科研、行政管理工作。在我国的教育体系中，以校长为首的教育系统的党政领导干部由党政机关任命，拥有相应的行政级别，并且对任命机关负责，他们支配高校公共权力的运行，因此，教育系统的党政领导干部是廉政行为的主体，这是毋庸置疑的。然而，究竟应当怎样理解这一主体，教育系统的党政领导是否与一般意义上的行政官员无异，这是值得探讨的。有学者认为，在当前"学在官府，以政治校"的教育管理架构下，教育系统的党政领导干部的定位与行政官员无异，②他们是廉洁行政的行为主体，也是学校廉政文化建设的主要责任主体。但依笔者看来，对教育系统的领导干部作出行政官员的定位不够恰当，因为"官员形象是学校过于体制化的管理导致的校长等领导干部形象的异化"。③ 校长的身份定位应当是教育家，从校长的职业属性来看，校长的首要职责不在于处理其与上级任命机关的关系，而在于正确认识校长岗位与教育系统内部的关系，发挥的是"学场主体性"而不是"官场主体性"。同时，校长这一身份蕴含着道德人

---

① Transparency International, Global Corruption Report. Education. London and New York: Routledge, P. 5.
② 孙华：《论大学之合法性》，中国社会科学出版社 2010 年版，第 153 页。
③ 王飞：《试论大学校长的主体性发展》，南京大学 2013 年博士学位论文。

格的示范，其权力除法律赋予外也来源于声望。因此，教育系统的党政领导干部不仅应当在运用公权力为广大师生服务时做到廉洁公正，同时应当成为校园廉政文化建设的引领者，即遵循教育的本质，将廉政文化教育纳入学校教学与管理的顶层设计。

教育系统中的一般管理人员是指在教育系统内部从事一般事务性工作的非教学人员，包括学校教务、财务、学生管理以及后勤服务等部门的工作人员。与国家机关相比较而言，学校人员众多，机构设置复杂，部门种类繁多。以高等院校为例：一是管理机构纵横交错，权力分散，除校级管理机构以外，各院系自成系统，分设内部管理机构，院系内部具有一定的招生、教学、科研及财务管理权力；二是空间覆盖广，一些高等院校分设若干校区，同一部门需在各校区设办事人员；三是管理内容宽泛，高校管理所涉及的范围不仅包括教学与科研管理，还包括学校建设以及学生日常生活的方方面面。因此，一般管理人员在学校日常运行中占有不可忽视的地位，并且他们事实上拥有一定公权力，在实际工作中运用公权力，因而也是廉洁行政行为的主体。

通过检索新闻报道与职务犯罪案例发现，教育系统一般管理人员也是学校腐败的高发点。一般管理人员职务犯罪的高发点主要集中在以下群体：（1）与市场接触频繁的管理人员，例如，后勤采购人员、校园基建管理人员等；（2）从事校内财务、财产管理的办事人员；（3）招生、招聘部门的一般管理人员。在教育系统这个特殊的场域中，一般管理人员的主体责任意识淡薄，易受到利益诱惑，因而成为贪污腐败的高风险群体，但却未引起关注。其原因在于：首先，与学校首要责任主体校长等领导干部相比较，一般管理人员不承担对机构的全面责任；与学校系统重点关注的学生群体与教师群体相比较，一般管理人员从属于辅助性岗位，较少受到重视，缺乏廉政文化持续教育的机制。其次，从一般管理人员自身来看，该群体构成复杂，素质参差不齐，自身定位不明确。一方面，他们之中有部分人员不具有正式的事业单位岗位编制，缺乏归属感，认为自己不属于"吃皇粮者"，因而不是廉政行为的主体，未能自觉将廉洁作为自身从业的要求。另一方面，一部分人收入较低，为提高收入，借用处理具体事务的权力谋求自身经济利益，加之教育系统内部权力分散，对于一般管理人员的工作缺乏及时的监督与审查，因而"蚂蚁搬家"式的以权谋私在教育系统一般工作人员中时有发生。再者，从一般管理人员与领导干部的关系来看，两者在实际工作中更类似于行政机关的上下级关系，一部分人受到官僚主义的误导，形成以领导干部为核心的"利益集团"，成为领导干部贪污腐败的"帮凶"。因此，一般管理人员作为教育系统内部管理廉政文化的主体，其自身的职业化的要求即包含着廉政文化的价值取向，"廉洁"应是该群体职业道德的内容之一。同时，一般管理人员也具有监督其他廉政行为主体的功能,由于其日常工作中与教育系统领导干部以及教师往来频繁,能够及时发现不良动向,若能够建立完善的监督制度,这一群体将有可能通过监督渠道,有效遏制教育系统贪污腐败事件的发生。一般管理人员在教育系统廉政文化建设中没有得到应有的重视,尚未充分发挥其主体功能,在廉政文化生态培育的过程中,应当认识到一般管理人员的重要性,一方面治理现存的腐败现象,另一方面发挥其在廉政文化建设中的积极作用。

如果说教育系统党政领导及一般管理人员在"以政治校"的体制中受到"官本位"思想的侵蚀,那么教师应当是"象牙塔"中铲除"枯根"的园丁。古今中外,教师的职业形象总是闪耀着崇高的光辉,他们不仅是知识的传授者,更是道德人格的示范者。在2001年上海市职业地位评价和2009年北京市职业声望调查中,[①] 大学教授的职业声望排名在各类职业中分别排在第1位和第4位,中小学教师的职业声望分别排在第15位和第32位。与权力或经济地位评价不同,职业声望更指向大众对于该职业形象的认可与尊重程度,是具有道德属性的评价。因此,可以看出,教师群体具有较高的社会威望,同时也表明大众对于教师的道德品格具有较高水平的期待与要求。

伴随着现代教育的发展与知识增长的需要,在我国现代教育体系的制度架构下,教师已不仅仅是"传道、授业、解惑"者,他们越来越多地参与学校管理,在学术研究的领域具有较高的自主权力。同时,由于科学研究的多样化与复杂化,教师手中的资源不再仅仅是书本纸张,很有可能是数十万的科研经费或数百万的高精密仪器。公共权力的行使与稀缺资源的占有使"廉洁"成为现代教师职业道德的必然要求。具体来说,教师所拥有的权力包括狭义的教育权力、教育管理权力与学术权力。狭义的教育权力是指教师自主开展教育活动的权力,权力运用的对象主要是受教育者,在师生权力不对等的情况下,教师有可能利用教育权力从受教育者中谋取不当利益。在学校教育管理体系中,教师既是管理者又是被管理者。一方面,教师通过"工会""学术委员会"等组织参与学校事务管理或兼任院系(所)职务,管理教育资源,在这一过程中,教师有可能基于自身利益滥用教育资源。另一方面,学校管理教师的招聘、定岗、薪水的支付、晋级、培训和调任,[②] 作为管理的客体,教师的腐败可能表现为"教师的任命、晋级、调任的过程中出现的偏袒、裙带关系、任人唯亲、贿赂等现象"。[③] 在高等教育中,

---

① 仇立平:《职业地位:社会分层的指示器——上海社会结构与社会分层研究》,载于《社会学研究》2001年第13期。李强、刘海洋:《变迁中的职业声望——2009年北京职业声望调查浅析》,载于《学术研究》2009年第12期。
② Jacques Hallak and Muriel Poisson, Corrupt school, Corrupt university, http://www.uesco.org/iiep.
③ Transparency International: Corruption in the Education. Sector - Working Paper, 2007 (4).

无论是"系统的学术权力"或是"学者学术权力",[①] 其行使权力的核心主体均为从事科研活动的教师。近年来,官场与学场、市场与学场的交织,使学术研究染上了官僚化和商业化的粉尘,某些从事科研工作的小团体或个人运用其手中学术权力在学术研究和学术评价活动中谋取私利。教师群体中的不廉之风将会腐化教育的本质,因此,教师作为教育系统的重要主体,在廉政文化的建设中承担着重任:首先,教师自身的廉洁行为是构成教育系统廉政文化的组成部分;其次,教师承担着廉洁教育与自我教育的职责,这要求教师具有高度的主体自觉性,他们在培育学生廉政价值观的同时,也要持续开展自我教育;再次,教师是教育系统管理者廉洁行政的监督主体,是治理和预防教育系统腐败问题的"哨兵";最后,"学为人师,行为示范",教师应当以其廉洁高尚的道德人格促进学校廉政文化生态的存续与发展。

学校的本质功能是育人,作为学校教育对象的学生也是教育系统廉政文化建设不可或缺的主体。通常人们认为,在教育系统中,学生主要是廉政文化教育的客体,特别是中小学生,其廉政价值观尚处于形成阶段,在廉政文化建设中难以发挥其主体自觉性。事实上,学生廉政价值观的形成本身就是构成教育系统廉政文化的一部分,也是教育系统廉政文化建设的使命。并且,学生群体特别是大学生,应当发挥青年公民的主体自觉性,承担对所在学校管理者与教师廉洁行政的监督责任,进而培养自身有利于国家政治发展的公民素养。

(二)廉政文化内容构成的复杂性

教育系统廉政文化既是先进的政治文化,也是校园人的大众文化。[②] 与国家行政机关廉政文化不同,教育系统廉政文化的内容具有多样性与层次性。本章节主要对构成教育系统廉政文化内容核心的三要素——观念、行为及制度逐一说明。如果将廉政文化比喻成一条潺潺的河流,那么,廉政的观念是"源",廉政的行为是"流",廉政的制度是"岸"。

作为"源头"的廉政观念,是指对于廉洁从政的认知、评价等基本看法和总体观念。它是廉政文化的核心,对廉政行为起指导作用。有学者将国家行政机关中的廉政观念界定为廉政价值观,指"国家党政领导干部和一切公职人员关于廉洁从政价值的基本看法、总体观念"。[③] 而教育系统廉政观念相较于国家行政机关更为复杂。其一,教育系统廉政文化观念的主体具有多样性,包括领导干部、

---

① 张珏:《试论大学的学术权力》,载于《黑龙江高教研究》2001年第3期。
② 宋波:《高校廉政文化内容体系研究》,载于《国家教育行政学院学报》2009年第3期。
③ 王真:《论廉政价值观及其培育》,载于《理论导刊》2011年第3期。

一般管理人员、教师以及学生,由于不同的主体基于其对应身份形成了关于廉洁从政的差异性的看法,不同主体廉洁观念层次的要求也不同。例如,一般管理人员与教师的廉政观念有差异,一般管理人员基于自身职业要求形成了在处理学校管理事务中奉公廉洁的观念,对于该群体所秉持的廉政观念的层次要求停留在职业道德要求层面即可;教师则在教学及科研活动中形成廉洁地运用教育权力和学术权力的观念;此外,教师是培育学生廉政观念的重要主体,因此廉政观念层次要求较高,需要上升到道德人格的层面。其二,教育系统中的廉政文化观念具有时空跨度。从时间上看,教育系统中的廉政观念有指导当下内部人员行为的"现在进行时",即在当前的教学、科研与管理活动中,校园人所秉持的廉政观念;同时也有关涉国家政治发展的"未来时",即培育学生在未来的政治生活中所应当持有的廉政观念。从空间上看,教育系统中存在的廉政观念不仅指教育系统内部,同时也指教育系统外部的社会生活。一方面,领导干部、一般管理人员及教师的廉政观念指导其在工作岗位上廉洁运用公权力;另一方面,青年学生的廉政观念指导其参与社会政治生活。其三,教育系统本身承担着青少年学生廉政观念培育的责任,因而教育系统中的廉政观念是动态发展的,既存在着已形成并指导实践的廉政观念,也存在着正在生成的廉政观念。

廉政行为是构成廉政文化的基础,也是廉政文化建设的目的。一般意义上的廉政行为主要是指国家行政机关公职人员廉洁行政的行为,即廉洁行使行政权力的行为。通常情况下,某一类型的国家行政机关拥有单一类型的行政权力。教育系统中主体所拥有的公权力类型与国家行政机关公职人员所拥有的行政权力相比较而言更为复杂,因为在学校某一机构或院系或教研室可同时存在管理权力、教育权力、学术权力等多种权力类型。因此,廉政行为在教育系统中呈现不同样态。具体来说,基于权力类型不同的划分,教育系统中廉政行为主要分为三类。第一类是教育系统内部管理过程中的廉政行为,主要是指领导干部及一般管理人员在处理学校事务中的廉洁行政行为,是构成教育系统内部廉政文化生态的基础,同时,这类行为所涉及的具体事务细致繁复,包括人事管理、财务管理等贪污腐败现象可能发生的高发区。因此,防治内部管理的腐败行为是教育系统廉政文化建设的关键。其余两类廉政行为分别是教师在教育活动和科研活动中廉洁公正地行使教育权力和学术权力的行为。公正廉洁地行使教育权力主要是指在处理师生关系中,教师能够做到廉洁自好,公正地分配教育资源;公正廉洁地行使学术权力主要是指教师在科研活动中不以权谋私。

廉政制度是廉政行为的保障,是防治腐败的最直接有效的手段。从国家层面上看,早在2005年中央就出台了《建立健全教育、制度、监督并重的惩治和预防腐败体系实施纲要》,十八大以来党中央、国务院又出台了一系列关于廉政建设的重要规定，可以说是国家近年来高度重视廉政制度建设的体现。就社会层面上来看，不同公权力系统在国家统一的廉政制度框架内制定了符合自身实际情况的单位廉政制度。国家行政机关权力集中，人员构成相对简单，通常自上而下行使一套廉政制度。而教育系统的权力分散和人员构成多样化，决定了其廉政制度的复杂性。从教育系统的领导体制来看，学校规章制度的制定通常是由领导干部与学术委员会成员共同组成的校委员会制定或审议的，在高等院校中，除校级制度外，各院系有自主制定规章制度的权力。因此，教育系统廉政制度的制定具有层次性。其次，教育系统廉政制度涵盖的内容广泛。尽管教育系统的本质职能是人才的培养与知识的创造，但由于学校等教育场所不仅是教学科研场所，也是学生生活的场所，维持庞大复杂的教育系统的正常运转需借助多方面的合力。因此，教育系统廉政制度涉及多方面的内容，至少包括系统内部教学科研管理的廉政制度、人事管理的廉政制度、财务管理的廉政制度、基建与后勤服务的廉政制度等。

（三）教育系统廉政文化场域的特殊性

"场"与"域"最开始是自然科学中表示物理空间的概念，"场"有两个基本含义，一是指实体性的特定的空间，二是指由物质之间的相互作用而形成的有序空间，例如，磁场；"域"是指一定界线之内的空间。法国社会学家布迪厄系统地将"场域"概念引入社会学的研究领域中，形成了将社会环境与生活于其中的具有自主性的人共同构成的互动"空间"，称为社会学意义上的"场域"。"场域"的概念包含的核心要素为特定的时间、空间与特定的人，由这三者共同构成一个文化运行的整体。从"场域"的视角研究廉政文化更有利于从整体把握廉政文化形态，辨别某一系统的廉政文化区别于其他系统的廉政文化的特殊性。有学者就明确指出："为了有效促进廉政文化建设，就需要将该文化样态置于特定的时空背景之下，研究廉政文化在此时此地的特殊调适过程，发现其生成及演进的规律，利用规律指导廉政文化建设。"①

第一，教育系统内部的廉政文化生态场。朱利安·H. 史徒华（Julian H. Steward）在研究环境与文化的互动关系时创造了文化生态学的研究方法。文化生态是指以整体的、互动的以及关联的视域审视某种文化形态与其所在的社会环境之间的关系，它与"场域"相关，将文化生态学与场域论相结合来研究教育系统廉政文化，即研究在教育系统这个场域中廉政文化的运行呈现出哪些独特的

---

① 张孜仪、徐汉明：《廉政文化建设的文化生态学反思与重构》，载于《当代世界与社会主义》2011年第6期。

样态。教育系统内部的廉政文化生态的独特性在于：首先，教育系统这一文化"场域"承担着"育人"的职能与使命。这一独特的职能与特殊使命决定了系统内部廉政文化面向国家未来政治发展的视野。其次，教育系统这一文化"场域"具有知识生产的功能。因此，该系统内部可以自主生成适应该系统的廉政文化，并动态地发展廉政文化。再次，教育系统这一文化"场域"具有文化的物质载体丰富的特点，系统内部的廉政文化可以通过这些物质载体得以存续。最后，教育系统这一文化"场域"具有氛围自由的特征，这使得系统内部的多元廉政文化之间能够互通，不同廉政文化主体能够相互关联与互动，自觉形成不同群体之间的促进与监督。教育系统内部廉政文化的生成、发展与存续，多元廉政文化及文化主体间的互动，共同构成了在该场域中的廉政文化生态。

第二，外部环境与系统内部的交互效应影响教育系统廉政文化生态。教育系统内部廉政文化可以构成一个自完整和自运行的生态系统，但这并不意味着该生态系统是闭合的、不受外界干扰的。现代教育所培养的人才是以适应社会需要为目标的，并且现代教育的发展也离不开社会方方面面的支持。因此，教育系统不是"世外桃源"，政府、市场与社会公众无时无刻不与教育系统产生交互关系。在社会生活的各个"场域"与教育系统相互作用的过程中，教育系统廉政文化也受到场域之间作用力的影响，产生动态变化。在我国公办教育体制的框架下，政府主导国家教育资源的分配，任命教育系统负责人，政府与教育系统的交互作用显而易见。因而，国家行政机关的"官场生态"在一定程度上蔓延至教育系统中，对教育系统的廉政文化产生影响，主要表现在教育系统内部管理的行政化。市场是与教育系统交互频繁的又一领域，一方面，市场引导着教育系统人才培养的方向；另一方面，教育系统内部建设、学校后勤服务等职能很大程度上是依靠市场来完成的。市场的逐利性有可能使商家以经济利益为诱饵，诱发教育系统的腐败。这样一来，教育系统的廉政文化在一定程度上可能受到来自市场的侵蚀。社会公众基于教育对其自身的重要性，其主要借助于媒体平台自发形成了与教育系统互动频繁的场域，在廉政文化方面，主要表现为社会公众通过舆论监督的形式促进教育系统廉政文化建设。然而，在网络媒体时代，部分公众的非理性表达有可能污染教育系统内部的廉政文化生态，对其造成不良影响。

二、教育系统廉政文化教育的特殊性

教育系统作为社会文化的生产与传播器官，承担着廉政文化教育的职责。一般来说，学校教育的对象主要为在校学生，然而，教育系统廉政文化教育的对象不仅指在校学生，也包括教育系统中的领导干部、一般管理人员以及教师。显然，针对于不同的对象，教育的内容、方式与目标皆应有所区别。因此，与国家行政机关相比，教育系统拥有文化教育的优势，而另一方面其廉政文化教育也更具复杂性。

（一）教育系统廉政文化教育的优势

教育系统因其是知识文化的集聚地而具有廉政文化教育的优势。

1. 丰富的文化教育资源

作为专门从事教育活动的领域，教育系统拥有丰富的廉政文化教育资源。首先，针对学生群体，教育系统拥有廉政文化的课堂教学资源，包括有关廉政文化知识的教材以及具备廉政文化专业知识的教师。当前，在学校教育中，廉政文化尽管尚未独立成为一门课程，但在学校德育类课程中多有涉及。例如，高校"思想道德修养与法律基础"课程中社会主义荣辱观、社会主义核心价值观教育。其次，针对教育系统的领导干部、一般管理人员及教师，教育系统拥有廉政文化的职业教育资源。教育系统的从业人员被统称为教育工作者，无论是从事内部管理工作还是教学科研管理工作，教育系统的从业人员都被要求具备较高的职业道德素质。教育系统因其专业化的教育职能，对于内部从业人员有较为系统的职业教育体系，如岗前培训、例行会议学习、专家讲座报告、短期交流学习等，通过一系列持续的职业教育，强化教育工作者的廉政意识。最后，对于教育系统所有人员来说，除显性的课堂教育、职业教育外，校园文化中蕴含着丰富的隐性廉政文化教育资源。校园生活的教育渗透功能使教育系统十分注重校园文化载体的建设，多种多样的文化载体均是廉政文化教育可利用的资源。例如，报刊、书籍等知识载体，展览馆、纪念馆等文化场所，雕塑等符号象征，广播站、宣传栏等文化传播媒介以及多种多样的师生活动。

2. 较强的教育控制力

教育系统的廉政文化教育的主要目的是培育系统内全体成员的廉政观念，从而使其在工作岗位上受廉政观念的指导，廉洁从业。通过课堂教育、制度教育与文化教育三方面来培育受教育者的廉政观念，引导其廉政行为。其中，课堂教育和文化教育是教育系统相较于其他廉政文化教育主体特有的优势教育方式。从廉政观念的生成角度来看，教育系统廉政文化教育具有理论性与系统性。对学生来说教育系统中的廉政文化教育是前置教育，即教育对象尚未成为廉政行为人，此时，学生对于"廉政"尚未形成固化的认知，廉政教育的接受度较强。教师通过课堂教育逐步培养学生的廉政观念，相对于社会化的廉政教育来说，学校廉政教育更具有理论性，对于有关廉政的法律法规、国家制度以及职业道德等理论知识开展全面的教育。同时，课堂教育具有系统性的特点，通过教学、复习与考核一整套学习流程，学生能够形成较为固定和深刻的廉政观念。从廉政观念发展与存续的角度看，教育系统廉政文化教育具有巩固性和强化性。除课堂教育外，教育系统的廉政文化教育形式更重要的是校园文化教育，校园中各种形态的文化教育资源有利于在日常生活中巩固和强化学生通过课堂教育习得的廉政观念。因此，课堂教育的功能通过校园生活中隐性的廉政文化教育资源持续发挥作用，使学生的廉政文化观念具有较强的存续性。对于学校的管理人员和教师来说，校园廉政文化教育资源同样具有巩固和强化其廉政观念的作用，使其在实际工作中自觉廉洁行政。

3. 积极导向的教育环境

教育环境是影响学校教学效果的重要因素，对于人格的塑造往往起到"润物细无声"的作用，好的环境能够强化课堂廉政文化教育的教学效果，能够辅助廉政制度的顺利运行，有利于廉政观的养成，不良的环境有可能消解课堂廉政文化教育的成果，形成钻制度空子的"潜规则"。整体来看，当前我国教育系统的教育环境总体健康向上，为教育系统廉政文化教育提供了有利支持。

第一，教育系统内部具有相对独立的"自治权"，在空间上自成一体，不易受到外部干扰。教育市场与现实腐败高发的政府和市场具有一定距离，尽管难免受到来自政府和市场的腐败蔓延，但系统内部环境相对纯净。第二，积极向上的校园文化大环境有利于廉政文化教育的开展。廉政文化在教育系统中不是单独存在的，而是与其他优秀文化相伴而生的，特别是社会主义价值观文化。例如，诚信、公正等价值观所倡导的理念与廉政观念有异曲同工的相通部分。廉政文化教育寓于教育系统文化建设的整体布局之中，因而，健康向上的校园文化环境为廉政文化教育提供了营养丰富的土壤。第三，教育系统廉政文化的教育环境还包含由教育工作者的身份认同构成的自律环境。无论是教育系统的领导干部、一般管理人员或是教师，其身份认同均为具有较高道德要求的教育工作者，其中，教师更是道德典范的象征，也是廉政教育的主体，这一身份认同使教育系统的从业人员具有廉洁自律的自觉性，主动接受教育系统廉政文化教育，并进行自我教育。

（二）教育系统廉政文化教育的困境

尽管教育系统廉政文化教育具有教育资源丰富、教育控制力强、教育环境积极的优势，但教育系统中存在的腐败现象提醒我们廉政文化教育并未充分发挥其应有的功能。

1. 廉政教育长期忽视的"空场"

2007年教育部出台了《关于在大中小学全面开展廉洁教育的意见》，填补了学校廉洁教育的空白，弥补了德育课程中廉洁教育的缺失。然而，如何将廉洁教育融入大中小学德育课程中，成为近年来德育教师及研究者广泛探索的课题。迄今为止，在各类中小学德育课本中，廉洁作为个人品德的教育多在诚信道德教育的板块中展开，对于政治生活中的廉政文化教育没有系统的规划，内容过于贫乏。在高校思想道德修养与法律基础课程中，将大学生廉洁教育寓于社会主义核心价值观与社会主义荣辱观教育当中，尽管廉洁与诚信、公正等价值观有密切的联系，但廉政具有其政治生活的特殊性，高校学生廉政文化教育缺乏针对性。更多的现实表明，廉政文化教育尚未受到应有重视，学校对于学生廉政教育不足。

如果说教育系统学生廉政教育存在教育内容贫乏，教育缺乏针对性的问题，那么，教育系统的领导干部、一般工作人员以及教师的廉政教育则存在制度性缺失。教育系统领导干部的廉政教育多由上级行政机关组织开展，在学校内部，没有针对领导干部开展的廉政教育形式，大多数学校仅依靠领导干部的廉政自查，几乎没有教育的约束力。教育系统对一般管理人员的职业道德教育长期重视不够，除岗前培训以外没有制度化的继续教育，廉政教育大多迎合某种政治需要而时有时无，并且一般管理人员的职位升迁多基于其业务素质，政治道德素质仅为"务虚"，没有具体的考核标准，因此，教育系统一般管理人员的廉政教育长期缺位。教师是学校教育的主体，承担着廉政文化教育的主要责任，然而教师群体自身的廉政教育却成为空白，甚至有观点认为教师的职业道德要求中不包含廉政，即教师不存在贪污腐败的可能性，因而不需要廉政教育。[①] 基于前文的分析可以发现，教师是廉政文化建设的主体，他们拥有教育管理权力、教育权力以及学术权力，近年来教师滥用职权贪污腐败的案例也时有发生。一方面，教师身份要求其具有较高的道德素养；另一方面，教师个人的职业道德素质缺乏应有的培育机制，廉政教育的缺乏使部分教师陷入教育话语和自身行为不符的尴尬之中。

2. 学校去行政化的现实阻力

当前我国教育系统管理，特别是高校管理，存在着"被行政化"和"自行政化"的双重行政化特点，即大学作为国家行政体制的一部分，政府以行政管理方式将其作为行政组织机构加以管理，高校自身又以官僚科层制的行政管理体制管理大学内部各项事务。[②] 一方面，行政化管理易使教育系统滋生官僚主义，行政权力过大会导致教育与学术事务都由行政部门决定，教师的权力被边缘化，不利于教育系统民主监督的良性循环，造成廉政教育中制度教育的缺失，不利于教育系统廉政文化的建设。另一方面，行政化管理易助长教育系统的现实腐败，行

[①] 罗炎成、曾天德：《廉政教育：改进高校师德建设的着力点》，载于《安庆师范学院学报（社会科学版）》2011 年第 3 期。

[②] 吕红、毕红静：《我国高校的被行政化、自行政化与去行政化》，载于《延边大学学报（社会科学版）》2015 年第 2 期。

政权力过大使教育系统党政领导干部的权力欲望无法得到有效遏制，一般管理人员追随领导干部形成利益团体，加之政府与市场中不良风气的侵蚀，易集结成教育系统贪污腐败的链条。教育系统贪污腐败现象的多发将导致学校廉政教育积极效果的消解，使廉政教育失去控制力。

3. 知识群体的泛自由化

教育系统的知识群体主要指教育系统的教师，他们是廉政行为的主体，也是廉政教育的主体，更是廉政道德的榜样与示范。教育系统去行政化的目标之一就是能够使知识群体更自由地发挥其主体性，但这并不意味着知识群体可以随意运用手中权力，自由不等于毫无限制和无视责任。当前，教育系统中的知识群体在一定程度上存在重自由轻责任的泛自由化倾向，对廉政教育的有效性产生了不良影响，主要表现为以下几个方面。第一，逃避治理教育系统腐败的责任。一些教师为规避风险，对身边的腐败现象"睁一只眼闭一只眼"，采取消极逃避的态度，没有发挥其应有的监督责任，听任校园腐败现象的滋生。在针对学生的廉政教育的课堂上大讲廉政监督的责任之道，却不以身作则，使其教育本身失去说服力。第二，部分教师错误地判断当前社会腐败以及教育系统腐败的形势，公开发表非理性的消极言论，煽动学生的敌视情绪，非但没有起到防治腐败的作用，反而激化矛盾，使学生对于当前我国腐败治理与廉政建设难以形成正确认知。第三，部分较高层级的知识群体滥用招生、科研与评审权力，自身陷入腐败的泥淖。例如，在招生中向官员或富人倾斜；在学术研究中挪用科研资金为自己所用；在项目评审中徇私舞弊以换取自身利益。教育主体的腐败行为从根本上消解了廉政教育的有效性。基于知识的传播与科学研究自主性的需要，知识群体具有较高的自主权力，但知识群体自身职业道德素质的提高也需相应的教育与制度规约，使其充分、恰当地行使权力。

三、以"育人"为核心的廉政文化培育思路

教育系统的本质功能是育人，其肩负着为社会政治、经济、文化发展培养人才的使命，廉政文化教育不仅关乎于国家政治发展，更关系到社会全面发展。近年来，教育系统廉政文化建设已取得一定成就，但通过本课题组近期开展的教育系统廉政文化建设的调查发现，教育系统廉政文化建设存在着廉政文化教育对象不明确、廉洁教育活动偏少、廉洁教育方式接受度较差等问题。[1] 因此，探索具有针对性、有效性的廉政文化培育思路是推进教育系统廉政文化建设的关键。

---

[1] 数据来源于"提高教育系统廉政文化建设的实效性和针对性研究"课题组问卷调查。

（一）全方位的廉政文化育人思路

与国家行政机关不同，教育系统廉政文化主体的多样性决定了教育系统廉政文化培育具有层次性。廉政文化培育的层次性是指，在教育系统中不同的廉政文化主体所应当具备的廉政观念、行为有差别，需要根据主体的特性有针对性地开展廉政文化教育。教育系统领导干部是廉政文化建设的引领者，其自身应率先垂范，发挥其教育家的主体性。领导干部可通过定期开展集体研讨的形式进行廉政自我教育，并且开通系统内部自下而上的监督渠道，形成全体校园人对领导干部的廉政监督机制。一般管理人员的廉政文化培育是教育系统廉政文化建设长期忽视的"空场"。针对于此，教育系统应当为一般管理人员提供廉政文化教育平台，利用内部丰富的教育资源，针对其职业特点开展系统的廉政文化教育。此外，应当将廉洁作为管理人员升迁考核的道德素质之一。教师群体在教育系统中承担着防腐与育人的廉政文化建设双重使命。教师应当在对学生开展廉政文化教育的过程中不断进行自我教育，提高自身廉政文化的道德素养与理论素养。教育系统应当为教师的廉政职业道德发展提供制度性支持，为教师群体对于教育系统外部社会腐败问题以及廉政建设的实践体验创造条件。学生是教育系统廉政文化培育的对象，学生的廉政观念是教育系统廉政文化育人的目标。除课堂教学外，应当利用校园网络及校园活动等学生接受度较高的平台传播廉政文化。

（二）以制度促进廉政文化育人

制度是规约行为、强化观念的有效手段。习近平总书记指出："制度问题更带有根本性、全局性、稳定性、长期性。"① 然而，制度建设是当前教育系统廉政文化建设的短板，有学者认为廉政制度体系的不健全是教育系统腐败问题滋生的根源。② 如，学校财务制度、审计制度、招标投标制度等不健全，为校园腐败案件的发生提供了制度漏洞，学术规章制度、科研管理制度的缺失，为学术失范提供了温床。首先，教育系统廉政制度建设应当完善各部门的管理制度，将预防腐败与惩治腐败纳入教育系统各个管理环节的规章制度之中。其次，应当加强管理系统的党风廉政制度建设，补充制定廉政教育制度与廉政监督制度。廉政教育制度主要是指针对教育系统的全体从业人员的职业道德教育制度，应当针对不同教育主体分部门规划教育系统廉政教育制度，将廉政教育纳入教职工职业继续教育体系中。廉政监督制度的制定有利于明确教育系统各主体廉政监督的责任和义

---

① 《习近平谈治国理政》，外文出版社 2014 年版，第 391 页。
② 郝翔、陈翠荣：《论高校廉政文化建设》，载于《思想教育研究》2011 年第 12 期。

务，保护监督主体的权利，建立自上而下与自下而上并存的监督渠道。廉政的监督机制是防治腐败的灵丹妙药，但在缺乏制度的保障的情况下将形同虚设，因此，建立廉政监督制度并在教育系统中宣传廉政监督制度，使教育系统各个主体都参与到防治校园腐败的行动中来，是促进教育系统廉政文化建设的有效途径。

（三）以管理促进廉政文化育人

管理是制度的执行，制度若得不到切实的执行，再完善的制度也无法发挥实效。管理部门是教育系统权力的集散地，也是教育系统腐败的高发区。优化教育系统的管理是促进教育系统廉政文化建设的创新方法。首先，管理行为本身就蕴含着廉政的内在要求，廉洁的管理行为是构成教育系统廉政文化的重要组成部分，规范管理行为是以实际行动塑造廉政文化。其次，先进的制度依靠有效的管理发挥作用，廉政制度的完善需要通过管理达到防治腐败的实际效果，在教育系统需提高管理者的管理能力，充分执行廉政制度，避免不作为、乱作为的情况发生。再者，教育系统的管理者需明确管理职责与范围，划分权力界限，避免由权力越位造成的教育系统管理的过度行政化，破坏教育系统的民主氛围与廉政监督机制。最后，教育系统各个管理部门应当发挥自身统合教育系统各主体的优势，将教育系统不同的廉政文化联系起来，相互促进、相互监督，以形成教育系统廉政文化建设的合力。

（四）以环境促进廉政文化育人

教育系统廉政文化建设的环境包括系统内部环境和系统外部环境，无论内部环境或外部环境都存在着对廉政文化教育有利或不利的方面。在此，我们主要论述教育系统内外有利环境对于廉政文化育人的作用。教育系统内部有利环境是指由学校物质资源与精神资源共同构成的育人环境。总体来说，教育系统的内部环境有利于廉政文化的培育。如前文所述，教育系统拥有丰富的廉政文化教育资源，具有廉政观念培育的社会主义核心价值观土壤，同时有品格高尚、自律性强的教师群体作为榜样示范。这些资源在潜移默化中塑造着教育系统主体的廉政文化。教育系统外部有利环境主要是指社会公众借助大众媒体构成的教育系统廉政监督环境。教育是关系社会民生的关键问题，因此，社会公众对于教育系统始终较为关注，这有助于教育系统匡正自身行为，推进廉政文化建设。如，公众对于教育系统腐败案件的关注议论客观上形成了社会舆论监督，迫使教育系统领导干部更加注重自身廉政建设。

第二节 教育系统廉政文化培育目标和原则

廉政文化培育目标与原则是教育系统廉政文化培育的纲和目，只有在明确廉政文化培育的目标和原则下，教育系统廉政文化建设才能有序、有效地进行。

一、教育系统廉政文化培育目标

自我国 2005 年"廉洁文化进校园"开展试点工作以来，便有试点城市制定了具体的实施意见。例如，北京市教委、教工委颁布的《关于在北京大中小学开展廉洁教育的实施意见》，上海科教党委、市教委颁发的《关于在上海学校中加强廉洁教育和廉政文化建设的意见》。2007 年教育部颁布了《关于在大中小学校开展廉洁教育的意见》，提出全面推进"廉洁文化进校园"的要求。全国各地教育党委和政府教育部门根据文件精神，结合各自地域特点与文化背景，制定了各类学校廉政文化建设的落实文件。例如，上海市科教党委、市教委颁布的《上海市学校廉洁教育行动指南》，福建省委教育工委、福建省教育厅颁布的《关于在大中小学全面开展廉洁教育的实施意见》，浙江省教育厅颁布的《关于在全省大中小学开展廉洁教育和加强廉政文化建设的意见》，大连市教委颁布的《关于在大中小学学生中开展廉洁教育的意见》等。与此同时，部分学校也颁布了相关贯彻文件。例如，长春理工大学印发的《中共长春理工大学委员会关于印发〈廉洁教育实施方案〉的通知》，四川大学党委制定的《四川大学关于开展大学生廉洁教育的实施意见》等。上述从教育部到各地学校的文件，部署了学校廉洁教育工作，推动了"廉洁教育进校园"。但是具体落实教育部的文件精神，使学校廉政文化教育的有效开展，还需要对学校廉政文化培育的目标进行具体的探讨。

（一）廉政文化"育人"目标的设定

廉政文化建设进入教育系统，面对特殊的主体、客体以及复杂的内容，其培育目标也具有一定的特殊性，它既要符合廉政文化建设的基本要求，又要满足教育系统的教育目标。而教育系统廉政文化建设以"育人"为培育目标，其既与教育的根本目标一致，也与我国"以人为本"的教育理念一致，还与现实反腐建设的根本目的一致，是极具适合性的培育目标。

1. 廉政文化"育人"目标与教育的根本目标相一致

人既是教育的出发点,也是教育的根本目标。正如卢梭所言:"我觉得人类的各种知识中最有用而又最不完备的,就是关于'人'的知识。"① 任何一种教育实践,无不以"育人"为存在前提。"所有的教育行为,都与人的概念有关"。② 教育的核心是"育人",任何教育活动必定具有"为人"和"属人"的品格,都是以育人为本的教育。《国家中长期教育改革和发展规划纲要(2010 – 2020)》(以下简称《纲要》)明确提出"把育人为本作为教育工作的根本要求"。③ 因此,育人为本是教育的价值目标,旨在促进人的发展,培养完整的人。

《纲要》还强调"坚持德育为先"的树人宗旨,其中明确规定:"立德树人,把社会主义核心价值体系融入国民教育全过程。"这一规定进一步强调了"育人为本,育德为先"的教育理念。著名教育家陶行知曾说:"德是做人的根本,根本一坏,纵然你有一些学问与本领,也无甚用处。"教书育人,重在育人,育人先育德,育德是根本。"育人先育德"是落实党的教育方针的需要。十八大报告强调指出:"把立德树人作为教育的根本任务,培养德、智、体、美全面发展的社会主义的建设者和接班人。"④ 这是党第一次将"立德树人"引入党的报告。教育系统的廉政文化的"育人"目标是要将我国的小学生、中学生以及大学生培养成廉洁自律的人,让其拥有正直诚信,勤俭节约的优秀品德。具体来讲,主要是通过在观念层面倡导并培育主体"意义型"的人生观、"德才匹配"的名誉观、"适度"的财务观念、"阳光型"的权利观念、"节能环保"的消费观念以及"公正"的法制观念为重点。加强学生的廉政文化教育能够帮助学生树立正确的金钱观、权力观以及廉洁自律的人生观。坚定学生对中国共产党领导、社会主义制度的信念和信心,有利于树立学生正确的社会主义荣辱观,培养学生诚实守信、遵纪守法、艰苦奋斗的良好品质。帮助学生在未来成为一名具有社会主义民主法治、自由平等、公平正义公民意识理念的社会主义合格公民。与此同时,教育系统的廉政文化教育还通过廉洁校风、监督制度等环境与制度建设,为其廉洁信念的树立提供外部环境。此外,它也关注校园中另外两个重要群体的廉洁教育,加强教师廉洁执教的职业观教育,增强管理人员与校领导廉洁执政的权力观教育。因此,廉洁修身作为中华民族优秀文化传统和革命传统,既有利于学生本

---

① [法]让·雅克·卢梭著,李常山译:《论人类社会不平等的起源和基础》,商务印书馆1962年版,第62页。
② 冯增俊:《教育人类学教程》,人民教育出版社2005年版,第141页。
③ 中国网:《国家中长期教育改革和发展规划纲要(2010 – 2020)》,http://www.china.com.cn/policy/txt/2010 – 03/01/content_19492625_3.htm,2010年3月1日。
④ 胡锦涛:《坚定不移沿着中国特色社会主义道路前进为全面建成小康社会而奋斗》,载于《人民日报》2012年11月8日。

身健康成长的需要,也有利于我国优秀传统美德的传承。

总之,教育作为一种培养人的社会实践活动,不仅传授必要的知识,也给予美德的熏陶。教育系统的"育人"的目标与应试教育相对立,强调知识的灌输绝不是教育的目的,而应该把"育人"视作教育的根本目的,将"德育"放在首位,即"育人为本,德育为先"。教育系统的廉政文化"育人"目标致力于将主体培育为廉洁自律的学生,廉洁从教的教师以及廉洁从政的领导职工。

2. 廉政文化"育人"目标与"以人为本"教育理念相一致

廉政文化"育人"目标与"以人为本"教育理念相一致的。首先,"育人"体现了"以人为本"。杜威指出:"当目标标示我们所从事的活动的未来方向时,我们称它为目的;当它标示活动的现在方向时,我们称它为手段。"① "以人为本"既是所有教育行为的根本目的,也是实现教育活动的手段。因此,"以人为本"教育理念与"育人"目标具有内在的联系,都是从人本身出发对人的培养。"以人为本"作为教育系统廉政文化培育活动的方法、原则与核心价值,体现对人作用的重视、对人全面发展的追求。"以人为本"站在"以物为本"的对立面,强调不能让"物"遮蔽人本身的存在意义,不能完全沉沦于"物"而陷入被物化的困境。正如英国思想家约翰·密尔所言:"在人的工作当中,在人类使用其生命以求其完善化和美化的工作当中,居于第一重要地位的无疑是人本身。"②

其次,"以人为本"作为马克思主义的基本观点,要求人必须使"自己成为衡量一切生活关系的尺度,按照自己的本质估价这些关系,真正依据人的方式,根据自己本性的需要来安排世界。"③ 也就是说,"以人为本"作为教育的价值准则,强调一切发展必须以满足人的需要、维护人的尊严、实现人的价值、促进人的全面发展为根本目标。目前,有些人在这个物欲横流的社会中迷失了自己,面对各种外在的物质利益诱惑而无法自制,所以用廉政文化对学生和教师与领导进行修心教育,当他们面临各种利益与物质利诱的时候,能够坚持自己的原则,克己崇俭,遵纪守法,实现作为一个人应该有的价值。

最后,《纲要》强调:"坚持以人为本、推进素质教育是教育改革发展的战略主题,是贯彻党的教育方针的时代要求,核心是解决好培养什么人、怎样培养人的重大问题,重点是面向全体学生、促进学生全面发展,着力提高学生服务国

---

① [美]约翰·杜威:《民主主义与教育》,人民教育出版社2001年版,第117页。
② [英]约翰·密尔著,许宝骙译:《论自由》,商务印书馆2005年版,第63页。
③ 《马克思恩格斯全集》第1卷,人民出版社1956年版,第651页。

家和人民的社会责任感、勇于探索的创新精神、善于解决问题的实践能力。"①由此可见,"以人为本"的出发点就是要把学生作为一个鲜活的、有情感、有智慧的人,其目的是把学生培养成一个在生理与心理、智力与非智力、情感与价值观诸方面协调发展,具有较高综合素质的人,也就是全面发展的人。以人为本指的是切实考虑到人的需求与能力而进行的教育,而不是盲目的、不考虑学生自身条件的教育。教育系统廉政文化建设绝不是一蹴而就的过程,学生廉洁信念的树立也具有阶段性与层次性,从小学阶段到高等教育阶段,学生们将经历廉洁习惯、廉洁意识、廉洁观念以及廉洁信念养成的培育过程。这些阶段性目标便是在"以人为本"原则的指导下根据学生的身心特点和成长规律确立的。此外,考虑到影响"育人"目标实现的外部原因,教育系统的廉政文化教育还从教职工的廉洁从教与廉洁行政,教育环境的纯洁性以及制度的保障性方面设立相应目标,以期达成"育人"的目标。

3. 廉政文化"育人"目标与反腐目的相一致

腐败作为当代社会最为关注的焦点问题之一,已成为一个全球性的问题。无论是在发达国家还是发展中国家,无论是资本主义国家还是社会主义国家,腐败都不同程度地存在着。在中国,社会腐败现象不容小觑,上至官员下至百姓无不深谙其中之奥秘。"有权不用,过期作废""升官发财""请客送礼""拉关系"等这些词语已成为一部分中国人的处世指南。腐败在当今中国已经成为侵蚀精神生命,影响民族性格的一种"文化"。腐败行为严重破坏了经济持续健康发展的环境,阻碍现代化进程,严重破坏了社会公平正义的秩序,并且损害了党的形象,影响了党的执政地位。

面对如此困境,十八大以来,党中央铁拳出击,严厉打击腐败。党和政府的反腐败活动,不仅稳固了我国社会主义的经济基础,而且有利于社会资源优化配置,维护社会稳定,稳固党执政的政治基础,重塑人们的思想与社会风气,保证党的先进性与战斗力。但是,从长远的意义上来审视"反腐倡廉",反腐是一种比较短期和被动的事后补救方式,而从教育的视角培养学生的洁身自好、勤俭节约的廉洁品质,才是治理反腐的长远目标,才能从根本上防治与治理腐败。这并非要将廉政教育与反腐建设割裂为两个独立的方式,相反,是要将两者结合起来。从根本上来看,党和政府的反腐行为都是为了拯救那些堕落迷失的人,同时也是为"育人育德"提供良好的社会环境,从根本上来讲,反腐的根本目的还是为了人。

---

① 中国网:《国家中长期教育改革和发展规划纲要(2010－2020)》,http://www.china.com.cn/policy/txt/2010-03/01/content_19492625_3.htm,2010年3月1日。

具体来讲，党和政府在政治领域的反腐败体现在以下几个方面：首先，在立法方面，严格遵循我国"有法可依、有法必依、执法必严、违法必究"的原则，用法来遏制腐败，其根本是为了挽救人和社会。其次，反腐败能够保证党和政府坚持奉行"全心全意为人民服务"的宗旨，在实际的政治运行过程中，时刻考虑到人民的要求，立党为公、执政为民，通过反腐来建设一个清明的政府和良好的政治生态。最后，公、检、法等司法机关共同维护社会秩序与社会公平。当人民群众面临各种权利受损时，司法部门依法保护人民，保护人民的合法权利，维护社会的公平与正义。这将保证人民群众对政府的信任，维护社会的稳定。在经济领域进行反腐败建设，将能够避免经济领域的"权钱交易"，控制经济领域的权力寻租行为。反腐败还将有力遏制社会上走后门、拉关系等不正之风，维护竞争与公平，维护社会稳定。在生活领域反腐败，将有效遏制贪骄奢淫逸的风气，重塑勤俭节约的优良传统，形成良好风气。

总之，虽然反腐是基于严重的腐败现实而进行的，但是整治腐败绝对不是根本，反腐是为了防腐，通过反腐而建立清明的政治环境，公平的经济环境以及廉洁的社会风气都是为了拯救人，既能够帮助犯错误的人改正错误，又能够为未来进入社会的学生们提供一个清正廉洁的社会环境。所以，我们进行廉政文化教育不仅仅是反腐败的手段，也是实现培育人廉洁自律的工具与手段。

4. 教育系统廉政文化育人目标的具体化

中国传统文化中的"廉"既表示品德清、求利少以及克勤克俭等含义，也与正直、诚信、平等以及自律紧密联系。现代社会中的"廉洁"是"指向社会公共利益和正义价值的一种道德情操，以及据此产生的道德行为和状态。特别对那些占有各种组织资源的公民，尤其是行使公权力的公务人员提出的要求。廉洁作为廉政的内在条件和根本保证，与贪污腐败相对"①。因此，廉洁的本义就是清廉不贪，洁身自好。随着社会的发展和学校师生情况的变化，廉洁教育会不断生成一些新的内容。为了确保学校廉洁教育的总体方向及其稳定性，有必要强调并把握好廉洁教育相关的价值观，包括"自我价值（自尊，自律，自立，自育），诚信意识（诚实、诚信、正直、公正），勤俭习惯（节约、节俭、勤俭、廉洁），法制观念（遵纪、知法、守法、护法）"② 等。

"廉洁"作为人后天习得的道德品质，由道德认知、道德情感、道德意志和道德行为的四个要素构成，即知、情、意、行四个方面所组成的过程。品德结构的形成和发展，是四要素相互结合、协调发展的过程。若四要素比例失调，将会

---

① 张增田、孙士旺：《廉洁的内涵与廉洁教育的策略》，载于《中国德育》2008年第4期。
② 豆丁网：《上海市学校廉洁教育行动指南》，http://www.docin.com/p-17580246.html。

导致品德发展障碍。四要素构成以信念为核心的层次结构。道德信念是道德动机的高级形态，它是从道德认识发展而来，是各种心理要素臻于成熟的标志。所以，教育系统的廉政文化的培育要以廉洁信念的树立为终极目标。值得注意的是，强调廉洁信念的树立，并不是仅仅强调道德认知的发展，从品德结构的各要素的关系可知，道德情感、道德行为、道德意志与道德认知共同作用才能形成廉洁的道德品质。

教育系统的廉政文化建设的"育人"目标是一个宏观目标，需要进一步结合廉政文化培育内容与受教育者的身心特点，把握其道德发展与教育规律，制定合宜的中观目标。如此，才能在操作层面帮助微观目标的实现，最终实现"育人"目标。从目前各省市、区县与学校围绕教育部关于廉洁教育的各项文件，或制定的具体实施意见来看，绝大多数学校的廉洁教育目标与教育部《关于在大中小学校开展廉洁教育的意见》几乎一致，只是针对各地不同的文化特点与具体情况制定了不同的内容。例如，上海市普陀区试行的《普陀区中小学全面开展廉洁教育的实施办法》，其制定的"通过在中小学全面开展廉洁教育，逐步引导小学生认识自我、认识社会、不断规范自身行为习惯，为形成良好的品德奠定基础；逐步引导中学生培养高尚的道德情操，树立公民道德意识和法律意识、诚信意识、自律意识，进一步提高青少年学生遵纪守法的自觉性"的工作目标，既是围绕教育部与上海市教委制定的《意见》而浓缩后的目标，也是在贯彻《上海市学校廉洁教育行动指南》中强调层次性与阶段性的主要内容，小学阶段着眼于"自信、诚实、节约、遵纪"；初中阶段着眼于"自律、诚信、节俭、知法"；高中阶段着眼于"自立、正直、勤俭、守法"。[①] 由此，围绕相关文件精神与实践效果，各阶段学生的身心特点以及我国教育系统廉政文化建设的培育目标，也应该分层次、分阶段。就廉洁信念形成过程来看，它主要历经廉洁行为习惯、廉洁意识、廉洁观念直至廉洁信念等阶段，因而应分别与教育系统的几个主要教育阶段相对应。

（二）基础教育廉政文化培育目标

目前，我国学制大致分为小学阶段（6～11岁）、初中阶段（12～14岁），高中阶段（15～17岁），高等教育阶段（18岁以上）。不同的教育阶段分别对应不同的成长时期，其道德发展与身心发展水平呈现出不同的特点，应当根据其不同的身心特点与道德发展阶段制定相宜的廉政文化培养目标。

[①] 道客巴巴网：《普陀区中小学全面开展廉洁教育的实施办法》，http://www.doc88.com/p-175439627305.htm。

1. 小学阶段目标：廉洁意识的启蒙与廉洁行为习惯的培养

小学阶段廉洁行为习惯主要包括节约、诚实以及遵守纪律规定的行为习惯，在此基础上培养小学生相应的廉洁意识，以及良好的行为习惯带来的荣誉感。小学生精力旺盛、活泼好动，但同时他们的自制力还不强，意志活动的自觉性和持久性都比较差，在完成某一任务时，常靠外部压力，而不是靠自觉的行动。不同的教育方式会影响他们的性格，因此，小学生阶段是培养良好心理品质与行为习惯的关键时期。[1]

小学中低年级，廉政文化的培养目标是廉洁行为习惯的养成。首先，廉洁的行为习惯是小学生文明规范行为养成的重要部分。就廉洁的行为习惯而言，在小学阶段应该着重培养小学生勤俭节约、热爱劳动、遵守班规校规，养成不说谎、不浪费的行为习惯。这些文明的行为习惯既是每个小学生成长过程中必学的行为要求，也是与廉洁品质的培养紧密相连的，是奠定廉洁品质的基础。由于小学低年级学生的自觉自律的意识还较为薄弱，此时的行为习惯不是自觉实行的行为，而是靠外在的规训。其次，中低年级的小学生的道德发展水平较低，处于科尔伯格的三层次六阶段道德发展理论的第一层次前习俗水平（也称前道德水平）的第一阶段，即"惩罚和服从阶段"，[2] 此时"儿童处理两难问题的方式，并不是以社会标准、规则或者习俗为基础，而是注重不同行为选择所导致的奖惩状况"。[3] 小学生的思维水平较大程度上受形象性的影响，逻辑思维水平低下，其道德认知水平也处于较低的水平。因此，若要小学生理解理论性较强的概念与道理是较困难的。最后，小学生"自觉性较差，具有受暗示性和模仿性的特点"。[4] 由于小学生行为习惯多是通过外在行为规范训练而成。因此，简单、重复性的行为是养成文明行为习惯的好方法。

综上可知，廉洁的行为习惯作为小学生文明规范行为的组成部分，是小学生成长与道德品质形成的基础，为廉洁意识的形成奠定基础，而且与其较低的道德发展水平相适应。

小学高年级，廉政文化培育的目标是廉洁意识的觉醒。廉洁意识是指主体对与廉洁有关的现象与行为的看法与态度，即对前述廉洁行为习惯的态度与看法。它是人主体性觉醒的表现，是主体主动关注与思考廉洁行为与现象的过程。首先，廉洁意识的觉醒能够唤起高年级小学生对廉洁行为习惯的主动认知，为其形

---

[1] 刘梅等：《儿童发展心理学》，清华大学出版社2010年版，第227页。
[2] 周宗奎等：《儿童青少年发展心理学》，华中师范大学出版社2011年版，第338页。
[3] 俞宁、姜红：《未成年人青春期道德发展与违法犯罪》，载于《安徽农业大学学报（社会科学版）》2014年第6期。
[4] 周宗奎等：《儿童青少年发展心理学》，华中师范大学出版社2011年版，第248页。

成廉洁观念奠定基础。随着年龄的增长与身心的发展，小学生的自我意识与反省意识的出现，小学高年级学生"逐渐将自己的行为与当前的认知活动结合，调节自己的情绪状态，把自己的行为放在当前的行动任务上"。[①] 此时，儿童明辨是非的能力在不断增强，行动冲动性和盲目性逐渐减少。自我意识的觉醒会对某些行为产生质疑，尤其是那些与社会现实相背离的行为。因此，小学高年级廉政文化教育不能停留在最初的行为习惯训练模式，可以进行一定的说理教育，启发学生对自己廉洁行为的深刻认识，启发其从被动地遵从到主动地自觉遵从的转化。由此才能更好地培养学生崇尚廉洁作风的情感，不断规范自身的行为，进一步认识自我与社会，为形成良好的廉洁观念奠定基础。其次，高年级小学生的道德发展水平有所提高。10 岁左右是"形象思维向抽象逻辑思维过渡的转折期"，[②] 意味着小学高年级的学生的思维水平有所提高。尽管小学中高年级学生的思维仍具有较大的具体形象性，但同时他们已逐步具有了区分本质与非本质、主要的与次要的判断能力，可以初步掌握科学的定义。因此，对于廉洁的要求，以及社会现实中出现的廉洁与腐败现象的分析与判断也具有了初步的思维能力。高年级小学生已经能够运用这些道德意识来调节和支配自己的行为，逐渐理解并遵守社会公德。最后，小学高年级学生的道德情感随着年级的升高，他们调控自己情感的能力逐渐发展起来，能够根据学校的纪律要求约束自己的情感。与此同时，其意志坚持性品质的渐渐形成。与小学低年级学生要依靠外界的力量督促行为有所不同的是，高年级小学生能按照教师的要求完成多种活动任务，并逐渐学会自觉地计划和检查自己的活动。此时的小学生受暗示性逐渐减弱，独立性则日益增强，其处理事情的果断性渐渐地表现了出来。

总之，在小学阶段对学生进行廉政文化的教育，以 10 岁为其生理心理发展的分界点，根据其不同的身心特点，将小学中低年级的廉政文化教育目标设为廉洁行为习惯的养成，小学高年级的培养目标则以"廉洁意识"的唤醒为主要目标。但需要指出的是，尽管高年级的小学生在思维和道德发展水平上都有所提高，但是其理性成分仍旧处于刚起步的阶段，廉洁意识也是浅显的，但是却是不能忽略的廉洁启蒙教育。

2. 中学阶段目标：廉洁意识与廉洁观念的初步形成

儿童和青少年的道德品质有一个发展和变化的过程，其发展变化的特点有极大的不同。就深度而言，青少年道德品质的发展自然具有比儿童较为深刻、成熟的特点。就品德好坏而言，青少年道德品质的发展同儿童道德品质的发展一样，

---

① 周宗奎等：《儿童青少年发展心理学》，华中师范大学出版社 2011 年版，第 248 页。
② 刘梅等：《儿童发展心理学》，清华大学出版社 2010 年版，第 227 页。

是曲折变化的，可逆的。可以由好变坏，也可以由坏变好。① 因此，中学阶段的廉政文化的培育目标在深度与成熟度上，必须比小学阶段上一个台阶，应该被设立为以"廉洁观念形成"为核心的廉洁意识与观念的培育。中学阶段的廉政文化培育着眼于廉洁意识的形成。初中阶段主要着眼于"诚信意识、勤俭意识以及法律意识"等廉洁意识的形成，以期增强初中生自尊自律性。初中廉洁意识的培养不同于小学高年级廉洁意识的觉醒，前者强调意识的主动性，后者强调的是启蒙阶段的意识，注重的是意识的觉醒。高中阶段的廉政文化培育着眼于初中廉洁意识基础上的观念层面（即诚信观、勤俭观与法制观）的培育，是将社会道德理念内化为自我观念的阶段。

初中阶段的青少年以廉洁意识的形成为主要目标。初中生要形成的廉洁意识是对小学高年级学生所要唤醒的廉洁意识的延续，是更高层次、更有深度的廉洁意识。首先，对刚刚进入激情荡漾青春期的初中生来说，廉洁意识的教育影响重大。从生理发展来看，初中阶段正好是儿童期到成人期的过渡期，也宣布正式进入了青春期，这是人生发育的第二次"生长高峰"。身体外形的巨变、内部机能和性的成熟等，对初中生的心理将产生很大影响，而初中生必须适应这些变化带来的影响。从心理发展来看，由于青春期是个非常复杂、充满矛盾的特殊时期。初中生面临着身心发展不平衡、成人感和半成熟现状之间的错综复杂及这些矛盾所带来的心理和行为的特殊变化。其次，初中生的道德发展水平给廉洁意识的培养提供了机遇与挑战。一方面，初中生的道德认知能力有利于其廉洁意识的培养。初中生此时已经具备了理智感，它不仅表现在初中生解决问题的过程中，而且表现在获得成功以后的态度上，小有成功后萌发的事业观念，初步体验到理智对于成事的价值。这样的思维与理智感有利于初中生对廉政现象与行为产生的认知，能够理解接受国家的廉政法规，理解个人成长应具备的基本素质，理解个人与他人、个人与集体、个人与社会的关系，开始感悟人生意义，提高道德素质。另一方面，初中生薄弱的道德意志、两极化的情绪以及冲动盲目的道德行为，也会影响他们廉洁观念的培养。一是初中生道德意志发展上较为薄弱。初中生的意志发展比小学有了长足的进步，然而将初中生同高中生相比，他们的意志发展还很不完善、很不稳定。其主观认识不够全面，社会经验不足，缺乏意志调控能力。二是初中生的道德行为具有盲目性和冲动性。初中生的内心需要与其意志调控能力之间常有失调的情况，导致他们在具体事情的处理上，虽然表现出信心十足，但行动上却迟疑不决、摇摆不定。面对初中生的这些问题与矛盾，学校进行廉洁意识教育要与其发展不成熟不稳定的道德水平相适应。最后，廉洁教育有利

---

① 吴凤岗：《青少年心理学》，北京师范大学出版社1991年版，第270页。

于初中生平稳顺利地渡过青春期。初中生的情绪具有鲜明的两极性，而且转化迅速，从而使他们原来就充满热情的情绪活动，呈现出丰富生动、不容易控制的特点。而强化青春期少年的理想教育，学习目标的确立是人生的动力，优化青春期少年的学习、生活环境，尤其是精神环境，都是帮助其克服负面情绪的良方。而这些良方正是廉洁意识培养的题中之义。

总之，尽管初中生矛盾的心理、动荡的情绪、不平衡的道德发展，使得对其进行思辨程度较高、情绪体验平稳、意志水平较高的廉洁观念显得有些困难，但是其持续发展的思维能力与已经产生的道德感与理智感等有利条件，使其廉洁意识培育的水平较小学阶段更高，同时通过廉洁意识的培养还可以反作用于初中生不成熟的心理，帮助其理解积极健康的人生观与价值观，以及深度思考正义、诚信、节制等美好品质对其成长的意义，从而树立理想营造良好的精神环境，缓解与化解其在这一"困难期"面临的各种矛盾。

高中阶段，廉洁文化培育目标着眼于廉洁观念的形成。高中生严格意义上已经进入了青年初期。经过初中阶段生理及心理上的巨变和动荡，高中生的生理及心理均趋于成熟和稳定。相较于初中生，由于高中生与社会的接触增多，具备了反复练习道德行为习惯的条件，高中生的道德行为习惯已日见牢固。高中生随着道德认识的成熟和道德情感的稳定，以及道德意志的发展，而使道德行为具有更大的稳定性和可靠性。

首先，其身体发育相对稳定。就生理发展而言，高中生阶段正处于在青春期发育末期，它是人体发育成熟的阶段，也是身体发展的定型阶段。在经过青春期的急剧发育后，人的生理发育进入相对稳定阶段，人体内的组织与器官的机能逐步达到成熟水平，这为心理和道德的发展奠定了坚实的基础，这个时期在生理上是由青少年到成年的过渡期。

其次，高中生心理品质日趋稳定，思维能力迅速发展，趋于成熟。从思维能力来看，高中生具备了人类思维的各种形式，尤其是形式运算思维、辩证思维和创造性思维等高级思维形式迅速发展，其思维特点由经验向抽象逻辑性转化，而且自觉性增强。随着高中生自我意识的成熟和价值观的形成，认知成分与其个性的发展也趋于协调。从自我意志的发展来看，高中阶段是一个人认识自我，开始考虑自己的人生问题的时候，探索"自我人生"的需求使得高中生的自我意识获得高度发展。从人格的发展来看，高中生超越了初中生的矛盾性和过渡性，已经能够对人生和世界做出比较理性的判断，形成对人生和世界较稳定的价值取向。

最后，高中生的道德发展有了较大提升。高中生的道德发展已经处于后习俗水平，有人将此阶段称之为法律定向阶段与普遍伦理阶段，即"认识到法律是反映大多数人意志和促进人类幸福的工具，法律应该保障这一目的完成，并且得到公正的事实，那些损害人类权利和尊严的事情的法律是否公正是值得怀疑的"[1]。处于这一阶段的高中生的道德判断是由普遍的道德准则所支配的，其受到一定社会准则的影响，并将其认可的准则内化为自己的道德原则来执行。高中阶段是学生基本三观的形成期。高中生的价值观方面，开始能作出理性的价值判断，具有强烈的自我意识，价值观的内容也日益丰富。高中生的人生观方面，开启对人生的思考，形成对人生的价值与意义的认识。有的高中生人生观已经进入了探索阶段，随着对人生观察逐渐广泛而深入，个体便会在观察中思考人生的问题，探索人生的道路，寻求人生的价值。有的高中生能够进入定向阶段，其已经能有意识、较全面地认识社会与自我的关系，并形成较鲜明的认识现实人生观的初步定向。甚至有极少数的高中生通过对人生信念与人生理想的思考，能够确立自我人生观的方向。此时高中生已经能够理解廉洁文化本身的内涵及其意义，并能辩证地看待与廉洁相关的思想与行为，且能给予理性的评判。

总之，高中生无论是道德认知、道德情感，还是获知道德行为方面都开始有较为强烈的自我意识，其分析问题、理解社会的思维能力也能够为更加深刻地理解廉洁的观念提供智力支持。而且，随着高中生与外界接触的加深，社会或者校园中出现的腐败现象，对其有一定的侵蚀作用，因此帮助高中生更加辩证与深刻地看待这些问题，是极为重要的教育内容，并能为其树立廉洁的观念提供支持，以此帮助高中生形成正直、诚信、守法懂法的廉洁观念。

（三）高等教育廉政文化培育目标：廉洁信念

高等教育阶段的廉政文化目标以培育大学生廉洁信念为首要，并强调在道德层面对诚信、正直、勤俭以及守法的高度自觉性的养成。廉洁信念本质上属于道德信念。道德信念是指"深刻的道德认识与强烈的道德情感有机结合，协调一致，并以顽强的意志坚定的道德行为一以贯之地表现出来的道德观念"[2]。廉洁信念包含着强烈的道德感受、高度自觉的道德意志以及实践中的道德行为。

首先，绝大多数大学生已经具备树立廉洁信念的身心条件。大学生作为成年人，无论从生理或心理方面都已经发育成熟，通过正向的引导和大学生的主观努力，大学生是可以顺利进入科尔伯格的道德发展理论所说的第三水平的后习俗水平（或称后道德阶段）。处于这个阶段的人，心中已有自己坚守的原则，简单的廉洁规范教育已不能满足他们的要求，因而应从大学生的身心特点出发，从大学生的思想深处挖掘其道德发展的潜力。一是从道德认知层面，推进大学生认识并

---

[1] 周宗奎等：《儿童青少年发展心理学》，华中师范大学出版社2011年版，第338页。
[2] 朱新春等：《青少年生理与心理》，上海教育出版社1993年版，第219页。

理解社会主义核心价值观的内涵与意义；让大学生全面了解廉政建设的方针、政策、法规、制度以及廉政工作的体制和机制等；引导大学生学习我们党反腐倡廉的理论与实践、社会主义政治文明建设理论、党风廉政建设和反腐败方面的政策法规等较为深刻与全面的理论知识。二是从道德情感与意志方面，引导大学生培育奉献祖国、奉献社会的精神；树立报效祖国、服务人民的信念；增强防腐倡廉的自觉性等较强的道德自律意识。三是从道德行为方面，培育大学生提高处理理想与现实矛盾的能力；增强辩证分析社会腐败现象的能力；自觉抵制诱惑和自我调适等能力。这三个方面相辅相成，相互协调，促进廉洁品质的发展、树立坚定的廉洁信念。

其次，廉洁信念的树立对于大学生个人成长与社会发展具有重要意义。一方面，高校对于大学生来说就是进入社会的准备通道，不久后他们将投入社会工作，社会将以复杂的现实等待着他们；另一方面，大学生中必将产生国家与社会未来的栋梁。正因如此，则不得不对大学生的廉洁培育提出更高的要求。就在校大学生来说，尤其是高年级大学生和研究生，与社会接触明显增多，也即将面临社会的挑选与各种诱惑。在教育系统中，大学生是最接近实质权力的群体，其是否具有较高的廉洁道德认知、坚贞道德情操、牢固的道德意志、高度自觉的行为习惯，决定了他们在走上社会后能否正确使用权力，能否抵御各种诱惑，关乎社会公平的维护、国家的长治久安、民族的长远利益与发展。所以，只有树立坚定的廉洁信念才能产生抵御诱惑的力量，才能勇于实践清正廉洁的道德行为。

总之，绝大多数大学生从生理与心理上具备的成人特性，为其树立廉洁信念提供了良好的条件。同时，其面对社会的冲击与诱惑也让其迫切需要正确积极的价值观念的教育与培养，这既是大学生的个人需求，也是社会与国家发展的要求。

（四）廉政文化教育系统教职工的培育目标：廉洁从教与廉洁从政

《建立健全教育、制度、监督并重的惩治和预防腐败体系实施纲要》指出："反腐倡廉教育要面向全社会，把思想教育、纪律教育与社会公德、职业道德、家庭美德教育与法制教育结合起来。大力加强廉政文化建设，积极推动廉政文化进社区、家庭、学校、企业和农村。"[1] 学校作为培养人才的重要阵地，担负着倡导和推进廉政文化建设的历史重任。教师承担着教书育人的神圣职责，既为学生传道授业解惑，也为学生指引人生。而学校行政人员的廉洁作风与职业道德水

---

[1] 《中共中央关于印发〈建立健全教育、制度、监督并重的惩治和预防腐败体系实施纲要〉的通知（2005年）》，载于《人民日报》2005年1月17日。

平直接关系到校园廉政工作效果和学生的健康成长。因此，对于学校教职工群体，教育系统廉政文化建设以廉洁执教与廉洁执政为培育目标。

首先，教职工的廉政文化培育是教育系统廉政文化建设的一部分。尽管教育系统的廉政文化培育的主要对象是学生群体，但由于教育系统不是一个松散的系统，而是一个相互影响与相互联系的场域，处于这个场域中的重要主体还包括教职工群体，教师能否廉洁从教与行政管理人员尤其是掌握权力的学校领导能否廉洁从政，将直接影响教育系统的廉政文化生态。由于"教师的思想素质、价值取向、学术水平、治学态度和职业道德观念时刻在影响学校的校风、教风和学风"，① 这些关系到能否为廉政文化建设提供优良的环境。其次，教职工廉洁执教或廉洁从政是其职业道德的本质要求。教育部 2008 年 9 月最新修订的《中小学教师职业道德规范（2009 年版）》中明确规定："为人师表。……廉洁奉公。自觉抵制有偿家教，不利用职责之便谋取私利。"② 2012 年还印发了《高等学校教师职业道德规范》，其中明确规定："为人师表。……自尊自律，清廉从教，以身作则。自觉抵制有损教师职业声誉的行为。"③ 教师与其他职业相比较，社会对其道德的要求与期待更高。要求其在职业道德等方面都能够给其他行业做出表率作用，如果教师行业出现不廉现象，就很难为人师表。所以，教师道德规范中一再强调教师应该具有乐于奉献、爱岗敬业等精神，面对诱惑，不为所动，坚守教师的廉洁操守与底线，这确是教职工应该具备的道德情操。

因此，教师应该树立洁身自好，廉洁从教的职业观，养成俭以养德、廉以修身的人格。行政领导应该树立并践行廉洁奉公、廉洁执政的职业观，绝不利用职责之便谋取私利。

二、教育系统廉政文化培育原则

所谓原则，是指说话或行事所依据的法则或标准。教育系统廉政文化培育原则就是廉政教育目标设定的所依据的法则和标准，是教育系统廉政文化建设必须遵循的指导原理和行动准则。教育系统廉政文化培育原则是推进整个廉政文化建设的方向保证。廉政文化建设属于我国政治生活中的重要内容，它不仅是教育系统反腐倡廉的重要组成部分，也是推动学校教育改革与创新的动力机制之一。但

---

① 黄秋平：《论加强高校教师的廉洁教育》，载于《湖南人文科技学院学报》2009 年第 5 期。
② 中国教育和科研计算机网：《中小学教师职业道德规范（2008 年修订）》，http://www.edu.cn/jiao_yu_fa_gui_767/20080903/t20080903_322345.shtml，2008 年 9 月 3 日。
③ 中国教育在线网：《关于印发〈高等学校教师职业道德规范〉的通知》，http://teacher.eol.cn/gaoxiaoshizi_11576/20120109/t20120109_729539_2.shtml，2012 年 1 月 9 日。

是廉政文化培育工作在教育系统如何开展，应当依据什么来开展，则需要一些规范性的思路，来指导廉政文化培育工作。

首先，廉政文化培育必须与党的路线方针、政治价值观相一致。教育系统方面的廉政文化建设是一个非常关键的任务，要想完成这样艰巨的任务就要求有正确路线的指引，特别是以习近平新时代中国特色社会主义理论为指导，坚持社会主义核心价值观，坚持社会主义先进文化前进方向。其次，廉政文化培育原则应当体现学校教育的规律。在廉政文化建设中结合教育系统廉政文化建设的自身特点，进行廉政思想教育，提升教育系统成员自身的素质和水平，积极开展各项专门活动。最后，廉政文化培育原则不是拍脑袋的主观结果，而是教育系统廉政文化建设实践过程中总结出来的准则要求，它高度概括了教育系统廉政文化建设实践经验，反映了教育系统廉政文化建设的根本要求。综上，提出下列教育系统廉政文化教育原则。

（一）价值观原则

廉政文化建设的内涵丰富，但其主题为"廉政"，文化教育系列活动紧紧围绕"廉政"，通过廉政文化教育活动引导人们树立正确的世界观、人生观、价值观、地位观、权力观和利益观，价值观力量是潜在的、无形的，成为廉政文化建设的思想保证。由此，教育系统廉政文化培育要始终以价值观为原则，使得领导干部、教职员工，乃至广大学生能发挥在廉政文化建设中的主体地位及其作用。

1. "以人为本"的价值观

"以人为本"的重点就在于一个"人"字，具体来说，就是时时刻刻把人的需要、人的利益摆在第一位，廉政教育工作更加应该坚持以人为本的准则，教育者时时刻刻地约束自己的行为，帮助教育对象建立健康廉洁的人格，树立正确的人生观。自党的十六大以来突出强调的一个重要思想和基本要求就是"以人为本"，它既是历史唯物主义的重要原则，也集中体现着我们党的根本宗旨和执政理念，是教育系统廉政文化培育的重要原则。教育系统廉政文化建设要坚持以人为本，就是坚持教育以人为本，积极发挥人的积极性、主动性和创造性，综合运用多种廉政文化教育方式方法和载体，遵循教育系统的廉政文化建设规律，通过分层次、多角度、多领域开展廉政文化的教育主题活动，在工作作风、教风、学风等方面营造良好的育人环境。坚持以人为本就是要服务于教育主体和被教育对象，利用廉政文化建设的一系列具体活动来实现教育系统党政管理干部的廉政执政水平的提高，教师能够以廉从教，明确教育系统廉政文化建设的目标是使教育系统各层次人员树立正确的理想信念、道德观念、法制意识和社会责任等。

教育系统的任务和功能决定了教育是以人为本。思想是行动的先导，思想的正确与错误直接影响实践的成功与失败，教育系统出现的腐败的案例正是一部分人在理想信念、思想道德、价值观缺失或扭曲的具体表现。因此，防腐拒腐需从思想价值观方面进行，通过廉政文化教育筑牢防腐拒变的思想防线。廉政文化教育活动是廉政文化建设中的基础工作，要在管理干部和教职员工中从岗位、教书和服务方面开展相关廉政文化教育活动，使廉政文化成为教育系统中不可或缺的一种文化自觉、一种价值理念。

领导干部、教职员工和学生是教育系统廉政文化建设的主体，为提高干部和教职员工的思想道德修养及廉政意识，坚持以人为本开展具有针对性的教育，分析基础教育、高等教育不同层次系统教职员工的思想建设问题，根据社会主义核心价值观的践行要求，积极倡导诚信、廉洁、公正的价值观，以实现人的价值和社会的全面发展。教育系统要有一定的廉政文化的标准和原则，努力践行这个标准和原则，努力规范职业道德，使教育工作者成为敬业诚信价值观的执行者。通过敬业诚信具体的行为规范，实现道德理想和精神追求，促进社会的发展和国家的进步，积极引导教育工作者的实践积极性，同时成为教育廉政建设的中流砥柱。通过倡导廉政诚信，把领导干部、师生员工每个人的行为都约束到一定范围之内，努力践行廉政文化的价值准则和道德规范。

教育系统廉政文化培育工作方针要遵循正确的方法论，努力创建廉洁和正义的环境，从思想根源上使各级群众形成廉洁奉公的意识。廉政文化建设坚持以人为本的原则，在预防腐败和廉政教育过程中重点把握和研究不同层次人群、不同阶段的思想状况，在统筹兼顾中实现廉政文化的推动作用，把廉政文化的资源整合起来，建设廉政文化阵地，使得廉政文化在点线面上能够应对思想文化领域的挑战，通过以廉政文化为纽带把各项工作相融合，形成"以廉为荣、以贪为耻"的文化氛围，从而防止腐朽文化的渗透，提高领导干部的自身素质，保证其能够正确履行自己的工作职责，带头履行廉政职责，执政为民、遵守法律、严守政治规矩，廉洁自律，在廉政文化培育的过程中使自己的各项思想意识都能达到标准的要求，经得起实践的检验。并通过廉政文化的培育来提高教育系统成员的廉政文化修养，促进教职员工都能清正廉洁，履行好管理教育的职责。

2. 民主法治价值观

"要推进社会主义民主法治建设，坚持人民主体地位，发挥更加广泛、更加充分、更加健全的人民民主，保证人民依法享有广泛的权利和自由，促进人的全面发展，维护社会公平正义。"[①] 社会公平正义就是机会公平、过程公平、制度

---

① 《温家宝在12届人大1次会议作政府工作报告》，http://news.sina.com.cn/c/2013-03-05/105326432797.shtml，新浪网，2013年3月5日。

公平和评价公平，民主法治是促进社会的公平正义，诚信友爱，增强社会的活力，保持社会的安定有序。

民主法治与廉政文化有着密切的联系，民主法治理念是廉政文化应有之义。现代中国的廉政文化追求的不仅仅是个人政治上的洁身自好，而且应包含廉政为人民、廉政体现人民要求、廉政接受人民监督的政治文化。从形式上来看，廉政文化的建设应听取采纳群众意见、走群众路线的方式和运用民主创建的手段。正因如此，民主的理念是廉政文化建设的指导理念之一。法治与廉政文化的关系更为密切，现代廉政文化的根据之一就是法治原则，也就是按法律法规以及广泛意义上的规则行事的原则。法治原则在廉政及其文化建设中占据极为重要的地位。现实中冲击廉政、腐败施虐的一大原因是缺乏法治，没有严格的制衡利器匡正掌握权力者的行为，致使公共利益被私、贪、奢所侵，因此廉政建设最不可缺少的就是法治。但是法治不单单指法律制度的建设，更重要的在于法治理念的深入人心，这是廉政文化建设的任务。廉政文化建设不仅要把法治的理念归入廉政文化的范畴，而且要把法治理念贯注于廉政建设的实践之中。

民主法治价值原则对于教育系统的廉政文化培育更具有不同寻常的意义。以往人们有一个误识，认为教育系统民主观念和法治观念都比较强，其实不然。在学校复杂的关系中民主法治推行也是困难重重。一是教育行政化的趋势，使民主观念日渐淡薄；二是教师与学生不同的地位角色，贯彻民主也是一个困难；三是学校特别是高校长期崇尚自由而缺乏法治理念，有的甚至把自由与法治对立起来。上述情况无疑将影响廉政文化的培育，因此更要强调民主法治在教育系统廉政文化建设中作为原则的规范作用。教育系统的廉政文化建设在坚持民主法治价值观的基础上开展，民主法治的理念必须要体现民主政治的一些基本的内涵和基本的内容，使得越来越多教育战线的工作者形成民主法治的理念和观点，毫无保留的执行党的十八大会议的相关精神，建立健全社会主义的各项制度，加大社会主义的各项政治制度的建设。通过对各级领导的具体工作进行约束和规范，积极实现廉政文化建设的各项工作的整合和互相协调，通过各个部门的全面协调，通过教育系统其他方面，社会各界的支持和帮助，权责明确，各个工作部门坚守岗位，明确责任，奖罚分明，与此同时，要加强对各个部门的监督作用，促使教育系统的廉政文化建设的健康发展。

3. 敬业诚信价值观

用敬业诚信价值观规范教育系统廉政文化建设。社会主义核心价值观中的"爱国、敬业、诚信、友善"，属于个人层面的价值标准，强调个人层面价值观的重要性，这是因为国家行为和社会风气说到底都是每一个个体行为的聚合所致，每个人都是实践的主体，因此每个人必须树立正确的价值观。教育系统中每个成员是培育和践行社会主义核心价值观的重要参与者，必须坚持诚信敬业价值观，内化为自己的道德素养，形成自己的价值目标。

就教育工作者而言，每个人在自己的岗位上应有敬业精神，体现社会主义的职业道德，践行社会主义核心价值观，才能在自己岗位上实现人生价值。个人层面的核心价值观中的"敬业"，能够引导教育系统成员培育和践行社会主义核心价值观，崇尚敬业精神，引导人们恪尽职守，为实现全面建成小康社会的奋斗目标和中华民族伟大复兴的中国梦而不懈奋斗。

培育和践行社会主义核心价值观的重要内容之一是诚信。诚信，即诚实守信。孔子曰："人而无信，不知其可也。"[1] 诚是来自于人的内心，朱熹曰："诚者，真实无妄之谓。"[2] 信是诚的外在表现，张载曰："诚善于心谓之信。"[3] 中华民族的传统美德体现为人的诚信，邓小平同志指出："讲信义是我们民族的传统。"[4] 诚信是每个人的处世之道，也是人与人之间相互信任的基础。

为此，教育系统要制订职业标准，规范职业道德，使每位教育系统成员成为敬业诚信价值观的实践者。通过敬业诚信具体的行为规范，实现道德理想和精神追求，实现国家和社会的利益，调动每个成员的实践积极性进而成为能动的建设主体，肩负起敬业诚信的责任。

（二）规律性原则

教育系统廉政文化的培育除了要遵循价值观原则之外，还要根据学校教育的特点、师生不同的接受心理来开展廉政文化建设，这里提出几项规律性的原则。

1. 教育差异性原则

教育差异性原则的必要性在于教育系统参与廉政文化建设的主体呈现复杂的多样化，他们所处的岗位和工作活动极不相同：既有各级岗位上的领导干部，又有管理人员；既有承担教育者的教师，更有大量处于受教育地位的学生；领导干部还不完全是纯粹的干部，有的事实上还承担着教师的角色，此外还有中共党员、民主党派党员和一般群众。干部、兼职教师的干部、管理人员、教师、学生，他们之间还存在着某种地位上的关系。对此殊相迥然的复杂情况，廉政文化教育就不能一刀切，必须根据不同的群体开展廉政文化教育。

首先，教育系统的廉政文化教育把党政机关以及一些领导干部作为教育的重点。针对党员干部的教育要和其他教育对象采取不同的方式、内容、途径和手

---

[1] 杨伯峻：《论语译注》，中华书局2006年版，第21页。
[2] 朱熹：《四书章句集注》，中华书局1983年版，第31页。
[3] 张载：《张载集》，张锡琛点校，中华书局1978年版，第16页。
[4] 《邓小平文选》第3卷，人民出版社1993年版，第72~73页。

段，达到增强党员干部自身的廉政意识的教育目的。领导干部的教育要凸显严格要求与自我反省，针对可能存在的特权、以权谋私进行有重点地开展廉政文化教育。对干部的教育要注重其群众观点、公权观点的教育，把公共利益与廉政文化建设相结合；要求领导干部以群众为工作的中心，处处站在群众的角度考虑问题，方能得到群众的支持，树立干部清廉勤政的良好形象。

其次，要加强学校管理部门人员的廉政文化教育。在有些极易发生腐败的岗位，如招生、基建、资产、后勤、财务等部门，其管理人员是可能受贿的主要对象，为达到制止贪污受贿的目的，通过思想政治教育等方式从思想根源上根除腐败，在具体实践中形成廉政文化。

再次，重视教师的廉政文化教育。教师是学校的教育者，拥有文化知识和理论，如何进行廉政文化教育是一个难点。对此，可从教育行业的职责要求出发，重在教师职业道德教育，通过必要合理的考核，来规范教师的职业行为；通过必要的廉政文化学习，促进教师自我教育和自我警醒；培育教师的教育人格，树立廉洁师表。

最后，是学生的廉政文化教育。学生是学校最广大的群体，对学生廉政文化教育必然不同于教职员工。学生大多数是青少年，他们尚未进入社会，腐败对他们的影响相对少一些，但是要防范于未然，从小进行廉政文化的熏陶极为必要。学生的廉政文化教育可以从两方面开展：一是廉政文化知识的教育，二是廉政文化理念的培育。据此，廉政文化的环境氛围的营造则比较适合于廉政文化教育，从小环境、大环境和内外环境整合入手，开展丰富内容的廉政文化教育，特别是通过校园文化来融入廉政文化教育，使其含有廉政的思想性、艺术性、知识性和趣味性，用喜闻乐见的形式培育学生们的廉政文化观念。

2. 教育层次性原则

根据系统论，任何事物都有其层次性。廉政文化建设的深入和推进，由浅入深，坚持廉政文化建设的层次性，廉政文化建设才能取得实效性和持久性，在廉政文化建设过程中需要进行合理有序的开展。廉政文化教育层次性原则可以从如下方面理解：

一是根据教育系统廉政文化建设主体在廉政文化建设中责任的大小，可分为教育重点与非重点的层次性。前已述之，教育系统廉政文化建设的主体众多，且相互之间存在着复杂的联系，因此廉政文化教育不仅要梳理清楚相互之间的关系，而且要根据各主体在廉政文化建设中的职责、影响力来确定重点和非重点，体现出教育从高势位群体向低势位推进的合理性和可行性。

毫无疑问，学校的领导干部是廉政文化教育的重点。学校领导干部能否带头学习廉政、建立廉政观念、实践廉政直接关系到能否带领学校教职员工和广大学生进行廉政文化建设，所以领导干部的廉政文化教育是学校廉政建设的重中之重。学校各级党政领导干部在思想方面要牢固树立廉政思想，廉洁从政，坚持以党风廉政建设责任制的角度出发，严格要求自己，以身示范，主动承担自己在廉政文化建设中的责任，实现层层管理，分级负责的工作模式体系，突出教育系统中党员领导干部在廉政文化建设中的带头作用。

此外是教职员工。教职员工在廉政文化建设中的重要性是相对于学生而言的。教师是学生的师长，教师的廉政观念和廉政行为对学生有直接的影响力，如若教师不廉，如何能培育学生之廉？教育者首先要受教育，才有资格和可能成为教育者，廉政文化教育也同样如此。因此重视教职员工的廉政文化教育更甚于学生。教职员工廉政文化教育先行，在思想道德、学术、治学、教书、管理等各方面成为受教育者的示范，从此处入手，最后将廉政文化教育推广至全体学生。总之，教育系统廉政文化教育必须遵循上述的层次性，违背层次性的廉政教育也就违背了廉政文化教育的规律性，往往难以成功。

二是针对不同年龄阶段的学生群体而区分廉政文化教育的层次性。教育系统的学生群体差异性大，幼起刚入小学的懵童，长至进入而立之年的博士生，中间间隔着多个年龄层次。不同群体的学生不仅年龄差异悬殊、心智发育不同，而且在知识积累、思想领悟、社会阅历等方面更有天壤之别。对此，廉政文化教育不可能千人一面地进行，而应根据学生的年龄、学历等不同进行有层次的教育设计，包括廉政文化教育的内容、进程、形式等考虑有层次的循序渐进地进行。

3. 教育长效性原则

廉政文化建设不是权宜之计，而在于长远，真正建立起功在千秋的中国廉政文化。这就意味着教育系统的廉政文化教育，不仅要追求当下的反腐败效果，更要有廉政长远性的考虑。在廉政文化建设的过程中，如何实现廉政文化教育的长效性？

一是通过对教育系统成员责任的强化，推动权力运行过程的公开透明。而这也需要建立健全相关的制度和措施，调动教育系统各方面的积极性，通过各种媒介公开其廉政文化建设工作，使得各项工作实现多途径监督。

二是实行教育系统的岗位风险的排查。要开展各个教育环节中岗位廉政风险的防范与排查，避免一些不必要的纰漏，各个岗位要进行安全系数评估，做到具体问题具体分析，进而结合实践过程中的经验教训来调整自己的行为。

三是实行教育系统的廉政文化教育督查评价机制，奖罚分明。在具体的工作过程中，明确各个工作岗位的人员的权利和职责范围，教育工作中对于工作的质量要进行正确的评估，对于工作中不完善的地方要及时进行纠正，建立廉政文化建设考核目标，分解任务落实到具体的部门和工作人员，通过监督工作的深入，拓展多种渠道对学校领导干部、教职员工以及学生的反腐倡廉教育进行全面的考核，评估教育效果。

总之，廉政文化建设是一项系统工程，不是一蹴而就的，实现廉政文化建设的长效性，需要建立各级教育系统中党委领导下的领导体制，各级党政一把手要充分发挥廉政文化建设的资源整合作用，并通过纪委的全面协调，教育系统中的各个部门、民主党派、离退休同志及相关政府机关的支持，促使教育系统的廉政文化建设健康发展。

（三）教育策略性原则

教育策略性原则是对规律性原则的补充，也是实现廉政文化教育目标的方法与手段。

1. 教育渗透性原则

提出廉政文化教育的渗透性原则，主要基于如下三方面的考虑：第一，廉政文化教育无疑是重要的，但是在教育系统如何开展廉政文化教育则是需要斟酌的。在各类学校的文化教育中，其教育内容不限于廉政文化，还有各种学科专业性的文化学习，除了极少数专业（主要高校）需要开设廉政文化的课程之外，限于学时等因素一般廉政文化不可能作为一门课程来开设。第二，廉政文化也不限于课程，其培育既要借助于课程（与某些课程内容有关系），又依赖于其他的教育媒介，如各种活动、书籍、网络等来开展教育。第三，廉政文化教育的目的是培育人们的廉政观念，而观念性的接受和内化与一般知识性的教育是不同的，它不是"知"与"不知"的问题，也不是通过技巧性的练习就可获得的，而是领悟与内化的结果。

正是廉政文化非专业性、广布性和观念性的特点，要求教育系统开展廉政文化教育要有别于一般知识性技术性的教育方式，更加注重渗透性方式，在相关的课程中、教学活动中、学校的管理活动中、学生读书活动中、师生的就餐等日常消费活动中，乃至师生娱乐活动中，都应渗透廉政文化的教育要素，使廉政文化教育无处不在、无时不在，从而达到潜移默化的教育作用。

2. 教育灵活性原则

廉政文化教育灵活性原则与渗透性原则有密切联系。毫无疑问，必须在教育系统开展廉政文化建设，对所有的师生员工进行廉政文化教育是大原则，不可动摇，但如何开展，则要有灵活性的考量，并非一种模式、一套路数。不同的学校、不同的群体可以根据群体的特点，不拘时空形式，采取各种多样的方式路径开展廉政文化教育。时间上可以充分利用零碎的时间，积分成时地进行；在空间上，则可打破校内外的隔离，校内学习和校外教育结合起来、网下与网上教育结合起来；方法上可以自学，亦可集体交流；形式上可自我感悟，也可评价他人；可以有轰轰烈烈的大活动，也可有三五成群的小活动，更要鼓励廉政文化培育的创新活动。总之，一切有利于和有助于培育廉政文化的创意皆是可行的。

3. 教育可接受性原则

可接受性原则是教育系统廉政文化培育不可缺少的原则之一，也是衡量廉政文化教育有效性的标准之一。廉政文化培育的目的和效果最终要体现在受教育者对廉政文化的接受上，包括廉政的知识、理念和行为。可接受原则具体要求：第一，制度规则的可接受性。在教育廉政建设领域，所有规则制度的制定，无论程序（过程）还是条款内容，都应合法合理合情，规之有据、严之有度，符合大多数人的要求，这样才能够让大多数人接受制度的规制，自觉自愿地遵守规章制度。第二，学校各项管理工作的可接受性。管理工作既要严格按照规章制度来执行，但也要有"情"地执行，贯彻以人为本的价值观。第三，教师对学生进行教育，言教与身教结合，身教重于言教，方有可接受性。第四，廉政文化教育要借助丰富的形式来开展，但要杜绝形式主义危害廉政文化教育的可接受性。第五，廉政文化的教育活动要适时适地进行，活动次数不能过于频繁，造成教育的疲劳，从而影响廉政文化教育的可接受性。

第三节　教育系统廉政文化培育要素解析

教育是人和社会的中介、连接器，一方面着眼于社会角度培养适应社会发展需要的人才，另一方面要从人的角度培育人格完善的自由全面发展的人。教育有社会教育、家庭教育和学校教育等形式。学校教育是一种制度化教育形式，经历漫长的发展过程，法国教育家涂尔干认为，受到法律承认和认可的文凭的出现标志西方教育制度形成真正意义的教育系统。[1] 教育系统如今作为国家育人育才的重要领地，近年来却屡屡暴露出与教育事业相悖的诸多腐败行为，如海南省仅2014年教育系统已有20余名官员因腐败落马，[2] 四川省自2013年5月至2014年底一年半来教育系统有26名官员落马，[3] 这都提出了在教育系统培育以倡廉育人

---

[1] [法]布尔迪约、帕斯隆著，邢克超译：《再生产——一种教育系统理论的要点》，商务印书馆2002年版，第20页。
[2] 黄婷：《海南：今年省教育系统已有20余官员落马》，载于《海南特区报》2014年12月1日。
[3] 新华社：《四川：重点行业腐败案教育部门居首》，载于《南方都市报》第AA17版，2014年10月20日。

为核心的廉政文化的必要性和紧迫性。文化是"历史地凝结成的人的生存方式",① 廉政文化是人们对廉洁从政的知识、信仰、规范及相应的生活方式与社会评价的总和,是以廉政为核心、以文化为表现形式的综合形式。廉政文化建设是在全社会倡导和形成社会主义核心价值观、构筑惩治和预防相结合的反腐败体系的重要战略举措,是发展社会主义先进文化的必然要求。廉政文化建设是教育系统文化建设的重要组成部分,就是在教育系统中广大师生形成崇尚廉洁、倾心从教、鄙视贪腐等价值取向及在此价值取向指引和影响下生成的廉政制度、行为规范、道德风尚等的总称,是反映人们对廉洁从教理念和精神追求的群体文化,倡廉育人的精神文化、倡廉治政的制度文化、以境促廉的物质文化和风气导廉的行为文化是教育系统廉政文化培育的必备要素。

一、倡廉育人的精神文化

思想是行动的先导,拥有倡廉育人的精神文化才能自觉抵制腐败行为。倡廉育人精神文化是教育系统廉政文化要素中的核心要素,是最具活力的部分,是教育系统廉政行为生成的深层动力,是使广大师生能够端正对人生最具决定意义的至善——价值问题、促进至善的名誉、财物、权力等基本善以及法治得以实现等问题的态度,把倡廉育人作为基本的文化价值取向,形成以廉为荣、以贪为耻的舆论氛围和自觉抵制腐败行为的良好习惯。

(一) 以倡廉育人观念为核心培育精神文化

价值观念作为人们评价行为与事物的标准,是精神文化的核心。教育系统建设倡廉育人的精神文化要以先进的倡廉育人观念为核心,为教育系统师生和社会公众提供评价师生行为和事物的标准,鼓励人们赞赏育人的廉政行为,追求高尚和有意义的人生目标,以及民主法治的生活方式等。教育系统腐败行为发生之源就是人们价值观念上发生了异化。所以,"倡廉防腐""倡廉育人"的首要问题就是认真检视和清理教育系统存在的异化观念,以合理的观念取而代之,逐渐形成良好的习惯、营造风清气正的舆论氛围,最终使贪腐行为无处藏身。

1. 树立"意义型"人生观念

人生价值观就是对人的生存及其意义的总看法和观点。"意义型"人生价值观就是自觉追求有意义的人生价值取向,它是对传统道德型人生价值观和市场经济条件下功利型人价值观的扬弃。古人说:"师者,传道授业解惑也",但是,

---

① 衣俊卿:《文化哲学十五讲》,北京大学出版社 2004 年版,第 12 页。

"君子喻于义，小人喻于利"①、以言利为耻的人生价值取向，不利于满足人的生存和发展所需的物质需要。当前市场经济条件下功利型人生价值观虽有满足和激发人生存和发展的动力性质，但对其过度追求将导致让人忧心、见利忘义的后果。教育腐败行为根源于对传统道德型人生价值观的全面抛弃和功利型人生价值观的过度膨胀。在过度追求功利的人生观的漫溢渗透下，教育系统不再是一方净土，已然成为贪腐问题的高发区和重灾区，少数人把教育化为自己"损公肥私"的手段和工具，对教育事业造成巨大损害，直接导致教育目的的失落。在设备图书采购、后勤和基建领域等的"权钱交易"腐败行为侵占和攫取本应投入教育、助力培养学生成才的有限资源；职称评审、招生考试、买卖文凭、学术腐败等"权学交易"，使教育成为"权力关系的再生产"的中介②，原本促进社会公正的教育反倒成为社会不公、"代际繁殖"的帮凶；一些原本春风化雨、循循善诱引导学生的教师异化为粗暴残忍、冷酷无情的暴虐败类，其威逼利诱的恶劣手法给还没有进入社会的学生，带来人格成长中不可逆转的负面影响。

如何清除教育领域的腐败？要求为师者首先要树立新时代的"意义型"人生价值观，自觉认识和把握功利型人生价值观和传统道德型人生价值观的弊端，吸取其合理成分，在合理追求自身利益的前提下，把有限的人生以清廉的姿态投入到提供更公平、更有效的教育服务中，充满爱心地培育学生，使学生能够带着温暖的情怀和崇洁尚廉的心态找到融入社会、成就自身的合适位置，从而实现教育事业育人和育才的双重使命。

2. 树立"德才匹配"的名誉观念

追求"意义型"人生价值，意味着人们珍惜自己的名誉。对一个人来说，名誉就是社会流传的好的名声，它是"一个人所有的德才和真价"③的反映，名誉的本质是舆论评价④，它敦促人们遵守社会道德约束、保障社会秩序，又推动人们积极进取、奋发有为，努力拓展和提升个人的德性和才能。人过留名，古往今来，每个人都有追求众口相传的名誉的欲望。教育系统的人更不例外。"教育本质上也是一种权威。"⑤当前，教育者仅仅凭借法定角色带来的制度化权威已随着教育的民主化和个性化趋势日渐褪色，教育者曾拥有的垄断性的知识权威也随着信息时代知识获取渠道的日益扁平化而遭到弱化，教育者唯有以"德才匹配"的名誉观作为自己的行动指南，以"良莠不分兮贤愚同列"的平庸为耻，致力于

---

① 《论语·里仁篇第四》。
② [法]布尔迪约·帕斯隆著，邢克超译：《再生产——一种教育系统理论的要点》，商务印书馆2002年版，第40页。
③ [英]弗朗西斯·培根著，水天同译：《培根论说文集》，商务印书馆1983年版，第127页。
④ 王海明：《良心与名誉的哲学范畴》，载于《南通大学学报（社会科学版）》2009年第2期。
⑤ [法]涂尔干著，陈光金等译：《道德教育》，上海人民出版社2006年版，第245页。

以自己在学科领域的丰富学识、导引行业的发展进步、培育芬芳桃李的敬业奉献和廉洁从教的高洁风范来提高自己的名誉，才能收获自己的魅力权威，获得师生的真诚尊重和爱戴。即使自己的才德暂时没有获得承认或被无理掠夺，自尊和名誉受到了粗暴不公的伤害，内心的安稳和宁静受到了严重的动摇，也要坚信人民是最终的审判官与裁判者，凡是德行与才德匹配者最终将受到人民和历史的认可，以此来增强自己与错误名誉抗衡的信心。

与此同时，教育者还必须警惕过度追求名誉的陷阱，避免为了获得与自身才德并不匹配的本不该得的荣誉而陷入爱慕虚荣、追求时髦、屈己从众和互相倾轧的渊薮。教育者在积极进取的同时又能克制过度追求名誉的极具破坏力的负作用，以自身持之以恒的不懈进取作为最根本途径来收获实至名归的名誉，将给独自踏入社会谋求生存之道的学生带来深远的积极影响，激励他们凭靠自身的努力和奋斗谋求美好的未来。

3. 树立"适度"的财物观念

财物，是金钱和物品的总称，在追求意义丰沛的人生中不应该成为最值得欲求的东西，而只是作为供应自身和家庭良好生活的必需品而存在。中国古代大儒孔子认为："富与贵，人之所欲也；不以其道，得之不处也。"① 财物仅仅是满足人的合理需求的物质基础，"见利思义"，"义"才是安身立命的根本。在孔子同时期的西方哲人亚里士多德看来，财物同样并不是值得人们欲求的至善，只是人为寻求更高层次善如正义和幸福等的条件或工具。当代政治学者罗尔斯也仅把财物看作是获得至善的条件。财物不足，固然难以满足基本的生活需求，但把人生定位于无休止地追逐财物却是一种对人生优良生活无知的表现，造成了对人生至善和最高价值的僭越。

当人们由于理想追求或其他人生际遇成为一名教育者时，就意味着选择了人生价值和名誉胜过财物和物质生活。适度，应当成为教育者在获取和使用财物方面的品质。适度，首先是财物的获取要符合伦理要求，"君子爱财，取之有道"，② 教育者要拥有"不义而富且贵，于我如浮云"③ 的高洁和"欲急速致富者将不免于不义"④ 的清醒，将刻苦勤勉、力争上游和敬业奉献作为获取满足生活需求的财物的唯一途径。在财物的使用方面，适度意味着教育者要把财物当作一种为善的工具，庄重、充分、节约地使用每一份财物，而不是谋求炫耀、虚荣和浪费的消费；愉快地施与，使捐赠的财物与慈善的目的和支配使用得宜；为亲

---

① 《论语·里仁》。
② 《增广贤文》。
③ 《论语·述而》。
④ ［英］弗朗西斯·培根著，水天同译：《培根论说文集》，商务印书馆1983年版，第127页。

属和子女遗留的财物，以适中的数目为当，因为子嗣本身有足够的能力则不必遗留财物，反之，如果子嗣年龄和见识方面都不够成熟却拥有一份庞大的家业，那么，"这份家业无异于一种鸟饵，是诱致一切的鸷鸟使之环聚于你的子嗣之旁以图捕噬的东西"。① 教育者以贪婪为诫，以适度的观念对待财物，有利于使学生在耳濡目染中形成对财物的合理态度，规避无止境的欲望之壑，避免逾越制度规制的非分之求，自觉追求有意义的人生。

4. 树立"服务"的权力观念

对教育者来说，理想人生和至善生活是最优先的和最具吸引力的道德理想，为此，需要对教育系统内弥漫的无处不在的权力有清醒的认识。权力观就是关于权力来源、权力性质、权力用处等的认识。"服务"的权力观就是在认清教育权力来源的基础上，自觉约束教育权力，以服务于学生受教育的权利。从权利和权力的起源来看，权力服务于权利，关键是权利的主体是谁。霍布斯认为，政治权力的产生可以使人免除"每一个人对每个人的战争"②的恐怖状态；洛克认为，可以避免和补救"自然状态的种种不方便"；③马克思主义则认为，政治权力的目的是为人的全面和自由的发展服务，归根到底权力来源于人民，权力是保障和捍卫人民权利的手段。

权力的实施具有强制性，因此具有内在的扩张倾向。苏格拉底的弟子葛劳贡讲述了即使公正的人在扩张下的权力面前也可能丧失公正的"隐形戒指"的传说，霍布斯指出国家是可怕的"利维坦"，杰斐逊也指出不受监督的权力就会变成狼。这些箴言都警示着教育者：权力可以为善，但本质上乃是一种可能的恶，必须警惕其强烈的自我扩张和自我膨胀的本性。

教育系统中教育权力存在的目的在于保障受教育者的受教育权。有学者指出，教育中的权力主要有知识权力、国家权力、教师权力和规训权力等形式。④行政管理权力是国家权力在教育系统内的延伸，承担着制订学校发展规划、招生考试、学位评定、人事任免、职称评聘、基本建设和后勤管理等诸多职能，是确保正常教育教学秩序、保障学生受教育权利、实现国家教育目的必要形式，但因其具有国家权力的一般特征，同样具有腐化倾向，每一个环节都有发生腐败行为的可能。

教师权力是教师进行教育教学改革、指导学生学习与发展、对学生进行奖惩评价的权力，知识权力就是因拥有知识、把握知识的真理性、实用性从而拥有的

---

① [古希腊] 亚里士多德著，吴寿彭译：《政治学》，商务印书馆1965年版，第29页。
② [英] 霍布斯著，黎思复、黎廷弼译：《利维坦》，商务印书馆1985年版，第95页。
③ [英] 洛克著，叶启芳、瞿菊农译：《政府论》，商务印书馆1964年版，第55页。
④ 金生鈜：《论教育权力》，载于《北京大学教育评论》2005年第2期。

支配性力量。教师所拥有的这两种权力是教育过程中引导受教育者实现自我成长、自我实现、自我创造,以促进社会发展的必要手段,但如果这两种权力不受控制地滥用,就会陷入"隐形戒指"魔咒,异化为教育中的霸权。

规训权力是以真理或理性为名义的、为把学生教化为有用的"人力资本"而进行的标准化的改造、矫正和生产的权力技术,虽然对学校教育的科学化和规范化、造就人力资源和转化为社会生产力发展方面贡献很大,但在缺少监督和质疑之处,也极易异化为蛮横的教育暴力,侵犯学生的受教育权甚至是财产权和人身权。绝不能想当然地认为,教育者的教育权力对教育腐败行为具有"天然免疫力",而不必受到约束,恰恰相反,应当对教育权力警钟长鸣,不仅思想防线上的道德教育要常抓不懈,而且要形成以权力制衡权力和以权利制约权力的制度路径,才能从根本上将教育系统的各项权力关进"制度的笼子"。权力及其使用是测试人格的试金石,能够测试出人在权力面前的成色。教育者自觉树立起"服务"的权力观念,才能正确认识教育权力,不惧诱惑,依法用权,服务用权,把服务教育培养人才作为教育权力使用的理念,并且以淡泊明志、宁静致远的态度,给学生带去潜移默化的有益熏陶,合理的权力观念在耳濡目染中形成代际传承。

5. 树立"公正"的法治观念

约束权力、防治腐败行为需要"公正"法治观念的规导。公平正义一直是人类努力追求的价值目标。柏拉图指出,正义就是"一切正当之人、事物与行为之间完全公平之谓"①。罗马人认为,只有让每一个人都得到他应该得到的那一部分才是正义。教育腐败行为的结果,是让某些人得到了不该得到的,却让该得到的受到了损失,这显然是非正义的,不公平的。作为调节人们利益关系的治国"重器"——法律法规,旨在伸张正义,推进包括教育在内的社会公平。"公正"的观念是现代法治的必要理念,也是预防和遏制教育腐败行为的价值要求。

"公正"的法治,首先是良法之治。"立善法于天下,则天下治;立善法于一国,则一国治。"针对教育腐败行为而设的"良"法,在内容上要把人民盼望制止教育腐败行为的要求反映在立法中。鉴于教育腐败行为皆由于教育权力的滥用而引起,西方思想家以权力制衡权力和以权利制约权力的主张给我们以警示,只有学生和社会公众充分行使知情权、监督权、结社权、陈述权、申辩权、舆论监督权、举报权和罢免权,才能实现对异化的教育权力的限制。其次,"公正"的法治观要求任何人、任何组织都没有超越法律的特权,承认法律在治理国家和

---

① 刘世民:《柏拉图与亚里士多德之法律思想的比较》,引自《中西法律思想论文集》,台北汉林出版社1985年版,第458页。

社会各项事务中具有至高无上的地位。"法不阿贵"是惩治教育腐败行为过程中应遵守的原则。最后,"公正"的法治观要求教育权力行使中的程序公正。美国政治学者罗尔斯指出,程序具有价值,这样就会"存在一种正确的或公平的程序,这种程序若被人们恰当地遵守,其结果也会是正确的或公平的,无论它们可能会是一些什么样的结果。"① 也就是要实行管理权力使用的公开化,才能使利用权力攫取财富和名誉的黑箱决策等贪腐行为无处存身;将教师权力、知识权力和规训权力的产生、教育内容和教育过程全部予以公开,才能避免教育权力在缺少制约、监督和没有质疑的情况下异化为教育暴力,从根本上避免诸如"淫魔型""暴虐型"等教育败类对学生身心成长造成的永久伤害。教育者树立起"公正"的法治观,自觉接受约束和监督,自觉公开行使教育权力,弘扬倡廉育人廉政文化,而且教师的言传身教有助于学生心中播撒下"公正"观念的种子,慢慢养成在未来的公共生活中公正行使权力的习惯。

综合上述,以上五种观念之所以重要,是因为教育腐败行为本质上是人自主选择的行动,反映了行为人将自己的人生意义定位于对名誉和财物等的不恰当和不适度追求,对权力的迷恋和对法治的无所顾忌,对贪婪欲望的无法自制,甘心成为贪婪等"魔性欲望"的奴隶。教育者唯有在心中根植"德才匹配"的名誉观念和"适度"的财物观念,自觉接受、涵养"驯服"的权力观念和"公正"的法治观念,自觉选择和追求"意义型"的人生,才能全心全意以教育事业为"志业",为培育社会发展需要的人格健全、全面发展的人才而甘愿贡献青春,自觉追求有意义和高尚的人生。

倡廉育人的文化观念以强大的内心信念、良好的风俗习惯和抑恶扬善的社会舆论等作为表现形式,激发和引导师生明辨是非、崇尚廉洁。倡廉育人的观念文化深入人心,有助于人们形成对待人生价值、名誉、财物、教育权力观、法治观的合理态度,并将这种合理的价值判断尺度和准则转化为坚定的内心信念;推动师生在日常生活中面对诱惑自觉规范自身行为、作出与自身信念一致的选择与决策,有助于在教育交往行为中自觉养成规范化、有序化和公开化的良好习惯;在广大师生中形成以廉洁、奉献为荣,以腐败为耻的社会舆论,对那些不符合廉政行为的生活方式加以抵制和排除,从而推动教育事业健康和顺利发展。

(二) 以倡廉育人精神文化加强道德自律

倡廉育人的精神文化实质是教育系统广大师生以严格的自控自律进行自我约束,是从事教育事业的人们自我遵守行为的道德准则,虽然不具备外显性的形

---

① [美]约翰·罗尔斯著,何怀宏译:《正义论》,中国社会科学出版社1988年版,第82页。

态,却犹如"看不见的手",在潜移默化中形成了强大的生命力,具有公认的制度约束力,为广大师生的行动提供框架,推动师生在日常生活中大量的互动行为中进行合理行为选择,对教育系统的规范健康发展发挥着重要的影响。作为一种相对柔性的调适力量,其作用重在事先预防,它一经认同,就内化为师生崇高的内心理想、坚定的道德信念和自觉的道德追求,它不是刻在大理石表面,也不是刻在铜表上,而是深深铭刻在师生们的内心,通过提升广大师生内心的道德意志,规范以道德理性为基础的道德行为,提高人们抵御不良诱惑的能力,以降低教育系统内发生腐败问题的可能性。

以倡廉育人精神文化对教育系统的人进行道德教育,是由教育本身的性质决定的。古今中外,教育事业一向被认为是崇高的道德事业。我国古代教育一直是道德教育,儒家致力于培养内圣外王的理想"君子人格"。古希腊的哲学家苏格拉底提出"美德即知识",知识作为美德的基础,只能从教育中来。当代社会,民主成为时代发展的潮流。英国哲学家罗素认为,节制权力、发展民主的重要途径之一,就是通过教育培育人理性的独立思考的能力,养成看似悖谬实则内在统一的,既能坚持独立见解、保持质疑能力,又能服从多数人决定的良好心理品质。[①] 马克思主义者同样认为,教育是实现全面发展的自由人的手段。可见,教育实乃通过道德启蒙、陶冶品德来达到完善自我的至善的手段;与此同时,教育过程中通过渗透课程内部的直接道德影响和嵌入校园教育教学、科研、管理活动和集体生活等的间接道德影响,使教育的过程与道德形成的过程相融相合。教育本身应具有善的品质,教育自身就是善,教育实则是手段善和基本善的统一。因此,"教育即道德,教育的领地就是道德的领域",[②] 教师又是我们的时代与国家的道德观念的阐释者,以道德对教育进行濡溉,来促进教师道德的自觉。

要使倡廉育人精神文化成为教育系统师生日常生活的主导行为规则,还要克服"关系型"非正式约束制度的影响。我国著名社会学者费孝通指出,中国传统的农耕文明中人际交往关系形成了以己为中心的"差序格局",就像一枚小石子投入水中而泛出一圈一圈的波纹,人们根据与自己的亲疏远近决定日常行为。德国社会学者马克斯·韦伯也指出,在中国一切行为"全都受到纯粹私人的,尤其亲属的关系,以及职业上的兄弟结盟关系,所涵盖与约制"。[③] 诺思认为,这种"人际关系化"的交换制度实质上是造就了一种根据与己亲疏远近的人际关系状

[①] [英]伯特兰·罗素著,吴友三译:《权力论》,商务印书馆2012年版,第241页。
[②] 杨四耕:《教育与道德》,载于《教育理论与实践》2004年第2期。
[③] [德]马克斯·韦伯著,康乐、简惠美译:《中国的宗教:儒教与道教》,广西师范大学出版社2010年版,第319页。

况而确定资源与机会的"有限进入的社会秩序",① 但这种基于人情关系的制度模式,既无助于政治现代化,也无助于挖掘经济潜力实现可持续发展。这种"关系型"非正式约束制度也弥漫渗透在教育领域,譬如,干部选拔任用中搞拉帮结派的"山头主义"、学术领域中的"学术资源垄断"、引进师资中的定向"萝卜招聘"、学校招生中以"地缘""师生缘"名义大兴的"裙带风"、基建领域的"暗箱操作",都是其典型表现,造成不重学识和才能却热衷拉关系、"钻圈子"的恶习,不仅埋没了真正的人才、延宕了真正的科学研究,而且使原本道德而高尚的领域中充斥腐败气味,使下一代浸染了不正之风,严重败坏了学校风气。打破"关系型"非正式约束制度"锁定"的惯性思维,以倡廉育人的精神文化取而代之,才能在教育系统内激励并形成开放和竞争的条件,并以贡献和才能确定资源和机会的"开放进入的社会秩序",培养出优异的人才、推动科研创新和引领良好的社会风尚,更好地实现育才和育人的教育目的。

以倡廉育人精神文化倡导广大师生自觉约束教育权力和践行廉政教育,激活和唤醒师生们明是非、辨善恶、知荣辱之心,引导他们对名誉和财物的合理追求,来实现人格的升华与人生意义的超越,这是在教育这个崇高的道德事业领域中必不可少的伦理要求。

二、倡廉治政的制度文化

制度文化是以精神文化为指导而设计出来的,实质是精神文化的凝结和固化,是精神文化的规制化形式,人类活动相关的各种制度中都蕴含的深刻文化内涵。D. 诺斯认为,"制度是一个社会的博弈规则,或者更规范地说,它们是一些人为设计的、型塑人们互动关系的约束",② 为人们的日常生活互动行为提供规则,来减少互动中的确定性,从而提高经济绩效。倡廉治政的制度文化就是倡廉育人精神文化的凝结,是倡廉育人精神文化的法律化和体系化,是以正式文本的形式发布的、由国家强制力保障实行的一系列体现廉政精神的规则。这些正式规则是通过权力制衡和权利制约的方式对教育权力进行规制,促使教育系统形成崇尚廉洁的风气,更好地保障受教育者的受教育权利,实质是以强大的他律约束实现对教育权力的驯服,主要由"权力制衡型"和"权利制约型"两种正式制度和倡廉弘德的实施机制构成。教育系统作为一种高度组织化的社会领域,教育、

---

① [美] 道格拉斯·C. 诺思著,杭行译:《制度、制度变迁与经济绩效》,上海格致出版社 2008 年版,第 39 页。
② [美] 道格拉斯·C. 诺思著,杭行译:《制度、制度变迁与经济绩效》,上海格致出版社 2008 年版,第 3 页。

教学、科研和管理等活动与人们的交往行动密不可分，把"倡廉防腐"和"育人"并重的精神文化，凝结和体现在与教育、教学、科研和管理等活动密切相关的各种制度之中，为师生的相互交往行动提供明确的指南，不仅将大幅减少互动交往中的不确定性，使教育教学和管理工作更加符合规范，推动学校健康发展，而且有助于师生在制度的"轨道"中培育与型塑有所追求和崇洁尚廉的行为与认知取向，促进师生人格健康发展。夸美纽斯曾指出："制度是学校一切工作的'灵魂'，哪里制度稳定，那里便一切稳定；哪里制度松垮，那里便一切松垮和陷入混乱。"① 邓小平同志也强调制度建设的重要性，制度建设的好，坏人就没有办法做坏事，制度建设的不好，即使好人也不能充分做好事。因此，建设以倡廉治政的精神文化指导的各项制度，是教育系统廉政文化建设的重要取向。

（一）"权力制衡型"廉政制度

教育系统中"权力制衡型"廉政制度的核心是分权，通过恰当地配置教育权力，使不同权力机构间相互牵制和制约，从而防止教育权力恶性扩张甚至异化。这是一种以权力的刚性力量来对抗另一种权力的刚性力量。不同的权力机构之间是监督与被监督的关系，监督者的监督权力是由法律规定的，由高级权力对低级权力进行监督和平行的权力层级间的相互监督构成，使每一种教育权力都难以被滥用。在教育系统内部，行政管理权力具有制定学校发展规划、招生考试、学位评定、人事任免、职称评聘、基本建设等诸多职能，其权力的行使尤其是涉及"三重一大"项目时，必须受到学校教职工代表大会及其常设机构工会的监督、学校党委和纪委的监督，还要接受来自上级教育主管部门的监督。

教师权力进行的教育教学改革、科学研究、对学生的指导和奖惩评价，同样要受到学校教务处、学校和二级学院督导机构的监督，以及来自上级教育主管部门的监督。知识权力在教育教学和科学研究过程中，需要贯彻学术民主的原则，进行学术上的探索与争鸣，要受到同行"盲评"和来自专业学术委员会的监督。规训权力以理性名义进行的控制和规训，虽然促进了教育科学化与规范化发展，为社会培养出优质的人力资源，但其中的功利性因素越来越强，已经造成自由与理性分离的严重恶果，缺少自由的教育已经偏离了促进人格完善的自由全面发展的人的教育初衷，在超越规训权力、回归教育目的的道路上，加强学校纪委和上级教育主管部门对规训权力本身进行限制和监督势所必然。前述权力监督仍属于教育系统内部不同层级和机构间的制约与监督，对那些严重违法乱纪的教育腐败

---

① ［捷克］夸美纽斯著，任钟印等译：《夸美纽斯教育论著选》，人民教育出版社1990年版，第243页。

行为，还需要有独立的司法机构对其进行监督。

与倡廉育人精神文化侧重于教育主体的道德自律和自我监督以预防出现教育腐败行为不同的是，"权力制衡型"廉政制度使教育权力的行使从权力的源头、执行到事后监督都受到他律的严格管束，将有效遏制教育权力的扩张与异化。"权力制衡型"廉政制度本质上仍属于公共权力内部机构和官员之间的制约与监督，鉴于权力本身具有如此巨大的扩张性和腐蚀性，则尤其需要警惕各个教育权力主体存在着暗地勾结起来的可能。近年来教育系统相继揭露出有个别地方从教育局领导到学校党政机关领导相互勾结、相互包庇、全部陷落的腐败"窝案"，就反映了个别地方教育权力的行使、监督同属于相互勾结起来的同一批人。如何破除教育系统教育权力异化的魔咒？正如毛泽东找到的以人民民主来监督政府的路径一样，教育系统唯有与"权利制约型"廉政制度相结合，才能从根本上确保对教育权力的限制，使之温顺地站在"制度的笼子里"。

（二）"权利制约型"廉政制度

"权利制约型"廉政制度是通过"恰当地配置权利，以使她能够起到一种限制、阻遏权力之滥用的作用。"① 权力来源于权利，教育系统中教育权力存在的目的是保障受教育者的受教育权。受教育权包括受教育机会权、受教育条件权和受教育结果权，是一个国家的每一个公民都享有的文化权利。此外，受教育者与教育系统内的广大教师又同是国家的公民，还享有公民具有的其他经济权利、政治权利、社会权利，如人身权、财产权、选举权、罢免权、监督权、结社权等。保障受教育者的受教育权，同时以不侵害其他公民权利为底线对教育权力进行制约，实质是教育权力的授予者对教育权力行使者进行的制约与监督，是确保教育权力不被滥用和异化，保障受教育权利和公民权利的必要手段。以权利进行制约教育权力的方式是民主社会独有的，它为教育权力划定了边界，指明了教育权力行使的极限，即不能逾越底线侵犯公民权利，也不能侵犯受教育者的受教育权；更为重要的是，当教育权力有被滥用发生异化的危险时，教师、学生和社会公众可以运用被授予的权利，通过学校董事会、理事会、教职工代表大会和学生代表大会等，充分行使知情权，通过及时了解学校事务的基本情况对教育权力行使者形成有效的牵制，使教育权力者不敢滥用权力；当异化的教育权力已经产生了危害后果，受教育者具有积极反抗的权利，可以根据陈述权、申辩权和起诉权等进行积极的反抗；教师、学生和社会公众通过舆论监督权进行揭露、评论；通过举报权直接对异化的教育权力行使者进行披露；还可以运用选举权和罢免权，对异

---

① 侯健：《三种权力制约机制及其比较》，载于《复旦学报（社会科学版）》2003 年第 3 期。

化的教育权力行使者直接进行罢免,重新选举出受到师生爱戴的德才兼备的新人,只有这样才能斩断越轨的教育权力触角,并给其他教育权力行使者以警醒。"权利制约型"廉政制度是社会文明和进步的体现,它能有效弥补倡廉育人精神文化和"权力制衡型"廉政制度的缺陷,体现出权力体系之外的受教育者、教师和社会公众对教育权力的制约和监督,是最为重要、最为关键也最为有效的制约与监督。

权力约束之间有着相互影响、相辅相成的关系,倡廉育人精神文化会使师生以合理态度对待教育系统的权力,不把教育权力用作谋取名利的手段,而是追求育人和人生意义的路径,同时积极地以权利对教育权力进行制约,但倡廉育人精神文化的效果需要"权力制衡型"廉政制度的强有力的支持和舆论的评判;当"权力制衡型"廉政制度无法根本解决对教育权力行使者自身的监督,这就需要健全"权利制约型"廉政制度,使广大师生和社会公众行使监督教育权力行使者的责任;"权利制约型"廉政制度也需要"权力制衡型"廉政制度的支持与配合,如受教育者的申辩和起诉权,如果没有教育系统内的诸多监督和独立的司法监督的支持,也无法起到有效的制约作用。

(三)"弘廉涤腐"的实施机制

"弘廉涤腐"的实施机制也是制度建设的重要组成部分。判断教育系统内的倡廉育人制度建设是否完善,除了建设"权力制衡型"廉政制度和"权利制约型"廉政制度以外,更关键的是要看教育系统"弘廉涤腐"的实施机制是否有效。制定了制度必然比没有制度要好,但如果有制度而不实施,制度将形同虚设,不仅其稳定性和权威性无从谈起,而且也不能起到为人们行动提供准确的预期,教育腐败行为因为不会遭遇惩罚将愈演愈烈。在教育系统内形成健全有力的"弘廉涤腐"的实施机制,违反制度规则、实施教育腐败行为的人必须受到相应的惩罚,承担高昂的"违约成本",遵守制度规则、倾心育人的人理应受到奖励,提高倡廉育人的回报,能有力地促进倡廉育人的精神文化和"权力制约型"廉政制度与"权利制约型"廉政制度的相互配合和相互支持,共同铸就教育系统"崇洁尚廉、倾心育人"的良好局面。

对不能抵制贪腐诱惑、违背廉政制度的教育腐败行为人进行惩罚,使之承担起高昂的"失廉成本",是一种对违规行为造成的恶进行的补偿或者赎罪措施,这种惩罚要与教育腐败行为的严重程度相切合。对那些有意偏离规范的仿效者来说,遭到惩罚的恐惧有利于防止其越轨行为的发生。更为重要的是,惩罚的本质功能在于维护良知和公序良俗,因为不管人们意识到与否,教育系统的违规行为会严重搅乱信仰和信念中的良知,因此必须用惩罚的功能向人们以及整个社会表明，这种信仰对整个社会来说依然是必须和正当的，是值得信赖和维护的。虽然个别人腐败行为冲击了"倡廉育人"廉政制度，但廉政制度的价值没有损失分毫，倡廉育人的廉政精神和制度本身仍然有权要求人们给予尊重。因此，惩罚的运用应该让更多的人能够观察得到，让腐败行为人明确意识到别人议论了他，通过让腐败行为人意识到了被议论而产生羞耻心来体会社会舆论对自身的惩罚，从而促使腐败行为人深刻反省、使其他师生深刻领会惩罚的意义，从而维护制度尊严，增强公众对制度的信心，在社会中形成遵章守纪、按照制度办事的制度文化。

惩罚尤其是较重的惩罚虽然能够打击腐败行为，但教育系统作为培养具有美德的全面自由发展的人的领地，不能单纯依赖惩罚，更重要的在于弘扬正气。因此，教育系统应在教育教学过程中通过对教书育人的相互比较展现声誉的价值，通过竞争引发教师的竞争欲望，在竞争中勇于区分出等级，着力发展对育人育才有贡献者的奖励措施。美国著名的管理学家汤姆·彼得斯就曾深刻地指出，能够生存并发展下来的伟大的组织，其卓越之处并不是组织规模大小或者管理技能，而是卓越企业本身长期坚守的"独特文化"对于全体员工所具有的巨大影响力、凝聚力和感召力。对那些术有专攻、桃李满蹊、品行高洁的德才匹配的优秀教育者实施奖励对于一个追求教育质量和有口皆碑的名誉的教育系统来说十分必要，通过公开表彰和媒体的广泛宣扬，使优秀教师的事迹在师生中口耳相传，有助于推动教育系统广大师生认同并积极践行"倡廉育人"的价值理念。

三、环境促廉的物质文化

倡廉育人的精神文化为教育系统的生存和发展提供了精神引领，倡廉治政的制度文化为教育系统的生存和发展提供有效运行的基础，在此基础上积淀和形成的廉洁物质文化将有力熏染教育系统广大师生生成"崇洁尚廉、倾心育人"的良好行为。物质文化是维系学校师生学习、工作、活动和生活的基本需要的文化产品的总称，是学校的精神文化和制度文化的物化形式。"蓬生麻中，不扶而直"，[①] 说明具有廉政精神的物质文化能够为学校倡廉育人提供风清气正的校园环境。以境促廉的物质文化就是把倡廉育人精神渗透在学校基础设施和文化活动中，使学校中的全体成员身处于廉洁学校文化的氛围里，时时刻刻受到无形感染，获得心灵的滋润陶冶，使广大师生发自内心抵制腐败心理和行为，自觉采取"崇洁尚廉、倾心育人"的教育实践行为。

---

① 《荀子·劝学》。

（一）廉洁的物质文化为倡廉育人提供良好的校园环境

物质文化作为有形的物质实体，体现在学校的建筑设施、交通工具、生活场所、文体设施和实验设备等方面，这些文化产品能直观地反映出一个学校的廉政精神，成为直观地展现廉政文化的平台。与广大师生倡廉育人精神和倡廉治政的制度文化相对缓慢的变革相比，学校的廉政的物质文化经历了不断的更新、变革，发展速度相对较快，为师生提供了越来越丰富的校园环境。学校廉政的物质文化，就是指在发展满足广大师生衣食住行等生存需求的饮食文化、服饰文化、建筑文化和交通文化、发展满足师生舒适和健康需求的园林文化和对学校和广大师生至关重要的自我实现需求的文体设施和实验设备等，将倡廉育人精神融入其中，使广大师生熏染形成"尊师重教""崇德尚廉"的风气，自觉追求才德兼备实现有意义的人生；引导师生形成"适度"的财物观念，在快速变革的物质文化面前，能够"一粥一饭，当思来处不易。半丝半缕，恒念物力维艰"。①庄重、充分地使用每一份财物，避免奢侈和浪费；引导师生树立"驯服"的权力观念和"公正"的法治观念，自觉抵御诱惑，养成公开行使权力、遵章守纪的良好习惯。学校加强廉政的物质文化建设，广大师生沐浴在崇德尚廉的校园环境里学习与生活，将在潜移默化中熏染和养成良好的廉政习惯，坦荡地面对未来的人生。

（二）提供彰显廉政精神文化活动平台

除了在校园基础设施等物质文化中得以展现外，丰富多彩的校园文化活动也是培育倡廉育人廉政文化的重要平台。廉政的校园文化活动是一种广大师生共同参与，旨在宣传学校的倡廉育人理念和精神，让师生得以感受廉政文化体验并受到感染和教育的文化活动。廉政文化活动的设计和实施要注重契合学校的倡廉育人观念，以廉政精神为主题，以倡廉育人为目标。同时，廉政文化活动要具有稳定性与连续性。通过持续性的活动，将学校倡廉育人的精神理念内化于心，践履于行。廉政文化活动形式的选择应与学校不同时期的活动重点相结合。学校处于不同的工作阶段，面临不同的工作重点，要立足实际开展活动。如，新生入学、期末考试，应着重强调廉洁的教风、学风；毕业就业，着重强调廉政的党风与服务作风等。学校还应利用重大的节日弘扬倡廉育人的风气，如在教师节对德才兼备、桃李芬芳的教师进行表彰等。丰富多彩的廉政文化活动是学校倡廉育人的重要载体。倡廉育人的精神文化虽然解析了廉政文化的普遍性"真理"，但还是外在的，非主体性的，没有达到培养个体廉政行动的程度。只有通过丰富多彩的廉

---

① 梅溪注：《增广贤文溯源·朱子家训诠释》，江西人民出版社1996年版，第181页。

政文化活动，使广大师生广泛地参与进来，将师生自身的因素介入进来，把倡廉育人精神内化成与自身境遇相统一的理念，这样才能把普遍性廉政文化观念个体化，实现师生廉政意识内在的觉醒，在真实的廉政体验中认同并践行廉政行为。

四、风气导廉的行为文化

行为文化是学校的全体师生在学习、工作和生活中的行为表现出来的文化涵义和文化现象，是师生信奉的价值观念与遵守的制度规范和生活于其中的物质文化的现实折射。教育系统的"四风"——党风、教风、学风、管理作风等是行为文化的集中表现。风气导廉的行为文化就是通过加强教育系统的"四风"建设，影响和带动广大师生认同、内化和自觉践行"倡廉育人"新观念，教育系统的"四风"是廉政文化建设十分宝贵的重要资源。以廉政"四风"为核心的行为文化，为广大师生学习、工作和生活提供了真实的境遇，它与每一个师生个体都现实地、紧密地发生着联系，每一位师生都是生活其间且与这个境遇密切相关，为师生们提供了普遍感受到的以廉为荣、以贪为耻的互相影响的环境，不仅有助于唤醒广大师生的廉政意识，而且有助于师生丰富廉政体验，是教育系统广大师生内化并认同"倡廉育人"观念的必不可少的重要资源。

（一）党风是学校倡廉育人的关键

党风是指在党员身上表现出来的与党的先锋队性质和全心全意为人民服务的宗旨相一致的一贯的态度与行为表现。当前，教育系统广大党员能否形成以倡廉育人精神为核心的廉政党风，进而带动各级各类学校形成风清气正、倾心育人的风气，是教育系统能否承担起为全面建成小康社会和实现中国梦的伟大目标来培育人才历史重任的关键。教育系统的廉政党风就是广大党员教师能够做到清廉从教、倾情从教，谨慎用权、公正用权，避免以权谋私；工作中实事求是，避免虚荣浮夸和追名逐利；生活上艰苦朴素，避免奢侈浪费。在教育系统广大党员中倡导和形成廉政党风，将会激发广大党员教师作为教师中优秀分子的使命感和责任感，发挥党员教师在育人育才进程中的中流砥柱作用。党员身先士卒，时刻以"倡廉育人"观念自警自励，在"四个风险"面前，经受住历史考验，警惕克服"四大危险"，以全心全意的育人、钻研、进取、奉献精神践行以教育为"志业"的诺言，有助于将全体教师紧密团结在一起，齐心协力承担起历史赋予的重任，也有助于率先垂范给所有学生以精神引领，增强学生以"崇德尚廉"姿态走向未来的信心和决心。

（二）教风是学校倡廉育人的主导途径

教风，就是教育机构的教师或者教师集体在长期的教育教学过程中形成的稳定的、持续性的特点和风格，是教师队伍的职业道德、学识水平、治教方法等的集中表现。廉洁的教风表现在教师清廉从教、倾心育人、严谨治学、科学钻研、言传身教、为人师表等。廉洁是教师立教的根本。孔子曾指出："其身正，不令而行；其身不正，虽令不行。"① 孟子言："教者必以正。"② 荀子同样认为："礼，所以正身也；师，所以正礼也，无礼何以正身？无师吾安知礼之为是也？"③ 可见，他们都强调，教师不仅要用丰富的学识授业解惑，更重要的还要以"修身清廉"的高尚品格来引导学生做人。就学生来说，他们眼中的教师就是学校人格的化身，教师本身采用什么样的做人态度、治学方法、治教精神，直接影响着学生对学校文化的认识和观感，影响着学生对人生、对教育事业的理解和认识，教风以潜移默化和润物无声的形式，深刻地影响着学风，"学风的形成受教师影响最甚"④。

廉洁的教风是廉洁学风的源头，也是形成廉洁校风的关键。教师唯有以廉为荣、以教为志；刻苦钻研、踏实研学；珍重名誉、淡薄利益；遵章守法、阳光用权；敬业爱生、乐于奉献，身体力行清正廉明的教风，学生才会亲师信道，形成廉洁的学风，才能影响和带动整个学校形成廉洁的校风。总之，在广大教师中倡导廉洁的教风是倡廉育人的主导途径。

（三）学风是学校倡廉育人的必要条件

学风，就是指学术界、学校中的个人或集体的学习风气，是人们的治学态度、治学精神、治学目的、治学方法等的外在表现。"学风"，是由古代"博学之，审问之，慎思之，明辨之，笃行之"⑤ 的治学方法演变而来，毛泽东曾指出，学风问题对于全党的重要性，是否具有理论联系实际的学风是检验真假马克思主义的试金石，"学风，不但是学校的学风，而且是全党的学风。学风问题是领导机关、全体干部、全体党员的思想方法问题，是我们对待马克思列宁主义的态度问题，是全党同志的工作态度问题。"⑥ 这一论断有助于我们认识学风的深

---

① 《论语·子路》。
② 《孟子·离娄》。
③ 《荀子·性恶》。
④ 眭依凡：《大学校长的教育理念与治校》，人民教育出版社2001年版，第231页。
⑤ 《中庸》。
⑥ 《毛泽东选集》（第3卷），人民出版社1991年版，第813页。

刻内涵。

廉洁学风的建设主体既包括学校的全体教师，也包括所有学生。廉洁的学风就是师生在日常学习和从事学术研究的过程中，要勤恳踏实、诚信守信、严谨治学；要学以致用、避免浮夸浮躁、沽名钓誉；要求真务实、理论联系实际，避免主观主义、学术不端；要团结协作、互相激励，避免小团体主义、互相攻讦。教师和学生拥有廉洁的学风，是学校廉洁文化的重要组成部分，是一个学校最宝贵的精神财富，不仅彰显着学校的良好办学理念和廉政精神，有助于学校教育教学质量的提升和学生人格品质的完善，而且有助于推进学术研究和科学发展，促进创新型国家的形成。

廉洁的学风是人们长期自觉修养的结果，学校的全体教师、全体党员都要从教育事业的和党的事业的高度来认识廉洁学风的意义，以廉洁的党风、教风做示范、做表率，影响、带动和推进廉洁的学风，以对学术不端和学术腐败行为的"零容忍"的制度环境和舆论氛围，推动广大师生真心向学，通过不懈钻研奋斗，不断提升自身的学术修养和学术水平，收获名副其实的真才实学，使学校育才育人的教育使命落在实处。

（四）管理作风是倡廉育人的重要条件

管理作风就是学校的各级治理主体在实施治理的过程中，所展现出的思想、工作、学习和生活等方面比较稳定的态度和风格。学校的治理主体既包括学校党政各级领导班子成员、行政职能部门人员、院系管理人员，也包括学生各类自治团体中的管理人员。廉政的服务作风就是各级治理主体思想上求真务实，各种决策既立足高远统筹全局又扎根基层把握民意；工作中办事公道，既公开用权廉洁高效，又作风民主以诚待人；学习上精益求精，既把握前沿理论又掌握具体工作方法；生活中团结协作，领导干部甘当表率凝聚人心。营造廉政的服务作风不是一朝一夕之功，正如俗语所说："逆水行舟用力撑，一篙松劲退千寻。"廉政的管理作风建设必须长期坚持不懈地抓。领导干部是廉政的管理作风的引领者。孔子说过："君子之德风，小人之德草，草上之风必偃。"[①] 学校各级领导干部能否身体力行廉政的服务作风，直接影响着广大教师和学生对廉政文化的信心，对学校能否树立廉洁的学校文化至关重要。廉政的管理作风不仅能推动学校各项工作走向科学化、规范化、制度化，提高学校办学水平和办学质量，也直接影响着学校廉洁教风和廉洁学风的形成，是彰显学校廉洁学校文化的关键因素之一。廉政的管理作风在学校倡廉育人中的地位十分重要，领导干部的廉政管理作风又是重中

---

① 《论语·颜渊》。

之重，唯有领导干部带头带领广大师生共同营造风清气正的廉政氛围，使师生获得丰足的廉政体验，才能使倡廉育人的廉政文化深入人心。

教育系统廉政文化的培育需要倡廉育人观念的精神引领，但倡廉育人精神又不是悬浮和外在于学校的东西，它体现在学校的制度文化、物质文化和行为文化当中；倡廉治政的制度文化是在倡廉育人精神文化指导下建立起来的，是倡廉育人精神文化的凝结和固化，它为广大师生行动提供了规制，有力地促进校园廉政文化的生成；廉洁的物质文化和行为文化当中又体现着对倡廉育人精神文化的认同和对倡廉治政的制度文化的遵循，是促进倡廉育人廉政文化的必不可少的外部环境和重要资源。倡廉育人的精神文化、倡廉治政的制度文化和环境促廉的物质文化和风气导廉的行为文化的有机融合与统一，将有力地促进教育系统廉政文化的生成与发展，为教育系统承担起全面建成小康社会和实现中国梦而育人育才的使命提供强大的精神动力和智力支撑。

第四节 教育系统廉政文化培育的实施

所有关于教育系统廉政文化培育的目标、原则、理念和教育要素，最终应该落实于实施的过程中。因此，如何实施是值得具体探讨的。

一、课程教学中的廉政文化教育

在廉政文化教育过程中，教育的重点对象是党员领导干部，但预防应当从青少年学生开始抓起。对青少年进行廉政文化教育，使他们从小了解反腐倡廉的重要性，树立"廉洁光荣、腐败可耻"的意识，树立健康向上的荣辱观，才能确保他们成长为健康的社会主流力量。在廉政文化教育过程中，我们应着力抓廉政文化进教材、进课堂、进头脑的工作。

教学活动是学生教育最重要的一环，是廉政文化教育主渠道。开展廉政文化教育，就要在课程教学中渗透廉政文化教育的内容。为了能够使廉政文化教育在课程教学中实现有效性，可以在课程体系、施教过程、课程考核中渗透廉政文化教育的内容。

（一）课程体系中渗透廉政文化教育

课程是学校进行教育活动的主要载体，也是开展廉政文化教育的重要抓手。

1. 思想政治理论课中渗透廉政文化教育的内容

廉政文化教育本质上是一种价值观教育，应充分发挥思想政治理论课的主渠道作用，在课程中渗透廉政文化教育的内容，从而使学生在学习过程中，潜移默化地形成正确的廉政价值观念。

按照《教育部关于在大中小学全面开展廉洁教育的意见》《中小学廉洁教育指导纲要》和《大学生廉洁教育读本大纲》等相关规定，在中小学思想品德类课程和高校思想政治课程标准中明确廉洁教育内容，专门安排课时师资。在具体实施的过程中，应从教学内容、教学方法，以及教师的教学能力上进一步贯彻落实。

在教学内容上，一方面，要注重教育内容的针对性。在小学阶段，廉政文化教育应侧重"启蒙和感召"，培养学生初步认识和理解"廉政"的基本行为表现。在中学阶段，应侧重"明理、励志"，培养学生确立基本的是非观念，帮助学生认清一些腐败现象的本质、根源和危害，引导学生自觉实践遵纪守法、诚实正直的廉政品质。大学阶段则应侧重"修身和信仰"，培养大学生正确、积极的道德观、法制观和责任观，使"清正廉洁"成为大学生的修身目标和人生信仰。另一方面，在授课过程中，教师应围绕廉政文化教育的内容，构建立体的教学内容网络体系。思想政治理论课教师要把廉政文化教育的内容讲清、讲透，在具体施教过程中，除了讲授教材中的相关内容以外，还要汲取《教育部关于在大中小学全面开展廉洁教育的意见》等相关政策文件精神，善于运用经典文献、典型案例、课外辅导读物、网络教育素材等为廉政文化教育内容服务，使教学内容更加丰满和立体，进而构建以廉政文化教育为核心的教学内容网络体系。

为达到廉政文化教育的效果，在教学方法上，教师可以使用多种方法和手段，如专题教学法、案例教学法、启发式教学法、研讨式教学法、情景教学法等，这些方法可以单一运用，也可以综合实施。比如，针对和廉政文化内容相关的经典案例，教师可以先采用启发式的方法引导同学们进行讨论，再采用专题方式对该案例进行深入讲解，进而帮助学生深化对该问题的认识，从而使教学效果达到预期。无论哪种方法的使用，都是为了在授课过程中，让学生多角度、多层次对涉及廉政文化教育的内容予以认知和认同。

在教学能力上，教师在授课过程中应不断提升课堂教学情况的掌控能力。尤其是在案例讨论、课堂互动的环节中，对于涉及廉政文化教育相关的案例内容，教师应对学生的回答给予分析和回应。如果学生的分析符合廉政文化教育的要求，可予以积极的认同和支持；如果学生的回答过于片面，甚至是过于武断和偏激，教师切不能以简单的"不对""错误"做出生硬的批评，而应理性分析、科学引导，帮助学生做出正确的判断。尤其针对现在"00后"的学生而言，简单的说理和灌输很难使学生获得真正的认同，更应在和学生的互动交流中加强引导，以期达到廉政文化教育的目标。

2. 专业基础课程中渗透廉政文化教育的内容

廉政文化教育是贯穿大中小思想政治理论课程的重要组成部分，同时也是整个教育阶段应该贯彻的重要内容。作为"立德树人"的大事，必须树立起全员育人的理念和全员参与的责任意识。就课程教学方面来看，廉政文化教育不仅是思想政治理论课教师应当承担的任务，同时也是专业课教师应当承担的责任。

就目前廉政文化教育的实际情况来看，思想政治理论课教师是廉政文化教育的主要力量和主导队伍，但要想取得教育的实效，还需要多个队伍的支持与参与，尤其是专业课教师在教学过程中所形成的"合力"氛围，达到思想政治理论课教师无法靠一己之力达到的效果。德国教育家赫尔巴特曾指出："教学中如果没有进行道德教育，只是一种没有目的的教育；道德教育如果没有教学，就是失去了手段的目的。"① 这充分说明各学科之间、各课程之间在实施廉政文化教育的过程中的互补、互融的作用。

在课堂教学方面，专业课教师所涉及的课程远远多于思想政治理论课的课时量。以高等教育为例，根据教育部公布的 2011 年《学位授予和人才培养学科目录》（修订版）为例，在高等学校研究生教育体系设置中，共设 13 个学科门类（哲学、经济学、法学、教育学、文学、历史学、理学、工学、农学、医学、管理学、军事学、艺术学），110 个一级学科。例如，理学下有数学、物理学、地理学等 10 余个一级学科。由此可见，如果专业课教师能够在课堂教学中渗透廉政文化教育的内容，这将形成巨大的"合力"，从而更加有效达到廉政文化教育的目标。

在专业课程的教学活动中，教师可以结合专业课程的背景和知识，开展与之相关的廉政文化教育。对于一些人文社科类的学科，如经济学、法学、历史学等，其专业课教学内容中有些是和廉政文化教育密切相关的。比如，在法学相关领域，要帮助学生认识社会主义法律的内涵、体系和运行，从而领会社会主义法律精神，认识民主与法治观念。法律权利与义务关系，法律面前人人平等的观念，从而树立社会主义法治观念。② 这些都是廉政文化教育的重要内容，需要专业课教师在教学过程中进行正确的诠释和引导。对于一些与廉政文化关联不太强的学科，如工学、理学、农学、医学等，需要任课教师在授课过程中具有政治敏感性，一旦有涉及廉政文化方面的内容，能够做到心中有数，正确引导。

---

① 转引自赵晔：《试论"教书育人"》，载于《辽宁教育行政学院学报》1994 年第 4 期。
② 《教育部关于在大中小学全面开展廉洁教育的意见》，2007 年 3 月 27 日。

总之，在廉政文化教育的过程中，应加强学科之间的配合，把廉政文化教育与各学科、各专业课教学有机地结合起来，将诚实守信、遵纪守法、廉洁奉公、崇尚廉洁等有关内容纳入学校学科教学体系过程之中，从学生的思想实际和心理需求出发，结合社会热点和具体情况，通过生动活泼的教学方式将廉政文化教育的内容渗透到各个学科、专业课的教学过程中，把传授知识和陶冶情操、培养品德结合起来。

（二）教师施教过程中渗透廉政文化教育

1. 教师认同廉政文化教育的职责

教师是知识的传播者。教师的思想政治素质和职业道德水平直接关系到学校廉政文化教育工作状况和青少年学生的健康成长。在廉政文化的教育过程中，作为教师，首先应该真正认同廉政文化的理念，并认识到作为教师应该承担的廉政文化教育的职责。

教师承载着教书育人、以身示范的重要职责，在廉政文化教育过程中，要想取得廉政文化教育的实效，教师自身必须先做到"真信、真懂"。可以说，教师认同度的高低将直接决定廉政文化教育的效果如何。当教师明确认同廉政文化教育的理念、目标及具体内容后，这种认同就会以信念的方式明确下来，教师就会在教学、管理活动中不自觉地表现出这种认同感，从而在无形中实现以身示范的目的。有些教师自身并不认同廉政文化的相关内容，其言行举止可能就会无意识的表达出这种"不认同"感，从而大大降低廉政文化教育的效果。

为了达到教育的实效，教师必须不断提高自身的思想政治素质和道德修养。教师应该具备过硬的思想政治素质，这包括对于中国共产党领导下的中国特色社会主义事业的坚定拥护、对于党和国家各种方针和政策的深刻领会、对于各类社会热点难点现象的理性分析和评价。同时，面对各种"非廉政"的社会现象，教师能够明确立场，予以抨击和抵制，弘扬正能量。教师还应当具备良好的道德修养，在日常教育管理过程中，一定要注重自身道德素养，以廉政文化的要求规范自身的言行，如公平公正、诚实守信、勤俭节约等，从而为学生起到模范带头作用。此外，学校应在教师中开展党风党纪教育和师德师风教育，反对有偿家教，反对在校学生给教师请客送礼，反对教师利用自己的职业权力向学生家长为己谋私事等。

为了让廉政文化教育的内容能够真正让教师内化于心，在教师思想政治理论课的课程培训中，应增加有关廉政文化教育的内容，使教师一方面提高自身的廉政素养，另一方面掌握廉政文化教育的相关方法，从而帮助教师进一步深化对于廉政文化教育的认同。

2. 教师教学中言传身教

正所谓"学高为师，身正为范"，教师的一言一行本身就具有示范的作用。教师所讲的道理要使学生能够信服，首先要做到自己信服；教师对学生提出的要求，首先自己得身体力行，否则，教学就会成为一种形式上的说教，不能获得学生真正的认同。

在教育过程中，除了讲授知识内容之外，教师的言传身教无形当中会对学生的价值观、言行举止产生深刻的影响，甚至在一定程度上，教师的一言一行、教师的举手投足、教师的实际行动有时比教学内容对学生的影响更大。在课堂上，在和老师接触和交流的过程中，学生会在无形当中观察老师，并做出这样或那样的判断和评价。因此，对于教师来说，应当深刻地认识到自身的言传身教对学生所造成的示范和影响作用。

廉政文化教育本质上属于思想政治教育，思想政治教育历来崇尚"随风潜入夜，润物细无声"的做法，"教育无痕"才能取得最好的教育效果。实践证明，空洞的说教、机械的灌输有可能引发学生的抵触和逆反。在廉政文化教育过程中，教师应当在自身的言传身教中体现廉政文化精神。比如，在思想政治理论课和各类专业课的课堂教学中，面对和"廉政文化"相关的各类社会热点事件，教师观点的表达，教师对问题的分析，教师的各种评价，都直接反映出教师对廉政文化教育的立场和态度。对于从事思想政治理论教育和专业课的教师来说，可能无意识的言语表达，就能让学生直接感受到教师对于廉政文化的立场和态度。因此，在教学过程中，教师应当注重言传身教的作用，使自己的言行成为教导学生立场、态度、道理、规范的最真实的诠释。

在对大学生开展廉政文化教育的过程中，学校必须加强教师"廉政"方面的师德建设，必须认真贯彻和落实教师职业道德规范，更好地提升教师队伍整体的廉政素质和水平，从而充分发挥教师的廉政示范作用。各级各类学校要认真贯彻落实《教育部关于进一步加强和改进师德建设的意见》，把廉政教育的要求贯穿师德师风建设的各个环节，在提升广大教师思想政治素质、职业道德水平和廉政自律意识的同时，充分发挥教师在廉政教育中的导向和示范作用，以"为人师表、言传身教、率先垂范"的实际行动，影响和教育学生树立廉政意识。

"用高尚的品格感染人，用优良的行为引导人"，教师对于廉政文化教育的言传身教能够直观地影响学生的认知，能够帮助学生自觉认识廉政文化教育的重要意义和价值，从而达到教育的目的。

（三）在课程考核中渗透廉政文化教育

1. 考核内容贯注廉政文化精神

在课程考核中渗透廉政文化教育，主要体现在思想政治理论课的课程考核评价体系中，而思想政治理论课的考核又主要体现在授课过程和理论考试环节中。

在思想政治理论课的授课过程中，可以采用多种考核形式对廉政文化教育的内容和效果进行考核，比如，可以采用主题讨论、课程小论文等多种形式。在理论考试中，可以借助廉政文化教育的相关案例，达到教育效果的评测。以"主题讨论"的方式为例，可以引导同学们对问题进行讨论、分析，在讨论过程中，教师可以掌握廉政文化教育的实际情况。同样，在期中、期末考试中，试题中也可以纳入廉政或廉洁方面的案例，增强廉政文化教育的效果。以廉政文化教育中的"诚实守信"内容为例，可以在学生考试过程中加以贯穿和体现。学校可以拟定统一的考试诚信承诺文本，印在每份考卷的首页上端，考生签名后再答卷，对于不签名者不予批改。在理论考试的过程中采用这种方式，可以加强考生的考试诚信意识，进而提高学生对于诚实守信、公平公正的廉政文化教育要素认知。

2. 考核评价指标体现廉政文化要求

在学生求学阶段的考核评价方式上，必须改变过去一张考卷定考分的考试方式，应当建立科学系统的学生德育情况考核评价体系，把学业情况、道德情况、参与社会服务实践情况纳入考核的内容体系中。对于廉政文化教育情况的考核，则应当建立廉政内容相关的考核指标并体现在学生的德育素质考核过程中。

以学生的德育素质考核为例，学校设定相关的具体廉政文化教育内容，作为考核的指标和依据。在考核指标的设定中，学校应当列举出可以被考察和记录的与廉政文化教育内容相关的具体活动内容、行为表现和典型事例，如鼓励学生参与和廉政文化教育相关的社团活动、志愿服务、公益劳动等，并将参与的次数、时长作为考核的内容。这样，可以切实避免学校在考核学生廉政文化教育接受情况时出现大而空的问题。

以学生教育活动开展情况为例，学校可以设定的具体廉政文化教育内容为：征集一批廉洁教育格言、故事、诗歌、图片和漫画，举行廉政故事会，学唱反腐倡廉歌曲，举办廉政歌曲演唱会，召开"廉洁在我心中"主题班（团、队）会，举行抵制不良行为签名，以"廉洁光荣，腐败可耻"为主题的手抄报等活动，开展廉政文化读书会、廉洁教育知识竞赛、文明礼仪主题教育、是非辩论会、以廉洁教育为主题的书法、绘画作品展览、小手牵大手"争当家庭廉政监督员"、校园廉政文艺演出进社区活动等活动。

此外，在日常的学生社会实践考核指标方面，可以将学生社团主动开展的与廉政文化教育活动相关的活动，如"光盘行动"等，看做学生参与社会实践、履行廉政文化教育内容的具体行为，并将其纳入学生的日常德育素质考核标准之内。教师对学生进行道德品质综合评价时，学生廉政方面的表现应作为评价的重要依据。这样既有助于拓展廉政文化教育社会实践活动的氛围，也丰富了廉政文化教育的考核指标，拓展了廉政文化教育的形式。

在这些活动的具体开展过程中，可以将廉政文化教育通过各项指标体现在学生的综合德育考核评价体系之中，除了以往惯用的遵纪守法、团队合作、服务奉献、创新精神、人文修养等指标外，还可加入诸如诚实守信、节俭环保、公平正义等与廉政文化教育内容密切相关的考核指标，从而增强考核的针对性。

需要说明的是，考核指标的设定应当具体，具有可操作性。比如，相比"廉洁修身"指标而言，"讲诚信话、做诚信事、节俭自律、不相互攀比、不找关系、不搞小特殊、不占小便宜、富有社会责任感"等指标更加具体实用。此外，在考核的过程中，要引入高效的绩效评估手段，科学评估学生廉政教育的效果，并建立评估的长效机制。

二、校园环境中的廉政文化教育

要使学校廉政文化教育工作行之有效，除了借助课堂教学、正面教育、积极灌输外，还应当重视、挖掘和利用校园环境的有力条件。校园廉政文化环境的营造对学生的影响虽不是立竿见影的，但却是稳步推进的，良好的廉政文化环境必然会产生优化的效果。校园环境体现着一种环境教育的力量，对学生的健康成长有着巨大的影响。结合廉政文化教育的具体情况来看，校园环境建设的目的就在于创设一种"廉政"的氛围，在这种氛围的熏陶下，可以陶冶师生的情操，在有意或无意识中构建师生的"廉政"意识和行为习惯。

校园环境的内涵是非常丰富的，结合廉政文化教育的实际，这里主要从文化环境、人际环境以及网络环境三个方面具体展开。

（一）营造廉政文化教育的文化环境

任何一种文化的营造都需要载体来承载，廉政文化教育自然也不例外。校园文化环境包括硬环境和软环境，即校园物质文化环境和文化教育氛围两个方面。在学校开展廉政文化教育的过程中，应从这两个方面着手，利用各种文化载体，努力营造廉政文化教育的文化环境。

1. 营造廉政校园物质文化环境

校园物质文化是校园环境建设的一部分，它是指校园硬件环境的配备与展示，包括园区环境的装点与室内环境的营造。[①] 校园物质文化环境是一种直观性的文化，如建筑装饰、校园布局、教学设施、环境卫生等。廉政文化教育的实施可以以校园物质文化环境为依托，营造廉政教育的良好物质文化氛围。

良好的校园文化物质氛围可以帮助学生确立高尚的人生理想、健康的人生哲学、乐观的人生态度。校园里的一尊雕塑、一副笔画、一株花草，只要安置合理，就可以获得很好的艺术熏陶的效果。在廉政文化的教育过程中，学校要善于运用各种物质文化为载体，营造廉政文化的氛围。

比如，学校可以利用板报、橱窗、陈列室等载体，开办和廉政教育相关的文化专栏，采用各种富有哲理的廉政文化小故事（或成语故事）、名人名言、人文图片等，形成生动的文化宣传氛围；学校可以充分利用图书馆、小剧场、文化馆、体育场等校园文化设施，通过举办展览、放映影视作品、提供图书资料等形式，增强与学生的互动；学校还可以利用校训、校徽、校歌、校史对学生的激励作用，使学生接受形式更加多样、内容更加丰富、内涵更为深刻的廉政文化熏陶；学校可以专门架设廉政文化景观，如建立廉墙、廉栏、廉路、廉政雕塑等，可以利用中国传统文化中的经典故事，结合雕塑等艺术创作形式，弘扬传统文化中的廉政文化精神。

在校园物质文化环境营造的过程中，应注重几个基本的原则：第一，内容丰富。承载着丰富内容的物质文化环境可以满足学生的心理需求，可以增强教育的效果，且更容易被学生认同和接受。第二，形式要美。要善于利用各种"美"的形式，利用"美"的教育资源，将教育内容巧妙地融入在校园文化景点、人文艺术产品之中，融入文艺美乐之中，从而起到潜移默化的陶冶作用。第三，直观简洁。廉政文化教育的目标清晰、明确，在利用校园物质文化营造氛围的过程中应当直观明了、简洁明确，告诉学生应当提倡什么、反对什么。

总之，学校应加强自然环境的建设，使廉政文化教育设施与学校的自然生态环境相融合，做到环境净化、室外绿化、室内美化相结合，从而使校园物质文化环境实现使用功能、审美功能和教育功能之间的统一，使校园的一草一木、一砖一瓦都成为廉政文化教育的传播媒介。

2. 营造廉政校园文化教育氛围

廉政文化教育氛围的营造，主要在于创设、营造、浓化廉政文化教育的文化氛围。这种氛围是一种"软"的力量，帮助学生无形当中形成"敬廉崇洁"的

[①] 孙成豪：《浅谈高校文化建设与大学生诚信应考意识》，载于《济南大学报》2012 年 4 月 13 日。

行为意识和习惯。廉政文化氛围的营造，需要通过开展各种形式多样的活动体现出来。通过这些富有特色的活动的开展，可以使学生获得丰富的廉政体验，形成倡廉、知廉、守廉、助廉、促廉的廉政文化氛围，使"敬廉崇洁"的思想深深扎根于学生的脑海中。

为了达到实效，在具体教育过程中，可以采用各种各样的教育活动形式，使学生在参与的过程中形成诚信守法、廉洁奉公的意识和观念，提高分辨是非的能力。在具体操作过程中，可以利用各种合理、有效的活动载体，创设不同的教育形式，开展多样化交流活动。

学校可以定期开展与廉政文化教育相关的主题班会和主题教育，在会上可以结合学生的身心特点开展主题教育活动，以多种形式组织学生开展专题讨论；学校可以在每个学年定期组织学生读一本廉政教育图书，可以通过"读后感"的方式在主题班会上进行讨论，分享心得；学校可结合开学典礼、毕业典礼、升旗仪式、入党入团仪式等，开展特色鲜明的廉政主题教育活动。学校还可以利用各种载体，如校园广播站、校园网、校报、板报等，定期播放廉政教育影视作品，发布廉政教育信息。

学校可以定期举办和廉政文化相关的生动有趣的课外活动，做到生动性、趣味性、知识性与思想性相结合，达到寓教于乐、陶冶情操、传播廉政文化教育的目的。在活动过程中，要根据学生的年龄特点，开展有针对性的活动，如歌咏比赛、演讲比赛、知识竞赛、征文比赛、辩论赛、社会调查等。要充分利用各种节庆日、传统节日，开展爱国主义教育，增进学生的爱国情感，提高学生倡廉守洁的道德素养。

在廉政文化教育氛围营造的过程中，也应注重几个重要的原则：第一，坚持正面引导的原则。可以通过正面的事例、正面的引导加强先进典型的教育和宣传，让学生时刻感受到"正能量"的氛围。第二，要做到形式生动活泼。应多选择一些具有时代气息、为学生所接受的鲜活事例，通过学生的参与互动，帮助学生巩固对廉政文化的认知，提高廉政文化教育的直观效果。第三，要讲求实效。各种廉政文化教育活动的开展，其目的都是在教育活动过程中让学生真正养成倡廉守洁的道德品质。因此，在活动过程中，要避免流于形式，更加关注教育活动的效果，并形成良性的互动和反馈机制，为下次廉政文化教育活动的有效性的开展奠定基础。

（二）营造廉政文化教育的人际环境

从某种意义上讲，人际环境是一种高级形式的校园文化。良好的人际环境不仅可以使师生形成"和谐"的人际氛围，还可以促进师生共同成长。要想使廉政文化教育取得实效，应在人际关系相处中营造并形成以"廉政"为核心的人际交往准则，从而借助于人与人之间的交流互动使这种氛围互相影响。

人际关系被称为人世间最为复杂的关系。从学校的角度看，横向上有领导间的人际关系、教师间的人际关系和学生间的人际关系；纵向上则有领导和教师、教师和学生之间的人际关系。从廉政文化教育的角度看，应着重注意师生间的人际关系、学生间的人际关系以及教师包括管理者之间人际关系的问题。营造廉政文化教育的人际环境，就是引导广大师生之间培养以廉政为基础的师生之谊、同学之情、同事之谊，从而形成一种"崇尚廉政""褒扬廉政""以廉为美、以廉为乐、以廉为荣"的和谐、融洽的校园人际环境。

1. 营造以"廉洁从教"为核心的师生人际环境

在校园人际环境中，师生的关系是核心。目前学生最痛恨的校园腐败不公行为分别集中在"通过不正常手段获得各种利益"和"评选各类先进荣誉称号"两类。显然，这也是学生在和教师交往中最看重的廉政文化涉及的内容。因此，廉洁的教师队伍对于开展廉政教育至关重要。

在教师和学生的相处中，教师应首先做到以身作则、廉洁从教。教师应做好一名公正廉洁的示范者，进而才能担当好一名廉洁教育的实施者和引导者。特别是在涉及学生切身利益的诸如评优评先、奖助学金、助学贷款、推优入团入党、学生干部选拔任用等问题上，要坚持原则，严正风气，坚决抵制"拉关系，走后门"等不良现象。

当前，学校中存在一些有悖师德的现象，如教师违规收费、违规补课、体罚学生，甚至是向学生家长变相勒索等背离教师师德的不良行为，造成了恶劣的影响。在这些反面现象的影响下，教师的形象受到了影响，教师施教的效果也大打折扣。因此，在学校对学生开展廉政文化教育的同时，也要对教师加强师德师风建设，提高全体教师的道德素养。

学校应定期在全体教职员工中开展"廉洁从教、服务学生"为主题的廉政文化教育，切实加强教师的职业道德建设，净化校园风气，增强尊师爱教的氛围。通过教育活动促进教师爱岗敬业、为人师表、诚信服务，做人民满意的教师。用廉政文化规范教师行为，针对教师中存在的影响教育公平和公正的行为，应及时教育和严格禁止。特别要用制度来制止乱办班、乱补课等不良行为，杜绝拉关系、走后门、见面礼、谢师宴等不良现象，使学校和教师形成言行一致的清正廉洁的良好师德师范。

在师生人际关系的营造中，除了强调教师"廉洁从教"的重要性之外，还应当发挥"监督"机制的作用，保障师生人际环境的良性氛围的形成。"监督"机制主要体现在学校和学生之间的互动上。如学校可以专设校长信箱，开通校长热线，让学生能够及时对学校的廉政建设和管理工作提出相应的意见和建议。学校可以安排适当的机会，让学生把有关廉政问题上的困惑和不解提出来，采取集中讨论的方式，加强学校与学生之间的沟通，形成良性的互动和交流。学校要积极创设各种与学生沟通交流的平台和机会，如，可以组织学生干部、团干部、班级骨干等积极对学校进行民主监督，对教师"廉洁从教"的情况予以监督等。

2. 营造"廉洁交往"为核心的学生人际环境

廉政文化教育具有较强的实践性，学生只有通过生活体验和人际交往，才能真正养成廉政的意识和品质。在廉政文化教育过程中，应积极营造以"廉洁修身"为核心的学生人际环境。

营造以"廉洁正直"为核心的学生人际环境，就要通过多种形式教育引导学生在人际交往的实践中正确处理个人与他人、个人与集体、个人与社会的关系，形成以廉为荣、以贪为耻、以洁为荣、以污为耻的道德认知，养成自我约束、自觉省察、自觉纠错、自觉修身的良好行为习惯。

以大学校园人际环境为例，目前，大学生的人际关系情况总体来说是积极向上的，大学生在学习之余，积极参加高校建设和学生管理，兢兢业业，乐于奉献，义务地为集体、为同学服务。但是，也有少数大学生受社会上不正之风的影响，用送礼、请吃饭等不正当手段解决入党、评奖、竞选等问题；有的大学生以权谋私，拉帮结派，搞小团体主义；有的大学生不能严于律己，上课迟到、早退、旷课，违反校规，考试作弊等。针对学生人际关系中出现的与廉政文化相背离的问题，应着重注意两个群体，即学生干部和普通学生的廉政人际关系培育。

学生干部在学校教育管理、校园风气与环境的建设中角色特殊。他们的言行举止尤其是道德素养，在很大程度上影响着周围的大部分学生群体。因此，学生干部肩负着引导其他学生笃行向上的榜样责任。所谓言传不如身教，学生干部应以实际行动践行廉政价值观，对身边同学起到正面的示范性影响。

作为普通学生中的一员，同学们在人际交往中应努力做到"廉洁交往"。同学们应当培养廉洁交往的意识，主动去了解、学习廉政文化的相关内容，通过学习我们党反腐倡廉的理论与实践、党风廉政建设的政策法规，以及我国古代的廉政思想等，培养自身的法律意识和道德意识，做到自觉遵守社会道德规范、遵守法律法规，同时主动增强反腐倡廉的自觉性。

在与同学交往的过程中，廉洁主要体现在从自己做起，从小事做起。每个学生要养成自我约束、自我修身的良好品质，做廉洁、正直的人；讲诚信话、做诚信事，不相互攀比、不找关系、不搞小特殊；注意防微杜渐，时刻牢记"勿以恶小而为之，勿以善小而不为"的原则，恪守廉政的价值标准，养成廉政的习惯；形成尊崇廉洁、积极向上的高尚思想道德情操，自觉养成诚信、节俭、自律和富有社会责任感的良好行为习惯。

在现实生活中，廉洁修身的人会赢得别人的尊敬和信任，反之，贪小便宜、贪污受贿之人则往往不为人喜，为社会所唾弃。在与人交往过程中，努力做一个心胸开阔、有理有节、不计前嫌、与人为善的人；在同学之间的交往中，要通过身体力行恪守廉政的各项规范，培养勤俭节约的习惯和意识，保持廉洁的作风；要克服日常消费中的虚荣心和攀比心，树立正确、理性的消费观和金钱观。

总之，在同学之间的日常人际交往过程中，应营造"廉洁交往"的文化氛围。廉洁交往既是一种道德品质，也是一种道德能力，还是一种道德境界。在廉政文化教育过程中，同学们要明确廉政文化教育的重要意义，不断提升自身廉洁交往的能力，真正做到知行合一。

3. 营造"廉政管理"为核心的管理人际环境

在管理过程中，廉政人际关系的营造主要是对管理人员自身提出的切实要求。学校管理人员，具体包括学校的领导和各级管理者。对他们而言，应营造以"廉政管理"为核心的管理人际环境。

对于学校的领导和管理者而言，首先要从道德意识上提高自身廉洁自律的自觉意识。在日常管理过程中，学校领导和各级管理人员一定要严格遵守法律法规，要常修为政之道，常思贪欲之害，常怀律己之心，否弃非分之想，不断提高自身的思想境界，不断提高廉洁自律的自觉性。

在管理过程中，学校领导和各级管理者除了要做到保持自身道德操守，坚持"慎独"外，还应以制度化的方式为管理过程中的人际环境提供长效的廉政保障机制。学校党政部门要齐抓共管、部门之间要各负其责，形成学校廉政文化教育的工作格局。

具体而言，针对各级管理部门，学校要定期开展以"廉洁管理"为主题的教育活动，使全体学校行政干部和行政人员勤俭办学、以身作者，成为师生的楷模。针对学校重点岗位人员，如学校行政干部、财务、招生等岗位人员，学校要对他们集中定期开展职业道德教育，剖析发生在教育系统的腐败案件，使他们在反面典型中受到教育，从而自觉提高自身的法治观念，提高廉政意识和防腐拒变的自觉性。学校应倡导校务工作"公开透明"，对于学校的重大工作及每周例会应及时公开，设立教工接待日、学生接待日等，增进教职工的民主参与意识、民主监督意识和民主管理意识，改善领导的民主作风。此外，学校可建立《学校党风廉政建设责任考核制度》，设定廉政建设责任考核指标，设专人或部门予以考核。

（三）营造廉政文化教育的网络环境

网络环境，尤其是新媒体对学生的学习方式、价值观念、行为习惯等都产生了巨大的影响，也为加强廉政文化教育提供了新的平台、新的机遇和新的挑战。充分利用网络，尤其是新媒体的视听优势传播廉政文化，是学校开展廉政文化教育的重要途径。

营造廉政文化教育的网络环境，除了传统的网络环境之外，还应当充分利用新媒体的力量。新媒体传播的互动性和开放性使得廉政文化教育的氛围得以扩大。学校应利用各种网络媒体资源，建立开放互动的廉政文化教育网络氛围。

1. 创新廉政文化教育校园网络新形式

借助网络平台推进廉政文化教育，改变传统单一的本本教育模式成了时代发展的必然，尤其是和传统媒体相比，新媒体的优势和特征更能满足学生群体的发展需求，更容易被学生所接受。

当前，在反腐倡廉受到全社会关注的背景下，新媒体在廉政文化建设方面的作用日益凸显出来，新闻资讯、社会舆情、廉政监督等方面都有新媒体的力量，媒体被看作是除立法、司法、行政以外的"第四种权力"。[1] 在新形势下，加强廉政文化教育的网络载体建设，是当前教育所赋予的一项新的任务。

近年来，很多学校相继开设了廉政文化教育网站、廉政文化教育研究基地等，取得了较好的反响，但在利用新媒体传播廉政文化方面仍存在诸多的问题。尤其是从新媒体的发展趋势来看，目前学校对新媒体的利用还不够充分。结合具体情况来看，现有的校园廉政网站普遍注重宣传党务知识，强调政治教育；宣传仍以文字为主，鲜有影视传播；宣传主要依靠传统网站，还未充分占据手机等新媒体领域。

根据以上的现有情况，在廉政文化教育网络环境的营造过程中，学校应当主动创新廉政网络文化传播的新形式。一方面，学校应充分利用各种现代新媒体传播平台来开展廉政文化教育，比如微信、微博、QQ、BBS、网上论坛等，借助新媒体的便捷性扩大廉政文化教育的范围和渠道，使廉政文化教育的传播更具有针对性和实效性。另一方面，学校可利用新媒体所特有的声音、视频、图像等优势来传播廉政知识，使廉政文化传播的形式更贴近学生的信息浏览方式，同时借助新媒体的多维感官传播方式，可以使学生在形象生动的情境中接受廉政文化教育信息，从而增进学校和学生之间的交流和互动。

2. 丰富廉政文化教育校园网络内容

在当今快速发展的网络时代，各种文化思想冲击碰撞，各种文化传播形式争奇斗艳，学校的廉政文化教育要想在网络氛围中占有一席之地，必须依靠最新最

---

[1] 李纯德：《如何发挥媒体在廉洁文化建设中的作用》，载于《中国纪检监察报》2012年4月9日，第2版。

客观的资讯和信息获得学生的关注。因此，在构建廉政教育网络环境的过程中，学校应不断丰富校园网络上廉政文化教育的内容。

一方面，要借助网络尤其是新媒体的力量丰富廉政文化教育的网络内容。网络丰富的信息资源为廉政文化教育的开展提供了充足的素材，网络快速的传播速度和巨大的信息量使得廉政文化教育，不再仅仅局限于传统的书本和说教，传统的课堂教学、座谈讨论、宣传标语等已经不能满足学生应当接受的信息含量。网络中和廉政文化内容相关的案例、视频、图片等，可以极大地充实廉政文化教育的内容。因此，学校应结合网络即时性、互动性的特点，及时地更新、丰富与廉政文化教育相关的校园网络内容，这可以使学生更快地了解和掌握廉政教育的相关信息和资讯，从而畅通传播者与接受者之间的网络通道。

另一方面，要把廉政文化教育的内容赋予新的时代元素和内涵。目前，学校的廉政文化网站建设工作对象是学校的管理部门，主要以领导干部作为教育的对象，少有和学生生活实际关联密切的廉政教育内容，即使有，也多以单调的理论文章、评论为主，很难看到贴近学生思想、生活实际的教育内容。因此，对于廉政文化教育网络内容应赋予新的时代元素，可借助高水平的网络技术展现廉政教育内容的立体效果，借助影像等技术，让学生在形象、生动的直观情景中感受教育信息，从而调动学生主动获取廉政文化信息的积极性。

3. 优化廉政文化网络教育氛围

优化廉政文化网络教育氛围，主要表现在提升学生作为媒体消费者的鉴赏能力和批判能力，面对网络、新媒体上的有关廉政问题的各种资讯，学生要具有基本的甄别、判断能力。

新媒体网络的虚拟性使得学生愿意把自己的感触表达在虚拟的网络空间，可以引导学生利用网络，尤其是新媒体平台发表自己对于廉政文化教育的各种观点。借助网络平台，拓宽学校与学生之间就廉政文化教育问题的讨论空间。

学校可以通过设立学校廉政主题网站、廉政论坛、BBS、辅导员老师博客、微博、微信等渠道，不定期举行以廉政为主题的各类网上主题讨论活动，与同学们进行多维的互动和交流，了解他们对于当前社会廉政热点、校内外廉政问题的看法和观点，获知他们对于学校和社会的愿望和要求。同时，学校要把网络、新媒体平台建设成为传播廉政文化教育的主要渠道和阵地，可以借助网络、新媒体平台开展道德教育和法制教育，增强学生对媒介信息的筛选能力，用批判性的思维去分析和接受媒体资讯，对学生中歪曲、错误的观点予以及时的引导、纠正。

此外，学校还应加强对新媒体的监管力度，优化网络教育环境。廉政文化教育内容广泛、信息量大，一些虚假、低级的内容往往会借助廉政文化的外衣加以包装，故意歪曲、夸大事实，为了商业利益博人眼球、赚取点击率。由于缺乏严格的网络监督，有些粗浅的作品打着廉政文化的幌子在网络上大行其道，在一定程度上损害了廉政文化教育的积极意义。因此，学校方面要加强对网络、手机等新媒体信息的监管。学校信息主管部门要努力提高新媒体宣传的质量，加强对信息的监督和管理，检查并过滤信息内容，从而在源头上净化廉政文化教育的信息网络环境。

三、社会实践中的廉政文化教育

"人的认识的发生、发展、检验和归宿，都离不开社会实践，全部认识活动都是在实践基础上进行的。"[1] 大中小学生的廉政文化教育必须结合社会实践，才能完成对世界的改造，对人的价值观的改造。《教育部关于在大中小学全面开展廉洁教育的意见》明确提出了："要安排一定课时，开展廉洁专题教育，并组织开展以廉洁教育为主要内容的综合实践活动，通过内容丰富、形式新颖和吸引力强的实践活动，给广大青少年学生以潜移默化的影响。"故社会实践是廉政文化教育的组成部分，即通过社会实践的途径来实施廉政文化教育。

（一）社会实践对廉政文化教育的意义

毛泽东在《实践论》中指出：社会实践是由于共同物质条件而相互联系起来的人群改造自然和改造社会的有意识的活动。并首次把生产活动、阶级斗争和科学实验这三大活动确定为人类社会实践的主要形式。[2] 这是广义的社会实践，本节论述的社会实践是狭义的、作为廉政文化培育手段的社会实践，它相对于课堂理论教学而言，是"有目的、有计划、有组织地将思想道德教育理论的内容延伸到课堂外，创造实践情景，精选活动内容，指导大学生开展的提高学生整体素质的社会活动。"[3] 自社会实践成为廉政文化教育的重要环节后，它与课堂教育一起，对于促进大中小学生了解社会、铸造自我、奉献社会、增强社会责任感具有不可替代的作用。

社会实践在廉政文化教育中的意义非同一般。

第一，从社会实践的工具性意义来看，社会实践是廉政文化教育实现的途径。"虽然它（实践理性）本身是为义务而义务，但是作为一个自由行为，一种实践行动，它应该表现出来，应该做出来。"故廉政教育强调知行统一。"行"，

---

[1] 王荣党：《大学生社会实践的理论渊源》，载于《学术探索》2000年第3期。
[2] 《毛泽东选集》第1卷，人民出版社1991年版，第283页。
[3] 林燕：《市场经济时代的高校道德教育》，载于《海南医学院学报》2005年第2期。

即实践，它在个体品德形成和发展中起着落地作用。"有知识的人不实践，等于一只蜜蜂不酿蜜（萨迪）"。我国南宋思想家朱熹认为："知与行，工夫须着并到。知之愈明则行之愈笃；行之愈笃则知之益明。二者皆不可偏废，如人两足相先后行，便会渐渐行得到。若一边软了，便一步也进不得。"①"知"和"行"相辅相成，辩证统一，"行"是"知"的目的和归宿。"实践是思想的真理（车尔尼雪夫斯基）"，社会实践是廉政文化教育实现的途径，必须从实践中检验廉政文化教育的实效，从实践中促进廉政文化教育的实效。只有通过实践这一过程，才能将廉政文化教育的内容内化为师生的道德自觉，并通过行动外化为一系列社会廉政价值实践。社会实践拓展了学生理论学习的空间，把学生从被动的受教育者的地位中解放出来，其本质就是"将人的理想存在转换为现实存在"。②当学生积极主动地投入到社会实践中去，他们掌握的理论就成为改造社会的工具。同时，他们投入其中的具有变革力量的社会实践也会不断地验证理论和充实理论。

第二，从社会实践的生成性意义来看，反腐倡廉的历史重任赋予了社会实践新的内涵。社会实践是一个开放的、不断创新的体系，"首先，它在主客之间相互开放。同时，社会实践的内容、范围也是开放的，它不局限于课堂，而是面向校园的方方面面，面向国内各行各业，面向世界各国"。③进入21世纪，世情、国情和党情的深刻变化，对党的执政地位提出了新挑战，也对党的执政能力提出了新要求。十八大以来，中国共产党把反腐倡廉和国家前途、民族命运和人民幸福紧密地结合起来，把反腐倡廉建设摆在更加突出的位置，廉政教育成为国家最紧迫的任务。而依靠文化的影响力和渗透力开展全民教育，预防腐败，防患于未然，已成为世界各国反腐的共同经验。相应的廉政文化教育作为社会实践的新内容，因其特殊性对社会实践也提出了新要求，学校既要善于运用常规的社会实践活动来进行廉政文化教育，也要不断挖掘潜力，创造新的符合廉政文化教育规律和教育内容的社会实践活动。

第三，从社会实践的方法论意义看，在廉政文化教育中采用社会实践是对传统思想政治教育理论和方法的超越。传统的思想政治教育多是单向灌输和单调乏味的说教，是老师的"一言堂"，更多体现的是教师的权威性，而忽略了学生的存在。而社会实践要让"道德教育回归生活世界"，关注学生的生存环境，认为学生的德性养成不仅仅是个体自我修炼的结果，也是现实生活在个体生命活动中

---

① 黄士毅编，徐时仪、杨艳汇校：《朱子语类汇校·晦庵先生朱文公语类卷第十四·大学》，上海古籍出版社2014年版。
② 鲁洁：《教育：人之自我建构的实践活动》，载于《教育研究》1998年第9期。
③ 刘献君：《深刻认识和充分发挥社会实践在大学生思想政治教育中的重要作用》，载于《高等工程教育研究》2005年第5期。

的反映，因此，要从日常生活中批判性地重构个体的廉政品质。这种"做中学"的观念突出了学生的主体性，让廉政教育成为学生自觉自愿的活动，从而提高了学生的学习积极性。

第四，从社会实践的学生认同意义来看，在廉政文化教育中采用社会实践回应了受教育者的呼声。在课题组针对学生群体的调查中，"廉政教育开展方式单一"饱受学生诟病，成为廉政文化教育流于简单化、形式化、表面化的主要原因。在问及"廉洁文化进校园的长效机制分析"时，在七个选项中，有20.1%的学生选择了"大力开展社会诚信及廉洁教育实践活动"，高居第二位，廉政文化教育实践活动的体验性、丰富性和有效性正被越来越多的学生接受和认同。教育当"以人为本"，廉政文化教育应避免形式主义，要将廉政价值观植入学生灵魂，必须想学生所想，以学生接受意愿为出发点。教育工作者要不拘泥于既定思维，充分解放思想，在做好、做实、做巧廉政文化教育理论灌输的同时，理论结合实践，以学生喜闻乐见的社会实践活动形成磁场效应，吸引学生参与廉政文化教育活动，让廉政文化教育真正"入脑入心"。

（二）廉政专题的社会实践

廉政专题的社会实践是以廉政文化教育为主题的社会实践，它具有主题鲜明、目标明确的特点。现实生活中，既有专门针对教职工的廉政专题社会实践，也有适合大中小学生的实践活动。一些廉政专题的社会实践活动适用范围比较广泛，对教职工和学生都能起到教育效果，可以组织教职工和学生共同参与。

1. 教职工廉政主题的社会实践

教职工的廉政专题社会实践活动要正面示范结合反面警示教育。正面示范以参观考察和廉政建设相关的爱国主义基地为主，如参观革命圣地延安，学习"毛主席和黄炎培在延安窑洞关于历史周期律的一段对话"；参观重庆渣滓洞，了解党的优秀儿女给党组织的最后一份报告等；还可以利用寒暑假到革命老区体验生活等。

榜样的力量是无穷的，廉政文化教育缺少了榜样的典型示范，是不完全的教育。在树立典范、鼓励向善的同时，我们也要审视腐败分子如何滑入罪恶之渊，以他们的经历不断提醒我们、告诫我们，从而洁身自好，走好人生每一步。

针对教职工的反面警示教育以参观监狱或企业教育基地较为常见。在监狱，教职工能亲身感受监狱教育改造实时场景；亲耳听到职务犯罪人的现身说法，了解他们沉沦的心路历程、狱中忏悔及劳动改造心得体会等。如杭州市南郊监狱是浙江省唯一的省级法纪教育基地。这里不仅展出了被查处的100多位党员领导干部违纪违法典型案例，而且每天都安排"落马"官员的现身说法，大大拓展了此类社会实践基地的教育警示功能。随着反腐的层层深入，企业也成为反腐重地，可以组织教职工参观企业教育基地，了解企业家的犯罪案例，避免自己重蹈覆辙。如，2015年建立的南通市非公有制企业廉政文化教育基地的目的就是预防企业家犯罪的廉政文化教育场所。

不论是正面示范还是反面警示教育的社会实践活动，以集体组织开展为宜，教职工既可以支部形式组织，也可以教研室形式组织，一年一至两次即可。需要指出的是，廉政专题的社会实践活动以参观考察为主，如果组织不当，很有可能成为游山玩水式的游览活动，淡化了其教育性，故为了避免这种现象，要求组织者事先应有明确的计划安排和学习要求。在参观考察活动结束后，不能写下休止符，而应趁热打铁，组织各种形式的讨论会，撰写考察报告，在全校进行活动成果展示，让其发挥应有的教育作用。

除了专门组织的廉政专题社会实践活动，学校还可以在日常的师德师风实践活动中贯穿廉政教育。一是，加强法律规范学习，养成廉政法律素养。学校成立教师廉政教育沙龙，学习内容可以有：《中华人民共和国教育法》《中华人民共和国教师法》《中华人民共和国义务教育法》《中华人民共和国高教法》《中华人民共和国未成年人保护法》等，开展读书报告会、案例展示等，提高教师的参与度。各级各类学校还可以发动教职工群策群力，制定本校的《教师守则》，集体承诺"廉政从教"。二是，提倡教师的奉献精神，体现教师的人格魅力。春蚕到死丝方尽，蜡炬成灰泪始干。任何职业都需要奉献精神，教师这个职业更需要奉献精神，教师的天职就是奉献。奉献精神是廉政文化的内在要求，学校应该搭建各种平台，鼓励教师参加"城市—农村中小学教师的交换"活动，到偏远地区支教，在业余时间从事志愿服务和公益活动等。

学校的党员干部是全校师生的领头羊，对党员干部更要严格要求，可以结合党风廉政教育来开展社会实践活动。如党的群众路线教育实践活动中，可以组织党员干部观看纪录片《苏联亡党亡国20周年祭》《焦裕禄》等，以观后讨论会的形式统一思想。还可以将群众路线教育活动中的"党员承诺"公之于众，接受群众的监督检查。作为群众路线教育实践活动的延展深化，还要组织学校中层以上领导干部，深入开展"三严三实"专题教育，以严重违纪违法案件为反面教材，深刻总结反思，吸取教训，引以为戒。

2. 学生廉政主题的社会实践

针对学生的廉政专题社会实践内容比较丰富，可以组织竞赛类活动，如廉政教育读书大奖赛、廉政知识竞赛、廉政微电影大奖赛等；文艺表演类活动，如观看廉政教育影片（如《警钟长鸣》《欲之祸》《忏悔录》《孔繁森》等）、举办廉政书画展、廉政文化歌舞表演；法制教育类活动，如"模拟法庭"、聘请纪检监察部门干部对师生进行腐败危害的警示教育；也可以组织观看警示教育片、集中收看国家工作人员的就职宣誓仪式等。我国自 2016 年 1 月 1 日起将施行宪法宣誓制度，宣誓人要向宪法宣誓"廉洁奉公"等，借此开展法治教育，这对宣誓人和观看宣誓仪式的人都是一次震撼人心的廉政法治教育，也为廉政教育提供了一个新途径。还可以参观蕴含廉政文化教育的爱国主义教育基地。如嘉兴南湖革命纪念馆将革命传统教育和反腐倡廉教育完美地结合，成为开展理想信念教育的首选课堂。为了增加吸引力，爱国主义教育基地也在不断创新，2015 年全国首个网络 3D 抗战纪念馆——山东抗日战争纪念馆开馆，它利用 3D 技术实景再现了山东抗日战争的历史，因效果逼真，极大地增强了参观者的互动体验感。

深挖景区的廉政文化因子，开发新的旅游教育线路也是各地廉政文化教育的一个亮点。杭州的吴山景区管理处串珠成线，把历史遗迹和历史人物巧妙地串联起来，挖掘了"冷面寒铁周新、少年壮志于谦、不朽儒官阮元"事迹，形成了"吴山清风"廉政文化教育专线，让游人在欣赏风景的同时接受了廉政文化教育。在学生的春游及秋游活动中，可以选择这样的旅游教育线路，将"游"和"学"完美地结合起来。

在日常生活中也可以因地制宜来开展廉政专题的社会实践活动，如目前绝大多数中小学生会在校午餐，住校的中小学生及大学生更是一日三餐都在校。"光盘行动"就是一个值得提倡的、每天都能进行的廉政文化教育活动。如果只注重表面形式，可能时间长了，学生会有懈怠心理。应该尝试用表彰先进、在学校食堂做志愿者等方式来吸引学生自主自愿地参与活动，将"光盘行动"深化下去，并内化为个人的生活习惯。

另外，廉政专题的社会实践活动不宜过多。多了，师生容易产生厌烦心理和疏远情绪，要抓好时机、巧妙运用。除了廉政专题的社会实践，其他社会实践活动或许也包含廉政文化教育的内容，各级各类学校要善于把廉政文化教育渗透进常规的社会实践活动，从而达到"随风潜入夜，润物细无声"的效果。

（三）专业课程社会实践的廉政文化渗透

专业课程社会实践属于必修课程，是教师组织学生参加生产劳动或社会生活，通过与他人的交往而获得专业知识和技能、生存技巧的学习过程，主要包括教学计划规定的第二课堂、专业见习、毕业实习、挂职锻炼等形式。

紧密结合具有特色的传统学生课外活动项目，如中小学生的第二课堂、夏令营活动、"学工、学农、学军"活动，以及大学生的专业实习实训等开展廉政文化教育。

在中小学生课外活动中，可以结合《品德与社会》《思想品德》《思想政治》

课程中的廉政文化教育内容开展第二课堂活动。2011年6月24日成立的"张家港市青少年廉洁教育基地"现已成为江苏省乃至全国基地的一个办学品牌，它"从视觉和听觉等细节入手，让学生在不经意间接受廉洁教育的熏陶。"① 这种不露声色的隐性廉政教育，寓教于乐，符合了中小学生认知规律和个性特征，成为大家竞相学习的对象。

对大学生而言，专业实习训练阶段是进行廉政文化教育的绝好时机，对于即将步入社会的他们无疑是工作岗位预习，开个好头，能达到事半功倍的作用。这个阶段，学校要紧密联系学生实习单位，开展深度合作。除了抓好学生的职业技能培训，也要在职业道德教育中强化廉政文化教育，提高学生防腐拒变的能力。在职业道德教育中贯穿廉政文化教育要有针对性，应根据不同的职业要求，设计不同的廉政文化教育内容。一些高校在多年的实践基础上，已创建了各具特色的廉政文化教育品牌。如浙江水利水电学院以水为魂，深入挖掘"水文化"中的廉政理念和思想，不断创新大学生廉洁教育的载体和模式，构建了"融水共生"的廉政文化品牌②。通过熏陶，学生日后步入社会，已基本具备了如水般的清正廉洁品质。职业不同，廉政文化教育的要求也不同。对不同专业的实习人群要区别对待，否则适得其反。例如，管理专业的大部分学生将成为国家公务员，对他们的廉政教育要强调如何成为一名合格的"人民公仆"，全国廉政教育基地——红旗渠就是最佳案例，它"蕴含着忠诚国家服务人民、心怀梦想开拓进取、自力更生艰苦奋斗、勇于担当无私奉献、克己奉公、公开透明等十分深刻而丰富的内涵"。③ 通过这种现实性的教育，当学生真正成为一名公务员后，这种廉政潜质就会自然而然地被激发出来。

实习训练阶段的廉政文化教育还要结合当前社会的突出问题开展。例如，针对目前旅游行业层出不穷的不诚信现象，对旅游管理专业的实习学生要加强旅游诚信建设，导游专业的学生要做到不索要小费、不宰客等，以实际行动履行"游客为本、服务至诚"的旅游行业核心价值观。针对"医患"矛盾不断激化的现象，对临床医学专业的学生要加强"医德"教育，如拒收红包和医药代表的好处费、对病人一视同仁等。培养仁心仁术的医生要"充分发挥临床教师在床边教学中的示范作用，通过临床教师的言传身教及医学大家的人格魅力，培养医学生正确的职业道德观、诚实守信的职业素质及遵纪守法按规则办事的行

---

① 魏欣、钱海燕：《市青少年社会实践基地：为青少年注入"廉洁基因"》，载于《张家港日报》2014年11月19日。

② 陈长生、胡大：《融水共生：水利院校特色廉政文化品牌的构建》，载于《华北水利水电大学学报》（社会科学版）2014年第6期。

③ 吕俊杰：《红旗渠精神与廉政文化建设关系研究》，载于《安阳师范学院学报》2014年第6期。

为习惯。"① 金融系统反腐倡廉是反腐倡廉工作的"桥头堡",金融专业的同学时刻面临着金钱诱惑,易生贪婪之心,在实习实训期间就要防微杜渐,帮助他们树立"为国、为民理财"的职业理念,牢记一失足成千古恨的教训,强化使命感,廉洁从业,使自己成为德才兼备的金融人才。

对于特殊岗位如公路建设、金融证券、党政机关、司法机关、国有企业、高等院校等六类腐败高发的行业领域实习的学生,除了一般的廉政文化教育内容,还要进行预防职务犯罪的廉政教育。对到机关、企业、社区、街道挂职锻炼的学生如大学生村官、大学生西部计划志愿者等,廉政教育更是重中之重。《周礼·天官·小宰》将"廉"分为"廉善、廉能、廉敬、廉正、廉法、廉辨"六个方面,挂职锻炼期间应从这六个方面强化,除了自我修炼,还可以参加基层的廉政文化教育活动。如四川眉山市丹棱县委为培训全县的大学生村官、大学生西部计划志愿者、青年干部、青年致富带头人等,举办了"为学堂——青年学堂"廉政教育课;还在大学生村官梦想创业园建立了 4 个梦想廉洁创业园,号召大学生村官诚信经营。② "为学堂——青年学堂"从理论知识灌输到廉政实践养成都给了培训者以扎扎实实的影响,这种教育方式也值得各地参考学习。参加挂职锻炼的学生还要尽快适应角色转换,密切联系群众,扎扎实实地在基层开展工作,并从基层工作方式方法——基层党组织的重大决策制度、财务公开制度、村务公开制度等"廉政良方",从中汲取"廉政养料"。

(四) 其他社会实践廉政文化教育设计

自 2007 年中央号召在大中小学生中开展社会实践廉政文化教育活动以来,各级各类学校勇于进取、不断创新,在专题廉政文化教育和专业课程廉政文化教育之外,还开辟了其他形式多样的廉政文化教育社会实践。

1. 中小学部分社会实践活动设计

中小学生身心尚未发育成熟,学业负担较重,业余时间少,他们参加的社会实践多是学校组织,也有小队活动或个人形式的。中小学生的社会实践应贴近学生实际,符合中小学生的成长规律,不宜追求超过他们接受能力的"高大上"类的社会实践。作为专题类和专业课程类廉政文化教育社会实践的补充,其他社会实践重在培养中小学生的节俭意识、与人相处的方式和社会参与的积极性。

可以通过节约粮食的"光盘"行动、节约一滴水一度电、变废为宝、"压岁

---

① 范春梅、李红、刘江平:《医学本科生廉洁教育的探讨》,载于《中华医学教育杂志》2010 年第 3 期。

② 田波:《团丹棱县委给青年干部上廉政思想教育课》,载于《中国青年报》2013 年 11 月 18 日。

钱"巧理财等社会实践活动来培养中小学生勤俭节约的好习惯。鼓励中小学生和老少边穷地区的孩子"结队子",到养老院或福利院陪伴孤寡老人或孤儿,为贫困地区的孩子捐书,通过与他人相处,学会善待他人,已所不欲勿施于人。

鼓励中小学生多看新闻、多读报,关心国家大事,积极参与力所能及的社会事务。这类社会实践比较多样,既有社区组织的垃圾分类志愿服务;也有社会公益组织开展的环境保护、助残济贫等活动。如,每年四月由《杭州日报》牵头的为甘肃民勤治理沙漠的"十元钱种一棵梭梭",就吸引了众多中小学生参加,如今的"杭州林"已蔚为大观,为民勤百姓带去了希望。一些中小学还开展了"小手拉大手"活动,即孩子们和父母约定做一个正直的人,不贪他人一分钱。父母在言传身教之中向孩子们灌输了廉政观,孩子们也在无形中督促了父母的一举一动。一部分社会参与意识强的中小学生还另辟蹊径,为廉政建设做出了成绩。如北京某小学生通过调查发现公车接送孩子上下学和公车旅游情况很普遍,提出了让公车挂红色牌照,以便于统一管理和群众监督,杜绝公车私用。虽是小事一桩,却效果显著。

目前,绝大部分中学都为年满十八周岁的学生举行成人仪式,受到了中学生的欢迎。学校可以借此对学生进行包含廉政文化的公民教育,如在宣誓词中将"廉政"作为公民的应尽职责进行庄严承诺;选择一个人作为学习的榜样,选择一段名言作为自己的座右铭,所谓名人就是凭一己之力为人类社会的每一点进步做出无私奉献的人,他们的言行都是进行廉政教育不可多得的素材。

2. 大学生社会实践活动设计

大学生可以自由支配的时间较多,而且是社会化程度较高的群体,加上大部分高校有社会实践的考核要求,大学生通过学校团委、社团、志愿者组织、社会公益组织等参与社会实践的机会较多。除了集体组织之外,也有学生自己组队或以个体形式开展社会实践活动。相较于中小学生而言,大学生的社会实践呈现出系统性、多样化特点,比较典型的有自我发展类、公益服务类、社会参与类等形式。

第一类是自我发展类社会实践活动。它是道德个体为了完善自我而开展的社会实践活动,以自强自立、锻炼意志、承担责任为目的。勤工助学可以培养学生自尊自强意识,学会用自己的双手改变生活,用勤劳换取财富,不屑于"等靠要"。教育工作者或岗位培训者要借力勤工助学,帮助学生树立正确的财富观,在未来的职业生涯中自觉远离不义之财。

拓展训练是磨练意志、完善人格、加强团队合作的社会实践活动,它在廉政文化教育中起着坚定学生廉政信念的作用。如近年来多所学校开展的"重走长征路"活动,让学生用心感受红军"不怕苦、不怕累"的革命乐观主义精神,在学生的成长历程中留下了浓墨重彩的一笔。军训的主要目的是加强革命优良传统和艰苦奋斗精神教育，增强学生的国防观念和组织纪律性，是对大学生进行思想政治教育的重要措施。在军训中贯穿廉政文化教育，以培养学生的"节俭"意识和革命传统为主，如节约水电，随手关灯关水；节约粮食，提倡"光盘"；参观驻地附近的革命烈士纪念馆和廉政教育基地，继承革命前辈艰苦奋斗的光荣传统。

随着全球化时代的到来，世界各国加大了文化往来，越来越多的学生有机会走出国门参加"修学游"和国际交流。在此期间除了领略异国文化风情、学习语言、参观国外高等学府等，还可以穿插廉政文化教育。廉政是各国政府极力追求的目标，廉政文化教育是一项世界性的教育事业，各国特别是全球清廉指数名列前茅的国家都有措施得力、卓有成效的廉政经验，非常值得我们学习借鉴。在修学和国际交流期间，可以组织师生参观国外的廉政文化教育基地、历史博物馆等，也可以请有关专家介绍反腐倡廉经验。

第二类是公益服务类社会实践活动。"它是任何人都必须具有的正义和善良的情感所形成的行为，它是大家都应该并且能够实施的行为，并不仅仅是少数英雄人物的专利。"[①] 社会的道德氛围需要无数人的善举去营造，公益服务类社会实践活动正是无数小善汇聚成流的途径。它是学生利用自己所长，主动回报社会，承担社会责任的活动。主要有志愿服务和公益活动，包括扶贫开发、社区建设、环境保护、大型赛事、应急救助、慈善、社团活动、专业服务，文化艺术活动、海外服务等。

公益服务类活动倡导无私奉献和助人为乐，与廉政教育的"廉洁奉公、廉政为民"主题一致，可以让学生在奉献中获得精神升华，坚定自己的理想信念。公益服务类活动倡导的"我为人人，人人为我"的服务精神，和廉政教育提倡的"权力来自人民，权力服务人民"的公仆精神也十分契合，可以培养学生服务社会、服务大众的意识。还可以鼓励学生通过招募成为专门的廉政志愿者，从事廉政教育宣传、监督等工作。如宁波海曙区为了解决领导干部八小时外的生活圈、社交方面监督难等问题，面向社会公开招募廉政志愿者，将廉政志愿者分为教育、宣传、廉情收集、行风监督、廉政监督等5个小组，并根据各自的定位开展工作，扩大了反腐倡廉的公众参与面，在当地形成了"我参与，我监督，倡廉洁"的良好氛围。[②]

第三类是社会参与类社会实践活动，它是公民意识和社会责任感的表现形

---

① 彭怀祖：《当前道德动因纯粹化与变动性的审思》，载于《道德与文明》2013年第4期。
② 颜新文、戎爱武、海曙：《充分发挥廉政志愿者作用——我参与，我监督，倡廉洁》，载于《中国纪检监察报》2012年5月31日。

式，主要有理论宣讲、社会调查和社会监督等。廉政建设是一个长期的系统工程，调动公众的参与积极性才能保证这个系统工程正常运转，社会参与类社会实践活动有力地促进了公众的政治参与意识，为公众管理国家和社会事务提供了一个平台。教育工作者组织此类活动时，要注意培养学生高度的政治觉悟、组织纪律性和法律意识，并适当引导学生情绪，适度把握活动进展，防止被别有用心者利用。

理论宣讲是学生利用节假日在人群聚集之地利用展板、文艺表演等向大众宣传廉政文化，该种形式要求学生有一定的理论功底和较好的领悟能力，对国家大政方针理解透彻，表述力求通俗易懂，以实现启发民智、上情下达的目标。

社会调查是学生在深入观察社会的基础上，选择廉政的重点、热点及难点问题，通过问卷调查及深度访谈等，对廉政建设过程中存在的问题提出解决方案。

社会监督是指由国家机关以外的社会组织和公民对各种法律活动的合法性进行的监督，参与社会监督可以培养学生的公民参与意识和政治责任感。因身份和能力有限，学生可以从身边事做起，从细节做起，聚焦群众身边的"四风"和腐败问题——公车私用、讲排场、公款吃喝、公务接待费超标、资源浪费、办公用房超标、高档会所消费、利用婚丧大肆收礼、滥用权力、办事效率低下、进出高档娱乐场所等。在反腐倡廉活动中，社会监督以其广泛性、以小见大的特点打了"老虎"，拍了"苍蝇"，让腐败分子无处藏身，是惩治腐败、弘扬社会正能量的利器。

（五）廉政文化教育社会实践活动的组织技巧

鉴于廉政教育社会实践活动的多样性，教育工作者需具体情况具体分析，巧妙运用，实现预期效果最大化。

首先，社会实践活动需要组织者精心设计，目标明确。设计时既要考虑到不同年龄段学生的智力发展特点，也要考虑到学生的接受能力。廉政教育社会实践活动可以形式多样、生动活泼，针对低龄学生还可以采取游戏的方式，但它毕竟不同于娱乐性活动，任何一种廉政教育的社会实践活动都蕴含着鲜明的廉政教育目的。学校组织廉政教育社会实践活动时应该目标明确、主题突出，让参加者印象深刻，有所触动，从而内化为个人的一种廉政习惯。

其次，社会实践活动需要教师全程参与，正确引导。在课题组针对"如何有效开展廉洁教育文化活动"的调查中，有将近一半的学生选择了"开展全校性活动，师生共同参与"这一选项（48%）。这说明师生共同参与廉政文化教育活动的机会比较少，而学生倾向于和老师一起开展活动。教师要甘于奉献，全程参与学生的社会实践活动。考虑到师生数量对比的悬殊问题，教师的全程参与主要表现在社会实践准备阶段的精心设计、社会实践过程的全程跟踪及指导、社会实践结束后的考核及反思。教师要善于运用现代信息技术，通过QQ、微信等网络信息平台，随时和学生保持联系。指导过程中，教师要立场鲜明、明辨是非、化解困惑，做好"引路人"。

最后，社会实践活动需要推陈出新，紧跟时代潮流。创新要体现时代特征，开展虚拟世界中的社会实践就是信息时代的产物。虚拟实践是指主体在虚拟空间中，以使用数字化中介手段所进行的有意识的、有目的的现实地与能动地改造和探索虚拟客体的实践活动。[①] 它超越了主客观条件的制约，拓展了社会实践的空间和时间，实现了师生全员、全面地参与社会实践，还兼顾了学生的兴趣，是一项十分简便易行的新型社会实践形式。

在廉政文化教育中采用虚拟社会实践主要表现在两个方面：一是网络反腐。如微博反腐，网络举报等。利用网络反腐，师生要加强个人修养，增强法治意识和责任意识，要有独立思考精神，不造谣不传谣，以负责的态度积极参与网络反腐事件。二是充分运用廉政文化教育的网络资源。如网上博物馆、"网上重走长征路"等。网上博物馆可以让师生足不出户就能参观各类博物馆、纪念馆等，陆续揭幕的网上世博会、中国工艺美术网上博物馆、网上海军博物馆、陕西数字博物馆、中国清明网"中华英烈"纪念馆等都是其中的翘楚。"网上重走长征路"是2006年为纪念中国工农红军长征胜利70周年，由教育部基础教育司和中国教育电视台共同举办的大型网上互动活动，自启动以来吸引了百万青少年参与其中，达到了良好的社会效果。由于虚拟社会实践开发成本较高，目前廉政文化教育的虚拟资源比较有限，政府部门、学校及社会各界应在经费筹集、资源开发、方案策划、宣传管理等方面共同努力，开发出更多适合大中小学生的虚拟廉政文化教育资源。

运用虚拟社会实践开展廉政文化教育活动时，还要注意以下几个问题：首先是实践内容的真实性问题。虽然该社会实践的形式是虚拟的，但其内容来源于现实社会，是社会的真实反映。从廉政文化教育的目的来看，只有符合事实的真材实料，才具备教育意义，不真实的内容则与廉政文化本身相悖。如，近年来"抗日神剧"在荧屏甚嚣尘上，遭到了来自社会各界的强烈不满和批评，说明唯有真实的革命传统教育才能打动人心，否则就会成为贻笑大方的闹剧。其次，不能忽略社会实践的基本特点。社会实践的基本特点就是社会性，它是广大师生在社会生活中接受锤炼，了解社会、了解国情的社会活动，故"网上"得来终觉浅，虚

---

① 孙艺铭：《虚拟实践观对传统的马克思主义实践理论的创新研究》，太原理工大学硕士学位论文，2011年。

拟社会实践必须结合网下社会实践、回归传统社会实践，虚拟社会实践是对现实社会实践的"预演"，它的结果及有效性终究要回到现实中去检验。教师在廉政文化教育中要慎用网络社会实践，防止学生沉溺于网络世界而忽略了对现实社会和真实个体的改造，应把它作为现实社会实践活动的辅助形式。最后，虚拟社会实践对教师提出了新挑战，教师要树立终身学习的理念，把握网络传播规律、提高网络运用技术、加强网络把控能力，做好虚拟社会实践的引导者。

四、学术交流中的廉政文化教育

学术交流是教育系统正常运行的组成部分，在学术交流中开展廉政文化教育，对教育系统中以育人为目标的廉政文化培育具有重要的促进作用。在学术交流中开展廉政文化教育，着力点在哪里？用怎样的思路和形式开展廉政文化教育才能符合学术交流的特点？课题组对目前学术交流中出现不廉政现象较突出的环节进行了深入的梳理分析，希望探索出一条符合学术交流活动特点的廉政文化教育路径。

（一）学术交流规则促廉政理念

中国有句古话："无规矩不成方圆"。所谓规则，是指"规定出来供大家共同遵守的制度或章程"。① 它一般指由大众共同制定、公认或由代表人统一制定并通过的，由群体里所有成员一起遵守的条例和章程。规则既是社会有序运行的根基，也是廉政理念形成的前提。在中国社会由"熟人社会"向"陌生人社会"转型的过程中，只有形成人们共同遵守的规则，才能约束社会转型期人们的行为。具体到学术交流领域，学术交流规则一般指由参与者共同制定、公认或由学术交流发起者制定并征得参与者同意，所有参与者一起遵守的有关学术交流过程中的制度和章程。要想使学术交流规则得到参与者或同行的认可并遵守，规则必须是合法、合理的。就如人的发展首先要揭示人性的本质一样，要建立起合法、合理的规则，学术交流必须回归本源，也即学术交流要有相对的独立性和自由度。因此，学术交流中促进参与者廉政理念的形成，必须采取一系列行之有效的措施，确保学术交流具有相对的独立性和自由度，逐步建立起学人都认可并遵守的规则。

1. 学术交流避免非学术因素的渗入

一般意义上讲，学术交流的参与者是多元的和开放的，任何对学术感兴趣的

---

① 中国社会科学院语言研究所词典编辑室编：《现代汉语词典》，外语教学与研究出版社 2002 年版。

人士都可以参加学术交流活动。在教育系统的学术交流中，参与者主要包括科研人员、在校师生和学术社团等，特别应该指出的是学术社团是学术交流的主要承载者，学术社团是学人相互交流、相互学习和相互促进的重要载体。教育系统学术社团的形成应该遵循自由结社的形式，由学界人士根据学术发展的需要，按照国家法律规定，自发形成，杜绝因为领导的需要而成立所谓的"学术社团"，在学术社团成立的问题上，一定要充分尊重该学术社团所属专业的专家学者及其学术交流的需要。另外，在学术社团相应职务的产生上，应遵循民主原则，选举或推选在该专业领域具有代表性的人物担任，避免学术社团的职务成为政府官员的"养老院"。科研人员和在校师生作为学术交流的重要参与主体，也要遵循学术交流所倡导的开放、自由原则，在学术交流过程中，倡导相互学习、观点争鸣，避免出现学术观点不同而出现相互之间的人身攻击、学术谩骂等行为。或为评职称，铤而走险，找人代笔发表文章，为了文章的发表，一稿多投等。

规范学术交流的另一大任务就是对科研人员和在校师生的学术基本素养进行评价。可采用定期评价或事前评价两种方式，定期或在参与学术交流活动前进行学术基本素养评价，对存在学术不端和不符合学术交流基本素养的人员，坚决杜绝其参与学术活动。规范学术交流主体构成能够让学术交流的参与者自觉遵守国家法律法规，自觉履行学术参与者的基本道德规范，能够使其树立学术廉政的理念，只有这样才能使学术交流活动依据国家法律法规顺利进行，不至于出现学术腐败、学术造假等学术不廉现象。

2. 规范学术交流平台

学术交流平台主要有两种：媒体平台和学术研讨会。媒体平台主要包括电视、广播、杂志、报纸、网络（微博、微信群）等，目前出现的媒体平台学术交流活动中的不廉现象集中体现在：所谓的"专家"通过电视、广播、报纸、网络大放厥词，传播不健康、不准确信息，误导受众；有的"专家"甚至通过这些媒体，为自己所谓的"学术成就"打广告，在社会上造成恶劣影响；期刊和学人在学术交流中的不廉现象是一种双向互动关系，期刊为了自身发展或敛财，收取高额版面费，对学术交流造成不良影响，而一些单位和学术机构为了发文数量，规定考核中必须发表文章的硬性要求，变相鼓励学人出钱发表文章，一些学人急功近利，通过拉关系、找人情、出版面费等方式，发表自己的学术成果等。作为学术交流重要的平台之一，媒体平台在学术交流中起着十分重要的作用，特别是期刊仍然是学术交流的重要载体，针对媒体平台中存在的不廉现象，要采取各种措施，予以规范和管理。针对所谓"专家"通过电视、广播和报纸传播不良信息或自我过分宣传，要建立追责机制，对一部分不负责任的"专家"发表的言论，由国家媒体管理部门或者该"专家"所属的学术机构进行事后追责，造成严重社影响的行为,要追究其法律责任。同时,对邀请这些"专家"的媒体平台也要进行相应的处罚,通过追责机制,使一些不负责任的"专家"管住自己的"嘴巴",为社会营造健康向上的学术环境。针对期刊的不廉现象,社会各部门要协同合作,共同解决问题,针对期刊收费的现象,国家主管部门要严格管理,一方面通过各种途径解决期刊的办刊经费,比如国家社科基金资助办刊等;另一方面要对收费刊物进行严格管理,定期对争议性比较大、办刊质量差、关系稿件多的刊物进行检查,一经查出,立即处理。教育系统要改变原有的评价模式,摒弃过去以量为标准的评价模式,建立以质为衡量标准的评价模式。如最近几年,国内一些高水平大学已经取消了硕士研究生必须发表文章才能毕业的标准,既符合研究生扩招的现实,又在一定程度上改变了因为必须要发表文章而制造出大量垃圾文章、产生学术不廉的现象,有学术能力的研究生仍然可以通过自身努力发表高质量的论文。以质为衡量标准的学术评价模式,也可以让部分靠拉关系、托人情发表文章的学人在各种评价中失去原有优势,为学术交流创造出廉洁向上的环境。

学术研讨会或学术沙龙是学术交流的重要平台,也是学术创新的重要载体,这些学术活动中也存在着不廉现象,比如:学术不作为和政府不作为一样,学术不作为实质上一种学术腐败行为,教育系统的相关人员打着学术交流的幌子,不认真进行学术交流,而交流一些与学术无关紧要的东西;学术盈利,如教育系统的一些活动以学术活动为名,实际却是盈利性活动;学术割据,教育系统的一些学术活动有越来越细化的倾向,一些人为了一己之私,对专业进行不断细分,目的是有自己的"山头"和"话语权"等。针对教育系统学术交流中存在的这些不廉现象,应把学术职业化作为突破口,大力倡导学术自由和学术管理体制改革。分析上述学术交流活动中的不廉现象可以看到,在各类学术腐败的背后,无不是利益在发挥作用,要改变这种现状,必须从细微处着手,对教育系统中的职称评定、学术评价、学术激励、学术出版、学术结社等方面的微观制度进行合理安排,"一方面要使这些制度更加科学、合理和公正,另一方面要使这些制度成为行之有效的学术制度和学术规范,对于规范学术权力和学术自律起着制约作用。"① 从而完善教育系统学术交流规则,规范学术研讨会的举办流程,从根本上解决学术交流中存在的不廉现象。

学术交流的规则建设是一项系统工程,要完成这项任务,不是教育系统单独可以完成的,需要社会各方面的共同努力。从学术交流的现状看,当前迫切需要解决的问题包括:学术交流的准入机制、学术交流的评价机制、学术交流的奖惩

---

① 井建斌:《让学术回归学术——政治视角的思考》,载于《社会观察》2007 年第 2 期。

机制。学术交流的准入机制就是要严格学术交流人员的进入，对一些非学术领域、带着"混"的目的参加学术交流活动的人员说"不"，严格执行学术交流的准入机制可以从根本上净化学术风气；学术交流的评价机制和奖惩机制可以联动，通过对学术交流活动的评价实施奖惩，通过奖惩反馈评价，共同规范学术交流活动。总之，学术交流的规则建设目标是要还给学人一个廉洁、纯净的学术交流环境，回归学术的独立和自由。

（二）合理的经费管理促廉政理念

《国务院关于改进加强中央财政科研项目和资金管理的若干意见》指出，"通过深化改革，加快建立适应科技创新规律、统筹协调、职责清晰、科学规范、公开透明、监管有力的科研项目和资金管理机制。"[①] 按照国家科研经费管理规定，在学术研究中强化经费公开、透明、廉洁使用的理念，通过加强对学术研究中的经费管理，促进教育系统廉政理念的形成，夯实学术交流中廉政文化建设的基础。加强学术研究中的经费管理，可以从现有经费管理中存在的不廉现象为突破口，以解决问题为导向，以建立廉政理念为基础，以育人为最终目标，建立起规范学术研究中经费管理的各种规则。

1. 顶层设计是关键，各部门协同是保障

学术研究中的经费管理是一个多部门合作完成的过程，从宏观上看，需要国家项目主管部门和学校之间的联动合作；从校内看，需要财务部门、设备部门、科研管理部门、审计部门等部门的协同合作工作，才能使得学术研究中的经费使用规范合理，避免出现腐败浪费。要使这些部门工作能够真正协同起来，顶层设计非常关键，合理的顶层设计能发挥各部门的最大功能，集中优势力量做好工作。

美国教育系统在经费管理的顶层设计和协同工作上，有一套非常成熟的做法，对我国学术研究经费使用的廉政建设具有借鉴价值。以斯坦福大学为例：其科研经费管理分为两个层面，校级管理机构和院系管理办公室，校级管理机构也进行了细分，人数众多，专业化程度较高，"斯坦福大学科研管理部门下设 11 个办公室，包括研究资助管理、技术转移、商业行为、研究申诉等方面；还有 16 个辅助办公室，功能包括成本与管理分析、科研管理政策等，整个斯坦福大学参与科研管理的人员总数达 522 人。科研管理部门设计内部审计的部门人数达 52 人，成本管理分析有 14 人，知识产权管理 20 人，并且每个院系也设有独立的科

---

① 《国务院关于改进加强中央财政科研项目和资金管理的若干意见》，http://www.gov.cn/zhengce/content/2014-03/12/content_8711.htm，国务院网站，2014 年 3 月 12 日。

研管理队伍。"①

我国在高校改革过程中，亦有学校经费管理部门进行机构上的改革，以满足廉政文化建设的需要，上海交通大学既是一例。"上海交通大学加强科研管理顶层设计，成立了由常务副校长任组长，党委副书记、纪委书记、科研副校长、医学院科研副院长为副组长，涉及科研活动的科研院、财务计划处、审计处、监察处、资产管理与实验室处等多部门为成员单位的科研经费管理领导小组，指导全校的科研经费管理。"② 上海交通大学科研管理设置仅为参考，各个学校皆可根据自己学校的情况进行改革，但其中必须贯穿廉政文化建设的要求，使经费管理形成多方面的廉政协同管理。

2. 提高预算编制的科学性，杜绝经费使用中的不廉现象

学术研究中经费使用时出现腐败、套用经费等不廉现象，追根溯源是科研项目申请时预算编制不规范、不合理，没有用科学的方法编制预算，只有提高预算编制的科学化程度，才能让科研人员在学术研究中树立起正确的经费使用观。科学的预算编制首先要确定预算编制的依据，根据当前国家对科研项目经费的规定，分为重大项目、重点项目、一般项目等，根据这些分类，国家会投入不同额度的经费，这样的项目经费预算只是从国家重视角度考虑，而没有考虑实际情况，项目的经费预算依据应该是学术研究进程中各项工作需要资助的具体额度，根据项目类别的"数字倒推"的预算编制势必会造成学术研究进程中的经费胡乱使用，造成腐败和浪费。科学的预算编制要强化过程控制，从当前科研项目预算编制的情况看，大多预算编制由项目申报人员完成，而项目申报人员非专业会计人员，在编制预算时无法用科学的方法和专业的知识对项目预算进行规范的编制，多数项目申报人员为了经费使用有"盈余"，会采用多报预算的态度来编制预算，造成"大预算、小支出"的情况。为了提升预算编制过程的科学性，要引入专业会计人员，"可以尝试建立在科研管理部门综合指导下，财务人员与科研人员联动参与预算的机制，科研人员提供所需各类硬件材料，财务人员依据相关政策、法规及预算拨付情况，测算支出水平和总额，再由两方研究讨论，调整相关方案直至编成科学、合理、可行的科研项目预算。"③ 预算执行是学术研究中经费使用时最容易出现问题的地方，在很多学术研究经费预算执行过程中，项目负责人随意调整预算结构和超支情况十分突出，还有部分项目负责人违规挪用科

---

① 张琰、韦宇、何洁：《中美研究型高校科技项目过程管理对比研究》，载于《科研管理》2015年第S1期。
② 白杰：《上海交通大学加强改进科研项目经费管理的探索及学习贯彻国发 [2014] 11号文的思考》，2014年。
③ 谢薇、金志丰：《科研院所科研经费动态管理模式探讨》，载于《财会月刊》2011年第5期。

研经费，这些情况一方面对项目的顺利实施造成严重后果；另一方面会对包括项目负责人在内的项目相关人员产生不良影响，违规使用科研经费必然会受到相应的惩罚。要避免这种情况的出现，强化项目负责人的责任意识是前提，但更重要的是对预算的编制进行科学化的管理和规范，用科学的管理优化预算的执行。

3. 利用成本核算规范学术研究中的经费使用

现有学术研究中的成本核算一般只计算直接成本，忽视间接成本的核算。《民口科技重大专项资金管理暂行办法》规定："间接费用是指项目（课题）承担单位在组织实施重大专项过程中发生的无法在直接费用中列支的相关费用。主要包括承担单位为项目（课题）研究提供的现有仪器设备及房屋，日常水、电、气、暖消耗，有关管理费用的补助支出，以及承担单位用于科研人员激励的相关支出等。"[①] 多数高校收取5%的管理费作为间接费用，而学术研究进程中，对学校图书资料、网络资源、测试分析资源、实验室等公共资源的使用成本均没有核算进去。因此，在学术研究的成本核算时，要重视几个方面成本的核算：一是学校公共资源的使用费用。包括学校的图书资源、信息资源、实验室资源等；二是学校公共设备使用费用。包括科研仪器的使用费、水电费、实验材料费等；三是人员费用。包括参与学术研究的人员的劳务费、科研人员的智力费用、其他参与学术研究的学校工作人员的工资福利奖金等费用。特别要指出的是，在学术研究中，科研人员投入了大量的智力劳动，这些劳动体现了科研人员的知识价值、劳动价值和创造价值等，应该核算到直接成本中，从国家到各个学校，在制度设计时要充分考虑科研人员的智力费用，应该允许科研人员因对学术研究有贡献而获取一定的物质报酬。从学术研究中经费不规范使用和腐败的现象看，如果充分尊重科研人员的智力费用，会在很大程度上平衡科研人员的心态，激励科研人员以更大的热情投入到学术研究中，避免出现经费的滥用和腐败。

4. 问责机制遏制学术研究中经费的滥用

问责机制要贯彻在学术研究的全过程，在学术研究进程中，如果涉及较大金额的使用时，要对使用情况进行跟踪检查审计，及时发现问题，对弄虚作假、挪用、挤占经费的情况，及时予以制止，并对项目负责人进行必要的批评教育；对金额特别大，涉及违法违纪违规使用经费的，要及时向项目负责人追回经费，并追究其法律责任。可以建立诚信档案，对在学术研究中一再犯经费腐败情况的项目负责人，取消其一定期限内申请项目、开展学术研究的权利，发挥问责机制的

---

① 《民口科技重大专项资金管理暂行办法》（财教［2009］218号），http://www.nmp.gov.cn/zcwj/200901/t20090120_1806.htm. 科技部网站，2009年9月18日。

震慑和警示教育功能。在学术研究结束后，对学术研究进程中所有经费使用情况进行审计，如发现问题，要及时追究相关责任人的责任，并及时公布问责情况，发挥群众的监督作用，使学术研究中的经费使用更透明、更阳光。

（三）纠正学术交流中的不正之风

1. 反对"官本位"

学术交流中的"官本位"现象在中国较为严重，"在中国学术界，因为缺乏好的学科规范，学术成就不能有效比较，学者之间不可能相互欣赏。这样一来，做学术的人常常感到很无聊。到头来评价一个人是否优秀的标准只能寻求学术之外的标准"，[①] 这往往使官界的评价进入了学术圈。"官本位"现象给学术交流造成严重的影响，"随着权力通过官员专家化、专家官员化、官员学者双重化等方式逐步进入学术共同体，在权力为先、专家身份掩护的巧妙安排下，学术共同体的范式受到政治共同体范式的打量，学术共同体的学术生态遭到污染，学术环境恶化。"[②] 学术交流中的"官本位"现象使得学术研究中的课题分配、学术评价、资源分配等服从于权力意志，学术服从于权术，造成学术交流中的腐败和无序。

针对学术交流中的"官本位"现象，著名科学家周光召指出，"搞科研工作和做官是两种不同的价值观，这两种价值观很难同时在一个人身上体现。一些有领导能力的科技人员可以去做官，但既然做官就不要搞科研，想搞科研就不要去做官。但目前有许多人既做官又搞科研，做官不为大家好好服务，而是利用职务之便，把好多科研经费留在自己所在的研究所里，往往使真正搞科研的人没有科研经费，严重影响科研事业发展。"[③] 要反对学术交流中的"官本位"现象，首先就是要杜绝为官员授予学术头衔。杜绝教育系统的官员优先获得项目立项、优先担任学术刊物主编、优先出任政府官员、优先受聘教授博导等不良风气，避免学术"山头"、特殊利益集团的产生，从而消除教育系统产生"官本位"不良风气和学术腐败的根源。对于官员已经在学术领域担任学术头衔的，要予以清除，就像朱镕基总理辞去清华大学兼职教授一样，辞去自身兼任的学术头衔。

其次要杜绝官员兼任学术职务。不能让教育系统的官员在涉及科研项目、招生资格等教育资源分配时，既当裁判员，又当运动员，要清除官员中已兼任的学术职务，坚决杜绝官员"两条腿走路"。

最后，要把行政权和学术权分开。担任一定行政职务的学者，不能以负责人

[①] 张维迎：《学术自由、"官本位"及学术规范》，载于《读书》2004 年第 1 期。
[②] 杨文志：《阻碍科技自主创新的体制因素》，载于《学习时报》2006 年 5 月 22 日。
[③] 《周光召痛斥科研系统官本位习气》，载于《中国青年报》2005 年 8 月 22 日。

身份申请科研项目，避免权力对学术发展的影响。"大学副校长以上职务的学术官员不要招收博士、硕士学位的研究生，否则会造成同为博士生或硕士生导师身份的不平等导致学生间不平等竞争，诱发一些人以'傍大款'的不良心态和动机，导致钻营之风毒化人际关系，不利于研究生学术能力的培养。"① 学校具有较高职称或学术地位的学者，不能干涉学校行政权力的行使，不能凭借自身的学术影响力干涉学校的干部任命、管理人才选拔、行政决策等活动，只有行政权和学术权的分离，才能从根本上杜绝"官本位"现象的发生。

2. 反对"学霸"

"学霸"是学术界又一种学术腐败现象。所谓学霸，"指的是那些资源的分配者和话语权的垄断者，这种人常身兼数职，似乎有三头六臂：院长（校长）、学科带头人、评审委员会主任等。还有一种人，本职工作是行政事务，只偶尔上些不太重要的课，因有一官半职，比那些以教学和研究为己任的教师更容易获得教授、副教授的头衔。"② 学霸的形成，既有权力因素起作用，也有学人惯性思维的影响。葛兰西就认为，学术"称霸"的过程本来就是不平等的，不是单方面强加形成的，而是师徒双方在互动过程中所达成的共识和合作意愿。要反对学霸，必须从学者的独立精神出发，在消弭政府权力对学术影响的前提下，从思想上提倡自由、民主、批判和反思精神。

反对"学霸"，首先要承认学术权威的有限合理性。学术权威是人类思想发展的重要推动力，但学术权威很容易演变成学霸，这是由人的本性和社会上形形色色的诱惑决定的，人性中本来就有逐利的倾向，学术权威也不例外；学术权威生活的现实社会也会给其各种侵蚀，如果不能接受理性的批判和良知的拷问，学术权威很容易逐步演变成自以为是、固步自封的"学霸"，他们遏制学术创新、压制后学、拒绝理性批判，这种类型的"学霸"，对人类思想的发展阻碍更大，对人类文明的进步破坏更大。因此，要站在现实和历史角度考察学术权威的合理性，对其进行适当的理性批判和质疑，学术权威自身也要不断提高精神修养，认清自身在人类思想发展进程中的地位和作用。

反对"学霸"，最关键的是要在学术界建立规则意识。从学霸形成的现状看，正是因为学术界缺乏必要的规则，在无章无序的环境下，话语权和学术资源被部分学霸所把持，学术头衔、学术职务被这些人玩弄于股掌之间，造成学术界的学风浮躁、追逐名利、道德败坏等，要消除学霸的负面影响，必须建立清晰的规则，学术头衔的获得需要何种学术能力、学术职务的获得需要何种学术水平，均

---

① 肖川：《期待官员从学界退场》，载于《科学中国人》2006年第12期。
② 李斌：《"学霸"通吃 青年教师堪忧——学术梯队危机重重》，载于《教育文化论坛》2010年第2期。

要有清晰的界定，并引入外部评价机制，在涉及重大学术头衔、学术职务的认定时，可邀请国外专家进行匿名评审，从程序到内容上追求公平、公正、公开，铲除学霸所赖以生存的土壤，建立起开放、自由、廉洁的学术环境。

3. 反对奢侈举办研讨会

研讨会是学术交流的重要形式，通过研讨会，学者可以发表自己的学术观点和思考，也可以听取别人的学术观点，从而形成学术争鸣，引起思想火花的碰撞，产生新的学术观点和思想，可以说，研讨会是学者开展学术交流、学术研究的重要载体，也是学术进步的重要标志。但研讨会中也存在一些不良风气，已经成为影响学术交流、阻碍学术进步的桎梏。如通过举办研讨会套取科研经费、研讨会变成了旅游观光会、研讨会邀请的专家学者和研讨会的主题毫无关系以及研讨会规格太高，造成无谓的财力浪费。研讨会已经成为学术交流中腐败滋生的一大温床，无论是主办方还是参与方，研讨会都有可能把物质利益、影响效果放在第一考虑的位置，而忽视了研讨会举办的初衷。因此，在学术交流中开展廉政文化教育，必须对举办研讨会的流程进行再造，改变过去流于形式的"研讨会"，使研讨会回归学术的本源。

反对举办（参加）奢侈研讨会，首先要实施公示制度。无论是举办还是参加研讨会，在会议开始前，要对研讨会的参加人员名单、会议流程、会议费用、每名参会者费用、费用来源、监督电话等具体信息进行公示，接受学界、社会、单位的监督，只有这样，才能确保研讨会在举办过程中不会滥用经费，也不会把学术研讨会办成旅游观光会；其次，要实施审计制度。在举办（参加）研讨会之后，要有独立的审计机构对会议费用进行审计，明确每一项开支都是合法、合理的，明确每一笔开销都没有超出国家规定的范围，没有构成奢侈浪费。再次，要实施全程公开制度。在研讨会过程中，要及时发布研讨会的开展情况，参会专家学者的学术观点、现场实况录像、照片、会议纪要、会议宣传稿等，这样既能让关注研讨会的学人及时了解学术观点动态，也能使研讨会开在"阳光"下，没有偏离研讨会的主题。最后，要实施参会资格审查制度。对于参加研讨会的专家学者，要严格限制身份，对"官员专家学者"参会要有一定的比例，不能把研讨会举办成官员相互拉关系的官僚座谈会。

五、管理服务中的廉政文化教育

在教育系统，管理服务贯穿于整个教育活动的全过程。和其他行业不同，教育系统管理服务有自身的特殊性，即管理服务本身就具备育人的功能。因此，在管理服务工作中开展廉政文化教育显得至关重要，课题组对教育系统管理服务工作中存在的不廉政现象进行了梳理，对其中存在的问题进行深入分析，并提出了改进策略。

（一）管理服务过程中的育人与自育

管理服务工作是廉政文化教育的重要组成部分，教育系统的管理服务过程本身就是一个育人与自育的过程，管理工作是否到位、服务是否人性化，既体现了管理服务过程的育人能力，也体现了管理服务工作人员自身素质的高低。在教育系统廉政文化建设进程中，要重视管理服务的育人功能，通过不同层面、不同领域的管理服务工作，使管理服务者本身、管理服务对象在管理过程中接受到廉政文化教育，不断提高自身的各项素质，以达到社会发展和教育事业发展所需要的标准。

1. 职业能力标准化是管理服务过程中育人与自育的基础

长期以来，教育系统从事管理服务的工作人员没有统一的职业能力标准，只靠部门要求或领导要求开展工作，造成管理服务的参差不齐，产生了大量不廉洁的现象，难以跟上中国教育的快速发展。在中国教育国际化程度快速发展的今天，管理服务人员职业能力标准化势在必行，制定管理服务人员职业能力标准时，既要对学历学位有较高要求，又要对管理服务人员的学科背景、相关管理领域的工作经验有一定要求。比如在高校，普通工作人员的基本条件是拥有硕士学位，部门领导要拥有博士学位，并且具备一定的管理学科、高等教育学科背景，对高等教育的基本理论和发展规律有一定的知识储备。只有具备这些基本条件，才能在高校的管理服务工作中真正为师生服务。如果管理服务人员没有在大学校园生活过、没有接受过高等教育、不清楚高等教育的一般规律，很难想象他（她）能够给高校师生提供高质量的管理服务。

因此，在教育系统管理服务领域，国家教育主管部门应根据实际情况，出台相应的教育管理服务功能领域标准，对教育系统管理服务的领域进行细分，明确有多少管理服务领域，每个管理服务领域的功能是什么，这样既可以让教育系统管理服务工作有的放矢，也可以让各层次的教育机构根据国家标准对自身的管理服务进行评估，看能否达到标准要求，哪些地方需要调整改进等。

除了上述教育系统管理服务人员的基本标准外，国家教育主管部门应制定从业人员能力标准，规定每一名从业人员在所从事的管理服务领域所具备的基本知识水平和能力，并对能力标准进行分级，在薪酬待遇、奖金分红上体现出"按劳分配"的原则，对于能力较高的从业人员，给予较高的薪资待遇和年终奖励。2014年3月，教育部颁发了《高等学校辅导员职业能力标准（暂行）》，对高校辅导员的职业概况、基本要求、职业能力进行明确界定，为高校辅导员队伍的职业化、专业化奠定了良好基础，直接推动了高校学生管理工作的标准化进程，对高校的育人工作具有重要意义。

2. 管理服务过程中的开放和包容是育人与自育的要件

从管理服务工作面对的对象看，教师群体存在专业多样化、职称分层化、教育背景多元化、价值诉求个性化等特点；学生群体存在来源多样化、种族多样化、国别多样化、文化背景多元化、经济背景分层化、求学目标个性化等特点；其他群体更是由复杂多样的个人组成。教育系统管理服务面对对象的复杂化以及自身工作人员价值追求个性化的现状，要实现管理服务过程中的育人与自育，必须培育开放包容的工作理念。要培育开放包容的工作理念，首先要注重管理服务对象的多样性。管理教育对象多样性是教育系统一个不争的事实，特别是在高等教育领域尤其如此。以华东师范大学为例，全校师生共计 38 000 人左右，学生 34 000 人左右，其中，留学生有 3 000 多人，占学校学生总数的 10% 左右，这些留学生来自欧洲、非洲、美洲、亚洲等几十个国家和地区，他们带着各自民族的文化来到华东师范大学求学，他们代表了世界上不同的文明，在高等教育国际化后的中国大学中，第一次面临多样化的文化，也面临如何管理服务多样化文化学生的难题。尊重多样化是管理服务工作顺利开展的前提，只有尊重，才能赢得尊重，也只有尊重，才能开启中国高等教育国际化的新征程。

其次要重视个性化发展。个性化发展是教育领域一个重要课题，它不仅仅针对学生，管理服务人员也需要。在管理服务过程中，既要尊重和考虑学生的民族特性、文化背景、经济背景、生源地等情况，为他们提供符合需要的管理服务。对管理服务人员，学校也要充分尊重他们的个性化发展需求，在职称、职级、岗位交流等方面搭建更多发展平台，让其在一个开放包容的环境中开展工作。

（二）制度合理，减少漏洞

管理服务的前提是构建科学化的管理制度，只有合理的制度才能减少管理服务过程中的漏洞，为管理服务对象提供高质量的服务。组织理论认为，组织与制度是共生的，没有相应的制度，组织是不复存在的。[①] 教育系统的各级教育组织已经建立了支持组织运转的相应制度，但随着中国社会和教育的快速发展，教育系统改革发展遇到很多前所未有的难题，这些难题不解决，就会造成教育系统制度建设的落后，在管理服务中不能起到育人作用，反而会造成不公平、不公正、不透明现象的出现，成为教育系统不廉洁、不廉政现象的根源。要改变管理服务

---

① 陈嘉文、姚小涛：《组织与制度的共同演化：组织制度理论研究的脉络剖析及问题初探》，载于《管理评论》2015 年第 5 期。

中的不廉现象，必须站在教育系统现有管理制度上进行反思，在管理制度上注入一些与教育发展密切相关的东西，以解决制度建设面临的问题。

1. 优化组织结构是制度合理的基础

组织结构是教育系统各级组织协调学术权力与行政管理的机构，是教育系统各级组织按照教育规律和人才成长规律培育人才的保障。受到中国政治体制、经济体制和传统文化的影响，教育系统各级组织的机构设置和政府具有高度的一致性，这种一致性在很长时期内对教育的发展是"正能量"的，教育系统各级组织的这种机构设置能和政府组织无缝对接，能够准确实现政府对教育的要求。一个明显的特征是，截至当前，在各级教育单位中，院系（教研室）仍然是基本教学单位，行政部门（教务处或政教处等）仍然履行了管理职能。但随着中国教育现代化国际化进程加快，教育系统的组织机构改革也迫切需要，其中最明显的要数高等教育领域，为了平衡学术权力和行政管理的关系、提高行政效率和学科交叉融合，已经有北京大学、清华大学、上海交通大学、浙江大学、华东师范大学等多所国内一流高校进行了大部制改革，改变了原来以院系为教学科研单位的组织机构，用学部代替院系，把学术权力中心向基层教学单位下放，整合学科之间的关系。因此，优化组织结构要坚持几项原则："一是要有利于扩大基层教学科研单位的自主权，更好地遵循教学和科研活动规律；二是要有利于对基层教学科研单位实行扁平化管理，提高行政效率；三是要有利于加强学科交叉和融合，促进学术创新；四是要有利于行政部门管理职能的整合和精简，更好地为教学科研服务；五是要有利于发挥学术组织在学科建设、学术发展和教学科研中的作用。"[①]

2. 完善民主管理是制度合理的关键

民主管理是教育系统各级组织建立合理制度的核心内容之一，要建立合理的制度，减少制度漏洞，必须发挥群众的力量，群策群力，共同把各级教育机构管理好。首先要建立权力制衡机制。要妥善安排行政权力和学术权之间的关系，摆脱学术权依附行政权的不良现象，在学术问题决策时，以学术委员会等学术机构为主，发挥学术权的功能进行决策，行政权只能监督，不能决策。比如：学校职称评定、学术交流会举办、学术机构成立等问题上，学术委员会要具有决定权，向行政权要监督整个决定过程，确保学术权的使用是公开、透明、公正的。在学校建设、党团建设等问题上，应以行政权为主，发挥党委、校长的决策职能，学术委员会等学术机构在这些问题的决策上应发挥监督作用，确保决策的公开、透明和公正。要形成学术权和行政权相互制衡、相互监督，特别要注意不能扩大行

---

① 钟秉林、赵应生、洪煜：《中国特色现代大学制度建设——目标、特征、内容及推进策略》，载于《北京师范大学学报（社会科学版）》2011年第4期。

政权，避免"官本位"、领导"拍脑袋"等不廉现象出现。其次要完善职工代表大会等民主管理、民主决策机制。在教育系统的各级组织中，在重大问题决策时，要充分尊重广大教职工、学生的参与权和知情权，通过教职工代表大会、学生代表大会、校友代表大会等机构，充分征求利益相关方的意见，在决策时要考虑各方利益要求，找到"最大公约数"，充分发挥教职工、学生、校友的管理积极性，参与到学校管理中来，特别是通过教职工代表大会、学生代表大会、校友代表大会等机构对学校的决策、管理进行监督，发现问题，及时纠正。学校的民主制度，将是整治学校学术权与行政权混乱、"官本位"的一个重要武器。

3. 科学管理是制度合理的保障

所谓科学管理就是用现代化的管理工具和方法对组织进行管理。科学管理是西方发达国家教育领域管理改革的重点，西方很多知名学校（高校和高中）都把先进高效的管理工具和方法引入教育管理领域。比如，最近几年引入教育领域的绩效考核制度，学校根据教师或管理人员的工作表现、工作量等要素，采用关键绩效指标法、360度考核法等评价方法，对其年度（学期）工作进行评价，在职称评定、年终奖励、薪资待遇上体现出差别，从而鼓励教师或管理人员改进工作态度和方法，提高工作效率。科学管理还体现为使用现代化的管理理念进行管理，而组织机构扁平化是网络时代组织机构发展的必然趋势。例如，2015年6月，华东师范大学整合了学生工作部、研究生工作部、学生发展联合服务中心等机构，成立了学生工作部，下设就业创业指导与服务中心、学生资助管理中心、心理健康教育与咨询中心，对学生管理资源进行整合重构，新机构可以为学生的学习、生活、工作提供一站式服务，体现了科学管理理念在学生管理工作中的应用。

（三）管理人员按章办事

管理人员按章办事的前提是学校有合理的规章制度，在制度合理、减少漏洞的前提下，管理人员按章办事的实现，还需要对管理人员的能力、管理流程和管理文化进行梳理和提高，通过内涵式发展，推动管理过程中的廉政文化教育。

1. 管理人员能力提升是能够按章办事的基础条件

管理人员按章办事，首先管理人员必须具备专业化的基础知识和技能，要严格管理人员的准入和考核标准，在招聘管理人员时，学历是基本要件，比如高校管理人员最好是研究生及以上学历，中学管理人员最好是大学本科及以上学历，小学和幼儿园管理人员最好是专科及以上学历，在学历达标的基础上，要重点考察招聘对象的专业知识和基本素养，比如高校教务处管理工作，最好是高等教育、教育管理等相关专业的毕业生，高校党委办公室最好是高校党建、马克思主义理论等相关专业的毕业生。学校招聘时要结合学历、专业、管理能力等综合考量，要建立一套准入标准。在管理人员考核时，同样要建立标准的考核机制，考核要真正体现管理人员的日常工作，考核公平才能激发起工作积极性。其次要培养管理人员的四项基本管理能力：沟通能力、协调能力、执行能力、学习能力。可通过定期培训、轮岗、交流学习等方式，有针对性地对管理人员的基本能力进行培养。定期培训是最有效的提升能力途径，经过一段时间的工作，必然有很多工作心得，通过培训，让同一或类似岗位的管理人员一起，学习新的管理知识，交流自己的工作心得，既是对自身管理知识的一种提升，也可以静下心来，好好总结过去一段时间工作的得失。管理工作和其他工作一样，只有不断地学习、经历、反思，才能不断提升工作效率、提高工作能力。轮岗也是一种很有效的能力提升方式，通过不同岗位的工作，可以对管理工作有一个比较宏观的认识，以便在以后工作中能站在更高的角度考虑问题，提升管理人员的统筹协调能力。交流学习也是一种必要的能力提升手段，通过到不同工作环境的学习，可以感受不同的管理思路、管理方式、管理文化，可对自己的管理工作产生有益的启发。总之，只有在工作中不断提升管理人员的基本管理能力，才能确保管理人员能够真正贯彻执行学校的规章制度，做到按章办事。

2. 管理文化内涵建设是能够按章办事的保障条件

学校管理文化的内涵可用尊重学术、服务师生、服务社会三个词语简单概括，管理文化内涵建设可以使管理人员对自己的工作有更强的责任心、荣誉感。文化是人们的生活习惯、价值观念、行为规范、思维方式等，文化是人们普遍认可并内心自觉遵守的一种能够传承的意识形态。管理文化内涵建设能够使学校的精神、理想、价值追求在管理人员身上体现出来，使管理人员在工作中主动承担起学校赋予的责任，为学校的发展和管理工作作出贡献。尊重学术是学校管理文化的核心，学校是学术的发源地、孕育地，是学术得以产生和发展的重要场所，特别是在高校，学术水平是衡量一个大学水准的最重要标准。学校的管理工作必须围绕学术展开，管理人员要增强学术责任感，学校要通过各种途径，把管理人员和学校的学术命运结合起来，让管理人员以学校的学术发展为荣，享受学术发展带来的荣誉和利益。服务师生和服务社会是学校管理工作的直接目的，学校的各项管理工作除了围绕学术发展，就是要服务师生和社会，在学校管理文化建设时，可通过建立不同的互动平台，加大管理人员和师生、社会的交流频率，让管理人员对师生、社会的需求有清晰的认识，在校园文化建设中，把管理人员纳入进来，通过各种文化活动，使管理人员真正把管理文化的精神要求内化为自身的价值追求和行为准则。比如，在华东师范大学的"十大感动校园人物"评选时，把为学生辛勤服务的教室管理员评为感动校园人物，这不仅对这名管理员是一个激励，更重要的是让管理人员也参与到校园文化建设中来，让他们在各种文化活动中了解、内化学校管理文化的内涵，促进管理人员做好本职工作。

3. 管理流程制度化是能够按章办事的关键条件

管理人员按章办事的关键是要在管理流程上有所突破，不能按照过去"大事请示，小事汇报"的管理流程和管理规定来进行，要让管理人员根据流程规定去"放开手"做，也就是按制度办事，而不要按领导的随意的要求去做。对此，首先要放权。学校管理流程中存在的最大的问题是权力的过度集中，领导紧紧掌握着权力，管理人员在工作流程中沦为"办事员"，只管办事，没有责任意识，遇到问题，或者推诿摆脱，或者请示领导，既影响了办事效率，也影响了单位形象，管理人员"在其位不谋其事"的大有人在，因为手中无权，便有推脱的理由。要改变这种现状，必须明确每一名管理人员的岗位职责，领导要把手中的权力进行划分，把权力分享给管理人员，明确每一名管理人员的权力和责任，强调权力与责任相匹配，让管理人员在其位，谋其政。其次要监督。人都是有惰性的，无论何人都需要一定的鞭策才能更好前行。要引入外部监督机制，把问责的权力交给外单位或学生、教师，通过定期的公开问责制度，督促管理人员在工作中投入更多的精力和热情。监督的另一种形式是制约，通过岗位、权力制约，把一些可能出现问题的管理流程进行优化，从根源上杜绝管理过程中的不廉现象，使管理人员能够真正按章办事。

（四）倡导勤俭管理

管理服务中的廉政文化教育要通过勤俭管理才能体现出来。勤俭管理就是在管理服务过程中注意成本控制，不铺张、不浪费，尽量节约无谓的管理成本，能够以较低的管理成本带来较高的管理效益，为学术、师生和社会提供高质量的服务，达成管理服务中廉政文化教育的目标。

1. 建立监督约束机制是勤俭管理的基础

学校管理服务成本居高不下的一个重要原因是管理部门拥有资源的分配权，在各种资源分配时，总是优先考虑本部门的利益，这种部门利益最大化的倾向，势必造成管理成本最大化。因此，要建立合理的监督约束机制，降低管理服务的成本，具体做法可有两种。其一，强化部门预算，公开经费开支。虽然学校各个部门每年都有预算，但在实际执行过程中，预算外管理服务支出和预算支出有很大的偏差，各部门的预算也没有接受有效的监督。要改变这种部门预算形式主义的现状，必须强化部门预算，把各部门的管理服务活动经费全部纳入下一年度预算中，在预算支出过程中，增强对预算的监督，要求各部门要及时公开预算执行情况，接受学校财务部门、纪检部门、审计部门的监督，只有强化监督，才能防止部门预算执行混乱,实现管理成本下降。

其二,加强外部监督约束。既然部门管理服务工作有成本最大化的倾向,仅仅依靠内部监督约束很难彻底解决问题,必须引入外部力量加强对各个部门的监督约束。要鼓励社会对学校的管理服务工作进行监督,借用社会力量推动各部门节约管理服务成本,避免腐败浪费。2015年5月,上海某大学被举报浪费大量资金制作的校庆宣传片,涉嫌抄袭国外高校的校庆宣传片。在新媒体发达的现代社会,积极引入社会监督机制,对学校各部门的工作进行监督,可以在很大程度上降低管理服务成本。另外,学校师生也是重要的外部监督力量,要积极发动学校师生对各部门的工作进行监督评价,特别是在管理经费的用途上,要让全校师生知晓经费的使用途径,让师生对部门的管理服务进行打分,这种打分要和部门管理经费挂钩,连续打分不合格的部门,要逐步核减经费,通过这些途径,鼓励各部门在管理服务经费使用上勤俭节约。

2. 实行工作流程评估是勤俭管理的关键

要倡导勤俭管理,必须对管理服务工作加强评估。定期对各部门的管理服务工作和管理人员进行绩效评估和工作必要性评估,可以把该部门所有的工作列举出来,逐条评估,看哪些管理服务工作是必需的,对学校发展有重大贡献;哪些管理服务工作是可有可无的,取消也不会影响学校的工作;哪些管理服务工作可以和其他部门的工作合并办理;哪些管理服务工作的流程可以简化;哪些管理服务工作的流程可以取消等。

以上海某高校研究生办理出国签证所需的户籍证明为例:研究生要办理出国签证,必须要在户籍所在派出所开具户籍证明,也就是必须在学校户政科开具证明,而户政科这个证明的开具流程是这样的:学生本人写出书面申请,本人签字、导师签字、附上家长姓名和联系方式—辅导员根据学生所附家长联系方式,电话和学生家长沟通,告知学生要办理护照事宜,家长同意后,辅导员签字,交学院分管领导签字—学生把上述文件交给研究生工作秘书,工作秘书对文件拍照,在学校公共数据库打签报给研究生院,文件的照片作为附件上传—学院分管研究生工作的副院长同意、学院院长同意—研究生院综合管理办公室给出初步意见,分别给学生工作党委、保卫处、研究生院上级领导会签—各部门分管领导同意—研究生院院长同意—返还给研究生工作秘书—研究生工作秘书将签报打印出来交还给学生—学生带上《开具在学证明申请表》和打印出的签报到研究生院综合管理办公室—研究生院综合管理办公室出具在学证明—学生拿在学证明到户政科,户政科出具可以开户籍证明的介绍信—学生到派出所开具户籍证明。"①

---

① 这段文字来源于课题组对上海某高校研究生管理服务调研的结果。

这就是高校一名研究生为办理护照而开具户籍证明的全过程，如果各环节没有耽误，两个星期可以办完，如果有环节出现问题，比如签报被研究生院退回等，可能要一个月才能办完。从流程上看，似乎合乎规矩，但在这个过程中产生了巨大的管理服务成本，电话费、纸张成本且不去计算，各部门管理人员的精力、时间成本之高，殊难估算。而这只是一个普通的小事，这样的事情在高校时时都在发生，这种工作流程必然会造成管理资源的浪费和管理服务高成本的出现，实际上，通过对上述管理流程进行评估可知，只需要学生申请、导师签字同意、学生签字，辅导员和家长沟通后，即可直接去研究生院开具证明，其他步骤完全是资源浪费。因此，要时常对工作流程的必要性进行评估，简化工作流程，使工作流程更合理，降低管理服务成本。

主要参考文献

[1]《邓小平年谱（1975－1997）》（上），中央文献出版社2004年版。

[2]《邓小平文选》（第二卷），人民出版社1994年版。

[3]《邓小平文选》（第一卷），人民出版社1994年版。

[4]《坚定不移沿着中国特色社会主义道路前进为全面建成小康社会而奋斗》，人民出版社2012年版。

[5]《建立健全惩治和预防腐败体系若干重大课题解读》，新华出版社2005年版。

[6]《江泽民论有中国特色社会主义（专题摘编）》，中央文献出版社2002年版。

[7]《江泽民文选》（第一卷）、（第三卷），人民出版社2006年版。

[8]《联合国反腐败公约》《联合国打击跨国有组织犯罪公约》，中国方正出版社2013年版。

[9]《列宁选集》（第二卷）、（第三卷），人民出版社1995年版。

[10]《列宁专题文集：论无产阶级政党》，人民出版社2009年版。

[11]《论党的建设》，中央文献出版社2001年版。

[12]《吕氏春秋·仲冬纪·忠廉》，中华书局2007年版。

[13]《马克思恩格斯全集》，人民出版社1995年版。

[14]《马克思恩格斯文集》，人民出版社2009年版。

[15]《毛泽东文集》（第五、六、七卷），人民出版社1999年版。

[16]《毛泽东选集》（第一、二、三、四卷），人民出版社1991年版。

[17]《墨子·修身》，李小龙译注，中华书局2007年版。

[18] 陕甘宁边区政权建设编写组：《陕甘宁边区的精兵简政》（资料选辑），求实出版社1982年版。

[19]《陕甘宁根据地革命史料选辑》（第一辑），甘肃人民出版社1983年版。

[20]《十八大以来党风廉政建设和反腐败法规制度汇编》，中国方正出版社

2014年版。

[21]《十八大以来廉政新规定》，人民出版社2016年版。

[22]《十八大以来重要文献选编》，中央文献出版社2014年版。

[23]《苏共决议汇编》（第一分册），人民出版社1964年版。

[24]《习近平关于党风廉政建设和反腐败斗争论述摘编》，中央文献出版社、中国方正出版社2015年版。

[25]《习近平关于全面深化改革论述摘编》，中央文献出版社2014年版。

[26]《习近平谈治国理政》，外文出版社2014年版。

[27]《习近平：摆脱贫困》，福建人民出版社2015年版。

[28]《习近平：决胜全面建成小康社会夺取新时代中国特色社会主义伟大胜利——在中国共产党第十九次全国代表大会上的报告》，人民出版社2017年版。

[29]《新民说·论公德》（《梁启超全集》第二册），北京出版社1999年版。

[30]《荀子》，安小兰译注，中华书局2007年版。

[31]《中国新民主主义革命时期根据地法制文献选编》（第一卷），中国社会科学出版社1981年版。

[32]《中华苏维埃共和国法律文件选编》，江西人民出版社1984年版。

[33]《朱镕基答记者问》，人民出版社2009年版。

[34]马克思：《资本论》（第三卷），人民出版社2004年版。

[35]班固：《汉书》卷四《文帝纪第四》，浙江古籍出版社2006年版。

[36]曾国藩：《曾国藩全集》第14册，岳麓书社1986年版。

[37]陈勤建：《廉政文化与民俗》，中国方正出版社2011年版。

[38]陈子龙、徐孚远、宋徵璧：《明经世文编》，中华书局1962年版。

[39]程舜英：《中国古代教育制度史料》，北京师范大学出版集团2011年版。

[40]戴向青：《中央革命根据地史稿》，上海人民出版社1986年版。

[41]邓晓芒：《康德〈判断力批判〉释义》，三联书店2008年版。

[42]范晔撰、李贤：《后汉书》，第4册，卷31，列传第21，《张堪传》，中华书局1965年版。

[43]房玄龄等：《晋书》第7册，卷75，列传45，《范汪传》，中华书局1974年版。

[44]费孝通：《乡土中国》，北京大学出版社1998年版。

[45]过勇：《中国国家廉政体系研究》，中国方正出版社2007年版。

[46]韩延龙、常兆儒：《中国新民主主义革命时期根据地法制文献选编》

第三卷，中国社会科学出版社1981年版。

[47] 何怀宏：《公平的正义》，山东人民出版社2002年版。

[48] 胡锦涛：《坚定不移沿着中国特色社会主义道路前进，为全面建成小康社会而奋斗》，人民出版社2012年版。

[49] 黄风译：《意大利反腐败法》，中国方正出版社2013年版。

[50] 黄士毅：《朱子语类汇校·晦庵先生朱文公语类卷第十四·大学》，徐时仪、杨艳汇校，上海古籍出版社2014年版。

[51] 季正矩、陈德元：《他山之石——海外反腐肃贪要览》，北京出版社1994年版。

[52] 江泽民：《论党的建设》，中央文献出版社2001年版。

[53] 金冲及：《毛泽东传》（上），中央文献出版社2004年版。

[54] 李洪峰：《中国古代的廉政文化》，故宫出版社2014年版。

[55] 李惠斌、杨雪冬：《社会资本与社会发展》，社会科学文献出版社2000年版。

[56] 李学勤：《周礼注疏》，北京大学出版社1999年版。

[57] 梁文松、曾玉凤：《动态治理新加坡政府的经验》，中信出版社2010年版。

[58] 刘杰等：《转型期的腐败治理：基于不同国家和地区经验的比较研究》，上海社会科学院出版社2014年版。

[59] 刘世民：《柏拉图与亚里士多德之法律思想的比较》，引自《中西法律思想论文集》，汉林出版社1985年版。

[60] 路地、白万玺：《丹东满族史绩》，社会科学文献出版社2008年版。

[61] 吕爱珍：《教育系统廉洁法治建设比较研究》，山东人民出版社2014年版。

[62] 吕元礼：《新加坡治贪为什么能?》，广东人民出版社有限公司2011年版。

[63] 马志刚：《新加坡道路及发展模式——新型工业与儒家文化》，时事出版社1996年版。

[64] 倪邦文等：《国外廉政建设制度与操作》，中国言实出版社2013年版。

[65] 任建明：《反腐败制度与创新》，中国方正出版社2012年版。

[66] 邵景、单卫华：《图说中国廉政文化》，山东画报出版社2013年版。

[67] 邵景均：《新中国反腐简史》，中共党史出版社2009年版。

[68] 舒龙、凌步机：《中华苏维埃共和国史》，江苏人民出版社1999年版。

[69] 司马光：《资治通鉴·唐纪八》卷一百九十二，中华书局2007年版。

[70] 斯阳：《反腐倡廉新思考：制度　科技　文化》，法律出版社2014年版。

[71] 眭依凡：《大学校长的教育理念与治校》，人民教育出版社2001年版。

[72] 王关兴、陈挥：《中国共产党反腐倡廉史》，上海人民出版社2001年版。

[73] 王君祥译：《新加坡预防腐败法》，中国方正出版社2013年版。

[74] 王学风：《新加坡基础教育》，广东教育出版社2003年版。

[75] 卫磊：《社会资本范式》，中国法制出版社2001年版。

[76] 吴传煌、刘录开：《中国共产党廉政建设史》，甘肃人民出版社1992年版。

[77] 吴凤岗：《青少年心理学》，北京师范大学出版社1991年版。

[78] 吴晋生：《高校廉政风险防范管理》，华中师范大学出版社2012年版。

[79] 吴蜀魏：《人情义理101招》，当代世界出版社2007年版。

[80] 向亚云、刘庆楠：《树廉洁家风，建幸福家庭》，企业管理出版社2014年版。

[81] 熊秉林：《正义的成本》，东方出版社2015年版。

[82] 徐家林等：《中国共产党反腐倡廉建设史论》，中国方正出版社2009年版。

[83] 徐久生译：《德国联邦公务员法德国联邦公务员惩戒法》，中国方正出版社2014年版。

[84] 颜之推著，郑红峰译注：《颜氏家训》，吉林出版集团有限责任公司2011年版。

[85] 杨伯峻：《论语译注》，中华书局1980年版。

[86] 杨伯峻：《孟子译注》，中华书局2000年版。

[87] 杨天宇：《礼记译注》，上海古籍出版社2004年版。

[88] 杨绪盟、黄宝荣：《腐败与制度之"笼"——国外反腐经验与启示》，人民出版社2014年版。

[89] 余英时：《中国思想传统的现代诠释》，江苏人民出版社2003年版。

[90] 袁锦贵：《嘉兴人文精神的历史记忆——100个嘉兴历史文化遗珠拾萃》，学苑出版社2013年版。

[91] 中共中央文献研究室：《建国以来重要文献选编》第十册，中央文献出版社1994年版。

[92] 中共中央文献研究室：《建国以来重要文献选编》第四册，中央文献出版社1993年版。

[93] 中共中央文献研究室：《十六大以来重要文献选编》，人民出版社2005

年版。

[94] 朱钦胜：《中央苏区反腐倡廉史》，中国社会科学出版社2009年版。

[95] 朱熹：《四书章句集注》，中华书局1983年版。

[96] 朱新春等：《青少年生理与心理》，上海教育出版社1993年版。

[97] 朱永新：《滥觞与辉煌：中国古代教育思想史》，人民教育出版社2004年版。

[98] 朱圳、马帅译：《美国政府道德法 1989年道德改革法 行政部门雇员道德行为准则》，中国方正出版社2013年版。

[99] 庄庸：《廉政家训》，中国方正出版社2014年版。

[100] ［德］马克斯·韦伯著，康乐、简惠美译：《中国的宗教：儒教与道教》，广西师范大学出版社2010年版。

[101] ［德］乌尔里希·贝克著，吴英姿、孙淑敏译：《世界风险社会》，南京大学出版2004年版。

[102] ［德］伊曼努尔·康德著，沈叔平译：《法的形而上学》，商务印书馆1991年版。

[103] ［法］C.L.孟德斯鸠著，张雁深译：《论法的精神》，商务印书馆1961年版。

[104] ［法］爱弥尔·涂尔干著，李康译：《教育思想的演进》，上海人民出版社2003年版。

[105] ［法］布尔迪约、帕斯隆著，邢克超译：《再生产——一种教育系统理论的要点》，商务印书馆2002年版。

[106] ［法］卢梭著，李平沤译：《爱弥儿》下卷，商务印书馆1978年版。

[107] ［法］卢梭著：《论人类不平等的起源和基础》，商务印书馆1962年版。

[108] ［法］卢梭著，何兆武译：《社会契约论》，商务印书馆2003年版。

[109] ［法］让·雅克·卢梭著，李常山译：《论人类社会不平等的起源和基础》，商务印书馆1962年版。

[110] ［法］涂尔干著，陈光金等译：《道德教育》，上海人民出版社2006年版。

[111] ［法］托克维尔著，董果良译：《论美国的民主》上卷，商务印书馆1993年版。

[112] ［古希腊］亚里士多德著，苗力译：《尼各马可伦理学》，中国社会科学出版社1999年版。

[113] ［古希腊］亚里士多德著，吴寿彭译：《政治学》，商务印书馆1965

年版。

[114] [捷克] 夸美纽斯, 任钟印等译:《夸美纽斯教育论著选》, 人民教育出版社 1990 年版。

[115] [美] 阿尔伯特·爱因斯坦著, 许良英、赵中立、张宣三译:《爱因斯坦文集》(第 3 卷), 商务印书馆 1979 年版。

[116] [美] 奥利弗·威廉姆森著, 段毅才、王伟译:《资本主义经济制度》, 商务印书馆 2002 年版。

[117] [美] 道格拉斯·C. 诺斯著, 杭行译:《制度、制度变迁与经济绩效》, 格致出版社 2008 年版。

[118] [美] 罗伯特·帕特南著, 王列、赖海榕译:《使民主运转起来》, 江西人民出版社 2001 年版。

[119] [美] 迈克尔·迪屈奇著, 王铁生、葛立成译:《交易成本经济学》, 经济科学出版社 1999 年版。

[120] [美] 麦金太尔著, 王铁生等译:《德性之后》, 中国社会科学出版社 1993 年版。

[121] [美] 塞缪尔·P. 亨廷顿著, 张岱山、聂振雄等译:《变动社会的政治秩序》, 上海外文出版社 1989 年版。

[122] [美] 塞缪尔·P. 亨廷顿著, 王冠华译:《变革社会中的政治秩序》, 华夏出版社 1988 年版。

[123] [美] 特里·L. 库珀著, 张秀琴译:《行政伦理学: 实现行政责任的途径》, 中国人民大学出版社 2001 年版。

[124] [美] 韦默著, 费方域、朱宝钦译:《制度设计》, 上海财经大学出版社 2004 年版。

[125] [美] 约翰·杜威:《民主主义与教育》, 人民教育出版社 2001 年版。

[126] [美] 约翰·罗尔斯著, 何怀宏译:《正义论》, 中国社会科学出版社 1988 年版。

[127] [美] 迈克尔·约翰斯顿著, 袁建华译:《腐败征候群: 财富、权力和民主》, 上海世纪出版集团 2009 年版。

[128] [美] 约翰·梅纳德·凯恩斯著, 金碚、张世贤译:《就业、利息和货币通论》, 经济管理出版社 2012 年版。

[129] [以] 叶海卡·德罗尔著, 王满传等译:《逆境中的政策制定》, 上海远东出版社 1996 年版。

[130] [英] 伯特兰·罗素著, 吴友三译:《权力论》, 商务印书馆 2012 年版。

[131] [英] 大卫·马什, 格里·斯托克著, 景跃进等译:《政治科学的理

论与方法》(第二版),中国人民大学出版社2002年版。

[132] [英] 弗朗西斯·培根著,水天同译:《培根论说文集》,商务印书馆1983年版。

[133] [英] 霍布斯著,黎思复、黎廷弼译:《利维坦》,商务印书馆1985年版。

[134] [英] 洛克著,叶启芳、瞿菊农译:《政府论》,商务印书馆1964年版。

[135] [英] 齐格蒙特·鲍曼著,范祥涛译:《个体化社会》,上海三联书店2002年版。

[136] [英] 约翰·阿克顿著,侯建等译:《自由与权力》,商务印书馆2001年版。

[137] [英] 约翰·密尔著,许宝骙译:《论自由》,商务印书馆2005年版。

[138] 卜万红:《廉政文化:内涵与政治社会化机制》,载于《广州大学学报(社会科学版)》2010年第10期。

[139] 蔡娟:《制度科学化与当代中国惩治和预防腐败体系的构建》,载于《江汉论坛》2012年第5期。

[140] 蔡永红、肖艺芳:《日本教育公务员制度的特点及其对我国的启示》,载于《教师教育研究》2011年第6期。

[141] 曹文泽、龚波:《从中外比较看我国高校廉政文化建设的策略》,载于《中国高等教育》2010年第3期。

[142] 曹文泽:《高校廉政文化建设须把握的几个问题》,载于《中国高等教育》2005年第6期。

[143] 曾智昌:《高校教育决策失误频现的成因及对策探讨》,载于《教育理论与实践》2001年第27期。

[144] 常士訚:《西方多元文化主义争论、内在逻辑及其局限》,载于《政治学研究》2006年第1期。

[145] 常一青:《加强高校廉政文化建设弘扬和谐校园先进文化》,载于《中南民族大学学报(人文社会科学版)》2009年第6期。

[146] 车宗哲:《关于廉政文化进校园的思考和对策》,载于《中国成人教育》2009年第20期。

[147] 陈国权、毛益民:《腐败裂变式扩散:一种社会交换分析》,载于《浙江大学学报(人文社会科学版)》2013年第2期。

[148] 陈嘉文、姚小涛:《组织与制度的共同演化:组织制度理论研究的脉络剖析及问题初探》,载于《管理评论》2015年第5期。

[149] 陈洁、徐明飞、卢蓓蓉、沈富可:《高校科研管理服务平台建设探索:以华东师范大学为例》,载于《华东师范大学学报(自然科学版)》2015年第S1期。

[150] 陈金波、荣欣:《新形势下高校廉洁文化建设的困境与对策》,载于《廉政文化研究》2013年第4期。

[151] 陈立鹏:《学校章程在现代学校制度建设中的意义》,载于《中小学管理》2004年第5期。

[152] 陈业宏、王萍:《公民意识、公德意识及公德建构》,载于《河南师范大学学报(哲学社会科学版)》1996年第5期。

[153] 仇立平:《职业地位:社会分层的指示器——上海社会结构与社会分层研究》,载于《社会学研究》2001年第13期。

[154] 丛占修:《试析罗尔斯的正义观对功利主义的超越》,载于《烟台大学学报》(哲学社会科学版)2002年第4期。

[155] 笪青林:《社会治理与公共精神》,载于《南京社会科学》2006年第9期。

[156] 戴国庆:《美国联邦政府科研经费监督管理及其启示》,载于《科研管理》2006年第1期。

[157] 窦效民:《监督:反腐防腐的有效机制——中华苏维埃时期的廉政建设实践》,载于《学习论坛》1998年第10期。

[158] 樊钉、吕小明:《高校问责制:美国公立大学权责关系的分析与借鉴》,载于《中国高教研究》2005年第3期。

[159] 冯颜利、张朋光:《哈贝马斯的正义观与当代价值——兼论哈贝马斯与罗尔斯正义观的主要异同》,载于《华中师范大学学报(人文社会科学版)》2013年第6期。

[160] 高洪源、梁东荣:《美国教育中的腐败问题透析》,载于《比较教育研究》2006年第5期。

[161] 高筠:《德国科研经费管理带给我们的启示》,载于《中国城市经济》2010年第12期。

[162] 格里·斯托克:《作为理论的治理:五个论点》,载于《国际社会科学杂志(中文版)》,1999年第1期。

[163] 顾明远:《教育领域综合改革的宏观视野》,载于《教育研究》2014年第6期。

[164] 韩萌:《大学多元文化育人功能的思考》,载于《教育研究》2010年第8期。

[165] 郝峰：《试析廉政文化的内涵、结构与功能》，载于《南京政治学院学报》2014年第5期

[166] 郝翔、陈翠荣：《论高校廉政文化建设》，载于《思想教育研究》2011年第12期。

[167] 侯健：《三种权力制约机制及其比较》，载于《复旦学报（社会科学版）》2003年第3期。

[168] 蒋斌、陈金龙、程京武：《全面从严治党是全党的共同任务——学习习近平总书记关于党的建设的重要论述》，载于《求是》2015年第6期。

[169] 金生鈜：《论教育权力》，载于《北京大学教育评论》2005年第2期。

[170] 井建斌：《让学术回归学术——政治视角的思考》，载于《社会观察》2007年第2期。

[171] 劳剑：《反腐败在瑞典》，载于《检察风云》2006年第24期。

[172] 劳凯声：《重新界定学校的功能》，载于《教育研究》2000年第8期。

[173] 李斌：《"学霸"通吃青年教师堪忧——学术梯队危机重重》，载于《教育文化论坛》2010年第2期。

[174] 李潮海、罗英智：《基于公共服务理念的县区教育发展水平评价的思考》，载于《现代教育管理》2015年第7期。

[175] 李桂红：《中国特色廉政文化建设的现实价值与路径突破》，载于《学术交流》2014年第8期。

[176] 李季等：《中国特色廉政文化构建问题思考》，载于《国家行政学院学报》2005年第1期。

[177] 李建民、李新建：《中国城市居民家庭小型化及其对消费需求的影响》，载于《人口学刊》1988年第3版。

[178] 李建明：《论宋朝清官文化的兴起》，载于《社会科学家》2009年第4期。

[179] 李进宏：《高等学校廉政文化建设》，载于《理工高教研究》2006年第1期。

[180] 李路路：《社会变迁：风险与社会控制》，载于《理论参考》2004年第2期。

[181] 李强、刘海洋：《变迁中的职业声望——2009年北京职业声望调查浅析》，载于《学术研究》2009年第12期。

[182] 李胜利：《加强教育行政监督保障教育事业健康发展——美国、加拿

大教育监察机制考察报告》，载于《国家教育行政学院学报》2005年第3期。

[183] 李文：《东亚国家廉政文化建设比较研究》，载于《浙江社会科学》2006年第5期。

[184] 励慧芳：《反腐倡廉：从政治自觉到文化自觉——改革开放30年来中国共产党廉政观念的演进》，载于《浙江社会科学》2008年第6期。

[185] 廖明：《关于廉政文化内涵的探讨》，载于《中国监察》2009年第8期。

[186] 林拓、虞阳：《国外全民参与廉政建设借鉴》，载于《检察风云》2014年第20期。

[187] 林学启：《廉政文化建设存在的问题及对策研究》，载于《山东理工大学学报（社会科学版）》2009年第2期。

[188] 林燕：《市场经济时代的高校道德教育》，载于《海南医学院学报》2005年第2期。

[189] 刘步健：《芬兰反腐保廉的制度化解读》，载于《群众》2011年第7期。

[190] 刘献君：《深刻认识和充分发挥社会实践在大学生思想政治教育中的重要作用》，载于《高等工程教育研究》2005年第5期。

[191] 刘新华：《廉政文化建设的基本内涵与价值初探》，载于《宁波大学学报（人文科学版）》2005年第2期。

[192] 刘鑫淼：《公共精神：现代公民的核心品质》，载于《经济与社会发展》2007年第6期。

[193] 卢威、邱法宗：《论高校管理机构的"大部制"改革》，载于《国家教育行政学院学报》2011年第3期。

[194] 鲁洁：《教育：人之自我建构的实践活动》，载于《教育研究》1998年第9期。

[195] 鲁洁：《试论德育之个体享用性功能》，载于《教育研究》1994年第6期。

[196] 罗国振、虞阳：《防腐与育人：教育系统廉政文化建设的双重使命》，载于《全球教育展望》2014年第12期。

[197] 罗炎成、曾天德：《廉政教育：改进高校师德建设的着力点》，载于《安庆师范学院学报（社会科学版）》2011年第3期。

[198] 骆郁廷、郭莉：《"立德树人"的实现路径及有效机制》，载于《思想教育研究》2013年第7期。

[199] 吕红、毕红静：《我国高校的被行政化、自行政化与去行政化》，载

于《延边大学学报（社会科学版）》2015年第2期。

[200] 孟庆瑜、赵宏：《朱元璋反贪的现代启示》，载于《河北学刊》2014年第4期。

[201] 潘云华：《"社会契约论"的历史演变》，载于《南京师大学报》（社会科学版）2003年第1期。

[202] 潘志玉、谢庆录：《新加坡劳动与社会保障法律制度研究》，载于《法制与社会》2009年第1期。

[203] 彭怀祖：《当前道德动因纯粹化与变动性的审思》，载于《道德与文明》2013年第4期。

[204] 彭伟、谢志发、朱海波、由文辉、金之诚：《网上竞价在高校设备采购中的实践和思考》，载于《实验室研究与探索》2012年第11期。

[205] 钱耕耘：《廉政文化进课堂初探——以〈中国近现代史纲要〉课程教学为例》，载于《陕西教育》（高教）2014年第7期。

[206] 秦馨：《西方发达国家廉政文化的特点及运行条件分析》，载于《学术论坛》2011年第2期。

[207] 让·彼埃尔·戈丹：《现代的治理，昨天的今天：借重法国政府政策得以明确的几点认识》，载于《国际社会科学杂志（中文版）》1999年第1期。

[208] 任建明：《关于廉政文化建设的几个基本问题》，载于《中国监察》2006年第9期。

[209] 任松峰、王杰：《〈周礼〉"六廉"思想及其现代价值》，载于《中共中央党校学报》2014年第18卷第3期。

[210] 任重：《鲁褒〈钱神论〉对拜金主义的批判》，载于《山东大学学报》（哲学社会科学版）1991年第4期。

[211] 沈蓓纵等：《美国公立大学的廉政建设和教育行政监督》，载于《中南大学学报》（社会科学版）2012年第2期。

[212] 施正文：《论程序法治与税收正义》，载于《法学家》2004年第5期。

[213] 史静寰、赵可：《从美国大学科研经费的间接成本管理看政府与大学的关系》，载于《清华大学教育研究》2007年第3期。

[214] 斯阳、李伟、王华俊：《"制度+科技+文化"：高校廉政风险防控机制建设新探索》，载于《上海党史与党建》2012年第8期。

[215] 斯阳：《高校职务犯罪防治对策研究》，载于《上海党史与党建》2015年第4期。

[216] 斯阳：《廉政风险防控与现代大学治理》，载于《华东师范大学学报

(教育科学版)》2016 年第 4 期。

[217] 宋波：《高校廉政文化内容体系研究》，载于《国家教育行政学院学报》2009 年第 3 期。

[218] 孙国东：《基于合道德性的合法性——从康德到哈贝马斯》，载于《法学评论》2010 年第 4 期。

[219] 谭莉莉：《公共精神：塑造公共行政的基本理念》，载于《探索》2002 年第 4 期。

[220] 田湘波：《廉政文化与廉政制度关系辨析》，载于《廉政文化研究》2010 年第 4 期。

[221] 王立英：《深入推进教育系统反腐倡廉工作》，载于《中国监察》2010 年第 11 期。

[222] 王荣党：《大学生社会实践的理论渊源》，载于《学术探索》2000 年第 3 期。

[223] 王伟：《关于加强行政伦理法制建设的建议》，载于《人民论坛》2010 年第 4 期。

[224] 王真：《论廉政价值观及其培育》，载于《理论导刊》2011 年第 3 期。

[225] 文军、吴越菲：《多域转型中的"文化抗拒"——我国社会大众精神文化生活的变迁路向及特征》，载于《探索与争鸣》2014 年第 7 期。

[226] 吴建国：《德国国立科研机构经费配置管理模式研究》，载于《科研管理》2009 年第 5 期。

[227] 吴长春、王洪彬：《论廉政文化的软实力价值》，载于《思想教育研究》2013 年第 8 期。

[228] 夏秀芹：《澳大利亚国立大学科研经费评估和审计对我国高校科研经费监管的启示》，载于《北京教育：高教》2012 年第 4 期。

[229] 肖川：《期待官员从学界退场》，载于《科学中国人》2006 年第 12 期。

[230] 谢薇、金志丰：《科研院所科研经费动态管理模式探讨》，载于《财会月刊》2011 年第 5 期。

[231] 辛西娅·休伊特·德·阿尔坎塔拉：《"治理"概念的运用与滥用》，载于《国际社会科学杂志》（中文版）1999 年第 2 期。

[232] 徐大建：《西方公平正义思想的演变及启示》，载于《上海财经大学学报》2012 年第 3 期。

[233] 阎现章：《高等学校廉政文化建设体系的系统性与创新性研究》，载于《河南大学学报（社会科学版）》2008 年第 5 期。

[234] 杨国栋:《社会契约理论的历史回溯、思想评价及宪政意蕴》,载于《陕西行政学院学报》2012年第3期。

[235] 杨红良:《"公共利益"两大精神基础:公共精神和公民精神》,载于《党政论坛》2010年第2期。

[236] 杨四耕:《教育与道德》,载于《教育理论与实践》2004年第2期。

[237] 杨新杰:《公共政策制定中的弱势群体考量——基于社会契约论的视角》,载于《湖北社会科学》2008年第3期。

[238] 杨银付:《深化教育领域综合改革的若干思考》,载于《教育研究》2014年第1期。

[239] 洋龙:《平等与公平、正义、公正之比较》,载于《文史哲》2004年第4期。

[240] 姚大志:《罗尔斯正义原则的问题和矛盾》,载于《社会科学战线》2009年第9期。

[241] 殷竹钧:《新加坡大学生廉洁教育的实践经验及其借鉴》,载于《东南亚纵横》2013年第4期。

[242] 雍自元、黄鲁滨:《论公民意识的内涵和特质》,载于《法学杂志》2010年第5期。

[243] 俞可平:《治理和善治:一种新的政治分析框架》,载于《南京社会科学》2001年第9期。

[244] 俞宁、姜红:《未成年人青春期道德发展与违法犯罪》,载于《安徽农业大学学报(社会科学版)》2014年第6期。

[245] 张本平:《瑞典廉政建设的经验和启示》,载于《中国监察》2007年第19期。

[246] 张华:《关于我市开展"廉政文化进校园"工作的实践与思考》,载于《中国科教创新导刊》2013年第16期。

[247] 张家勇、张家智:《联合国国际教育规划研究所"教育伦理和教育腐败"专题研究综述》,载于《比较教育研究》2006年第5期。

[248] 张珏:《试论大学的学术权力》,载于《黑龙江高教研究》2001年第3期。

[249] 张乐:《关于高校廉政文化路径的思考》,载于《青年时代》2015年第11期。

[250] 张馨芳:《关于建立教育公务员制度的思考》,载于《华中师范大学研究生学报》2009年第4期。

[251] 张琰、韦宇、何洁:《中美研究型高校科技项目过程管理对比研究》,

载于《科研管理》2015年第S1期。

[252] 张增田、孙士旺：《廉洁的内涵与廉洁教育的策略》，载于《中国德育》2008年第4期。

[253] 张孜仪、徐汉明：《廉政文化建设的文化生态学反思与重构》，载于《当代世界与社会主义》2011年第6期。

[254] 赵晔：《试论"教书育人"》，载于《辽宁教育行政学院学报》1994年第4期。

[255] 浙江文化研究工程党建课题组、李梦云：《政治文化架构下的社会主义廉政文化建设》，载于《马克思主义研究》2012年第3期。

[256] 郑又贤：《廉政文化建设的难点及其探解》，载于《东南学术》2007年第3期。

[257] 中国社会科学院赴北欧科研管理考察团：《芬兰、瑞典的科研经费投入与研究项目管理》，载于《社会科学管理与评论》2006年第1期。

[258] 钟秉林、赵应生、洪煜：《中国特色现代大学制度建设——目标、特征、内容及推进策略》，载于《北京师范大学学报（社会科学版）》2011年第4期。

[259] 钟民援、林毅：《西方公正概念述评》，载于《武汉大学学报（哲学社会科学版）》2008年第4期。

[260] 周淑真：《标本兼治与制度建设——十八大以来治理腐败的路径选择》，载于《探索与争鸣》2014年第11期。

[261] 诸家永：《对廉政文化内涵和作用的认识》，载于《中国监察》2006年第11期。

[262] 庄振华：《腐败的文化成因及其治理研究综述》，载于《党政论坛》2008年第7期。

[263]《承前启后继往开来朝着中华民族伟大复兴奋斗目标奋勇前进》，载于《人民日报》2012年11月30日。

[264]《关于加强廉政文化建设的意见》，载于《人民日报》2010年3月15日。

[265]《胡锦涛在中国共产党第十八次全国代表大会上的报告》，载于《人民日报》2012年11月18日。

[266]《胡锦涛在中国共产党第十六届中央纪律检察委员会第三次全体会议上的讲话》，载于《人民日报》2004年1月13日。

[267]《坚持德才兼备　提高人才素质——五论学习贯彻胡锦涛总书记在全国人才工作会议上的重要讲话》，载于《人民日报》2010年6月4日。

[268]《坚定不移推动全面从严治党向纵深发展——八论学习贯彻习近平总

书记"7·26"重要讲话精神》，载于《人民日报》2017年8月7日。

[269]《教育部部长：绝不允许不正之风和腐败问题有存在之地》，载于《中国纪检监察报》2015年12月2日。

[270]《李克强：庸政懒政同样是腐败》，载于《京华时报》2014年7月17日。

[271]《美国：从政道德法制化多方制约防腐败》，载于《政府采购信息报》2013年12月20日。

[272]《全党要把守纪律讲规矩摆在更加重要的位置》，载于《东方早报》2015年1月14日。

[273]《全面贯彻落实党的教育方针努力把我国基础教育越办越好》，载于《人民日报》2016年9月9日。

[274]《习近平：历史使命越光荣奋斗目标越宏伟越要增强忧患意识越要从严治党》，载于《人民日报》2014年10月9日。

[275]《习近平出席第二届世界互联网大会开幕式并发表主旨演讲》，载于《人民日报》2015年12月17日。

[276]《习近平在2015年春节团拜会上的讲话》，载于《人民日报》2015年2月17日。

[277]《习近平在庆祝中国共产党成立95周年大会上的讲话》，载于《人民日报》2016年7月2日。

[278]《习近平在全国高校思想政治工作会议上的讲话》，载于《人民日报》2016年12月8日。

[279]《习近平在十八届中央纪委五次全会上发表重要讲话》，载于《人民日报》2015年1月14日。

[280]《习近平在中共中央政治局第五次集体学习时的讲话》，载于《人民日报》2013年4月21日。

[281]《习近平在中国共产党第十八届五中全会第二次全体会议上的讲话》，载于《人民日报》2015年10月29日。

[282]《习近平在中国共产党第十八届中央纪律检查委员会第六次全体会议上的讲话》，载于《人民日报》2016年1月12日。

[283]《习近平在中国共产党第十八届中央纪律检查委员会第三次全体会议上的讲话》，载于《人民日报》2014年1月14日。

[284]《习近平在中国共产党第十八届中央纪律检查委员会第五次全体会议上的讲话》，载于《人民日报》2015年1月13日。

[285]《习近平在中国共产党第十八届中央委员会第六次全体会议上的讲

话》，载于《人民日报》2016年10月28日。

[286]《新西兰廉洁教育从青少年抓起》，载于《政府采购信息报》2014年4月14日。

[287]《中共中央关于全面深化改革若干重大问题的决定》，载于《人民日报》2013年11月16日。

[288]《中共中央关于印发〈建立健全教育、制度、监督并重的惩治和预防腐败体系实施纲要〉的通知（2005年）》，载于《人民日报》2005年1月17日。

[289]《周光召痛斥科研系统官本位习气》，载于《中国青年报》2005年8月22日。

[290] 北顾：《德国如何把权力关进制度笼子：建限制收礼制度》，载于《学习时报》2013年8月5日。

[291] 邓静秋：《宪法宣誓制度的意义与功能》，载于《法制日报》2014年11月26日，第012版。

[292] 韩伟：《借鉴历史上的优秀廉政文化》，载于《人民日报》2013年5月30日。

[293] 胡蕊：《澳大利亚科研经费管理经》，载于《中国会计报》2015年8月28日。

[294] 胡蕊：《德国是这样监督科研经费的》，载于《中国会计报》2015年8月14日。

[295] 林衍：《香港：对腐败"零容忍"》，载于《中国青年报》2012年6月27日。

[296] 雒树刚：《坚持依法治国和以德治国相结合》，载于《人民日报》2014年11月24日。

[297] 斯阳等：《保障教育公平促进科学选才——解读〈关于深化考试招生制度改革的实施意见〉》，载于《中国教育报》2014年9月15日。

[298] 王岐山：《以优良党风政风带动社风民风》，载于《人民日报》2013年9月7日。

[299] 颜新文、戎爱武、海曙：《充分发挥廉政志愿者作用——我参与我监督倡廉洁》，载于《中国纪检监察报》2012年5月31日。

[300] 杨伟：《香港和新加坡廉政教育的几个特点》，载于《中国监察》2005年第17期。

[301] 杨文志：《阻碍科技自主创新的体制因素》，载于《学习时报》2006年5月22日。

[302]《"一代廉吏于成龙"（四）：孙子官居要职后人种地为生》，http：//

news.163.com/14/1104/04/AA68DQ6L00014Q4P.html。

[303]《2016年研究生考试作弊案告破作弊入刑首案涉及全国108名考生》，http://henan.china.com.cn/edu/2016/0922/3396297.shtml。

[304]《澳大利亚、新西兰廉政建设和防止利益冲突情况》，http://www.mof.gov.cn/mofhome/guojisi/pindaoliebiao/cjgj/201406/t20140618_1100982.html。

[305]《国外廉政文化建设注重消除利益冲突》，http://www.hfsjw.gov.cn/system/2012/11/14/012737143.shtml。

[306]《教育舆情：十八大以来100余名高校官员腐败记》，http://yuqing.people.com.cn/n/2015/1204/c392839-27890565.html。

[307]《聚焦教育腐败高危点：招生录取与新生入学》，http://edu.qq.com/a/20050719/000031.htm。

[308]《孔子后人首次披露孔氏家族祖训家风》，http://www.chinanews.com/cul/2014/05-22/6202653.shtml。

[309]《刘基廉政文化教育基地增添新景观"铭廉壁"摩崖石刻》，http://www.wzlzw.gov.cn/system/2011/07/15/011129581.shtml。

[310]《秦汉法律与吏治》，http://www.guoxue.com/wenxian/nowwen/qhflysh/qhflysh7.htm。

[311]《日本国家公务员伦理法》：http://www.people.com.cn/GB/news/6056/20011023/588437.html。

[312]《习近平：读书学习水平决定工作水平领导水平》，http://theory.people.com.cn/n/2013/0527/c83855-21628561.html。

[313]《中央3部门剑指教育腐败从严查处以权谋私者》，http://edu.qq.com/a/20050818/000170.htm。

[314]《德国如何防科研经费被贪吞挪骗》，http://news.xinhuanet.com/mrdx/2013-12/09/c_132951587.htm。

[315]《新加坡共同价值社会化路径及对我国核心价值观建设的启示》，http://www.cssn.cn/sf/bwsf_dz/201312/t20131205_895420.shtml。

[316]《各国道德委员会观察：欧美用操守韩俄借伦理》，http://world.huanqiu.com/exclusive/2014-09/5151664.html。

[317]《国务院关于改进加强中央财政科研项目和资金管理的若干意见》，http://www.gov.cn/zhengce/content/2014-03/12/content_8711.htm。

[318]《人民群众对党风廉政建设和反腐败工作满意度达92.9%》，http://fanfu.people.com.cn/n1/2017/0109/c64371-29009558.html。

[319]《国际反腐败日潘基文吁人人响应"打破腐败链"》，http://world.

cankaoxiaoxi. com/2014/1209/591324. shtml。

［320］《领导干部应具有的三种品质》，http：//theory. people. com. cn/n/2013/0114/c49150 - 20194026. html。

［321］《民口科技重大专项资金管理暂行办法》（财教［2009］218 号），http：//www. nmp. gov. cn/zcwj/200901/t20090120_1806. htm。

［322］《芬兰、瑞典和丹麦科研经费管理考察报告》，http：//jgzx. org/gzdtyj/2438. htm。

［323］《随笔：美国怎样防范科研经费腐败》，http：//news. xinhuanet. com/tech/2014 - 10/12/c_1112791325. htm。

［324］《王岐山在十八届中央纪委五次全会上的工作报告》，http：//politics. people. com. cn/n/2015/0129/c1024 - 26475484. html。

［325］《上海市学校廉洁教育行动指南》，http：//www. docin. com/p - 17580246. html。

［326］《美国"道德办"管着 400 万公务员》，http：//world. huanqiu. com/depth_report/2012 - 06/2791141. html。

［327］《为官既讲行政义务更讲行政良心》，http：//big5. qstheory. cn/gate/big5/news. xinhuanet. com/politics/2007 - 11/28/content_7158318. htm。

［328］《社会危害最大的腐败是"教育腐败"》，http：//edu. china. com/new/edunews/jysp/11076179/20110928/16790706. html。

［329］《习近平：反腐形势依然严峻复杂》，http：//news. sina. com. cn/c/2015 - 01 - 14/031931395798. shtml。

［330］《习近平在 2015 年春节团拜会上的讲话》，http：//cpc. people. com. cn/n/2015/0217/c64094 - 26580837. html。

［331］《习近平：决胜全面建成小康社会　夺取新时代中国特色社会主义伟大胜利——在中国共产党第十九次全国代表大会上的报告》，http：//www. guancha. cn/politics/2017_10_27_432557_1. shtml。

［332］《国家总理就职将宣誓誓词 70 字》http：//www. hqrw. com. cn/2015/0702/29715. shtml。

［333］《国务院关于积极推进"互联网 +"行动的指导意见》，http：//news. xinhuanet. com/politics/2015 - 07/04/c_1115815944. htm。

［334］《聚焦外国教师公务员制度》，http：//news. xinhuanet. com/newmedia/2005 - 11/30/content_3855556. htm。

［335］《国家中长期教育改革和发展规划纲要（2010 - 2012）》，http：//www. china. com. cn/policy/txt/2010 - 03/01/content_19492625_3. htm。

[336]《摩崖石刻"居高思危"的警示》, http：//lianzheng. hebei. com. cn/system/2014/08/25/013862527. shtml。

[337]《中小学教师职业道德规范（2008年修订）》, http：//www. edu. cn/jiao_yu_fa_gui_767/20080903/t20080903_322345. shtml。

[338]《关于印发〈高等学校教师职业道德规范〉的通知》, http：//teacher. eol. cn/gaoxiaoshizi_11576/20120109/t20120109_729539_2. shtml。

[339]《国家中长期教育改革和发展规划纲要（2010－2020年）》, http：//www. china. com. cn/policy/txt/2010－03/01/content_19492625_3. htm。

[340]《全面从严治党纳入"四个全面"战略布局管党治党走过不平凡的5年》, http：//www. ccdi. gov. cn/jdtp/201708/t20170823_105185. html。

[341]《2013年教育系统党风廉政建设工作要点》, http：//www. moe. edu. cn/publicfiles/business/htmlfiles/moe/A25_ndgzyd/201303/148349. html。

[342]《傅艺明：互联网＋公共服务：李克强"新药方"治"懒政"》, http：//www. gov. cn/zhengce/2015－11/19/content_2968062. htm。

[343] 王庭坚：《中国特色社会主义廉政文化建设研究》, 湖南师范大学2013年博士学位论文。

[344] 田志闯：《当代中国廉政文化建设研究》, 大连理工大学2012年博士学位论文。

[345] 王小梅：《新加坡基础教育在多元与整合中走向平衡》, 陕西师范大学2008年硕士学位论文。

[346] 王飞：《试论大学校长的主体性发展》, 南京大学2013年博士学位论文。

[347] 刘烨：《当代中国社会腐败现象的人性分析》, 西北大学2008年硕士学位论文。

[348] 孙艺铭：《虚拟实践观对传统的马克思主义实践理论的创新研究》, 太原理工大学2011年硕士学位论文。

[349] Cheung H. Y., Chan A. W. H.：*Corruption across countries：Impacts from education and cultural dimensions. Social Science Journal*, 2008.

[350] Hallak J, Poisson M.：*Ethics and Corruption in Education. Results from the Expert Workshop. Policy Forum on Education*, 2001.

[351] Hallak J., Poisson M.：*Fraude académico, acreditación y garantía de la calidad：lecciones aprendidas del pasado y retos para el future.* Mundi Prensa Libros S A, 2007.

[352] Heyneman S. P.：*Education and corruption, International Journal of Educational Development*, 2004.

［353］ Jacques Hallak and Muriel Poisson: *Corrupt school*, *Corrupt university*, http：//www.uesco.org/iiep.

［354］ Jan‐Erik Lane and Svante Ersson: *The New Institutional Politics*: *Performances and Outcomes*. London Touteledge, 2000.

［355］ John Rawls: *Political Liberalism*, New York Columbia University Press, 1996.

［356］ Jurgen Habermas: *Moral Consciousness and Communicative Action*. trans. Christian Lenhardt & Shierry Weber Nicholsen, MIT Press, 1990.

［357］ Jurgen Habermas: *Between Facts and Norms*: *Contributions to a Discourse Theory of Law and Democracy*. trans. Williiam Rehg, MIT Press, 1996.

［358］ Labi A.: *Controversial Higher‐Education Reforms Spark Riots in Athens*. Chronicle of Higher Education, 2007.

［359］ March, J. G. and Olsen, J. P.: *Rediscovering Institutions*. New York Free Press, 1989.

［360］ Mccluskey N.: *Corruption in the Public Schools*: *The Market Is the Answer*. 2005.

［361］ Osipian A. L.: *Corruption in Higher Education*: *Does It Differ across the Nations and Why?*. Research in Comparative & International Education, 2008.

［362］ Pierre Bourdieu. Distinction: *A social critique of the judgement of taste*. Harvard University Press, 1984.

［363］ Rumyantseva N. L.: *Taxonomy of Corruption in Higher Education*, Peabody Journal of Education, 2005.

［364］ Tanaka S.: *Corruption in education sector development*: *a suggestion for anticipatory strategy*, International Journal of Educational Management, 2001.

［365］ Teferra D., Altbach P. G., Woodhall M.: *African Higher Education*: *An International Reference Handbook*. Review of Higher Education, 2003.

［366］ Treisman D.: *The causes of corruption*: *a cross-national study*. Journal of Public Economics, 2000.

［367］ Transparency International: *Global Corruption Report – Education*. London and New York: Routledge.

后 记

回首整个研究过程，从 2010 年准备课题申报到 2012 年 6 月课题立项，从立项后框架的优化到文献的梳理，从调研的开展到理论的探讨，从研究报告的撰写到几经修改和完善，每一个环节的研究工作不仅凝结了课题组团队成员的心血，也得益于众多专家学者的指导，还离不开很多单位的支持和帮助。

课题组的主要成员罗国振、斯阳、文军、余玉花、袁锦贵、郝宇青、文新华、解超、林拓、王景斌、代蕊华、张海娜等来自华东师范大学廉政文化研究中心、纪委、宣传部、社会发展学院、马克思主义学院、政治学系、教育学部、法学院、城市发展研究院等，还有上海市教卫纪工委副书记许荣华、上海市人民检察院高级检察官张亮，课题组成员在课题研究中付出了艰辛的努力，他们的真知灼见和远见卓识对于本课题的圆满完成起到了至关重要的作用。华东师范大学纪委监察处的卢蓓蓉老师、张博雅老师，经济与管理学部王莹老师以及研究生虞阳、邓晓翔、吴晓凯、李露萍、李初旭、汪静、周榕、魏仲奇、梅俐、杨莹、张亭、沙莎、方斐、申立、刘梦慈、陈玮、王美、王海建、李乐霞、卢杨、石群、张学娟、佟亚洲等参与了本课题的调研、数据分析和部分章节初稿的写作。华东师范大学党委领导、社科处的许红珍老师、顾红亮老师和吴瑞君老师、宣传部的虞潇浩老师、教育部中学校长培训中心的杨全印老师等对课题的协调和推进工作给予了支持。感谢团队成员在不同阶段、以不同方式参与课题，为课题顺利开展所付出的工作热情和努力。

在课题研究过程中，得到了来自各界的专家学者的指导。匿名评审专家在立项、中期检查和结项意见中的建议高屋建瓴、精准明确；教育部社科司领导、教育部纪检组/监察局专员李耀建、上海市纪委常委王永伟、华东政法大学党委书记曹文泽教授、上海社科联党组副书记桑玉成教授、湖南大学政治与公共管理学院袁柏顺教授和上海大学社会学院张文宏教授等在开题论证会和专题研讨会上对研究框架的优化、如何突破研究难点以及团队建设等方面提出了积极的意见。感谢他们为课题研究的深入贡献智慧、指点迷津，令课题组受益匪浅。

课题的顺利推进和圆满完成离不开很多单位的支持和帮助。感谢教育部纪检组、上海市纪委、上海市教育卫生委员会、上海市教育委员会、华东师范大学、华东政法大学、中国浦东干部学院、教育部中学校长培训中心等给予的指导和支持。记得2012年项目获批后，华东师范大学和课题组提交了《关于恳请上海市纪委支持开展课题研究的请示》，在2012年9月得到中共中央纪委副书记杨晓渡（时任上海市委副书记、纪委书记）和上海市纪委副书记徐文雄的批示，"加强教育系统廉政文化建设针对性和实效性的研究很有必要，要在针对性和实效性上下功夫。""建议请宣教室、四室参与并予指导和帮助。"在2012年9月29日开题论证会上，专门派代表与会，课题的多项阶段性成果为上海市纪委采纳并提出了很好的建议。还要特别感谢《华东师范大学学报（教育科学版）》《全球教育展望》《检察风云》《社会科学报》、法律出版社、中西书局、三联书店等机构对本课题的阶段性成果发表和出版给予的支持。在此，也要对课题组成员出访美国、日本、韩国、中国香港和中国台湾等国家和地区期间给予支持和帮助的当地司法部门、教育主管部门、中小学及高校等一并致以谢意！

经济科学出版社的编辑为本书的出版提供了大量协助和技术指导，在此表示衷心感谢！

"提高教育系统廉政文化建设实效性和针对性研究"课题组
2018年7月

教育部哲学社会科学研究重大课题攻关项目成果出版列表

序号	书　名	首席专家
1	《马克思主义基础理论若干重大问题研究》	陈先达
2	《马克思主义理论学科体系建构与建设研究》	张雷声
3	《马克思主义整体性研究》	逄锦聚
4	《改革开放以来马克思主义在中国的发展》	顾钰民
5	《新时期　新探索　新征程——当代资本主义国家共产党的理论与实践研究》	聂运麟
6	《坚持马克思主义在意识形态领域指导地位研究》	陈先达
7	《当代资本主义新变化的批判性解读》	唐正东
8	《当代中国人精神生活研究》	童世骏
9	《弘扬与培育民族精神研究》	杨叔子
10	《当代科学哲学的发展趋势》	郭贵春
11	《服务型政府建设规律研究》	朱光磊
12	《地方政府改革与深化行政管理体制改革研究》	沈荣华
13	《面向知识表示与推理的自然语言逻辑》	鞠实儿
14	《当代宗教冲突与对话研究》	张志刚
15	《马克思主义文艺理论中国化研究》	朱立元
16	《历史题材文学创作重大问题研究》	童庆炳
17	《现代中西高校公共艺术教育比较研究》	曾繁仁
18	《西方文论中国化与中国文论建设》	王一川
19	《中华民族音乐文化的国际传播与推广》	王耀华
20	《楚地出土戰國簡册［十四種］》	陈　伟
21	《近代中国的知识与制度转型》	桑　兵
22	《中国抗战在世界反法西斯战争中的历史地位》	胡德坤
23	《近代以来日本对华认识及其行动选择研究》	杨栋梁
24	《京津冀都市圈的崛起与中国经济发展》	周立群
25	《金融市场全球化下的中国监管体系研究》	曹凤岐
26	《中国市场经济发展研究》	刘　伟
27	《全球经济调整中的中国经济增长与宏观调控体系研究》	黄　达
28	《中国特大都市圈与世界制造业中心研究》	李廉水

序号	书 名	首席专家
29	《中国产业竞争力研究》	赵彦云
30	《东北老工业基地资源型城市发展可持续产业问题研究》	宋冬林
31	《转型时期消费需求升级与产业发展研究》	臧旭恒
32	《中国金融国际化中的风险防范与金融安全研究》	刘锡良
33	《全球新型金融危机与中国的外汇储备战略》	陈雨露
34	《全球金融危机与新常态下的中国产业发展》	段文斌
35	《中国民营经济制度创新与发展》	李维安
36	《中国现代服务经济理论与发展战略研究》	陈 宪
37	《中国转型期的社会风险及公共危机管理研究》	丁烈云
38	《人文社会科学研究成果评价体系研究》	刘大椿
39	《中国工业化、城镇化进程中的农村土地问题研究》	曲福田
40	《中国农村社区建设研究》	项继权
41	《东北老工业基地改造与振兴研究》	程 伟
42	《全面建设小康社会进程中的我国就业发展战略研究》	曾湘泉
43	《自主创新战略与国际竞争力研究》	吴贵生
44	《转轨经济中的反行政性垄断与促进竞争政策研究》	于良春
45	《面向公共服务的电子政务管理体系研究》	孙宝文
46	《产权理论比较与中国产权制度变革》	黄少安
47	《中国企业集团成长与重组研究》	蓝海林
48	《我国资源、环境、人口与经济承载能力研究》	邱 东
49	《"病有所医"——目标、路径与战略选择》	高建民
50	《税收对国民收入分配调控作用研究》	郭庆旺
51	《多党合作与中国共产党执政能力建设研究》	周淑真
52	《规范收入分配秩序研究》	杨灿明
53	《中国社会转型中的政府治理模式研究》	娄成武
54	《中国加入区域经济一体化研究》	黄卫平
55	《金融体制改革和货币问题研究》	王广谦
56	《人民币均衡汇率问题研究》	姜波克
57	《我国土地制度与社会经济协调发展研究》	黄祖辉
58	《南水北调工程与中部地区经济社会可持续发展研究》	杨云彦
59	《产业集聚与区域经济协调发展研究》	王 珺

序号	书名	首席专家
60	《我国货币政策体系与传导机制研究》	刘　伟
61	《我国民法典体系问题研究》	王利明
62	《中国司法制度的基础理论问题研究》	陈光中
63	《多元化纠纷解决机制与和谐社会的构建》	范　愉
64	《中国和平发展的重大前沿国际法律问题研究》	曾令良
65	《中国法制现代化的理论与实践》	徐显明
66	《农村土地问题立法研究》	陈小君
67	《知识产权制度变革与发展研究》	吴汉东
68	《中国能源安全若干法律与政策问题研究》	黄　进
69	《城乡统筹视角下我国城乡双向商贸流通体系研究》	任保平
70	《产权强度、土地流转与农民权益保护》	罗必良
71	《我国建设用地总量控制与差别化管理政策研究》	欧名豪
72	《矿产资源有偿使用制度与生态补偿机制》	李国平
73	《巨灾风险管理制度创新研究》	卓　志
74	《国有资产法律保护机制研究》	李曙光
75	《中国与全球油气资源重点区域合作研究》	王　震
76	《可持续发展的中国新型农村社会养老保险制度研究》	邓大松
77	《农民工权益保护理论与实践研究》	刘林平
78	《大学生就业创业教育研究》	杨晓慧
79	《新能源与可再生能源法律与政策研究》	李艳芳
80	《中国海外投资的风险防范与管控体系研究》	陈菲琼
81	《生活质量的指标构建与现状评价》	周长城
82	《中国公民人文素质研究》	石亚军
83	《城市化进程中的重大社会问题及其对策研究》	李　强
84	《中国农村与农民问题前沿研究》	徐　勇
85	《西部开发中的人口流动与族际交往研究》	马　戎
86	《现代农业发展战略研究》	周应恒
87	《综合交通运输体系研究——认知与建构》	荣朝和
88	《中国独生子女问题研究》	风笑天
89	《我国粮食安全保障体系研究》	胡小平
90	《我国食品安全风险防控研究》	王　硕

序号	书　名	首席专家
91	《城市新移民问题及其对策研究》	周大鸣
92	《新农村建设与城镇化推进中农村教育布局调整研究》	史宁中
93	《农村公共产品供给与农村和谐社会建设》	王国华
94	《中国大城市户籍制度改革研究》	彭希哲
95	《国家惠农政策的成效评价与完善研究》	邓大才
96	《以民主促进和谐——和谐社会构建中的基层民主政治建设研究》	徐　勇
97	《城市文化与国家治理——当代中国城市建设理论内涵与发展模式建构》	皇甫晓涛
98	《中国边疆治理研究》	周　平
99	《边疆多民族地区构建社会主义和谐社会研究》	张先亮
100	《新疆民族文化、民族心理与社会长治久安》	高静文
101	《中国大众媒介的传播效果与公信力研究》	喻国明
102	《媒介素养：理念、认知、参与》	陆　晔
103	《创新型国家的知识信息服务体系研究》	胡昌平
104	《数字信息资源规划、管理与利用研究》	马费成
105	《新闻传媒发展与建构和谐社会关系研究》	罗以澄
106	《数字传播技术与媒体产业发展研究》	黄升民
107	《互联网等新媒体对社会舆论影响与利用研究》	谢新洲
108	《网络舆论监测与安全研究》	黄永林
109	《中国文化产业发展战略论》	胡惠林
110	《20世纪中国古代文化经典在域外的传播与影响研究》	张西平
111	《国际传播的理论、现状和发展趋势研究》	吴　飞
112	《教育投入、资源配置与人力资本收益》	闵维方
113	《创新人才与教育创新研究》	林崇德
114	《中国农村教育发展指标体系研究》	袁桂林
115	《高校思想政治理论课程建设研究》	顾海良
116	《网络思想政治教育研究》	张再兴
117	《高校招生考试制度改革研究》	刘海峰
118	《基础教育改革与中国教育学理论重建研究》	叶　澜
119	《我国研究生教育结构调整问题研究》	袁本涛 王传毅
120	《公共财政框架下公共教育财政制度研究》	王善迈

序号	书名	首席专家
121	《农民工子女问题研究》	袁振国
122	《当代大学生诚信制度建设及加强大学生思想政治工作研究》	黄蓉生
123	《从失衡走向平衡：素质教育课程评价体系研究》	钟启泉 崔允漷
124	《构建城乡一体化的教育体制机制研究》	李 玲
125	《高校思想政治理论课教育教学质量监测体系研究》	张耀灿
126	《处境不利儿童的心理发展现状与教育对策研究》	申继亮
127	《学习过程与机制研究》	莫 雷
128	《青少年心理健康素质调查研究》	沈德立
129	《灾后中小学生心理疏导研究》	林崇德
130	《民族地区教育优先发展研究》	张诗亚
131	《WTO主要成员贸易政策体系与对策研究》	张汉林
132	《中国和平发展的国际环境分析》	叶自成
133	《冷战时期美国重大外交政策案例研究》	沈志华
134	《新时期中非合作关系研究》	刘鸿武
135	《我国的地缘政治及其战略研究》	倪世雄
136	《中国海洋发展战略研究》	徐祥民
137	《深化医药卫生体制改革研究》	孟庆跃
138	《华侨华人在中国软实力建设中的作用研究》	黄 平
139	《我国地方法制建设理论与实践研究》	葛洪义
140	《城市化理论重构与城市化战略研究》	张鸿雁
141	《境外宗教渗透论》	段德智
142	《中部崛起过程中的新型工业化研究》	陈晓红
143	《农村社会保障制度研究》	赵 曼
144	《中国艺术学学科体系建设研究》	黄会林
145	《人工耳蜗术后儿童康复教育的原理与方法》	黄昭鸣
146	《我国少数民族音乐资源的保护与开发研究》	樊祖荫
147	《中国道德文化的传统理念与现代践行研究》	李建华
148	《低碳经济转型下的中国排放权交易体系》	齐绍洲
149	《中国东北亚战略与政策研究》	刘清才
150	《促进经济发展方式转变的地方财税体制改革研究》	钟晓敏
151	《中国—东盟区域经济一体化》	范祚军

序号	书名	首席专家
152	《非传统安全合作与中俄关系》	冯绍雷
153	《外资并购与我国产业安全研究》	李善民
154	《近代汉字术语的生成演变与中西日文化互动研究》	冯天瑜
155	《新时期加强社会组织建设研究》	李友梅
156	《民办学校分类管理政策研究》	周海涛
157	《我国城市住房制度改革研究》	高 波
158	《新媒体环境下的危机传播及舆论引导研究》	喻国明
159	《法治国家建设中的司法判例制度研究》	何家弘
160	《中国女性高层次人才发展规律及发展对策研究》	佟 新
161	《国际金融中心法制环境研究》	周仲飞
162	《居民收入占国民收入比重统计指标体系研究》	刘 扬
163	《中国历代边疆治理研究》	程妮娜
164	《性别视角下的中国文学与文化》	乔以钢
165	《我国公共财政风险评估及其防范对策研究》	吴俊培
166	《中国历代民歌史论》	陈书录
167	《大学生村官成长成才机制研究》	马抗美
168	《完善学校突发事件应急管理机制研究》	马怀德
169	《秦简牍整理与研究》	陈 伟
170	《出土简帛与古史再建》	李学勤
171	《民间借贷与非法集资风险防范的法律机制研究》	岳彩申
172	《新时期社会治安防控体系建设研究》	宫志刚
173	《加快发展我国生产服务业研究》	李江帆
174	《基本公共服务均等化研究》	张贤明
175	《职业教育质量评价体系研究》	周志刚
176	《中国大学校长管理专业化研究》	宣 勇
177	《"两型社会"建设标准及指标体系研究》	陈晓红
178	《中国与中亚地区国家关系研究》	潘志平
179	《保障我国海上通道安全研究》	吕 靖
180	《世界主要国家安全体制机制研究》	刘胜湘
181	《中国流动人口的城市逐梦》	杨菊华
182	《建设人口均衡型社会研究》	刘渝琳
183	《农产品流通体系建设的机制创新与政策体系研究》	夏春玉

序号	书　名	首席专家
184	《区域经济一体化中府际合作的法律问题研究》	石佑启
185	《城乡劳动力平等就业研究》	姚先国
186	《20世纪朱子学研究精华集成——从学术思想史的视角》	乐爱国
187	《拔尖创新人才成长规律与培养模式研究》	林崇德
188	《生态文明制度建设研究》	陈晓红
189	《我国城镇住房保障体系及运行机制研究》	虞晓芬
190	《中国战略性新兴产业国际化战略研究》	汪　涛
191	《证据科学论纲》	张保生
192	《要素成本上升背景下我国外贸中长期发展趋势研究》	黄建忠
193	《中国历代长城研究》	段清波
194	《当代技术哲学的发展趋势研究》	吴国林
195	《20世纪中国社会思潮研究》	高瑞泉
196	《中国社会保障制度整合与体系完善重大问题研究》	丁建定
197	《民族地区特殊类型贫困与反贫困研究》	李俊杰
198	《扩大消费需求的长效机制研究》	臧旭恒
199	《我国土地出让制度改革及收益共享机制研究》	石晓平
200	《高等学校分类体系及其设置标准研究》	史秋衡
201	《全面加强学校德育体系建设研究》	杜时忠
202	《生态环境公益诉讼机制研究》	颜运秋
203	《科学研究与高等教育深度融合的知识创新体系建设研究》	杜德斌
204	《女性高层次人才成长规律与发展对策研究》	罗瑾琏
205	《岳麓秦简与秦代法律制度研究》	陈松长
206	《民办教育分类管理政策实施跟踪与评估研究》	周海涛
207	《建立城乡统一的建设用地市场研究》	张安录
208	《迈向高质量发展的经济结构转变研究》	郭熙保
209	《中国社会福利理论与制度构建》	彭华民
210	《提高教育系统廉政文化建设实效性和针对性研究》	罗国振
	……	